MINERVA
社会学叢書
53

ヒューマン・グループ

人間集団についての考察

ジョージ・C・ホーマンズ 著
橋 本 茂 訳

ミネルヴァ書房

社会哲学者
ロバート・ショー・バーローを
しのんで

THE HUMAN GROUP
by
George Caspar Homans et al.

ヒューマン・グループ——人間集団についての考察　目次

『ヒューマン・グループ』の意義

『ヒューマン・グループ』(*The Human Group*)が一九五〇年に初めて出版されたとき、ロバート・K・マートン(Robert K. Merton)は序論を寄せ、当時、小さな人間集団研究への関心が急速な高まりを見せていた中、ほとんどの心理学者が小集団を環境から切り離して実験室で研究していたのに対し、ホーマンズの研究はそうでなかったと指摘した。マートンはこの著作を社会学的分析のモデルとして賞賛し、世紀転換期のジンメルの研究以来の第一級の主要な貢献と書いた。その巻のもう一つの序論で、バーナード・デボト(Bernard DeVoto)は一般理論の価値とホーマンズの人間行動における動的な相関関係の理論への貢献を論じた。すでにその出版時において、ホーマンズの研究の重要さは明らかであった。

現在、この著作は組織と経営の文献の古典と考えられているが、四〇年後の今、それに二度目の序論として何を付け加えることができるであろうか。リプリント・シリーズの編者から、その本をそれ以後の発展の文脈の中において、どの点で予知能力があり、どの点であまりなかったかを強調する新しい序論を書くように求められた。

先に進む前に、少しもとに戻って、『ヒューマン・グループ』に出てくる主要な概念の由来について書いたほうがよいと思う。本書は対人関係の分析を行った本であるが、その端緒も、ホーマンズがジュニア・フェローであったときのハーバード大学での同僚との対人関係にある。その中核人物はL・J・ヘンダーソン(L. J. Henderson)であった。彼は一九三三年に設立されたハーバードの《ザ・ソサエティ・オブ・フェローズ》(The Society of Fellows)の最初の会長であった(Homans 1968a)。ホーマンズは一九三四年にジュニア・フェローになった。ジュニア・フェローは、好きなことを研究するために奨学金を得るだけでなく、週に一回シニア・フェローたちと夕食を共にした。初期のジュニア・フェローにはC・M・アレンスバーグ（C. M. Arensberg）やB・F・スキナー（B. F. Skinner）やW・F・ホワイト（W. F. Whyte）がいた。彼らはすぐにヘンダーソンの考え方に精通した。さらに、これらのジュニア・フェローの研究はホーマンズの本のアイデアやデータの源となった。

ヘンダーソンはパレート社会学のゼミを主催した。そのゼミの成果の一つがホーマンズとカーチス（C. P. Curtis）の共著の『パレート入門』（*An Introduction to Pareto*, 1934）である。これは英語によるパレートについての最初の本であった。ヘンダーソン自身も『パレートの一般社会学』（*Pareto's General Sociology*, 1935）を著わした。その本で、彼は均衡、社会体系、変数の相互依存、帰納と演繹の問題のような事項を強調した。これらのアイデアのすべてがホーマンズの『ヒューマン・グループ』に現れている。実は、それ以前に、ホーマンズの研究の主要な概念――相互作用と感情と機能――は彼のハーバードの博士論文であり、一九四一年に出版された『一三世紀の英国農民』（*English Villagers of the Thirteenth Century*）の最後の章で概説されている。

「機能」という用語は、彼が一九四三年に米国海軍にいたときに下書きし、一九四七年に発表した論文で「活動」に変更された（Homans 1984, 315）。また、内的システムと外的システム（工場の物的装置のレイアウトのような境界横断的影響力）の区別が追加された。それぞれのシステムで三種類の変数（相互作用、感情、活動）が相互に依存し合っていることを提唱した。しかし、集団境界の外では、その変数は相互に依存する必要はなく、むしろ、外的システムは内的システムの境界条件あるいはパラメーターであると、彼は後で訂正した（1984, 316）。

ホーマンズは、ヘンダーソンを通して、また、ホーマンズ独自で、その時代の一流の社会科学者と関係を持っていた。ヘンダーソンは、ハーバード・ビジネス経営大学院の疲労研究所の所長であった。そこでは、ヘンダーソンのアイデアが知的雰囲気の一部となり、E・メイヨー（E. Mayo）、T・N・ホワイトヘッド（T. N. Whitehead）、F・J・レスリスバーガー（F. J. Rothlisberger）がウェスタン・エレクトリック社の調査を行っていた。彼らの端子盤配線観察室の研究は、『ヒューマン・グループ』で主要な概念を導入するためのデータ源として使用された。ハーバード・ビジネス・スクールを通して、ヘンダーソンはまたC・I・バーナード（C. I. Barnard）と接するようになり、彼に『経営者の役割』（*The Functions of the Execu-*

tive, 1938）というタイトルの公的・非公的組織の理論を書くように勧めた。バーナードのアイデアはホーマンズによって頻繁に引用されている。

彼の時代の社会科学への主要な貢献者との個人的な親密さに加えて，ホーマンズは集団研究の主要な趨勢に気付いていた。『ヒューマン・グループ』で，彼は数回に渡って九〇人の著者を引用している。その引用の三分の二は産業研究や人類学や社会科学の古典からであり，コミュニティ研究やグループ・ダイナミクスへの言及は少ない。彼の帰納的理論構築の行使を支持する自然科学の研究がいくつか引用されている。最も多く引用された個人には，すでに挙げた人々に加えて，E・D・チャプル（E. D. Chapple）、C・S・クーン（C. S. Coon）、E・デュルケーム（E. Durkheim）、R・ファース（R. Firth）、M・P・フォレット（M. P. Follett）、B・マリノフスキー（B. Malinowski）、J・L・モレノ（J. L. Moreno）、G・P・マードック（G. P. Murdock）、A・R・ラドクリフ＝ブラウン（A. R. Radcliffe-Brown）、そしてW・L・ウォーナー（W. L. Warner）がいる。

集団や，組織における集団の位置や，大きな社会体系に関心を抱いていたのはハーバードでは，ホーマンズ一人ではなかった。彼はその著作で，彼の独自の分析方法を提唱し，家族や共同体や産業の専門分野を横断する一般則のセット（a set of generalizations）を提唱した。類似したアプローチは二人の同僚R・F・ベールズ（R. F. Bales）とT・パーソンズ（T. Parsons）によって採用されていた。彼らは後に小集団や社会システムの調査にかなりの影響をあたえた。ベールズは，ホーマンズと同じ年に出版された小集団における相互作用分析のためのカテゴリー・システムを展開していた（Bales 1950）。そのわずか三年後には，パーソンズは，ベールズやシルズ（E. A. Shils）と一緒に，ベールズの理論や相互作用過程のデータを基にして，パターン変数と小集団の機能分析とを統合したものを公にすることになるのである（Parsons, Bales, and Shils 1953）。

上述のように，ホーマンズがその本を書いていたときには，ベールズはまだ小集団の実験室研究に基づいた彼の最初の主要な研究を公にしていなかった。いずれにしても，ホーマンズは自然集団の研究と，集団と環境の関係の研究に深く集中していた。ホーマンズはデュルケームやラドクリフ＝ブラウンやマリノフスキーと一緒に，特定の文献を挙げてはいないが，一度だけパーソンズの名前を引用している。そして，彼らの考え，すなわち「組織された全体としての社会の概念，あるいは，構造とそれに関係した機能の概念は，社会人類学や社会学の現代社会科学への偉大な寄与の一つである」（Homans 1950,

269）と指摘している。しかしながら、後の論文で、ホーマンズはパーソンズの一般則があまりにも一般的過ぎて大して役に立たないと思うようになったことを明らかにしている。

　ホーマンズが依拠した、『ヒューマン・グループ』の五つの事例研究のうちの四つは第二次世界大戦前に行われた調査であった。小集団研究は一九五〇年代と一九六〇年代に急速に増大した。最高潮は一九五〇年代の半ばで、最初の論文集であるカートライトとザンダー（Cartwright and Zander）の『グループ・ダイナミクス——調査と理論』（*Group Dynamics: Research and Theory*, 1953）やヘアーとボガッタとベールズ（Hare, Borgatta, and Bales）の『小集団——社会的相互作用の研究』（*Small Groups: Studies in Social Interaction*, 1955）の出版や、一九五四年の『アメリカ社会学評論』（*American Sociological Review*）や『ソシオメトリー』（*Sociometry*）などの雑誌での特集やアメリカ心理学会や社会学会での多くの特別部会（Hare, 1976, 392）に反映している。スワンソンとニューカムとハートレー（Swanson, Newcomb and Hartley）の『社会心理学読本』（*Readings in Social Psychology*, 1952）やリンゼー（Lindzey）の画期的な最初の編著『社会心理学ハンドブック』（*Handbook of Social Psychology*, 1954）の双方には小集団に於ける行動に焦点を置いた文献が多く収められている。リーケンとホーマンズ（Leicken and Homans）の小集団研究文献の論評はそのリンゼーの『社会心理学ハンドブック』に所収されている。またストッドベックとヘアー（Strodtbeck and Hare）は小集団研究の最初の包括的な著書目録を刊行した（1954）。そこで、小集団研究に最も高く貢献した六つのうちの一つとしてホーマンズの『ヒューマン・グループ』が挙げられている。

　ホーマンズは、その本を書く時、当時の主要な集団に関するデータ源や、また、社会学者や人類学者や心理学者の主要な関心を十分検討しているが、出版から四〇年たった今、その研究分野に顕著な変化があったかどうかを問いたい。これへの答えは、『ヒューマン・グループ』の原理的な仮説の要約とホーマンズ以後の出版物の簡単な再検討によって得られるであろう。

　最初に、ホーマンズの理論の主要な関心の焦点を詳しく見ることにする。その本で彼は「もしXなら、Yである」という形式で数百の命題を述べている。しかし、そのうちのいくつかはイタリックで印刷されているから、それらを彼の主要な命題と考えることができるであろう。これらの五四の仮説のうち最初の一三（99–136）は、彼の主要な変数である活動と相互作用と感情間の関係を扱っている。端子盤配線観察室での事例研究がこれらの仮説を説明するために使われている。

三つの変数のそれぞれはかなり広義のカテゴリーである。その活動は集団課題で公的に必要な活動でもありうるし、集団成員が遊びやゲームをしている時の非公的な活動でもありうる。相互作用は通常、内容とは関係なしに、諸個人間の相互的なコミュニケーションの頻度と期間と順序をいう。ホーマンズが使ったのと同じように、チャプルはすでに相互作用の概念に対して操作的定義を提供していた。理想的には、ホーマンズはすべての概念もまた操作的に定義されうるべきであると指摘した。感情には人間のあらゆるタイプの内的状態や、あるいは諸個人の情感が含まれる。特に、仕事をするための動機付けや相互に対する好き嫌いを含む。数年後、ホーマンズは動機を感情の一種に入れたことは彼にとっては間違いであったと書いた（1984, 318）。彼は感情を対人的情感の表出として定義した。ところが、動機（価値）は対人的な行動と関係ない場合もある。一般に、これら三つのうちの一つでの変化は、他の二つの変化に影響をもたらすであろう。さらに、その変化は最初のものに「フィードバック」（feedback）し、影響を与えるであろう。

次の一〇の仮説（141–86）は、ある成員が他の集団成員と比べて良いあるいは悪いという評価として定義される「ランク」（rank）に焦点を置いている。この評価は感情の一つである。評価は、良い行為を求める集団規範と人の活動とを比較して行われる。高いランクの人々は集団規範により多く同調し、また、低いランクの成員に向けて多く働きかける傾向にある。この箇所での仮説はホワイトのノートン・ストリート・ギャング団の記述からのデータで説明される（Whyte 1943）。ホワイトは、チャプルの諸個人間の相互作用の頻度や期間への関心を引き継いで（Chapple and Coon 1942）、ギャング社会において、相互作用と活動と他成員に対する感情が、特に、ボーリング競技で、いかに彼らの社会的ランクと関係しているかを観察した。ホーマンズが、次には、これらの単一の集団の観察をより一般的な命題の説明のために使った。

ファースの南海のティコピア島の家族成員間の関係の報告（1934）が、つぎのセットの八つの仮説を例証するために使われた（243–55）。これらの仮説は人物A、B、Cの三人関係を、活動と相互作用と感情の観点から扱っている。そこに含まれる感情は、主に、好き、嫌いという感情である。これらの仮説を述べることで、ホーマンズはハイダー（Heider 1958）やニューカム（Newcomb 1953）の研究と関連した「バランス理論」（balance theory）への社会心理学者の関心に先んじている。

その基本的な考えは、もしAとBが相互に好きであるなら（あるいは、嫌いであるなら）、彼らはCに対して類似した感情を持つ傾向にあるというものである。

次のセットの一二の仮説（360–422）はヒルタウンでの社会的不統合についての報告（Hatch 1948）と電気機器会社での社会的対立についての報告（Arenberg and McGregor 1942）をそのデータとしている。その仮説は集団規範と社会統制との関係を扱っている。それは社会心理学者が集団の規模に関係なく持つ基礎的関心事である。ホーマンズが述べているように、集団規範は、集団課題や環境に対処するために生まれた現実の社会行動から起こった期待のセットとして集団の中に形成される。規範はいったん形成されると、その変化は現実の行動の変化よりも遅れてくる。

最後のセットの一一の仮説（425–40）をホーマンズはリーダーシップの規則として挙げている。ここで彼が依拠するのは、ホワイト（1948）やバーナード（1938）やレスリスバーガーとデクソン（1939）やロジャース（1941）の経験や調査を、また、第二次世界大戦での小戦艦での指揮官としての彼自身の経験（Homans 1946）である。良いリーダーは、軍隊モデルに従って、親密になり過ぎることなく、また感情に巻き込まれることなく、成員の関心に耳を傾けることができなければならない。また、主導すべきであるが、決して服従できない命令を出してはならない。社会心理学において、リーダーシップは規範への同調と対人選択に次ぐ、第三位にランクされる関心を呼ぶ話題であるが、そのリーダーシップについてのその後の文献は（Hare 1976, 394）、効果的かつ効率的リーダーの特徴として、より民主的志向を強調する傾向にある。

一九五八年に発表された論文で、ホーマンズはその焦点を交換としての社会行動の分析に移した。この論文で、彼は第二の主要な研究『社会行動――その基本形態』（*Social Behavior: Its Elementaly Forms*, 1961）の基礎となる概念と諸関係の概要を述べた。この本で、ホーマンズは自分の主要な関心が小集団での諸個人の行動よりむしろ、直接接触している諸個人の現実の行動にあることを明らかにしている。この接触は容易に観察できる相対的に小さな集団で行われるであろう。あるいは、社会的ネットワークでの一連の相互作用で行われるであろう。この第二の研究も小集団が組み込まれている組織やその状況の他の側面の効果への言及を含んでいるが、その焦点は主に対人的な水準にある。

一九六一年の本で、ホーマンズは「基本的社会行動は制度化によって追い出されるのではなく、制度のそばで、そこから新しい存在理由を得ながら、生き延びている」と述べている（391）。彼は『ヒューマン・グループ』のように社会行動を単に記述するだけではなく、それを説明したいと主張している。このために、彼はその本の最初の四つの章で、行動心理学と基本的経済学に基づく五つの命題といくつかの派生命題を公式化している（53–75）。その命題は報酬の価値と人が活動をし続ける可能性との関係を述べている。それに続く一二の諸章で、その命題をフィールドや実験的研究から持ってきたデータで説明している。

行動心理学と基本的経済学の命題に類似した命題は初期の研究にも明らかであったが、それらは行動の基本形態の分析ではっきりと明示されている。初期の論文（Homans 1958）と共に、その新しい本は交換形態としての社会的相互作用へのアプローチで指導的な影響力を持つものの一つとなった（Thibaut and Kelley 1959; Blau 1964; Gergen, Greenberg and Willis 1980; Cook, 1987を参照）。ホーマンズは、社会行動の原理的な側面は、物質的あるいは精神的な、そして、多少であれ、報酬あるいは費用をもたらす活動の交換であると示唆している（1961, 13）。彼の一九八四年の自叙伝の二一章で、ホーマンズは一九六一年の本の内容を要約し、そして、それへの批判に答えている。

彼の主要な理論的貢献として有名なこの二つの本に加えて、ホーマンズはまた二つの論文集（1962, 1987）と、シュナイダー（Schneider）との共著『結婚と権威と目的因』（*Marriage, Authority and Final Causes*, 1955）と、小著『社会科学の性質』（*The Nature of Social Science*, 1967）と、自叙伝（1984）と、百科事典の論文（1968a, 1968b）と、リプリントされなかった寄稿論文（cf. 1963）と、その他記事や書評を公にしている（彼のどの本にも完全な研究図書の目録はない）。これらの研究も、大部分は、『ヒューマン・グループ』で明示されているると同じ主題を反映している。これらの主題はいずれも小集団での対人行動の分析にとって今もなお重要である。しかし、ホーマンズが主要な一般則のための研究を始めて以来五〇年の間に、対人行動での多量の研究が社会科学という橋の下を奔流している。小集団研究ハンドブックの図書目録は一八九八年から一九七四年の期間での約六〇〇〇の文献を挙げている（Hare 1976）。また、別のハンドブックは一九七五年から一九八八年の期間のものとして五〇〇〇の文献を挙げている（Hare, Blumberg, Davies and Kent, 1991）。

一九七六年と一九九一年のハンドブックは集団における社会的相互作用についての社会心理学的文献のガイドと考えるこ

とができる。一九七六年のハンドブックの集団過程と構造についての第一部では、社会的相互作用の要素、規範と統制、相互作用と意思決定過程、集団発展、社会的知覚、役割、対人選択の諸章が含まれている。ホーマンズの本の内容とハンドブックのこれらの章との比較からわかるように、ホーマンズは一般的な同じ要素のセットを扱っている。しかし、彼の重要な貢献は活動を相互作用から分けたことにある。彼はさらに小集団や社会的ネットワークの中の人々の行動に限界を課す組織と、より大きな環境の重要性を分析した（しかし、一九六一年までは、彼は組織を大きな環境の一要素としてしか考えていなかった）。大学生の実験集団で行われる社会心理学的調査の多くは、活動（集団目標）の影響や大学環境の影響を一般に見落としている。

ホーマンズは規範への同調や社会統制の問題を扱っている。しかし、多くの詳細な研究が利用可能となるのは一九五〇年以後のことであった。個人と集団の関係の問題は社会心理学の古典的な問題であるだけではなく、その関係の研究は、第二次世界大戦後、一九三〇年代にドイツのヒットラーによって起こされた一連の事件が再び起こりうることを恐れる亡命知識人らの関心によって、さらに勢いづけられた。

ホーマンズは諸個人間の相互作用に焦点を置いていたから、集団としての集団活動についてほとんど語っていない。したがって、彼は集団が意思決定をする過程、あるいは、集団発展の諸相の違いを区別する過程を記述していない。彼はヒルタウンの不統合と関係した要因については論じているけれど、集団発展が社会心理学の主要な課題として現れるのは一九六〇年代からである。彼は交換や対人選択でのバランスについて、モレノやジェニングのソシオメトリック研究に拠りながら、論じてはいるが、社会的知覚の分析を含んでいない。社会的知覚への関心はソシオメトリック研究から育ったが、それが高まるのは一九五〇年代の後半からであった。集団役割は記述されているが、しかし、主に、リーダーとフォロワー、スタッフとラインのような企業組織や、父、母、叔父のような家族に現れるものであった。おどけ者（joker）のような公的でない役割の分析（Hare, 1968）や、機能分析に基づく公的役割の多くの特徴の分析（Olmsted and Hare, 1978, 141）が行われたのは後の研究においてであった。

一九七六年のハンドブックの相互作用変数についての第二部では、パーソナリティ、成員の社会的特徴、集団規模、課題、コミュニケーション・ネットワーク、リーダーシップについての章が含まれている。ホーマンズは配線電気接合あるいはボーリングでの技能以外には、パーソナリティや成員の社会的特徴の影響についてほとんど語ってはいない。彼は集団や組織の規模の拡大化の影響について論じている。彼は集団の「外的システム」での外的課題や環境の影響と「内的システム」での対人関係の影響との間の重要な区別をしている。またホーマンズは組織図に示されるような公的なコミュニケーション・ネットワークと非公的なネットワーク間の違いを記している。しかし、リーヴィットの研究（Leavitt, 1951）に続く一連の詳細なコミュニケーション・ネットワーク研究はまだこれからであった。上述のように、リーダーシップについての多量の研究がホーマンズの本の数年後に出版されたが、彼はリーダーの役割の主要な側面のいくつかを記述していた。

一九七六年のハンドブックのパフォーマンス特性についての第三部は二つの章を含んでいる。一つは社会心理学の古典的関心である個人のパフォーマンスと集団のパフォーマンスとの比較である。もう一つは集団と他の異なる特性を持った集団との比較である。個人の生産性と集団の生産性との比較はホーマンズの関心ではなかった。ホーマンズが触れなかった他の問題と同様に、成員あるいは集団組織の特性に関する多様なタイプの集団のパフォーマンスの体系的な比較が行われたのもずっと後のことであった。大きな例外は、ホーマンズが知っていたレヴィン、リピット、ホワイトによる「集団雰囲気」についての研究（Lewin, Lippitt and White, 1939）であった。ホーマンズは多様なタイプの規範の端子盤配線観察室での小さなサブ集団や電気機器会社での集団への影響を記述している。

一九七五年から一九八八年の間での研究は、一九九一年のハンドブックに反映されているように、先のハンドブックに出ていたテーマを精緻化した。ホーマンズが端子盤配線観察室で行ったような物理的空間における机、椅子、その他の物の配置の影響についての研究が多くなされた。この後の相互作用の研究は非言語的相互作用と言語的相互作用を対照させ、また、社会的交換は援助行動の研究で明らかにされ、また、肯定的な対人選択は親密な関係となり、また、集団意思決定が「選択変更」や陪審員審議や駆引きゲームで詳しく観察された。交際や結婚といったはっきりと定義される関係にある男女を多く含む親密な関係の研究は例外であるが、ほとんどの研究は被対象者として大学生を用いた実験室で行われた。したがって、最近の研究は主に「内的システム」のホーマンズの分析を増大させていることになろう。

上述の、ホーマンズが人間集団の分析で論じたテーマの間の一般的な関連に加えて、彼はハーバードの同僚であるパーソンズやベールズと同じ現象を本質的に見ていたと思われる証拠がある。『ヒューマン・グループ』で（434）、ホーマンズは全体状況における主要な要素を記述している。集団の自然的社会的環境に加えて、彼は四つの主要な要素を記述している。(1)材料と道具と技術（これらはパーソンズの適応分野に含まれるであろう［Parsons, Bales, and Shils 1953］）。(2)外的システムすなわち集団行為にとって必要な諸関係（パーソンズの目標達成分野）。(3)内的システムすなわち成員間の非公的な社会的関係、特に、成員がお互いを好きになったり、嫌いになったりする度合い（パーソンズの統合分野）。(4)規範と価値（パーソンズの潜在的パターン維持と緊張処理分野）。すでに述べたように、パーソンズは実際パターン変数への焦点から四機能アプローチへと移った。それは、一九五三年に出版された『行為の理論での研究成果報告書』（*Working papers in the Theory of Action*, 1953）を生み出したベールズとの共同研究の時であった。

端子盤配線観察室の記述で（65）、ホーマンズは相互作用と活動と感情との関係を考察している。相互作用の例として、彼はリーダーとフォロワーの支配―服従関係を記述している。活動の例として、作業日課における休憩時間での人々の非公的な社会行動と仕事上必要な課題行動を比べている。感情の例として、彼は成員間の友好的関係と非友好的関係を記述している。ベールズは、これらのタイプの行動のいずれをも集団の直接的な観察のための一二のカテゴリーシステムの中に含めた。彼はそれを一九五〇年に『相互作用過程分析』（*Interaction Process Analysis*, 1950）として出版した。実際、数年後、彼の一二のカテゴリーや行動の他の測定法を要因分析に用いた後で、ベールズは社会的相互作用の原理的な次元は三つあると結論付けた。すなわち、支配・対・服従、課題志向と同調・対・表出的志向と非同調、友好・対・非友好（Bales 1970; Bales and Cohen 1979）である。

したがって、ホーマンズとパーソンズとベールズの三人はみな類似した観点から研究をしていたのである。しかし、パーソンズは小集団よりむしろ全体社会の分析のためのカテゴリーの探究に関わっており、ベールズは小集団の行動分析のためのカテゴリー・システムや質問紙の開発に関わっている（Bales and Cohen, 1979）。もちろん、ベールズのフィールド理論アプローチはどの規模の集団にも適用可能である。パーソンズと同じようにホーマンズも彼の概念を測定するための用具のセットを開発しなかった。そのため、ホーマンズの理論的な洞察を多様な状況に一様に適用することを困難にした。それとは対照的に、ベールズは彼の研究を調査法の手引きという形で提示した。そして、もし他者がその方法と用具を受け入れるなら、理論がそれらに続いて生まれてくると、彼は確信していた。

ホーマンズがハーバードでジュニア・フェローであった時、彼は歴史的方法の学習を勧められた。彼の分析のための重要な事実を提供してくれた一三世紀の英国農民と関係した文書を発見することの喜びについて、彼は後に書いている。歴史家として彼は、自分の生活の諸事実をあちこちに放置し、いつか将来誰かがそれらから彼の全貌を明らかにしてくれることを望まなかった。彼は著作を通して、注意深く彼のアイデアの源あるいは着想を明らかにした。彼は同時代人の研究の評価を含む彼の知的自叙伝で主要な出来事を何度か詳細に記録した(1962, 1-49; 1984)。論文「集団の研究」(1968b)で彼はコーディフィケーションと説明という彼の理論的アプローチを記述しているが、その論文で彼自身の「集団の研究」を説明して、彼は自分の研究を集団研究の主要な傾向の文脈のなかに位置付けている。たとえホーマンズの集団研究への貢献に異論があったとしても、彼はその相手を最後には説得できると思っている。彼の研究に対する自己「紹介」を読みたいと願う読者には、彼の集団の研究についての論評を推薦する。

ホーマンズは、彼の社会学という科学へのアプローチの要点をより簡潔に次のように要約している(1984, 354)。「たとえば、フィールド調査に具体化されているように、直観的に理解できるくらいに人間行動に精通することの決定的な重要性。概念図式の持つ組織化の有用性。カバーリング・ローの理論観。社会科学理論における人間の単一性と、行動心理学の命題(カバーリング・ロー)に具体化されているような方法論的個人主義の受容。相対的に持続する対人関係の構造の諸個人による創造。そして、いったん創造されたこれらの構造の諸個人のその後の行動への逆作用。構造もその逆作用も共に諸個人の行動よりなっている」。

アレキサンダー・ポール・ヘアー
(Alexander. Paul Hare)

参考文献

Arensberg, Conrad M., and Douglas McGregor. 1942. Determination of morale in an industrial company. *Applied Anthropology* 1, 12–34.

Bales, Robert F. 1950. *Interaction Process Analysis: A Method for the Study of Small Groups*. Cambridge, MA: Addison-Wesley.

Bales, Robert F. 1970. *Personality and lnterpersonal Behavior*. New York: Holt Rinehart & Winston.

Bales, Robert F., and Stephen P. Cohen. 1979. *SYMLOG: A System for the Multiple Level Observation of Groups*. New York: Free Press.

Barnard, Chester I. 1938. *The Functions of the Executive*. Cambridge, MA: Harvard University Press.（山本安次郎他訳『経営者の役割』ダイヤモンド社、一九六八年）

Blau, Peter M. 1964. *Exchange of Power in Social Life*. New York: Wiley.（間場寿一他訳『交換と権力――社会過程の弁証法社会学』新曜社、一九七四年）

Cartwright, Dorwin, and Alvin Zander. 1953. *Group Dynamics: Research and Theory* (Rev. eds., 1960, 1968). New York: Harper & Row.

Chapple, Eliot D., and C. S. Coon. 1942. *Principles of Anthropology*. New York: Holt.

Cook, Karen S. 1987. *Social Exchange Theory*. Beverly Hills, CA: Sage.

Firth, Raymond. 1936. *We, the Tikopia*. London: George Allen & Unwin.

Gergen, Kenneth J., Martin S. Greenberg, and Richard H. Willis. (eds.). 1980. *Social Exchange: Advances in Theory and Research*. New York: Plenum.

Hare, A. Paul. 1968. Role Structure. In *International Encyclopedia of the Social Sciences,* D. L. Sills (ed.). vol. 6, 283–88. New York: Macmillan and Free Press.

Hare, A. Paul. 1976. *Handbook of Small Group Research* (2nd ed.). New York: Free Press.

Hare, A. Paul, Herbert H. Blumberg, Martin F. Davies, and M. Valerie Kent. 1991. *Small Group Reseorch: A Handbook. Norwood*, NJ: ABLEX Publishing Co.

Hare, A. Paul, Edgar F. Borgatta, and Robert F. Bales. (eds.). 1955. *Small Groups: Studies in Social Interaction* (Rev. ed., 1965). New York: Knopf.

Hatch, D. L. 1948. Changes in the Structure and Function of a Rural New England Community Since 1900. Ph. D. Thesis, Harvard University.

Heider, Fritz. 1958. *The Psychology of Interpersonal Relations*. New York: Wiley.

Henderson, Lawrence J. 1935. *Pareto's General Sociology: A Physiologist's Interpretation*. Cambridge, MA: Harvard University Press.

Homans, George C. 1941. *English Villagers of the Thirteenth Century. Cambridge*, MA: Harvard University Press.

Homans, George C. 1946. The small warship. *American Sociological Review* 11, 294–300.（Reprinted in G. C. Homans, *Sentiments and Activities*, New York: Free Press of Glencoe, 1962）.

Homans, George C. 1947. A conceptual scheme for the study of social organization. *American Sociological Review* 12, 13–26.

Homans, George C. 1950. *The Human Group*. Harcourt Brace and Co.

Homans, George C. 1958. Social behavior as exchange. *American Journal of Sociology* 63, 597–606.（Reprinted in G. C. Homans. *Sentiments and Activities,* New York: Free Press of Glencoe, 1962）.

Homans, George C. 1961. *Social Behavior: Its Elementary Forms*. New York: Harcourt. Brace.（Rev. ed., 1974; New York: Harcourt Brace Jovanovich.）（橋本茂訳『社会行動――その基本形態』誠信書房、一九七八年）

Homans, George C. 1962. *Sentiments and Activities: Essays in Social Science*. New York: The Free Press of Glencoe.

Homans, George C, 1963. Small groups. In *The Behavioral Sciences Today,* B. Berelson（ed.）, 165–75. New York: Basic Books.

Homans, George C. 1967. *The Nature of Social Science*. New York: Harcourt, Brace, & World.（橋本茂訳『社会科学の性質』誠信書房、一九八一年）

Homans, George C. 1968a Henderson, L. J. In *International Encyclopedia of the Social Sciences,* D. L. Sills（ed.）, vol. 6, 350–51.

Homans, George C. 1968b. The study of groups. In *International Encyclopedia of the Social Sciences*, D. L. Sills（ed.）, vol. 6, 259–65.

Homans, George C. 1984. *Coming to my Senses*. New Brunswick, NJ: Transaction Books.

Homans. George C. 1987. *Certainties and Doubts: Collected Papers 1962–1985*. New Brunswick, NJ: Transaction Books.

Homans, George C., and Charles P. Curtis, Jr. 1934. *An Introduction to Pareto: His Sociology*. New York: Knopf.

Homans, George C., and D. M. Schneider. 1955. *Marriage, Authority and Final Causes*. Glencoe, IL: Free Press.（青柳真智子訳「交叉イトコ婚と系譜」祖父江孝男訳編『文化人類学リーディングス』誠信書房、一九六八年）

Leavitt, Harold J. 1951. Some effects of certain communication patterns on group performance. *Journal of Abnormal and Social Psychology* 46, 38–50.

Lewin, Kurt, Ronald Lippitt, and Ralph K. White. 1939. Patterns of aggressive behavior in experimentally created "social climates." *Journal of Social Psychology* 10, 271–99.

Lindzey, Gardner (ed.). 1954. *Handbook of Social Psychology*. Cambridge, MA: Addison-Wesley.

Newcomb, Theodore M. 1953. An approach to the study of communicative acts. *Psychological Review* 60, 393–404.

Olmsted, Michael S., and A. Paul Harte. 1978. *The Small Group* (2nd ed.) New York: Random House.

Parsons, Talcott, Robert F. Bales, and Edward A. Shils. 1953. *Working Papers in the Theory of Action*. Glencoe, IL: Free Press.

Riecken, Henry W., and George C. Homans. 1954. Psychological aspects of social structure. In *Handbook of Social Psychology*, G. Lindzey (ed.), 786–832. Cambridge, MA: Addison-Wesley.（松原治郎訳「社会構造の心理的側面」『社会心理学講座　第五巻』みすず書房、一九五八年）

Roethlisberger, Fritz J., and William J. Dickson. 1939. *Management and the Worker*. Cambridge, MA: Harvard University Press.

Rogers, Carl R. 1941. *Counselling and Psychotherapy*. Boston: Houghton Mifflin.

Strodtbeck, Fred L., and A. Paul Hare. 1954. Bibliography of small group research: From 1900 through 1953. *Sociometry* 17, 107–78.

Swanson, Guy E., Theodore M. Newcomb, and Eugene L. Hartley (eds.). 1952. *Readings in Social Psychology* (Rev. ed.). New York: Holt.

Thibaut, John W., and Harold H. Kelley. 1959. *The Social Psychology of Groups*. New York: Wiley.

Whyte, William F. 1943. *Street Corner Society: The Social Structure of an Italian Slum*. Chicago: University of Chicago Press.（奥田道大他訳『ストリート・コーナー・ソサエティ』有斐閣、二〇〇〇年）

Whyte, William F. 1948. *Human Relations in the Restaurant Industry*. New York: McGraw-Hill.

伝記と理論の成長

「他者の言葉を解説するだけの言葉」をひどく軽蔑した著者のために新しい序論を書くことは気が重い[1]。ジョージ・ホーマンズならすべてを余計なことと思うであろう。原書（original edition）に、ハーコート・ブレイス社が「二つの絶賛する序論」を載せる決定をしたのは、彼の解釈によれば、出版という冒険に少し弱気であったからであり、出版を決意したのは、ロバート・マートンの勧めに説得されたからに違いない。この新しい版に、二つの新しい序論が載せるということを耳にしたら、彼がどんな反応をみせるであろうか。それは想像するしかない。そこで、ジョージ・カスパー・ホーマンズに敬意を払って、私は「絶賛」の手前のどこかで、この序論を止めようと思う。

『ヒューマン・グループ』の成功は思いがけないことであった。ほとんどの集団と同じように、その本も偶然の出会いと非合理的な選択の結合から生まれた。ほとんどの成功した集団と同じように、その本も堅固な土台の上に載っていた。

ホーマンズはL・J・ヘンダーソンの指導を受けて、また、ハーバードの四年次生のときのヴィルフレッド・パレート（Vilfredo Pareto）の『綱要』（*Traite*）の研究を通して、社会学に取り組むことになった。その時代の社会学で教育されることなく――また、汚されることなく――、ホーマンズはパレートの仮定を受け入れた。それは、社会の研究は「科学の論理」によって導かれるべきであるという仮定であった。ホーマンズはハーバードに新設されたザ・ソサエティ・オブ・フェローズで詩人としての地位を得ることに失敗したので、大学卒業後の一年をC・P・カーチスと共同で『パレート入門』を書いて過ごした。ヘンダーソンとカーチスという二人のシニア・フェローの賛同を得て、ホーマンズは社会学者として次年度からソサエティへの入学の内定を得た。ジュニア・フェローとしての最初の一年（1934-35）は、チャールズ・マックウェイン（Charles McIlwain）の下で、英国王の戴冠式誓約を研究することによって「歴史的方法」を学習した。残りの四年の多くは二つの外見上は関係ない研究に費やされた。すなわち、国家調査委員会のための『労働者の疲労』（*Fatigue of Workers*）を書くために、エルトン・メイヨーからホーソン計画について詳しく学ぶことと、『一三世紀の英国農民』を調査することであった。一九四一年にこれら二つの本が出る前に、ホーマンズはそのソサエティを離れて、ハーバードの社会学部で講師として二年を過ごし、その後、海軍将校としての戦時任官辞令を受けた。

ホーマンズはこのような物語（story）に我慢できなかったと思われる。『ヒューマン・グループ』は、結局、そのような乱雑に見える物語に秩序をもたらす試みであった。その試みは『一三世紀の英国農民』の最終章で展開する三つの相互依存した変数のセット、すなわち、相互作用と感情と機能の導入である。『ヒューマン・グループ』が出版される前に、ホーマンズは「機能」を「活動」に置き換え、そして、「内的」システムと「外的」システムの間を区別するために境界を特定しなければならないと提案した。後に、彼は「動機」をパレートの「感情」に置き換えることができないことに気付き、その不覚を後悔しているが、一方で、誰も彼のその間違いに気が付いていないことを面白がっている。ここでは概念的な枠組（conceptual framework）がその物語を追い越そうとしている。

いかにジョージ・ホーマンズが『ヒューマン・グループ』を書くに至ったか。本を書くことは「活動」のカテゴリーに入る。それは特に孤独な活動と一般的に考えられるが、ホーマンズなら、活動の選択は相互作用と感情の両者に密接不可分に結び付けられていると論ずるであろう。この活動の起源を探るとき、私たちは実は二つの質問をしている。第一に、なぜ人は本というものを書くのか。第二に、なぜこの本を書くのか。

ホーマンズは学問上の昇進を得るために出版の必要を認識していた。他方、この本を書く中心動機は彼の英国農民の研究で導入した諸概念を結び付けることであった。その概念図式は、ケンブリッジ以来、彼が戦争によって引き離されてからもずっと心の中で改良が繰り返された。ホーマンズの船がキュラソー（Curacao）で修繕中の一九四三年の二週間、彼は『ヒューマン・グループ』の中核を形成すると思われる概念図式の概要を作った。ハーバードに帰った時、彼はそれをアメリカ社会学会誌（*American Sociological Review*）に発表した。

理論的概要の執筆は、事例を丹念に調べるという経験がもたらす大きな満足と比べると色あせたものであったに違いない。

ホーマンズはその新しい枠組みを具体的な事象に適用したいと思った。彼は大きなことを考え、社会組織についての本を書く決心をした。幸運にも、「相互作用」が干渉し、「感情」が変わり、「活動」の方向が小集団研究の分野へと変えられた。一九四六年のシカゴでのアメリカ社会学会への途上で、ホーマンズはたまたまコンラード・アレンスバーグに会った。彼は社会組織についての本を書く意図についてホーマンズに語った。ホーマンズは自身の意図は何も表明せず、彼はひそかにその方向を調整した。アレンスバーグが大きなものに取り掛かっているので、ホーマンズはその規模を改め、彼の新しい枠組みを小集団の事例研究に適用することにした。この新しい企画で研究している時に、彼はエドワード・シルズ（Edward Shils）が『小集団』というタイトルの本の出版を準備していることを知った。その時、『ヒューマン・グループ』の最初の原稿がほぼ完成していた。二回目の方向転換は実行されなかった。このように、その活動の量が興味深い感情の問題を打ち負かす。もしホーマンズがもともと小集団についての本を書くつもりであり、そして、シカゴへの列車でシルズに会ったなら、彼は社会組織の本を書くことになったであろうか。活動の量に基づく議論では「イエス」であろうが、しかし、感情に基づく議論では「ノー」であろう。アレンスバーグは古い友達であった。しかも、ザ・ソサエティ・オブ・フェローズからの古い仲間であった。シルズはパーソンズの親密な同盟者であり、そして、社会関係学部の教義である「イエローブック」（Yellow book）、すなわち『社会的行為の総合理論をめざして』（*Toward a General Theory of Social Action*）の第二の著者となったところであった。その著作に対してホーマンズは何度も、しかも大声で反逆した。シルズと張り合いたいというホーマンズの欲求が、小集団の本の競争で二着になるという恐れに勝ったであろうと思う。アレンスバーグの場合、彼との友情が彼が最初の原稿ですでに費やしていた努力より重要であったと思う。アレンスバーグは社会組織についての本を書かなかったし、シルズも『小集団』と呼ばれる本を出版しなかった。しかし、鼓舞された感情が与えた『ヒューマン・グループ』を書くという活動への影響がこの事実で弱められはしなかった。

ほとんどの活動と同様に、ホーマンズの学問上の仕事は相互作用と感情のネット（net）の中で引っ張られた。カーチスは古くからの家族ぐるみの友人であり、ヘンダーソンのパレート・ゼミで再会した。そのゼミは、疲労研究所出身のヘンダーソンの同僚、すなわちエルトン・メイヨー、フリッツ・レスリスバーガー、T・ノース・ホワイトヘッドを含む内輪の研究集団であった。相互作用と感情のウェブ（web）の増大は、第一に、カーチスとの共著『パレート入門』という活動をもたらした。ヘンダーソンやカーチスとの親密で建設的な結合は、詩人から社会学者へのホーマンズの転身をもたらした。そして、ハーバードのザ・ソサエティ・オブ・フェローズへの合格をもたらした。ジュニア・フェローとして、ホーマンズは他のジュニア・フェローのウイラード・クワイン（Willard Quine）やB・F・スキナーやコンラード・アレンスバーグやウイリアム・フート・ホワイトと親しい結び付きを持つようになった。この期間を通して、彼はまたエルトン・メイヨーとハーバード・ビジネス・スクールと付き合い続けた。

次の点が、今、明らかである。すなわち、対面的な相互作用の連鎖が拡大して、この本に出てくるすべての事例と概念を事実上結び付けた。中心的な理論的概念の源はヘンダーソンのパレート・ゼミにあった。経験的実証の強調はクワインとの議論で強化された。行動主義のヒントを最初に得たのは、スキナーとの長い夕食での対話を通してであった。後で、その行動主義が、『社会行動――その基本形態』において、ホーマンズの豊かな社会学的見解を押し潰すことになった。著者との直接的な接触を通してこなかったと思われる唯一の理論的貢献は、実は、モレノのソシオメトリーだけであった。しかし、ホーマンズが『誰が生き残るか』（*Who Shall Survive?*）を読んだのも、アレンスバーグの示唆の結果であった。アレンスバーグの機能的人類学も、一つは、彼自身のアイルランドの農民生活の事例研究という形で、もう一つは、レイモンド・ファースの『ティコピア』（*Tikopia*）論文から引用されたポリネシアの親族パターンの拡張分析で、その本に現れた。他の主要な事例を見てみると、ノートン・ストリート・ギャング団はウイリアム・フート・ホワイトの『ストリート・コーナー・ソサエティ』から、また、端子盤配線観察室はウエスタン・エレクトニック・ホーソン工場におけるメイヨー、レスリスバーガー、ホワイトヘッドの研究からきている。すべての関心と営為はほとんど対面的な相互作用にルートを持っているということを私たちは忘れがちである。『ヒューマン・グループ』は自己言及のリマインダーとして役立つ。すなわち、肯定的な感情が相互作用の結果として生まれるところに、活動が起こり、そして、この本が書かれた。

今日では、このような本が出版されることはほとんどないであろう。その事例資料はまったくの中古品である。有名な端子盤配線観察室研究もホーマンズがホーソンの調査員に初めて会ったときにはすでに完成していた。この本の多くは、すでによく語られ、そして印刷されていた事例の再叙述に向けられている。アルフレッド・クノップ（Alfred Knopf）に断られたものを、ハーコート・ブレイスが出版するだけのよき判断力を持っていたことは、社会学とその出版社の両者にとってちょっとした幸運であった。それはホーマンズに最も多くの印税をもたらした本であり、また、学者たちも学生たちもお気に入りの本であった。

ところが、『ヒューマン・グループ』はジョージ・ホーマンズのお気に入りではなかった。彼は研究生活を振り返りながら、『社会行動――その基本形態』はその前著を超え実質的に前進した本だと判断した。これら二つの本の相対的な利点を巡る論争は続いている。しかし、その理由はすべて間違っていると思われる。それは心理学と社会学の間の縄張り争いの代理となっている。一般的には社会心理学、具体的には小集団研究は、まさにこの二つの学問の交差するところに位置している。ハーバードの社会関係学部はそのギャップを橋渡しする可能性を持っていた。その新しい学部の形成が、パーソンズが示唆したように社会学と人類学と心理学との収斂化に応えようとしたものであっても、また、ホーマンズの言うように、それぞれの学部内に存在する個人的な敵対からの脱出のためのものであっても、その社会関係学部は興味をそそる結果をもたらした有益な実験であった。二〇年間、社会心理学者や人格心理学者と一緒にいながら、ホーマンズは彼らの誰とも共同研究をしなかったし、彼らの研究に頼らなかった。彼が主に接触した心理学は、社会的な心を多く持った心理学者が避けた「動物心理学者」のB・F・スキナーであった。このことは彼を「還元主義」の批判にさらした。ホーマンズはこの論争を巡る議論を誤っていると見ている一方で、論争を衝き動かしている深い感情を認めていた。心理学的還元主義は人間から意思作用を、したがって、人間性を奪ってしまうものと、多くの同時代の人たちは見ていた。しかし、彼にとっては、科学の論理が求めることは、学問の間に線は引かれるべきでないということ、また、一般命題は、その起源が「社会学的」であるか「心理学的」であるかに関係なく、引き出されるべきであるということである。

この序論を絶賛的な言葉で終わりたくないが、私は『ヒューマン・グループ』こそがホーマンズの最高の、そして、最も重要な本であったと判断を下さざるを得ない。その出版の三年前、クルト・レヴィンの夭逝によって、知的リーダーなしに小集団の分野が残された。ニコラス・マリンズ（Nicholas Mullins）が正しく論じたように、ホーマンズはこの真空を満たすものとして一番の期待を寄せられた。レヴィンが心理学者で、ホーマンズが社会学者であると言うことは、実は重要なことではなかった。彼らは小集団への関心を共有しており、さらに、重要なことは、人間の社会的相互作用の豊穣さの真の理解を共有していた。レヴィンの名前はホーマンズの自叙伝に現れない。私はこの本の脚注の一部として出てきた彼へのただ一つの言及に魅かれる。「私たちはまたK・レヴィンから多くの事を学んでいる」。活動は相互作用と感情から出てくる。もしクルト・レヴィンがあのザ・ソサエティ・オブ・フェローズの長い夕食会に現れていたなら、彼の本——また、もっと重要であるが、その後のホーマンズの研究——はどのようなものになっていたであろうか。

この本は今日警告の書として、また挑戦の書として立っている。一九五〇年、ロバート・マートンは、ジンメルの「ほぼ五〇年前の先駆的な分析」以来の小集団理解への最も重要な貢献であると論じた。その判断は時間の検証に耐えている。ホーマンズは五つの内容豊かな詳細な事例を提示し、それらを論理的に一貫した命題の鎖でしっかりとつないだ。この研究をユニークにした点は、物語（story）と分析（analysis）の結合である。彼の後の著作で、また、彼に従った「行動社会学者たち」（behavioral sociologists）の著作では、分析への関心のために、その物語の多くが犠牲にされた。『社会行動——その基本形態』への失望は、その心理学的還元主義の故ではなく、むしろ豊穣さと内容の欠如の故である。

『ヒューマン・グループ』は多様な読者に多様な教訓を教えた。社会学者は検証可能な命題の特定化の重要さを学んだ。組織行動の研究者は人を引き付ける物語の重要さを学んだ。ホーソン研究や、特にホーマンズの端子盤配線観察室やリレー・アッセンブリ検査室の物語についての語りは、ある世代の組織研究者にインスピレーションを与えた。端子盤配線観察室での生活は相互作用と感情と活動の不毛どころか実りのある関係網（web）よりなっていた。そこには一四人の希望や恐れ、友情や敵対があった。ホーマンズは工場での生産率を統制する変数間の関係を定義するだけではなく、私たちに「生産率破り」や「スピード王」や「ペテン師」が彼らの仲間の労働者によって「腕叩き」（binged）の危険にあったことを語った。彼は工場におけるインフォーマルな社会集団の発展が生産性を増大させうると語るだけではなく、ホーソン工場の大きな部門からランダムに選ばれ、隔離されたリレー・アッセンブリ検査室の女性たちが自発的に相互に誕生日プレゼントを交換し、チョコレートの箱を順に回し、必要なときには互いに「支援し合い」（carrying）始めたと語った。組織行動の分野は決して同じではない。テーラーの「科学的経営」はマックレガーの「企業の人間的側面」に道を譲った。技術が人間関係に道を譲った。たぶん、この古典の再出版は社会学や心理学や経営学の小集団研究を再び活性化することに役立つと思う。物語が分析と同じように重要であるというメッセージは繰り返し言うに値する。

リチャード・ブリアン・ポリー
(Richard Brian Polley)

註

（1）私は、ここで挙げた背景事情の情報源を示すことはしないが、この序論はホーマンズの自叙伝『正気に返る』(*Coming to My Sense*, Transaction Book, 1984)、エズラ・ヴォーゲル（Ezra Vogel）が『フットノート』(*Footnotes*)（American Sociological Association, December 1990）に書いた追悼文、そして、B・F・スキナーの『社会学における行動理論』(*Behavioral Theory in Sociology*）への序文（Hamblin, R. L. and Kunkel, J. H.（eds）Transaction Book, 1977）に負っている。

実は私の他の書物でも同じであるが、本書でも三人の偉大な人物、すなわち、ローレンス・ジョセフ・ヘンダーソンとエルトン・メイヨーとアルフレッド・ノース・ホワイトヘッドに、私の主要な知的負債を負っている。若き日に彼らの影響下にあったことは、本当に幸せなことであった。他の知的負債については以下の頁ですぐに明らかになるであろう。本書はまた特定の社会学者や人類学者のフィールド調査に大きく依存している。というのは、私は彼らの研究で暗に述べられている一般則（generalizations）を単一の概念的用語で述べようと試みるからである。したがって、当然、これらの著者と出版社に感謝しなければならない。『経営者と労働者』からの引用と図表の再録の許可に対して、著者であるフリッツ・レスリスバーガーとウイリアム・ディクソン、出版社であるハーバード大学出版に。『アイルランドの家族と共同体』からの引用の許可に対して、コンラッド・アレンスバーグとソロン・キンボールとハーバード大学出版に。『ストリート・コーナ・ソサエティ』からの引用と図の再録に対して、ウィリアム・F・ホワイトとシカゴ大学出版に。『我ら、ティコピア』からの引用と図の再録の許可に対して、レイモンド・ファースと株式会社ジョージ・アレン&アンウィンに。『ポリネシア未開社会の経済』からの引用と図の再録の許可に対して、レイモンド・ファースと株式会社ルートレッジ&ケガン・ポールに。未刊行のハーバードの博士論文「一九〇〇年以来のニューイングランドの農民共同体の構造と機能における変化」からの引用の許可に対してデーヴィド・ハッチに。最後に、論文「工業企業におけるモラールの測定」からの引用と図の再録への許可に対してコンラード・アレンスバーグとダグラス・マックレガーと『応用人類学』（現在の『人間組織』）の編集者に。本書で引用された具体的なフィールド・データは多くはこれらの資料から出てきている。他の引用や図表の使用の許可は本文の中で感謝を示している。私の考えでは、また、ある社会では、負債は債務者と債権者を裂くのでなく、彼らを親密に結び付ける。

そこで、私は重い負債を、本書の原稿を読み細かに批判してくれた私の友人フローレンス・クラックホーンとロバート・マートンに、また、出版問題で、すべてを受け入れたわけではないが、多くのよき助言をくれた友人バーナード・デボトに、また、すべての図を書き直してくれた妻ナンシー・パーシャル・ホーマンズに負っていることを心より喜んで認める。

ジョージ・カスパー・ホーマンズ
ケンブリッジ、マサチューセッツ
一九五〇年八月

生命をば、自分の尾を嚙んでいる蛇で出来ている環に喩えた古代の寓意画があるが、これは実に真相をうがっていると言ってよい。実際複雑な生物においては、生命の有機体は確かに閉じた環を作っている。しかしながら、たとえそれは順次に生命循環の完成において連続しているとはいうものの、あらゆる生命現象が同一程度の重要さをもっているものではないという意味において、この環は頭と尾をもっていると言って差支えなかろう。たとえば筋肉または神経は血液を調製する器官の活動を維持し、血液はまた今度自分の方から血液を作る器官を養っている。そこには一種の永遠運動を維持している有機的或いは社会的連帯性があって、このものは、大切な細胞の活動が変調を来すか、または停止するかして、動物器官の活動が障害され、平衡を失うまでは運動を続けている。

クロード・ベルナール『実験医学入門』パリ、一八六五年
（三浦岱栄訳 岩波文庫 一九七〇年 一四七―一四八頁）

第1章　計画と目的

なぜ集団を研究するか…新しい総合…社会学的理論…どんな種類の理論か…いかに理論は構築されるか…抽象化の問題…臨床科学と分析科学…理論構築の規則…社会科学と文学…プレゼンテーションの方法…事実の理論からの分離…必要な人間的資質

本書で、私たちは世界で最も慣れ親しんでいる（familiar）もの——すなわちヒューマン・グループ——の最も慣れ親しんでいる特徴を研究するつもりである。私たちの意味する集団とは、ある期間互いに多くコミュニケーションし合っている人々であり、しかも、誰かを介して間接的にではなく、顔と顔をつき合わせてコミュニケーションできるくらい少数の人々の集まりである。社会学者はこれを第一次集団（primary group）と呼んでいる(1)。通りすがりの偶然の出会いは集団とはみなされない。

ヒューマン・グループの研究は社会学の一部である。しかし、無視されてきた一部である。社会学は社会の科学として、コミュニティや都市や地域や工場のような大組織や全体的な国民社会の特徴や問題を考察してきた。しかし、これらの巨大なものを構成している小さい社会単位の研究は始まったばかりである。この研究の仕方は人間経験の順序に逆らっている。なぜなら人類の最初の最も直接的な社会的経験は小集団経験であるからである。幼児のとき以来ずっと、私たちは家族、子供仲間、学校やカレッジの仲間集団、クラブやチームといった小集団の一員である。成長して職についても、私たちは工場とか団体とか政府部門とかの全体とではなく、少数の人と一緒に仕事することになる。私たちはこれらの大きな社会組織の成員であるが、しかし、私たちが日常的に付き合う人々は常に少数である。それらの集団は私たちとレヴァイアサン（leviathans）の間に介在している。集団は、社会単位の中で私たちの最も慣れ親しんだものであると同時に、最も一般的なものである。この二点において、少なくともそれは他のものと同じように研究に値する。やる気さえあれば、社会学はここから出発することもできたであろう。

なぜ集団を研究するか

私たち——編集者の私たちではなく、著者と読者が一緒に学ぶ協力者としての私たち——が今ここで集団を研究する理由は二つある。一つは、その主題への の純粋な関心であり、もう一つは、新しい社会学的総合（a new sociological synthesis）を達成したいという願望である。功利主義の時代には、特に、最初の理由を強調しなければならない。もし私たちが社会行動を研究したいと思うなら、社会単位の中で最も一般的なものの研究を願うであろう。本書で、集団を研究する主な理由は、その研究に関心があるからであって、有用であるからではない。こんな話がある。英国の政治家が初めて電気モーターを組み立てた直後のファラディを訪ねて来た[2]。彼はファラディにその装置は何の役に立つかと尋ねた。なぜならそれが政治家の仕事であるから。ここで、それへの答えは二つある。一つは、「そのうちあなたはそれに税金をかけることができるでしょう」というファラディの答えである。他の一つは、「赤ん坊は何の役に立ちますか」という彼の反問である。いずれの場合も、その教訓は明らかである。偉大な科学者たちにとって、知識は将来役に立つと思われるから善（good）であったが、そのうち、それは、赤ん坊のように、それ自体が善となった。知識は力であるが、しかし、それはまた、ある人々にとって幸福である。「事物の原因を認識し得た者は幸いである」（*Felix qui potuit rerum cognoscere causas*）。私たちは「何のための知識か[3]」という質問にもはや怯えなくてもよい。私たちは何も間違ってはいない。九九の表を除いて、ものを研究するためには唯一至高の理由がある。それはその主題を放置しておけないくらい大きな関心を持っているかいないかである。結局、それは知的情熱の問題である。アメリカの偉大な理論物理学者のウィラード・ギブズ（Willard Gibbs）が彼自身の研究について「同じ願望を持っていれば、どんな人も同じ研究をすることができるであろう[4]」と言った。その強調点は願望にある。したがって、本書を書き、本書を読む主要な動機はその主題への興味であり、したがって、本書の目的は純然たる知的啓蒙である。

新しい総合

集団研究の第二の理由は、この研究を通して新しい社会学的総合を達成することである。第一世代、すなわち、コントやスペンサーの世代や、第二世代、すなわち、パレートやデュルケームやウェーバーの世代は、適切でないとしても、偉大な総合を行った。第一次世界大戦と第二次世界大戦の間に活躍した第三世代は先人たちのやり方を避けたが、しかし、先人たちの多くの示唆に従い、特定の社会集団の詳細で優れた研究をたくさん行った。そして多くの仮説がこの世代の研究の過程で出された。しかし、それは、それが出てきた資料にくっついたままであった。それらは研究対象である特定の集団だけに適用できるように記述されていた。それ以上ではなかった。それらはすべての集団に、あるいは少なくとも多くの集団に適用できるように一般化されなかった。この偏狭さ（provincialism）はその時代としては賢明であったが、現在の第四世代の社会学者は、特殊研究がもたらしたアイデアをひとまとめにし、明確にし、一般化するために、もう一度総合の必要を感じている。社会学は事実に飽食した。それらを消化する必要がある。しかし、総合の必要があるといっても、前の世代は私たちにその目的を控えめにするよう教えている。私たちは、今、社会研究の終わりのない複雑さに気付いている。多分、私たちは全コミュニティや全国民社会に適用できる社会学的総合を行うことは不可能であろう。しかし、小集団に適用できる社会学的総合を行うことは可能である。小宇宙の総合、これが達成可能な目標である。その集団は非常に小さいから、私たちはその集団のすべてを理解することができる。

社会学的理論

研究が総合的であり一般的であるということは、それが理論的であるということである。「理論研究の任務とは、実験結果を表現できる形式を提供することである」[5]とウィラード・ギブズは語った。もし「実験」の代わりに「観察」を置けば、ギブズは本書の目的を述べたことになる。それは社会学での観察の諸結果を表現できる一つの形式──唯一可能な形式ではない——を提供することである。今、私たちの手元には、人間歴史や文学の宝庫の他に、未開社会から現代工場やコミュニティに及ぶ多様な社会集団についての立派な研究がたくさんある。今仮にそれらの研究が重要でなくても、いつの日か重要となるかもしれない。なぜなら私たちの見る目は教育とともに成長し、次には、それが教育を成長させるからである。私たちの多くはそれらが綿密な観察を行い、明確な説明をしていると思う。ある研究の諸結果が単一の集団だけではなく、多くの、あるいはすべての集団に適用できるかどうかを理解するためにそれらをどのような形式で表現すればよいのであろうか。研究する事実が多くあれば、理論も多くある。総合化の諸要素は手元にある。私たちは社会科学の文献の中に広く散らばっているアイデアをひとまとめにするだけである。もし私たちが新しいことをしたとすれば、その斬新さは、何を組み合わせたかではなく、いかに組み合わせたかにあろう。ある理論研究は特殊な集団を記述している。それ故、それを完全な一般論で表現する必要がある。ある研究は挿話や暗示によってもったいぶってそれとなく語られている。それ故、すべてを誤解されないように詳細に説明する必要がある。ある研究は見事に一般的であり、明確であるが、しかし、部分的である。それ故、満足のいく全体を構成するために、多くの要素を加える必要がある。あれこれの叙述の弱点が何であれ、しかし、全体としての理論体系への収斂の兆しがある。本書はその収斂を最大限に活用し、総合化での合意や一致の生まれる方法について述べるつもりである。

人々の行動、通常、少数の人々の行動に触発されて、多くの人間文学や名言が生まれた。今手元にあるだけでも、研究材料としては十分であろう。しかし、最近まで、この膨大な量の観察は何ももたらしてこなかった。あるリーダーたち、多分、現在のリーダーより過去のリーダーたちは集団で人々を動かす大きな才能を示してきた。しかし、彼らのやり方（know-how）を人から人へと言葉で伝達することは容易ではなかった。いくつかの実用的な知恵を述べる格言はいつも相互に対立している。その理由はそれぞれの格言の限界が述べられていないからである。人はどんな場合にも、常に、自分を支えてくれる規則を見つけ出すことができる。しかし、最近まで、それ以上に進まなかった。私たちの知識は嫌になるほどある。私たちのことわざはピラミッドに刻まれている。物理学あるいは生物学における新しい事実は古い理論に収まるか、収まらないかであり、収まらないなら、新しい理論の構築が始まる。いずれにせよ、人はその上に構築できるのである。元素の周期表によって要約された古い研究と、それによって示唆された新しい研究の量について考えてほしい。しかし、アリストテレスからフロイトに至る人間行動の科学の探究家はいずれもその都度、新しいスタートを、あるいは、それと似た行動をとらねばならなかった。

その様相は二〇世紀のはじめから変化している。その理由は私たちが人間行動の体系的な理論の概要を描き、それを使用し始めたからである。アインシュタインは世界の人々に、ずっと前から知っておくべきことを、すなわち、いかなる理論も不変ではないということを教えた。古い理論が科学の新しい征服から生き延びても、それは奴隷として生き延びているのである。しかし、最も脆弱な理論でも有用さを持っている。分類のような最低次の形態であっても、理論は整理棚のセットやファイル・キャビネットを提供する。事実がその中に累積される。なぜなら放置された事実ほど失われるものはないからである。そのファイルの空のフォルダーは満たされることを求める。そのうち、その累積が、参照表を備えたもっと経済的なファイリング・システムを必要とする。そうして、新しい理論が生まれる。

しかし、社会学では期待したほどの進歩がなかった。その理由は明らかである。幹が強くなる前に、私たちは科学の高い枝を追求した。成長するための土台がなかったから、成長しなかったのである。私たちはナヴァホ族の人々にインク・ブロット・テストをした。また、カンサスの人種集団間の出生率の差異を計算した。もし私たちが通常の日常的な社会行動を研究していたなら、これらはすべて価値のある主題となったであろう。間違いないことであるが、それを私たちはまだ研究していない。社会学者は誰もが知っていることを大変な苦労をして発見する人である。あるいは、ある小説家が言ったように、社会学者は売春宿を探すために四万ドルを使う人である。これらはよく聞く受けの良い非難である。私たちは、もし陳腐なこと（commonplace）を研究すれば、そのような非難にさらされると恐れたのかもしれない。私たちはもっと自信と分別をもって、そのような恐れを忘れるべきである。実は、私たちの短所だと言うこの受けの良い診断はまったくの誤解である。慣れ親しんでいる事実を発見するどころか、慣れ親しんでいる事実ですら十分に発見してはいないのである。売春は本書で研究する行動と比べれば百万分の一の陳腐さもない。社会行動の基本的な特徴は、生活をしていれば、誰もがそれらに直感的に慣れ親しむという意味でよく知られている。しかし、それらは他のもっと重要な意味ではよく知られていない。それらが科学的な知識の体系を構築できる土台となるような方法では述べられていない。とりわけ、社会行動の異なる側面との関連が明らかにされていない。ある事実は他の諸事実との結合しだいで陳腐であったりなかったりする。リンゴが落ちるという事実は、ニュートンがリンゴと惑星が同じ運動法則に従うことを示すまでは、世界で一番つまらないことであった。本書で展開される理論的総合は、社会行動について完全に慣れ親しんでいるアイデアを——慣れ親しんでいればいるほどいい——、それと同じように慣れ親しんでいる他のアイデアとの関係が明らかになるよう仕方で述べるつもりである。私たちは陳腐なものを他と関係付けて示すことによって新奇なものとするつもりである。

本書は、したがって、二つの目的を持つ。それ自体関心のある主題として小集団を研究すること、それと同時に、新しい社会学的総合を達成すること。本書は個別的な観察結果を表現できる一般的な形式を述べようと試みるから、それは、ギブズの言う意味で、理論の本である。これらの観察には多様な種類の集団についての優れた現代の研究が含まれている。本書は、それらに忠実であることを、それらに暗に語られていることを明示することを、そして、部分的であることを全体的にすることを目的としている。そして、本書は集団行動の中で最も慣れ親しんでいる側面に意識的に集中するであろう。

どんな種類の理論か

社会学的理論の必要性について話してきた。次の問題は、私たちが本書でどのような種類の理論を作ろうとしているかである。本書の残りの部分がこの問題への解答である。今、私たちはその結果を先取りして簡単に述べることにする。第一に、集団行動は相互に依存し合った少数の要素に分析される。第二に、集団は環境の中に存続する有機的全体、あるいは社会システムとして研究される。第三に、システムにおける要素の相互関係が時間の経過につれシステムの進化をもたらすとみなされる。

多分、最も単純な集団の一つ、すなわち二人の友人についての大まかな分析で私たちの意味することが説明できるであろう。二人は相互に好意を抱いている。その理由を聞けば、彼らは共通した関心を持っているから、あるいは、性格が合っているからと答える。相互に対する情緒的感情はそれ自体では重要ではない。それは真空の中にあるのではなく、他の要因によって決定される。次に認めることは友情と他の要因との関係が双方的であることとである。たとえば、彼らは友人である。なぜなら共通した関心を持っているからである。しかし、もし私たちが人間行動のよき観察者であるなら、逆もまた真であることを知るであろう。どちらが先か。友情か共通した関心か。その答えは、どちらも先ではない。それらは一緒に満ち欠けする。私たちは本書で、二つの要因あるいは二つの要素は相互に依存していると言う。しかし、パーソナリティ、関心、友情のような感情だけが考察されるべき要因ではない。二人が会った回数をも考慮に入れなければならない。もし彼らが会い、共通した関心を持っているなら、彼らは友人となるだろう。他方、もし友人であるなら、彼らは一緒にいる機会を見つけだそうとするであろう。また、もし会わないなら、彼らの友情は衰えるだろう。しかし、短い時間に過ぎないが、離れていることがお互いの情愛を細やかにする（Absence makes the heart grow fonder）こともある。前と同じように、二つの要因、すなわち、二人が相互に抱く感情と交際は相互に依存している。しかし、「一緒になること」それ自体は重要でない。友情や共通した関心も同じである。人々はただ一緒にいるのではない。何かを得るために一緒にいる。二人の友人がキャンプに関心を持っており、北の森に一緒にキャンプ旅行をすると想定しよう。彼らの間の感情的きずなはその旅行の成功に影響されることに、私たちは気付く。もしすべてがうまくいくなら、あるいは、遭った困難を克服するなら、彼らの友情は強固になる。もしすべてがうまくいかなかったなら、彼らは相互に嫌悪感を抱くかもしれない。彼らの友情と共同作業は相互に依存している。なぜならもし作業の成功が友情に影響を与えるなら、彼らの友情――今ならモラールと言うであろう――もその作業の成功に影響を与えるからである。友情が困難を克服させ、彼らの旅行を成功させる。さらに、作業の成功は、二人がいる環境によっても一部決定される。熊が餌を食べているとか、カヌーが岩に乗り上げるくらいに川が浅いとか。そして、最終的に、この小さな集団は時間とともに変化する。あるいは、発展する。もし二人の人が相互に手を結び、共に関心のある活動に取り組み、それに成功するなら、彼らの友情は深まる。

ここでは分析をこれ以上進めない。あるいは、厳密にしない。本書の最初の方で私たちの手の内を明かしたくないからである。しかし、指摘すべき点を明瞭にするためには十分に語った。私たちは何をしたか。私たちは二人の具体的な行動を要因あるいは要素、すなわち、情緒、パーソナリティ、関心、交際、活動、これらの活動の成功に分けた。これらの要素がいかに相互に関係しているかを見た。また、いかにそれらの相互関係が認識可能な持続的な統一体を、すなわち、単なる二人ではなく、一緒に連携した二人を、すなわち、単なる個人個人ではなく、新しい種類の単位すなわち集団を作るかを見た。この単位が環境の中に存在するのを見た。また、その特徴のいくつかは環境の性質によって決定されるのを見た。そして、集団生活における多様な要因間の関係が時間の経過につれ、いかに集団を発展させ、進化させる傾向にあるかを見た。このペア分析で私たちが出会った問題は、どのような集団を分析する時にも出会う問題である。

さらに説明を進めるに当たり、特殊な集団と結び付いた叙述から、複合的全体の性質についての非常に一般的な叙述へと移りたい。社会事業家であり、人間組織の問題について最高の感性を持った著者の一人であるメアリー・パーカー・フォレット（Mary Parker Follett）は、私たちが言わんとしたことを、私たちよりもずっと雄弁に語っている。彼女は、他の人と同じように、行政管理の研究において組織化された社会的活動を研究する時には、「全体状況」を研究しなければならないと論じた。私たちは「すべての要因を必ず問題の中に取り入れる」だけであってはならない。私たちは「その状況の全体だけではなく、その全体の性質を考察しなければならない。……　私たちが状況において考慮しなければならないことは、すべての要因の一つずつではなく、それらの相互の関係である」。その関係とは、部分が全体を作るとか、要素が有機体を作るといった関係である。そして、メアリー・フォレットは「部分が全体を決定すると同じように全体が部分を決定する」と断言した。彼女は、その統一体は静態的な完成体ではなく、進行中の過程であることを認めた。すなわち、「同じ活動が部分と全体を決定する。……　織り交ざった結果である統一体ではなく、織り交ざりつつある統一体である。統一体は常に過程であり、産物ではない。……　私は、全体はその構成要素だけではなく、それら相互の関係によって決定されると言ってきた。私は、今、その全体はまた全体と部分の関係によって決定されると言う。……　全体と部分を同時に作っているのは同じ活動である」。最後に、彼女が常に語る活動や過程は新しい何かを引き起こす。何かが創出される。彼女はその考えを次のように要約した。「わたしの第一点は全体状況と関係している。第二点はその全体状況を決定する相互作用の性質であり、第三点は進化する状況である。私たちは相互的調整が単なる調整以上であることを理解した。すなわち、心理学者が『新しい何か』とか『進化での重要な時』と呼んでいるものを得るのはそこである」。多分、ここで、メアリー・フォレットから離れた方がいいと思う。しかし、あとの頁で、彼女が相互作用、統一化、創出と呼んだ三つの過程すべてに関わることになるであろう[6]。

メアリー・フォレットのような、鋭い感性を持った著者は私たちの主題のビジョンを示している。それは過程であると同時に統一体、個々別々に取れば砂のように指の間から滑り落ちるが、統合されると鋼鉄のように強くなる、そのような部分よりなる統一体である。しかし、ビジョンだけでは十分でない。行き先を知ることと、そこに行くことは別のことである。部品を一つ一つ積み上げて、集団の力動的な統一体の像を構築する。しかし、全体から諸部分を取り出すときに、私たちは全体と部分を歪めるかもしれない。「内的関係」すなわち、全体内での部分の関係についての議論で、現代哲学者の最高権威であるアルフレッド・ホワイトヘッドはその問題を明快に述べている。「内的諸関係に関して生ずる困難は、いかにしてある特殊の真理が可能であるか、を説明し難いことである。内的関係がある限り、あらゆるものは他に依存しなければならない。しかし、もしそうであるとすれば、われわれは他のあらゆるものを同じように知るまでなにごとについても知ることができない。したがって明らかにわれわれは同時にあらゆることを語らなければならない[7]」。本書の後の部分で、相互に絡み合っている全体におけるすべての結合を同時に追及できない時に、あるいは、あらゆる方向に向かって同時に進むことができない時に、絶望感に襲われることになる。しかし、ホワイトヘッドの中に慰めを得ることができる。彼は続けて「そのように考えることは明らかに間違っている。……　関係の一般図式は、それぞれの個別性を持ち、しかも同時に可能態内における関係全体を前提とするような、多数の規定された関係に分析できるものとしてあらわにされる[8]」。すなわち、全体のどれか二つの部分の間の関係についての叙述は、その叙述がそれぞれと全体との関係について何も語っていなくても間違ってはいない。ホワイトヘッドのこれらの言葉を覚えていてほしい。私たちはとにかく限定された関係を扱わざるを得ないから、彼の励ましの言葉を得ることができうれしい。それが哲学的要請であろうとなかろうと、一度にすべてを語ることは確かに学問上不可能である。

いかに理論は構築されるか

集団は環境の中で存続し進化する有機的全体として記述される。私たちはこの全体の感じをつかむだけで終わりたくない。私たちは人間でありたいし、理解したい。その全体を細部にわたって明確に構築したい。問題に取り組む方法がなければ、あるいは、退屈であっても、忍耐強く、反復的に、しかも体系的に使用できる方法がなければ、私たちはこれらの迷路できっと迷うことになろう。問題は、いかに集団の理論を構築するかである。

私たちは意味論（semantics）の説明から始める。意味論とは、言語を観察された事実に関連付ける科学である。社会学では、地位、文化、機能、発見的、個別的、方法論、統合、連帯、権威のような「難解な言葉」（big words）が好んで用いられる。観察によってではなく、これらの言葉によって研究することがあまりにも多い。あるいはむしろ、私たちは観察と言葉を結び付けることをしない。外在化する（extensionalize）[9]ことの訓練を受けていない人、あるいは、抽象度の高い言葉を口にすることを自制する習慣がなく、また、この発音しにくい語句が、誰かが観察し報告した現実の人間行動で何を意味するかを問う習慣がない人には本書は役に立たないであろう。私たちは人間行動でいったい何を見ている（see）のか。その質問は辛辣である。私たちはそんな質問はあまりしない。現概念の指示物（referents）を注意深く明らかにすることによって、私たちが見ていることを分類する単純な方法を手に入れることになる。その分類によって、私たちの目的にとって、その古い概念より適切な新しい概念のセットを獲得するであろう。

例をとることにしよう。地位（*status*）と役割（*role*）の概念を取り上げる。それらは社会科学では広く使用されている。これらは何を意味しているか。社会理論でこれらの概念に重要な位置を与えた人類学者ラルフ・リントン（Ralph Linton）は次のように言っている。「抽象的には、地位は社会行動のある特定のパターンでの位置である。……それを占める個人から区別される地位は権利と義務の集合に過ぎない。……役割は地位の動的な側面を表す。個人は社会的に地位に割り当てられ、個人は他の地位と関係したその地位を占める。地位を構成する権利と義務を実行するとき、彼は役割を遂行している。役割と地位とはまったく不可分であり、両者の区別はただ学問上の関心に過ぎない。地位がなければ役割はないし、役割がなければ地位もない[10]」。

これらの言葉を可能な限り観察した事実に翻訳してみよう。その際、一人の人がいくつかの役割を保持している――彼は父親であり、組織支部の役人であり、教会の執事であるかもしれない――という事実は考慮にいれず、ただ一つの地位、すなわち、職長の地位について考察しよう。その位置は継続して多くの個人によって占められるという意味で、職長は地位である。すなわち、個人が去ってもその位置は消えない。ある人がある工場の職長であり、私たちは仕事中の彼を観察していると仮定しよう。私たちは何を見、何を聞くであろうか。私たちは彼がパンチプレスのバッテリーを検査し、それらの機械を扱っている人々の間を行き来し、もし間違いがあれば、どこで間違ったかを指摘しているのを観察する。私たちはまた、彼が机で記録を取っているのを観察する。すなわち、彼がある特定の仕事を担当し、ある活動をしているのを見る。私たちはまた、彼がその職場で、ある人たちを相手とし、他の人たちを相手としていないのを見る。彼はある人たちの所に行き、話し掛ける。他の人たちが彼の机に来て、彼に話し掛ける。彼は上司から命令を受け、その命令をその部門の成員に伝える。すなわち、他の人ではなく、ある特定の人々とコミュニケーションしている。本書の用語を使えば、相互作用をしている。

人から人へのこのコミュニケーションはある順序で行われる。たとえば、上司から職長へ、次には、職長から工員へ。そこで、私たちは、リントンの言葉を使って、職長はコミュニケーションの連鎖である位置を占めていると言うことができる。

その工場にもっと長く留まり、耳を澄ますと、職長の仕事は社長の仕事より低く、あるいは劣るが、平の労働者よりは優れているという事実に関する言葉が聞こえるであろう。すなわち、職長の仕事は情緒的な評価を与えられる。彼はまた、職長のとるべき行動についてのいろいろな言葉を、すなわち、彼の仕える上司と彼に仕える部下の両者から来る言葉を聞くであろう。すなわち、私たちは行動の規範が表現されているのを耳にする。これらが、リントンの言う「権利と義務の集合」を構成する。それは職長の行動のあるべき姿についての観念であって、それは必ずしも現にあるものではない。最後に、もし職長の行動が規範から大きく外れると、彼の上司や彼の部下が彼を元の線に戻そうとする働きかけが見られる。すなわち、私たちは人々が他者の行動を統制するための行為を見る。

別の観察も可能であろうが、私たちの言いたいことを説明するにはこれで十分である。私たちは直接地位や役割を観察するのではない。私たちが観察していることは、活動、相互作用、評価、規範、そして、統制である。地位と役割は多様な種類の観察の複合体に付けられた名前である。あるいは、意味論の大家なら言うと思うが、相互作用のような言葉は一次的抽象である。それは単一種の観察に付けられた名前である。他方、地位のような言葉は二次的抽象である。それはいくつかの種類の観察の結合したものに与えられた名前である。二次的抽象はある目的にとっては有用であるが、しかし、別の目的にとっては致命的な障害となる。それらは私たちを分析の苦労から解放すべきでないときに解放する。ある人の地位をあたかも分割不可能な単位であるかのように語ることは便利な一種の速記のようなものである。しかし、地位をこのように考えると、私たちはその構成要素間の関係を見ることができなくなる。たとえば、コミュニケーションの連鎖での人の位置が変わるにつれ、仲間から評価される方法が変わることを見ることができなくなる。それが本書で考察する種類の観察であるから、私たちの理論に入る概念は可能な限り一次的抽象となる。少なくとも、低次の抽象化をし終えるまでは、私たちは高次の抽象を使わないつもりである。[11]

　私の言っていることは、複雑なことのように聞こえるかもしれないが、実は非常に単純である。その含意を理解するなら、それが素朴であることがわかる。私たちが人間行動を受動的に凝視していると、ある時、突然、それがいくつかの観察の種（class）に分けられることがわかる。これが私たちの意味していることである。しかし、人間行動をただ「見る」だけの人はいない。その目は決して無邪気でなく、感光性のあるものに向かう。私たちは経験と観念によって教えられた通りのものを見る。しかし、これがすべてではない。世界とその意味は常に相互に交渉している。また、仲介者としての経験と交渉している。常識の言語さえ行動の理論を意味し、たとえば、それは私たちに行為と動機を探せと言う。私たちはケーキの切り方についての考えを持っている。しかし、しばらくの間は、思考と観察の間の相互関係の微妙さについて悩むことはない。重要な点は社会科学の難解な言葉から少なくとも常識的な観察のところまで下降することである。それから、もし望むなら、私たちは再び登り始めることができる。しかも、このときは信頼できる梯子を用いることができる。

　私たちが社会行動の観察した事実を種に分け、それに名前——概念——をつけるとき、私たちの集団分析の第一歩が始まる。次章でこのステップをとる。諸概念が言及している諸事実の間の関係を体系的に考察するとき、総合化への第一歩が始まる。私はこのステップを本書の後の諸章でとるであろう。「体系的に考察する」ということで、私たちが意味していることは、事実のセットと他の事実のセットとの関係を一定の順序で考察するということである。そうする時、私たちは忍耐強く、整然と、そして、ゆっくりと歩むことになろう。もし資料の全体を抑えながら、その部分すべてに順次特別な注意を払うべきであるなら、忍耐強く、整然と、ゆっくりと歩まねばならない。もしこのような方法で私たちのデータを押さえつけないなら、それは私たちから飛び去ってしまうであろう。それにはたくさんのバネがついている。

抽象化の問題

私たちの体系的取り組みという言葉を誤解しないでほしい。それは私たちが選択して取り上げる社会生活の側面を整然と研究することを意味しており、社会生活のあらゆる側面を研究することを意味しているのではない。一つの理論で要約し得る観察結果は常に限られており、一部分である。あるいは、むしろ、理論を公式化しようとすれば、その理論は多くの観察結果を考察の外に置かねばならない。ガリレオが運動の研究で摩擦を無視したときに、彼は科学にとって重大な一歩を進めた。たとえば、彼は傾斜した平面を転がり落ちる玉の運動を記述する法則を打ち立てた。その際、玉と平面との間に摩擦が存在しないと仮定した。この理想的な状態に、完全ではないが、より近い状態で、実験を組み立てることができるという理由で、その行為は正当化された。もしこの方法を使用しなかったなら、簡潔で一般的な法則を作ることはできなかったであろう。それは事実必要な方法であるが、しかし、それが勝ち得たものは抽象的である。周知のように、摩擦は常にいかなる機械にも存在しており、実際は考慮にいれなければならない。しかし、その方法は複雑極まるものとなる。抽象化は一般化のために払う代価である。

抽象化の方法は、社会学で起こすような精神的葛藤を物理学では起こさないと思う。電子はある集団——原子——の一員である。もし私たちが電子であり、そして、人間の作る原子理論を知ったなら、私たちはその理論を面白がるであろう。丁度、教養あるヒンドゥ教徒がヒンドゥ文化の宣教用の絵を面白がるように。たとえ電子をその集団から分離する方法に人が十分に納得しても、その理論はあまりにも大雑把で、あまりにも統計的で、あまりにも単純であると思われるであろう。しかし、私たちは電子ではない。私たちは外から原子を研究している。私たちにはその理論を現実と比較する方法がない。したがって、私たちの中に精神的葛藤は生まれない。しかし、このことは私たちの社会理論には当てはまらない。私たちは自分自身の社会の内部情報を持っている。集団行動に直接慣れ親しんでいることは資産であると同時に負債である。それが資産である理由は、私たちには理論を検証するための経験があることである。それらは経験に照らしてある程度正しくなければならない。負債である理由は、人々はどんな理論にもいとも容易に口を挟むことができることである。「あなたはしかじかの点を除外している」と。彼らの言う通りである。私たちは常に何かを除外しなければならない。いやしくも理論を作ろうとする限り、そうせざるを得ない。しかし、そのような人々は私たちが取り入れたものを見ようとしない。彼らにとって、摩擦に相当する社会的なものとはその研究から排除されたものである。理論は正しくても、まだ、完全な真理でないということを、彼らは理解していない。

臨床科学と分析科学

臨床科学と分析科学との違いを理解するための好機が今である。臨床科学とは医師が患者の傍で使用するものである。そこでは、その医師は診察あるいは検査する患者のどの症状も考慮しなければならない。それ自体においても、また、病人の全症状との関係においても、それを度外視することはできない。それは複雑なものを解明する手掛かりとなるかもしれない。もちろん、彼は心の奥に一般理論を、すなわち、限られた数の生理学的要因間の関連、すなわち、一つの要因が変われば他の要因がどうなるかについての理論を持っている。これらの学説は最終的に有用であることが判明するであろうが、初めから、理論の言うままに考えてはならない。その理論は眼前の事例の重要な要因を考慮していないかもしれないし、また、彼がその要因に気付くことを邪魔するかもしれない。

実践において、私たちは常に臨床的でなければならない。分析科学は理解のためであって、実践のためではない。少なくとも、直接的には。それは特殊な状況における二・三の要因を取り上げ、これらの要因間の関係を体系的に記述する。考慮されるべき要因の数を少なくすることによってのみ、この体系的な記述が達成可能となる。それは一般的であるが、しかし、抽象的である。ガリレオが摩擦を考慮の外に置くやいなや、彼の科学は分析的となった。ここでまた、医学的な説明に戻る。

ある貧血症の記述は臨床科学である。他方、血液科学の理論は分析的である。進歩が速い時には、臨床科学と分析科学が相互に助け合っている。臨床家は分析家に何を無視しているかを語る。分析家は自分の描く絵に魅了されて、その絵を現実と見間違うから、彼らには一番厳しい助言が必要である。他方、分析家の一般化はしばしば、臨床家がどこをもっと詳しく見るべきかを示唆する。臨床家も分析家も共に必要である。片方が他方より優れているという自慢はほどほどにしてもらいたい。本書は分析の本である。しかし、この本は、その語がここで使用されたような意味で臨床的な研究に大きく依存している。そしてまた、その研究も以前の分析に刺激されている。

産業心理学と産業社会学の分野での先駆者であるエルトン・メイヨーはよく、複雑な事実群と単純な理論――作業仮説――を持つことが、単純な事実群と複雑な理論を持つことよりも優れていると言っていた。もちろん、その通りであるが、多くの社会科学者は第二の道を取ることによって身を滅ぼしている。しかし、また、人は第一の道を取っても身を滅ぼすかもしれない。人々について敏感に反応し、直感的に理解できるが、しかし、最も自明な直感的事実以外のことは伝達できない人になるかもしれない。あるいはまた、理論を持っていても、フランシス・ベーコンがもっとも実りあると思った中レベルの一般化でなく、常に最高レベルで理論化をする人となるかもしれない(12)。しかし、ジレンマは存在しないから、頑固でなければ、自由に動けなくなることはない。常に選択肢は二つ以上ある。私たちの必要とするものは、組み込む事実より複雑でもなければ、また、単純でもない理論、その事実に適合した理論である。もし一般化に躊躇するなら、私たちは一般則(generalization)も、それが示唆する観察事実も共に失うであろう。理論的総合を希求する事実群があるなら、それを止めさせる教義的立場は何もない。ラブレーの助言に従い、したいことをしよう。何はさておき、感受性だけの精神ではなく、人間となり、そして、理解しよう。

理論構築の規則

これらすべての考えは規則のセットに要約できる。経験の示すように、私たちが提唱する類の理論を作るときに、賢明にも、その規則に従っている。覚えていると思うが、理論とは観察の諸結果を表現する形式である。その規則とはつぎの通りである。

(1) まず、自明なもの、慣れ親しんでいるもの、共通したものに注目せよ。土台の確立していない科学では、これらこそ最も研究に値する事象である。

(2) 自明なものを最も一般的な形式で述べよ。科学が思考の経済となるのは、その仮説が単純な形式で沢山の事実を要約するときである。

(3) 一度に一つの事について語れ。すなわち、用語（衒学的に言えば、概念）を選ぶとき、その語が必ず、同時にいくつかの種類の事実ではなく、一つのこと、しかもただ一つのことに言及するようにせよ。したがって、いったん用語を選択したら、同じ事象について言及するときは、常に同じ用語を使え。

(4) 語る対象の数を思い切って削減せよ。「蓋然的なことは少なく、必然的なことは多く」（As few as you may; as many as you must）という規則が、あなたが考察する類の多くの事実に適用される規則である。

(5) いったん話し始めたら、最後まで止めるな。すなわち、その用語によって示された事実間の関係を体系的に記述せよ。

(6) その分析が抽象的であらざるを得ないことを認識せよ。なぜならそれらは具体的な状況の二・三の要素だけしか扱わないからである。特に実践が求められるときには抽象の危険性を認めよ。しかし、抽象を恐れるな。[13]

社会科学と文学

文学者や小説家や詩人は、いくつかの証拠が示すように、社会科学者に腹が立つかもしれない。彼らは社会科学者が彼らの縄張りに入り込んで来るのを目撃している。しかし、彼らには恐れることは何もない。いやしくも社会科学者がその仕事をする限り、彼らは厳しい規約に従わねばならない。したがって、彼らの本や論文を読みづらくするなんてことは想像もつかないことであろう。理論構築の規則はあらゆる点で芸術の規則と矛盾する。たとえば、自明なもの、あるいはそう思われるものは、作家が最も注意して避けようとするものである。まじめな会話での努力の多くが示しているように、一度に一つのことしか考えないことは人々の感情を傷付けるから、作家は一度にいくつかのことに言及する言葉を使う。彼はまた同じことに対して異なる言葉を使う。そうしなければ、多様性を欠くと言われる。同じような理由から、同じことがいくつかの異なる関連で考察されねばならないから、作家は反復してはならない。それに対し、体系的な議論は反復的であることで悪名高い。最後に、小説あるいは詩で、作家は常に、肉体的あるいは心理的な具体的状況についての生き生きした統合された感覚を喚起することに関心を持っている。そして、それでの成功が魅力の尺度である。理論は具体的な現実を解体することから始まり、そのほとんどを無視することで終わる。社会科学者は文学者と競争していないし、またできない。彼らは異なる仕事をしているからである。

プレゼンテーションの方法

本書は社会理論についての本である。その理論は、集団が有機的全体であることを示す。また、その理論は、社会的概念と社会的観察の間の関連を注意深く考察することによって構築される。これらの事実から、私たちが本書で使用するプレゼンテーションの方法が決まる。私たちは事例法（case method）を用いる。

事例法が、第一に意味し明らかにしていることは、一般理論は観察された特殊で詳細な事象から生まれ、また、それによって支持されるということである。このことから、その方法は社会学で特に有用である。なぜなら社会学はその多くの概念の抽象レベルがあまりにも高いため、観察結果との関連をなくしているからである。しかし、これでその方法についてすべて述べたことにはならない。いかなる理論的研究も事実と何らかの関係を持ち、事実を引用する。事例法を特徴付けるのは、単なる事実の使用ではなく、それが使用される方法である。通常、理論は次のような方法で事実によって立証される。社会学者が性的欲望を他の行為動機を強化するために使用しうると信じていると想定してほしい。その理論の真偽に決着をつけるためにはデータが必要である。彼はつぎのように書く。「たとえば、北アメリカの原住民は、薄着の女性の写真が購買欲を高めるために使われることに見慣れている。他方、紀元前四世紀のギリシャの原住民は女性像が愛国心に報酬を与える勝利のシンボルとして使われることに見慣れている。両事例に、論理的な結び付きは見られない」と。二つの独立した事実、すなわち、アメリカからの事実とギリシャからの事実がその理論を立証するために使われている。事実がその理論を証明している。それは正しい。しかし、それらは孤立した事実である。多くの理論は、また、多くの立派な理論はこのようにして作られてきた。

事例法は孤立した事実ではなく、関連しあった事実を扱う。それぞれの事例はある特殊な状況についての関連した情報体系を提供する。しかし、まだ、私たちが使用する方法を十分に記述しきれていない。このために、現在その方法が使われている二つの使用法を比較することにしよう。多くのロー・スクールが教育方法として事例討論を使うとき、それらは特別な目標を念頭に置いている。ある訴訟についての混乱した諸情報がその討論に持ち込まれる。それから、学生たちはその情報のほとんどを取り除き、問題を重要なものに絞り、それを解決する少数の事実を取り上げる。ビジネス経営スクールも事例によって教える。しかし、その意図はまったく反対である。学生の焦点を絞る代わりに、こちらのスクールはそれを広め、もし賢明な決定が所与の状況で達成されるべきであるなら、考慮に入れなければならない多くの要因を示すよう学生に求める。これらのスクールは学生に「全体状況」を認識させたいのである。

本書で使用される事例法はロー・スクールの実践よりビジネス・スクールの実践に近い。それは全体状況に、また、それ以上のことに関心を持つであろう。私たちはメアリー・フォレットの警告、すなわち、私たちは状況の全体だけではなく、全体の性質にも関心を持つべきであるという警告を思い出さねばならない。もし私たちが、集団の全要素がシステムにおいて他の要素と関係していることを示す集団行動の理論を作り上げたいなら、私たちが用いる資料も、その理論と同じように関連付けなければならない。もし私たちが関連性を示すべきであるなら、関連性が存在しなければならない。古典的な言い方をすれば、私たちの理論を証明するために孤立した事実ではなく、関係した事実を使用しなければならない。

私たちが計画していることは、社会行動の五つの研究を詳細に考察することである。それらはいずれも特殊な集団の記述であり、集団生活の一側面以上のものを扱っている。私たちの理論はこれらの事例から生まれるのであり、孤立した事実の群からではない。その理論はこの大量の観察結果を表現できる形式を提供する。五つの事例だけを取り上げることによって、私たちは対象範囲の広さを犠牲にすることになる。しかし、私たちは分析の密度を高めることができるし、重要な地位にあるものを手にすることができる。なぜなら私たちが使用する研究は現代社会学と人類学の最善のものに入るからである。私たちは最善のものに背かないようにするつもりである。

事実の理論からの分離

これらの事例は特別な方法で提示される。それぞれの集団は、まず、日常的な常識的な言葉で、あるいは、どの研究者も理解できるような言葉で記述される。と言っても、これらの研究を最初に行った研究者がその研究を常識だけに従って行ったと言わんとしているのではない。反対に、それぞれの研究者は十分に洗練されたアイデアによって刺激され統制されていた。言いたいことは、それぞれの研究結果をできるだけ私たちの解釈を加えないで、日常的な言い方で、本書で提示するということである。それらはただ報告されるだけである。

色々な集団の記述は元の報告よりもここでは簡単である。元の報告のいくつかは非常に長い。本書は資料集でもないし、リプリント集でもない。それぞれの集団についてのあらゆる小さな情報を入れる余地もないが、また、その必要もない。私たちの理論を立証するものも十分含まれるが、しかし、反対するものも無視してはいない。確かに、もし元の報告がどこかで不適切であれば、私たちのものもきっと不適切となろう。しかし、データのいかなる歪曲も避けるように試みている。重要な事実が落とされていると思うなら、元の報告に当たってみることはまったく自由にできる。どこの図書館にもある。一つを除きすべては出版されている。しかし、実際は、読者は重要なデータが無視されていると思うことより、些細なことまでもとり入れられていると思うことが多いであろう。社会学において事実が瑣末であるか、重要であるかは、それが当の集団の成員に対して持つ意味次第であり、それが読者に対して持つ意味には依らない。このことを読者は銘記してほしい。永遠に照らして見れば、少女が長いドレスを着るか、短いドレスを着るかはどうでもいいことであろう。しかし、もしあなたがその少女であり、パーティに行くところであるなら、それは瑣末なことではない。

各集団が日常の普通の言葉で記述された後、その記述は、私たちが展開する理論によって分析される。解釈からデータをわざわざ分離したのは、それにはいくつかの利点があるからである。懐疑的な人は、私たちの理論を受け入れたくなければ、自分自身の解釈を与えることができる事実群が提供されているから、何かだまされていると思う必要はない。しばしば言ってきたように、本書の目的の一つは意味論である。それは、私たちが社会行動で見たり聞いたりしたことと、私たちの観察を分析するために用いる概念との関連を再確立することである。もし私たちが二つを分離することから始めるなら、私たちは最後にそれらをよりしっかりと関連付けることができるであろう。私たち社会学者は、現実に見聞したことだけを報告し、その報告の後で、それの抽象的な分析をすることの訓練を受けていない。あまりにもしばしば、事実と説明が相互に混ざり合っている。その結果、私たちの思考も混乱している。私たちの方法の最後の利点は訓練である。私たちの方法が体系的に次々と事例に適用されることによって、読者は、もしそれが有用であると思うなら、読者自身が後ほど遭遇する新しい集団にそれを使うことを学ぶことができよう。

私たちの方法がいくつかの利点を持っているとしても、また、明らかな欠点をも持っている。それは、各集団が二度記述されることである。一度は観察的な報告で、二度目は抽象的な分析である。その事実を直視することにしよう。本書の主題はもともと興味深いが、その方法は三倍退屈である。提示の計画は不可避的に反復的である。その強調は、よく知られたもの、自明なるもの、瑣末なことに置かれる。そして、その抽象的な分析は、自明なものが持っていた小さな生々しさをも取り去るであろう。これは弁解ではない。これから先で遭遇することの予告である。誰も必要に対して弁解することはない。私たちはこれらの手段をとることによってのみ目的を達成できる。

要約すると、本書はヒューマン・グループ——社会学者たちの言う第一次集団——の研究である。どんな大きな（grand）社会学も集団の社会学に忠実でなければならない。本書は、多くの特殊な集団の観察結果を表現できる一般的な形式を与えようとするという意味で、理論的研究である。他の理論的研究と同様に、分析から、すなわち、具体的な観察を事実の種（kind）に分類することから始まる。しかし、分析は有機的総合への第一歩に過ぎない。集団の最終的な像では、集団生活のすべての側面が相互に依存しており、その相互依存はシステムを、すなわち、全体的構成体を形成し、また、その相互依存は創出的進化の種子を運んでくる。本書は、まず、特殊な集団の詳細な研究を報告し、それから、その発展途上の理論によってそれぞれの集団を分析する。

必要な人間的資質

最後に、この取り組みで必要とされる人間的資質について一言いわなければならない。第一に、子供の無邪気さ、すなわち、善良な少年少女ではなく、悪い質問によって会話を中断する手におえない子供の無邪気さ（innocence of *enfant terrible*）が必要である。なぜなら私たちは「私は、実際、何を見ているのか」と質問しなければならないからである。私たちが言ってきたように、これ以上に辛辣な質問はない。

私たちにはまた、複雑な事実の問題を扱うときに、知的学問の過去の経験を使うために、世に通じた人の持つ広い教養（sophistication of the man of the world）が必要とされる。メアリー・フォレットが言ったように、「ある原理が、たとえば倫理学で、すでに考え出されているのに、同じ原理が心理学や経済学や政治学や経営学や生物学や社会学で何度も繰り返し発見されている。こんなことがないようにと私は願っている。それは大変な時間の浪費である」[14]。批判的な態度は高い知識の中核である。私たちが従いたい方法の多くは物理学のような古い科学の最近の成果であることを認めなければならない。その科学の課題は、あたかもほんの少数の変数を導入することにあるかのように描くことができよう。集団の研究は先進科学ではないし、少数の変数でうまくやっていけるなどと言うことはできない。すべてのことを真似しなければならないなどと思わないで、得られる援助は何でもいただくことにしよう。

世間慣れ（sophistication）には世間慣れすべきでない時を知ることも含まれる。平均的知識人ほど流行を追う生き物はない。彼はある種の研究を唯一の従事すべき尊敬に値するものであるといつも信じ易い。たとえば、社会学のデータは量的であるべきであると、すなわち、数的な形式で表すべきであると言われる。もちろん、そうすべきである。しかし、立派な観察が、それが量的でないという理由で、捨てられるべきではない。もし社会学があまりにも早く量的であろうとすれば、社会学は多くのものを失うことになるであろう。データは、それが量的であるという理由で、他より優れているわけではないし、また、思考が数学的であるという理由で、他より論理的であるわけでもない。古い流行おくれの博物学者は目だけを使うが、彼も科学者である。それと似た方法が社会学の現段階でも非常に有用である。重要なものを量的にしても、量的なものを重要としないようにしよう。最後の強調点は私たちの前にある集団の上に置かれなければならない。最高権威の提督であったネルソン卿は、トラファルガー海戦での攻撃戦略について艦長たちに説明した後、続けてつぎのように言った。「自戦艦を敵戦艦の舷側に配置している船長は間違ったことはできない」と。同じように、集団を研究している人も、使用する方法は何であれ、もし集団に密着し、可能な限りすべてを観察するなら、大きく間違うことはないであろう。集団を解明する方法が何であれ、それを教義的な理由で除外するべきでない。わざわざ視野を狭くしなくても、私たちは大して見えていないのである。同時に、苦い経験をして学ぶ必要もない。先輩の科学はすでに、現在社会学が直面している多くの問題と戦ってきた。その解答が数学的に述べられていても、そのことでそれを無視してはならない。それがどこから来ようとも、私たちにとって手に入る援助はすべて必要である。世に通じた人はこのことを心に留め、そして、流行を超越しているのである。

とりわけ、私たちには謙遜が必要である。結局、私たちはフランシス・ベーコンの忠告を常に心に止めておかねばならない。「自然の精細は、感覚および知性の精細に幾層倍も勝っている」(15)。今までの立派な発見が私たちに教えていることは、いかに多くのことが知られずに残されているかである。「私がもっと感性豊かで、もっと理解力があり、もっと精力的であったなら、古い真理を包含する新しい真理の不思議をもつ未知の真理を発見できたであろう」。その考えは空恐ろしい。しかし、私たちはそんなに恐れてはない。本書が、集団について全物語を、あるいは、全物語のような何かを語っているととられるようなことは何も言ってないし、今後も言わないであろう。それが不完全であるのは、一部は、人間的な弱さからであり、一部は、そう意図したからある。とにかく、それは不完全であろう。しかし、もし一人の人の欠陥が他者のやる気を引き起こすなら、不完全さは創造的となるであろう。

註

（1）C. H. Cooley, *Social Organization*, 23-31.（大橋幸他訳『社会組織論』青木書店、一九七一年、二四―三一頁）

（2）多少違うが似た物語が他の科学者についても語られている。

（3）R. S. Lynd の本のタイトル。

（4）M. Rukeyser, *Willard Gibbs*, 381.

（5）*Ibid.*, 232.

（6）すべての引用は、H. C. Metcalf and L. Urwick, eds., *Dynamic Administration: The Collected Papers of Mary Parker Follett*, 183–209.（米田清貴他訳『組織行動の原理』未來社、一九九七年、二五二—二八八頁）からである。

（7）A. N. Whitehead, *Science and the Modern World*, 235.（上田泰治他訳『科学と近代世界』河出書房新社、一九六四年、一七二頁）

（8）A. N. Whitehead, *Science and the Modern World*. 239.（前掲書、一七二—一七四頁）

（9）S. I. Hayakawa, *Language in Thought and Action*, 58–60.（大久保忠利訳『思考と行動における言語』岩波書店、一九八五年、七二頁）

（10）R. Linton, *The Study of Man*, 113–4.

（11）G. C. Homans, "The Strategy of Industrial Sociology," *American Journal of Sociology*, XIL（1949）, 336.

（12）F. Bacon, *Novum Organum*, Bk. I, aphorisms Lxvi, civ.（桂寿一訳『ノヴム・オルガヌム』岩波書店、一九七八年、一〇六—一一〇頁、一六二・一六三頁）

（13）G. C. Homans, "A Conceptual Scheme for the Study of Social Organization," *American Sociological Review*, XII（1947）, 13 を参照。
本書で展開する概念の多くはこの論文で簡単に述べられた。

（14）H. C. Metcalt and L. Urwick, eds., *Dynamic Administration*, 16.（前掲書、一九—二〇頁）

（15）F. Bacon, *Novum Organum*, Bk. I, aphorism x.（前掲書、七二頁）

第2章　行動の要素

ある単一集団での出来事…慣習…概念の定義…活動…相互作用…感情…ソシオメトリー…要約…概念の有用性

本章は手ごわい章である。多分、本書で一番手ごわい章だと思う。しかし、一番いやな事はすぐにでも知っていた方が良いと思う。本章では同時に二つのことを試みる。第一に、私たちに関心のあるたぐいの一般則（generalization）をいかに手に入れるかを示す試みである。すなわち、社会的な出来事の単純な記述から、限られた数の人々や集団の行動での斉一性（uniformity）へ、最終的には、すべての集団に適用できる一般則へといかに進むかを示す試みである。第二に、これらの最高位の一般則に入ってくる言葉あるいは概念の定義を試みる。いずれわかるように、これら二つの仕事は相互に絡み合っており、一緒に実行されねばならない。

社会学の大きな問題の一つは、すべての社会科学も同じだが、意味論（semantic）である。使用される言葉と実施された観察との関係の問題である。言葉の意味は通常定義によって与えられる。偉大な意味論者の一人であるベーコン卿（Lord Bacon）が指摘しているように、定義での問題は「定義そのものも言葉から成り立ち、言葉が言葉を生み出す。したがって、個々の事例に、しかも、順序正しく個々の事例に立ち戻ることが必要である」[1]ということである。母親が子供に牛という言葉の意味を教えるために、その生き物を指差してその言葉を口にするように、言葉は最後にはそのような行為に結び付けられねばならないと、ベーコンは言いたかったのである。しかし、この種の行為は私たちには利用できない。私たちは屋外で当の集団を観察していない。したがって、誰かに集団の行動の多様な事項を指差させて概念の名前を言わせることによって、社会学的概念の意味を学ぶことはできない。しかし、次善の策をとることができる。私たちとは違って、屋外で諸集団を観察している人、すなわち、信頼できる観察者が行った集団行動の記述を取り上げることができる。私たちは彼らが見た事態を指差し、それに名前を付けることができる。その名前が概念（concepts）である。

私たちの作業は人間行動の直接的な観察を前提としている。人が質問票への解答で書いたことや、研究助手が玄関まで足を運び、そこで聞いたことはほとんど扱われない。人々が日常生活の日常的な機会で語ることや行うことを扱う。この種の事実の収集は驚くほど困難である。状況から自由になって、新鮮な目でその状況を見ることのできる観察者や、自分の存在によって人々の言動に変化を起こさせない観察者が求められる。研究対象である部族と一緒に生活し、現地の情報提供者から長々と聞いたことを、日常生活の直接的な観察で裏付ける人類学者がこの種の資料を収集しているのである。また、私たちの社会での集団やコミュニティを研究している少数の社会学者もそうである。私たちの研究は彼らの調査に依存している。ある社会科学者たちはこの種の資料では研究は困難であり不十分であると考えている。それは統計資料に変換できないし、多くの関心ある質問にも答えていないからである。彼らはそれを嫌がり遠ざける。しかし、何と言われようとも、それらは日常生活の資料（stuff）である。したがって、私たちは今それを用いて研究を始める。

ある単一集団での出来事

私たちの社会ではないが、ある社会での日常の社会的な出来事の記述から始めようと思う。この世は一つの舞台（stage）であり、そこでは、多くの場面（scene）のうちの一つが始まっている。

その部屋は低く長方形である。左の壁は閉じられたままのドアと、料理用の大きな石の炉で占められている。椅子とベンチがその炉の周りに置かれている。後ろの壁に接してテーブルが置かれており、そのテーブルの右寄りには、小さな置物を入れる飾り棚があり、その上にカラーの絵が架かっている。右側の壁には食器棚が置かれ、台所用具と瀬戸物で一杯である。その食器棚の片方の側にはドアがあり、他方の側には二階に上がる階段がある。テーブルの上の窓からは荷車が置かれている庭がぼんやりと見える。

女がドアを開け、まっすぐその部屋に入ってくる。彼女は炉に行き、炉床の灰をかき集め、火のついている灰を新しい燃料の上におき、火をおこす。それから、彼女は薬缶に水を一杯入れ、それを火にかける。薬缶が沸くと、彼女はお茶の支度をする。そうしている間にも、彼女はテーブルの上に食器やナイフ類やパンやミルクを並べる。そして、卵料理に取り掛かる。

一人の中年の男と二人の若者が入ってきて、女と二・三の言葉を交わし、椅子を引き寄せ、テーブルにつき、食事を始める。女自身は座らないで、側に立っており、男たちが求めると、食べ物や飲み物を運べるように構えている。男たちは食べ終わると、年をとった方の男が若い二人に、「では、出掛けようか」と声を掛けて外に出る。

その頃には、一人の少女がその部屋の女に加わっているが、しかし、男たちが出ていってはじめて、二人は食事の席につく。終わる前に、泣き声が外から聞こえてくる。その女は席を離れ、しばらくして、腕に幼い子供を抱いて帰ってくる。彼女はその子を抱き、あやし、それから、食べ物を与える。

彼女は、皿を洗っている少女に、バター作りのことについて話し掛ける。(2)

これ以上は必要ないであろう。この場面、あるいはこれとよく似た場面は、人類の歴史で何百万回も演じられている。もちろん、それは労働の日が始まる農家の情景である。それはアメリカの家族ではない。もちろん、この種の家族がアメリカで一般的でなくなったのはそんなに昔でもないし、今もなお、いくつかの所では存続している。それはアイルランド南西部の田舎の家族である。この家族と外観は異なるが、しかし、本質的な点ではそんなに違っていない農家が、数世紀に渡って、ヨーロッパや近東地方やインドやアメリカの多くの社会の土台を形成していた。この社会的単位は最大の人口を持つ多くの国々に特有のものである。最近二・三の所でのみ、新しい種類の家族の出現が見られ始めた。旧式の農家――もしそう呼べるなら――はまだなおヒューマン・グループの中で最も一般的である。

その場面は慣れ親しまれている。私たちはその慣れ親しまれているものから始めて、それで終わる。それができることはすばらしいことである。しかし、今、重要な点はその場面が慣れ親しまれているということではない。むしろ、このような場面が、すなわち、ある特定の場所と時間において、ある人が、ある特定の自然的環境で、多分、ある道具を用いて、ある人々と一緒に、ある事を行ったという一連の出来事の記述が、社会学の生の資料の一部であるということである。すべての科学は、過程から、ものの流れから、過ぎゆく場面から始まる。一般化は出来事に対しても適用されねばならない。しかし、そのためには、個々の持つ生気を諦める覚悟をしなければならない。それにしても、何とそれらはすがすがしいことか。「ここにある種の確実性がある。私たちがそれらをいかに解釈しようとも、また、それらが全物語を語るに不足していても、これらのことは、少なくとも、これらのことは現に起こった」と、私たちは言うことができる。

単一の出来事の解釈、単一の出来事からの一般化はほとんどありえない。解釈を避け、平板な記述的な語句で人間行動をただ報告することから、すなわちただ記述することから多くのことを学ぶことができる。それもりっぱな学問である。厳密に言えば、そのような報告も記述も不可能である。どんな名詞も何らかの背景を負っている。テーブルのような単語さえ何かのための使用を意味している。大きな意味付けだけは避けようと努力していても、いかに多くの意味付けが私たちの記述の中に入って来ているかに気付かされる。何が行われているかを知る前に、いかに安易に解釈に身をゆだねているかを知らされるであろう。

一日が始まろうとしている農家の記述は、脚本家がその劇の開幕場面をセットするときに書くような平板な記述である。その劇の筋が展開するにつれて、意味が明らかになる。年輩の女はその家族の母親と呼ばれていないし、男は父親と呼ばれていない。「母親」と「父親」は社会関係のある図式を前提としている。その単一の場面から、私たちがその種の図式を想定することはできない。まずは、男女の区別や老若の区別のような区別から始めた方がいい。同じように、飾り棚は祭壇と呼ばれていない。もしそう呼んだなら、私たちは単一の場面が語っていないことを想定したことになろう。それにもかかわらず、家族の成員間の関係図を描きたいと思っている人は、ある記述された項目に何度か出くわすなら、それらを思い出すであろう。たとえば、年輩の男は二人の若者に命令をしている。少なくとも、外に出て、その日の仕事を始めるための指図をしている。女は少女に、その日一緒に行う仕事――バター作り――を教示している。二人の女は男たちが食事の終わるのを待ち、それから座る。年輩の女は赤ん坊をあやし、一緒に遊んでいる。等々。観察者はこのような反復的な出来事から社会関係図を描くのである。

慣　習

私たちが出来事の単純な反復を、また、多様な間隔での反復を認識する時、人間行動分析での次の舞台――通常はそれが第一舞台を意味するが――が始まる。私たちの農家に戻り、次のことに注目しよう。毎年ほぼ同じ時期に、ほぼ毎日、男たちは外に出、農場で働き、ポテトを掘り出す。また、この作業で父親は息子たちの活動を指示する。女たちは家の周りで雑用をするが、農場では仕事をしない。家に年少者がいる限り、母親は食事を与えたり、泣く子をあやしたり、面倒を見る、等々である。集団成員の行動は一つの交響曲、不協和のある交響曲である。木管楽器が交響曲の声の一つであるように、それぞれ主題を持った多様な声がある。それらはいろいろな間隔で、時には静かに、時には騒がしく、時には前景となり、時には背景となる。しばしば、彼自身も声であるが、指揮者がおり、全体としての楽章では一群の声が繰り返される。交響曲を聞いている私たちは、眠たげな聴衆のように、すべての声、すべてのハーモニーを聴いているわけではない。私たちは関心のあるところだけを聴いているのである。

社会行動でのこれらの反復は、反復として認識されたとき、慣習（custom）と呼ばれる。しばらくの間、その慣習をただ事実として受け入れるつもりである。しかし、その事実が同時に重要な問題を提起していることは承知している。その問題は後の章で考察されることになる。ただその問題に気付いていることを示すために、それに簡単に触れておく。ある社会研究者は集団行動の反復を当たり前とみなす傾向にある。彼らは特定の慣習の詳細に関心を持つ。しかし、集団生活の一側面としての慣習自体には関心を持たない。ずっと以前、エドモンド・バーク（Edmund Burke）が見たように、他の研究者はさらに進めて、慣習を有用であると、時には必要であると見る。人は期待された行動の持つ大きな規則性に頼ることなしに将来の計画を立てることはできない。知識人は慣習の有用性について語ってきたが、しかし、一つの重要な問題が不問のまま残されている。すなわち、何が慣習を慣習的にするか。なぜなら慣習が変わるということはまぎれもない事実であるからである。社会に加えられている力は常に変化しているという観点に立つとき、何かが持続していると認められることは驚くべきことである。その反復は奇跡であり、普通のことではない。奇跡は、もし多く起こるなら、正に詳細に研究すべき事柄である。研究すればすぐにわかるが、孤立した慣習ほど無防備で弱いものはない。存続しているのは、単独の慣習ではなく、慣習のシステムである。人類学者はかつて「慣習の専制」(tyranny of custom)についてよく語った。あたかも慣習が社会組織を型に押し込む鋳型であるかのように語った。この見解は誤解を招きやすい。慣習は社会組織の外に、また、社会組織と離れて存在するのではなく、組織に潜在している。これらは重要な一般則である。私たちは今それらを指摘するだけであるが、ずっと後の章でそれらを立証するつもりである。その時までに、その課題を実行するための道具を得たいと願っている。

集団の通常の記述は慣習の叙述、すなわち、いろいろな場所で、いろいろな間隔で起こる人間行動の反復の叙述よりなっている。「アイルランドの田舎の人々は孤立した農場で生活している」。「ティコピア村の男たちは漁に行くときはみな一緒になって海に出て行く」。私たちの資料であり、私たちが研究に用いる本や論文はそのような言葉で一杯である。しかし、慣習の叙述が単一場面での個々の出来事を繰り返し観察したことに基づいていることを、私たちは決して忘れてはならない。また、私たちの立つ土台が変化する砂地であることを強く意識していなければならない。これを心にとめて、アイルランドの農家に戻ることにしよう。そして、その成員、特に、父親と母親と息子間の関係の記述を研究しよう。その記述は慣習の叙述である。すなわち、本章の始めの場面のような多くの単一場面での反復を要約したものである。

成長した子供は、通常、父親を農場主や仕事の親方とみなす。父親や母親や子供や、一緒に生活している他の親戚よりなる全家族集団が、ジャガイモの栽培や芝刈りや干し草作りのように、協力して労働するとき、その集団の諸活動を命令するのは父親である。もちろん、彼自身も責任の重い仕事をしている。……。

子供時代の初期では、もちろん、母親は父親より子供の意識の中で大きな位置を占めている。子供たちが話しができるようになり、歩くことができるようになるとすぐ、隣や近所の「友人」へのお使いをする。これが子供の最初の仕事である。程なく、彼は畑の父親のところへ食事を持って行ったり、すぐ近くの店に買い物に走るようになる。七歳になり、初聖体が終わるまでは、彼の場所は女たちと一緒に家の中にあり、彼の労働は大して重要ではない。初聖体後、六あるいは七歳で、彼は兄たちの仲間に入るようになり、また、父親や近所の男たちと接触の多い雑用をするようになる。……。しかし、堅信礼が終わり、学校を卒業する（一般に同時）までは、彼は完全な男の仕事はしない。その仕事をするようになっても、すなわち、大人となり、農場仕事の重要な課題の多くをするようになっても、父親が死ぬか、あるいは、結婚で彼に農場が譲渡されるまでは、息子は父親の命令を避けることはできない。……。

その父親がその「少年」の全活動を統制していると言っても過言ではない。それは彼らの仕事に限られていない。実際、父親は終審裁判所であり、そこがあらゆる場での行為の規範からの逸脱に対する罰則を執行する。慣習と法の範囲内で、彼は懲罰を実施するための全権を持っている。体罰はアイルランドでは過去のことではない。特に、子供が発達段階の中間段階、すなわち、七歳から思春期までの間、体罰が全盛を振るう。

これらの時期において、その特徴的な父親と息子の間の関係が村落コミュニティの中に発展してくる。息子は、以前の同情と甘えの愛情的な内容が支配的であった母親の独占的な統制からの別れを経験し、はじめて、父親や年配の男たちと接触することになる。しかし、その移行は完全ではない。学童期には発展の中断がある。その時期には、男たちの労働への参加や父親との関係が効果的なパートナーシップへと発展する可能性が少ない。真の関心の一致が起こるのは、堅信礼と卒業後である。その時、はじめて、特に、農場労働で、彼の接触は父親と他の年配の男たちに限定され、毎日の活動はすべて彼らとともに行われる。

この事実が、感情的なことに関して言えば、父親と息子との関係を大きく色付けする。ここには、少なくとも理念的には、他の集団での関係を特徴付けている親密な仲間関係や親密な思いやりはない。そのような関係が存在すれば、それこそ小さな農場主たちにとっては驚くべき話題となる。それに代わって、多分必然的に、尊敬が際立ってくる。それは、喫煙や飲食の禁止、あらゆる肉体的接触のような行為の禁止として表現される。それはどのような小農場家族にも容易に観察される。これに生涯にわたる服従が伴う。それは父親である農夫と息子が利害の強力な一致を形成できる分野――農場作業――でも緩められない。経験を積んだ熟練した恩師や講師への教え子の誇り、また、指揮をとる船長への船員の誇り、価値ある腕のいい後継者や労働者への上司の誇り、このような大きな相互的な誇りの出現を阻止するものは何もない。他方、その関係の中に形成される行動内のあらゆることが、親密な相互的な思いやりの成長に不利に作用する。結果として、対立が起こったときには、そのような状況につきものの敵意がしばしば非常に強く現れる。……。

他方、母親と息子の関係は非常に違った内容をもっている。父親と息子の関係のように、その関係も何年もかかって生まれたものである。そこにも、息子の側の服従的な地位の保持という類似した特徴がある。農場労働では、少年は完全に大人になって男たちの労働に完全に移っていっても、母親の指揮に従う。しかし、そのような服従にはまったく異なった感情的歴史がある。その関係は子供がはじめて、しかも最も早い時期に入った関係である。それは生活の最初の数年間は非常に緊密で親密で包括的である。子供の経験はそれから徐々に兄弟、姉妹、最後に、その世帯の年取った男の成員へと広がる。

七歳までは、いずれの性の子供も母親の忠実な仲間である。もし家族が大人数なら、年長の子供が、通常は姉が、母親の役割の多くを譲り受けるであろう。しかし、母親は常に側にいる。女が家の中や畑で働くときには、子供を側に置いている。家の中では、子供は火の側の幼児用寝台の中か、床の上で遊んでいる。しかし、目の届く範囲内である。子供は母親から、愛情のこもった言葉や、忠告や、励ましを一杯受けながら、話すことを学習する。女の仕事はいつも子供と一緒である。慣習は彼女の気遣いを制限も邪魔もしない。彼女は子供が喜ぶように世話をし、食べ物を与え、着物をきせる、等々。彼女は子供に毎日のように、多様な状況でいくばくかの上品さと謙遜さと善行について教えながら、子供の上に、絶え間なく制限と統制を加える。

彼女の行う統制は父親の統制とは種類が違っている。彼女は案内人と仲間を兼ねている。彼女の権威は賞賛をもたらし、説得であり、愛情を感じさせる場合がほとんどである。重大な規律違反が彼女の抑制力よりも大きな力を必要とするときのみ、あるいは、最後の権威への訴えが必要なとき、父親がその役割を行使し始める。特に、思春期前では、農夫の父親は懲戒的な力として子供に認識されている。激励よりむしろ権威や尊敬や家庭外の関心や義務の押し付けが障壁となって、親密さが生まれることを難しくしている。

堅信礼の後でも、子供と母親との関係はそんなに弱くはならない。実は、彼は男として自信を持つようになり、女性の関心や仕事を軽蔑するようになっても、父親のあまりにも身勝手な権力行使に対して母親の保護を求めることもできるし、まだなお、求めるに違いない。家庭争議では、母親は外交的で調停的な役割をとる。彼女の仲介的な位置から、親の権威と子供の服従における亀裂を修復するために、彼女は彼女自身と息子との間の最強のきずなに頼ることができる。

農家経済での息子の全活動が父親の指揮下にある数年の間も、母親は変わらず慰めの源であり、食物を準備する人である。また、彼女は息子の幸せをいつまでも心配している。そのきずなが壊れるのは息子の結婚の時である。……　もし子供が農場を離れて、別の人生の道を歩まなければならなくても、その親密な関係は維持される。人が家に帰るとき、それは母に会うためである。つねに文通を続けようと試みる。異郷にあっても、そのきずなは深い感情的な望郷として生き長らえる。(3)

私たちの主な目的に向かう前に、横道にそれていくつかの準備をしなければならない。この引用文は三人の間の関係、と言っても、愛情物語の月並みの三角関係ではなく、ある地方での父親と母親と息子よりなる三人関係を記述している。その関係のパターンは明らかに目立っている。その理由は、アメリカの家族ではなく、アイルランドの家族の記述が選ばれたからである。アメリカ家族は私たちによく知られているが、しかし、そのパターンはそんなに特徴的ではない。アイルランドの家族では、母親と息子の関係は温かい愛情ある関係である。父親と息子との関係は尊敬の混じった敬服（admiration）の関係である。これらの関係はアイルランドで特別というわけではない。興味深いことは、そのパターンが世界中の農家や他の家族に繰り返し頻繁に現れていることである。これらの関係は必然的ではない。息子なら母親を愛すであろうということは、私たちは「自然的」と思いたくなるが、そんな単純なことではない。彼が母親を愛するのは、彼らが一緒に行った反復的な出来事、数千回も反復した出来事が、ある特定種のものであったからである。子供時代の初期から、彼女は子供の世話をしている。しかし、もし彼女の行動が変われば、その感情も変わるであろう。同じように、息子の父親に対する感情は、農作業で何度も繰り返される出来事における父親の息子への統制を特徴としている。もう一歩進めて言えば、二つの出来事——母親と息子の関係と父親と息子の関係を決定する出来事——はその世界の他の出来事から切り離すことはできない。それらは、環境の中に生き延びていくために営まれている農作業での分業と権威の位置に関係している。

私たちが「子供」「彼の母親」「彼の父親」という用語を単数で使用していることで誤解しないでほしい。これらは「子供たち」「母親たち」「父親たち」のための省略表記である。人類学者なら、上の引用文はアイルランドの田舎の人の慣習について語っていると言い、統計学者なら、その文章は、ある期間にわたる、ある数の集団――アイルランドの農家――のある種の平均を表していると言うであろう。その統計学者は、さらに、その文章の欠陥を「標本」と「母集団」の間の関係、すなわち、直接観察された集団の数と、その平均が有効とされる行動を行う集団数との関係について語っていないところにあると指摘するであろう。また、平均からある程度逸脱した行動を行う集団数――少しはあるはずであるが――についてこれらの文章は何も伝えていないと、彼はその欠陥を指摘するであろう。その叙述に量的な含みがあるが、しかし、それだけではそれらが量的に信頼できると外部の者に判定させることはできないと、彼は言うであろう。彼の批判は当たっている。その批判への応答は、ただ新しい質問を提起することによって可能であると思う。すなわち、彼がそのほしい類のデータを得ようとすれば、人、時間、お金に関して、いったいどれだけの労力が必要となると思うかである。人も時間もお金もすべて限られているときに、この種のデータを得ようとすれば、信頼性は劣るとしても、広い領域の集団行動のデータを得ることが非常に難しくなるのではなかろうか。これらは科学的道徳の問題ではなく、戦略の問題であり、広い意味で経済の問題、すなわち、今のお金で最大のものを得るという問題である。それらの問題自体が量的な回答を求めている。そこで、最後に、別のもっと鋭い質問を出したい。統計学者が信頼できると考えるデータを得ようと渇望するあまり、社会科学者は容易にこの種のデータが確保できる問題だけを取り上げるようになり、他の理由で関心を持っている問題を捨てることになるのではないか。もし私たちが私の欲するものを得ないなら、科学の構築を可能とする土台となるものが得られないのではないか。この質問に統計学者は応えてほしい。私たちはこれらの質問を心にとめておくことにしよう。なぜなら私たちが研究に用いる資料の多くは統計学者が欲した類のものでないからである。

概念の定義

今までの私たちの作業を振り返ってみよう。単一の集団内での出来事の平板な記述から始めた。それから、不特定の、しかし限られた人数の集団、すなわち、アイルランドの田舎の人々の家族の慣習の叙述へと進んだ。次のステップは長くなる。事実、それは本書の残りの部分を占める。私たちはいくつかの仮説（hypotheses）を提示する。しかし、それらは仮説に留まるであろう。なぜならそれらを提示するだけで、証明しないからである。その仮説は、世界中の無数の集団での社会行動の側面のいくつかを要約するものである。今これらの仮説が何であるかを語ることは余計なことだと思う。なぜならすぐにたくさん目にすることになるからである。私たちの仮説のような高度の一般性を持つ仮説を公式化する前に、特にしなければならないことがある。仮説に出てくる小数の概念を定義しなければならない。対象を指でさして、概念を口にすることによって概念を定義することはできないけれど、次善のステップをとることができる。私たちは上述のような文章を考察し、その中に出てくるある言葉を指摘し、その言葉が言及している社会行動の側面に共通したものがあるかどうか自問することができる。そして、もし共通したものがあるなら、この共通要素に名前を付ける。その名前が概念である。私たちが自分に都合のいい文章を書いてそれに名前を付けることもできよう。しかし、それでは、自分で作った問題を自分で解くようなことである。私たちが引用したような、他人の文章の一節を使うことの方が、ずっと説得力がある。

活　動

それでは、この引用文の中の特定の単語や成句を見ることにしよう。最初に、次のような単語を見よう。ジャガイモを栽培する、芝刈りをする、干し草を作る、体罰をする、喫煙する、飲食する、餌を与える、服を着る、世話をする、遊ぶ、座る、歩く、話す、初聖体、堅信礼。さらに、その引用文から、そのような単語をもっと多く、また、労働や活動のようなもっと一般性のある単語を挙げることもできよう。それらに共通点があることに同意しよう。その際、その共通点が重要であるかどうかという問題には関わらない。それらはすべて人々の行為に言及している。自然的環境で他の人と一緒に道具を用いて行う労働。もっと正確でありたいなら、たとえ会話や儀式のような動きの重要さはそのシンボリックな意味に依存していても、これらすべての単語は結局人の筋肉の動きに言及していると言うことができる。私たちはそれらが共通して持っている特徴を社会行動の要素（*element*）と言う。そして、単なる表示札（ticket）として、それに名前を付ける。もし行為（*action*）に一般的過ぎる意味が与えられていなかったなら、それを行為と呼ぶこともできよう。あるいは、もし働き（*work*）に自然科学で特殊な意味が与えられておらず、また、社会学における意味と類似したものが与えられるなら、働きと呼ぶこともできよう。しかし、これらそれぞれの代わりに、私たちは活動（*activity*）と呼ぶことにする。そして、それを社会集団研究のための分析概念として、日常の会話で使われているとまったく同じように、使用する。

私たちは活動を要素と呼ぶ。しかし、それが行動の究極の分割不可能な原子であるということではない。あるものをいくつかのクラスに分けるために選んだクラスの一つである。もちろん、それを他の大雑把でない方法で分けることもできるかもしれない。私たちはそれを要素と呼んでいるが、その理由はその語の曖昧さが私たちに動き回れる空間を与えるからである。何よりもまず認識しなければならないことは、活動は物理学における温度のような変数ではないということである。それに単一の連続した数値を与えることはできない。代わりに、活動の多くの側面を測定する。ある種の活動、たとえば、工場労働の産出高（*output*）あるいは生産率を測定できる。時には、活動の効率（*efficiency*）、すなわち、産出に対する投入の関係を測定できる。私たちは、また、ある活動と他の活動の間の類似性（*similarity*）の度合いを指標として使うこともできよう。等々である。これらは真の変数である。少なくとも可能性としてそうである。なぜなら私たちは、調査のすべてで、それらに数値を与えることはできないからである。後の諸章で、私たちが活動について語るとき、どのような変数を考慮しているかを確認しなければならないであろう。

相互作用

研究で用いている引用文に戻り、次のような表現を見ることにしよう。その少年は兄たちの仲間に入る。彼は父親と接触することが次第に多くなる。彼は決して父親の命令を避けることができない。彼は大人たちの仕事に参加する。彼は母親の仲間である。彼は母親に会いに行く。等々である。これらの語句が共通して持っている要素は多かれ少なかれ他の要素と混ざり合っている。なぜなら私たちの言語では一つの単語が一つのはっきりした考えを述べることは滅多にないからである。たとえば、「誰かに会いに行く」という句で、会う（*see*）という単語は何を意味しているか。そこには共通した要素がある。それは人々の間での純粋な相互作用という考えであるように思われる。それは彼らの相互作用で交換されている特定の活動とは別である。ある人の単位活動が他の人の単位活動に続いて起こるという事実に、あるいは、別の言葉で表わすなら、ある活動が他の活動によって刺激されるという事実に言及する時、私たちは相互作用（*interaction*）に言及している。その際、これらの単位活動が何であるかは問わない。私たちは相互作用を社会行動の要素としてとらえ、以下の諸章でそれを分析概念として使用する。

　他の行動要素から分離して、相互作用だけを考えることは難しいと思うが、しかし、本書ではそうしなければならない。実は、私たちの日常の思考で、あまり意識していないが、それを分離していることが多く見られる。私たちが「トムはハリーと連絡をとった」とか「トムはハリーと接触した」とか「トムはハリーの仲間の一人であった」と言うとき、私たちは彼らが取り交わした言葉や、彼ら両者が参加した特別な活動について話していない。その代わりに、私たちは接触あるいは付き合いの純然たる事実について話している。多分、相互作用のもっとも単純な例は、鋸の両端を持って大木を切っている二人の男であろう。これも注意深く調べれば結構複雑である。二人が相互作用しているとき、私たちは二人が鋸を挽いているという事実には言及しない。私たちの用語では、鋸を挽くことは活動である。私たちの言及する事実とは、一人の人が鋸の片方を押すと、片方が引くという事実である。この例では相互作用は言葉を含んでいない。相互作用は言語的コミュニケーション、あるいは他のシンボリックなコミュニケーションを通して行われることが多い。しかし、軍隊で人々が命令系統について語るとき、あるいは、ビジネスで人々がどの職員がどの職員に報告するかを問う時、彼らは、コミュニケーション自体や、あるいは、コミュニケーションを必要としている活動よりむしろ、コミュニケーションのチャンネル――相互作用の連鎖――について話している。

　いくつかの変数が活動概念の下に含まれるように、いくつかの変数が相互作用の下に含まれる。私たちは相互作用の頻度（*frequency*）、すなわち、一日あるいは一年間に、人が他の人と相互作用した回数、あるいは、集団成員が互いに相互作用した回数を研究する。私たちはある人の活動時間の量、たとえば話している時間量と話し相手の活動の継続時間（*duration*）の間の割合を測定できる。あるいは、相互作用の順序（*order*）をも研究できる。誰が行為を始めたか。相互作用の鎖はどこから始まり、どこに行くか。もしトムがディックに提案するなら、ディックはその提案をハリーに伝えるか。[4] ここでも、私たちは相互作用の変数のどれについて話し、話してないかを時々確認しなければならないであろう。この要素は非常に正確でかつ明確に観察されることが多いから、この要素は、ある気質の人々にとって、魅力あるものとなっている。

私たちが諸要素の最初のものを活動と呼んだ時、私たちは自明で適切な語を使用したと思う。しかし、第二の要素を相互作用と呼ぶ時、私たちは、身近な語が手元にあり、不必要なのに、わざわざ不慣れな語を使ったのではないだろうか。なぜ相互作用よりむしろコミュニケーション（*communication*）と言わないのか。私たちの応えはこれである。コミュニケーションという語はある意味で一般性に欠けるし、また、ある意味で特殊性に欠ける。人がコミュニケーションについて考える時、言葉でのコミュニケーションを考える。しかし、ここでは、私たちは相互作用の中に言語的なコミュニケーションと非言語的なコミュニケーションを含めている。その上、コミュニケーションという語は日常の会話ではいくつかの異なる方法で使用されている。それは、ある時は、メッセージの内容、信号、伝達される「コミュニケーション」を意味し、ある時は、人々が「コミュニケーションの方法」と言う時のように伝達の過程自体を意味し、ある時は、伝達の内容あるいは過程を離れ、人が他者とコミュニケーションしているという純然たる事実を意味する。これら三つの内の最後のものだけに私たちは相互作用の名を与える。また、その語に慣れ親しんでいないことが、その意味が特別であるという事実を強調してくれるであろう。にもかかわらず、混乱する恐れがない時には、相互作用の代わりにコミュニケーションという語を使う。そうすることにより、私たちの用語が奇異に聞こえることはなくなるであろう。

感　情

再び私たちの引用文に戻り、語や成句のもう一つの組を考察することにしよう。愛情の感情、同情や甘えの愛情的な内容、親密なおもいやり、尊敬、誇り、敵意、感情の歴史、軽蔑する、感情的望郷。私たちはその引用文に容易に入ってくると思われる飢えや渇きのような語句も適宜これらに加えることができよう。これらの語が共通して持っているものは何か。多分、私たちが最大限言えることは、大したことでないかもしれないが、それらの語がすべて人間の体の内的状態に言及しているということである。素人や専門の心理学者はこれらの状態を色々な名前で呼んでいる。動機、情動、情感的状態、感情、態度などと。ここでは、私たちはそれらをすべて感情（*sentiment*）と呼ぶ。その主な理由は、その語が他のものよりあまり特殊化されない意味で使用されているからである。そこで、私たちは感情を社会行動の要素と言うであろう。

私たちが感情と呼ぶことにしたすべての出来事に注目してほしい。それらは怒り、飢え、渇きから、人に対する好き嫌い、行為の承認不承認のような非常に複雑と見える心理状態までに及んでいる。心理学者ならきっと区別したと思われる心理的状態をこの語で一括している。私たちの感情という概念の採用は、私たちがそれを用いて行うことよってのみ正当化される。したがって、ここしばらく、正統からの逸脱に対する寛大さを切に願いたい。

私たちが今考察しなければならない問題は、重要と思われないかもしれないが、行動主義者が最初に提起して以来、繰り返し形を変えて出てくる問題である。私たちは活動や相互作用は見る（*see*）ことができる。しかし、もし感情が肉体の内的状態であるなら、私たちは同じようにそれを見ることができるであろうか。確かに人は飢えを感じるとか、誰かが好きであると言うであろうし、また、日常生活で、もし私たちが誰かと付き合っているなら、その人がその感情について語ることに注意を払う。しかし、主観的な判断は信用できない出来事であり、それを用いて研究はできないと、社会科学者が信じても許されるであろう。それらは信頼できない。すなわち、私たちは二人の人が同じ環境で同じ判断に達するかどうかわからない。信頼性が科学構築の土台となる岩である。ある科学者たちは、心理学においても社会学においても、主観的な判断にまったく注意を払うことなしに重要な一般化を達成できると信じている。そして、彼らは私たちに問う。私たちが感情として指摘できるもので、活動や相互作用の下にすでに包含されていないものがあるかどうか。それは独立して観察されるか。たぶん、ある動物では、激しい感情は独立して観察されるであろう。犬や猫では、痛みや飢えや恐れや怒りは、測定可能な肉体の変化、特に、内分泌腺での変化に顕著に表れる。(5) これは人間にも当てはまると私たちは仮定する。しかし、それを容易に測定する方法は少ない。友情のような、ここで多く研究対象とされる穏やかな感情に対して、どれだけ肉体的な変化が起こるかわからない。感情と一組の内臓的変化は一体であり、同じ出来事であるというジェームス・ランゲ説をあまり推し進めることはできない。感情が必要と思われる時、健全な人間は内臓的変化の起こる量を少なくするように反応する。それが適切であるなら、身体は行為に向け動員され、そして、単なる感情的変化を減少させる。

科学は完全に常識に別れを告げることもできるが、しかし、そうするのは、今はっきりとした利益がある時だけである。生物学的方法は特殊な環境でのみでしか使えないから、感情を観察するための正確な方法はない。だからと言って、日常的な実践を放棄して、得るものはあるのだろうか。むしろ多くのものを失うことにならないだろうか。ところで、日常的な実践とは何か。人がどのような感情を感じているかを決定する時に、私たちはその人のかすかで消え入るような声、顔の表情、手の動き、体の動かし方に注目する。また、これらのことを全体の一部としてとらえる。その全体の中で、あるサインの前後の状況は他のすべてのサインによって構成される。ある全体から他の全体への物理的変化は大きくないという意味で、そのサインは軽微であるが、全体間を区別し、それらに違った意味を割り当てることができるという意味で、そのサインは軽微ではない。それが私たちのすることである。これらの全体から、私たちは身体の内的状態の存在を推測し、それらを怒り、苛立ち、共感、尊敬、誇り、等と呼ぶ。とりわけ、人々が感じていることについて語ることから、また、これらの言葉が私たち自身の感情の中に起こす反響（echo）から感情の存在を推測する。私たち自体、彼らが何について話しているかを認識できる。人間の心の秘密を綿密に調べた人は皆、これらの指標が時にはいかに誤解を招き、曖昧であるかを、また、いかに人は自分のしていることを知らずに、憎しみを意味しながら愛を語り得るか、あるいは両方一緒に意味しながら愛を語り得るかを知っている。しかしながら、私たちは推測に基づいて、また、他者の感情の診断に基づいて行為する。だからと言って、私たちが必ず非効率的に行為しているわけではない。本書で、私たちはいかに毎日の社会的な経験の諸要素が相互に関係しているかを学ぼうとしている。その経験の一部——感情は一部である——を無視することが合理的であると言えるのは、それに代わるもっと良い観察をなし得るときだけである。ある科学にはもっと良いものがあるが、私たちの科学にはまだない。

私たちは現実的な論議で終わることになろう。本書は、その意図の一つとして、現代のヒューマン・グループのフィールド研究に潜在している一般則を取り出そうとするものである。それらの研究を行った人たちが愛情、尊敬、誇り、敵意の感情のようなものを推論し、名付けることができると思ったなら、私たちは彼らの推論を用いて何とかやってみるつもりである。もちろん、私たちの理論よりも進んだ理論を作るにはもっと正確で信頼のできる観察を待たねばならないということを、私たちは常に念頭に置いている。いかなる理論もそれが扱っている事実以上に精巧にすることはできない。

感情の要素のもとで、いくつかの異なる種類の研究がなされうるし、また、なされてきた。多分、もっともよく知られた研究は、人々の回答を求める質問票を使って世論調査員や態度測定者によって行われたものであろう。特に彼らが行為への提案や公職への候補者に対して賛成する人の数（*number*）、あるいは反対する人の数、あるいは好きな人の数、あるいは嫌いな人の数を見つけ出そうとするとき、彼らは少なくともこの要素の下での一つの変数を研究している。彼らはさらに進んで、何人の人が賛成するか反対するかだけではなく、彼らがそうするときの確信度（*conviction*）をしばしば発見しようとする。彼らは正しいと確信しているか、少し確信しているか、未定であるか。世論調査員はまたその当該感情の密度（*intensity*）を発見しようとする。すなわち、人は知的に何かに反対していても、まだ、それについて強く感じていないかもしれない。彼の情緒は深く喚起されていないかもしれない。

ソシオメトリー

特に、私たちの観点から関心のあるのは、J・L・モレノ（J. L. Moreno）によって開発され、彼によってソシオメトリー（*sociometry*）と名付けられた相互に対する人間の好き嫌いを研究する方法である。[6] ニューヨーク州のハドソンにあるニューヨーク州立女子教護学校はかなり大きなコミュニティであったが、しかし、少女たちは単一の大きな施設下ではなく、いくつかの小さな寮で生活しているコミュニティであった。モレノがその学校で研究を進めているとき、彼はつぎのように自問している自分に気付いた。少女たちが仲良く生活するために、また、寮の作業や寮の管理を楽しく効果的に行うために、私たちは少女の所属をどのように決めたらいいだろうかと。そこで、彼は非常にはっきりした手順を取る決心をした。彼は少女に、誰と一緒に住みたいか、誰と一緒に仕事をしたいかと尋ねることにした。特に、彼はそのコミュニティの少女すべてを一緒に呼び出し、鉛筆と用紙を与えた。それから、テストを行った。それは後にソシオメトリック・テストと呼ばれるようになった。彼は少女たちに次の質問に答えるように求めた。

あなたは今管理当局から与えられた指示に従って、ある人と一緒に寮に住んでいます。同じ寮にあなたと一緒に住んでいる人はあなたによって選択された人ではありません。また、あなたも彼女らによって選択されていません。あなたは今同じ寮に一緒に住みたい人を選ぶ機会を与えられています。今、同じ寮に住んでいようがいまいが、何らの制限なしに、このコミュニティの個人を自由に選択できます。一緒に住みたい人を、住みたい順に一、二、三、四、五と書き出しなさい。よく周りを見て、決心しなさい。あなたが選択する人は多分同じ寮に一緒に住むように配置されることを念頭に置いてください。(7)

モレノは同じ質問を嫌い（dislike）についても行った。そのテストについての議論で、彼が主張したことは、もしテストを受けた人がその選択が重要な変化をもたらすと信じなければ、その結果は無意味であるということ、また、彼女らがそう信じられるためには、次の二つの条件が満たされていなければならないということであった。第一に、人は真空の中ではなく、ある一定の状況の中で他者が好きになる。そして、もしその状況が変わると、その好意も変わるであろう。したがって、好き嫌いの選択はある一定の基準に従ってなされるに違いない。ハドソンでは、少女たちは誰と一緒に生活したいか、したくないかと聞かれた。第二に、そのテストを行った人は、その結果を実行に移す権限を持っていなければならない。彼はそれについて何かを実行することができなければならない。ハドソンにおいて、モレノは相互に好きな少女を同じ寮に割り当てることのできる権限を持っていなければならなかった。

その二つの条件は滅多に満たされない。したがって、ソシオメトリック・テストは社会学における活動や調査での普遍的な武器ではない。それが使用可能なときは、非常に有用であろう。ソシオメトリック・テストの結果はハドソンでは相互に好きな少女たちを同じ寮に割り当てるときに使用された。管理者はモラールが向上したと信じた。用語を適当に変えて、そのテストはまた不況期に、コミュニティを再安定化する計画に使用された。そのとき以来、それは多くのいろいろな状況で使われるようになっている。

しかし、私たちは社会的行為にソシオメトリック・テストを使用することに直接的な関心はない。私たちが関心を持つのは、ある環境下で使用される、対人的な感情の地図を描くための方法としてのそれである。ある観点からすれば、その結果は大雑把であるが、しかし、その結果を他の方法で得ようとすれば、長期に渡って行われる集団の直接的な観察とその成員との面接が必要となったであろう。結局、そのテストは経済的である。それは二人間の関係のいくつかの主要なタイプを明らかにすることができる。相互好意あるいはモレノの言う相互誘引、相互嫌悪あるいは相互反感、片方での誘引と他方での嫌悪、片方での誘引あるいは反感と他方での無関心すなわち非選択、最後に、相互無関心。これらの関係に対して適当な記号を使いながら、モレノは多様な単純な集団構造のタイプを図で表している。すなわち、誰からも選択されず多くの人から嫌われている孤立した個人。孤立したペア。多くの形態の三角関係。多くの人から好かれているスターあるいは人気者。そして、フォロワーを持つ影響力のある、あるいは勢力のある少女。その少女が好意を持ち、また、彼女に好意を持っている人は少数である。しかし、その少数の少女たちは戦略的に彼女自身の寮だけではなく、他の寮にも配置されており、その少女ら自身多くの人々より好かれている。その結果、先の勢力のある彼女は誘引の複雑なネットワークの中心に立つことになる。なぜそのような人が、事実、影響力を持つのか問うてみたい。これらの単純な構造から、モレノはさらに進んで大きな情緒のネットワークを描く(8)。後で、彼の研究の成果のいくつかを見る。当面、私たちはソシオメトリック・テストを、集団の成員を相互に関係付ける感情の地図を描く一つの単純な方法として認めなければならない。

感情からしばらく離れることになる前に、もう一点を指摘する必要がある。感情や態度の研究の多くはその成果を活動や相互作用の研究と関係付けるために何の努力もしないで行われている。ある心理学者は態度だけを研究している。相互を関連付けるいくつかの方法を使えば、将来、実りある成果が多く出てくるであろう。もし社会的事実が全体における多くの要素の相互依存関係として分析されなければならないなら、その時、私たちは社会的事実を相互依存の方法で考察しなければならない。

さて最後に、もう一度、私たちの引用文に戻ろう。もちろん、そこには、私たちが詳しく見るために取り上げた語句以外に、多くの語句がある。特に、地位（*status*）、役割（*role*）、指図（*direction*）、統制（*control*）、服従（*subordination*）、権威（*authority*）のような語句である。私たちは皆これらの語句のいくつかを使っている。私たちは皆それらが意味していることを知っていると思っている。それらはすべて重要なことを意味している。しかし、注意深く考察するなら、それらは私たちの単純な要素、すなわち、活動と相互作用と感情が複雑に結合したものに言及しているように思われる。第一章で、私たちはすでに、このことが地位に当てはまることを見た。同じように、指図のような語は、ある人が他の人に命令を与えるということだけではなく、服従される命令を与えることにも言及している。少し考えれば、それが非常に複雑な概念であることが分かるであろう。私たちは後でこれらのことを取り上げる。なぜならそれらは小集団の研究で重要であるから。しかし、もしそれらの概念から始めたなら、私たちは文字通りの落し穴に落ちることになろう。

要　約

科学の用語を使えば、私たちの概念図式（*conceptual scheme*）は、今まで見てきたように、人々（*persons*）と、彼らの行動の三要素すなわち活動、相互作用、感情よりなっている。進むにつれて、私たちは他の概念を付け加えるであろう。まずはこれらの概念を用いて、私たちは集団の人々の行動を記述する分析的仮説（analytical hypotheses）を立てるつもりである。これらの仮説は一般化の過程での第三の水準である。繰り返しになってしまうが、今、私たちが研究している材料から例を取り上げよう。第一の水準は、個々の出来事の記述よりなる。たとえば、クレール郡の農場でのある日、メアリー・シャフネシーは小さな息子を抱き上げ、食事を与え、愛撫する。第二の水準は、ある限られた期間の、ある限られた地域の、ある限られた数の人々の平均的行動の記述よりなる。たとえば、アイルランドの田舎では、女性の仕事はいつも子供と一緒である。彼女らの心配は限りもなく休みもない。これが慣習である。第三の水準は、多くの集団に、母親や息子だけでない、多くの種類の相互関係にある人々に適用可能な行動の記述よりなっている。たとえば、二人の相互作用が多くなればなるほど、一般に、彼らが相互に対して感じる愛情は大きくなる。この最後の種類の記述が分析的仮説である。私たちはそれが真であるかどうかはまだ気にしない。その問題は後の方で登場する。今は、私たちは意味していることを説明するだけである。さらに、もしそれが真であるとしても、それが真であるのは、相互に制約し合っている、そのような命題のシリーズ（series）あるいはシステム（system）の中の一つの命題としてのみである。しかし、これも、今、悩まなければならない問題ではない。

いろいろと言ってきたけれど、勘違いのないようにしたい。この行動の要素の分類は古くかつ大雑把である。概念すなわち感情、活動、相互作用は常識的な観念に近い。それらはすべて、三つ一緒ではないが、以前から社会科学者によって使用されてきた。また、集団生活を要素に分ける方法が、これよりはるかに精巧な分類法やクロス分類法が他に多くある。私たちは研究が進むにつれ、この分類を精緻なものにしなければならないであろう。ここで述べたことは結びではなく、序である。

概念の有用性

真の問題はその分類が古くて粗雑であるかどうかではなく、それが有用であるかどうかである。今、この問題に決着をつけることはできない。有用か無用かを使用前に決めることはほとんど不可能である。ここでは、演劇におけるように、コールリッジが「不信の意図的停止」（the willing suspension of disbelief）と呼んだことを実践しなければならない。私たちがいかにその価値について懐疑的であっても、それでも、その図式を試験的に取り上げ、それで何ができるかを明らかにする機会を持つことはできる。

たとえこの特定の分割（break-down）あるいは分類の有用性が不明でも、経験が示すように、分類のない時と比べ、分類には計り知れない長所がある。それは少なくとも照合リスト（check-off list）として役立つ。集団を研究するとき、あるいは、集団の記述を読む時、分類は最小限の重要な事実が集められているかどうかの判断に役立つ。それは、データが必要とされるまで、そのデータを集め収納しておくファイル・キャビネットあるいは整理棚のセットとして役立つ。それは、また、私たちがその主題に専念するのに役立つであろう。社会学では資料のすべてを渡り歩く傾向にある。そのため、何について話したらいいのかわからなくなる時がある。その理由は、私たちが無能であるからではなく、私たちの注意を留めておく装置を持っていないからである。いかに粗雑でも、もし分類が規則的に使用されるなら、いやでも、私たちは一度に一つの事象を取り上げ、それと他の事象との関係を体系的に考察するようになる。これは一般化へと通じる道の一つである。

分類一般についての説明はこれだけにしておく。ある特別な種類の分類は私たちが外在化する（extensionnalize）のに役立つ。すなわち、この分野でよく見られる難解な語句（big words and phrases）を、それらの言及する現実の観察に関係付けるのに役立つ。私たちが願っていることは、難解な語を捨てることではなく、それに土台を与えることである。すなわち、低次の抽象の概念を通して、それらの語と人間行動で見聞されるものとの関係を明示することである。相互作用、感情、活動はそのような低次の概念である。

二種類の社会学者がいるように思われる。両者はともに大きく貢献しているが、また、困難にも遭遇している。私たちはそれらを歩行者タイプの人（the pedestrian）と直感タイプの人（the intuitives）と呼ぶことができよう。まず歩行者タイプの人を取り上げる。社会学は、他の社会科学と同じように、方法は綿密で、実施は完全で、結果は明快な調査をたくさん成し遂げている。しかしながら、何かが欠けていると思われることが多い。人が立派で強固で現実的な常識の詰まった調査報告を読み進めて最後に来た時によく見受けるのは、それまで自信を見せていた著者がじたばたともがいている様である。それは奇妙なことである。何が起こっているかを調べて気付くことは、彼が結論を最も一般的な用語で述べようと試みる時、これらの用語が、思いもよらず、その結論の重さを負いきれないことである。

今度は、直感タイプの人を取り上げてみよう。彼には現在の社会秩序の諸悪について意見を持っている。その意見は大いに意味ありげに思われる。しかしながら、その意味がまったく明らかになっていない。もう一度言うが、使用された媒体すなわち言語が負担過剰で機能しなくなっているからである。ここに一つの例がある。ある社会学者は次のように書いている。「もし社会が個々の成員に社会的地位や機能を与えないなら、また、もし決定的な重要さを持つ社会権力が正統な権力でないなら、いかなる社会も社会として機能することができない。前者は社会生活の基礎的な枠組み、すなわち、社会の目的と意味を定める。後者はその枠組み内の空間を形作る。すなわち、それは社会を具体的にし、制度を創造する。もし個人に社会的地位や機能が与えられないなら、存在できるのは社会でなく、目的あるいは目標なしに、空間を飛び交う社会的原子の集まりに過ぎない」(9)。この人は何か重要なことを、しかも、研究者のほとんどが忘れている何か恐ろしい病について言っているように思われる。しかしながら、実のところは、彼は「社会的地位と機能」や「社会生活の目的と意味」や「権力」や「社会生活の基礎的枠組み」のような沢山の難解な語を使用しており、しかも、それらは経験的な事実とまったく関連付けられていない。

「歩行者タイプの人」は事実から適切な一般化へと進まない。「直感タイプの人」は一般化から適切な事実へと進まない。前者にとって、彼らが結論を述べるとき、その結論は彼の調査に課せられた限界内でのみ有効となる傾向がある。後者にとって、示唆的であっても、その直感は単なる直感に過ぎない。それは人間の歴史に存在する数百万の直感の一つである。人はそれらで何もできない。いずれのタイプの人も、多くの研究を要約する社会理論体系の成長に貢献していない。実はそのような理論なしでは、個別的な調査も個人的な直感も、賢明な社会活動となることはできないのである。科学は、軍隊のように、コミュニケーションのライン――語句と事実の間のコミュニケーションのライン――を明確に維持していないなら、前進することはできない。私たちの現在の方法はこの問題解決のために取り組んでいるのである。

最後に、この種の分類は、人類学のような科学を脅かしていると思われるジレンマから私たちを救い出してくれる。文化――ある社会の「生活のためのデザイン」――の研究者たちは、部族的であれ、国民的であれ、それぞれの文化はユニークな実体であり、他の文化とは元来異なるものであるという「文化相対主義」をこれまで強調してきた。それぞれの文化は本当にユニークであり、確かに、この強調は必要であり、有用である。しかし、それが行き過ぎると、文化間の違いは、程度の問題ではなく、質の問題となり、また、たとえ測定が粗雑であっても、文化の違いの量を測定する共通した要素が存在しないことになる。他方で、ある研究者たちは、どのような具体的な制度がすべての社会に現れているかを発見しようと試みてきた。発見したものは非常に少ない。結婚――一人の男と少なくとも一人の女が共に生活すること――として認識しうるものが唯一と言えるものである。これさえもいささか曖昧である。なぜなら結婚自体を取り巻く環境のいくつか、たとえば、結婚相手の選択を支配する規則は社会ごとに大きく異なっているからである。結婚が小さな出来事であるということではない。とんでもない。しかし、結婚がすべての社会に共有されている唯一の制度であると言うことは、私たちが確信できる唯一のことは死と税金であると言うことと少し似ている。それでは私たちは進歩しない。集団を比較するとき、私たちは根本的な差異か平凡な類似かのどちらかを選択しなければならないのだろうか。

ある自然科学はこのジレンマを回避できた。その大きな理由は、彼らの問題が社会科学の問題より単純であるからである。たとえば、カクテル・シェイカーの中のフルーツ・ジュースとリカーと氷の混合物は、ある見方をすれば、自動車のエンジン・シリンダーの中の熱い空気とガソリンの混合物と異なっている。表面的には、それらはただ二つの特性を共有していると思われる。すなわち、両者は混合物であり、両者は密閉された空間の中に存在している。文化の研究で、人類学者はこの種の比較ぐらいしかできない。しかし、熱力学は液体と熱い気体の間に新しい種類の差異と類似があることを見つけている。一方で、両者の動きの側面は同じ三つの変数すなわち圧力と温度と体積によって記述される。他方で、両者はこれら三つの変数の値（value）やその値の変化率において異なっており、また、水やフルーツ・ジュースや空気やガソリンはそれぞれに特徴的な定数においても異なっている。液体と熱い気体は同じ種類の測定が共に適用できるという点で類似している。類似はもはや表面的でない。また、差異も根本的でない。人類学と社会学はこの洗練された段階に達していない。そして、たぶん将来も達することはないであろう。それらが直面している論理的な問題を認識できなければ、決して達することはないであろう。圧力と温度と体積は真の分析的概念である。活動と相互作用と感情を私たちは分析的概念と呼ぶが、それはまったく同じ種類のものではない。このことははっきりしておこう。しかし、それらはそのような方向へのステップである。

今、私たちは研究を進める用意ができた。私たちはその課題と概念的道具を整えた。私たちの手続きがどうあるべきかを思い出してほしい。私たちは事例を、すなわち、ある集団の行動を記述したものを研究する。まずそれぞれの事例は日常的な言葉で述べられる。それは簡単に報告される。それから、その事例の分析が行われる。その時、上述した概念が使われる。さらに、それぞれの新しい事例と共に、分析は複雑さを増し、そして、新しい概念が、必要となれば追加される。このようにして、事実と理論の間の関係がそれぞれのステップで明らかにされる。

註

（1） F. Bacon, *Novum Organum*, Bk. I, aphorism lix.（桂寿一訳 『ノヴム・オルガヌム』岩波書店、一九七八年、九七頁）

（2） C. M. Arensberg and S. T. Kimball, *Family and Community in Ireland*, 35 から採用。

（3） C. M. Arensberg and S. T. Kimball, *Family and Community in Ireland*, Combridge, Mass.:Harvard University Press, 1940, pp. 51–60 からの出版社の許可による再録。

（4） 社会行動の要素としての相互作用の体系的な議論については以下を参照。E. D. Chapple, with the collaboration of C. M. Arensberg, *Measuring Human Relations*, Genetic Psychology Monographs, Vol. 22, 1940.

（5） W. C. Cannon, *Bodily Changes in Pain, Hunger, Fear, and Rage*.

（6） 特に、J. L. Moreno, *Who Shall Survive?* と、雑誌 *Sociometry*.

（7） *Who Shall Survive?* 13–14.

（8） 特に、*Ibid*., 53, 89, 90, 115.

（9） P. F. Drucker, *The Future of Industrial Man*, 25.

第3章　端子盤配線観察室

研究計画…計画の実施…作業組織…支払いの方法…産出高状況…社会的組織…個人のパーソナリティ…集団の規範…当研究の完了

私たちの最初の事例は現代アメリカの工場での労働者集団を記述したものである。それはウェスタン・エレクトリック調査で研究された集団である。この調査は社会学者や実業家によく知られている。それらについて専門的な知識を持っていない人にも、その内容を詳しく説明する必要はないと思う。留意すべきことは少ししかない。(1) その調査はシカゴのウェスタン・エレクトリック社のホーソン工場で一九二七年から一九三二年にかけて実施された。この会社はアメリカ電話電報会社の子会社であり、ベル・システムのための電話機器を特別に製造していた。その調査を進めるために、その会社の調査組織とハーバード・ビジネス経営大学院（Harvard Graduate School of Business Administration）の産業調査部が一緒に作業した。その調査の主な目的は、仕事をしている雇用者の満足源あるいは不満足源について企業経営者に情報を提供することであった。しかし、ここではその目的にはまったく関心がない。私たちがその調査に抱く関心は、いかに労働者が行動しているかについてその調査が語っているところだけにある。あるいは、次のようにもっと丁寧に言い換えた方がよいかもしれない。私たちがその調査に抱く関心は、その調査がある特定の労働者集団のある特定の期間での行動の一部について語っているところだけにあると。これが彼らの行動について言いうるすべてであるかどうか、あるいは、これが彼らのとるべき行動様式であるのかどうか、あるいは、経営者が彼らに別の行動をとらせようと試みるべきであったかどうかという問いには関心がない。これらの問いは現在の目的にそぐわない問題を提起している。私たちは「人々の集団が、ある期間、数ある中でも、特にこのように行動した」と言うだけで十分である。

私たちはまた他の二点に留意すべきである。調査は好況期の最後の一年と大不況期の最初の数年に実施された。他の会社と同じように、彼らの会社にも、レイオフが忍び寄ってきているという情報が、どれだけ私たちの研究する集団の人々の行動に影響をあたえたであろうか。この点について、その調査の元の記述は何も語っていない。しかし、それは考慮に入れるべきことである。それからまた、読者は、労働組合がその集団の行動にあたえた影響については何も知らされないであろう。今日、工場における組合の重要さを考えるとき、このことは奇妙に思われる。実は、その調査は三〇年代の半ばのC・I・Oのオルグ運動以前に完了していた。ホーソン工場での唯一の組合はいわゆる企業組合であった。組合所属は決して人々の行動に影響をあたえる要因ではなかった。

研究計画

私たちが研究するこの集団は端子盤配線観察室（The bank wiring observation room）と呼ばれた集団である。それは、レスリスバーガーとディクソンの『経営と労働者』（*Management and the Worker*）に、詳細に記述されている。(2) これは一連の調査の最後の調査であった。それが最終成果（end product）であって、試作（trial run）でないことが重要である。ホーソンの調査員は事実があたえる情報を完璧に追求できるように訓練されていた。工場労働者の行動を解釈するための彼らの図式は複雑さを増したが、適切さも着実に増した。一九三一年までに、彼らは労働者の集団の研究をできるだけ普通に近い産業条件の下でしなければならないと決断した。これは奇妙な決断のように思われよう。産業調査は普通の条件を研究すること以外に、一体、何をしようとするのか。実は、ホーソンでの初期の研究は普通でない条件下での男女の研究であった。その研究を組み立てる過程それ自体がその条件を、意図せずに、普通でないものにしたという理由で、その条件は普通でなかった。その話はどの調査報告書にも語られている。私たちが認識しなければならないことは、端子盤配線観察室はこの特有な落とし穴を避けるように計画されたということである。

普通の産業条件の下で、労働者を研究することは容易ではない。調査員は全工場部門を研究することはできないと判断した。なぜなら人員の移動があまりにも多くなり、また、作業を完全にするために必要となる調査員があまりにも多くなると思われたからである。また集団があまりにも大きい時、部外者の存在が引き起こすと思われる懸念を取り除くことができないと思われたからである。したがって、その工場部門の一区画だけが研究対象に選ばれた。ほとんどの決定と同じように、その決定はこれまで問題を処理する一方で、新たな問題を生み出した。たとえば、選ばれた区画を地理的に部門全体から切り離さずに研究することは不可能であることは明らかであった。研究対象でないことを知っている人が、対象であることを知っている人に与える影響が平常を乱すかもしれない。したがって、その区画をその部門から切り離し、別の部屋に置かねばならない。研究スタッフは、多くの経験から、その移動自体が、彼らが特に維持したいと思っている普通の産業条件を変える可能性を承知していたが、その危険を冒さねばならないと思った。他に方法がなかった。そこで、その区画を別の部屋に移し、それ以外のすべての面では労働条件を本部門にあった時と同じように維持しようとした。

研究者たちが考えたように、この研究のために選ばれた集団はいくつかの細かな条件をできるだけ多く満たさなければならなかった。その集団は、大きな負担をかけないで、また、大型で高価な備品を動かさないで、その本部門から移動できる集団であるべきであった。その集団の成員は同じ仕事をする熟練した労働者であるべきであった。工員の仕事のペースは、機械やコンベヤーによってではなく、その個人の労力によって定められるべきであり、また、それは個人の産出高（output）を正確に測定できるべきであった。最後に、当然なことであるが、その集団の成員はその部屋に、そして、その会社に従業員として留まることが確実であるべきであった。これらの細かな条件から明らかなように、研究スタッフは産出高に影響を与える要因に、また、産出高を集団行動の特徴の指標として使用することに特に関心があった。

これらの細かな条件を満たす集団を見つけることは容易ではなかったが、最終的に、中央局の電話装置を段階的に切り換えるスウィッチを組み立てる本部門から一つの区画を選び研究することが決まった。この区画の仕事は端子の並んだ端子盤（bank）に配線することであった。その結果、端子盤配線観察室という名前になった。一四名の男がその部門から連れて来られ、彼らだけがその部屋に入れられた。彼らは九人のいわゆる配線工と三人の半田工と二人の検査工であった。その集団は、材料を運び入れ完成品を運び出す運送工と監督者を除けば、本部門との接触がまったくなかった。

調査スタッフは、その男たちがその部屋に移ってからも、彼らの行動が以前の本部門での行動と大きく違わないことを確認したいと思った。それを確認するために、男たちにわからないように、研究開始前の一八週間、彼らの産出高の記録をとった。もしその部屋での産出高がその本部門での産出高から大きな変化を示していたなら、部屋の条件が違いを作り出したと推定されたであろう。確認の結果、大きな変化はなかったことが明らかになった。その部門の三二人全員に面接し、彼らに仕事や監督者や労働条件に対する態度を示してもらった。これは初めてのことではなかった。面接プログラムは、ある期間、その工場で実施されていた。これまで二万回の面接が、非指示的面接と呼ばれる方法とよく似た方法で行われていた。最後に、その男たちが研究に参加を求められる前の一〇日間、一人の調査員がその部門に配属され、職長の机の近くに机を与えられた。それは彼らの習慣や行動についての全体的な印象を得るためであった。調査員の判断はその部屋での行動は先の部門での行動と大きく異なっていないというものであった。

その計画では集団研究の作業は観察者と面接者に分けられた。観察者は公平無私な傍観者としてその部屋にいた。一日二回、産出高と作業の質の記録をとった。工員たちはいつもそのような記録をとられていた。これは何らの不安も起こさなかったと思う。観察者は重要と思われる出来事や会話の記録以外の記録はとらないことになっていた。調査スタッフは端子盤配線観察室研究が始まる前までに、その記録の背後にあるたくさんの経験と学識を持っていた。したがって、常識以上の知識に従って観察者は重要な出来事を選択した。しかし、本章は実行されたことの単なる報告であって、その背後にある理論の批判ではない。私たちは後でその観察者がどのような種類の出来事を記録したかを見るであろう。

その男たちの研究では、彼らが本部内で働いていたとしても同じであると考えられた。もし彼らが本部門で働いたと同じように働いたとすれば、観察者がいても、彼らは気兼ねなどしなかったにちがいない。観察者はその部屋のみんなと仲良くしたにちがいない。最後に、観察者は次のような規則に従って行動すべきという決定がなされた。(1)観察者は命令を与えたり、観察者に公的な処置をとる権力があることをほのめかすような質問をして、答えを求めてはならない。記録をとるために、観察者はその部屋の中に机を与えられたが、しかし、それは後方に、しかも、側面の壁に向かって置かれた。もし彼が部屋の前方の、しかも、工員の方に向いた机に座るなら、それは観察者が学校の先生がもつような権威を与えられていることを暗に意味したであろう。⑵観察者はどのような議論にも進んで参加してはならない。どうしてもそうせざるを得ないときには、できる限りどっちつかずの態度をとるべきである。⑶観察者はいかなる会話にもでしゃばってはいけない。観察者は男たちの言葉に過剰に耳を傾けすぎていると、また、彼らの行為に過剰に関心を持っていると思われてはならない。観察者はいかなる信頼をも裏切ってはならない。あるいは、彼らのランクがどうであれ、監督者に情報を流してはならない。⑷観察者は行動や会話のマナーで自分自身をその集団から離れたところに置いてはならない。事実、観察者はこれらの規則の条文と精神に従って行動した。⑸

観察者と違って、面接者はその部屋にいる必要がある時以外は外にいることになっていた。そのため、観察者と彼らの関係に起こったような問題は起こさなかった。前に記したように、面接プログラムはホーソンの現場ではいつも行われていた。面接者はその部屋の男たちと接触し面接するだけであった。その面接は、その男たちが本部門で働いていた時に行われた回数よりもずっと多かった。工員は当たり前のように、面接者を日常業務についている者として受け入れた。そして、彼らは面接記録を多く保持しようとして、すなわち、面接時間を最長にしようとして競争さえした。

計画の実施

計画は立てられた。次は実行に移さねばならない。まず、その部門の職長が工員たちに彼らが研究のために選ばれたこと、協力を求められていることを話した。彼らが特別な研究部屋に移されることを除けば、すべての点で彼らの生活は同じであると説明された。彼らの仕事は同じであり、歩合も、支払い方法も、監督も同じであるとされた。研究スタッフは彼らに対し責任を負わない。彼らに求められたことは、本部門でしていたこと、と同じ仕事をすることだけであった。それから、職長は彼らを観察室に連れて行き、調査責任者と観察予定者に紹介した。責任者はその調査の目的を説明した。日常的な条件下で日常的な部門を記述することが産業調査のためにとられるべき賢明なステップであると説明した。責任者は、観察者が産出高の記録や重要と思われることの記録をとるために、その部屋にいることになると話した。最後に、責任者は、観察者の前で彼らが行ったことの記録は彼らの不利になるような使用はされないことを約束した。

その調査スタッフは、彼らが本部内で働いていたのと同じように働き続けてもらうことは難しいだろうと思ったが、そうでないことがわかった。彼らは観察をされていることを知っていても、彼らにとって習慣はあまりにも強力であったようだ。さらに、その背後には、以前の調査があった。その以前の調査で、スタッフは一度も信頼を裏切ることなしに、労働者の生活をかなり詳細に研究した。いかなる約束も破ったことはなかった。誰も傷つくことがなかった。結局、観察者にはスパイと似たようなことは少しもなかった。工員たちには、彼が部屋で何をすることになっているかについてだけ話した。彼はその通りのことをした。気兼ねと誤解がなくなると、まず、彼らは観察者に慣れてきた。それから、親しくなり、さらに、自分らの会話に彼を引き込んだ。彼らが彼への不審を完全になくしたという明確な印は、その会社のいろいろ規則を破ったり、破ることをほのめかしたりすることを、彼の前で進んでしたり、話したりするようになったことである。産出高や給料で、あるいは、一般的な活動や会話で、労働者の行動が本部門での行動と違っているということを示す証拠はほとんどなかった。ただ少し騒がしく、にぎやかになった。彼らは自分たちだけで部屋におり、正規の監督者は四六時中その部屋にいることはできなかった。彼はいても特に彼らに狭苦しい思いをさせたことはなかった。部屋への移動によって「通常の」産業条件が大きく変わることはなかった。研究者たちが希望した通りであった。

作業組織

一四人の男たちはウェスタン・エレクトリック社で工員（operator）と呼ばれていたが、観察室でも通常そう呼ばれていた。そのうちの九人が配線工（wireman）であり、彼らはウィンコウスキー（Winkowski）、ミュラー（Mueller）、テイラー（Taylor）、ドノヴァン（Donovan）、カペク（Capek）、クルーパ（Krupa）、ハシュラク（Hasulak）、オバーレイトナー（Oberleitner）、グリーン（Green）と呼ばれた。そして、図を簡単にするために、彼らには番号W_1からW_9までの番号が付けられた。三人は半田工（solderman）であった。彼らはシュタインハルト（Steinhardt）、マチェク（Matchek）、カーマーク（Cermak）と呼ばれ、S_1、S_2、S_4の番号が付けられた。二人は検査工（inspector）で、アレン（Allen）とマズマニアン（Mazmanian）と呼ばれ、I_1とI_3の番号が付けられた。レスリスバーガーとディクソンによる元の研究報告では、男たちには番号だけが与えられていた。

生気を与え、人物確認を容易にするために、ここで、はじめて名前が付けられた。もちろん、それらは本名ではないが、その工員たちの出身国にふさわしい名前である。マチェク（ユーゴスラヴィア）とマズマニアン（アルメニア）を除けば、男たちは皆この国で生まれた。ほとんどは、ドイツやボヘミアンの移民の息子であった。しかし、いわゆるオールド・アメリカンも少しいた。四〇歳のマズマニアンを除けば、男たちはみな二〇～二六歳であった。また、三年のカレッジを修了しているマズマニアンを除けば、誰もカレッジの教育を受けていなかった。その会社での平均勤続年数は四年であった。マチェクは一番勤続年数が長く九年であった。二番がマズマニアンで七年であった。四人だけ結婚していた。しかし、一人を除く他の男たちそれぞれに全面的あるいは部分的に依存する扶養家族がいた。二人の人、半田工（S_3）と検査工（I_2）は、しばらくの間は、その部屋にいたが、そこには長くいなかったので、今後、彼らには触れない。

これらの人のほかに、二人の人がこの部屋に相当長い時間いた。一人は運送工（trucker）で、その集団に材料を供給し、また、完成品を運び出した。もう一人は集団主任（group chief）であった。それはウェスタン・エレクトリック社の監督者の中で最下位の肩書であった。指揮の鎖での集団主任の上には、課長、職長がいた。職長は全部門の責任者であった。課長と職長は時々その部屋を訪ねた。

私たちがすでに述べたように、男たちは中央局の電話装置の切換機の部品の制作に従事した。特に、彼らは針金を端子の並んだ端子盤に接続した。端子盤はプラスチック製で、高さ一・五インチ、横四インチの長方形で、凸体であった。そこから一〇〇あるいは二〇〇の端子あるいは接点が扇状に突き出ていた。その数は端子盤のタイプによって違っていた。完成品は、それらの端子盤が横に一〇あるいは一一個が並び、それが縦に二あるいは三段に重なったものであった。配線工はその装置に必要な数の端子盤を持ってきて、作業台のホルダーあるいは固定台に据えつけた。それから、彼らは決められた順序で端子盤の端子を針金で接続した。ある間隔で絶縁部分の剥がされた針金を接点に巻きつけ、それをしっかりと引っ張って、接続した。すべての端子盤のすべての接点が設計に従って接続されると、彼は一つのレベルを配線したと言われた。配線工は一度に二つの装置を扱った。一つの装置で一つのレベルを終えると、第二の装置に移った。

一方では、半田工は完了した最初の装置の接続をきちんと半田付けし、検査工が二人の男の仕事をテストし詳細に調べた。

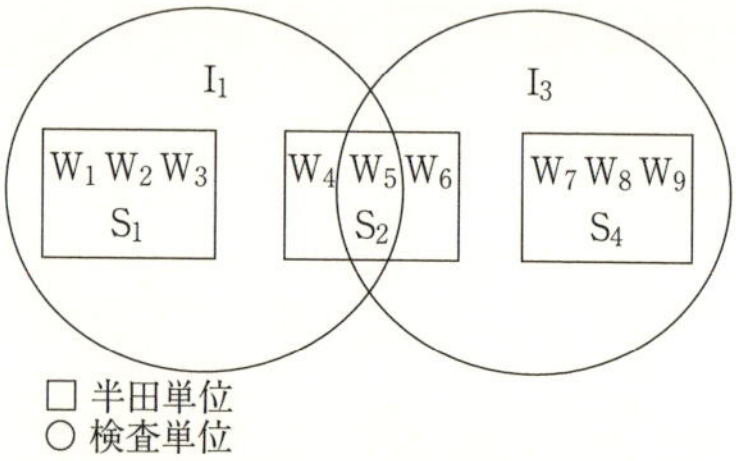

図1　端子盤配線観察室
検査単位と半田単位への集団区分

彼は電気検査機を持っており、装置の二つの端子にそれを接続した。その機械のブザーが鳴れば、その回路は完成であった。もし未完成なら、問題が何であるかを精密検査で見つけ出さなければならなかった。また、回路が順調であっても、他の欠陥を調べるために、装置を目でも検査しなければならなかった。配線工について言えば、彼の第二の装置での一つのレベルを終えると、最初の装置に戻り、まず、すでに行われた接続の上に布の絶縁体をかけ、次のレベルの接続を始める。他方、半田工と検査工は第二の装置に向かった。一〇のレベルが完成すると、第二列目の端子盤が最初の列の端子盤の上に置かれ、それでの配線が続けられた。

配線と半田付けと検査のそれぞれに要する時間の長さは違っていた。たとえば、一人の半田工は約三人の配線工によって行われた接続を半田付けすることができた。したがって、会社はその男たちを半田付け単位に分けた。シュタインハルト（S_1）は、ウィンコウスキー（W_1）とミュラー（W_2）とテイラー（W_3）のために半田付けをすることになっていた。これら四人から半田付け単位1はできていた。同じように、ドノヴァン（W_4）とカペク（W_5）とクルーパ（W_6）とマチェク（S_2）が単位2を構成し、ハシュラク（W_7）とオバーレイトナー（W_8）とグリーン（W_9）とカーマーク（S_4）が単位3を構成した。二人の検査工は全員の仕事を扱うことができた。検査単位Aはアレン（I_1）と最初の四人の配線工とS_1よりなっており、検査単位Bはマズマニアン（I_3）と後の四人の配線工とS_4よりなっていた。カペク（W_5）とマチェク（S_2）の仕事は二人の検査工の間で分けられた（図1）。検査工と半田工は、配線工がその装置で仕事をしていない時にだけ、そこで仕事をすることができたから、通常は配線工が工員の速度を決めたが、しかし、半田工あるいは検査工が配線工に歩調を合わすことを拒否することで産出高を制限することができた。

観察室は元の部門から高い仕切り壁によって分けられていた。図2はその配置を示している。男たちはロッカーが並べられている部屋の壁の方に向いていた。こちらが前方と考えられた。各配線工は二つの装置の間を行き来したから、彼らには二つの持ち場があった。半田単位1はその部屋の前方にいた。その後に、単位2と単位3と続き、最後方に観察者の机が置かれた。その部屋の片側には、窓があり、中庭に向いていた。

配線工は二種類の装置で働いた。一つはコネクターと呼ばれ、もう一つはセレクターと呼ばれた。これらは二種類の中央局の電話切換機の名前であった。配線の方法は両装置とも同じであった。名前は違っていても、その違いは少しであった。コネクター装置はセレクターの約半分の重さであったが、両方とも若い者にとっては持ち上げるのに苦労するような重さではなかった。平均的な一日の労働で持ち上げねばならない装置は二台に過ぎなかった。装置の違いが重要となったのは、それらが人々の間の違いと関連していたからに過ぎない。その部門では、コネクターで働く男たち、すなわち、コネクター配線工と呼ばれる男たちは全員その部屋の前方に配置されており、その後にセレクター配線工がいた。この配置は観察室でも守られた。前方の男たちはコネクターで作業し、他方、ハシュラク（W_7）とオバーレイトナー（W_8）とグリーン（W_9）はセレクターで作業した。その部門の新参者は半田工から始まった。後で、彼らは配線工となり、賃金も上がった。新人で仕事の遅い配線工は「後方」から通常出発した。熟練するにつれ、コネクターへと移った。同時に、彼らの効率と給与も増大する傾向にあった。その部門の配線工はコネクター配線を好み、「コネクターに移ること」を、その時間給が変わらなくても、昇進と見た。

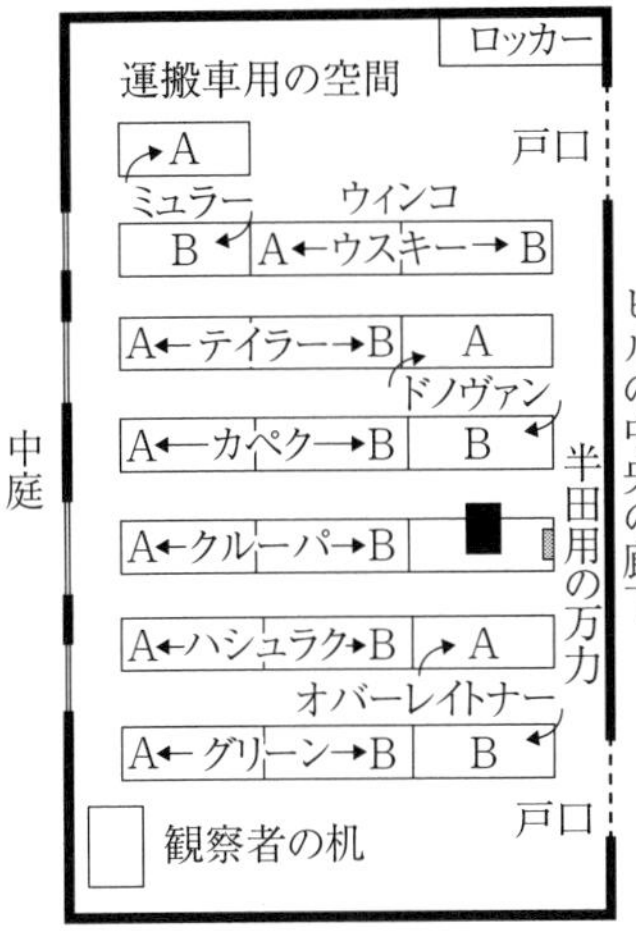

図2　端子盤配線観察室　空間配置

支払いの方法

観察室の男たちは集団出来高給（group piecework）と呼ばれる方式に従って支払われた。すなわち、全体としての部門が単位とみなされた。完成され搬出された装置それぞれに対して、その部門は一定額をあたえられ、こうして一週間で得た総額から、その部門の個々の従業員に給与が支払われた。したがって、集団全体が生産した単位量が多ければ多いほど、各従業員が受け取る給与は多くなった。

この総額からの個人の取り分はどのようにして決定されたか。業界用語で言えば、賃金が労働に要した時間に応じて、すなわち、時間数や日数に応じて支払われる時、人は時間給の仕事（daywork）をしており、また、賃金が産出高、すなわち、彼が生産した仕事の「個数」（piece）に応じて支払われるとき、出来高給の仕事（piecework）をしていることになる。端子盤配線部門では、それぞれの従業員に一時間当たりの賃金率――一時間につきある額のセント――が割り当てられていた。それは、主に、彼の産出高記録によって示される効率に基づいて決められた。この賃金率にその人が一週間で働いた時間数を掛けた値が、その人の完成した仕事の週給額となった。その部門の全従業員の完成した仕事の週給額を合計し、その合計額をその部門が得た総収益額から引くことによって、週給総額に対する出来高収益の超過分が決まる。この余剰額を週給総額で割ったものが、「パーセンテージ」と呼ばれた。各人の週給額にそのパーセンテージを掛けた値が各人の増額分となった。週給とその増額分が一週間分の手取り賃金となった。会社は、実際の賃金が、仕上げた仕事の週給額より少なくならないことを保証した。

この能率給制のそれぞれの特徴には当然合理的な理由があった。時間当たりの賃金が一定であっても、全体としての部門の生産が増大さえすれば、人はその稼ぎは増やすことができる。彼自身の生産が増加しても、もし他者の生産量が同じように増加しなかったなら、彼の給料袋には何の変化もないであろう。彼の生産が落ちても、もし他者の生産が落ちなければ、彼には何の影響もないであろう。他方、もし彼が時間当たりの賃金率を上げることができれば、彼の賃金は上がるであろう。その賃金率は彼の効率記録にある産生高に左右された。この図式を計画した人々は、従業員は彼自身の生産を上げるだけでなく、全体としての生産を上げるために、疲れて動けなくなるまで働くであろうと仮定した。こうしてのみ、従業員はその収益を極大化できるであろうし、また、もちろん、これが彼の望むところだと思われた。さらに、生産と結び付かない時間はその部門の収益に役立たないから、彼は無駄な時間の削減に最善を尽くすであろう。

産出高状況

その男たちは記述された通りに行動するように期待されていようがいまいが、実際はそのように行動しなかった。彼らには適切な一日の仕事についてはっきりした考えがあった。すなわち、適切な一日の仕事とは、約二つの装置の完成、あるいは、コネクターで作業している人は六六〇〇個、セレクターで作業している人は六〇〇〇個の接続をすることであった。配線工は、本部門にいたときと同じように、この部屋でもこれ以上の仕事はすべきでないと思っていた。また、これが彼らの能力のほぼ限界と感じていた。彼らは一日の完成が見えてくるまで午前中は懸命に働き、それから、退出時間が近づくにつれて、午後はくつろぐ傾向にあった。忙しくなくなると、会話やゲームをしたり、翌日のための道具や装置の準備に多くの時間を割いた。一日につき二つの装置という数値がいかに生まれたか、はっきりしたことはわかっていない。端数のない、区切りのよい数が望まれたからかもしれない。また、その数は客観的に見て少なくはなかった。会社はその部門の産生高に全面的に満足していた。職長は彼の「兵士」（boys）を自慢し、もし彼らがこれ以上に生産すれば、仕事で彼らの指は骨になってしまうと思った。しかし、その産出高は疲労困憊の限界まで働いたと仮定した時の産出高と比べたら明らかに少なかったと思う。このような意味で、研究者たちは男たちが採用した産出高を「産出高制限」（restriction of output）と呼んだ。多くの労働者はきっとそれを「公正な日給に対する公正な一日の労働」と言うであろう。

適正と思われている以上に多く生産したり、あまりにも早く働いたりすると、人は情け容赦なく嘲笑された。「レート破り」（rate-buster）とか「スピード王」と呼ばれた。しかし、同時に、あまりにも生産の少ない人は「詐欺師」（chiseler）と呼ばれた。彼は集団の収益を減らそうとした。男たちが生産の上限を定めたという事実は、彼らが働かないことをいいことと思っているということではなかった。また、嘲笑されることが非同調者の受ける唯一の罰ではなかった。腕叩き（binging）と呼ばれるゲームが観察室で行われた。特に、ハシュラク（W_7）とオバーレイトナー（W_8）とグリーン（W_9）とカーマーク（S_4）によって行われた。このゲームのルールによれば、ある人がもう一人のところに歩いて行き、上腕を思いっきり強く殴る――彼を叩く――と、当然、相手はそのような強打で仕返しをした。その目的は誰がより強く打つかを見ることであった。しかし、腕叩きはまた罰として使われた。あまりに早く、あるいは、あまりにも遅く仕事をしていると思われたら、その人は叩かれた。

人は一日二つの装置の完成という制限を超えるべきでないという信条に加えて、その産出高記録すなわち一時間当たりの平均産出高は週ごとに変化してはならないという信条があった。労働者がこのような考えを実行に移す時、産業経営者はそれを「直線的（straight-line）」生産と言う。なぜならグラフ上に表される生産記録は直線に近くなるからである。観察室では、産出高記録は一定を維持すべきであるが、収入はそうでなかった。人の収入は集団全体の産出高に依存したが、彼自身の産出高には依存しなかった。彼自身の思うようになるのは一部に過ぎなかった。といっても、産出高記録はその人の効率評価に使われ、今度は、この効率評価が彼の時間給の決定に使われたから、長い目で見れば、彼の記録は彼の収入とは無関係ではなかった。彼の記録を一定に維持するとき、彼はまた能率給制の仮定、すなわち、時間当たりの賃金を増やすために力の限りを尽くすという仮定とは反対の行為をしていたことになった。

時間当たりの平均産出高は一週の労働時間によって全産出高を割ることによって計算されるから、産出高記録を一定に維持することを願う人にはそれを可能とする方法が二つあった。彼らはそれをすぐに悟った。彼らが操作できたのは、被除数か除数であった。すなわち、産出高を実際より多くあるいは少なく申告することもできたし、あるいは、要した時間を多くあるいは少なく申告することもできた。実際、彼らは両方を使った。

産出高については、集団主任が産出高記録をとり、各配線工の行った接続の数を毎日正しく計算することになっていた。それは大変な仕事であった。実は、彼にはそのための時間がなかった。代わりに、配線工自身に産出高を報告させた。彼らの報告が必ずしも正確でないことはわかっていた。彼が言ったように、「彼らは状況がよくないときに備えて少数のものを貯めて置こうとする」。生産が少し多い時には、彼は全部を報告しないで、スランプの時の埋め合わせ用にその少数のものを蓄えた。集団主任と違って、観察者は、昼と夕方、毎日数えることで産出高の正確な記録をとった。配線工は常に自分らがどのような状況にあるかを正確に知っており、彼らのほとんどは実際の産出高と、報告した産出高の間の差異が非常に少なくなるように心掛けていた。このことを観察者は知っていた。ほとんどの人は実際に完成したよりも多く接続数を報告したが、ハシュラク（W_7）とグリーン（W_9）を除けば、その差異は大きくなかった。テイラー（W_3）とクルーパ（W_6）は実際よりも少し少な目に報告した。この産出高記録の操作は男たちの収入に直接影響は与えなかった。男たちの収入は部門全体の収入に依存した。これは搬出された装置の数の正確な計算によって決定された。

男たちはまた仕事に使われたと認められた時間の量を操作することで、時間当たりの平均産出高を一定に保つこともできた。その本部門や観察室で、従業員は彼らの不可抗力な原因で失われた時間に対して「時間控除」（daywork allowance）を要求することが許された。産出高記録をとる時に、仕事の全時間からこの控除された時間を差し引いた。時間損失の理由は材料不足や材料不良や他の配線工待ちや修理や停電であった。集団主任は産出高の動きに対して責任があるだけでなく、時間控除の要求に対しても責任があった。時間損失の理由で不可抗力なものは少なかった。しかし、不可抗力な理由とそうでない理由の間にはっきりとした線を即座に引くことは不可能であったので、集団主任は時間控除の主張のほとんどを受け入れた。さらにまた、男たちが要求し獲得した控除された時間の量は異なっていた。テイラー（W_3）は要求が一番少なかった。平均して一時間につき一八秒であった。ハシュラク（W_7）とグリーン（W_9）は最も多く要求した。それぞれの要求は、三分四二秒と三分四八秒であった。この傾向は報告された産出高と実際の産出高の差異の量と類似していることに注意してほしい。ハシュラクやグリーンは実際に完成したよりもかなり多くの産出高を報告しただけではなく、かなり多くの控除時間をも要求した。これら二つの事実は、もちろん時間当たりの産出高は集団主任の記録と比べかなり少ないということを意味した。

集団主任は難しい位置にいた。彼は経営の代表者であった。彼の義務は経営者から下された規則を行使することであった。彼は完成された接続の量を正確に測定し、彼らの不可抗力な中断に対してのみ時間控除を認めることになっていた。実際は、彼はその二点について男たちの言うままに受け入れた。後で見るように、全体としての部門と同じように、この観察室にも、上位の経営者なら是認できないと思われることがかなり多くあった。その集団主任はこのことを承知していたが、ほとんど何もできなかった。規則を実施しようとすれば、彼は終日男たちの上に目を光らせていなければならなかった。そんなことをすれば、男たちとの良好な関係を築きたいという願いをすべて犠牲にすることになったであろう。すべきと言われる業務をすべてしたなら、必要最小限の影響力をも失ったであろう。このような状況下で、彼は集団の側に立つことを選択し、特に、保身のために現実の多くを見て見ぬ振りをし、産出高を十分であるとみなした。産出高の数値の間違いを明らかにする簡単な方法はなく、また、それを誰にも見せなくてよかった。それらは全体としての部門の産出高に照らしてチェックされなかった。それらはただ効率評価のために使用された。仕事中断の理由はあまりにも不明確であったので、誰かが時間控除を与え過ぎていると抗議しても、好きなようにその非難をかわすことができた。労働者たちは主任の対処の方法に好意を持ち、尊敬したが、彼を恐れ敬うことはなかった。

適正な一日の仕事――一日当たり二つの装置、あるいは、コネクター装置の六六〇〇個の接続、セレクター装置での六〇〇〇個の接続、あるいは、一時間当たり約八二五個の接続――についての男たちの考えをその部屋で厳守したのは少数であった。テイラー（W_3）が一番近かった。観察者の保持する彼の産出高記録は、ほとんど八二五個の直線上にあった。カペク（W_5）とクルーパ（W_6）は八二五個近くを上下していた。ミュラー（W_2）は一貫して高く、九〇〇個位であった。残りの男たちは一貫して低かった。ハシュラク（W_7）とオバーレイトナー（W_8）とグリーン（W_9）は実際の時間当たりの産出高は最低であった。グリーンは報告量を多くしたが、六〇〇個以上であったことはなかった。

これらの個人的な産出高での差異は知能あるいは器用さでの差異と関係しているのではないかと研究スタッフは思った。配線は両方を必要としているように思われた。したがって、標準知能テスト（Otis）と、二つの釘刺し盤テスト結果と半田付けテスト結果による器用さの度合いの測定が行われた。半田付けテストとは、ある時間内に、間違わず、どれだけ多くの端子盤の接点を半田付けできるかを試すテストであった。その結果は、知能テストも器用さテストも時間当たりの平均産出高と相関しなかった。たとえば、グリーン（W_9）は産出高では最低であったが、知能では最高であった。また、ミュラー（W_2）は産出高では最高であったが、知能では最低であった。しかし、ミュラーは変わり者であり、そのテストに協力したかどうか疑わしい点があった。とにかく、その産出高を決定するものが何であれ、そのようなものが実際にあったとしても、それは生まれつきの知能でもなければ、また、生まれつきの器用さでもなかった。

なぜ生産をある水準に、あるいは、それ以下に保とうとするのか、また、なぜ彼らの産出高記録がほぼ一線上にあるのかと、男たちに尋ねても、その答えは非常に曖昧であった。そうしなければ、「何か」が起こるからと答えた。たとえば、仕事の遅い人は叱りつけられるから、誰かが一時解雇になるから、時間が短縮されるから、中でも多いのは、どれくらいカットされるかははっきりしなかったが、歩合がカットされ、同じ賃金を得るために今以上に多く働く状況に立たされることになるからであった。しかし、現実は、中には九年以上も会社にいる人もいたが、ここに阻止したいとして挙げたことを経験した人は観察室には誰もいなかった。会社の政策は、いったん制定された出来高給率は生産過程に変化がない限り変えないというものであった。産出高制限は、労働コストを高く維持することになるから、新しい生産過程の導入を遅らせるより、現実には早めることになるかもしれない。男たちは若かったが、彼らの経験がウェスタン・エレクトリック社の外部でどんなものであったかは別問題である。確かに、彼らがあたえた説明はここ数年アメリカ労働者の間に広がっている噂であった。この部屋の労働者の態度を理解するために、私たちは確かに一つの問題に答える必要がある。集団あるいは個人は、その装置によって可能と思われる生産をしないことによって、どれだけのお金を失ったか。元の報告はこの疑問に答えていない(3)。

社会的組織

これまで、産出に関して作業組織と集団行動とを見てきた。しかし、研究された集団生活の側面はこれだけではなかった。観察者は、関心のある出来事すべてを業務日誌に記録した。関心と言ってもそれは、常識によってではなく、その研究者の以前の調査での経験によって、また、研究者が答えを得たいと思っている問題によって決められていた。今度は別の資料に、そしてその資料が明らかにしている集団行動の別の側面に目を向ける。しかし、まずは、レスリスバーガーとディクソンの言葉自体を引用した方がよいと思う。そこにはその資料がいかに分析されたかが述べられている。

第一に、この研究に出てくる人はみな、工員であれ、検査工であれ、監督者であれ、一人ひとり考察された。観察資料と面接資料は注意深く検討され、それぞれの人が参加している集まりを、参加者の名前ごとに取り出し、その一覧表が作られた。この分類方法によって、端子盤配線観察室の各個人の社会的参加の程度と種類が明らかになった。

第二に、このようにして各個人について作られた一覧表は、各個人の参加の広さの証拠として考察された。二つの質問がされた。

(1)この人の関係は誰へと広げられているか。彼は集団のみんなと付き合っているか、あるいは、彼の社会的活動は少数の人に限られているか。

(2)彼はチームの人々との社会的関係に参加することが多いか、あるいは少ないか。言い換えれば、S_1はもっぱら自分の半田単位の男たちと話をしたり付き合ったりするとして、それが頻繁なのか、そうでないのか。

第三に、各個人によって表明された参加の種類を特定しようとした。次のような質問が考えられた。彼は上司の役割を、あるいは、部下の役割を引き受けているのか。彼はリーダーシップを得ようと躍起になっているのか。そうだとして、その行為は許されているのか、あるいは、そのような試みは他者によって反対されているのか。彼の社会的接触のほとんどは仕事と関係しているのか、あるいは、仕事と直接関係のない議論や会話やゲームに似たものであるのか。

第四に、ある人が他の人と交際した行事すべてを考察し、そこに現れた関係が敵意を、あるいは、友情を、あるいは、中性的な感情を表したかどうかを理解しようとした。もちろん、それぞれの出来事は、その意味が決定されうる前に、その社会的文脈と関係付けられねばならない(4)。

この文章を見るとコメントを付け加えたくなる。その資料が、(a)人々、(b)彼らの参加の程度、(c)参加の種類、そして(d)人々の関係が敵対的か、友愛的か、中性的かどうか、に分類されたことに、いやでも気付かされる。これら四つは、私たちが前章の終わりで設定し、そして、集団行動の分析でまず使用することになる概念にほぼ対応している。すなわち、人々と行動の三要素すなわち相互作用、活動、感情に対応している。本書で私たちは、いくつかの立派な現代のフィールド研究に暗に含まれている意味を明らかにすることはほとんどしない。そうだとしても、端子盤配線観察室のデータを分析する方法と私たちの概念との類似を示すこんなに魅力的なチャンスを見逃すことはできない。しかし、今再び、純然たる報告に戻らなければならない。

さて、各人の専門の仕事に加えて、その部屋で観察された活動のいくつかに目を向けることにしよう。最も一般的なものの一つは、仕事の遅れた人のために配線をして、その人を援助することである。他者を援助すべきでないという会社の公的な規則はなかったが、その仕事は一人でする仕事であり、一人で最善の仕事ができるという建前上、実のところ援助は禁止されていた。にもかかわらず、多くの援助が与えられた。配線工は援助されることはうれしいと言った。ドノヴァン(W_4)は面接で次のように言った。「仲間が怠けて、仕事が遅れた時は、誰も彼を助けないが、真面目に努力して遅れた時には、

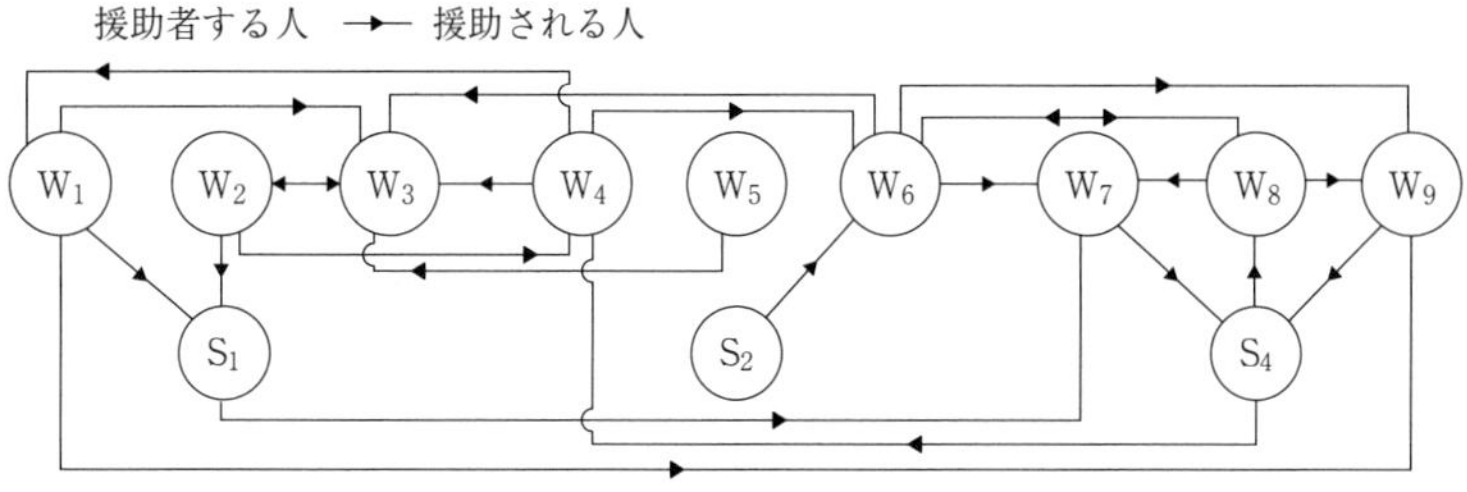

図3　端子盤配線観察室——相互に援助した人々

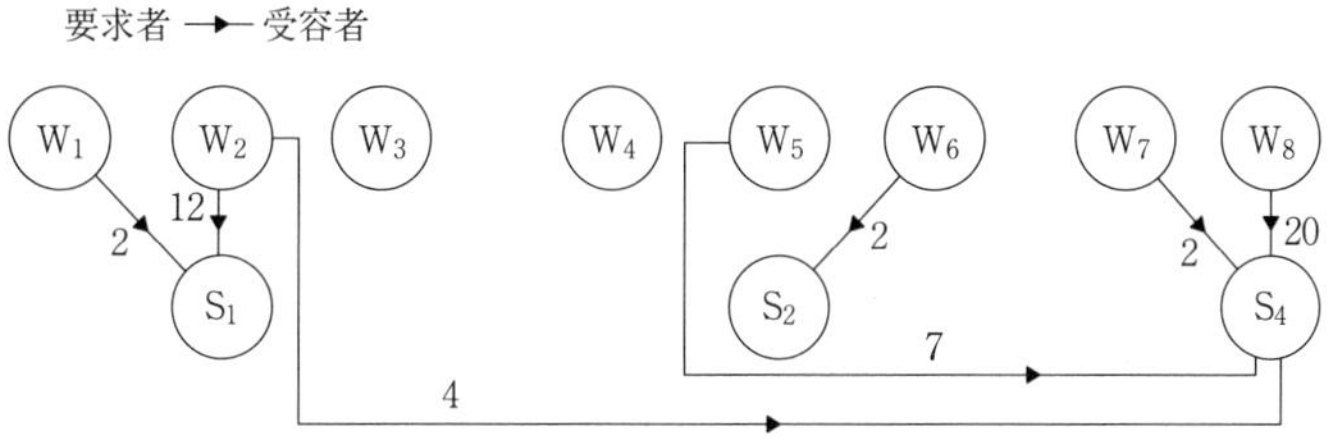

図4　端子盤配線室——仕事を交換した人々

助けると思う。……他の人々とよりも、ある人々は互いに友好的である。そのような場合には、彼らが相互に援助し合う様子が見られる」(5)。観察者は援助の跡をたどった。その結果が図3に要約されている。この図で、ある点が特に注意されるべきである。すべての人が援助に参加していた。援助は、他の活動と違って、一つの社会集団に限られなかった。個人について見れば、テイラー（W_3）は腕の立つ労働者であり、援助を必要としなかったが、その部屋の誰よりも援助された。他方、クルーパ（W_6）は他の誰よりも多くの援助を与えたが、受けることは稀であった。カペク（W_5）とマチェク（S_2）は援助を一・二回与えたが、まったく受けていなかった。

配線工と半田工の間の仕事の交換は援助と同じように建前上禁止されていたが、実際は容認されていた。人が専門化されればされるほど、それだけ効率的になるという主張が、最近までの産業界の考えであった。効率的であろうとなかろうと、仕事を時々変えることはその部屋の男たちの楽しみであった。しかし、仕事の交換には、仕事の変化以上の問題とされるべきことが多く含まれていた。実際、すべての事例で、交換の要求は配線工から来た。当の半田工は抵抗しないで交換した。仕事交換の記録がとられた。図4がその要約である。その数値は交換が工員のペア間で行われた回数を示している。注意してほしいが、交換のほとんどはカーマーク（S_4）に対して要求されていた。彼は三人のセレクター配線工のための

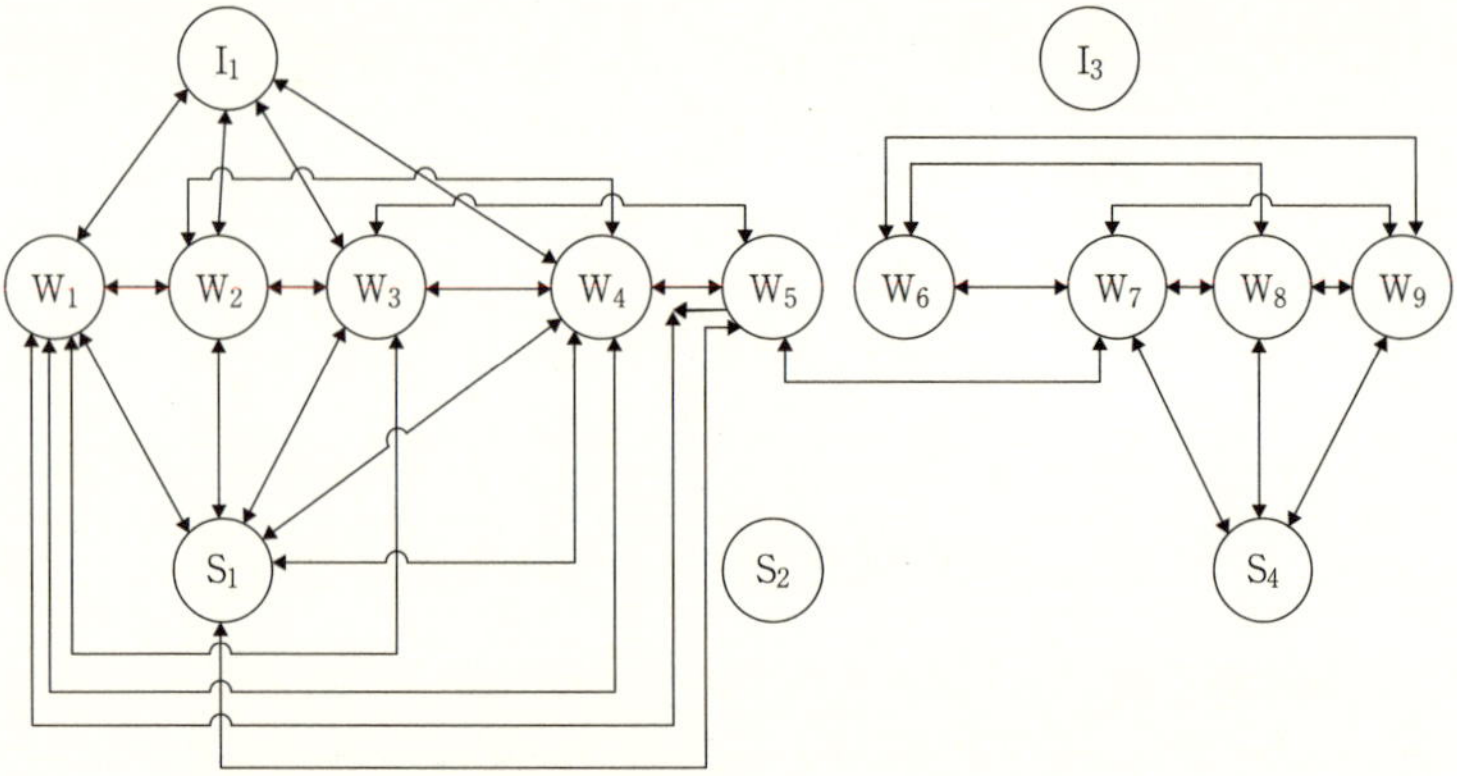

図5　端子盤配線観察室――ゲームを一緒にした人々

半田工であった。四九回のうち三三回の仕事交換が記録されたのは彼であった。さらに、半田付け単位1と2からの配線工がカーマークと交換したが、半田付け単位3からは誰も自分自身の単位以外の単位の人とは交換しなかった。「換言すれば、コネクター配線工は明らかに、自分自身の半田工、あるいは、セレクター配線工担当の半田工と自由に仕事を交換した。しかし、セレクター配線工は自分自身の単位外と自由に交換できなかった」[6]。

同じようなことが「ランチ・ボーイ」(lunch boy)の選択で起こった。ランチ・ボーイとは、その名の通り、昼になるといつもその部屋を出て、全員のためのランチを注文し、会社の食堂から、それを取って来る人であった。彼らがその部屋に来た当初、シュタインハルト（S_1）がしぶしぶその仕事をすることに同意した。研究開始後、カーマーク（S_4）がその部屋に来た。そのとき、彼がランチ・ボーイの仕事を彼の通常の仕事の一部として引き受けた。カーマークはセレクター配線工担当の半田工であった。

ランチの時間や、仕事中でも時々、その部屋の男たちはあらゆる種類のゲームに参加した。どれもゲームを口実にした賭事であった。コイン合わせ、コイン投げ、サイコロ当て、カード、週給の小切手の一連の番号の数字の組み合わせ。掛け金が競馬や野球や最高品質記録のために集められた。そのゲームでは、掛け金は重要ではなかった。賭けは小銭であった。一セントから一〇セントまでであった。重要関心事の競馬は別であった。その集団は「テスト・ルーム・ホース」を選び、それにかなり一貫して賭けた。観察者は男たち相互の「腕叩き」やお菓子を買うために少しずつ金を出し合う行為をもゲームの中に入れた。

ゲーム参加のパターンは図5に示されている。円を結ぶ矢印は、結び付けられた人々がペアとして、あるいは大きな集団の成員として、一つあるいはそれ以上のゲームに参加したことを示している。その図は、ゲームの参加の大部分が二つの集団内で起こっていることを示している。アレン（I_1）とウィンコウスキー（W_1）とミュラー（W_2）とテイラー（W_3）とドノヴァン（W_4）とシュタインハルト（S_1）が一つの集団を構成した。それは部屋の前方の集団であった。クルーパ（W_6）とハシュラク（W_7）とオバーレイトナー（W_8）とグリーン（W_9）とカーマーク（S_4）がもう一つの集団を構成した。それは後方の集団であった。カペク（W_5）は両集団に参加したことが示されているが、しかし、参加の頻度は記録されていないから、その図は彼の位置を正確に伝えていない。彼は前方集団と一緒にたった一回のゲームに加わっただけであり、他の機会には、ハシュラク（W_7）とゲームした。マチェク（S_2）とマズマニアン（I_3）はゲームにまったく参加しなかった。

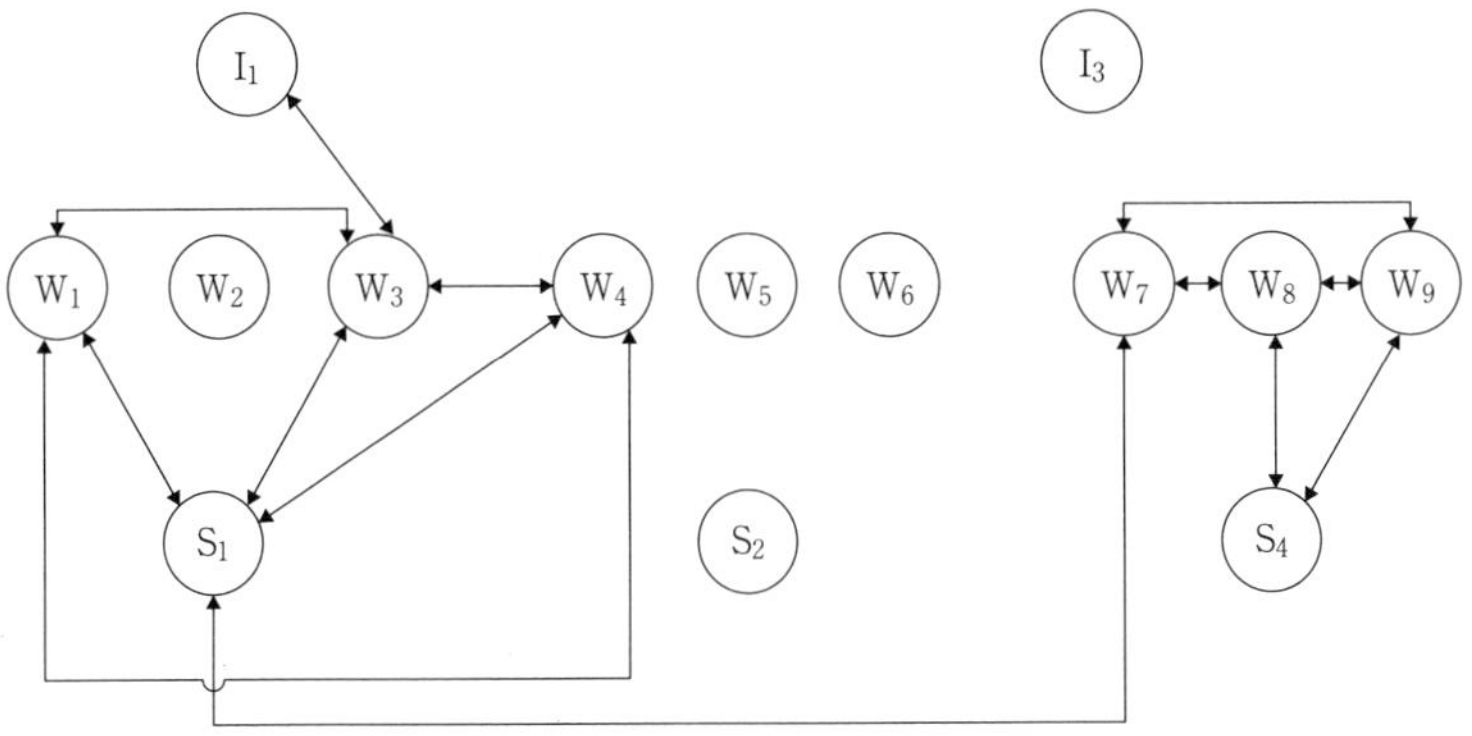

図6　端子盤配線観察室――友人であった人々

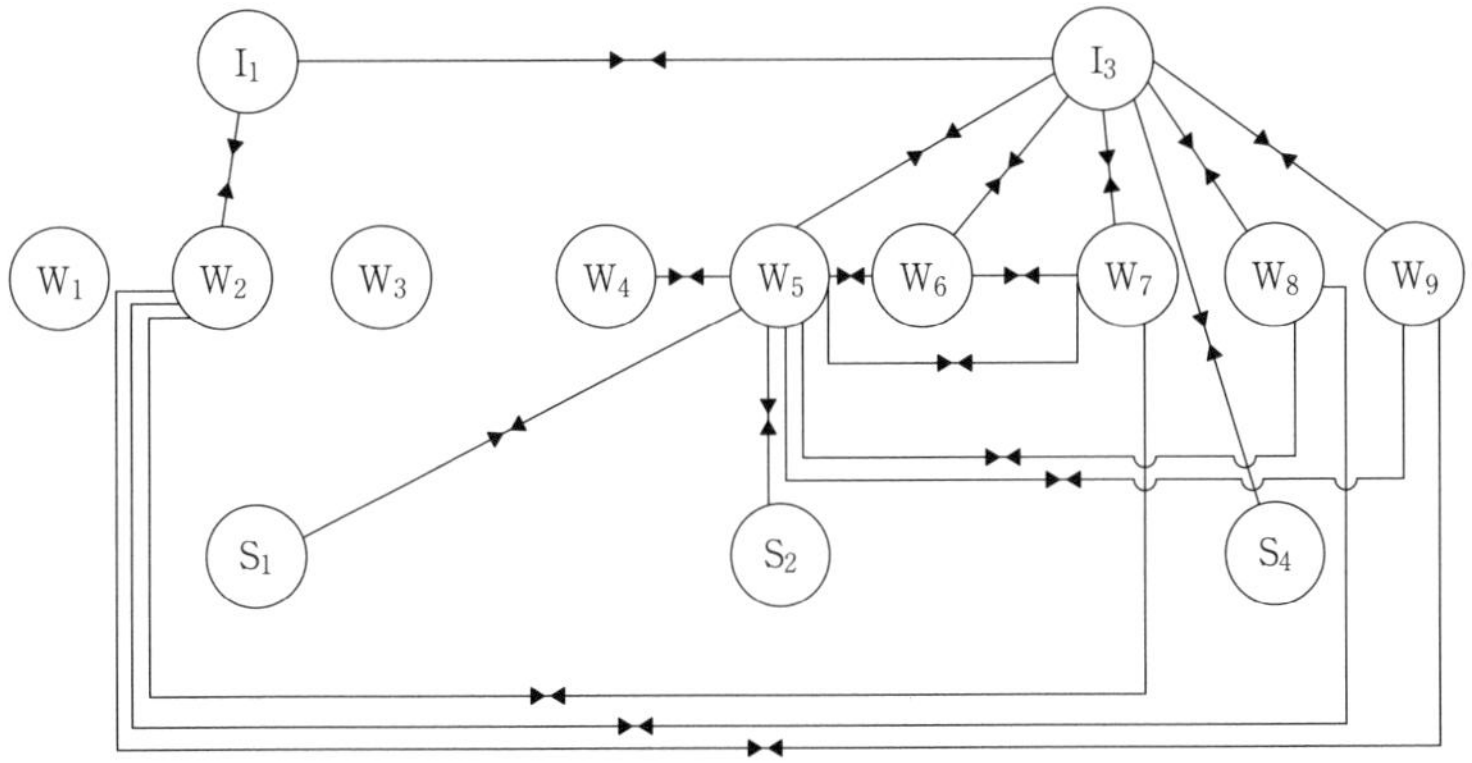

図7　端子盤配線観察室――相互に敵意をもつ人々

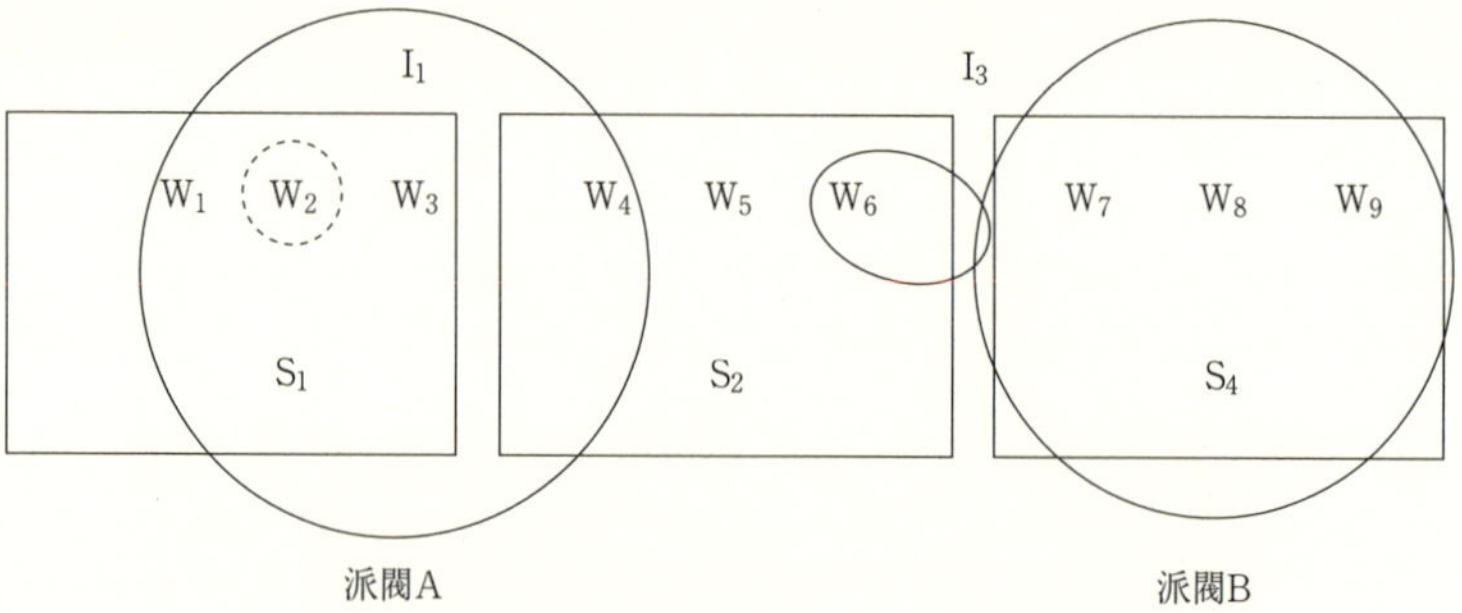

図8　端子盤配線観察室――集団の派閥への分裂

観察者によって収集された資料から、また、友情あるいは敵意がその部屋の人々の間に存在していたことがわかる。これらの情緒的関係は図6と図7で示されている。図6で、私たちが注意しなければならないことは、シュタインハルト（S_1）とハシュラク（W_7）との間の友情を除けば、すべての友情はゲームの参加を基にすでに描かれた二つのうちのいずれかの集団内で起こった。数人の男は、他の誰とも特に仲良くなかった。それが誰であるかは知るに値する。敵対について見ると、その大部分がマズマニアン（I_3）とカペク（W_5）に集中していた。他方、ウィンコウスキー（W_1）とテイラー（W_3）はまったく敵意の対象ではなかった。半田付け単位3の敵意は、すなわち、セレクター配線工の敵意は他のどの単位よりも際立っていた。ミュラー（W_2）に対する敵意は特筆に価する。

レスリスバーガーとディクソンはこの証拠を次のように要約した。端子盤配線観察室の成員はある点で、たとえば、相互援助や産出高制限で協力しているけれど、ある点では分裂していた。特に、その部屋には二つの派閥（clique）があった。その所属はゲームへの参加によって表されているものとほぼ同じであった（図8）。

その部屋で「前方集団」と呼ばれた集団、すなわち、ここで言う派閥Aでは、半田付け単位1のコネクター配線工が中心であったが、派閥Aはその単位1と同じではなかった。なぜなら単位2の配線工であるドノヴァン（W_4）もその成員であったからだ。ウィンコウスキー（W_1）とテイラー（W_3）とドノヴァン（W_4）はこの派閥の成員であった。単位1の半田工のシュタインハルト（S_1）もその仕事を調べる検査工のアレン（I_1）もそうであった。ミュラー（W_2）は派閥Aのゲームには参加したが、それ以外のことで一緒に行動することはほとんどなかった。ミュラー（W_2）は会話にほとんど加わらなかった。「後方集団」あるいは派閥Bには、半田付け単位3のセレクター配線工が中心であった。ハシュラク（W_7）とオバーレイトナー（W_8）とグリーン（W_9）がその成員であった。その単位3の半田工のカーマーク（S_4）もそうであった。クルーパ（W_6）は派閥Bとよく付き合った。彼はセレクター配線工と一緒にいつも「ばか騒ぎ」をし、派閥Aとはほとんど付き合わなかった。しかしながら、彼はリーダーシップを手に入れようとした。セレクター配線工は抵抗し、彼の支配しようとする試みを嫌った。多くの点で、彼はその集団でも局外者であった。マズマニアン（I_3）とカペク（W_5）とマチェク（S_2）はいずれの派閥の成員でもなかった。マズマニアンとカペクは多くの敵意を受けていた。

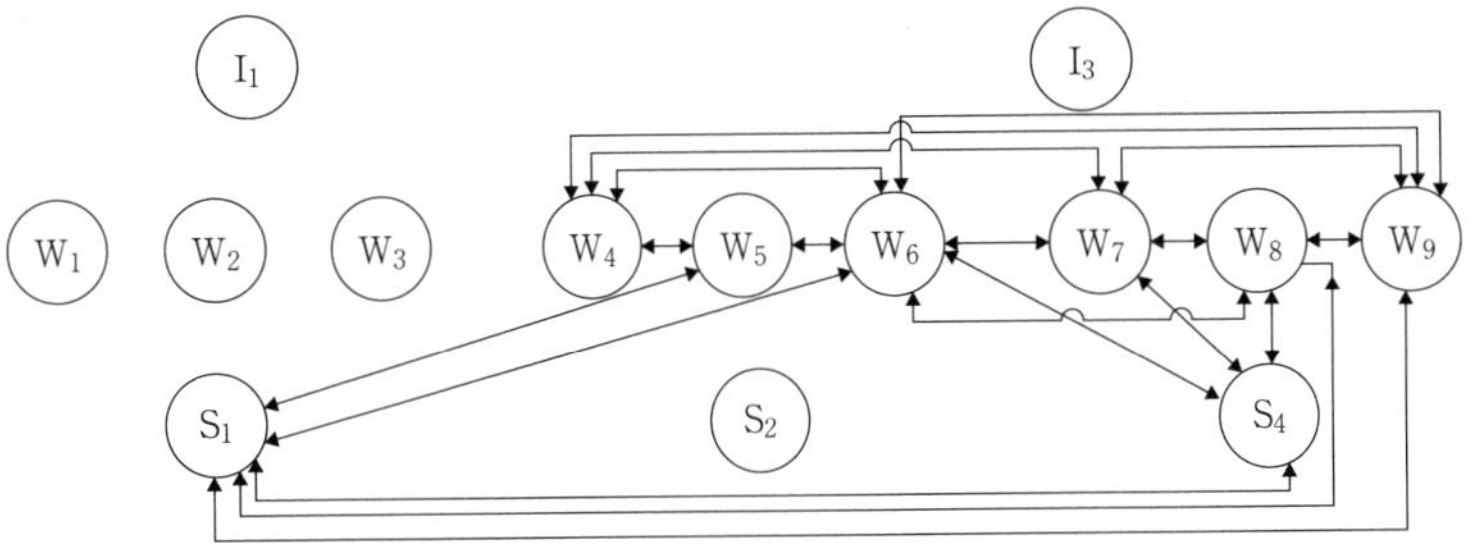

図9　端子盤配線観察室——窓についての論争に加わった人々

　各派閥は独自のゲームと活動を行った。特に注意すべきは、それらは互いに違っていたということである。派閥Aは自分らの活動が派閥Bより優れていると思った。派閥Aの成員は派閥Bのように仕事の交換を多くしなかった。また、冬に窓を開けるべきか閉めるべきかについての話し合いにまったく加わらなかった。これらの話し合いの九割は派閥Bの成員間か、あるいは、その部屋の他の成員との間で行われた（図9）。賭けゲームのほとんどは派閥Aで行われ、腕叩きのほとんどは派閥Bで行われた。

　両集団は「ホーソンクラブの店から」お菓子を買ったが、購入は別々であった。どちらの派閥も他と分け合わなかった。派閥Aはチョコレート菓子を少量買ったが、他方、派閥Bは安いものを大量に買った。そのためW_9は食べ過ぎて病気になったことがあった。派閥Aは派閥Bより多く話し合ったが、派閥Bほどばか騒ぎをしなかった。派閥Aは派閥Bより自分らの話し合いが高級であると思った。W_4は「私たちは重要なことについて討論している」と言った[7]。

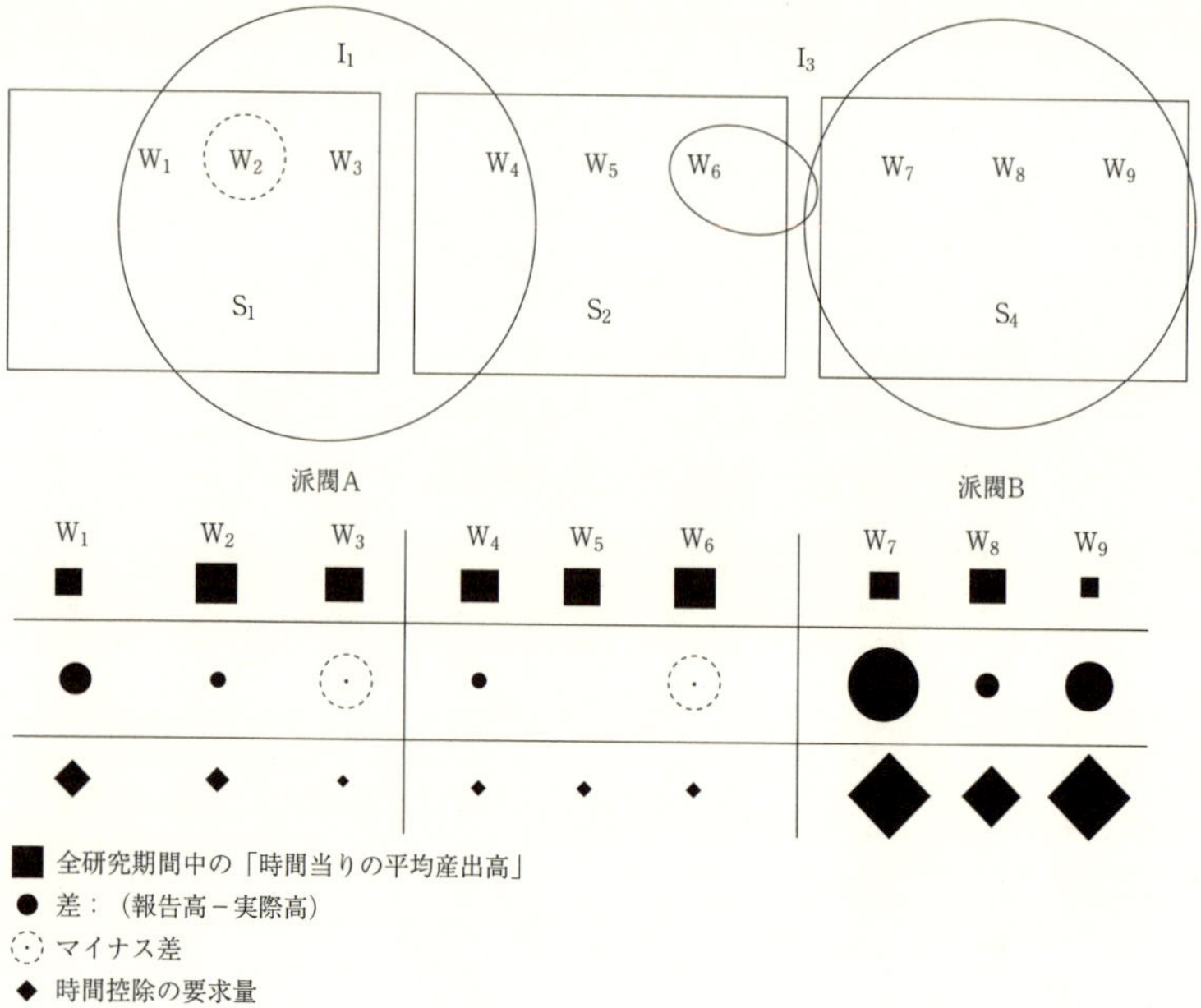

図10　端子盤配線室：産出高と派閥所属との関係

私たちは、事実を記録するだけで、まだそれらを分析していないが、しかし、単なる偶然ではない相関関係を指摘することまでは禁じられていない。先に見たように、配線工の産出率を知能や器用さと相関させることはできなかったが、それらを派閥所属と相関させることは明らかに可能であった。図10を見よ。セレクター配線工は産出高が最低であっただけではなく、他者以上に多くの時間控除を要求し、また、彼らの産出高を実際より多く報告した。もし彼らの報告した産出高が低かったなら、真の産出高はもっと低かったであろう。派閥Aの成員は産出高に関しては集団規範の達成に大いに近付いていた。ミューラー（W_2）はその部屋で、産出高では一番であり、一貫して、公平な一日の作業についての公認基準を超えていた唯一の人であったが、派閥Aには少ししか所属しなかった。クルーパ（W_6）とテイラー（W_3）の産出高記録は特に低くも高くもなかったが、一時間当たりの接続八二五個の平均産出高に常に近かった。彼らは現実産出高より少なく報告した二人であった。クルーパはリーダーシップを追い求めていた。テイラーは、後で見るように、その部屋で最も人気のある人であった。

個人のパーソナリティ

端子盤配線観察室の現在の記述は元の資料に忠実であるため、対人関係や集団間関係について語ることが多くなり、個々の労働者のパーソナリティについて語ることが少なくなった。そのため、ある種の生々しさを欠くことになった。なぜなら私たちは集団行動を個々のパーソナリティの衝突あるいは調和の問題として考えることに慣れているからである。それらについて何も語らないことは寂しい。この報告書の欠陥には、それなりの立派な理由があった。観察者のほかに、面接者がその部屋に割り当てられていた。そして、彼が労働者各人と何回かの長い面接をした。労働者は彼に自分の過去や現在の状況や工場外での問題について多く話した。この資料はすべて個人のパーソナリティ像を描くのに役立ったであろう。にもかかわらず、レスリスバーガーとディクソンは彼らの本を書くときに、そのほとんどを無視することにした。ホーソンの従業員はその部屋で働いている人たちをいともたやすく識別できた。彼らの個人的生活や性格についての情報は、もしそれが印刷されると、すぐに彼らに気まずい思いをさせたであろう。その結果、個人を理解するために、私たちはその部屋の観察者によって収集された、あまり完全でない資料に頼るしかない。もちろん彼が付け加えたことはないよりもましである。

マズマニアン（I_3）は、敵意の図が示すように、その部屋で最も嫌われた人物であった。彼は最年長であり、唯一の大学教育を受けた人であった。彼は七年以上検査工をやってきたが、この部門では新人であった。彼は当初、検査道具の使用法がなかなか理解できず、彼が検査を担当している人たちの仕事を遅らせた。彼らは苛立ち、また、彼を助けることは何もしなかった。代わりに、彼をからかい、彼がうまく検査ができないように彼らの仕事を仕組み、また、彼が見ていない時には、テスト道具が作動しないように工作した。彼らは彼が仕事を遅らせたという理由で時間控除を多く要求した。彼は彼らの仕事の不備を見つけることでやり返した。マズマニアンは時と共に仕事も上達したが、彼と男たちの間の敵意は増した。最後に、彼は我慢できなくなった。彼は検査部門の人事課に行き、男たちが仕事を遅らせ邪魔をしていると訴えた。人事課はそれを端子盤配線部門の職長のところに持っていった。職長はその訴えを拒否した。マズマニアンが「密告」したというニュースが男たちの耳に入った。彼らは怒った。協力関係は完全に壊れた。そして、マズマニアンはその部屋から移らねばならなかった。彼は議論以外の集団活動に参加したことはなかった。議論では、彼は優れた知識を持つ男として格好をつける傾向にあった。彼は難解な言葉を知っていた。

この事件が示しているように、検査工はその部屋の部外者であった。彼らはその工場の検査支部の監督者に対して責任を負っており、端子盤配線観察室の監督者に対しては負っていなかった。彼らは男たちの仕事を合格させなければならなかったから、監督者の立場にあることが多く、そのため、同じジレンマに直面した。その優越性を鼻にかけることを止めてしまえば、彼らの仕事はもっと容易にできた。アレン（I_1）は、自分を管理者と考えるマズマニアンと違って、この道を取った。彼は自由に派閥Aの活動すべてに参加した。彼は、また、マズマニアンが密告したことを集団に知らせた。また、唯一彼らに有利になるニュースを知らせる人であった。男たちは職長に対して従順であったが、アレンはまったくそうでなく、男たちがあえて言わないと思われることをも職長に進言した。

ミュラー（W_2）はその部屋で仕事の最も早い労働者であった。そのため、「サイクロン」（Cyclone）と「ファーラップ」（Phar Lap）というニックネームを得ていた。後者はその当時有名であった競走馬の名前であった。先に見たように、彼は派閥Aの賭けのゲームには参加したが、そうでないときはむしろ非社交的であった。彼は高い集中力で仕事をした。彼はおしゃべりでなかった。彼は議論に関与しなかった。男たちは彼を一人にさせておいた。彼は「後方集団」を、すなわち、産出高の低い男たちを特に軽蔑していた。お返しに敵意を受けた。彼は滅多に他者を援助しなかった。しかし、彼がしばしばシュタインハルト（S_1）と仕事の交換をしたことは重要であろう。覚えていると思うが、配線工が交換の提案をした。

カペク（W_5）はマズマニアンに次ぐ二番目の不人気であった。配線工では、間違いなく、人気は最低であった。ミュラーと同じように、仕事の早い効率のいい労働者であり、仕事の遅い人たちを軽蔑した。グリーンの仕事はいい加減であったので、彼は何度もグリーンを叱りつける役を負った。シュタインハルト（S_1）はあまりにも「ばか騒ぎ」し過ぎており、もっと懸命に働くべきであると思った。彼はしばしばハシュラク（W_7）を「妖精」と呼び、また、クルーパ（W_6）を黙らすために怒鳴りつけた。セレクター配線工に対する軽蔑を示すために、ある日、彼は三人すべてのために半田付けをし、さらに、オバーレイトナー（W_8）が普段していると同じ量の配線をしようとした。それだけではなかった。彼は正当と思うと密告をも躊躇しなかった。「たとえば、ある日、部屋にいたマズマニアンの監督に聞こえるように、わざとマズマニアンについて沢山の中傷的な言葉を吐いた」[8]。彼に友情をもって近づいた人はウィンコウスキー（W_1）とテイラー（W_3）だけであった。彼は数回テイラーを援助したが、しかし、彼は誰からも援助されなかった。「カペクは稀にしか笑わなかったと観察者は記録していた。彼はその仕事を楽しめず、満足していないように見えた。彼はずっと監督に配置換えを申し出ていた。もうすぐ配置換えがあると思えた時、彼は生涯初めてと思われるような大喜びをした」[9]。

クルーパ（W_6）は非常に背が低くその装置の最上段の配線に苦労した。職長は集団主任に彼の背を少し伸ばすために踵を持ってぶら下げてみたらどうかと言った。彼の仲間の工員にとって、彼は「ちび」、「えび」、「小人」であった。背が低いにもかかわらず、彼は飛び抜けて仕事の早い工員であり、この事実が、もう一つのタイトル「スピード王」を得させた。しかし、彼は産出高を少なく報告し、公認の産出高限度近くに留まっていた。仕事中も、オフのときも、彼を静かにさせておくことは不可能であった。彼は誰かと話しており、ある時は冗談を、ある時は親しげに話していた。彼は誰よりも多くの人を助けたが、しかし、滅多に援助はされなかった。とりわけ、彼は警句やひわいな話で人の気を引くのが好きであった。また、ポパイの水兵さんの真似で有名であった。彼のこの傾向はそれ自体リーダーシップへの意欲を示していた。彼は人々に何をなすべきかについて話さずにはいられなかった。彼は集団主任と男たちの議論に割り込み、男たちの主張を弁護した。しかし、その集団は彼の自惚れを認めようとはしなかった。集団は一貫して彼をニックネームで見くびり、彼の国民性――彼はポーランド系であった――をからかった。その部屋にはもう一人のポーランド人ウィンコウスキーがいたが、彼は決して「ポーラック」と呼ばれなかった。クルーパはその部屋の近くにいる人、ハシュラク、オバーレイトナー、グリーンを援助し、彼らと付き合ったが、しかし、いずれの派閥も彼を完全には受け入れなかった。ある時、クルーパが課長と支払い率で議論しているとき、ハシュラクとオバーレイトナーとグリーンは彼をからかった。また、「ある時、ハシュラクとオバーレイトナーとグリーンがホーソン・クラブの売店にお菓子を注文し、クルーパに購入代金を分担するよう求めた。しかし、お菓子がきても、彼らは彼にはその分を渡さなかった」[10]。

マズマニアン（I_3）やカペク（W_5）のように、マチェク（S_2）もいずれの派閥の成員でなかった。しかし、彼らとは理由は違っていた。彼は言語障害を抱えており、そのために、引っ込み思案になり、容易にその集団の活動に参加できなかった。

しかし、彼は他者を眺め、他者の言葉に耳を傾けることを楽しんでいたようであった。彼は優秀な半田工であり、この研究の終わり近くには、その部屋の生活により積極的に参加し始めていた。もし研究がもっと長かったなら、彼の社会的位置は変わったであろう。

私たちは派閥の成員にならなかった人、あるいは、容易になれなかった人の行動を簡単に見てきた。多分、他の人たちについても一言二言が必要である。グリーン（W_9）は産出高と仕事の質では最低であり、オバーレイトナー（W_8）以外の誰よりも多くの時間控除を要求した。しかしながら、彼は知能テストでは最高点を得た。彼は誰よりも気軽に仕事から離れて、部屋を出て水を飲みに行った。彼は疲れた、仕事に興味がないとしばしば不満を言った。健康診断によれば、いたって健康であり、仕事時間後には常にスポーツに参加したがった。グリーンは配線が非常に遅かったから、部屋の他の人々からしばしばからかわれた。しかし、彼はそのやじを善意にとり、よく好かれた。彼はその部屋のインテリであった。「官能的」（voluptuous）のような難解な言葉を使って他の人々に、進んで彼のインテリ度を印象付けようとした。集団主任が彼に一番好きな仕事について尋ねたとき、彼は「私は本を読む仕事が好きです。一日中座って読書できるところで仕事をしたい」と言った[11]。

もう一人はテイラー（W_3）である。彼の産出高は一貫してよく、ミューラー（W_2）に次いで二番にランク付けされた。彼は他の誰よりも、集団の理想的な産出高記録を、すなわち、一時間当たりの接続八二五個をほぼ一貫して実現した人であった。クルーパ（W_6）のように、彼も完成量より少ない仕事量を報告した。仕事の質も高かった。彼はその部屋の誰とも仲が良かったし、常に、ゲームや談話に喜んで参加した。「観察室のすべての男たちが彼の家でのポーカーの招待を続けて受けた」。その男たちは彼への気持ちを、その部屋の他の工員より彼を多く助けることで示した。しかし、彼は常にお返しをするわけではなかった。

彼についての他の重要な要因はレスリスバーガーとディクソンによってうまく述べられている。

テイラーは疲れを知らない話し手であった。働いていようがいまいが、彼は主にウィンコウスキー（W_1）やシュタインハルト（S_1）やアレン（I_1）に向けて絶え間なく話しつづけた。議論が野球、競馬、映画スター、給料、郵便貯金の利息率、あるいは、至急運送便で一〇〇マイル先に一ダースの卵を送る費用についてであれ、彼は議論では滅多に負けなかった。彼の優秀さは、議論にいつも勝つという事実によってだけではなく、彼らに助言したり注意したりする仕方によっても示された。たとえば、シュタインハルトがウェスタン・エレクトリック社の支店に転勤をすることを考えていると言ったとき、テイラーは彼に新しい仕事でうまくいかなった場合に現在の仕事に戻るチャンスについても考慮すべきであると話した。また、彼はカペク（W_5）にレースでどの馬に賭けるべきかを話した。クルーパ（W_6）や他の何人かが騒がしい時には、彼らに「静かに」と警告するのはテイラーであった。もしウィンコウスキーとシュタインハルトの間での宗教についての議論のように、議論が熱くなり過ぎていると思うと、彼はそれにストップをかけようとした。

次の事件は集団でのテイラーの位置をよく示している。男たちは不良な針金について不満を言った。しかし、集団主任はそれを使うよう命じた。彼の命令とは反対に、ウィンコウスキーとオバーレイトナーはその部門を出て、自分自身のために針金を持ってきた。彼らは「見つからずにうまくやってのけた」と思い、自慢した。その時、テイラーはその部門を出て行き、しばらくして、トラック一台分の針金を持った運搬人を従えて帰ってきた(12)。

集団の規範

私たちは派閥間の違いや個人間の違いを見てきた。最後に、私たちは全体としての集団に戻らなければならない。特に集団の規範に戻らねばならない。レスリスバーガーとディクソンは、端子盤配線観察室の男たちは好ましい行動についての明確な規約（code）を採用していたと結論付けている。その規約は男たちが語ったことによって、また、程度は異なるが、彼らが行ったことによって表されている。その規約に忠実でない男でさえ、それが何かを承知している。たいていの規約と同じように、それは多くの条文を持っており、そのうち次のような条文が最も重要である。

(1)　あなたはあまりにも多く生産してはならない。もしそうすれば、あなたは「レート破り」である。

(2) あなたはあまりにも少なく生産すべきでない。もしそうすれば、あなたは「詐欺師」である。
(3) あなたは仲間に損害を与えるようなことを監督に話してはならない。もしそうすれば、あなたは「密告者」である。
(4) あなたは社会的距離を維持してはならない。また、差し出がましく振舞ってはならない。たとえば、もしあなたが検査工であっても、それらしく行動してはならない(13)。

これらに、さらに、クルーパ(W7)の行動への集団反応の証拠に基づいて、いくつかを加えるべきであろう。あなたは騒いではならない、自己主張してはならない、リーダーシップを切望してはならない、と。

当研究の完了

端子盤配線観察室研究は六ヶ月半、一九三一年一一月～一九三二年五月まで続いた。深刻な不況と労働の不足がその研究に終止符を打った。この間、研究スタッフは部屋の条件に変化を生み出さなかった。男たちの行動をただ見て、記録した。研究で費やされた短い時間は、生活のパターンが変化する機会が多くなかったことを意味した。もっと時間が与えられたなら、マチェク(S2)はもっと多く参加したであろうし、テイラー(W3)は公認のリーダーシップを獲得したであろう。実際はわからない。しかし、変化が起こったとすれば、多分この方向であったと思う。

他の点について。報告では、ゲームや議論やルール破りの記述に多くの紙面をとっているので、この集団が規律のない集団であるかのような印象を与えるかもしれない。それは間違いである。これらすべての活動は社会関係を明らかにするために重要であったが、それらは男たちが配線した装置を生産するために費やした長い時間を忘れさせる傾向にある。その男たちは懸命に働き、そして多くを生産した。

観察室研究が終わると、男たちは当初いた部門に戻った。そこで、私たちは再び面接した。そして、研究スタッフは、彼らの態度がその部屋での生活で変わったかどうかを見つけようとした。ある人たちはその部屋での労働はその部門での労働と同じであると主張した。他の人たちは、照明は悪くなったが、やりたいようにできる自由を感じたと言った。初期の面接で、部屋は狭いし、閉じ込められている感じがするといった人が、今では、本部門よりそこが好きだといい、そこに戻されることを求めた。主要な変化は配線工と他の労働者との関係にあったように思う。研究が進むにつれ、彼らはますますその部門から離されたと感じ、独自の集団と感じた。この態度は、本部門の人たちが彼らを差別し、彼らに不良な針金を送ったとか、『マイクロフォーン』（週刊の工場新聞）をすべて取り上げたという苦情に見られる。結局、その集団の孤立はその集団とその部門の残りの人々との間に敵対を生み出した。

私たちは、今、一つの集団に対して、集団行動を研究するための私たちの手続きの最初の部分を実行した。一四人の工場労働者の生産生活と社会生活を見てきた。その記述はできるだけ平板に（flat）なされるように計画された。推測や説明を避けながら、言われたことや、なされたことを日常の言葉で述べた。もちろん、その試みは完全には成功していない。推測は常に侵入してくる。有能な読者は、進んでいくうちに、自分自身の推測をするであろう。私たちの解釈に同意しない人に、その立場を擁護するための資料を十分提供できていると思う。この解釈に今私たちは取り掛かる。私たちは端子盤配線観察室で起こったことを、今度は、日常言語ではなく、多くの集団に適用可能と思われる用語で分析する。

註

（1）その調査が記述されている主要な著書は次の通りである。E. Mayo, *Human Problems of Industrial Civilization* (1933); T. N. Whitehead, *The Industrial Worker* (1938); F. J. Roethlisberger and W. J. Dickson, *Management and the Worker* (1939); G. C. Homans, *Fatigue of Workers* (Report of the Committee on Work in Industry, National Research Council, 1941).

（2）F. J. Roethlisberger and W. J. Dickson, *Management and the Worker*, Cambridge, Mass.: Harvard University Press, 1939. 本書からのすべての引用と図は出版者の許可によって、リプリントされた。

（3）間接的な証拠については、*Management and the Worker*, 479 参照。

（4）*Ibid.*, 493–494.

（5）*Ibid.*, 505.

(6) *Ibid.*, 504.
(7) *Ibid.*, 510.
(8) *Ibid.*, 468.
(9) *Ibid.*, 470.
(10) *Ibid.*, 475.
(11) *Ibid.*, 480.
(12) *Ibid.*, 464–465.
(13) *Ibid.*, 522.

第4章　外的システム

集団の定義…システムと環境…環境の性質…外的システム…感情…活動…相互作用…対関係…感情と活動の相互依存…活動と相互作用の相互依存…相互作用のピラミッド…結論

第4～6章で、第2章で定義された概念と、必要に応じて導入される少なくとも一つの新しい概念を用いて、端子盤配線集団を分析する。第4、5章では、端子盤配線集団をまず出発点として取り上げながら、ごく少数の一般的なアイデア（ideas）を確立する。第6章では、その分析は非常に詳細にわたる。

すでに常識的な記述で扱った状況を分析するという作業が私たちの主目的の達成に役立たないならば、それを行う理由は何もないであろう。ヒューマン・グループは外見では大きく異なっている。ある集団は針金を端子盤の端子に巻き付けており、もう一つの集団は街角にたむろしており、三つ目の集団は南海の孤島でココナッツを集めている。同一の分析図式をすべての集団に適用できれば、これらの外見上の差異の下にある人間関係における類似性を明らかにすることができるであろう。あるいは、類似性と言う代わりに、基礎的な社会関係が集団によって異なっているのは質的な差異ではなく、程度の差異であることが、一般的な分析図式を用いることによって、理解できると言った方が良いかもしれない。私たちが端子盤配線観察室を用いて、そのような図式がどのように組み立てられ使われるかを示すことができなければ、その観察室は私たちにとって何の意味もないだろう。

集団の定義

本書の主題はヒューマン・グループである。私たちはみなこの語が何を意味しているかを知っているだろう。しかし、私たちの目的の一つはすでに直感的に知っていることを明確にすることであるから、今まで以上にその定義を厳密にすべきであろう。今がまさにその時である。ある数の人々が集団を形成していることを私たちはいかに判定するか。判定方法の一つを見てみよう。それはその問題に直感的に取り組む方法とそんなに違っていない。私たちは今、ある地域におけるある数の人々の社会的参加を観察し記録する立場にあると想定しよう。その人数を一八人としよう(1)。ある期間、彼女らの参加を追跡調査してみると、それぞれの女性が一八人のうちの誰かと同じ催しや行事に出席していることに気付く。行事はいろいろある。すなわち、店の売り場での一日の仕事、女性クラブの会合、教会の夕食会、カードのパーティ、夕食パーティ、PTAの会合など。私たちはそれぞれの行事に出席している女性を記録する。私たちは方法論的社会科学者であるから、まず、行と列によってマスに分けられた図表を書く。次に、それぞれの列には催しや行事が実施された日時が書き込まれ、それぞれの行にはそれぞれの名前が書き込まれる（図11を参照。しかし、これは最終の図表であり、最初の図表ではない）。次に、そのマスを埋める。もしエブリンとテレサとブレンダとシャロットが九月二六日にブレンダの家で開催されたブリッジ・パーティに出席したなら、この行事を表す列の名前のところに×を付ける。他の行事でもそのようにする。こうして、ある期間にわたって、どの女性が他の人も出席している社会的行事に出席したかを示す図表ができあがる。

未修整の図表では多くのことはわからないと思う（そう思わないなら、あなた自身のためにそのような図表作りを試みてほしい）。一例を挙げると、列はおそらく行事の時系列に沿って並べ、女性たちは特別な順序なしで並べる。しかし、私たちは列や行の入れ替えに取りかかる。列に関する限り、私たちは中央に多くの女性が出席しているPTAのような行事を表す列を置き、少数の女性しか出席しない夕食会のような行事を表す列は端に移す。行については、社会的な行事にもっとも多く参加した女性の名前の行を上か下に移す。何らかのパターンが現れるまでには、多くの入れ替えを行わなければならないであろう(2)。

その図表の最終の形は図11に示されている。ほとんどの女性が出席した行事が、三月一五日、四月八日、九月一六日の行事のようにいくつかあることがその図からわかる。それはまた次のようなことを示している。例をとると、ラウラはナラの

参加者の名前	行事の日程（月と日）													
	6/27	3/2	4/12	9/26	2/25	5/19	3/15	9/16	4/8	6/10	2/23	4/7	11/21	8/3
1．エブリン	×	×	×	×	×	×		×	×					
2．ラウラ	×	×	×		×	×	×	×						
3．テレサ		×	×	×	×	×	×	×	×					
4．ブレンダ	×		×	×	×	×	×	×						
5．シャロット			×	×	×		×							
6．フランセス			×		×	×		×						
7．エレノア						×	×	×	×					
8．パール						×		×	×					
9．ルース					×		×	×	×					
10．ヴェルネ							×	×	×			×		
11．マイラ								×	×	×		×		
12．キャサリン								×	×	×		×	×	×
13．シルビア							×	×	×	×		×	×	×
14．ナラ						×	×		×	×	×	×	×	×
15．ヘレン							×	×		×	×	×		
16．ドロシー								×	×					
17．オリビア									×		×			
18．フローラ									×		×			

図11　集団所属を明らかにするために描かれた社会的参加

出席した行事よりも、エヴリンやテレサやブレンダやシャロットやフランセスが出席した行事に多く参加した。ナラはラウラとよりもマイラやキャサリンやシルビアやヘレンと一緒に参加した。参加数を数えて理解してほしい。他の女性にも同じような分析が可能である。これらの観察を一般化して、一八人の女性は二つの集団に分けられると言う。そのパターンはほころびを見せているが、しかし、そのパターンは存在する。エブリンからエレノアまでの最初の七人の女性は明らかに一つの集団の成員であった。一一番のマイラから一五番のヘレンまでの女性も明らかにもう一つの集団の成員であった。ある女性たちは両集団にほぼ等しく参加していたが、しかし、どちらに対しても多くない。パールはその例である。そして、ある女性はあまり多くないが第二の集団だけに参加していた。パールやオリビアやフローラのような女性は周辺的な集団成員である。ある意味で、一八人全員は、その地域社会の他の集団と区別される一つの集団を構成しているかもしれない。しかし、それを見つけ出すためには別の調査が必要であろう。

この方法の修正版が、端子盤配線観察室の二つの派閥を描き出すために、また、全体としての端子盤配線集団を本部門の他の集団から分けるために使用することができることは明らかであり、実際使用された。それは多分どの集団にも適用できるであろう。そこで、集団という語を定義する方法を一般化することにしよう。私たちは社会的行事に一緒に参加した人々を見てきた。「一緒に参加する」ことに対する私たちの語句は相互作用である。集団はその成員の相互作用によって定義される。もし個人AとBとCとDとE…が集団を構成するというなら、これは、少なくとも次のような状況が起こっていることを意味するであろう。ある所与の時間内で、Aは、局外者あるいは他集団の成員と考えられるMやNやLやOやP…とより、BやCやDやE…と多く相互作用している。Bもまた局外者とより、AやCやDやE…と多く相互作用している。その集団の他の成員にとっても同じである。[3] 正に、相互作用を計算することによって、他集団と量的に異なる集団を描き出すことが可能である。ある人々が「相互に多く会っている」とか「一緒に動き回っている」とか「相互に付き合っている」と言う時、また、彼らが派閥やギャングや群集や集団を作っていると言う時、日常的に大雑把であるがこれを行っている。相互にやり取りしている活動が何かを問わないで、私たちは彼らは互いに頻繁に相互作用していると言っているのである。

この定義についてさらに二点述べたい。その定義には人はただ一つの集団にしか所属していないという意味は含まれていない。そんなことを言えば常識に逆らうことになろう。私たちはここで常識を被るのではなく、常識を高めなければならない。私たちの当て馬（stalking horse）であるホーソン工場では、テイラー（W_3）のような配線工は、勤務時間中は端子盤配線観察室やその中の派閥Aの成員であるが、勤務時間後は他の集団の、すなわち、家族や教会や避暑用小別荘の成員であり、これらそれぞれの集団で、時間は限られているが、相互作用している。

集団という語の定義は相対的であることにも注意してほしい。その意味は、人がどの人々や集団を当該集団に対する局外者とみなすかで決まる。ある目的から、私たちは端子盤配線観察室での派閥Aと派閥Bを独立した集団と考えることにするが、しかし、それらは同時に、それ自体で集団である端子盤配線室のサブ集団であった。同じように、その観察室自体も本部門のサブ集団であり、その本部門はまたホーソン工場のサブ集団であった。定義の論議を進め過ぎてしまったようだ。私たちが特に関心を持つ集団は各成員が他の成員みんなと相互作用できる集団――古い世代の社会学者が第一次集団（primary group）と呼んだものである。

それから、何を集団と呼び、何をサブ集団と呼ぶかの決定は、私たちが分析したいと願っているレベルに依存している。と言っても、集団間の分割はただ便宜的であり、好きなところに線を引くことができるという意味ではない。報告された事実が与えられたときには、社会学者は、レスリスバーガーとディクソンが行ったのと同じように、端子盤配線観察室を派閥に分けざるを得ないであろう。派閥は便宜上のことではなく、観察上のことであった。どのようなレベルで相互作用の網（web）を見ても、それは常にいくつかの薄い場所を示しており、そこが集団間の境界線となる。二人以上の人々よりなる集団をサブ集団に分割することはできる。三人集団でさえ、どのペアが「仲間」（company）となるか、また、どの個人が「群衆」（crowd）となるかの問題を、硬貨を投げて解くことはできない。

集団という語の定義を詳しく説明し過ぎたようだ。誤解――しようと思えば、どんな人も誤解できるけれど――があり得ないように、理論について実際どこまで書く必要があるのか、また、どこまで読者の知性に任すべきであるのか、それは常に難しい問題であるが、もし読者が自分で考えることを許されないなら、それは侮辱されたことになろう。とは言え、一つの点は明瞭にする必要がある。集団が相互作用によって定義されるべきであると言うことと、相互作用が集団生活のすべてであると言うことは同じではない。考慮されるべき他の要因については、本書で語られる。不幸なことに、人は始めなければならない。しかも、どこかから始めなければならない。ある社会学者にとって相互作用の魅力は、それがほぼ誤解なく観察できることであり、また、それが、実際、数えられることである。それは始めるのに絶好の場所である。

システムと環境

この集団の定義は、集団は境界を持ち、その外に集団の環境があるということを意味しているし、また、そう意味するように意図されている。研究対象である現象を、組織された全体あるいはシステムと、そのシステムを取り巻く環境とに分ける分析図式は、物理学や生物学のような遠くはなれた諸科学においても繰り返し現れ、また、その有効性が繰り返し発見されてきた。組織された全体が容易に確定でき、その境界がはっきりしており、それらに表皮があるということもたまにはある。しかし、全体を環境からはっきりと区別できなくても、そのシステムの境界と考えられるものを提示し、――その周りに想像的な線を引き――そして、そのシステムとその環境間の相互関係を研究することによって、知的に多くのことが理解される。熱力学――シリンダー内の熱い圧縮された気体のような現象の研究――では、そのシステムによって生み出されたエネルギーやそれの環境への働きについて語ることができる。すなわち、エネルギーと働きは全体としてのシステムの機能なのである。生物学と生理学――動物の身体の研究――では、そのシステム、ここでは生物有機体が、いかに個体として環境の変化に反応しているかを示すことができる。ホワイトヘッドは、環境の中に存続している組織された全体、あるいはシステムという考えは、「科学的理論に不可欠な一つの根本的概念である」[4]と言っている。

　私たちの集団の定義では、研究対象のシステムと多様な環境の間に線が引かれる。集団成員の活動と相互作用と感情は、集団が活動している間、相互に関係し合って社会システム（*social system*）と呼ばれるものを構成する。本書の残りの部分は、社会システムの詳しい分析よりなっている。社会システムの一部でないものはすべて環境であり、その中にそのシステムが存続している。集団の定義が相対的であるように、集団の環境の定義も相対的であることに注意してほしい。もし私たちが関心を持っている集団が端子盤配線観察室であるなら、ホーソン工場の他の部分は環境の一部である。しかし、もしホーソン工場自体が問題とする集団であるなら、この新しいシステムの外にあるすべてが環境である。

　私たちが、組織された全体（*organized whole*）、あるいは、いい言葉でないが、有機体（*organism*）という言葉を集団や社会との関連で使用するとき、いつも誤解を受ける。人々はすぐに私たちが集団をもっとも身近なもの、すなわち、生きた身体のような有機体であると言っていると考える。もちろん、そうではない。組織された全体は相互に共通したものを持っているが、それらの間には大きな違いがある。特に、環境の変化に直面したときに安定状態を維持する能力での違いである。水筒内のホットコーヒーとクリームと砂糖のような熱力学的システムはこの問題をかなりよく解決しているが、しかし、時間が短く、外部温度の変化が小さい時だけである。健康な人体は環境の変化に非常によく対処している。実際、安定した状態が内的器官によって維持されているときには、環境に対し能動的な行為が可能である。もし私たちが有機性（*organicity*）の尺度でシステムの位置付けを行うなら、社会システムはその二つの間のどこかにくるであろう。集団は決して受動的ではない。集団が環境の単なる産物であることを示そうとする多様な試みは、まだ決着がついていないが、その試みによって社会科学者は現実的になることができた。環境の要求は無視できないが、それは集団の構成を完全に決定するわけではない。事実、恵まれた条件では、集団はその環境において生活水準を改善するのに必要な行動を自発的に展開する。存続の欲求とその欲求を満たす有機体の能力が奇しくも同時に存在することでは、集団と動物の身体は質的に同じであるが、その度合いは同じではない。環境の大きな変化に耐えて生きる集団の能力は、動物の身体の能力より劣るように思われる。しかし、両者は自由な生活に向けて苦闘している。

環境の性質

私たちは哲学的になりすぎている。しかし、人が何を見るかを決めるのはその人の哲学である。社会行動を分析するための私たちの標準的な手続きとして、第一に、その集団の環境の性質は何か、と問う。そして、第二に、集団が環境の中で存続しているとして、この条件が集団の相互作用、感情、活動に課す制限は何か、と問う。環境からの要求への集団の反応は何か、という問いでもよいが、その問いはあまり厳密ではない。いずれの形式をとろうと、これらの問いに答えることは、社会システムの研究の最初の一歩である。

環境は三つの主要な側面に分けられる。すなわち、自然的環境と技術的環境と社会的環境である。これらすべては相互に関係している。そして、どの集団にとっても、そのうちのどれか一つが他より重要となろう。端子盤配線観察室に戻ろう。最初に、自然的環境と技術的環境を一緒に取り上げる。男たちは、ある形状の部屋で、作業台のような固定台で定められた方法で仕事をしていた。彼らは道具を用いて資材に手を加えていた。これらが自然的・技術的環境を構成しており、その環境下で、部屋の中での人間関係が展開された。しかも、それらの環境はこの関係をある特定の方向に向けて展開させがちであった。たとえば、部屋の中での男たちの純地理的な位置は、労働の組織と派閥の出現に関係していた。未開氏族や中世農民のような集団を研究するときも、まったく同じように、自然的・技術的環境から始めるべきであろう。たとえば、農民が涼しい湿った気候の下で、粘土質の土を相手に、秋撒き小麦を植える土地を耕すために、八頭の牛の引く木製鍬を使って作業しているのを、私たちが観察していたとする。そのとき、この自然的・技術的要因が、どれだけ農民間の関係の決定の一因となったかと問うべきであろう。私たちが「決定の一因となる」と言う点に注意してほしい。集団が存続するために、その組織の仕組みはただ一つしかあり得ないという意味で、環境が完全に社会関係を決定するなどということは滅多にない。

社会的環境に関しては、ホーソン工場と本社のウェスタン・エレクトリック社が監督権限を通して配線工へ重要な影響力を持っていた。経営者には集団出来高払いという賃金支払い方法があった。すでに言ったことを繰り返す必要はない。経営者がその男たちを選んだ。そして彼らにある成果を求めた。経営者にはその成果を得るための組織計画があった。経営者はこれらのプランを実施しようとした。完全ではないが、大部分成功した。産出高において、援助において、仕事の交換において、その会社の上層部が認めないと思われることも多く行われていた。この側面でも環境が集団の行動に制限を課した。もしその集団が会社の計画にある程度同調しなかったなら、集団はきっと解散させられたであろう。

もう一つの重要な影響は——どちらが重要であるかは言えない——配線工がその工場や部門で会った他の労働者から来た影響である。産出高制限についての考えの多くは彼らから手に入れたに違いない。また、不況初期のシカゴも重要であった。また、その男たちが仕事以外で参加した集団も重要であった。家族でのメンバーシップは確かに彼らの行動に直接影響を与えた。特に、仕事への動機に。また、近隣や社会階級や教会での緩やかなメンバーシップもそうであった。環境のこれらの側面を挙げたのは、配線工へのそれの影響について知っていたからではなく、集団研究ではそれらに注意すべきであるからである。私たちは端子盤配線観察室の環境を分析しているだけではなく、将来使うためのチェックリストも作っているのである。

端子盤配線工に対してもう一つの広範囲にわたる影響を及ぼしている環境は文化（*culture*）であった。これは人類学者が中心概念として使っている言葉である。配線工はアメリカ人であり、アメリカ文化、すなわち、アメリカ社会の価値や規範に浸っていた。後ほど、文化について語る。社会システムの研究においては別の論点からそれを取り上げることが最も都合がよいので、ここではその重要さを強調するにとどめ、これ以上それについて触れないことにする。

外的システム

環境の性質や、環境の集団行動に及ぼす影響の種類を研究してきた。環境とその影響は、考察する集団によって異なると思うが、今、私たちは端子盤配線観察室おける考察に集中する。私たちは環境から、その集団自体の行動の考察に移る。集団を研究する時、その集団は環境の中に持続あるいは存続していることに注目する。そして、不自然でないと思うが、その集団の行動を、その集団の環境での存続を可能とさせる行動であるに違いないと推測する。それから、集団行動の要素、すなわち、感情と活動と相互作用に目を向ける。そして、これらの要素とそれら要素の相互関係の状態が、いかにして集団がその環境の中に存続するかという問題への解答――必ずしも唯一の可能な解答ではないが――となる限り、その状態を外的システム（*external system*）と私たちは言う。それを外的と呼ぶ理由は、それが環境によって条件付けられているからである。それをシステムと呼ぶのは、その中で行動の要素が相互に依存しているからである。外的システムは、私たちが内的システム（*internal system*）と呼ぶもう一つの関係のセットと一緒になって、全社会システム（total social system）を構成する。

後段での議論を先取りする恐れがあるが、私たちのしようとしていることを明かすことにしよう。集団の研究で、私たちに可能な最初の観察の一つは集団が環境の中に存続していることである。そして、有機体についてと同じように、集団についても、集団はしばらくの間少なくともその環境に適応している。しかし、適応（*adaptation*）という言葉は曖昧である。その意味は集団の特徴は環境によって決定されるということであろうか。そうではない。なぜなら、私たちのできる第二の観察では、集団の特徴はただ一つではなく二つのクラスの要因によって決定されるからである。集団の特徴は環境によって決定される。その大小の度合は環境の性質や当該集団の性質しだいである。しかし、それは、また、私たちがここしばらくは集団の内的発展と呼ぶものによっても決定される。しかし、これだけでは終わらない。なぜなら、私たちのできる第三の観察では、二つのクラスの要因が相互に無関係でないからである。この意味を完全に説明するには本書の残りの部分を必要とするが、今、その概略を示すことはできる。集団が、ある時間、自然的環境や社会的環境の中で存続するための条件を満たす関係のセットが集団成員の間に確立されていると仮定するとき、集団はこれらの関係を土台にしてその上に新しい関係を発展させること、また、その新しい関係が当初に仮定した関係を修正あるいは創造すること、結局は、集団の行動は環境によって決定されるだけでなく、その環境を変えるということを、私たちは示すことができる。

結局、集団と環境との間の関係は本質的に作用反作用の関係である。それは循環的である。と言うより、言葉や文章で記述すると、それは循環的であるように思われると言ったほうが無難であろう。日常的な言語で現象を記述するとき、私たちはある特定の記述から始めなければならない。そして、そこから一連の記述へと進み、しかも、もしその現象が複合的で有機的であるなら、その連続は私たちが出発した記述へ早晩戻ることになる。確かに、連立同時方程式が言葉や文章よりその集団の特徴をきれいに記述すると思われるが、そのような方程式を私たちはまだ持っていない。また、その方程式の定立が可能となるために、その前に言語的な記述を行わねばならないであろう。もし日常的な言語しか使えず、その日常的な言語の性格上、複合的な有機的な全体の分析が循環論的なものになるとしても、本書では次のように対処したいと思う。寛大な気持ちを持ち、この言語の性格と争うよりも仲良くすること、そして、その過程の終点がその始点であっても、あたかもその過程が始点と終点を持つかのように、集団と環境間の関係を分析すること。そして、その方法が使い勝手の悪いことを率直に認めることにしよう。結局のところ、それが私たちの手にする最善のものである。

私たちの方法には物理過程の言語的記述との類似点が多くある。たとえば、私たちが集団を記述するときに遭遇する問題は、相互に結び付けられたバネの一つが圧縮されたときに他のバネに何が起こるかを数学の助けなしに分析するときに遭遇する問題と少し似ている。人がクッションやマットレスの中のバネを押したときに、その一連のバネ（a set of springs）に何が起こるかを言葉でいかに記述するか。もし彼がどれか一つのバネを押すことから始めて、次に、残りのバネに起こる変化を追跡していくなら、一連のバネの最後のバネがもとの最初のバネと結び付けられ、それが重さで破壊されると思われていた最初のバネの破壊を防止していることを、彼はきっと発見するであろう。事実、これが一連のバネの特徴である。

さて、もっと複雑な類似を使うことにしよう。私たちはガソリン・エンジンあるいは内燃機関の作動に多少とも精通している。このエンジンの作動が最初私たちにどのように説明されたか問うてみよう。あるいは、それを他の人にどう説明するか問うたほうがよいかもしれない。私たちはそのエンジンが備えている全部のシリンダーではなく、一つのシリンダーだけの考察から始める。説明を進めるために、そのシリンダーとその中にある物がある状態にあると仮定する。ピストンはその動作のトップに来ており、ピストンの上部にある空気とガソリンの混合体は熱く圧縮されていると仮定する。そこから、私たちはエンジンの作動を一連の過程として記述する。火花が熱い混合体を爆発させる。その爆発はピストンを下に下げる。そして、そのピストンの動きが回転エネルギーをシャフトに伝える。シャフトが回るにつれ、カムのシステムがシリンダー上部のバルブを開ける。そのバブルは新鮮な混合体を吸入し、燃えたガスを排出させる。シャフトの回転によって、そのピストンはそのシリンダー内で上昇し、新鮮な混合体を圧縮し、加熱する。こうして、私たちは出発点に戻る。しかし、全過程を作動させる火花をまだ説明していない。発電機がシャフトによって回転し、この発電機が電流を作り出し、それがシリンダー内の混合体を爆発させる。こうして、その過程はガソリンがある限り続く。

私たちが言いたい点は、これらの作動は実は切れ目のないサイクルで起こっているけれど、しかし、私たちは、言語の現状から、それらが始めと終わりを持つ順序で起こっているかのように記述せざるを得ないということである。したがって、私たちはある状態を説明の最初で仮定しなければならない。その存在は最後になってはじめて説明可能となる。たとえば、私たちは最初に熱い圧縮されたガスと、それに点火する火花を仮定するが、しかし、なぜガスがシリンダーの中にあるか、なぜ熱されているか、また、なぜ圧縮されているかを説明できるのは、私たちの説明の終わりに来てからである。説明の出発点として、そのサイクルのどの点を選ぶかは私たちの都合で決まる。しかし、どの点を選択しようとも、サイクルを事象のつながりとして記述するという問題はまだ残っている。

さて、集団が内燃機関ではないことは明らかである。類似はあくまでも類似に過ぎない。しかし、私たちは、あたかも作動している循環的過程を扱うかのように、その集団の特徴を分析しなければならない。確かに、これは集団を分析できる唯一の方法ではない。また、確かに、いったん分析をこのようになし終えると、もっとよい方法を採用し、そして、まさに建設中の家の周りの足場を取り外すときのように古いものを捨てることができるであろう。しかし、この説明方法を採用するとき、私たちはガソリン・エンジンで遭遇したのと同じ種類の難問に遭遇する。日常言語で循環過程を記述するとき、私たちが自由に選択した点から始めることはできるが、しかし、その点がどんなものであっても、ある条件の存在を、記述開始時に仮定しなければならない。そして、その条件が説明されるのは最後である。私たちは外的システムから集団の分析を始める道を選択する。私たちはそれを次のように定義した。それは、いかに集団が環境の中で存続するかという問題を解く、集団成員間の関係のセットである。私たちは外的システムがその問題への唯一の可能な解答であるとは言っていない。私たちは集団がそれより悪いことをしても善いことをしても存続できないとは言ってない。私たちは外的システムが存続問題の一つの解答であると言っているだけである。私たちにとってそれは、ガソリン・エンジンを記述するときに、混合気体が始めから熱く圧縮されていると、また、火花がそれを爆発させるために準備されているとした仮定に相当する。そこで、外的システムのような関係のセットが存在するに違いないと仮定する時、ガソリン・エンジンを扱ったように、私たちも先に進み、なぜそれらが事実存在するのか、あるいは、なぜ仮定された関係が修正されるかを説明しようとする。その強調は修正に置いた方がよい。なぜならガソリン・エンジンの記述と集団の記述の間に大きな違いがあるからである。その違いはガソリン・エンジンの場合、サイクルでの後の出来事が、私たちが当初に仮定した条件をいかに作り出すかを説明するのに対して、集団の場合は、サイクルにおける後の出来事が当初に仮定した条件をいかに修正するかを説明するということである。

そこで、外的システムは、まず、説明を始めるための初期条件のセットを私たちに与え、それから、その集団の環境への適応が環境の性質によって一部決定されているという事実を説明する。しかし、いかにこの適応がその集団の内的発展によって一部決定されているかの説明は後に残されている。私たちは創出的進化（emergent evolution）のための余地を認めねばならない。

一般的な問題から今研究している集団に戻ると、端子盤配線集団についての最初の問いはこれである。この集団はその特殊な環境下で生き延びていくために何が必要であるか。それはその成員の動機（感情）、彼らが行う仕事（活動）、そして、彼らの間でのコミュニケーション（相互作用）である。別の言葉でいえば、集団の成員はある程度ウェスタン・エレクトリック社の計画を満たさねばならない。彼らはそうするように適切に動機付けられていなければならない。私たちはまず外的システムの個々の要素を個別に取り上げ、次に、他要素との相互関係を見るつもりである。この作業をするまでは、外的システムをこれ以上厳密に定義しないほうがよいと思う。私たちが何を意味しているかを言うだけでなく、示さなければならない。

感　情

端子盤配線工はまずはある動機を持ってホーソン工場にやって来た。その動機は彼らの工場外の生活環境によって作られたが、しかし、それらはまた工場内での彼らの行動の一部であった。いくつかの動機はその男たちにもわかっていたと思う。彼らはお金を得るために、すなわち、食べ物を得るためのお金を、家族を養うためのお金を、自動車の購入と維持のためのお金を、彼女を映画に連れて行くためのお金を得ようと働いた。これらの動機はその工場の立案者たちが能率給制（wage incentive scheme）を設ける時に考慮に入れた唯一の動機であった。多分、これらが彼らがうまく訴えることができると思った動機であったと思う。いずれにしても、彼らにはホーソンで働く理由が他にも多くあったに違いない。本人たちには容易にそれらを認めないかもしれないが。もし仕事に就いていないなら、人は完全な自尊心のある市民でないという感情、会社内でいい仕事に昇進することから来る名声への欲望、立派な職場と言われる会社に所属することへの願望等があったであろう。私たちの定義では、これらはすべて感情であり、これらは男たちが端子盤配線観察室に持ち込んだ仕事への動機であった。仲間の労働者との付き合いから彼らの中に他の感情が出てきても、これだけはある程度満たされなければならなかったであろう。人はパンだけで生きているのではないが、しかし、少なくともパンによっても生きている。これらの感情は会社にとって資産である。なぜならそれらは勤勉（hard work）を引き起こすからである。それはまた会社にとって負債である。なぜならそれらを満たさねばならないからである。協力の要素としての感情は常にこの二重の側面を持っている。

私たちが語っている感情はしばしば個人的な利己心（self-interest）と呼ばれるものの一部である。この有名な語句の意味をはっきりさせよう。第一に、人はそもそも何らかの状況の中に置かれると、常にできるだけ自分のためになる事をしようとするという意味で、すべての動機は利己心からくるのかもしれない。外部の者には、彼のしていることは彼に役立つよりも彼を傷つけるかのように見えるかもしれない。それは利己的（selfish）よりむしろ利他的（altruistic）に見えるかもしれない。それでもなお、現代心理学は私たちに次のように教えている。もし私たちが完全な状況を、すなわち、社会的諸関係と当事者の心理的ダイナミクスの両方を知るなら、彼のすべての行為は自己高揚的（self-enhancing）であることに気付くであろうと。これは余談であるが、他の観点からこの問題を取り上げることにしよう。もし私たちが通常個人的利己心と呼ぶ動機を考察するなら、それらはたいていは個人的でも利己的でもないということ、それらは集団生活の所産であり、個人だけではなく集団全体の目的に貢献するということに気付くであろう。私たちがこの有名な語句によって実際に意味していることは、これらの動機は私たちが現時点で関与している集団とは異なる集団で作り出されたということである。たとえば、端子盤配線観察室から見れば、ある男が賃金を得たいという欲求は個人的利己心であるが、彼の家族から見れば、それは利他主義である。この意味での利己心の動機が外的システムに入ってくる動機である。他方で、私たちが今関心を持っている集団内で作られる感情は非利己的と呼ばれる感情を含んでいる。配線工の間での友情がその一例である。利己心の感情はその部屋の男たちの行動に作用し影響を与えた。しかし、その行動を決定したのはそれらだけではなかった。もし利己心の感情が唯一の決定因であったなら、産出高は多分もっと高かったであろう。利己心と他の何かの両者が集団生活によって満たされているということは、非情な（hard-boiled）——そして、未熟な（half-baked）——人の最も理解困難な真理である。メイヨーが言うように、「もし多くの個人が共通の目的を達成するために一緒に働くなら、利害の調和が彼らの間に生まれて来るであろう。そこでは個人的な利己心は従属的となるであろう。これは、個人的な利己心がただ一つの人間的動機であるという主張とは異なる教義である」(5)。

活動

集団の活動は、まずは、ウェスタン・エレクトリック社の技術者によって計画された。道具と固定台を用いて、ある男たちはある種類の装置に、ある男たちは他の種類の装置に配線をした。ある男たちは端子に結び付けられた針金を半田付けした。二人の人は完成した変換機を目と検査機で検査した。集団主任は全体を監督した。運搬人は材料を部屋に運び、また、完成した装置を搬出した。ここには多様な種類の活動があった。それは道具による手仕事から目による観察、そして大部分言語的な活動すなわち監督や命令に及んでいた。その活動は、理論上は、男たちによって違っていた。そして、それらは組織化されていた。各人は完成品を生産するための役割を担っていた。さらに、その男たちは、複雑な集団出来高払制に従って、その仕事に対し多様な賃金が支払われた。ウェスタン・エレクトリック組織は、現実に統制できた集団活動よりも多くの活動を統制しようと試みたということに注意してほしい。組織は男たちが何をなすべきかを多く定めた。

相互作用

同じように、人は男たちの行動を観察しながら、感情や活動から抽象して、彼らの間の相互作用の図を描くことができるであろう。また、人はその図の一部がその会社によって定められたものであることを認めることができるであろう。半田工と彼の仕える三人の配線工の間の、また、検査工と彼の検査対象の仕事をしている配線工と半田工の間の、また、集団主任とその部屋の全員との間の必要な相互作用があった。それから、その部屋の間取りによって偶然一緒にされた人々の間の特に、部屋の前方で、中央で、後方で、一緒に仕事をしている配線工と半田工の間のほとんど不可避の相互作用があった。最後に、すべての人が一つの部屋に一緒にいるというだけで、その集団の個々の成員間の相互作用が増大する傾向にあった。

対関係

今までのところ、私たちは端子盤配線観察室の記述を扱ってきた。先の二つの章では、同じように、アイルランドの田舎の家族の記述を扱った。確かに、私たちは環境の直接的な影響下にある集団行動の部分に限定してきたが、しかし、この分野内で私たちが行うことは同じである。私たちは大まかな分析を行い、男たちの行動を感情、活動、相互作用の要素に分けた。今、私たちの方法の適用での新しい歩みを始める。すなわち、総合化の新しい歩みを始める。分離されたものは再び結合されなければならない。私たちは外的システムにおける感情、活動、相互作用の間の相互依存の関係を研究する。特に、要素の二者間の関係を研究する。論理的に言えば、その関係は三つある。すなわち、感情―活動、活動―相互作用、そして、相互作用―感情である。

相互依存の考えについて複雑なものは何もない。とは言うものの、それは何度も繰り返し私たちの思考に登場してくるので、それが意味していることについて話しておいた方がいいと思う。物理学のボイルの法則によれば、密閉された空間内のガスの体積はそれにかかる圧力に反比例する。圧力が大きくなればなるほど、ガスの体積は小さくなる。通常、方程式の形式で表されるが、この叙述は相互依存関係を表明している。相互というのは、もし圧力か体積のいずれかが変われば、他方の変数も変わるからである。もし圧力が増大すれば、体積は減少する。しかし、もし圧力の代わりに体積から始めれば、次のように言うことになる。もし体積が増大すれば、圧力は減少する。この種の関係は方程式で非常に整然と表現されるが、しかし、社会学の分野では、データが十分に量的になるまでは、それを真似て方程式を使うべきでない。その代わりに、この種の関係を日常言語で記述しなければならない。ここで、すぐに困難にぶつかる。なぜならこの関係を記述するように日常言語――少なくとも、西洋言語――は作られていないからである。主語と述語を持つ日常言語はただ一つの独立要因と従属要因を同時に扱うように作られている。誰かが常に誰かに何かをしている。相互依存思考（mutual-dependence thinking）よりむしろ、因果思考（cause-effect thinking）が会話の中に組み込まれている。しかしながら、因果様式で正確に記述される状況は、社会学で遭遇することの最も少ない種類のものである。ここでは、原因が結果を生み出すが、しかし、その結果は原因に反作用する。まずは日常言語を使わざるを得ないということが、それがいかに粗雑な道具であるかを示している。しかし、それ以外にないから、それを用いてできることをするつもりである。私たちはたとえばつぎのように言うことになる。外的システムにおける活動の図式の複雑さの増大は相互作用の図式の複雑さの増大をもたらすが、しかし、その逆もまた真であると。その二つは相互に依存している。

他の点も指摘すべきであるが、ここでは、詳しく触れない。ボイルの法則によれば、温度がその間一定であれば、密閉された空間内のガスの体積はその上に加えられた圧力に反比例する。もし温度が変われば、体積と圧力の間の関係はその法則によって述べられた単純な形式をとらない。二つの変数の相互依存が研究されるとき、そのシステムに入ってくる他の変数がこれら二つに及ぼす影響が考慮されねばならない。たとえば、相互作用と活動の依存関係について記述する時、感情もそのシステムに入ってきて、記述された関係に影響を与えるということを忘れてはならない。その関係は「他の条件が等しければ」有効であると言うだけでは十分でない。他の条件が何か、どこでそれは「等しい」かについて語ろうとしなければならない。これは大きな問題を提起する。しかし、今ここで、その問題に対処するつもりはない。もちろん、社会科学でも本気になればそれに正しく処することは可能である。

感情と活動の相互依存

感情と活動の間の相互依存関係について考察する時、私たちは動機あるいは動因としての感情を取りあげる。最も単純な形の関係では、動機は活動を引き起こし、その活動の遂行が成功すると、その動機は消える。人は空腹を感じ、食べ物を得ると、空腹は消滅する。もし彼の活動が食べ物を得られないと、欲求不満と呼ばれる新しい感情が元の空腹に加えられる。私たちはその活動は報酬を与えられていない、あるいは、まさに罰を受けていると言う。そこで、彼は新しい活動を試みるであろう。もしそれが食べ物を得ることに成功したなら、空腹は和らげられる。そして、再び空腹になれば、彼はその活動を繰り返すであろう。今、私たちはその活動が報酬を受けていると言っているが、この言葉が意味していることは、私たちは人が食物を食べるのを見、その食物をもたらす活動を繰り返すのを見たということに過ぎない。

　これは最も単純な関係であった。その動機が空腹のようなものではなく、将来飢えるかもしれないという恐れのようなものであるとき、それは非常に複雑になる。今、ある人が他の人たちと協力して、畑を耕し、食卓のパンをもたらすと思われる諸作業を始めなければ、将来飢えることになると恐れていると想定しよう。その人は食物を得れば、飢えは和らげられる。しかし、その恐れは、適切な活動が実行されても、必ずしも消えるわけではない。将来の飢えはまだなお脅威である。このような環境で、動機とそれに関連した活動は繰り返し再現され存続するが、しかし、関係のいずれかの側が変わると、他方の側も影響を受けるであろう。私たちの事例に戻ると、次のことが言えよう。何らかの理由で飢えの心配をしなくてよくなると、彼は懸命に働かなくなるであろう。また、他方で、もし新しい活動群が古い活動群よりたくさんの食物をもたらすことがわかると、人は恐れることが少なくなるであろう。動機と活動の間の関係は相互的である。

　この関係は、当の活動が明らかに直接有用な活動であっても、あるいは、有用な活動が見つからず、それに代わる魔術のような活動であっても、有効であるように思われる。役に立つものがない時、人は魔術をも報酬をもたらすと思うに違いない。その関係はまた、私たちがすべての人々と共有している恐れや飢えや渇きや寒さのような感情に対しても、また、賃金を貰うことへの欲求のような社会的状況に生まれる感情に対しても有効であるように思われる。端子盤配線観察室で、いかにその会社が能率給制で、ある感情（お金への欲望）とある活動群（生産）との間に特に密な関係を確立しようとしたかに注目してほしい。その制度がその意図した成果を達成しなかったということは、この関係が重要でないことを意味していない。それは、お金への欲求以外の感情が生産に影響したということ意味しているのである。たとえば、グリーン（W_9）の感情――「私は読書が好きです」――、すなわち、その工場の外の集団での経験や彼の全経歴によって生み出されたと思われる感情が、彼の産出高をその部屋で最低にさせた力の一つであることは明らかである。もし労働者との面接がすべて報告されたなら、人々の動機への外的な影響についてもっと知ることができたであろう。

私たちは感情と活動の相互依存をこれ以上説明する必要はない。結局、心理学という科学のほとんどが、特に、「学習理論」と呼ばれる部門がその研究に向けられている。そこで、もし私たちが心理学と張り合おうとするなら、その分野での勝ち目のない力不足を今以上にはっきりと露呈することになろう。私たちにできることと言えば、心理学で研究された問題のいくつかが、いかに集団行動分析のための一般図式に収まるかを示すことである。また、私たちは今外的システムに入り込む感情だけを考察していることを思い出してほしい。内的システムの感情はこれとは非常に種類の異なるものである。と言っても、活動との相互依存は今記述したものと同じであるが。

活動と相互作用の相互依存

外的システムでは、活動と相互作用との間の相互依存の関係は、分業とその集団のコミュニケーション図式と関連している。端子盤配線観察室では、完全な装置を生産する全作業は一連の個々の活動に分けられた。すなわち、配線、半田付け、検査、配送、そして、特に重要である監督。それぞれの個々の活動はいろいろな個人やサブ集団に割り当てられた。その活動の多くで、各作業単位――たとえば、接続の一つのレベルの完成――はある時間を要した。しかし、分割されたものは再び一緒にされなければならない。完成した装置が生産されるには、ある図式に従って、異なる仕事をする人々の間で相互作用が行われなければならなかった。

たとえば、配線工が一つの装置をあるレベルで完成すると、第二のレベルへと移った。その動きは半田工が最初の端子の接合を所定の所に半田付けし始めるシグナルであった。配線工は半田工と相互作用した。私たちの定義によれば、一人の人の行為が他の人の行為を引き起こすとき、相互作用が起こるということを思い出してほしい。また、この例では、配線工が半田工との相互作用をし始めたということに注意してほしい。彼は他者が反応するためのシグナルを与えた。もしコミュニケーションが必ずしも言語的であるとは限らないということを念頭に置くなら、相互作用をコミュニケーションと呼んで何ら差し支えない。配線工と半田工の間のコミュニケーションが効果的であるために、言葉が彼らの間で行き交う必要はない。同じように、半田工が彼の分担した仕事を完成することは検査工が仕事をし始めるためのシグナルであった。そして、もし彼が何かの欠陥を見つけると、このような場合たいてい、彼は必ず責任ある工員と言語的な相互作用をし始めるであろう。こうして、相互作用の継続的な過程は、製品の完成をもたらす個々の活動を結集した。最後に、もし会社の規則があまりにも守られないのなら、あるいは、調整の過程がどこかの点でうまくいかないなら、その問題は集団主任の注意するところとなるであろう。誰かがそのことを彼に知らせるであろう。あるいは、彼自身その既定の秩序を回復するために相互作用をし始めるであろう。

端子盤配線観察室から一般化して、私たちは次のように言うことができる。全体活動の仕上げに加わる部分活動の集団成員間への分割は、関係する人々の間の相互作用の図式を意味しており、また、もし活動の図式が変わると、一般的に、相互作用の図式も変わるであろう。逆もまた真である。その二つは相互に依存している。時には、そして、これは多分一般的な状況であろうが、仕事の組織化を担当している人はまず仕事を個々の活動に分割し、それから相互作用の図式をその分割に合わせる。すなわち、彼は活動の図式を独立的あるいは支配的要因として扱う。たとえば、ある工場の経営者はある工程が労働者の間にいかに分割されるかを決め、それから適切な調整方法を考え出すであろう。しかし、これは適切な調整方法が実行可能であることを仮定しているが、その仮定が間違っているかもしれない。すなわち、相互作用の図式が時には支配的な要因となるかもしれない。ベルト・コンベヤーが発明され、それによって新しい相互作用の図式が可能となる以前は、確かに、産業集団の成員間でのある形式の分業はひどく高くついた。たいていの状況で両要因が重要である(6)。

分業は人間の営為や金銭での労働コストを安くする。この理由から、すべての社会はその成員を専門家にすることを進めている。アダム・スミスからヘンリー・テーラーまで、次のような、無批判に受容された仮定があった。分業が進めば進むほど、それだけ節約が進む。製靴業のような仕事がいくつかの専門部分へと分けられれば分けられるほど、そして、それぞれが専門とする労働者に割り当てられれば割り当てられるほど、それだけ靴を作る費用は安くなる。今、私たちは、どのような過程にも見られるように、分業も収益逓減点があることを理解し始めている。第二次世界大戦時に、また、従来型の流れ作業が設定できないある種の産業労働において、ある仕事の特殊部門のそれぞれを多数の個々の個人に割り当てるより、そのすべてを一人の人や一つの集団に割り当てることの方が他の方法より安価な製造方法であることがいかにして判明したかを、ピーター・ドラッカーは説明している(7)。なぜ分業が収益逓減点に来たかは、私たちの分析から明らかであろう。分業はそれ自体では重要でない。それは常に多様な分割された活動を調整する相互作用の図式を意味している。監督不行届きで起こるコストを含む、この図式を設定することの間接的なコストが、専門化から得る直接的な節約を相殺するであろう。

相互作用のピラミッド

私たちは二つ前のパラグラフで言ったことに、今一度戻らなければならない。活動の図式が変われば、相互作用の図式も変わる。これは正しいが例外もある。当の活動が監督やリーダーシップである時、それは正しくなくなる。監督とは所与の協力プランからの離反を回避させる過程であり、リーダーシップとは新しいプランを導入する過程である。多様なレベルのリーダーとそのフォロワーとの間の相互作用の図式は、実行される活動は大きく異なっていても、驚くほど類似する傾向が諸集団に見られる。組織の専門家が言うところの統制の範囲（*span of control*）の問題を取り上げて、これが意味している事を理解しよう。一人のリーダーは何人の人を監督できるか。集団活動の大部分がリーダーからフォロワーへの一方的な相互作用を通して調整される活動である時、そのリーダーはかなり多くの人々を監督できる。一例が交響楽団の指揮者である。

彼は百人ぐらいの人を指揮できる。しかし、一般に、相互作用は双方的である。リーダーは命令や情報や勧告をフォロワーに与えるが、フォロワーもまたリーダーに自分自身について、また、直面している状況について情報を提供しなければならない。このような状況では、統制の範囲はずっと小さくなる。いろいろな多くの組織に、一人のリーダーの監督下に八～一二人よりなる集団が非常に多く出現していることにはそれなりの意味がある。軍隊での旧式の分隊が一つの例である。そして、同じ類の事情が、最初のレベルのリーダーたちと彼らの上のリーダーとの間の関係にも影響を与え、さらには、規模の大きくなった集団におけるより高いリーダーたちとその下のリーダーの間の関係にも影響を与えるから、そのような相互作用の図式が積み重なって、特に大きな組織においては、ピラミッド的な特徴を持つ形態あるいは位階的な形態が生まれる。このことは容易に理解できると思う。最高位のリーダーはそのピラミッドの頂点に立つ。そして、彼はその下のリーダーたちよりなる集団と一緒に仕事をする。レベルごとに、それぞれのリーダーは、自分の下のランクのリーダーよりなる集団と一緒に仕事をする。そして、最後には、広い底辺の一般の人々に達する。

組織の活動が何であれ、この相互作用図式の特徴ある形態が現れる傾向にある。それは産業工場や軍隊に現れているのと同じように、確かにカトリック教会にも現れている。したがって、私たちは初期の規則を修正し、次のように言わなければならない。集団の活動図式に変化が生じても、多様な段階のリーダーとそのフォロワーとの間の相互作用の図式は同じ一般的なピラミッド形態を保持する傾向にある。しかし、その修正は一見正しいように見える。もしその二つの規則の間の対立が私たちを悩ませるなら、私たちはそれを容易に調停できる。多くの人々と多様な段階のリーダーとの間の双方的な相互作用を通して、その相互作用のピラミッド図式は彼らの活動の監督を可能とさせる。したがって、この特別な活動すなわち監督が、どの組織にもほぼ同じように存在する時はいつでも、相互作用の図式――ピラミッド――もほぼ同じように存在する。その図式を通して監督は実行されるからである。私たちの規則によれば、活動の図式が変われば、相互作用の図式も変わる。しかし、また、その規則は次のことも意味している。活動が変わらなければ――監督の仕事はどの集団においても同じである――、相互作用も変わらない。結局、最初の規則は有効であり、第二の規則は最初の規則の特殊事例の一つに過ぎない。

活動の図式と相互作用の図式の間の関係は、ある組織では、通常、よく知られている組織チャートで示されている。そのチャートは次のことを示している。組織は部や課に分けられ、多様な役人や下位の役人がそのボックスを占め、どの人がどの人に服従するかを示す線によって結ばれている。そのようなチャートはいずれも整然とし過ぎている。それは、相互作用のチャンネルがどうあるべきかを語っているが、しかし、必ずしも現実を語っているわけではない。そのピラミッド型のチャートは特に誤解される。なぜならそれは上司と部下との間の相互作用、すなわち、バーナードに従って、私たちがスカラー（*scalar*）と呼ぶ種類の相互作用を示しているだけである。[8] それは組織のほぼ同じレベルの二人以上の人々の間、たとえば、二人の部長の間で、あるいは、端子盤配線観察室での配線工と検査工との間で行われる相互作用を示していない。この種の相互作用を私たちはラテラル（*lateral*）相互作用と呼ぶ。もちろん、スカラー相互作用とラテラル相互作用間の区別が消え、境界のない事例があることを思い出さねばならない。通常の組織図はスカラーを示しているが、ラテラルな相互作用を示していない。捕食性の蜘蛛と結び付けることが嫌でなければ、蜘蛛の巣がその事実を非常によく表現していると思う。その中心にはトップのリーダーがおり、彼から糸（スポーク）が放射状に広がり、同心円がその糸を結び付けている。相互作用はその糸に沿ってと同様、同心円に沿っても行われる。しかし、その蜘蛛の巣はあまりにも整い過ぎた絵である。

　相互作用のピラミッド図式――あるいは蜘蛛の巣――がいつも意図的な計画によって創造されていると考えることは間違いである。そのように創造される場合は少ない。その少ない例が現代西洋社会の大きな公式的な組織である。しかし、これらも、その起源においては、すでに存在するパターンをモデルにしている。そのピラミッドは、ウェスタン・エレクトリック社のように、計画されたところだけで起こるのではなく、街頭のギャングや未開社会のように、計画されないところにも現れる。時には、そのピラミッドは、監督が端子盤配線工の上に押し付けられたように、集団に押し付けられる。また、時には、私たちの見るように、集団は自然発生的にそれ自身のピラミッドを創造する。また、時には、環境への働きかけに成功するために、集団はピラミッドを必要とする。また、時には、必要としなくても、集団はそれを創造する。とにかく、環境への効果的な働きのために相互作用のピラミッドが実際上必要であるとしても、そのピラミッドが必ず出現するわけではない。先に述べたように、実際に必要なものと自然発生的に生まれたものとの間の一致の可能性は有機体の研究から出てくる魅力的な発見の一つであるが、それはまた、集団の研究からも出てくる魅力的な発見の一つである。しかし、私たちは相互作用のピラミッドの存在や、そのような集団行動の他の特徴の存在を、集団が環境の中で存続するのにそれが役立っていることを指摘することによって説明するつもりはない。たとえ私たちが、しばらくの間、それがその集団の存続に役立っているいると仮定しても、早晩、当の特徴を作り出すメカニズムを詳細に考察するつもりである。私たちは、哲学者によって目的因（final cause）と呼ばれるものよりむしろ、作用因（efficient cause）と呼ばれるものを研究するであろう。また、私たちは議論を先に進め過ぎたようである。当面の重要なことは組織の原理は普遍的であるということである。それらはプロシアの参謀幕僚やアメリカの大企業の発明物ではない。

活動の図式と相互作用の図式の間の関係はその語の狭義での組織の問題である。これが軍隊や産業や会社のリーダーたちが組織について話す時に意味していることである。私たちにとって、その語はもっと広い意味を持っているが、しかし、狭義の意味でも、それの意味を理解している限り、問題はない。私たちの関心は小集団にあるから、大きな企業にしか適用できないような広大な組織理論を達成しようとしない方がよい。しかし、最後に次の点が指摘されるべきであろう。組織の複雑さはリーダーシップの位階制の出現で終わらない。大きな会社では、幾つかの異なる位階が出現し相互に交差する。そのピラミッドは二次元から三次元そして多次元となり、フォロワーと上のリーダーとの間の相互作用のいくつかの異なる連鎖を持つようになる。専門家の用語で言えば、組織のライン・スタッフ形態が発展する。そして、私たちはそれについてはその主題が自然に出てくる後の章で語ることにする。ここでは、エリオット・チャプル（Eliot Chapple）とカールトン・クーン（Carleton Coon）の言葉で要約することができる。「複雑な技術で求められる調整は相互作用なしでは不可能である。私たちが理解するように、最も複雑な技術は一人以上の人の活動を含んでおり、そして、事実、人々が多くの複雑な技術を実行するところでは、製造の仕事を調整するために、生の材料を確保するために、生産品を交換するために、広範囲な相互作用が実行されなければならない。換言すれば、技術過程での複雑さの成長は、相互作用の量と相互作用パターンの複雑さの増大と密接な関連をもって起こる[9]」。

結論

論理的には、もちろん、第三の相互依存関係が存在する。すなわち、相互作用と感情の相互依存である。しかし、私たちはこれを内的システムの一部と考えたい。次の章でそれに移る。私たちが外的システムと内的システムと呼ぶ集団生活の二側面は相互に連続している。それらの間の線は私たちが選択したところに自由に引くことができる。私たちはここに引くことを選択している。そもそも線を引くための唯一の理由は言葉を節約するためである。すなわち、本章で言ったことすべてを繰り返すことなしに、今や、私たちは外的システムについて語ることができる。

何が外的システムに入るかは、私たちが入ると示したものである。最善の定義とは指差すという手続きである。しかし、言葉で定義しなければならないなら、次のように言うことができる。集団が環境の中で存続するという条件を満たす限りでの、集団で行われた仕事と仕事への動機との間の相互依存、分業と相互作用図式との間の相互依存。これを私たちは正式に外的システムとして語る。しかし、私たちが環境での集団の存続について語るとき、常にある程度の誤解があることを念頭においてほしい。集団は環境の前で受動的ではない。それは反作用する。それはその環境の将来を規定さえする。集団の目的が重要とする環境の側面は多様である。集団と環境との関係は決して一方的ではない。しかし、私たちは弱い被造物であり、私たちの言語用具や分析用具は軟弱である。本当は、一度にすべてのことを語るべきであるが、それは絶望的なことであり、私たちはある場所から出発せざるを得ないのである。そこで、私たちは環境とそれの集団への影響から始めることにした。次に、いかにその集団が、すでに据えられた関係を土台にして、その上に、それ自身のさらなる傾向を精緻化(elaborate)するかを、また、その傾向が環境への適応を修正するために反作用するかを示すであろう。これは真理ではなく、一つの話し方に過ぎない。しかし、それはやむを得ないことである。私たちに今必要なことは不信の一時的停止である。すべてを語り終えて初めて、私たちは重要なことを語ったことになるだろう。私たちは一度に多くのことをしなければならない。最後の言葉が語られ最後の修正がなされるまでは、私たちのすべての記述を部分的な真理とみなしてほしい。

註

（1）これは現実のフィールド調査からの事例である。A. Davis, B. Gardner, and M. R. Gardner, *Deep South*, 147–151 参照。図11は、シカゴ大学出版と著者の許可によって、同書から、修正を加えて、複製したものである。

（2）この方法の論理に関しては、E. Forsyth and L. Katz, "A Matrix Approach to the Analysis of Sociometry," *Sociometry*, IX（Nov., 1946）, 340–347 参照。

（3）E. D. Chapple and C. S. Coon, *Principles of Anthropology*, 287を参照。

（4）A. N. Whitehead, *Science and the Modern World*, 68.（上田泰治他訳『科学と近代世界』河出書房新社、一九六四年、六六頁）

（5）E. Mayo, *The Political Problem of Industrial Civilization*, 21.

（6）これと次の議論は、多くは、C. I. Barnard, *The Functions of the Executive*, ch. VIII（山本安次郎他訳『経営者の役割』ダイヤモンド社、一九九一年、第八章）に依っている。

（7）P. F. Drucker, "The Way to Industrial Peace," *Harper's Magazine*, Vol. 193（Nov., 1946）, 390.

（8）C. I. Barnard, *Organization and Management*, 150.

（9）E. D. Chapple and C. S. Coon, *Principles of Anthropology*, 250.

第5章　内的システム――全体としての集団

集団行動の精緻化…相互作用と感情の相互依存…仮説の性質…感情と活動の相互依存…活動と相互作用の相互依存…精緻化と標準化…規範…文化…規範と行動の関係…通念あるいは価値…技術的、社会的、宗教的システム

むかし、アリストテレスは書いた。「都市は生活のために生じてくるのであるが、しかし、善き生活のために存在するのである」と。(1) アリストテレスにとって、その都市はアテネのようなギリシャの小都市国家を意味した。それは現代の大都市よりも、私たちの研究している小集団に非常に近かった。少なくとも、支配階級の成員たちは相互に直接的な接触を持つことができた。アリストテレスにとって、都市はまた組織されたヒューマン・グループのうち最もなじみ深く最も重要なものであった。彼がそれについて語った多くのことは、上の引用文を含め、すべてのヒューマン・グループに適用できる。エルトン・メイヨーはよくアリストテレスの指摘を、言葉を変えて語った。彼は言った。いかなる人々の集団も生活条件を複雑化し、その条件をより興味深いものにする傾向があり、その複雑化を妨害する環境は情緒的に欲求不満をもたらすと思われると。チェスター・バーナードはもっと詳しく述べている。

個人がある協働的事業に参加するようになると、同じように参加している他の人々と接触する地位を受け入れたことになる。この接触から、これらの人々それぞれの間に、相互作用が生ずるに相違ないし、これらの相互作用は社交的なものである。確かにこれらの相互作用は、協働体系の目的でもなく、協働体系に参加している個人の目的でもないであろうし、また事実、目的でないことが多い。それにもかかわらず、相互作用は避けようとしても避けることのできないものである。

したがって求めたのではないけれども、このような相互作用は協働の結果であり、協働の中に含まれる一組の社会的要因を構成する。

　これらの要因は当該諸個人に作用し、他の要因と結合してそれらの人々の精神的、感情的な性格の中に組み入れられる。このような作用のために社会的要因は重要な意義をもつのである。そこで協働は、普通ならば生じないような変化を個人の動機に引き起こすこととなる。このような変化が協働体系に好ましい方向にある限りにおいては協働体系に役立つが、協働に好ましくない方向にある限りはマイナスであり、協働の制約となる(2)。

集団行動の精緻化

これらの人々――アリストテレス、メイヨー、バーナード――はいずれも同じ現象について語っている。多くの人が一緒になって集団を形成すると、彼らの行動が最初の形を保持することはない。社会生活が完全に功利的であることはない。それは自己を精緻化し、複雑にし、元の状況の必要を超えて行く。その精緻化は個人の動機の中に変化をもたらす。これが、バーナードが特に強調した点である。そして、集団への所属によって生まれる人々の態度変容は、多分、社会心理学の中心的な話題であろう。精緻化はまた彼らの活動や相互作用での変化――事実、全体としての集団の組織における変化――を意味する。

　この精緻化は本章と次章の主題である。前章で、私たちは外的システム――いかに集団がある特定の環境で存続するか、という限定された問題への可能な解答を提供する集団行動――の研究をした。本章では、内的システム（*internal system*）――外的システムから同時に発生し、それに反作用する集団行動の精緻化――の研究をする。私たちがそのシステムを「内的」と呼ぶのは、それが環境によって直接条件付けられないからであり、それを「精緻化」（elaboration）と言うのは、それが外的システムという表題下に含まれない行動の諸形態を含むからである。ここしばらくの間、外的システムを環境の中での集団の存続を可能とさせる集団行動と考え、また、内的システムを集団の成員が一緒に生活する過程で発生してくる相互に対する感情の表出であると考えても、そんなに大きな間違いではないであろう。

内的システムの分析でも、以前と同じように、重要な点を説明するために端子盤配線観察室を使用するが、それは一定の手順に従って行われる。本章では、全体としての集団行動において現れる内的システムを取り上げ、次章では、集団の派閥への分裂において現れる内的システムを取り上げる。第3章で見たように、ある意味で、集団は一つの単位であり、また、ある意味で、サブ単位よりなる集合体である。

私たちは再び集団行動の三つの主要な要素、すなわち、活動と感情と相互作用を用いて研究する。しかし、内的システムを記述するとき、これらの要素が外的システムでとったと同じ形態をとらないことに気付くであろう。仕事を得るための動機の代わりに、私たちは相互に対する好き嫌いや、他者の行動に対する是認・否認のような、仕事の過程で生じてくる感情を扱わなければならない。仕事上必要である活動の代わりに、自然に発生した相互に対する態度の表出に役立つ活動を扱わなければならない。また、実用的な活動の調整に必要な相互作用の代わりに、社交的に――いわば、遊びのために――作り出された相互作用を扱わなければならない。私たちが内的システムをシステムと呼ぶ理由は、外的システムをシステムと呼んだように、その中で社会行動の要素である三者がすべて相互に依存し合っているからである。私たちは、以前のように、三つの対関係、すなわち、相互作用―感情、感情―活動、そして活動―相互作用を考察することで、その相互依存を説明する。

相互作用と感情の相互依存

端子盤配線工たちは、同じ部屋に入れられ、一緒に仕事をするという状況によって、相互作用をせざるを得なかった。よく言われるように、彼らは偶然一緒にされた。外的システムの記述ではこのような記述で終わった。しかし、内的システムは外的システムが終わったところから始まる。その外的システムにおける相互作用が内的システムの一部として扱われる感情を発生させる。なぜならその感情は成員によって集団に持ち込まれたのではなく、集団での生活によって成員の中に解き放たれたものであるからである。特に、端子盤配線工たちは互いに頻繁に相互作用しながら、友情を持つようになる。確かに、集団にはカペク（W_5）やマズマニアン（I_3）のような社会的孤立者もいたし、また、特に親密な友人たちは派閥を作っていた。しかし、派閥と反社会的個人を強調すると、全体としての集団の中に広がっている友情をいとも簡単に見落としてしまう。付き合い（association）と友情との間の関係は一般的に観察される事実の一つであり、私たちはそれをいつも日常的な諸問題での行為の指針として使うが、しかし、社会学の明示的な仮説とすることは滅多になかった。もし「人々を一緒にさせる」ことさえできれば、彼らは相互に好きになり、さらによく働くようになると、私たちは仮定する。また、相互作用と感情との間の関係は他の方向にも作用すると仮定する。私たちが相互作用している人を好きになることが多いということが真実なら、また、私たちはすでに好きになっている人と相互作用するようになることも真実である。すなわち、相互作用とこの種の感情は相互に依存する。

今、その仮説をもう少し明確にすることにしよう。まず言えることは、互いに頻繁に相互作用している人々は互いに好きになる傾向にある。しかし、これはその関係の量的相対的側面を公平に扱っていない。私たちのいう、「好き」や「嫌い」、「友情」や「敵意」という用語は誤解を招く。その目盛りには二つの数値しかないと思わせる。そうではなく、その目盛りでの多様な数値を表す感情に対して日常の言葉を用いて、憎しみから愛までの連続的な漸次的変化を考えるべきである。ところが、たとえそのように考えても、まだ私たちは困難な状況にある。ハシュラク（W_7）はシュタインハルト（S_1）が好きであるが、ミュラー（W_2）は嫌いであると言うときに、私たちが意味していることは、彼はミュラーが好きである以上にシュタインハルトの方が好きであるということを意味しているに過ぎない。もし彼がミュラーと他の外部の人との間から誰かを仲間として選ぶように言われたら、彼はミュラーの方が好きであることに気付くかもしれない。好きや嫌いに対する私たちの言葉は相対的であり、絶対的な値ではない。もし私たちが目盛りでのゼロ点、すなわち、人が相手に対して友情もないが敵意もない無関心である点を決定しないなら、ハシュラクが知人をどれくらい好きであるかわからない。そのような点を設定し、それに準拠して感情の強さを測定することは容易な作業ではない。態度を研究する社会心理学者はそのことを知っている。私たちはその作業にここでは取り組まない。その代わりに、私たちの仮説を違う形式で述べることによって、たとえば、もし相互作用の頻度に小さな変化があれば、どんな小さな変化が感情の強さに起こるかを述べることによって、感情や他の社会行動の要素の量的側面を考慮する。そこで、私たちはもとの仮説を次のように再記述できる。もし二人あるいはそれ以上の人々の間の相互作用の頻度が増大するなら、相互に対する好意の度合いも増大するであろう。逆もまた真である。この種の仮説は、目盛りでのゼロ点がどこにあるかという疑問を提起することなしに、感情が目盛りを構成しているという事実を考慮に入れている。たぶんこれからの仮説はすべて微分形式で述べられるべきであろうが、しかし、実際は、そんなことにはあまり気を配らない。

しかし、私たちの仮説はまだ集団行動の事実を適切に考慮に入れていない。それは集団精緻化あるいは集団発展（group development）を考慮に入れていない。たとえば、端子盤配電工の間の元の関係が外的システムの関係であることは容易に考えられる。その集団成員はある部屋で偶然一緒になり、ある仕事をすることから始まった。しかし、明らかに、端子盤配線工の観察された行動は会社が決めた元の作業計画を超えていた。私たちがその成長や発展の過程をいかに記述するか。私たちは少なくとも次のように私たちの仮説を公式化できる。もし集団の成員間の相互作用が外的システムで頻繁に行われるなら、好意の感情が彼らの間に成長し、そして、これらの感情は次には相互作用を促進し、それは外的システムの相互作用をはるかに超えるであろう。端子盤配線工間の相互作用は事実求められた作業規定よりも頻繁になった。好ましい感情が相互作用の増大につれて増大するだけではなく、これらの感情はさらにまた相互作用を増大させる。私たちの理論は、このような過程を通して、社会システムが成長し、精緻化するということである。しかし、その精緻化はどこまで進むことができるか。明らかに、それは無限に進行できない。それに終止符を打つ力があるに違いない。一つには、時間の制限が相互作用の頻度がある水準を超すことを邪魔するであろう。しかし、その水準はどこか、何がそれを決めるか。私たちはこれらの質問をするが、それらに答えることはできない。

もっと複雑なことが起こる場合がある。観察室である時間が経った後、端子盤配線工はその元の部門に残った人に対して幾分敵意を抱いていることに気付いたということ、そして、彼らはいろいろな細かなことでその部門の男たちによって差別されていると苦情を言って敵意を表出したことが観察された。この例では、他の多くの場合に見られるように、集団内での友人の好意は外部の人への嫌悪をもたらす。内部の連帯が大きければ大きいほど、それだけ外部への敵対が大きくなる。その仮説は以前からよく知られている。それは未開氏族での組織原理であると言ってもよい。独裁者は、もし国民と外国人との相互作用を断ち、国民の外国人への不信に火をつけることができるなら、自分の権力を維持でき、国家の根本的な統合を維持できると信じて、その原理の使用を試みる。もっと正確に言うなら、その仮説は次のようになる。ある集団の成員と局外者の間での相互作用の頻度の減少は、一方で、局外者への否定的な感情の増大を伴い、他方で、その集団成員間での相互作用の頻度と肯定的な感情の強さを増大させるであろう。逆もまた真である。実はこの仮説は、ある一般的な仮説の特殊事例である。それについては後で考察するが、次のように述べることができよう。個人AとBとC……との間の関係の性質は、一部、彼らそれぞれと他の個人MとNとO……との関係によって常に決定される。現在の事例では、AとBとC……は集団の成員であり、MとNとO……は局外者である。また、ここでは、これらの人々の間の関係で、相互作用と感情という要素だけが考察されている。

仮説の性質

人々の間の相互作用の増大は彼らの間での好意感情の増大を伴うという仮説は、本書の目指す、ヒューマン・グループの行動についての分析的言明の一つである。長くなるかもしれないが、そのうち、一連のそのような仮説（a series of such hypotheses）にヒューマン・グループの行動の諸部分は要約されるであろう。かかる意味で、外面上異なっていても、——私の信念であるが——ヒューマン・グループは類似しているのである。そこで、少し時間をとって、この種の仮説の性質と制約を説明することにしよう。

先ず第一に明らかにしておきたいことは、それは定理（theorem）ではなく、仮説（hypothesis）に過ぎないということである。私たちは、端子盤配線工の行動によって提供されるもの以外に、何ら証拠を提供していない。統計家なら、単一の事例ではとても十分とは言えないと言うであろう。もちろん、探せば、たくさんの立証的な証拠を小集団の人類学的研究や社会学的研究の中に見つけ出すことができるかもしれない。もっと重要なことは、その仮説の検証が、相互作用や態度を測定する現代的な方法を使う実験によって可能であることである。事実、私たちの目標の一つは、実験によって検証ができるような方法で仮説を述べることである。ウイラード・ギブズをもう一度引用しよう。「理論的研究の任務とは、実験の結果を表現できる形式を与えることである」。

第二に、その仮説は私の独創であると言うつもりはない。なぜか。人々は、数千年の間、原子（atoms）については研究してては来なかったが、人間自身の行動については熱心に研究してきた。人々はここで提示される仮説のすべてについて直感的に知っており、それに従って行為していることに、私たちは何の疑いも持たない。仮説の多くはまた社会科学の文献にも明示されている。私たちの現在の仮説で述べられている関係は、たとえば、社会学者が「内集団連帯」（in-group solidarity）と呼ぶ現象の一部である。誤解しないでほしい。私たちは独創的であろうとしているのではない。私たちの目的は別のところにある。私たちは一般社会学（a general sociology）を発展させようとしているのである。したがって、最もなじみ深い現象は最も一般的であるという仮定に基づいて、平凡で自明な仮説がまさに私たちが述べたい仮説となるのである。私たちはまた仮説の中の用語の準拠する観察が疑う余地がないものであるように仮説を述べようとするのである。このことは「内集団連帯」に当てはまらないと思う。そして、最後に、私たちは、それらすべてに共通した言語あるいは概念図式でその仮説を述べる。その結果、それら相互の関係が明らかになり、それらが首尾一貫した連続性を形成し、それぞれがその光を単独で浪費する代わりに、相互に照らし合うことになるであろう。もし私たちがこれらのすべてをしなければ、社会学という発展途上の科学を構築するための土台を獲得できないであろう。いとも安易に、社会学者たちはその土台がすでに据えられていると仮定した。そこで問うてみたい。たった一つでよい、人間行動についてのどんな一般命題を私たちは打ち立てたかと。その解答を待望している自分に私たちは気付くであろう。

第三に、人々の間の相互作用の増大に、彼らの間の友情という感情の増大が伴うと言う時、私たちはなぜそうなのかについての説明を提供しない。たぶんやろうと思えば説明できるであろう。「友情」には複雑な過程が隠されていると思う。あれこれの理由で、あなたはある時間ある人と付き合う。彼になじむ。あなたの行動は彼の行動に、また彼の行動はあなたの行動に適応する。あなたは彼に親しさを感じ、彼をよい人だと言う。友情とは適応の情緒的反映に過ぎない。このような理由から、あなたが誰かを好きになることは彼のパーソナリティとは関係ない場合が多い。もしあなたが変なやつと長く付き合っていれば、きっと彼らが好きになるであろう。彼らの変人ぶりは関係なくなる。このような線に沿って、私たちは説明をする。しかし、説明しなくても、私たちの仮説は無効ではない。仮説は事実の要約である。そうである限り、その事実の説明が何であれ、その事実は有効である。たとえば、引力という力が太陽の周りを回る惑星の軌道のようなものを「説明」するために長く利用されてきた。物理学者は、「引力」のような余計な説明を援用しないで、ニュートンの法則によって、惑星の軌道や他の多くの物体の運動を簡単に記述（*describe*）できることを知っていた。力学は「『なぜ』についての問いを捨て、観察可能な多くの運動の『いかに』を探求した」[3]。力学ほど厳密でない方法で、私たちはいかに相互作用と感情という要素が関係しているかを問い、なぜそれらはそのように関係しているかという問いを捨てる。確かに、私たちの仮説よりもっと一般的な仮説が説明を提供するであろうが、しかし、それは、私たちのものを無効とすることによってではなく、特殊事例として包含あるいは包摂することによって、説明するであろう。事実のみが仮説を無効にすることができるのである。

　最後に、私のすべての仮説のように、この仮説も、「他の条件が等しい」限り、有効である。このよく耳にする語句ほど曖昧なものはない。それを理解するために、私たちは「他の条件」とは何か、また、それらが「等しい」ことが何を意味するのかを知る必要がある。私たちは相互作用と感情との関係を研究するために概念的にそれらを分離した。しかし、現実の社会行動では、相互作用と感情は第三の要素の活動や、まだ考察していない他の要素から分離することはできない。活動は「他の条件」の中の一つである。互いに相互作用している二人の人は、各人の行う活動が相手をひどくいらいらさせない時にのみ、互いに好きになる傾向にある。もしどちらかがいらいらさせるような行動をするなら、彼らの結び付き、相互作用の増大という単なる事実は肯定的な感情よりむしろ、否定的な感情を増大させるであろう。相互作用と友情は肯定的に関係する。それは活動という要素が具体的現象から外れているという仮定によるのではない。なぜなら私たちは活動が入ってくることを知っているからである。むしろ、この要素は少なくとも情緒的に中性であるという仮定によるのである。

　また、相互作用と友情が肯定的に結び付くのは、権威が他の条件の一つでなく、考察している状況に入ってこない時にのみである。二人が一緒に働いており、その一人が相手のボスである時、たとえば、息子がアイルランドの農場で父親と一緒に仕事している時、その仕事に必要な相互作用が彼らの間で頻繁となっても、上司と部下が友人となることは滅多にないであろう。代わりに、相互に対する彼らの感情は両面的（ambivalent）になりがちであり、その両面性にはもっともな理由がある。ただ一つではなく、二つの影響力が働いている。部下の感情には友情の要素が、あるいは、もしボスが有能で賢明であるなら、賞賛の要素がある。しかし、また、束縛、尊敬、畏怖の要素がある。それはボスが部下に対して行使する権威から出てくると思われる。さらに、両者間の相互作用は、増大の傾向の代わりに、「仕事」に求められるだけの量、すなわち、外的システムのよって求められる量の近くで保持される。この種の行動はアイルランドの農場で観察できる。また、軍隊や船のように、権威が強いところならどこでも、程度はいろいろであるが、観察できる。私たちは後でそれについてもっと多く語る。権威を保持するには、命令を与えるというだけでは十分ではない。服従される命令を与えなければならない。命令への服従が確保される過程は単純なものでない。それを研究する時、私たちは社会的統制の全問題を研究することになろう。

全体としての集団がその環境の中で存続しているときにのみ、集団成員間の友情が相互作用に伴ってくる。もし集団が目的達成に失敗し、分裂し始めると、その不統合は敵対の増大と成員の相互の罪の擦り合いによって早められるであろう。他方、危険な環境との対決で連帯し成功することによって、仲間間の愛情は大きく高められるであろう(4)。たとえば、船員仲間の、また、航空隊員や乗組員である飛行士たちの、また、炭鉱の地下で働く仲間たちの、特に親密な仲間意識（fellowship）である。結局、全体としての集団の特徴が集団内での個々の関係をいろいろと修正するであろう。

私たちは、私たちの仮説で表現した相互作用と感情との間の関係を修正すると思われるたくさんの要因を提出した。もっと他にあるに違いない。権威のような要因はその関係を無効にする傾向にある。すなわち、頻繁な相互作用には友情が伴わないということである。危険との対決での勝利のような要因は、相互作用を特に頻繁に、感情を特に親密にする傾向にある。これらの「他の条件」を多くの集団の行動で無視することができないという事実は、私たちの仮説を無効にはしないが、これらの要因の影響を別の仮説で述べることが求められる。これらは、元の仮説と一緒になって、一連の仮説、あるいは仮説システムを構成する。そこでは、どれか一つの仮説のどれか特定の集団への適用可能性の度合いは、他のすべての仮説の適用可能性によって限定される。本書で、私たちはそのような一連の仮説を作る。あるいは、作り始めようとしている。私たちがそれらの一つについて言うべきことは他のすべてにも適用され、繰り返す必要はない。私たちが格闘している論理的問題は、結局、微分方程式の体系を作り、解くという数学的な問題である。私たちのシステムはそれほど綺麗ではないが、少なくとも、数学的システムを、私たちが望んでいるもののモデルとしている。

感情と活動の相互依存

全体としての端子盤配線観察室集団において、私たちは広い援助の網の中にいとも容易に感情と活動の相互依存を見つけることができる。仕事上の必要から他者を援助することが求められる場合は少なかった。実は、それは会社によって禁止されていた。しかしながら、実際は行われていた。そして、多くの人たちは援助することと援助されることによって居心地がよくなったと証言した。みんなが援助に参加した。それは、他の活動と同じように、半田付け単位に限られていなかった。事実、それは、全体としての集団を派閥（cliques）に分裂させる代わりに一つにさせる活動の一つであった。もちろんテイラー（W_3）のように、他の人以上に援助される人もいた。そこで、端子盤配線室を根拠にして、私たちは仮説を次のように述べることができる。互いに好意感情をもつ人たちは外的システムの活動を超えた活動でこれらの感情を表出するであろう。そして、これらの活動はさらに好意感情を強化するであろう。同じように、互いに嫌い合う人たちは嫌悪を活動で表出するであろう。そして、その活動はその嫌悪をさらに増大させる。その循環には良い循環もあれば、悪い循環もある。その関係を量的に述べると、お互いに対する人の感情での何らかの変化に、これらの感情を表出する活動での変化が伴うと言えよう。また、その逆も真であり、表出的活動での何らかの変化——たとえば、与えられた援助の量での変化——に、好意感情での変化が伴うであろう。

すべての感情は行為での表出を求める。そして、もしその行為に報酬が与えられるなら、それは繰り返されるであろう。私たちがここで記述しているこのメカニズムは普遍的である。それは内的システムに適用できるのと同じように外的システムにも適用できる。しかし、外的システムでは、表出される感情は人が集団の外の生活からその集団に持ち込む感情である。他方、内的システムでは、その感情——その集団の他の成員に向ける好意的あるいは非好意的感情——は集団内での経験によって、人の中に生み出され解き放たれる。この感情を表出する活動の種類は多くあろう。端子盤配線室で、それらは相互援助という形をとった。他の集団では、ギフトと親切の交換といった方法となろう。また、全体としての集団によって着手された新しい協力活動の出現となろう。

活動と相互作用の相互依存

ここでも、外的システムと同じように、活動と相互作用の密な関係は明らかである。実は、それらを再び結び付けるためだけに、それらを分離することは、不愉快な努力である。端子盤配線室で、援助のような活動は明らかに、援助し合った人々の間の相互作用を意味し、さらに、配線作業が求めた以上の相互作用の増大を意味した。その過程は一般的である。たくさんの社会的活動——ダンスやパーティ——は、活動それ自体のためより、それが与える社交的相互作用の可能性のために楽しまれる。活動自体は取るに足らないものであるかもしれない。

精緻化と標準化

内的システムでの感情と相互作用と活動の相互依存を記述してきたが、実は、私たちは精緻化の様式（*mode of elaboration*）と呼ぶものにもっぱら関わってきたのである。人々の間の相互作用は好意感情を導き出す。その感情は新しい活動で自己を表出する。そして、次には、この活動は今以上の相互作用を生み出す。その循環は閉じられている。まさにその対関係の性質によって、全体的なシステムは構築される。その構築がどこまで進むかはわからない。もちろん、それが崩壊するかもしれない。何らかの理由で内的システムの相互作用が減少すれば、その時、活動は衰退し、友情の感情は弱体するであろう。その過程の記述を相互作用からではなく他の要素の一つから始めることもできよう。しかし、重要な点は、循環（circle）、もっといい用語を使えば、螺旋（spiral）は、良い方向と同様悪い方向に進むこともありうるということである。集団を固めるのと同じ関係が集団を溶かすかもしれない。たいていの集団で、その二つの傾向が不安定なバランスを保って存在している。

私たちは新しい感情や活動や相互作用の出現を強調してきた。しかし、内的システムにはもう一つの発展がある。私たちはそれを標準化の様式（*mode of standardization*）と呼ぶ。そして、ここでそれを取り上げるのは、それを説明するための全体としての端子盤配線集団からの証拠を持っているからではなく、それが一般的な重要性を持つからである。人々が互いに相互作用を頻繁にすればするほど、それだけある側面で彼らの活動と感情の両者が似てくる傾向にある。さらに、ある人の活動と感情が他者の活動と感情に似てくれば似てくるほど、それだけ彼と他者との間の相互作用が増大する可能性が高くなる。その過程もいつものように両方向に作用する。この関係をどう説明しようとも、——一般的な模倣傾向を仮定する必要はないと思う——その関係は存在する。立身出世を願う人（social climber）はそれについてすべて知っている。そして、意識的にあるいは無意識的に、懸命にそれを使う。彼はある社会階級の成員との親密で頻繁な相互作用を願う。それがかなえられると、彼自身、定義上その成員となろう。この目的を達成するために、彼はその階級の成員の行動や態度をモデルとする。それがうまくできれば、社交的相互作用が続いて起こるであろう。他方、彼の相互作用が広ければ広いほど、それだけ「ふさわしい」活動と感情についての知識が広がり、模倣できる能力も広がるであろう。たとえ階級成員が慣行にとらわれないこと（unconventionality）を自慢しても、これらの関係は有効である。その慣行にとらわれないことが他と同じように慣行となり得るのである。

　標準化の様式の見事な事例は、ウェスタン・エレクトリック調査でのもう一つの調査、いわゆる、リレー・アッセンブリ検査室に見られる。この部屋では、五人の若い女性が同じ仕事、すなわち、電気リレーの組み立て作業をするため、横に並んで椅子に座っていた。各リレーは完成に約一分しかかからなかった。そして、各女性の生産高と生産率は一年間正確に測定された。多くの興味深いことがリレー・アッセンブリ検査室からわかった。取り上げる必要があるのはその中の一つだけである。その仕事は多くの集中力を必要としたので、社交的相互作用——会話——が容易にできるのは隣同士の女性であった。ある期間、隣同士であり、かつ親友であった女性の組では、それぞれの女性の生産高が相手の女性の生産高と実際同じであるだけでなく、彼女らの生産高の変動幅も驚くほどに相関していた。各リレーは短時間に生産されたから、意図的な相関は不可能であった。その相関は無意識的であった。さらに、席順が変わると、以前のペアの相関はほとんど消えた。親友たちは離れて座っていても、相関が再び生まれる傾向を示したが、決して以前のようにまでは達しなかった。[5] ここに、相互作用と感情と活動の標準化の関係をはっきりと見てとることができる。事実、この集団は端子盤配線工とまったく同じ方法で分析可能である。ここでそうしない唯一の理由は、その集団が非常に人工的であり、現実生活から離れ過ぎているように見えるからである。しかし、その行動はかなり正確な量的用語で記述できるという利点を持っている。

集団内の友情には、外部者に対するある程度の敵意が伴う傾向があるように、感情と活動での集団成員の類似に、彼らの感情と活動と外部者の活動と感情との間の差異が伴う傾向がある。標準化の様式は常に分化の様式（mode of differentiation）と組み合わさっている。私たちが端子盤配線観察室内の派閥を分析する時に、この事実に特別に注目するであろう。斉一（uniformity）を作り出す力と同様、差異（difference）を作り出す力が存在する。現実の行動はこれら二つの間のバランスで成り立っている。

規　範

今までは、私たちは行動主義者であった。私たちは観察可能な社会行動を見、そして、それについてどんな一般化が可能であるかを探してきた。その時、人間の心の中にある観念が行動に影響を与えるという仮定はしなかった。私たちは、観念が影響をあたえると言わなかったし、あたえないとも言わなかった。私たちはその問題に触れないできた。その理由は、それが取るに足りないと思ったからではなく、それに直面しなかったからである。「蓋然的なことは少なく、必然的なことは多く」（As few as we may, as many as you must）。これがどのような要因を理論に持ち込むべきかを判断する最善の規則である。経済性の教義（doctrine of economy）は健全である。概念は使えばよいというものではない。できるだけ少ない概念で、できるだけ多くのことをしなければならない。しかし、古い機械装置でこれ以上進むことが難しくなる時が来る。今この時が来ている。私たちはもはや観念（ideas）を無視することはできない。それらを私たちの理論の新しい要素として持ち込まなければならない。

本書で、私たちは社会行動の可能な側面すべてを研究している等と言うつもりはない。それらのうちの少しに過ぎない。できるだけ経済性を維持するために、すべての観念ではなく、社会学者が規範（*norm*）と呼んでいる特別な観念を研究する。次の章で、私たちは、集団の成員が相互に分化する主要な過程の一つが、彼等の活動が行動の集団規範に近づく度合いにあることを知るであろう。私たちが分化を把握できるようになるには、規範が何であるかについての理解を待たねばならない。ここがそれを取り上げるにふさわしい場である。なぜなら集団の規範は特に全体としての集団の産物であるからである。規範は現実の行動から創出し、今度は、それに反作用する。

私たちは規範で何を意味しているのか。社会学者や人類学者は常に、ある集団において、しかじかの行動がしかじかの環境下で「期待されている」と言う。では、彼らはその期待されていることをどのように知るのか。集団の成員が、時には、期待されている行動が何であるかをはっきりと述べるであろう。しかし、時には、それは推測の対象となる。あまり知的訓練を受けていない人の教科書や大衆向けの論文を見てみると、彼らは社会科学者が集団の期待を見つけ出す解釈の過程――その過程は複雑であるに違いない――に関心がないように思われる。ここでは、多くの時間はかけられないが、私たちはそれに無関心ではいられない。たとえば、三人の人が部屋にいると想定せよ。一人が外に行く、残った二人のうちの一人が他の一人に言う。「私たちは会ったことがないと思う。私の名はスミスです」と、あるいは、同じ場面の他のところでは、一人の人が他の二人がすでに立ち上がっている部屋に入ってくる。沈黙の後、その二人のうちの一人が「失礼しました。私があなた方二人を紹介すべきでした。私はあなた方が会ったことがあると思っていました。ジョーンズさん、こちらスミスさんです」と言う。この種のいくつかの事象の観察から、社会学者はこの特定の集団で次のように推測する。二人の人が相互に顔を合わしているが、以前に会ったことがないとき、第三の人が、もしその二人に会ったことがあるなら、それぞれに相手の名前を教えることが期待されると。しかし、彼がそれをしなかったなら、それぞれが自分から進んで相手に名前を告げることを期待されていると推測すると。その推測は、社会学者がこの集団で受け入れられているエチケット本で「二人の人が以前会ったことがないとき、彼らのホストは彼らを相互に紹介すべきである」という文章を読む時、確証されるであろう。この種の推測したものを、私たちは規範（*norms*）と呼ぶ。たいていの規範は、このささいな規範のようには容易に発見されないこと、また、エチケット本などでの確証がいつも可能とは限らないことを銘記してほしい。私たちは今『経営と労働者』（*Mangement and the Worker*）に帰るべきである。そして、約六六〇〇個あるいは、配線される機器のタイプによっては、六〇〇〇個の完成された接続が、端子盤配線観察室での配線工の適当な一日の仕事と考えられていたという推測のもととなったデータを読み返すべきである。例えば、ミュラー（W_2）はインタビューでつぎのように言った。

丁度今、私は一日七〇〇〇個以上、約七〇四〇個を生産した。その生産高に、仲間はいやな顔をする。彼らは私が生産を落とすことを願った。彼らは私が約六六〇〇個まで落とすことを願った。しかし、私にはその理由がわからない。(6)

社会学者はしばしば規範の存在を非常に軽々しく仮定しているように見える。レスリスバーガーやディクソンの本で注意深くなされたように、規範を言葉や行為の指示対象にまでさかのぼって跡づけた研究は社会科学では少ない。私たちは端子盤配線工の規範が何であるかを、密告行為、詐欺行為、おせっかい行為のような出来事を通して理解した。

規範とは、したがって、集団の成員の心の中にある観念、すなわち、その成員や他の成員が所与の環境下でなすべきこと、なさねばならないこと、期待されていることを特定する言明という形式で表わしうる観念である。集団が何を、環境が何を、行為が何を意味するかはある規範に対しては非常に容易に特定できる。しかし、この定義もあまりにも広いから、もっと限定されねばならない。記述されたこの種の言明は、現実の行動の規範逸脱に対し何らかの罰が下される時のみ、規範である。誰も一日に二装置より多くあるいは少なく配線すべきでないという端子盤配線工の規則は真の規範である。なぜなら、私たちの見るように、集団の成員があれこれの仕方で規範から逸脱するにつれ、彼の社会的な立場は下降するからである。非同調は罰せられ、同調は報酬を受けた。この意味での規範は社会学者がサンクション・パターン（sanction pattern）と呼ぶものである。しかし、行動がどうあるべきかについての言明で、規範でなく、しばしば、理想（ideals）と呼ばれるものが多くある。「汝の欲することを人に施せ」が一例である。完璧でない世界では黄金律からの逸脱に対して特別な罰は来ない。これがまさしくその規則に高い倫理的地位を与えることである。人がそれに従って生活するとしても、彼はそのことのためにそうするのである。彼が社会的に報酬を与えられるからではない。美徳はそれ自体が報酬である。

私たちは規範を多くの人々の期待された行動であると定義した。これは正しい。端子盤配線工の各人は一日につき約六〇〇〇個の接続を配線することを期待された。しかし、ある規範はすべての集団成員によって支持されているが、適用されるのは一人の成員だけである。ある位置にいる一人だけが行うと想定される行為を規定している。父親は子供を、主人は客を、職長は部下を、ある特別な作法で扱うことが期待されている。この種の規範、すなわち、ある位置にいる人が接触することになる他者に対して持つよう期待された関係を述べる規範は、しばしば、この人の役割（*role*）と呼ばれる。(7) その語は、もちろん、演劇の言葉から来ている。それはある人に与えられた役柄である。彼はそれを上手にあるいは下手に演じる。人の行動はその役割から多少なりとも逸脱するであろう。かなりの期間、かなり多くの位置で、かなり多くの人がその役割から遠く逸脱するなら、役割自体が変わるであろう。たとえば、父親が子供に対して取るべき行動様式についての考え方は前の世紀で大きく変化した。例えば、環境の変化によって、小さい自給農場での父親の家長的な役割は今や多くの父親にとって不適当なものとなった。

一点をはっきりさせねばならない。私たちの規範は観念である。それらは行動自体ではなく、行動がどうあるべきかについて人々が考えていることである。理念と現実は必ずしも一致しないこと、あるいは、完全に一致しないことは、子供にも自明なことであるが、しかし、これほど容易に忘れられることもない。多分、それは人々がそれを忘れたいからであろう。規範と言う言葉に対する反対があるとすれば、それは、私たちが容易に二つの異なることを、すなわち、人々がある状況で行うべきことについての言明である規範Aと、人々がその状況で実際にしていることの統計的、あるいは準統計的平均である規範Bを混同することに対してである。時には、二つは一致するが、しかし、多くの場合、一致しない。同じように、標準（standard）という語は一方では、現実の行為を判断する道徳的尺度を示唆し、他方では、生活水準（standard of living）という語句のように、消費の場における実際の行動のレベルを示唆している。

文 化

私たちの定義では、規範は、社会人類学者が集団の文化（*culture*）と呼ぶものの一部、しかも、一部に過ぎないのである。この有名な概念に与えられる多様な意味に関心のある人はクラックホーンとケリー（C. Kluckholn and W. H. Kelly）の知的で機知に富んだ議論を読むべきであろう。彼らが共に最終的に到達した定義は次のものである。「文化とは、歴史的に派生した、明示的あるいは暗示的な生活のためのデザインのシステムであり、それは集団の全成員によって、あるいは、特に指名された成員によって共有されがちである」(8)。この定義から、私たちの規範が文化と同じものであると信じたくなる。なぜなら生活のためのデザインは実践自体より実践のための知的ガイドを示唆しているからである。船のデザインは船ではない。しかし、私たちは多分間違っていると思う。クラックホーンとケリーにとって、文化は理論と実践の両者、理念パターンと行動パターンの両者、行うべきことについての言明と行われたことの様式の両者を含んでいる。人類学者は文化を好きなように定義してよいが、しかし、集団生活の二つの側面間の関係に関心を持つ私たちとっては、私たちの規範は行うべきことについての言明であり、それのみであるということを明確にしなければならない。それらは文化の一部であるが、すべてではない。

規範と行動の関係

私たちの指導原理は一貫して、もし始めに事象を分離しておかなければ、結局、それら相互の関係を理解することはできないというものである。もし私たちが規範と現実の行動との間の関係を考察すべきと考えるなら、規範と行動を混合して形のない塊にしてはならない。関係が私たちの前に立ち、分析を求めている。たとえば、規範が無から有になるのでなく、現在進行中の活動から創出することは明らかである。もし端子盤配線工が配線作業をしていないなら、そして、もし生産が一日当たり一人六〇〇〇接続（あるいは、二つの装置）近辺に達しなかったなら、この特殊な規範が設定されたとはとても考えられない。もし私たちが規範を到達ゴールと考えるなら、そのゴールは競技のゴール・ラインのように競技の開始前に設定されるのでなく、私たちの理解では、集団はそのゴール・ラインをどこにするかを走り始めてから決定するのである。規範がいったん設定されると、それは集団に逆作用をする。それは、人がその行動を規範に近づけようとするという意味で誘因として作用する。しかし、その規範は、それが日常生活で達成されているものからあまりかけ離れていない時のみ、達成を願う標的となりうる。もしそれが不可能と思われるくらい遠く離れているなら、——どれだけ離れているか正しくは誰も言えない——、その規範は放棄され、もっと近くて達成可能な規範が支持されるであろう。社会の説教とその実践の結びつきは弾力的である。相互に引っ張り合っている。それらは完全に離すことはできない。

真に関心のある問題は、いつものように、量的であって、質的でない。「行動が規範に一致するか」ではなく、「個人、あるいは、サブ集団の行動はどの程度（how far）全体としての集団の規範に一致しているか」である。さらに、この一致の程度と、私たちが評価（evaluation）あるいは社会的ランク付け（social ranking）と呼ぶ感情的過程との関係はどうであろうか。評価や社会的ランク付けによって、個人やサブ集団は他より「良い」とか「悪い」と判断される。評価と社会システムの他の側面との関係はどうであろうか。これらは以下の諸章で取り上げる問題である。ここでの研究がそのとき役立つであろう。

私たちは証拠なしで仮説を立ててきた。単一の社会単位内でのサブ集団より、むしろ、単一の社会単位、すなわち端子盤配線集団を扱っている章で、私たちは「全体としての集団の規範」について話してきた。私たちが言いたいことは何か。人々が互いに頻繁に相互作用すればするほど、彼らは感情や活動で似てくるように、彼らの支持する規範でもよく似てくる。しかし、私たちの言いたいことはこれ以上のことである。確かに、集団で受け入れられる規範は、人によって、サブ集団によって、とにかく違っている。しかし、その集団の成員は彼らの顕在的な行動においてより、むしろ支持する規範においてよく類似していることが多い。大まかな言い方をすれば、彼らが実際に行っていることより、彼らが行うべきであるということにおいて類似している。たとえば、端子盤配線工は、完全ではないが、彼らが現実に生産していることにおいてより、彼らがすべきであると言っていることにおいてよく類似していた。多分、この規則の説明の根拠は、人の規範についての主観的な認識は、その社会システムの他の側面からの影響を受けたとしても、彼の社会的活動ほど直接的な影響は受けないという事実に、したがって、変化しないという事実にあるであろう。規範は観念であるから、それ自身の独立した生命を持つようになる。

規範は無から現れない。それらは現在進行中の活動から創発する。これは正しいが、もっと詳しく話すべきである。ある集団で作用している規範は必ずしもその集団の活動から生まれたとは限らない。たとえば、端子盤配線観察室では、約六〇〇〇個の接続が一日で配線されるべきであるという規則は、その人たちの出身母体である部門で成長したに違いない。より一般的な産出高制限の考え、あるいは、労働者が理解するように、「公平な一日の賃金に対する公平な一日の労働」（a fair day's pay for a fair day's work）はアメリカあるいは西洋の産業的伝統の一部である。すなわち、それは互いにコミュニケーションを持っている人々を成員とする集団の多くに共通している。また、人は他者に権威を持つかのように行為すべきでないという感情は、民主的信条の一つである。その信条はある程度アメリカ社会で達成されていること、もしそうでなければ、存続はしていないであろうことに注意してほしい。人々は彼らの規範を集団に持ち込む。彼らは集団での経験を通して新しい規範を作り上げる。彼らは、強固なあるいは弱体化した古い規範や、発生した新しい規範を、彼らが成員である他の集団へ持っていく。もしその規範がそこで影響力を持つなら、一般的な伝統が、すなわち、多くの集団で同一のものが、成長するであろう。もっとも容易に輸出される運送貨物とは頭の中で運ばれる類のものである。事実、環境は、二つの主要な方法で、集団の性格を決定する。外的システムへの影響を通して、また、広く支持された規範を通してである。

通念あるいは価値

集団をその一部とする大きな社会から、その集団へ人々が持ち込む観念について話している間も、私たちはその規範と非常に似ている観念、すなわち、社会の成員が作る無意識な通念（unconscious assumption）、あるいは、ある社会学者なら言うと思うが、彼らが保持している価値（value）を忘れてはならない。たとえば、端子盤配線工が観察室に持ち込んだ二つの通念は次のように述べることができよう。(1)他者よりも多くの給料を貰っている人は、一般に、その人より良い仕事をしている。(2)他者に命令を与えることのできる人は、一般に、その他者より良い仕事をしている。私たちはこれらの通念を公式化することができる。しかし、毎日の生活では、それらは公式化されていない。それ故に、私たちはそれらを無意識的と呼ぶ。しかし、それらは、繰り返し何度も、現実の行動や何気ない言葉で暗示されている。人は、それらに基づいて行為しない時でも、その真理を事実受け入れるであろう。彼は職長への昇進を、その仕事には「頭痛の種」があまりにも多いという理由で、断るかもしれない。しかし、この仕事が、絶対的な尺度で、彼自身のものより優れていることを認めるであろう。多分、その通念は非常に自明であるから、公式化を必要としない。むしろ、アメリカ人である私たちにとって自明であるから、公式化を必要としないと言った方が良さそうである。なぜなら人類学者はある文化で自明であることが他の文化では必ずしも自明でないということをたくさん示しているから。私たちの例示した二つの通念を含むこれらの通念は、証明することができないことに注意してほしい。それらは論理的過程で証明されるべき命題ではなく、それは論理の出発点である前提（premises）である。丁度、幾何学で、直線は二点間の最短の距離であるということを、私たちは証明しない。それを通念とする。いろいろな通念からいろいろな結論が引き出されるであろう。その社会的通念が有効であるのは、多くの人々がそれらを受け入れているからである。他に理由はない。端子盤配線工は、彼らと一緒に多くの通念を仕事に持ち込んだ。いくつかはアメリカの民主的文化の一部であった。今もそうである。いくつかは相互に矛盾することがわかるであろう。このことは、それらが適用可能な環境が異なることを意味している。また、いくつかはすべての人間行動についての無意識的な通念であるかもしれない。人類学者は、文化の相対性を強調するあまり、全人類によって保持されている通念があるかもしれないことをほとんど――すべてではないが――忘れている。

技術的、社会的、宗教的システム

規範は観念の一種類に過ぎない。研究者はこのことを、私たちの概念に似た概念を耳にする時には、思い起こさねばならない。W・ロイド・ウォーナーは、たとえば、社会を三つのシステム、すなわち技術的システムと社会的システムと宗教的システムからなると述べている。彼は次のように書いている。「諸個人の集団が自然環境に適応するための、また、一部、自然的環境を統制するための行動のタイプが……技術的システムである。個人間の相互作用の調整と統制のシステムは社会組織である。そして、集団が未知のもの、あるいは、超自然的なものに適応するシステムが宗教的システムである。それは人々を神に、神を人に関係付ける信仰とサンクションよりなる」(9)。私たちはウォーナーから恩恵を受けていることをここで白状する。私たちの外的システムと内的システムの源は彼の技術的システムと社会的システムにある。二つの組――ウォーナーのものと私たちのもの――が個々の点でどこまで対応しているか、細かいことはわからない。ウォーナーがその違いを示唆しているが、詳細は明らかにしていない。宗教的システムに関して、それは、全体としての社会の水準よりむしろ集団の水準で、私たちの規範と共通したものを持っている。ウォーナーは技術的な、社会的な、宗教的なシステムについて、あたかもそれらはすべて共通したものを持っているように語るが、事実はそうでない。技術的なものと社会的なものは顕在的な行動の部分である。ウォーナーの宗教的システムは、一部、顕在的な行動であるが、また、一部、行動から推測されたものである。特に、人々の言葉から推測される。それは儀式や式典を含む。しかし、それはまた神話や信仰や「絶対的論理」を含む。この後者のグループに私たちの規範は入る。それらはウォーナーの宗教的システムの一部である。しかし、一部に過ぎない。たとえば、宇宙論——人々の科学的あるいは疑似科学的自然観——は宗教の一要素であるが、しかし、それは規範以外のものである。

要約すると、私たちは端子盤配線室の人々がある感情を持ち、ある活動をし、あるパターンで相互作用をしていることを見てきた。そして、また、これらの感情、活動、相互作用の一部が社会的・自然的環境によって条件付けられ、私たちが集団の外的システムと呼んだものを形成するのを見てきた。しかし、その集団生活は外的システムの貧弱さの中に留まってはいなかった。これらの当初の関係を土台にして、やや異なった種類の新しいものが自然に創出した。これを私たちは内的システムと呼んだ。たとえば、仕事での人々の間の相互作用は好意感情をもたらし、次には、その感情は、それを表現する援助のような、さらなる相互作用と活動をもたらす。同じように、もし人が欲するなら、相互作用の代わり、外的システムの感情や活動を発展の過程の出発点として取ることもできよう。社会的行動の諸要素は外的システムにおけるのと同じように内的システムにおいても相互に関連していることを、また、そのシステムが成長し、精緻化し、新しいものを試みるような仕方で、それらが相互に関連していることを見てきた。同時に、内的システムの活動は標準化される傾向にあった。行動の規範がその集団によって採用され、あるいは、発明された。

私たちは全体としての集団を見てきた。次章で、私たちはその集団の内にあるサブ集団に移る。しかし、その前に、一つの注意が必要である。それはレスリスバーガーとディクソンによってうまく述べられている。その記述は彼らの本の脚注にあるが、それは一番重要なことである。それはこうである。「多分、注意の言葉がここで必要であろう。この集団が二つの派閥に分裂したと言う時、また、ある人々はいずれの派閥に属さず外にいたと言う時、二つの派閥の間に、また、派閥とその部外者の間に連帯がなかったということではない。小集団を集中的に考察する時、常に分化要因を過剰に強調する危険性がある。そのため、内的連帯が欠けているように思われる。この集団は全体として非常に強い感情を共有していることを、生産に対する彼らの態度について論じた時にすでに示しておいた[10]」。全体と部分の両者を同時に心に留めておかなければならない。

註

（1）Alistotle, *Politics*, I, 1, 1252b12.（山本光雄訳『政治学』岩波文庫、一九六一年、三四頁）
（2）出版者の許可によるリプリント Chester Irving Barnard, *The Functions of the Executive*, Cambridge, Mass.: Harvard University Press, 1938, p. 40. また、pp.45, 52, 120, 286を参照。（山本安次郎他訳『経営者の役割』ダイヤモンド社、一九六八年、四二頁。また、四六頁、一二六頁、二九九頁参照）
（3）E. Mach, *The Science of Mechanics*, T. J. McCormack, tras., 155.（伏美譲訳『マッハ力学』講談社、一九八五年、一七八頁）
（4）R. R. Grinker and J. P. Spiegel, *Men under Stress*, 21–25.
（5）簡単な報告なら、T. N. Whitehead, *leadership in a Free Society*, 32–53を参照。完全な詳細については、ホワイトヘッドの *The Industrial Worker* を参照。
（6）*Management and the Worker*, 417. 全体的な議論については pp. 412–423を参照。
（7）本書の p.11（本訳書一〇頁）を参照。
（8）C. Kluckhohn and W. H. Kelly, "The Concept of Culture," in R. Linton, ed., *The Science of Man in the World Crisis*, 78–106, 98.
（9）W. L. Warner and P. S. Lunt, *The Social Life of a Modern Community*（Yankee City Series, Vol.1）, 21. また W. L. Warner, *A Black Civilization*,10; R. LaPiere, *Sociology*, 162を参照。
（10）*Management and the Worker*, 510.

第6章 内的システム——集団内での分化

外的システム…相互作用と感情の相互依存…感情と活動の相互依存…活動と相互作用の相互依存…象徴記号体系…パーソナリティ…社会的ランク付け…社会的ランク付けと活動…社会的ランク付けと相互作用…派閥以外での社会的ランク付け…社会的ランク付けとリーダーシップ…内的システムの外的システムへの反作用…フィードバック…適応

私たちはいつも、何かを言っては、それを取り消し、また、論旨からはずれ、細事にこだわってそれを曖昧にする。私たちは一度に一つの点しか指摘できないから、これが作業を進める唯一可能な方法である。だから、読者が退屈を感じても、読者を責めることはできない。前章で、私たちは全体としての端子盤配線集団が従った行動のパターンを記述した。事実をもっとよく調べてみると、そのパターンからの逸脱がそれへの一致とほぼ同じように発見される。そして、その逸脱には意味がある。すなわち、その逸脱は大きな単位内でのサブ集団の存在を示している。ある意味で、その集団のほとんどの成員は友人である。また、ある意味で、集団のある成員たちは他の成員とよりもお互いに多く友情を抱いている。今、集団内での分化の研究に私たちは取りかかる。そして、端子盤配線集団とその出身部門のような他集団との関係について行ったような一般化が、観察室などの集団の中のサブ集団間の関係にも有効であることを示す。

その問題を別の言い方で述べることにしよう。(1)全体としての集団にはそれ特有の特徴がある。(2)それぞれのサブ集団には、他のサブ集団といわゆる「外交関係」(foreign relations) にあるという理由で、それ特有の特徴がある。(3)それぞれのサブ集団には、まったく「主権」(sovereign power) がなく、「世界秩序」——全体としての集団——の一部分であるという理由から、それ特有の特徴がある。第一の側面は前章で考察した。他の二つの側面は本章で考察する。そこでまず、全体としての端子盤配線集団内でのそのサブ集団を研究する。その際、それらをより大きな単位の一部であるという事実は考慮に入れない。その次に、その事実を考慮に入れて、そのサブ集団を研究する。

外的システム

私たちが派閥A、派閥Bと名付け、男たち自身が「前の集団」、「後の集団」と名付けた二つの派閥が端子盤配線観察室にあったことを記憶していると思う。私たちはその派閥の出現をどのように説明するであろうか。

前と同じように、私たちは外的システムから始める。全体としての集団の成員間の相互作用が、彼らが偶然出会ったことによって刺激されたように、サブ集団での相互作用は、その部屋の物理的間取りや作業組織によって、すなわち、環境によって作られた諸力によって促進された。たとえば、派閥Aの成員は部屋の前方で互いに近くで仕事をしている人々であり、派閥Bの成員は後方で互いに近くで仕事をしている人たちであった。さらに、派閥Aの中核は半田付け単位1であった。そこにはその単位のすべての配線工と半田工がいた。派閥Bの中心は半田付け単位3であった。また、派閥Aは検査単位Aとほぼ一致していた。そこには検査工I_1（アレン）と彼の検査を受けている人たちのほとんどが含まれていた。派閥Bは、その度合いは低いが、検査単位Bと結びついていた。最後に、派閥Aの配線工はコネクター装置で作業していた。すなわち、外的システムでの活動は類似していた。他方で、派閥Bは、クルーパ（W_6）は例外であるが、セレクター装置で仕事をしていた。私たちは後で、なぜ仕事配置と派閥所属との間の「適合度」（fit）が完全でなかったかを問わなければならない。たとえば、なぜ半田付け単位2が派閥の中核とならなかったか、また、なぜクルーパは、コネクター配線工であるのに、どちらかと言えば、セレクター配線工からなる派閥の成員であったのか。しかし、その適合性は、完全ではないが、明らかなようにかなり高いものである。

私たちがある人たちが派閥を形成していると語るときに意味していることは、彼らは大きな単位内のサブ集団を形成していると言っているに過ぎない。すなわち、彼ら互いの相互作用は、局外者あるいは他のサブ集団の成員とよりも頻繁である。

しかし、その相互作用のパターンだけが、私たちが派閥行動で見ることのできるすべてというわけではない。その相互作用図式に感情と活動の図式を関係付け、その関係を通して、いかに内的システムが外的システムを土台にして、今まで考察したことのなかった仕方で構築されるかを示すことができる。

相互作用と感情の相互依存

第3章に戻り、そして、その集団の成員間での友情と敵意を示す図表（六七頁）を見てほしい。その部屋で偶然出会った集団の全成員は、マズマニアン（I_3）を除いて、ある程度、友好的であったが、特に友好的であったのは、その集団内において、その部屋での位置や仕事の性質や半田付け単位と検査単位への同一所属によって偶然出会った諸個人たちであった。ウィンコウスキー（W_1）やテイラー（W_3）やドノヴァン（W_4）やシュタインハルト（S_1）やアレン（I_1）は、みな部屋の前方で仕事をしており、同じ検査単位に属しており、彼らはみな友情によって結ばれていた。同じことが半田付け単位3にも当てはまった。しかし、ハシュラク（W_7）のシュタインハルト（S_1）との友情は二つの派閥の成員を結び付けた唯一の熱い友情であった。そこで、私たちは、全体としての集団とサブ集団の両方での、相互作用と感情の関係をもう一度次のような言葉で要約することができる。人々が頻繁に相互作用すればするほど、それだけお互いに対する友情の感情は強くなりがちである。相互作用と感情の相関関係は端子盤配線集団では完全ではなかったが、しかし、それは重要であった。

敵意に関していえば、全体としての端子盤配線集団での好意はその親部門の成員に対する敵意と関連していた。そこで、集団内においては、派閥の異なる成員たちが相互に嫌い合ったと思われるかもしれない。しかし、事実は、はっきりした敵意は派閥の異なる成員間ではなく、派閥の成員と、社会的孤立者であったマズマニアン（I_3）のような成員との間に生じた。しかし、友情と敵意について言えば、集団内でのそれらの強さは相対的であり、絶対的でないことを、常に注意していてほしい。集団が中傷し合う党派に引き裂かれていても、「外国人」に対しては一緒になって熱心に共同戦線を張るであろう。健全な民主主義におけるように、闘争は騒々しいが浅い、団結は静かであるが深いと言えよう。

感情と活動の相互依存

さて、ゲームや窓論争や仕事交換への参加を示す第3章の図表（六八頁と七一頁）を見てほしい。全体としての端子盤配線集団内の友情が相互援助のネットワークに表出されたように、熱い友情は二人を結び付ける仕事交換のような活動に、また、派閥の成員を結び付けるゲームのような活動に表出された。前方の四人の配線工は、検査工と半田工と一緒になって、ゲームに参加し、後方の四人と半田工もそうした。カペク（W_5）だけが両集団といっしょにゲームに参加したが、そんなに頻繁ではなかった。これらの活動は仕事とは関係なかった。事実、会社はそれに対してよい顔をしなかった。そこで、私たちは全体としての集団についてと同じように、集団内での分化について次のように言うことができる。お互いに好意感情を持っている人々は、その感情を外的システムの活動を超えた活動で表出するであろう。また、もしその感情と結び付いた活動が存続しないなら、その感情も存続しなくなるであろう。人々の間の情緒的関係は真空の中に存在するのではなく、人々が仕事や遊びで一緒に参加している無数の反復的な行事によって支えられている。

活動と相互作用の相互依存

さらに、これらの新しい活動は、当然、派閥の成員間の相互作用を引き起こした。部屋の同じ場所あるいは同じ半田付け単位で働いていたという理由から、外的システムで頻繁に互いに相互作用した人々は、また、仕事交換やゲームや議論に参加することによって、内的システムで相互作用した。これが、事実、私たちの分析の出発点であった。なぜなら派閥も、集団と同じように、局外者とよりも頻繁に相互作用している人々の集まりとして定義されるからである。

今まで、精緻化の様式と呼ばれる過程、すなわち、新しい感情や活動や相互作用の構築（building up）を扱ってきた。同時に、類似と差異の様式と呼ばれる別の過程も起こっていた。各派閥は、成員が行うゲームや話題や議論や、また、ばか騒ぎにおいても、それ自身の行動スタイルを生み出した。賭けゲームのほとんどは派閥Aで行われ、酒盛りは派閥Bで行われた。派閥Aは派閥Bのように仕事交換を頻繁にはしなかったし、窓についての論争への参加も多くなかった。派閥Bは派閥Aほど菓子を食べず、違うものを買った。その成員はまた多くのばか騒ぎに熱中した。これらの差異は社会哲学者にとっては瑣末なことと思えるに違いない。社会哲学者が菓子の種類の違いで悩んだりすることなどあり得ないであろう。しかし、彼自身の集団では、たとえば、ネクタイをつけるべきかどうかが彼にとって重大なこととなるのである。

二つの派閥は、何よりも、産出高で違っていた。ハシュラク（W_7）とオバーレイトナー（W_8）とグリーン（W_9）、すなわち、セレクター配線工と派閥Bの中核の人々は、一人ひとり調べると、派閥Aの成員より、産出量がやや少ないだけではなく、時間控除の要求は多く、また、現実の産出高は報告量よりもずっと少なかった。産出高の差異は知能や器用さのような天賦の差異と相関させることはできないが、派閥所属とは明らかに相関させることができることを、私たちは見てきた。とにかく、二つの派閥の行動での差異は次のように要約される。互いに頻繁に相互作用している人々は、あまり相互作用していない人々と比べて、その活動において互いによく似てくる。この仮説によれば、単一のサブ集団の成員の行動での類似と、二つのサブ集団の行動での差異は同じコインの裏表である。さらに、もしサブ集団成員の活動が外的システムで類似しており、また、他のサブ集団の活動と違っているなら、それらは明らかに内的システムにおいても同じように類似し、また違ってくる傾向にあろう。たとえば、セレクター配線工はその仕事で相互に類似し、コネクター配線工とは違っていた。彼らはまた他の活動のすべてでも相互に類似し、コネクター配線工とは違っていた。

他の仮説と同じように、私たちが今述べた仮説はある環境下でのみ有効である。もっとよい言い方をすれば、相互作用と行動類似の関係は、その仮説に入っている二つの要因以外の要因の影響によって曖昧にされるであろう。この事例では、権威や、他の人々が外的システムで行う活動の種類のような要因である。たとえば、古いしきたりを守る紳士とその付き人は頻繁に相互作用をしているにもかかわらず、その行動のスタイルはあまり似てこない。召使はその主人とよりも、他の召使とよく似てくる。この問題は常に程度の問題である。人々が社会的に対等なものとして相互作用し、彼らの仕事が大きく違っていないときにのみ、私たちの仮説は完全に真価を発揮する。しかし、私たちが考察している事例においても、相互作用が長期に及ぶ時、その紳士と付き人が、他の紳士や他の付き人とよりも、ある種の活動で相互に似て来ないなどと誰が言えるだろうか。端子盤配線室の半田工は、彼らが担当している配線工の活動を取り入れたではないか。古いことわざには真理がある。「この主人にして、この召使あり」（Like Master, like man）。仮説は常に有効であるかもしれないが、具体的な人間的な状況でその存在を感じさせる度合いは多様である。

端子盤観察室に戻ると、見るに値する事象が他にある。二つの派閥が行っている活動での差異が、その二つが接触しているという事実によって増大しているかもしれない。その派閥の行動が異なるのは、それぞれが独自のスタイルを楽しんでいるという理由からだけではなく、それぞれが他と違っている事を願っているという理由からである。考慮に値する仮説は次の通りである。このような環境では、サブ集団の活動は、すべてのサブ集団が所属している大きな集団の統制によって課せられた限度内で、他のサブ集団の活動と異なってくるであろう。

象徴記号体系（symbolism）

社会科学での明晰な思考への主要な障害物は、いくつかの異なる言葉のセットや言語体系が単一の観念（idea）の表現に使用しうるという事実である。言葉が違っているという理由だけから、観念が異なっていると考えないように注意しなければならない。たとえば、内的システムでの多くの行動を、私たちの好みに従って、表出的と呼ぶこともできるし、象徴的と呼ぶこともできる。各派閥の行動はその派閥の独自性の表出（expression）であったと言うこともできるし、あるいは、その独自性の象徴であったと言うこともできる。私たちの使用する専門用語をできるだけ少なく切り詰めるために、本書では、象徴（*symbol*）や象徴的（*symbolic*）という語を物的対象や空間的関係や、もちろん、言語的記号に適用するが、実行中の行動には適用しない。この定義に従えば、贈り物はある人の他者に対する友情の象徴であるが、しかし、贈り物を与える過程は友情の表出である。また、部屋の前方にいるコネクター配線工の空間的位置は彼らの優越したランクの象徴であったが、その位置での彼らの行動は象徴ではなかった。実は、そのような言い方はすべて、解決よりも多くの問題を引き起こす。派閥の行動が派閥の独自性、あるいは、アイデンティティの表出であると言えば、つぎには、「表出」や「アイデンティティ」が何を意味しているかを説明しなければならない。私たちが実際に言っていることは、「多くの人々が互いに相互作用すればするほど、それだけ彼らの行動は似てくる傾向にある」ということだけではないか。もしこれが私たちの意味していることであるなら、あれこれ御託を並べたりしないで、できるだけ単純に言ったらどうだろうか。

パーソナリティ

私たちは端子盤配線観察室で外的システムと内的システムの間の一致が完全でないことを見てきた。たとえば、なぜ半田付け単位2が第三の派閥として成長しなかったか。もし私たちが記述したメカニズムが他の要因からの干渉なしで働くなら、成長したはずである。その干渉要因について私たちは願うほど多く知っていないが、この不一致は偶然によるのではなかったと言うことはできる。半田付け単位2のカペク（W_5）はすべての配線工の中でもっとも人気がなかった。彼の性格はその部屋のどの集団の成員資格にも適合していなかった。この事実が、仕事配置での部屋の中央という戦略的位置と結び付いて、おそらく、半田付け単位2が派閥を形成することを邪魔し、ドノヴァン（W_4）を派閥Aに、クルーパ（W_6）を派閥Bに行かせたのであろう。カペクやマズマニアン（I_3）やマチェク（S_2）はその派閥にも属さなかった。ミューラー（W_2）やクルーパ（W_6）はその派閥のゲームに少し参加する程度の派閥の成員であったが、その他のことでは一人であった。それぞれの事例で、私たちにはこれらの人々が孤立していた理由を説明する情報がいくつかある。マチェクは言語障害を抱えており、他の人たちも皆パーソナリティ問題を抱えていた。しかし、このように言うとき、私たちは次のこと銘記しなければならない。私たちはパ､ー､ソ､ナ､リ､テ､ィ､という語で少なくとも次のような要因を一括している。(a)ある人の相続した生物学的傾向、(b)初期の生活で与えられた社会的訓練によって生じた心理的傾向、(c)当該集団の外の当面の社会的状況によって彼に加えられた圧力。社会的精緻化のメカニズムが効果的に作用するのは、完全な集団成員になれるようなパ､ー､ソ､ナ､リ､テ､ィ､を持った人々に対してだけである。端子盤配線観察室でのカペクやマズマニアンのような社会的孤立者も、集団の種類が異なれば、完全な集団成員となったかもしれない。彼らが精神異常であるという証拠はない。

社会的ランク付け（social ranking）

本章のはじめで、私たちは、端子盤配線観察室内での分化に対する見方は二つあると言った。実はこのことはどの集団内での分化にも言えることである。サブ集団は、一方で、サブ集団相互との外交関係を楽しむいわゆる主権者であった。他方で、サブ集団は世界秩序——全体としての集団——の完全な支配下にあった。今までは私たちは最初の側面、すなわち、相互作用と感情と活動における派閥間の単なる分化を考察してきた。いま、第二の側面に移る。集団内での分化の新しい特性は、全体としての集団の重要な特徴から離れては理解できない。

この新しい特性とは社会的ランク付けであり、その重要な特徴は集団による規範や無意識的な通念の採用である。規範や通念については前章ですでに論じた。二つのサブ集団が相互に分離され、彼らの差異を意識するようになるやいなや、少なくともその二つのうちの一つはどういうわけか相手より優れていると感じがちである。外国人は私たちと違っているだけではなく、無作法であり、彼らの慣習は品がない。何と私たちは道徳的な立場を取ることが多いことか。何とまあ社会学の法則には上流気取りの法則（law of snobbery）が多いことか。時には、二つのサブ集団間の口論は相互非難で終わる。それに決着をつける方法がないからである。しかし、時には、ある種の方法がある。それはまったく意図しない、自然に出てきたものであるが、少なくとも当事者たちの一方が、全体としての集団によって容認された規範や無意識的な通念を相手の行動より高く評価する尺度として使用することを求める。ある集団の成員たちは、彼ら自身の行動においてよりも彼らの行動規範においてよく類似しており、そして、サブ集団は、その行動が全体としての集団の規範にどれだけ接近しているかによって、他のサブ集団より優れているとして、あるいは、劣っているとしてランク付けされ、あるいは評価される。そのサブ集団のランクが高ければ高いほど、それだけよくその行動は規範を「満たしている」（measure up）。

端子盤観察室では、派閥Aは派閥Bと異なる行動をしているだけではなく、自分たちの行動が勝っており、優れた派閥であると思っていた。この事実を理解するために、私たちはもう一度外的システムに戻ることから始めなければならない。派閥Aはコネクター装置で働く人たちよりなり、派閥Bは、資格十分とは言えないクルーパ（W_6）を除けば、セレクター装置で働く人たちよりなっていた。必要とされた技術に関して言えば、その仕事間の差異は大きくなく、考えられているよりは小さかった。しかし、仕事の差異はもっと重要なことと関連していた。コネクター配線工はセレクター配線工より高く評価され、少し高い賃金を得ていた。配線工は通常セレクター装置から出発し、技術を高め、勤続年数が増すにつれ、コネクター装置へ移動した。コネクター配線工は、この部屋においても、元の部門においても、部屋の前方で仕事した。シカゴの地域社会やアメリカの大社会では、他者より高い賃金を得、大きな技能を必要とし、多くの勤続年数を要する仕事は、また、他者の「前方」に配置されている仕事は、「優れている」仕事であるという通念が通用している。その仕事は高く価値付けられる。多分、これらの通念は、実際はもっと深い通念から派生したものであろう。概して、組織では、他者より高い賃金や技能や勤続年数を持つ人はまた他者の行動を命令したり統制したりする位置にいる。このことは「前方」にいるということにも言える。教師は教室の前方に立ち、船長は乗組員の前に立ち、そして、その集団に命令をする。これらのことは統制の外的・可視的な印であり、高い価値が常に統制や権威に与えられる。とにかく、端子盤配線集団の外的システムでの配置が、アメリカ社会の無意識的な通念と結合して、コネクター配線工に自分らはセレクター配線工よりいい仕事をしていると自覚させた。

それでは次に、コネクター配線工の仕事がセレクター配線工の仕事より少し優れているという感情が端子盤配線集団の行動の他の要素といかに結び付いたかを見ることにしよう。

社会的ランク付けと活動

個人や集団が他の成員に対して抱く、自分の方が良い（あるいは悪い）とか、ランクが高い（あるいは低い）という感覚は私たちの定義では感情（*sentiment*）である。集団の他成員の評価と比べてある人の評価を地位（*status*）と呼ぶより、むしろランク（*rank*）と呼ぶ。なぜなら、第一章で見たように、地位という語の通常の定義に従えば、ランクは地位の要素の一つに過ぎないからである。集団の規範（*norms*）や通念（*assumptions*）よりなる基準に従って、集団成員の活動（*activities*）を他成員の活動と比較することによって刺激され放たれる感情が評価である。知的な判断基準がなければ、その比較が可能であるとはとても考えられない。集団で高いランクにいる人にとって、自分が自身を高く評価するというだけでは十分でない。集団が彼の評価を受け入れなければならない。そして、その同意のための唯一の土台をその集団の規範が提供する。私たちが個人に適用した推論が、またサブ集団にも適用できる。たとえば、コネクター配線工は、自分たちの仕事（活動）がアメリカ社会の無意識的な通念から見て優れていたから、セレクター配線工に対して優越感（感情）を抱いたのである。

集団の規範や通念を一定と仮定して、さらに社会的ランクと社会的活動との間の相互関係を見ることにしよう。派閥Aの配線工（コネクター配線工）は、自分たちの仕事が派閥Bの配線工（セレクター配線工）の仕事よりも優れていると思った。彼らは自分たちのゲームは騒々しくなく、会話はずっと上品であると信じた。さらに、彼らの活動は、アメリカ人の共有する通念によってだけでなく、その集団の規範によっても優れていた。たとえば、彼らはセレクター配線工よりも産出高に関する集団基準をより忠実に満たしていた。派閥Aの成員は一日当たり一人二つの装置をほぼ完成させた。派閥Bの成員はそれよりいくらか少なかった。そこで、次のような仮説を述べることができる。外的システムでの彼らの活動に高い価値を置く人たちは、内的システムにおける彼らの活動にも高い価値を置く。ここから私たちは次のようなもっと根本的な仮説に進むことができる。ある人の活動がその集団の規範に同調する度合いが高ければ高いほど、それだけ集団内でのその人のランクは高くなる。その仮説は個人と同様サブ集団にも有効である。その関係は厳密に言えば相互的である。ある人の活動が規範に近づけば近づくほど、その人のランクが高くなる傾向にある。しかし、また、ランクを独立変数にとって、その人のランクが高くなればなるほど、彼の活動はますます規範に近づくであろう、もっと簡単に言えば、位高ければ徳高きを要す（*noblesse oblige*）と言える。集団で高いランクを占めるには、人はその規範のすべてを守らねばならない。そして、その当の規範は、その集団の現実の、あるいは、容認された規範でなければならない。それは単にその集団が与えた口先だけの規範であってはならない。

今、コネクター配線工の行動がセレクター配線工に与える影響を考察しなければならない。彼らの専門の仕事に関する限り、セレクター配線工は他集団によって下される判定をまったく受け入れることはできなかった。彼らはその劣等の含みに立腹した。それには理由があった。両方の配線作業間の差異は僅少であり、そこで、セレクター配線工は、その比較はあまりにも誇大であると思ったようである。すべての配線工の検査工や監督者との関係では、彼らは相互に同等であった。仕事の組織では、コネクター配線工がセレクター配線工の仕事を監督することも、統制することもなかった。ある点で前者を優位者とすることができても、他の点では彼らはすべて対等な者であった。

とにかく、セレクター配線工は腹を立てた。その怒りは他の感情と同じように活動にはけ口を求める。彼らは派閥Aのコネクター配線工が嫌がると思われる活動でその感情を表出した。騒々しい会話、ゲーム、つまらぬことでの口論が行われた理由は、彼らは派閥Aがこの種の行動を嫌っていることを知っていたからである。いかなるサブ集団の活動も常に他のサブ集団の活動とやや異なる傾向にある。さらなる分化の要因は、あるサブ集団が他の集団の規範を故意に破るような活動をしたいという欲望である。

派閥Bの成員は派閥Aをイライラさせたいと願い、確かに、それに成功した。そのドラマの次の演技は派閥Aからの反撃である。彼らは派閥Bの産出高の低さをやじり、「詐欺師」とその成員をののしった。しかし、レスリスバーガーとディクソンが指摘するように、「これらの戦略の面白い点は、その戦略が派閥Bをさらに下位につけ、結果として、彼らの内的連帯をさらに強化する手助けをした。従って、派閥Bの成員は産出高を上げる代わりに、それを低くし続け、そうすることで、優位さを振りかざしている人たちに『仕返し』をした」[1]。

他のところで、レスリスバーガーとディクソンは書いている。「派閥Bの多様な行動記録はその集団の彼らの位置を反映していると結論できよう。彼らの社会的位置と彼らの産出高の間にははっきりした関係があった。しかし、次のように問うことができよう。彼らの低い産出高が集団での彼らの位置を決定したのか、あるいは、彼らの集団での位置が彼らの産出高を決めたのか。その関係は両方向に作用した。これがその答えである。集団での位置が産出高に影響を与え、また、産出高が集団での位置に影響を与えた。換言すれば、二つの要因は相互依存の関係にあった」[2]。私たちの言葉を使えば、当該関係は感情（社会的ランク付け）と活動（産出高）の相互依存関係である。

コネクター配線工はセレクター配線工の産出高を基準に近づけさせようと努力し続けた。後者はその産出高を低くし続けようとした。なぜならこれがコネクターたちを怒らすことを知っていたからである。この攻撃と反撃の過程が、他の環境ではどこまで進んだかはわからないが、端子盤配線室では、その悪循環を終わらせ、セレクター配線工の産出高が無限に低くなることを阻止する力があった。結局、両派閥は同じ集団の成員であり、多少なりとも、その規範を受け入れた。派閥Bの産出高水準は少なくとも三つの力の結果とみなすことができる。(a)故意に派閥Aとは違う行動をして、彼らをイライラさせたいという派閥Bの欲望。(b)全体としての集団の産出高基準に同調したいという欲望。(c)忘れてはならないもう一つは、セレクター配線工の経済的利害関心。もし彼らの産出高があまりにも低かったなら、彼らは解雇されたであろう。とにかく、派閥Aと派閥Bの両方の行動が次の規則を支持している。すなわち、サブ集団の活動が全体としての集団の規範に接近すればするほど、その社会的ランクは高くなる。派閥Bの社会的ランクは派閥Aのランクより低く、その成員の活動も集団規範から離れていた。

集団規範によれば、配線工は一日につき二装置より少なく、また多く生産してはならなかった。派閥Bはある方向に規範を破ったが、カペク（W_5）とミュラー（W_2）、すなわち配線工の中の社会的孤立者は規範を別の方向に破ったことは興味深い。セレクター配線工は規範よりあまりにも少なかった。カペクとミュラーは、特にミュラーはあまりにも多くなりがちであった。彼らはコネクター配線工であった。したがって、あまりにも少ない仕事によって派閥Bと同じに見られたくないし、また、彼らは派閥Aの成員でもなかった。そこで、彼らの産出高は、集団規範より下である代わりに、あるいは、集団規範に接近する代わりに、規範より少し高くなりがちであった。

端子盤配線観察室には、二つの派閥があった。社会的ランクの高い派閥はまた全体としての集団の規範にほぼ完全に同調している派閥であった。しかし、個々の男たちの行動は非常に微妙であり、状況はこのように単純でない。時々気付くことであるが、集団で最高の位置にいる人はいくつかの集団規範にはそんなに厳しく同調しないし、統制が彼らに本気で適用されることもない。地位の確立した成員は規則を破っても一寸した冷やかしを受けるだけであるが、しかし、新参者は嘲笑と軽侮で厳しく罰せられるであろう。「ここに明らかなパラドックスがある。集団への加入はその集団規約を厳守することによってのみ確保されるであろう。他方、成員所属が疑う余地のないものとなれば、そこに逸脱行動の特権が生まれる。もちろん、これはパラドックスなどではない。なぜなら集団の権威を受け入れたことを証明する厳格な同調を新参者に求めることは社会集団の特徴であるからである。しかし、個人が集団の中心に近づき、不動の成員となるにつれ、集団は彼に少し大目の自由な活動の余地を与える」(3)。たぶんこれがすべてを語っているわけではないと思う。しかし、私たちは一つの新しい要因を認めることができる。私たちはそれを社会保障（social security）の要因と呼ぶであろう。ある点に達し、ある人の集団でのランクが不動なものとなればなるほど、その人は規範への同調にあまり気を配らなくてもよくなる。この新しい要因はある状況下では私たちの初期の一般則を修正するであろう。それは丁度、権威の要因が、相互作用の頻度と好意の感情が肯定的に結び付いているという私たちの一般則を修正することと同じである。いずれの要因も私たちの仮説を無効としないが、しかし、その要因は、仮説が具体的な現実により近付くためには、仮説に加えられねばならない。

社会的ランク付けと相互作用

内的システムにおける社会的ランク付けの感情と相互作用の図式との関係は、仕事の交換に見ることができる。仕事の交換とは、会社の規則に違反して、配線工が半田工と仕事を交換することを意味した。交換のほとんどは三人のセレクター配線工担当の半田工のカーマーク（S_4）との間で行われた。観察された四九回の仕事の交換事例のうち、彼は三三回に参加した。特に多かった理由は、半田付け単位1と半田付け単位2の配線工（コネクター配線工）は三人すべての半田工と交換したが、セレクター配線工は誰も自分の派閥外とは交換しなかったからであった。「コネクター配線工は彼ら自身の半田工あるいはセレクター配線工の専属半田工のいずれかと仕事を交換することができたが、セレクター配線工は彼ら自身のチーム外と交換することができなかった[4]」。さて、仕事の交換は相互作用を伴って生じる。そこで、私たちは、暫定的な仮説として、ある人の社会的ランクが高くなればなるほど、それだけ彼の相互作用の範囲は広くなる、と提言できる。注意してほしいことは、私たちはここで相互作用の範囲について、すなわち、人が相互作用している相手の数について語っており、単なる相互作用の頻度について語っているのではない。たぶん、広い接触は優越性の感情を強化するように作用するであろう。しかし、これの直接的な証拠はない。また、仕事の交換への参加を示す図に言及するときに、私たちが注意しなければならないことは、カーマーク（S_4）と仕事の交換をした二人のコネクター配線工はミュラー（W_2）とカペク（W_5）であったということと、その二人のいずれも派閥Aの成員として完全には受け入れられていなかったということである。彼らは、その行動を通して、実はセレクター配線工に対して、「私たちは派閥Aの完全な成員ではないが、しかし、コネクター配線工であるから、君たちより優れている」と語っているのかもしれない。

同じようなことが相互作用の仕掛け（origination）にも見られる。相互作用を仕掛ける人（originator）とは、一人以上の人々の活動が続いて起こるような活動を仕掛ける人である。その活動は言語的とは限らない。派閥Bの産出高が一日一人当たり二つの装置の完成という集団規範以下である時、派閥Aの成員は派閥Bの成員に対し批判や野次による相互作用を仕掛ける。派閥Bは派閥Aに対して相互作用を仕掛けなかったが、しかし、ただ産出高を低く抑えることで反応した。そこで、私たちはさらに次のような仮説を提言できる。他者よりも社会的ランクの高い人は、その他者が彼に向けて相互作用を仕掛けるよりも多い相互作用をその他者に向け仕掛ける。後の諸章で、この仮説が、端子盤配線観察室からのデータにおいてより、もっと明瞭に支持されることになるであろう。派閥Aの成員がセレクター配線工に向けて相互作用を仕掛けるとき、彼らは後者の産出高の増大を試みていたことに注意してほしい。統制（control）の試みは、単なる相互作用の仕掛けよりも基礎的な現象であると思われるが、しかし、統制という大きな問題の議論は後章で行う。

派閥以外での社会的ランク付け

社会的ランク付けの議論で、私たちは今まで派閥間の関係に、あるいは、むしろ、コネクター配線工とセレクター配線工間の関係に集中してきた。なぜならコネクター配線工のすべての人が派閥Aの完全な成員というわけでなかったからである。指摘すべきことの多くは、派閥関係の研究だけで指摘できる。しかし、社会的ランク付けにおける差異はコネクター配線工とセレクター配線工の間だけではなく、他にもあった。したがって、それは簡単であっても言及するに値する。

配線工と半田工の間には、コネクター配線工とセレクター配線工の間のような争いはなかった。しかし外的システムでは半田工がランクで劣位にあることがあまりにもはっきりしていた。半田工はどの配線工よりも給料は実質的に少なく、作業組織では、配線工に「仕え」、彼らが行った接続箇所を半田付けすることで「奉仕し」なければならなかった。すなわち、配線工が活動を開始し、それに半田工の活動が随伴した。アメリカ社会の無意識的な通念では、他者より給料が少なく、そして、他者が開始した活動に応えなければならない人は、しかも特に、その開始が統制を意味するときには、他者より劣位にあると考えられる。そこで、半田工はいずれの点でも配線工より劣位にある人と判断された。この判断を半田工は無条件で受け入れた。その点、コネクターたちによって劣位と判断されたセレクター配線工とは違っていた。注意してほしいことは、外的システムにおいてと同じように、内的システムにおいても、半田工は、配線工が相互作用を開始することを容認したことである。すなわち、半田工が仕事を配線工と交換するのは、配線工がそれを求めたときだけであった。外的システムで他者に向かって相互作用を開始する人はまた、内的システムにおいても開始する傾向にある。半田工のこの容認は派閥に加入することの代価であった。なぜならシュタインハルト（S_1）とカーマーク（S_4）は、従属的な成員であったが、それぞれ派閥Aと派閥Bの成員であった。マチェク（S_2）は、言語障害のため、どの派閥の成員でもなかった。

シュタインハルトとカーマークの社会的ランクでの相互関係はそれぞれの所属派閥によって決定された。派閥Aの半田工としてシュタインハルトは、派閥Bの半田工であるカーマークより優位にあると考えられた。彼の優位性は、彼が会社の食堂から昼食を買って来るという仕事をカーマークに譲り渡すことに成功したことで示された。ここでもまた、低い社会的ランクは、その集団によって認められた基準によって劣位であるとされた活動と結合している。

検査工と配線工間の関係では、前者の仕事がいくつかの点で優れていた。彼らは配線工より多くの給料をもらっており、また、他の人の仕事を承認したり、拒否したりすることができるから、彼らの位置は準監督的であった。他の点では、検査工は弱い位置にいた。彼らのうちの二人だけがその部屋で仕事をした。すなわち、彼らは少数者集団であった。また、彼らは別の検査組織の成員であった。すなわち、彼らはアウトサイダーであった。さらに、彼らは、半田工と同じように、配線工が開始した活動に応答した。すなわち、彼らが装置を検査できるのは、配線工が接続をなし終えた後であった。集団として、配線工はその部屋で支配的であった。そして、その二人の検査工が他者から受け入れられるためには、その集団規範に従わねばならなかった。その規範の一つはいかなる人も監督者のように尊大に行為してはならないことを求めた。アレン（I_1）はそれにうまく適応をし、派閥Aの成員となり、さらにまた、優位性をも保持した。監督者たちとの議論で、彼は、配線工がとれないような行動を多く自由にとった。マズマニアン（I_3）は同調できず、その部屋から追い出された。

社会的ランク付けとリーダーシップ

派閥の行動に対して行った分析と同じような分析を端子盤配線観察室での個人の行動に対しても行うことができる。特に、テイラー（W_3）を見ることにしよう。彼はコネクター配線工であり、抜群の技術を持つ信頼できる配線工であった。彼は優位な派閥の主要な成員であり、また、産出高において、クルーパ（W_6）と共に、正当な一日の仕事という容認された理念に最も忠実に、かつ、一貫して同調した人であった。実際、あらゆる点で、彼は集団が自分のものとして採用した規範を体現した。彼は産出高を破ったり、「だましたり」、「密告したり」、威張ったりしなかった。派閥にとってと同じように、この個人にとっても、規範への同調は高い社会的評価をもたらした（活動と感情の相互依存）。テイラーはその部屋で最も好かれた人となった。

彼の高い社会的ランクはそのランクを強化するような結果をもたらした。最も好かれた人として、テイラーはその部屋で最も多く援助される人となった（感情と活動の相互依存）。その援助にお返しをしなかったという事実にもかかわらずそうであった。多分、そうしない理由は、援助することが劣位を意味したからであろう。その代わり、彼は集団の成員に多くの助言を提供した。それは受け入れられることが多かった。また、彼は多くの口論に参加し、それに勝つことが多かった。すなわち、彼の高い社会的ランクによって、彼は他者の行動を統制できるところまで進んだ。今度は、彼の位置の相互作用の側面に目を向けてみると、私たちは次のことが理解できる。援助を受けたり、統制を行ったりという活動が意味することは、集団での多くの相互作用、もし好むなら、多くのコミュニケーションの焦点が彼に置かれていたということである（活動と相互作用の相互依存）。もしその集団の成員が彼との相互作用を頻繁に開始するなら、今度は、彼が彼らとの相互作用を頻繁に開始する。私たちが理解しているように、サブ集団のランクが高ければ高いほど、それだけその成員の相互作用の範囲は広くなる。同じ関係が、特に高いランクの個人に対して、もっと強力に有効である。とにかく、テイラーはコミュニケーションの網（web）の中心にいた。網の中での位置が彼の高い社会的ランクを確実にすることに役立った。しかし、忘れてはならないことは、それが唯一可能となったのは、彼の初期の統制が受け入れられていたからである。また、そのような受容は、後でわかるように、誰か一人の人によるのではなく、全体としての集団の構成に依存している。さらに、テイラーの集団内でのランクは確かにある程度は彼の集団外への影響力にも依存していた。彼だけが親部門からの針金供給の確保で、ウィンコウスキー（W_1）とオバーレイトナー（W_8）よりも成功したということは重要なことである。

結局、端子盤配線工たちは、テイラーという彼ら自身のリーダーを生み出し始めた。それは会社によって任命された監督者とは違っていた。しかし、始まったばかりであり、テイラーの位置はまだ承認されるまでに至らなかった。もし実験がもっと長く続いたなら、この展開はどこまで進んだであろうか。リーダーシップの特徴について、それは確かに小集団の最も重要な特徴の一つであるが、本書で何度も繰り返し取り上げるであろう。そして、曖昧な言葉で定義されることの多い、リーダーシップ（*leadership*）という語が何を意味しているかを、相互作用、活動、感情と呼ぶ観察された事実によって示すであろう。また、いかに集団がそれ自身のリーダーを創造する傾向にあるかを示すであろう。とりわけ、彼がただ集団規範に他の誰よりも厳密に同調することによって、いかにしてその勢力を得るかを示すであろう。彼は集団内で最も自由な人ではなく、最も自由のない人である[5]。

　パーソナリティ要因が——パーソナリティという語が多様な事柄をカバーしていることは承知の上だが——端子盤配線観察室で可能と思われた発展を阻止する様子を見た。しかし、もしパーソナリティが発展を阻止したとしても、他の発展を促進することがある。もしテイラーが現在のような人でなかったなら、リーダーシップはその部屋には出現しなかったであろう。集団にはそれ自身のリーダーを創造する傾向があるだけでは十分でない。リーダーとなりうる人が側にいなければならない。テイラーは、彼が現に行った以外の仕方では行動はできなかったであろう。それでも彼は端子盤配線工の中でもっとも影響力のある人であった。何が彼をそのように行動させることができたのか。知能テストでの得点はその部屋では第四位に過ぎなかった。彼は純知能以外の才能を持っていたに違いない。明らかに、彼は特に博識であった。また、彼が非常に活動的で、止むことのない無駄話に付き合い、いつでもゲームや会話に参加できるようにしていたことは重要であろう。クルーパ（W_6）も、方法は違うが、活動的であり、産出高の集団基準をテイラーと同じくらい忠実に守った。なぜクルーパはリーダーになれなかったのか。唯一と思われる答えは、彼はいくつかの規範を守ったが、すべてを守ったというわけではないことである。特に、彼はリーダーシップを手に入れようとした。彼は支配しようと試みた。しかも、それがあからさまであった。クルーパは偉大さを求めた。テイラーは偉大さを押し付けられた。後者こそが、集団が容認する偉大さへの唯一の道である。テイラーがこの道をとることができ、クルーパがとれなかった理由は、彼らの生物学的な遺伝と初期の家族の歴史にまで遡ったところにあるに違いない。

内的システムの外的システムへの反作用

私たちは一巡して、スタート点に戻ったことに気付くであろう。これは悪い論理の結果ではなく、研究対象の性質の結果である。ほかに有機的現象を言葉で記述する方法はない。クロード・ベルナールが本書の冒頭に掲げた一節で指摘したように、生命過程を表すにふさわしいシンボルは自分の尾を噛んでいる蛇である。

私たちはシステマチックに研究してきた。もしシステムを用いなかったら、人はその複雑さの中に途方にくれ絶望したであろう。私たちは端子盤配線観察室の環境すなわちウェスタン・エレクトリック社のホーソン工場や家族のような集団から始めた。配線工はそこから来ていた。そして、私たちはいかに環境的な圧力がその部屋の人々の間に最初の関係のセットを作る傾向にあるかを示した。もし人々がその会社の定めた産出要件や作業組織にある程度同調しなかったなら、また、もしその会社が彼らの仕事に対する公平と思われる賃金を支払わなかったなら、その集団は存続できなかったであろう。その会社はその集団を解散するか、あるいは、社員が退職したであろう。人々の間での当初の関係を、感情と活動と相互作用の要素に分け、それから、これらの要素が相互に依存していることを、すなわち、一つの要素での変化は他の要素の変化をもたらすことを示した。これらの理由から、私たちは当初の関係を外的システムと呼んだ。それが外的である理由は、それが環境の圧力によって、また、その集団がその環境で存続しているという条件によって決定されたからである。それがシステムであるのは要素の相互依存からである。

初期の関係が定着すると、ある結果が続いて起こる。人々が外的システムで一緒に結び付けられた様態が人々の中に潜在的な可能性を開放した。新しい感情が表出された。それは人々が部屋に持ち込んだ利己心の感情とは違っていた。それはその部屋の中で個人や集団に対する好き嫌いや、容認された一組の規範の尺度による個人や集団のランク付けのような感情であった。新しい活動も行われた。そのいくつかは、ホーソンの経営者という形の環境が禁止したいと思っていたものであった。たとえば、援助、仕事の交換、ゲーム、議論、会話、「腕叩き」(binging)であった。新しい相互作用のパターンが精緻化された。すなわち、派閥での結束や、リーダーを中心に置くコミュニケーション網の始まりである。さらに、この発展で、行動の諸要素が、外的システムにおけるのと同じように相互に依存した。これらの新しい関係を私たちは内的システムと呼ぶ。内的と呼ぶ理由は、それが環境的な圧力によって直接決定されないからであり、システムと呼ぶ理由は、要素の相互依存の故である。

しかし、私たちが一つのシステムを外的と呼び、もう一つのシステムを内的と呼んでも、その二つが別個のものであることを意味するつもりはない。事実、それらは相互に連続しており、内的なものは私たちが記述した過程を経て外的なものから生起する。両者を分ける線は任意的であり、私たちが循環的なあるいは有機的な過程を、言葉で簡潔に分析するのに役立つように引かれている。そして、それらに特別な名前が与えられたのは、将来ここで述べたことのすべてを繰り返すことなく簡単にそれらに言及するために過ぎない。

私たちは今、内的システムは外的システムから生起し、それから、それに反作用すると主張する。このことは、正確には何を意味しているのであろうか。私たちは集団の環境への作用の考察から始めた。その集団の環境圧力への反応は、外的システムしか存在しなかったと仮定した時に起こったと思われる反応とは違っていた。この点を最もよくはっきりと指摘できるのは産出高についてである。それは最も容易に測定される集団反応の一つである。もし産出高が作業組織と労働者の動機（多い給料への欲求から多い労働からの疲労を差し引いたもの）の両者によってのみ決定されたなら、すなわち、外的システムによって全面的に決定されたなら、産出高は実際よりもっと大きくなったであろう。しかし、産出高は外的システムだけで決定されなかった。それはまた内的システムによって、特に、その集団の規範とこれらの規範と関連した社会的ランクの関係によって決定された。産出高での個々の差異は社会的ランクでの差異を反映した。さらに、その内的システムは外的システムによって一部決定された。規範の発展、サブ集団への分裂、そして諸個人やサブ集団のランク付けはすべて作業の配置によって、すなわち、次のような事実によって条件付けられた。男たちは一つの部屋で、相互に一定の空間的な関係を持ちながら、一緒に作業をしていた。彼らは少し異なる種類の仕事をしており、賃金率と勤続年数も異なっていた。結局、内的システムは、外的システムから生起し、次には、外的システムだけから期待された環境への反応を修正した。しかし、注意してほしいことは、この修正はその集団が環境の中で存続できなくなるほどまで大きくなかったことである。事実、その会社はその集団の産出高に満足した。

有機的な全体を分析することの諸問題を説明するために，私たちはすでに類比を用いた。すなわち，ベッドのスプリングセットとガソリン・エンジンである。あくまでも類比であることを心にとめながら，さらに二つの類比を使うことにしよう。最初は物理的類比である。私たちはヒューマン・グループの具体的な行動を観察する。この行動を私たちは二種類の力の所産であると解釈する。すなわち，一つは環境の圧力であり，それは外的システムを創造する。もう一つは集団の内的発展であり，それは内的システムを創造する。ガリレオは発射物の軌道を二つの構成要素，すなわち，直線方向の一定の運動と下方への一定の加速運動の結果として記述したが，このガリレオの方法と私たちの分析方法の比較は正しいと思う。しかし，両者には決定的な違いがある。第一に，ガリレオのような分析をする物理学者は実は二つの別個の操作を実行している。彼は発射物の方向速度と重力の加速を測定する。内的システムから外的システムを分離するために，私たちにはこれらに比較できるどのような操作があるのか。新しい集団がある仕事をするために形成されたときにのみ，内的システムが外的システムから成長するのを見る機会がある。端子盤配線観察室研究の魅力の一つは，また，他の小さい社会的単位より先にそれを研究する理由の一つは，それがこの種の集団に近いからである。第二に，物理学者が考慮する二つの運動は相互に独立している。いかに定義されようとも，外的システムと内的システムは独立しておらず，相互に依存している。

フィードバック（feedback）

もう一つの説明の類比は電気の類比である。私たちは電気回路での電流が一定方向に流れていると考えている。すなわち，電池や発電機の陽極から回路を通って陰極へと。さらに，多くの電気回路は，電流が回路のある点に到達すると，電流の一部が，ある適当な接続によって，その回路の初期の点に，電気学者が言うように，「フィードバック」されるように設定されている。その初期の点は，電流は一定方向に流れているという仮定によって定義される。この種の設定は有用な目的を達成するために使われる。それは回路が完全な負荷まで早く「ビルドアップ」（build up）することを，あるいは，その負荷を乱れなしに行うことを可能とする。回路の各部分が完全に充電されても，私たちはフィードバックとビルドアップが継続して行われていると考える。回路は安定した状態に到達しているが，しかし，私たちはその状態は継続的な循環的なダイナミックな過程によって維持されていると考える。私たちもまた集団の行動をこの種の過程として考えることができる。そして、もし、その過程を記述するときに、私たちが外的システムから始めることを選ぶなら、内的システムが外的システムから継続して創出し、そして、外的システムを修正するために、あるいは、私たちが出発した外的システム以上のものへと、全体としての社会システムをビルドアップするために継続的にフィードバックしていると言うことができる。私たちの論述の方法上、一つひとつ順にせざるを得ないが、私たちが外的、内的と呼ぶ過程は現実では同時に進行している。しかし、時には、私たちはそのビルドアップをたどることができる。端子盤配線集団の成員が初めてその部屋で一緒にされたような場合、それができるところにいる。それから、彼らの社会システムが精緻化し始めることを観察できる。長い社会的歴史を持った集団を研究する時のように、その過程の最終的結果しか見ることができないことの方が多い。完全に充電された回路に相当するものしか見ることができない。しかしながら、回路におけるのと同じように集団においても、私たちはなおビルドアップとフィードバックの過程が継続して進行していると考えることができる。

良い循環であれ、悪い循環であれ、――「螺旋」の方が循環よりいい用語かもしれないが――、循環がすべての有機的現象の特徴である。明確な判断基準が採用されれば、内的システムのフィードバックが集団にとって好ましいものであるか、好ましくないものであるか、また、集団の環境への反応を効率的にするかどうかに答えることができる。ホーソンの経営者の観点から、端子盤配線集団のフィードバックは好ましくないものと判断されたであろう。それは、結局、産出高を制限したからである。他方、集団の成員自体は、これらの流れに沿って考えたなら、好ましいものと判断したであろう。彼らは確かにその行動を説明して次のように言った。もし産出高が継続して増大するなら、歩合率は切り下げられ、ある人は解雇され、あるいは、他の好ましくないことが起こるであろうと。好ましいフィードバックの身近な例が、ニューヨーク州立ハドソン女子教護学校でのモレノの調査で提供されている。四一―四四頁でのソシオメトリックの議論を思い出すと思う。モレノはある事実とソシオメトリックテストの結果を相関させることができた。最も「内向的」であったハドソンの寮――その寮の成員は外部のものに対するより相互に対して誘引されていることを表明した――はまた、寮作業で他の集団より効率的であった。(6) 親密な相互作用に付随して起こる相互的な好意が集団の必要な実際的な作業をより容易に行わせるであろう。その集団はそれ自身の志気を創造する。他方、常に内的システムのビルドアップの一部である新しい活動の精緻化は、もしこれらの活動が端子盤配線室のゲームや言い争いのような単に「社交的な」ものであるなら、実際の活動からあまりにも多くの時間をとるから、その集団の環境への作用を非効率的なものにするであろう。(7) バーナードが、先の引用文で、指摘したように、諸個人が一緒になって協力している時に、彼らの行動に起こる変化は共同システムにとって好ましい方向をとり、それへの資源として作用するか、あるいは、好ましくない方向を取り、有害なものとして作用するかである。多分、最も現実的な社会的フィードバックは好ましいものと好ましくないものとが混合したものであろう。この点には何度も立ち返るであろう。

適　応（adaptation）

端子盤配線観察室では、私たちが今まで論じてきたものよりも重要なフィードバック過程が起こっていた。それについて短く述べねばならない。集団の性格が何であれ、その目的が何であれ、集団が環境への働きかけに成功するためには、集団は分業を、コミュニケーションのシステムを、リーダーシップを、そして、規律を必要とする。端子盤配線集団が自然発生的にこれらのものをすべて作り出したということ、あるいは、むしろ、それらを作り始めたということ、これは私たちにとって、普段見られることが少ないという意味で、素晴らしいことであろう。なぜなら私たちが一過的な発展の初期段階を見ることができるのは稀なことであるからである。派閥への分裂は分業のようには見えないが、しかし、そう理解できないわけでもない。他の集団で多く見られるように分業は社会的差異の上に築かれる。同じように、集団は個人と有望なリーダーとの間の相互作用の図式を発展させた。それは、必要となれば、協調的な行為のためのコミュニケーションのシステムとして役立つと思われる相互作用の図式となった。また、人々が自分自身に課した社会的統制――後で長く考察する――は、少なくとも、会社が課した規律と同じように効果的であった。もし集団が配線の仕事以外の新しい活動に取り組みたいなら――そして、そのような取り組み自体は社会的な精緻化から生まれるのであろうが――、その集団にはこれらの必要な物の剰余（surplus）が手元にあり、使用可能であった。社会的システムに適応的進化の余地を与えるのはこの剰余である。適応とは、環境への働きかけが成功するために必要なものと、その有機体自体が創造しているものとの間の並行性（parallelism）に与えられた名前である。適応は他の有機体と同じように集団の特徴である。

註

（1）*Management and the Worker*, 521.
（2）*Ibid.*, 520.
（3）E. C. Hughes, "The Knitting of Racial Groups in Industry," *American Sociological Review*, XI（1946）, 517.
（4）*Management and the Worker*, 505.
（5）F. Merei, "Group Leadership and Institutionalization," *Human Relations*, *II*（1949）, 28. そこで彼は「リーダーはどの集団成員より強い。（彼は命令を与え、彼らは従う）。彼は集団伝統（group traditions）より弱く、それらの受容を強制される。彼は個々の成員より強いが、諸個人の総計以上である集団『特質』より弱い。彼は成員より強いが、構成体よりは弱い」と述べている。
（6）J. L. Moreno, *Who shall Survive?*, 97–8.
（7）A. B. Horsfall and C. M. Arensberg, "Teamwork and Productivity in a Shoe Factory," *Human Organization*（ex *Applied Anthropology*）, VIII（1949）, 21, 25.

第7章　ノートン・ストリート・ギャング団

研究の方法…ギャング団のメンバー…ギャング団の組織…ボーリング…リーダーシップ

私たちは、今度は、第二の小集団の事例研究に移る。それはウィリアム・フット・ホワイト（William Foote Whyte）による集団研究であり、彼はその集団をノートン・ストリート・ギャング団（The Norton Street Gang）と呼んだ。彼らはコーナーヴィルの街角にたむろしていた。そこはイースタン・シティのスラム地区であった(1)。私たちはこの事例から本書を始めることもできた。なぜならこれはいくつかの点でもっとも単純でもっとも興味深い事例であったからである。しかし、端子盤配線観察室にはこの事例にない利点があった。それは私たちの考えのほとんどを展開できるという利点であった。私たちはできるだけ早く私たちの主要な考えを述べたかった。

コーナーヴィルはアメリカの歴史と同じくらい古い。元は、イースタン・シティを創立した英国出身の人々によって開拓され築かれたが、一九世紀の中ごろから、コーナーヴィルは続々と移民してきた代表的移民団によって受け継がれることになった。これらの移民があまりにも多いため、イースタン・シティの所在する州は、合衆国において、海外生まれの人々や、あるいは、血縁に外国人を持つ人々よりなる最大人口の町の一つを持つことになった。最初にアイリッシュが来たが、しかし、彼らもその前の英国出身の人々と同じように肉体労働の水準以上に出世すると、コーナーヴィルから出て、もっとよい居住地へと転居した。今世紀の初めまでに、最初はイタリア北部から、後には南部から来たイタリア人がとって代わり始めた。ただし、彼らはアイリッシュ地区のボスのリーダーシップを受け入れ続けた。ホワイトが研究をした時、すなわち、一九三七〜四〇年の恐慌の時期、コーナーヴィルは密集したスラムであった。補修の悪い古い家はほぼ完全にイタリア移民とその子供たちによって占められていた。彼らは貧しく、多くは失業していた。

研究の方法

その社会学的研究が適当であるかどうかを判断するためには、それで採用された方法について知る必要がある。端子盤配線室の観察者はその集団の外にいることは少なかった。彼はその男たちと仲良くしたが、彼らの活動に参加することはなかった。ところが、ホワイトはコーナーヴィルの一員となることによって研究した。彼はイタリア語会話を習得した。そして三年のかなりの部分をその地区での生活に費やした。彼はノートン団とその街角にたむろし、そのギャング団のリーダーと仲間の信頼を勝ち取り、そして、ゲームや政治的運動や他の諸活動でギャング団の一員となった。さらに、ホワイトはコーナーヴィルに来た目的が何であるか――彼が社会学的な研究をしているということ――について、少なくとも、その集団のリーダーに説明した。実際、彼はリーダーから援助を得た。

私たちは端子盤配線観察室で進めてきたと同じことを、ノートン・ストリート・ギャング団でもする。本章で、私たちは日常用語でその集団についての主要な事実を示し、解釈は最小限にとどめる。次章で、概念図式を用いて、これらの事実を分析する。しかし、この事例で、その手続はいくつかの困難に遭う。『ストリート・コーナー・ソサエティ』(*Street Corner Society*)を書く時に、ホワイトはノートン・ストリート・ギャング団以外のことにも多く関心を示した。ノートン団を典型的な事例とするギャング団の行動パターンと、密売買や政治やコーナーヴィルでの社会的移動の方法――「出世」――のような事柄との関係に関心を持った。私たちの関心は控え目で、その関心は小集団自体にある。しかしながら、ホワイトが特にノートン団に当てたページは少なく、しかも、そのページは本のあちこちに散在している。彼は冒頭でこのギャング団のボーリングでの競争について非常に詳しく論じており、終わり近くで、彼はギャング団のリーダーの行動について記述している。ノートン団についての私たちの記述での混乱は、彼が与えた文脈から、私たちがホワイトの資料の部分を切り取った結果である。さらに、私たちが取り込んだ事実のいくつかの重要さがはじめて明らかになるのは、次章での分析においてである。

ギャング団のメンバー

メンバーたちがノートン・ストリート・コーナーにたむろしていたことから名付けられたノートン・ストリート・ギャング団には、一九三七年の春、一三人の若者がいた。ドック（Doc）、マイク（Mike）、ダニー（Danny）、ロング・ジョン（Long John）、ナッティ（Nutsy）、フランク（Frank）、ジョー（Joe）、アレック（Alec）、アンジェロ（Angelo）、フレッド（Fred）、ルー（Lou）、カール（Carl）、そして、トミー（Tommy）であった。その男たちは全員、子供時代、コーナーヴィルの近所に住み、同じ学校に通っていた。多くはチンピラのギャング団に所属していた。彼らの家のほとんどはまだコーナーヴィルにあった。家族が現在イースタン・シティの郊外に家を持っているフレッドやルーも、その仲間と一緒にたむろするためにノートン・ストリートに戻ってきた。ストリート・コーナーの若者にとって家で過ごす時間は少なかった。「食事と睡眠と病気のとき意外は、彼はほとんど家にいなかった。彼を見つけたいときは、その友人はまずその街角に行った。その街角の若者の名前からも、ギャングが彼の活動にいかに支配的な重要さを持ったかがわかる。その集団の男たちと何ヶ月付き合っても、二・三人のファミリー・ネームぐらいしかわからない。彼らのほとんどはその集団によって付けられたニックネームによって知られている」。

一九三七年という年は恐慌の年であった。その恐慌はコーナーヴィルに大きな打撃を与えた。そのギャングのメンバーは皆二〇代で、ドックとナッティとマイクは二九歳で最高年齢であり、トミーは二〇歳で一番若かった。彼らのうち二人だけが定職についていた。カールとトミーは工場で働いていた。残りのものは失業か、あるいは、一時的な仕事しか得られなかった。ダニーとマイクはサイコロ賭博（crap game）を経営し、ドックは雇用対策局（WPA）に出入りしていた。失業という事実はその集団の形成に重要な影響を与えた。年齢について考えると、時代がよければ、彼らは仕事に就き、その街角から離れて行ったであろう。また、結婚して、コーナーヴィルの外に居を構えていたであろう。

ドックはそのギャング団のリーダーであった。彼は一九〇八年ノートン・ストリートに生まれた。彼の母と父は南イタリアからそのストリートに移住した最初のイタリア人であった。「大家族で、ドックは末っ子であり、母のお気に入りであった。彼の父は彼が小さいときに亡くなった。三歳のときに小児麻痺に罹り、左腕が効かなくなり、普通でなくなった。しかし、不断の訓練で、重い仕事以外は何でもこなせるまでになった」。ドックはノートン団の前身であったチンピラのギャング団のリーダーであった。ナッティが初期のリーダーであったが、ドックが喧嘩でナッティを負かし、そして、ドックの言葉で言えば、「おれはナッティを打ちのめした後、チンピラどもに何をすべきかを命令した」。それ以後、彼の地位への大きな脅威はトニー・フォンタナただ一人であった。彼は三流のプロのボクサーであった。ある時、彼はドックに「なれなれしくし」、彼にあれこれ指示し、大きな口をきき始めた。ドックは彼を殴った。しかし、ドックが後でホワイトに話したように、「やつは俺と喧嘩しようとは思わなかった。なぜかって。威信だと思うよ。後で、俺たちは運動場で、ボクシングで決着をつけた。俺には強すぎたよ、ビル。俺は持ちこたえたが、しかし、やつはあまりにも強かった。……　彼は俺を殴ることができたんだ」。トニーはリーダーシップの重責を負いたくなかったようだ。トニーがギャング団の前で、ドックの支配を脅かさない限り、この敗北がドックの地位を傷つけることはなかった。

チンピラのギャング団はメンバーが一七歳あるいは一八歳になったときに解散した。ドック自身はしばらくノートン・ストリート・セツルメント・ハウスで働いた。彼はいつも絵画に関心を持っていたし、彼にはその才能があった。セツルメント・ハウスを通して、彼はステンドグラスの窓を製作する会社の仕事を得た。その後、恐慌が深まり、ステンドグラスの会社が倒産し、失業したドックは街角に帰ってきた。一九三七年の初春に、ノートン・ストリート・ギャング団が彼の周りに集まり始めた。ナッティとフランクとジョーとアレックとカールとトミーはドックの以前からの友達であった。まず彼らが参加し、アンジェロとフレッドとルーが続いた。ダニーとマイクはドックへの友情から、また、「そのコーナー」の隣が彼らのサイコロ賭博の場所ということでノートン・ストリートに移ってきた。ロング・ジョンはダニーとマイクに従って来た。

ギャング団の組織

コーナーヴィルのギャング団――他にも、ノートン団のような集団は多くあった――はすぐに厳しい統治体制をとる。それ自身のコーナーのほかに、カフェテリアや居酒屋のような定期的に夜集まる場所があり、そこに、ギャング団は帰宅前の九時ごろコーヒーやビールを飲みに行く。「テーブルの位置は習慣で決まっていた。毎晩それぞれの集団は同じテーブルの周りに集まった。これらの位置への権利は他のコーナーヴィルの集団に承認されていた」。コーナーの若者は彼自身の街角から、また彼自身の日課から決して遠く離れることはない。広い社会的経験の欠如が、小さな友人集団との結び付きを親密にし、今度は、その親密な結合が広い経験の欠如をもたらす。ノートン団がその街角を離れる時は、そのギャング団にはお好みの遊びであるボーリングを定期的に週一回するためである。

ある種の行動にギャング団は高い価値を置く。一つは運動能力である。すなわち、人は優秀なボクサー、優秀なボーラー、優秀な野球選手であるべきである。運度能力のつぎが強靭性（toughness）である。やってもやられても平気という能力。しかし、強靭であるためにいかさま師であってはならない。その種の行動はコーナーの若者にはふさわしくない。ドックはチンピラのギャング団について言った。「俺たちはコーナーヴィルで一番いい町の人だ。俺たちは酒を飲まして巻上げたりしなかったし、サイコロ賭博にも加わらなかった。時に、ショーをただ見することはあったが、これはどうってことはなかろう」。女について言えば、もし可能なら、女を「作る」（make）ことは期待される。しかし、このことと、「身持ちの悪い」（no good）女と交際、あるいは、結婚することはまったく違う。このようなことをする男はその仲間のメンバーに留まることができても、「カモ」（sucker）として笑われる。良い時も悪い時も、余分な小金を持っている時には、頼まれたら、その小金をその友人に与えることが期待される。人がそれを与えるのは、彼が友人だからである。同時に、その贈与は友人の中に義理を作る。彼はあなたを必要な時には援助してくれるに違いない。親切のバランスはほぼ均衡化しなければならない。義理感は常に存在し、もし親切を返せない時、その義理が突然思い出されるであろう。相互援助と相互義務の網がギャング団全体に行き渡っている。ホワイトは、そのパターンがいかにそのギャング団から政治や密売買に拡大されていたかに興味を示す。

ホワイトは一九三七年の春と夏におけるノートン団の組織図を提示した。それは図12に再現されている。その図は単純に見えるが、しかし、実は、二つのことを同時に示している。まず、ギャング団のメンバー間に引かれた線は「影響」を示すラインである。現実の行動において、これが意味していると思われることは、もしドックが集団はある行為をとるべきだと思ったなら、彼はそのことをまずマイクとダニーに、そして、多分、ロング・ジョンにも話すことが多いということである。しかし、その決定がロング・ジョンに伝えられても、そこから先には進まなかったであろう。彼は誰にも影響を与えなかっ

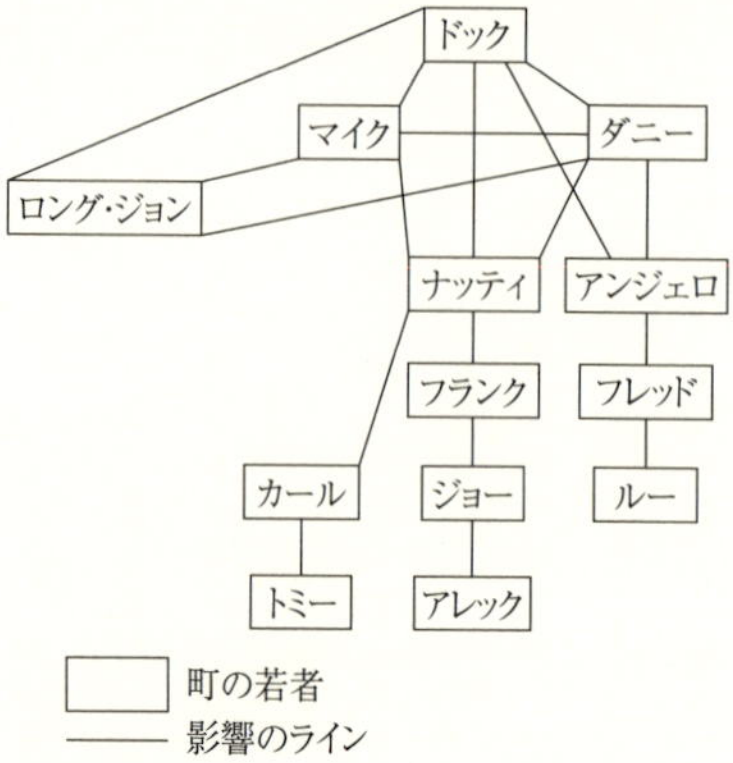

図12　ノートン・ストリート・ギャング団の社会組織（長方形の位置は相対的なランクを示す）

た。しかし、もしそれがマイクに伝われば、彼はそれをナッティに伝え、それから、ナッティを経由して、フランク、ジョー、アレック、カール、そして、トミーへと渡ったであろう。あるいは、ドックは直接ナッティに影響を与えることもあったであろう。逆方向の影響について言えば、たとえば、もし集団はある行動をとるべきだという考えがトミーに浮かんだなら、その考えはカールとナッティを経由してドックへと伝わることになろう。その図はその集団の人々の間でのコミュニケーションがこれらのチャンネルで行われた数百の事例を要約している。第二に、ホワイトは、その図について、長方形の位置が相対的な地位を示していると言っている。たとえば、ドックは最高の地位あるいは最高の社会的ランクにある人である。マイクとダニーはほぼ同じレベルにおり、ドックのすぐ下であった。トミーとアレックは底辺にいた。

　ドックはそのノートン団の公認のリーダーであった。マイクとダニーは彼の補佐として仕えた。残りの男は子分（followers）であった。これらの三人はナッティ以外のどの男よりも多く年をとっていた。また、マイクとダニーはサイコロ賭博を開いていた。このため、彼らはドックのようにギャング団と頻繁に付き合うことができなかったが、それが彼らをえらくした。賭博を開く人は実業家であり、張り手はカモである。カモは、自分をすごいやつと思っていても、コーナーヴィルでは高く評価されない。ドックとマイクとダニーの社会的な接触は、他のどの仲間より広く、ギャング団に限られていなかった。彼らはコーナーヴィルの他の集団からも好意を持って知られており、他のリーダーと同等に扱われた。実際、ドックは州議会の選挙に出るために影響力を行使した。しかし、成功しなかった。三人は喧嘩での強さと自己表現力の高さの両方に対して賞賛された。喧嘩が強いといっても、それを見せるようには誰からも求められはしなかった。「ドックは特に論争能力で際立っていた」。彼はめったに論争に巻き込まれなかったが、巻き込まれたときは、相手の自尊心を傷つけることなく相手をやり込めることができた。

ロング・ジョンは特別な位置にいた。というのは、彼はギャング団に対しほとんど影響力を持っていなかった。すなわち、誰も彼に従わなかった。しかし、彼はリーダーのドックやマイクやダニーの近くにいた。いつも彼らと一緒に行動し、その威信をいくらか共有した。同時に、彼はお金を手にするようなことがあると、それをいつもサイコロ賭博で遣った。これが彼をカモにした。

ボーリング

端子盤配線観察室から学んだように、部外者につまらなく見える行動――たとえば、ある人がある種類の菓子を食べること――も、時には、集団での社会的ランクの、あるいはもっと一般的な言葉を使えば、社会的地位の立派な印となる。社会的地位で何を意味しているかを説明するために、ホワイトは、ノートン団が好む活動――ボーリング――を非常に詳細に記述している。一九三七～三八年の冬と秋の間、ロング・ジョンとジョーとフランクは一緒に一週間に数回、夜、ボーリングをした。土曜日の夜には、全ギャング団が団体戦と個人戦のためにボーリング場に集まった。これらがその週のスポーツ行事の山場となった。それ以外の日には、男たちは先週の土曜日に何があったかについて、次の土曜日には何が起こるかについて長々と論じ合っていた。ドックは他のギャング団やクラブとボーリング試合をするために五人よりなるチームを選んだ。彼はまずダニーとロング・ジョンと自分自身を選んだ。彼らはボーリングの腕以外の理由でもノートン団で重要な成員の三人であった。マイクは含まれなかった。彼は優秀なボーラーではなかった。ボーリングを本格的に始めたばかりであった。チームの残りの二人はノートン団の子分の中からは選ばれなかった。その代わりに、ドックはナッティの年上の従兄弟であるクリス・テルド（Chris Teludo）、とマーク・シアンパ（Mark Ciampa）という男を指名した。どちらの男もその時以外ノートン団ではなかったが、二人とも優秀なボーラーであった。これらの五人、ドック、ダニー、ロング・ジョン、クリス、マークはノートン団を代表してボーリングの試合をした。レギュラー・チームのメンバーの一人が欠席したときだけ、子分の一人が呼ばれた。そのような場合、その子分は決して目覚しい活躍をしなかった。

「子分たちは補欠であることに満足しなかった。彼らはその能力を証明する機会が与えられていないと不平を言った。そこで、一九三八年の二月のある土曜日の晩、マイクは班対抗の試合を企画した。彼のチームはクリス・テルドとドックとロング・ジョンと彼自身とビル・ホワイトよりなっていた。その時、ダニーが病気になったので、ダニーの代わりにビルが指名された。フランクとアレックとジョーとルーとトミーがもう一つのチームを構成した。通常の『グループ選抜』の試合よりも、この試合への関心はきわめて強かった。しかし、子分たちのボーリングは散々な結果に終わり、勝つ見込みはまったくなかった」。子分たちが、チームとして、再び第一軍に挑戦することはなかった。

しかし、時には、個人戦で子分の何人かがすばらしいボーリング・スコアを出すことがあった。フランクは、かつて、ホワイトに「知り合いの仲間と一緒に野球をしても、野球をしているように思えない」と打ち明けたが、彼は、個人として、生まれながらの運動選手であり、セミプロの野球選手であった。彼はたびたびボーリングをし、時々すばらしい成績を出したが、第一軍にふさわしいとみなされるほどではなかった。このころ、フランクはアレックの叔父所有の洋菓子店でアレックと一緒に働いていたことを付言しておきたい。フランクはほとんど定職も金も持っておらず、集団活動での費用のほとんどをアレックに頼っており、その集団でのランクも非常に低かった。

同じように、アレックもしばしばボーリングで良い成績を出した。事実、「彼はそのシーズンの最高のシングル得点をとった。フランクやロング・ジョンやジョー・ドッジやビル・ホワイトとボーリングする週日には、しばしばすばらしい結果を出した。しかし、その集団が全員集まる土曜日の夜は、彼の成績はまったく違っていた」。ある晩、彼は第一軍の皆を負かすことができるとロング・ジョンに豪語した。ロング・ジョンはそれに対し、「おまえは俺たちを負かせると思っているようだが、プレッシャーで潰されるよ」と応えた。アレックは自分のボーリングの腕に対する集団評価を認めていたが、激怒した。しかし、結局ロング・ジョンの正しさが判明した。このやり取りの直後、アレックは自分を証明する機会が何度かあったが、しかし、いつも「流会」(off night)となり、実現しなかった。他の子分たちは、トミーを除いて、自慢できるほどうまくなかった。トミーはうまいボーラーであったが、彼は若い集団とばかりボーリングした。

一九三八年四月末ごろ、ドックはそのシーズンの終わりを、集団成員間の個人ボーリング試合で飾りたいと考えた。「彼はレーンの所有者を説得して、賞金として一〇ドルを出してもらい、それを最高の得点を出した三人に分け与えることにした。常連だけがそれに出る資格があるとされた。そのため，ルーとフレッドとトミーがはずされた」。これは初めて計画された正式な試合であった。ボーラーたちの最終の順位について予想が多く出された。ドックとダニーとロング・ジョンは彼らの予測を公表した。彼らは第一軍の人々が最高のスコアを出すことで一致した。すなわち，彼ら三人と，マーク・シアンパとクリス・テルドが，トップの五人に入るであろう。その次に，ビル・ホワイトかマイクが来ると思った。彼らは，アレックとフランクとカールを底辺近くに置き，最下位にジョー・ドッジを置いた。

クリスはその試合に姿を見せなかった。アレックは仲間にいいところを見せようとした。最初の五試合で，彼は数ピンリードしていた。「彼はドックに向かって言った。『今夜はお前を負かしてやるからな』と。しかし，彼はそれからミスをし始め，ミスを重ねて，勝つことを諦めた。交代の間，彼は飲みに出かけ，顔を赤くして足元をふらつかせるようになった。ボールも投げやりになり，その試合に関心がないかのようであった。彼の崩れは突然であり，かつ完全であった。そして，見る見るうちに，彼はトップから最下位に落ちた」。その試合の終わりでの，ボーラーの得点順は次の通りであった。

1. ホワイト	5. マイク	9. フランク
2. ダニー	6. ジョー	10. アレック
3. ドック	7. マーク	
4. ロング・ジョン	8. カール	

注意すべきことは，ドックとダニーとロング・ジョンが発表した予想からはずれたのは三人だけであったことである。ホワイトとジョー・ドッジはリーダーたちが予想した以上にうまかったし，マークはほんの少しだがよくなかった。予想からのずれを説明するつもりはないが，指摘に値することは，ホワイトとマークの両者の社会的な位置が幾分あいまいであった点であろう。ホワイトは元来外部の者であった。すべての仲間と親しかったが，子分よりはリーダーたちと親しかった。しかも，ドックは彼の特別な友人であった。マークはそのギャング団の成員ではなく，ボーリング場だけでの付き合いであっ

た。

試合の後、ドックとロング・ジョンはその結果についてホワイトと論じ合った。その会話は次のように進んだ。

ロング・ジョン　俺はアレックやジョー・ドッジが勝たないという確信が欲しかっただけだ。勝たすことはよくないと思った。

ドック　その通りだ。俺たちはお前（ホワイト）につらい思いをさせたくなかった。俺たちみんなお前が好きだから。ほかの連中もそうだから。もし誰かがお前につらい思いをさせようとしたら、お前を守ったであろう。……　もしジョー・ドッジやアレックが上位に立っていたなら事態は違ったものになっていただろう。下位になるように野次を飛ばしたであろう。俺たちは大声で騒ぎ立てたであろう。俺たちは実際にあくどいこともしたであろう。

ホワイトはドックに、もしアレックやジョーが勝っていたらどんなことが起こったと思うかと聞いた。彼の答えはこうであった。「やつらはどうあるべきかをわかっていない。だから、彼らをやっつけてやろうと躍起になったのである。もしやつらが勝ったなら、大騒ぎになったであろう。たくさんの口論が起こったであろう。運がよかっただけだと言ったであろう。やつらを他の試合に呼んで、彼らをやっつけてやろうとしたであろう。俺たちはやつらをやつらの本来の位置に戻したであろう」。

ホワイトはその試合のはじめからほとんどトップにいたが、彼に投げられた野次は善意のものに過ぎなかった。彼は、「本当の意味で、私は勝つことを許されていた」と言う。同時に、リーダーたちも彼が勝つとは思っていなかった。彼は首位になっても思い上がることは許されなかった。彼は「チャンピオン」とか、さらには「へなちょこチャンプ」とからかわれた。彼はまぐれで勝ったということを認めず、むしろ、一流のボーラーだと言い張った。そこで、ドックはロング・ジョンとの試合を組んだ。もし彼が勝てば、ドックかダニーに挑戦する権利を得たであろう。四人は一緒にボーリング場に行った。ロング・ジョンは、ドックとダニーの熱心な声援を受けて、決定的な勝利を得た。

アレックが集団試合での敗北で打ちのめされたのは一時的に過ぎなかった。二、三日の間、彼はそのコーナーに見えなかったが、その後、また帰ってきて、地位の再建を目指した。仲間がボーリングにくると、彼はロング・ジョンに個人試合を挑み、再び彼を負かした。ボーリングが秋に開始されたとき、ロング・ジョンはアレックの好餌食となった。ある期間、アレックはほとんどいつも勝利した。彼はさも満足そうであった。ロング・ジョンは『やつは俺に魔法をかけて勝ちやがる』と説明した。これらの出来事が他の人々によってゲームの怪しげな気まぐれに過ぎないと解釈されても仕方なかった。アレックが挑戦相手に、ドックやダニーやマイクの代わりにロング・ジョンを選んだことは重要である。ロング・ジョンの腕前が劣っていたということではない。彼の平均はドックやダニーとほぼ同じであり、マイクよりよかった。彼はトップ集団の成員ではあったが、彼自身はリーダーでなかった。彼のこの社会的位置が弱みであった。

ロング・ジョンとアレックが団体戦以外で対戦すると、アレックが勝つことが多かった。それでも、ロング・ジョンは団体戦で頼りがいのある人物として考えられていた。そのことが人の集団での地位との関係で重要であった。そこで、リーダーたちは、アレックはロング・ジョンを負かすべきでないと考え、その状況を逆転させようと試みた。ドックはホワイトに次のように話した。

アレックはこのごろあまり攻撃的でない。そこで俺はやつにもっとロング・ジョンに付きまとうように扇動してやった。どやしつけてやった。……それから、今度は、ロング・ジョンに話した。ジョンは内気である。物事をくよくよと考える。時には、劣等感を持つ。彼はアレックのように攻撃的になれない。アレックが彼に「おまえをいつでも負かすことができる」と言うと、ロング・ジョンはアレックが自分よりうまいボーラーと思うようになる。……俺はやつに言ってやった。彼のほうがアレックよりボーリングがうまいことを理解させてやった。俺はやつの方が実際に優れたボーラーであると説得してやった。……今度の試合を見てくれ。きっと、ロング・ジョンが彼をやっつけるだろうよ。

「次のとき、ロング・ジョンはアレックを負かした。彼は毎回負かすことができるわけではなかったが、しかし、試合が互角になると、アレックはその競技に関心を失った」。

明らかに、集団は、特にリーダーたちは、ボーリングにおける人の位置がどうあるべきかについてはっきりした考えをもっており、この考えはボーリングの仕方に現に影響を与えた。上手なボーリングは、個人の腕前が重要であるとしても、それだけで決まることではなかった。アレックとフランクが見せたように、彼らは時々勝つことができたが、しかし、勝ち続けることはできなかった。腕力の加減を要するゲームすべてに言えるように、「硬くなる」と、ボーリングではひどく不利な条件を持つことになる。ボールをコントロールし、難しいショットをする能力は、それができるという自信に大きく依存している。熱い闘争心だけではうまくできないであろう。五人チームで競争している場合、ボーラーはボーリング場で彼の出番を待たねばならない。そして、彼は失敗について考え込む時間が多くなる。その結果、彼の出番が来ると、彼は「硬くなる」恐れがある。

相手を野次り倒すという、アメリカのスポーツにほぼ普遍的な慣習はボーリング技能の一要因である。野次り倒すことは一般的である。その口調は多様であるが、見分けは常につく。うまくやってほしいと思っている人へのやさしい冗談。また、他の種の野次もある。ストライク――最初のボールで全部のピンを倒すこと――には、大きな能力を要するが、ノートン団はストライクを偶然の出来事と考えた。彼らはボーラーをストライクによってではなく、スペアをとる――最初のボールで残ったピンを「弾き飛ばす」――能力で判断した。今、あなたが一本ないし二本のピンだけを残している時に、相手が「彼は倒せないよ」と大声を出した。その時に、あなたに最も必要なことは腕から緊張を取り除き、滑らかなコントロールを与える自信である。もし今までに良いショットをしたことがあり、良いスコアをよく出していたなら、あなたは必要な自信を持っていると思う。何よりも、もしあなたのチームメイトがあなたの良いショットへの信頼を言葉で知らせてくれるなら、あなたは自信を持てると思う。チームメイトのあなたについての評価（opinion）が影響を与える。一方で、他の多くの要因――実際は全社会行動――が彼らの判断に影響を与えるのと同じように、あなたのボーリングの能力が一因となって彼らのあなたについての良い評価あるいは悪い評価が形成される。他方で、その彼らの評価があなたのボーリングの上手下手の決定に重要な働きをする。

ここまで、いかに評価がノートン団の間での個人戦の結果に影響を与えるかを見てきた。評価のもつ力は、ギャング団が内部のチーム対抗試合で二組に分かれたときにも見られた。「ドックやダニーやロング・ジョンあるいはマイクが敵味方に分かれて試合したとき、彼らは相互に陽気にからかい合った。良いスコアが彼らには期待された。悪いスコアは運が悪かったからとか、一時的に型が崩れたからであると解釈された。ところが、子分が彼らに勝ちそうになったときは、その言動はまったく違う形をとった。その若者たちは声を高めて彼に、運が良いからだとか、『頭の上からボールを投げている』と言った。こんなにうまくボーリングすべきでないと、また、よい成績は彼にとって異常であると言い聞かせようと努めた。このタイプの言語的攻撃はその成員を『本来の位置に』留めておくために重要であった。子分たちが特にそのようにしてお互いを牽制しあった。そのような攻撃の的となることの一番多かった一人であるロング・ジョンも同じようにやりあったが、ドックやダニーやマイクはめったにこの武器を使用しなかった。しかしながら、リーダーたちは、アレックやジョーの場合には、そのような心理的圧力で脅威をあたえたであろう」。

ギャング団内の団体戦のために二組に分ける過程から、ノートン団がお互いのボーリング能力をどのように考えているかがわかった。二人の男が五人からなるチームを作って、二組に分けた。「チーム編成役は、いつもそうだとは限らないが、多くの場合ベストボーラーがなった」。みんなの腕前が互角であるときは、二人の下手なボーラーが編成を担当したこともあった。しかし、いつの場合でも、その方法は同じであった。それはアメリカ人のよく知る方法であった。「それぞれが、まだ選ばれていない人の中から最も上手なボーラーを選ぼうとした。一〇人以上の人がいるときは、選抜は先着一〇人に限られた。その結果、下手なボーラーが早く来ておれば、彼が選ばれた。重要なことは選抜の順序であった。毎土曜日の夜には数回チームが編成された。このようにして、仲間によって彼の腕前への評価や、彼に期待されている成績を、男たちは絶えず知らされることになった」。

最後に、他のギャング団の目に映ったある男の地位（standing）は、彼自身のギャング団内でのボーリングでの地位にも貢献した。「一九三八～三九年のシーズン中、ドックは毎土曜夜の各人のスコアを記録し始めた。それはノートン団のチームをボーラーの平均点によって厳密に選択できるようにし、えこひいきの非難をなくすためであった。ビル・ホワイトとドックがボーリングの成績について話したある日の午後、ビルはドックとダニーに、二軍の五人の成員が一軍のボーラーより平均スコアが良かったなら、どうなるかを聞いてみた。彼らが一軍になるのであろうか。ダニーは次のように言った。

彼らが俺たちを負かし、そこに、サン・マルコス組が来て、俺たちとの試合を申し込んだとしよう。俺たちは彼らに言う。この連中が実際は一軍だと。しかし、サン・マルコス組は言うだろうよ。「俺たちは彼らとボーリングをしたくない。おまえたちとしたいのだ」と。俺たちも言うだろうよ。「わかった。ドックのチームとやりたいのだな?」と。そして、俺たちは彼らとボーリングをするだろう。

ドックはこう付け加えた。「ビルにわかってほしいが。俺たちは民主主義の原理に従って行動しているのだ。俺たちを民主的にさせないのは他の連中だよ」。

リーダーシップ

本書の終わりで、ホワイトはコーナーヴィルのギャング団のリーダーについていくつかの一般的な観察をしている。彼はそれらがすべてドックに適用できるかどうかについては多くを語ってはいないが、しかし、ノートン団がホワイトの最もよく知るギャング団であるから、多分適用できるであろう。とにかく、ドックに適用できると仮定しよう。

リーダーとは、概して、集団が価値を置く行動基準をもっとも忠実に守って行動する人である。もし集団がボクシングやボーリングに関心を抱いているなら、——アメリカの若者集団はどれも運動能力を重視する——、リーダーは有能なボクサーあるいはボーラーでなければならない。彼が優れている活動を当然高めようとすると同時に、彼の高い地位が、すでに見てきたように、彼がその活動で優れることに役立っている。彼はまた集団の他のメンバーよりも忠実に相互援助の要求に応える。「低い地位にいる人は、その位置での大きな変化なしに義務を破ることができる。彼の仲間は彼が過去において義務を果たせなかったことを知っている。彼の位置が彼の過去の業績を反映している。他方、リーダーはすべてのメンバーから個人的な義務を果たすものと信頼されている。義務を果たさなければ、必ず混乱が生じ、また、彼の位置を危険にさらすことになろう。……彼は子分に約束すれば、それを守る」。

リーダーは常に親切にお返しができるように、子分の一人に、長期のあるいは大量の義理を負うことのないように注意している。もし彼自身が借用するなら、彼は補佐の一人から、あるいは、可能ならば、外部の人から借用することが多い。この場合、子分とよりもギャング団の外部との社会的接触が多いことが彼に役立つであろう。もちろん、彼がリーダーであるという事実も役立つであろう。たとえば、コーナーヴィルの政治では、ギャング団の援助がほしい人はギャング団のリーダーのところへ行き、援助を依頼する。そして、そのギャング団のリーダーのところにその援助へのお返しに小さな贈物（favors）を贈るであろう。つまり、リーダーは子分から受けるよりも多いお金や贈物を常に子分に与える。それはまさに彼がリーダーであるという理由から、可能なのである。すなわち、彼は分配するための財を多く持っている。彼は子分たちにお金を与え、彼らは彼にリーダーシップの容認というコインでお返しする。

リーダーが不在の時、ギャング団は小集団に分裂する傾向にある。ノートン団には、ホワイトの図表が示しているように、サブ集団の数は二つあった。ナッティの子分たちとアンジェロの子分たちである。「リーダーが現れると、その状況は一変する。小さな単位が一つの大きな集団になる。話は一般的となり、しばしば、統一行動が続いて起こる。リーダーが討論の中心となる。子分は何かを言い始め、リーダーが聞いていないときは話を止め、リーダーの注目があると、再び話し始める」。

このように、コミュニケーションはリーダーに向けて流れる。一般的な会話でも、個人的な会話でもリーダーに向かって流れる。子分は問題と秘密を持って彼のところに行く。その結果、リーダーはギャング団内で何が起こっているかについて、他の誰よりもよく知るようになる。喧嘩が若者の間で起これば、彼には何が原因であるかがわかり、他の誰よりもそれを解決するのに良い位置にいる。リーダーの意見が集団での人の立場を決定する最も重要な唯一の要因であるから、喧嘩の当事者たちは事の成り行きを語るために彼のところに行き、判断を仰ぎ、不和の調停を乞うであろう。ここで再び、リーダーはその集団基準を忠実に守って行動しなければならない。そうしなければ、その位置を危うくするであろう。たとえリーダーの一番の親友に関わる時であっても、また、その集団のすべての男たちが同じようにリーダーと親密であるわけではなくても、彼は細心の注意を払って公平でなければならない。

もしコミュニケーションがリーダーに向かって流れるなら、それはまたリーダーからも流れ出る。彼は意思決定をし、それを実行に移す人であり、そうすることを期待されている。リーダーでない人が提案することがあるかもしれない。しかし、その提案は彼のところにまで来て、彼の承認を受けなければならない。そうして初めて、そのギャング団はそれを取り上げ、何らかの実行に移すであろう。さらに、リーダーの意思決定は決められたチャンネルを通るであろう。リーダーは、まず補佐と共に取り組むことによって、集団行為を確保する。ドックはかつてこう説明した。「どのコーナーにも、リーダーばかりでなく、二人くらいの補佐がいるのに気付くであろう。彼らは自身もリーダーであり得たが、しかし、その男にリードすることを任せた。人はこう言うかもしれない。『彼らは彼にリードさせる。なぜなら彼のやり方が好きであるから』。確かにそうだ。しかし、彼はその権威を彼らに頼っている」。

最後に、リーダーの位置はリーダーが「公正」であることに依存している。公正であるとは、リーダーの決定が通常集団に受け入れられるものとなるということを意味しているに過ぎない。「ノートン団のボーリング試合があった夜、ロング・ジョンは賭け金を持っていなかった。そこで、彼はチック・モレリが自分に代わってボーリングすることに同意した。試合後、ダニーはドックに言った。『チックをあそこに入れてはいけない』と。ドックは幾分腹を立ててこう応えた。『聞けよ。ダニー。チックがロング・ジョンに代わってボーリングすべきだと提案したのはお前自身ではないか』。ダニーはこう言った。『わかっている。しかし、お前はそうさせるべきではなかった』」と。ダニーは自分の助言に反対してでも、ドックが公正な意思決定をするものと信じ切っていた。子分を引き付ける能力こそがすべてのリーダーの権威の源である。

註

(1) この研究はホワイトの著作 *Street Corner Society* (1943)(奥田道大他訳『ストリート・コーナー・ソサエティ』有斐閣、二〇〇〇年)の一部である。特に、pp. 3–25(訳八—三三頁)、pp. 255–268(訳二六四—二七六頁)を参照。その集団記述のページは少ないので、詳しい引用ページは示されない。著者とシカゴ大学出版の出版者に、この本からの引用を許可していただいたことに対して感謝したい。地域や個人の名前はすべて仮名である。

第8章　リーダーの位置

環境の影響…内的システム——全体としての集団…集団内の分化——活動と感情の相互依存…感情と相互作用の相互依存…相互作用と活動の相互依存…内的システムの環境への反作用

私たちの通常の手続きに従って、元に戻り、概念図式を使って、ノートン・ストリート・ギャング団の分析を、あるいは、むしろ、ホワイトが私たちに提供したギャング団についての諸事実の分析を行うことにしよう。絵のように美しくても、集団生活の表面的な諸事実の記述にはあまり関心はない。必要悪から、それらは記述されるが、その理由は、それらからすべての深遠な研究が始まるからである。しかし、それらは無限にあり、集団ごとに異なっている。しかし、私たちの関心は、表面的な諸事実の下にある集団間の類似性を確証することにある。これらの類似性が私たちに唯一明らかになるのは、私たちに集団行動を分析する方法が一つあり、それを私たちの出会うすべての新しい集団に規則的に適用できるときであると私たちは信じている。その使用が第二の天性となるぐらいに、私たちはその集団生活について思考する方法の腕を鍛えなければならない。このために必要なことは実践である。すなわち、私たちの概念図式を適用することでの実践である。私たちは端子盤配線集団でそれを実践した。本章では、ノートン・ストリート・ギャング団で実践する。やがて、本書の内外で出会うあらゆる新しい集団をいかに把握するかを知ることができるだろう。

私たちはその方法をあらゆる新しい集団に同じように適用するが、いつも同じ点を強調したいわけではない。そんなことをすれば、退屈な繰り返しとなろう。私たちはそれぞれの章で一つあるいは二つの新しい概念を導入する。同じ特徴があらゆる集団で再現されるが、すべてが同じ程度に精緻化されるわけではない。端子盤配線観察室の最も顕著な特徴は派閥

(cliques) の発展と作業組織との関係であった。リーダーシップは萌芽したに過ぎなかった。ノートン・ストリート・ギャング団ではリーダーシップが十分に発展した。その特徴に最も注目して分析する。

環境の影響

いつものように、環境とその集団への影響の考察から始める。端子盤配線工たちが先ずは会社によって寄せ集められた。このことはノートン団には当てはまらない。しかし、それとは別の環境の諸特徴が一緒になって彼らの間の相互作用を増大し維持した。これまで見てきたように、彼らの家族はノートン・ストリートのコーナーヴィル地区で長く生活していた。彼ら自身は一緒に学校に行った。彼らは青年期のはじめに同じギャング団に所属した。二人を除いて、今も皆コーナーヴィルに住んでいる。環境は彼らを偶然に出会わせただけではなく、彼らの相互作用を習慣化した。環境の相互作用増大への影響は集団形成の出発点である。

環境はノートン団を偶然に会わせただけではなかった。それはまたそのギャング団以外の集団内での頻繁な相互作用を抑止する傾向があった。コーナーヴィルはスラムであった。その家屋は古く、人でいっぱいであった。家族生活のための部屋は多くなく、家族生活の魅力もほとんどなかった。さらに、ノートン団は移民してきた両親の子供であった。彼らの父親と母親は大人になってからアメリカに来た。彼ら自身はアメリカで生まれたか、あるいは、母国について何も思い出せないくらい幼い時にアメリカに来たかである。イタリアの生活パターンとアメリカのそれとは多くの点で衝突したから、年取った親は若い者たちにアメリカ生活への適応に役立つものをほとんど提供できなかった。彼らに必要なものは家の外でのみ学習することができた。そのためほとんどの若者は家族から離れた。このような理由から、ノートンの若者たちは、他のアメリカの若者が同年齢の者とたむろする時間より多くの時間をたむろして過ごした。彼たちが家に帰るのは、たいていの場合、食べるためと寝るためであった。

ギャング団の成員もノートン・ストリート・セツルメント・ハウスに行くことができた。それは、街角よりも良い娯楽センターを提供し、若いイタリア人がアメリカ生活に適応するための手伝いをした。しかし、セツルメント・ハウスの効果を抑える力が働いた。その管理者たちの行動の基準はアメリカ社会の中産階級の基準、イースタン・シティの「良き市民」の基準であった。これらの基準を達成する意思があり、努力するイタリア系の若者には、セツルメント・ハウスは大いに役立った。それは彼らを成功と完全な同化への道を歩ませることができたし、実際そうであった。しかし、そうする人は少数であった。コーナーヴィルの基準は、古いイタリアの基準というわけでなかったが、それはまた、イースタン・シティの良き市民の基準でもなかった。コーナーヴィルの少年のギャング団のリーダーたちはコーナーヴィルの基準に当然同調した。すなわち、その同調はリーダーシップの条件であった。彼らはセツルメント・ハウスではくつろぎを感じなかった。ハウスはリーダーたちを引き付けることができなかった。また、彼らの子分を呼び寄せることもできなかった。事実、セツルメント・ハウスは、彼らの条件に従ってではなく、ハウスの定めた条件に従って参加するよう求めた(1)。

少年のギャング団は、少なくともアメリカでは、思春期の自然現象である。それはあらゆる社会に出現している。多くの人々に大人のギャング団を悪く思わせる理由は、とっくに思春期は過ぎているのにまだその思春期のパターンを引きずっているからである。ノートン団の多くは二〇代後半でありながら、まだなお街角でほとんどの時間を過ごしていた。これに対して非難されるべきは、恐慌であり、若いイタリア系アメリカ人から出世の機会が奪われたことであろう。ノートン団のほとんどは特別な職業訓練を受けておらず、あるいは、技能を持っていない。また、彼らの家族は地位も影響力も持っていなかった。彼らは当初から貧しい人であり、たとえば、恐慌時にはほとんどが失業せざるを得なかった。良き時代であれば、彼らは職を得、結婚もしたであろう。

しかし、たとえ恐慌がなくても、ノートン団は街角から逃れることは難しかったであろう。ホワイトが示しているように、コーナーヴィル内での社会的な出世はほとんど、地域の政治と組織的な非合法活動によって提供されたチャンネルを通して行われた。それは街角の若者の行動パターンと密接に結び付いていた。コーナーヴィルの外部すなわち企業や専門職の世界での出世には、古い友人やこれまでの生活の仕方から離れることが求められた。コーナーヴィル内外の若者にとってそうすることは必ずしも容易なことには思われなかった(2)。

したがって、環境はギャング団のメンバーを偶然会わせ、そして、一緒に居させ続けた。それはまた彼らの行為の選択に影響を与えた。ノートン団のメンバーは失業しており、そのため、ある種の活動は彼らにとって自由ではなく、したがって、彼らは街角に「たむろ」(hang out) せざるを得なかった。彼らはある種の活動を始めた。それは彼らが大きなコーナーヴィル社会からある規範をその集団に持ち込んだからである。コーナーヴィルの人々はほとんどが下層階級の成員であった。ギャング団の成員は若者であった。ノートン団以外にもコーナーヴィルには多くの街角ギャング団がいた。そのギャング団が高く価値を置いた行動規範——ゲームや運動での技能、強靭さ、金銭や他の利益を友人と共有すること——は下層階級すなわちギャング組織のような若者社会の特徴であった。これらの規範がノートン団に、たとえばボーリングのような活動を続けさせたのである。

しかし、ギャング団の環境には、ウェスタン・エレクトニック社と比較できるようなものは何もなかった。また、会社によって決定され、集団内の分化に影響を与える作業組織のような特別なものは何もなかった。そのギャング団の外的システムは、成員間の頻繁な相互作用、ある種の活動の欠如、そして、運動ゲームのような活動への取り組みの傾向、これらだけからなっていた。集団行動の大部分は自発性が高かった。すなわち、それは環境によって直接条件付けられなかった。このような理由から、私たちはノートン団を自律集団[3] (*autonomous group*) と呼ぶことができよう。ただし、自律は常に程度の問題であり、いかなる集団も環境的影響から完全に逃れることはできないということは銘記していてほしい。私たちがノートン団とつぎに研究する集団と比較するときに、集団の自律がリーダーシップの特徴に影響を与えるかどうかを問うことにしたい。

内的システム——全体としての集団

先の諸章で作られた一般則 (generalizations) を踏まえて、ここでは、ノートン団の内的システムと端子盤配線工の内的システム間の二・三の類似点を指摘するだけにする。今までのように、私たちは漸次接近法 (successive approximations) で、まず、全体としての集団の主要な輪郭を描き、つぎに、サブ集団や個人の行動をより注意深く区別する。

ノートン団は一緒にたむろしていた。これは、彼らが互いに頻繁に相互作用したという事実の彼らなりの言い方であった。

社会的接触の反復が集団を定義する。そして、この頻繁な相互作用が互いに対する好意感情と結び付く。ノートン団は友人同志であった。そのような接触の反復と無関係に、人々の間の「自然な」感情は存在しない。母と子供の関係においてもそうである。しかし、私たちの中にはいまだにそのような反復的な接触と無関係に自然な感情があるかのように話す人がいる。ある集団成員たちは特に高い頻度で相互作用しており、特に、熱い友情を抱いていた。たとえば、ドックとダニーとマイクとロング・ジョンは相互によく会い、――このような日常の言葉遣いが、相互作用に伴う活動を特定しないで、相互作用だけを示すことがいかに多いかに注意してほしい――彼らはまた特に親密な友人同志でもあった。しかし、そのギャング団がいつものたまり場の一つに集まる時、彼らは皆と相互作用し、そして、皆はある程度友好的であった。私たちは常につぎのようなレスリスバーガーとディクソンの賢明な言葉を銘記しなければならない。「集団内の分化を注意深く分析するとき、全体的な統一を見失いやすい。分化と統合は常に共存している」。

さらに、集団内の相互作用頻度の増大は、集団外との相互作用頻度の減少を意味した。これはまた、集団内のあるメンバーたちに特に当てはまる。ノートン団のメンバーたちには集団外にほとんど友人がいなかった。彼らはいつも同じなじみのギャング仲間と会った。この社会的接触の貧困はリーダーの特徴ではなかった。また、通常、局外者との少ない接触は局外者に対する敵意のある感情と結び付いた。ノートン団は自分自身をコーナーヴィルの他のギャング団より「優れている」と思っていた。

感情は真空の中に存在しない。それは活動の支えを必要とする。友情がノートン団のメンバーの間に表出される様式の一つは、人に金を貸すことや必要な時に手助けをすることであった。このような活動が三重の意味を持っていることに注意してほしい。貸し付け（loan）とは貸し付けをする人の側での直接的な自己利益の犠牲であり、それはまた友情の表出であり、さらにまた、それは集団規範で期待されていることである。端子盤配線観察室での援助のように、諸個人を一緒につなぐ交換のほかに、その集団は一つとなって行う活動に特に興味を示した。たとえば、ただ街角でたむろしてしゃべること、コーヒーや話し合いのためにカフェテリアに行くこと、ボーリングのようなゲームをすること、政治運動に参加すること。最後に、これらの活動が相互作用によって刺激されたように、今度は、その活動が相互作用を支えた。こうして環が完結した。

相互作用と感情と活動の間の動的な関係の中に、私たちは内的システムの精緻化、あるいは「構築」（build-up）の過程を追うことができる。また、標準化の過程を見ることもできる。ノートン団は決まった日課（routine）を送るようになった。しかもそれはかなり厳格であった。ある時間に、彼らはその街角にたむろし、他の時間には、コーヒーのためにカフェテリアに行った。しかも、いつも同じカフェテリアであった。そして、いつも同じテーブルと同じ椅子に席をとった。土曜日の夜には、ギャング団はボーリングをした。その集団を知る人はその集団がいつどこにいるかを教えることができた。活動を精緻化する過程で、ノートン団はまたその活動を慣習化した。季節が農民にある慣習（custom）を課すように、環境が社会に慣習を課す唯一の機関であると考えることは間違いである。社会はそれ自身の決まった日課を作り、そして課す。その過程について神秘的なものは何もない。なぜ決まった日課が存在するかを理解する最善の方法は、もしそれがなかったら、何が起こるかを問うてみることである。あなたがギャング団のメンバーでありながら、今その集団の活動に参加していないと想像してほしい。参加していない分だけ、あなたは他のメンバーと相互作用できないし、また、その分、あなたはその集団のメンバーでなくなる。私たちの基本的な通念の一つによれば、他者との相互作用はその人にとって報酬であり、相互作用できないこと、あるいは、社会的に孤立することは苦痛である。したがって、あなたがあなた自身の集団と相互作用できないとき、あなたは苦痛を受けることになる。ノートン団の多くのメンバーのように、頼れる集団が他にないときは特にそうである。したがって、集団の日課は一つの統制（control）を意味する。それがいったん確立されると、それから離れることはあなたの社会的生命を危険にさらすことになる。その集団の日課からの逸脱がもたらす結果を恐れて、それを守るように行為するなら、まさにその行為によって、あなたはその日課を確立する手助けをしていることになる。慣習と統制は一緒に成長する。どっちが先かは言えない。しかし、この両者間の相互的な働きで、自由であった集団がかなり厳格な日課を保持するようになるであろう。これらの動的なバランスが社会の頑強さである。

同じような議論が慣習と期待（expectation）の間の関係の分析にも使用できる。もしあなたがギャング団のメンバーであるなら、ギャング団がその街角にたむろする時刻を知っている。また、もしそこにいなければ、他の二・三の場所のどれかにいることを知っている。その決まった日課によって、あなたは友人を見つけ出すことができる。しかも、時間を無駄にしないで、賢く迷わず行為できる。この種の行為は報酬的である。多くの賢人が指摘しているように、人々は期待された行動の枠組みがなければ迷ってしまう。しかし、日課の必要が日課の出現を説明しない。おとぎ話を除けば、有用な品物はそれが必要だというだけで出現するのではない。興味ある点は、あなたがたの期待に基づいて行為することによって、あなたやあなたのような人皆が必要とするものの創造の手助けをしているということである。実は、ギャング団があなたの期待したところに居ることがわかり、あなたがそこに行きギャング団に加わるなら、あなたはその行為によって、あなたの将来の期待や、他の人の期待の基礎となる日課の創造の手伝いをしている。慣習や統制の問題を突然取り上げたが、後ほど、章全体を使って取り上げる。

集団内の分化――活動と感情の相互依存

ノートン団は、すべての集団と同じように、規範によってメンバーの行動を評価した。彼はゲームや陸上スポーツで、特に、その集団が関心を持つゲームやスポーツで、強くて技能のあることが期待された。彼は気前がよく、進んで義務を果たすべきである。彼は「向こう意気強く、かつ忍耐強く（dish it out and take it）」あるべきである。カモにされるべきでない。等々である。集団はその規範を明示しなかったけれど、その規範は集団の判断を支配した。活動でメンバーがこれらの標準によく同調すればするほど、それだけ彼の人気は高くなり、彼の社会的ランクも高くなった。

ホワイトによれば、私たちはランク（*rank*）ではなく地位（*status*）について話していることになるが、しかし、地位は、社会学者の通常の用法では、いくつかの異なる種類の事実に言及している。私たちはただ一種類の事実に言及する用語がほしい。私たちは以前にこのことについて語ったが、ここで、思い出す必要があろう。社会学者は、人が組織で高い地位にあると言うとき、以下の事柄のすべてかあるいはいくつかを意味している。(a)その人は組織でのコミュニケーション網（web）の中心近くにいる。(b)彼はある特定の活動を実行している。あるいは、ある水準の活動を維持している。そして(c)コミュニケーション網での位置の故に、また、彼の行う仕事の種類の故に、彼は高くランク付けされ、尊重される。たとえば、ある生産工場で、部長は社長に指示を仰ぎ、生産を管理し、高い威信を持っている。私たちは地位という名前の下で、彼の位置の三つの側面すべてを一括したくない。三つの側面のうち、私たちは評価あるいは威信の側面、私たちの用語では、感情的側面にランクという名前を与える。

端子盤配線集団で、集団規範の達成に最も近くにいる人やサブ集団は、また最高の社会的ランクを保持した人々であることを見た。私たちは、産出高に関して、それが測定できたから、この関係を最もはっきりと見ることができたけれど、その関係は会話のような活動にも当てはまると思う。騒がず、最も上品に話す集団は最高の社会的ランクを得た。ノートン団の活動は端子盤配線工の活動と多少違っていたが、しかし、活動と感情との間の基本的な関係は同じであった。その関係は、また、活動の量が――この事例では、ボーリングのスコアによって――容易に測定できる場合に、最もはっきりと見ることができた。多分このような理由から、ホワイトはボーリングでのノートン団の行動について非常に多くの時間を費やしたのだと思う。とにかく、彼のデータが、特に、集団間の競争の結果のデータが明らかにしたように、ボーリングで優れたスコアをとった人たち、ダニーとドックとマイクとロング・ジョンは皆、低いスコアの人、ジョーやマークやカールやフランクやアレックよりも高いランクをノートン団の中で持った。そして、端子盤配線観察室でのランクと産出高との間の関係が相互依存の一つであったように、ノートン団ではランクとボーリングの間の関係がそうであった。ボーリングでの腕前は確かに人が高い社会的ランクを得るのに役立ったが、しかし、高い社会的ランクもまた人がボーリングでの実力を上げるのに役立った。彼は高得点を期待された。彼は自信を持った。そして、リーダーが彼を支援した。

一見したところ、人はある活動では優れているが、他の活動ではそうでないこともありうると考えられるかもしれない。すなわち、優秀なボーラーであっても、受けた親切へのお返しなどしない。実は、ほとんどの人にとって、ランクとボーリングのスコアの間に存在したような関係が他の活動にも有効であった。リーダーは優れたボーラーであり、また、優れたボクサーであった。彼らは特に注意して受けた親切にお返しをした。実際。リーダーは特に気を配ってフォロワーから受けたよりも多くの金銭をフォロワーにお返しした。リーダーは意思決定で公平かつ公正であった。端子盤配線工の間で最も人気のある人物であり、なりたてのリーダーであったテイラー（W_3）が他の誰よりも集団規範のすべての実現に近かったように、ノートン団でリーダーであり最も人気のあったドックもそうであった。

重要な点は、一つの活動での良い記録だけでは人は高い社会的ランクを与えられないことである。端子盤配線工の中で、クルーパ（W_6）は産出高に関する集団規範に忠実であったが、他のことではそうでなかった。ノートン団では、アレックがそのクルーパに相当した。個人戦や、ギャング団のリーダーが野次らない試合では、彼はボーリングで良い成績を出したが、しかし、彼は集団基準にまったく同調しなかった。彼は傲慢であった。彼は社会的ランクを上げようとして挑戦的であった。彼は他のノートン団員以上に女の子を追っかけることに時間を使った。もっと悪いことに、ぶらぶらしている時に、平気で仲間を窮地に置き去りにした[4]。もし彼の行動がこれらの側面で改善されたなら、彼の社会的ランクは上昇したであろう。そして、対抗ボーリング大会でのスコアが高くなることも容認されたであろう。現実は、彼のランクは低いままであった。端子盤配線工の研究で述べたように、このすべてのデータを元に再びつぎのように言うことができる。ある個人あるいはサブ集団がすべての活動で全体としての集団規範の実現に近付けば近付くほど、それだけその個人あるいはサブ集団の社会的ランクは高くなるであろう。

端子盤配線観察室とノートン・ストリート・ギャング団の両方で、社会的ランクと集団規範に同調する度合いが肯定的に相関した。しかし、前者においてより後者で、私たちはこの結合関係が維持されるメカニズムをはっきりと見ることができる。今まで、集団の成員をある順位にランク付けする土台となった感情が集団のメンバー全員によって共有されているかのように話した。皆がランク付けに同意しているかのように話してきた。これは集団行動の最初の近似的記述としては十分正しいが、ノートン団についてのホワイトのデータよりつぎのことがまた明らかになる。集団のリーダーの感情はフォロワーの感情より社会的ランク付けの確定に大きな影響力を持つ。リーダーの感情はフォロワーたちに伝えられる。そして、リーダーたちがランクを定めると、彼らはそれを維持するように行為する。たとえば、ロング・ジョンがボーリングで評価より低いスコアを出しそうに思われると、ノートン団のリーダーたちは彼を激励してスコアを上げさせようとした。また、アレックがあまりに高いスコアを出すと、彼らは野次りまくってそれを下げようとし始める。しかし、リーダーたちだけが社会的ランクの低い人をその位置に留めておこうとするのではない。フォロワーたちも、ある程度、彼らのリーダーたちの意見を共有していた。そして、もしフォロワーの一人が彼らのランクをはるかに超えたボーリングをすると、他のフォロワーたちが彼を攻撃する。彼らは相互に足を引っ張り合った。

感情と相互作用の相互依存

先の章での相互作用と感情の相互依存についての話しで、まず指摘したことは、部外者とされた人とよりも、お互いに多く相互作用をしている人々は、またその部外者に対するよりも、お互いに強い好意的な感情を抱いているということであった。集団行動分析への最初のアプローチとしてはこの記述で十分である。もし相互作用と感情の関係がこれ以上に複雑でなかったなら、集団内での分化は大して進まなかったであろう。しかし、そうでないことを私たちは知っている。端子盤配線工の間で、集団の成員たちはテイラー（W_3）を助けるために、あるいは、彼の助言を得るために、彼のところに「出掛ける」傾向にあった。テイラーはその部屋で最も人気のある人であった。ノートン団のメンバーの間では、そのパターンはもう少し複雑であった。なぜなら補佐がトップのリーダーとフォロワーとの間に介在していたからである。たとえば、もしルーに全体としてのギャング団のための提言が思い浮かんだなら、あるいは、助言のほしい問題が生じたなら、その提言や問題を直接ドックのところに持って行くこともできたかもしれない。しかし、また、集団での「影響のライン」を示しているホワイトの図表（図12）を信じるなら、それは、また、アンジェロとダニーを経由して、ドックのところに伝わったかもしれない。同じように、カールにアイデアがあれば、彼は直接それをドックのところに持っていくか、あるいは、ナッティやマイクを通して、間接的にドックのところに持っていったであろう。私たちの知るように、ドックはそのギャングで最高の社会的ランクにあり、ダニーとマイクのランクは彼の次であった。そこで私たちはつぎのように言うことができる。ある人の社会的ランクが高くなればなるほど、直接あるいは仲介者を通して、彼に向けて相互作用を始める人の数は多くなる。高く評価されていない人は、他者によって求められるより、他者に求めなければならない。

しかし、相互作用という言葉は往復過程を意味している。もし相互作用が社会的ランクの高い人に向かって流れるなら、それはまた彼からも流れ出る。リーダーは集団に向かって行為を始める人である。もしノートン団の中で、ルーがギャング団のなすべきことについてのアイデアを持つなら、そのアイデアは直接ドックに伝えられるか、あるいは、アンジェロやダニーを経由してドックに伝えられる。相互作用の環はそこで終わるかもしれない。すなわち、ドックはそのアイデアを取り上げない。しかし、もし彼がそれを取り上げるなら、彼らの補佐らと相談した後、それをその線に沿って再び下に伝えるであろう。そうすれば、ギャング団はそれに従って行為するであろう。あるいは、ドックは彼自身のアイデアを持ち、それを同じように伝えるかもしれない。つぎのように言うことができる。ある人の社会的ランクが高ければ高いほど、それだけ彼が直接的にあるいは仲介者を通して、相互作用を始める相手の数は多くなる。さらに、私たちが常に心に留めて置くべきことは、これらの関係が相互的であることである。ある人の社会的ランクが高いから、相互作用がその人に向かって流れるのであり、逆にまた、相互作用が彼に向かって流れるから、彼の社会的ランクは高くなるのである。この相互作用のパターンは彼のランクを堅固にする。

ある理論家はリーダーの位置を、一人の将校が集まった兵士に命令を与える時のように、リーダーとは一度に幾人かの人に向け相互作用を開始する人であると言うことで定義している。(5) たとえば、ルーは彼の考えをドックに伝える時に、アンジェロだけと相互作用し、アンジェロはダニーだけと、ダニーはドックだけと相互作用するであろう。他方、ドックがもしその考えを採用するなら、ドックはそれを一度にフォロワー全員に伝えるであろう。しかし、必ずしもそうするわけではない。多くの集団では、リーダーは一度にフォロワー全員に指令を与えなくても良い。彼自身が補佐に話すことで、彼はその組織を統制することもできる。リーダーを相互作用に用いて定義するなら、必ずしも有効であるとは限らない条件、すなわち、彼が同時に多くの人に向け相互作用を開始するという条件によるより、相互作用のチャンネルの交差点としての位置によって定義する方が望ましい。

ところで、ある人のランクが高くなればなるほど、彼に向けて相互作用を開始する人の数が多くなるということが真実なら、彼は非常に多い相互作用のための時間をいかに見つけ出すことができるであろうか。これは、すべての経営者が体験する現実的な問題である。それは仲介者を通して相互作用を行うことによって対処される。リーダーたちはどのレベルにあっても少数の補佐だけと高い頻度で相互作用する。第4章で、私たちは統制範囲（*span of control*）について話した。小さい統制範囲——すなわち、一人のリーダーの監督下にあるフォロワーが少数であること——が集団での効果的な双方的コミュニケーションには必要である。しかし、ある行動が必要であるという事実だけはその行動の出現を説明したことにはならない。特に、ノートン団のような集団ではそうである。その集団の指揮の鎖は自然発生し成長したものであり、企業組織のそれのように、効果的なコミュニケーションという観点から、設定されたものではない。

どの集団にも、相互作用がリーダーに向かって流れる傾向の外にもう一つの傾向が存在しており、感情と相互作用の間の現実の関係はこの二つの傾向間のバランスを表している。これが事実である。ドックとダニーとマイクとロング・ジョン——ノートン団のリーダーとその主な補佐と友人——は互いに高い頻度で相互作用した。彼らは相互に頻繁に会った。彼らは一緒に行動した。また、同じことはフォロワーたちにも言える。彼らは二つのサブ集団に分かれていた。アンジェロの集団とナッティの集団である。すなわち、そのサブ集団は、同じ仕事をしていた人たちよりなる端子盤配線観察室のサブ集団とは違って、ただ一人のサブリーダーと友好的であり、相互作用する人よりなっていた。しかし、それぞれのサブ集団内で、また、多分、フォロワーたち全体の間でも、相互作用は頻繁であった。そこで、つぎのように言うことができる。多くの人々が社会的ランクで対等になればなるほど、それだけ彼らは互いに相互作用することが多くなる。あるいは、ある社会学者ならつぎのように言うであろう。社会的距離が最小なところで相互作用の頻度は最大になる。[6] いつものように、この過程は両方向に作用する。ある人のランクが下がれば、彼が付き合う人も変わるであろう。しかしまた、彼の付き合う人が悪くなれば、彼のランクも変わるであろう。これは社会的に経験することであるが、人がランクの低い人との頻繁な付き合いを避けるのは、社会的にあまり安定していないため、低い人と付き合うことによって彼自身のランクを危険にさらすことになるからである。

私たちが述べた仮説は矛盾するように見えるが、決してそうではない。一人の人が対等な人々と最も多く相互作用するという仮説と、ある人のランクが高くなればなるほど、彼に向けて相互作用を開始する人の数が多くなるという仮説、この両仮説が同時に真理でありうる。実際、この二つの傾向の間のバランスが集団の組織に重要な影響を与える。それは次のことを意味している。ある人が高いランクの人に向けて相互作用を開始するとしても、彼は自分のランクと最も近いサブ集団のメンバーと相互作用するという傾向が存在するであろう。このような理由から、フォロワーからリーダーへの相互作用は、もしリーダーに補佐がいるなら、まずは、直接リーダーに向かうよりむしろ補佐に向かう傾向が多い。相互作用のチャンネルが確立されるなら、リーダーは相互作用の過剰な重荷から開放されるであろう。すぐ上の上司（superiors）との相互作用とトップのリーダーとの相互作用の相対的頻度は、多くの環境によって、集団ごとに異なる。その環境の二つは、集団の規模と環境の厳しさである。集団が小さければ小さいほど、それだけ相互作用が直接トップのリーダーに行くことは容易である。集団がその中で存続しなければならない環境が厳しければ厳しいほど――船舶や軍隊がまたその例である――、相互作用が厳しく限定される可能性が高くなるであろう。

今、ノートン団のトップ集団、すなわちドックとダニーとマイクとロング・ジョンに戻ることにしよう。みんな相互に頻繁に相互作用をしていた。そして、ロング・ジョンを除く皆は本来リーダーとしての資格を持っていた。要するに、リーダーたちは他のリーダーたちと相互作用する傾向にあった。この過程がまさにギャング団をまとめた。ドックが街角にいない時、ギャング団はサブ集団に分かれる傾向にあった。ドックが現れると、彼とサブ集団のリーダーたちとの相互作用がその集団を再び一つにした。ロング・ジョンは特殊な位置にいた。私たちの見てきたように、彼はリーダーたちと親密であった。彼らが出掛けるときはいつも彼を伴った。そして、高いランクの人の親友として、彼はある種の彼自身のランクを持っていた。しかし、彼には本来のリーダーの資格はなかった。影響のチャンネルは彼から他の誰にも通じていなかった。彼の活動は集団の規範のあらゆる側面に同調しているわけではなかった。彼はかなり優秀なボーラーではあったが、サイコロ賭博でお金を巻き上げられがちであった。したがって、いいカモとみなされた。ノートン団内でのロング・ジョンの位置は一国の階級構造での落ちぶれた貴族の位置に似ていた。これらの貴族は高い社会的ランクを持っており、しばしば、その国の生産的行政的事業を経営している人々と社交的な交際を維持している。しかし、彼らはもはや彼らの祖先のようにそのような事業自体を指導できない。他方、にわか成金（*nouveaux riches*）は社会の組織で重要な人物であるが、しかし、まだ高いランクを与えられていない。あるいは、まだ他のリーダーとの社交的な相互作用を許されていない。その理由の一部は、彼らがまだ適切な行動スタイルを身に付けていないからである。ロング・ジョンの位置やあるいは落ちぶれた貴族の位置が「曖昧で」あるいは「もろい」と言うときに、私たちが意味していることは、人の高い社会的ランクが定まるには、多くの要因、たとえば、彼のリーダーシップ、他のリーダーとの結び付き、そして、彼の活動における集団の規範への忠実の度合いが重要であって、ただ一つではないということである。彼の高いランクが不動となるためには、彼はすべての要因で高い得点を得なければならない。もしどれか一つでも欠けるなら、それだけ彼のランクは不安定となる。ロング・ジョンのランクが不安定であるからこそ、ノートン団内で社会的出世を願うアレックは彼をボーリングで負かす相手として選んだのである。

最後に、ノートン団でのリーダーたち、特にドックはコーナーヴィルの他のギャング団のメンバーと、特に、そのリーダーたちと広い接触を持っていた。フォロワーの誰とよりも多かった。この事実はリーダーたちの高い社会的ランクに貢献した。この側面で、端子盤配線工の間でのテイラー（W_3）はドックと少し似ているように思われる。他の配線工がその部屋の外に行き、良い針金の供給を得ることに失敗したような場合にも、彼は成功した。彼は誰の要求が聞かれるかを知っていたに違いない。そこで、私たちはつぎのように言うことができる。ある人の社会的ランクが高くなればなるほど、それだけ頻繁に彼は彼自身の集団の外の人々と相互作用する。実を言うと、このルールは、社会的に対等なものは高い頻度で互いに相互作用する傾向にあるという一般的なルールの特殊形態に過ぎない。コーナーヴィルのギャング団のリーダーと対等な人とは他のギャング団のリーダーたちである。相互作用がそのような人たちの間で頻繁であっても何ら不思議でない。もし私たちがノートン団に集中する代わりに、全体としてのコーナーヴィルの組織を見たなら、私たちはギャングのリーダーたちを結び付ける相互作用のネットワークを見つけ出したであろう。そしてまた、そのギャングのリーダーたちが服従している高位のリーダーたち——政治家やゆすり屋（racketeers）——の一団を彼らの上に見つけ出したであろう。

ところで、ドックやマイクやダニーがナッティを除く他のノートン団のメンバーより年長であることを忘れてはならない[7]。彼らをリーダーにしたのは年齢自体ではなく、年齢がもたらしがちなもの、すなわち、ギャング団が賞賛する活動での腕前、他のリーダーとの広い面識、そして、結局、若者に向けて相互作用を開始する習慣である。若者社会では——また、ギャング団行動は若者の行動の延長である——、年長者は、他の年齢集団における以上に、年少者に対して支配的になりがちである。リーダーシップを獲得するときに、サイコロは年長者に有利になるように転がる。

結局、私たちが大きな規模の企業や軍隊組織で見つけると同じような指揮のピラミッド——フォロワーは補佐と相互作用して、次には、補佐は高い水準のリーダーと相互作用する——を小規模であるがノートン団は作り出した。そのピラミッドはノートン団内での影響のラインを示したホワイトの図表に明らかに見ることができる。そのピラミッドは大組織におけるようには整然としていなかったし、その中での相互作用の現実のチャンネルも組織図に示される公的なチャンネルと同じようには整然としていない。さらに、そのピラミッドは集団目標を達成するために効果的なコミュニケーションを打ち立てるという目的で設計されたのではなかった。確かに、それはそのような結果を持ったが、しかし、その結果は予知されたものではなかった。代わりに、そのピラミッドは自然発生的に進化した。すなわち、集団の規範とその活動と感情と相互作用の動的な関係を通して進化した。事実は、現代社会における、国営であれ、私営であれ、大きな公的な企業の組織はすべての人間集団に存在する傾向をモデルとしたものであり、それを合理化したものである。

相互作用と活動の相互依存

ギャング団内での相互作用の鎖におけるリーダーたちの位置と、その集団と他の類似集団の間での相互作用の鎖におけるリーダーたちの位置が、リーダーたちがそのギャング団の行動を統制したり、監督したりするといった特殊な活動を可能とさせた。相互作用は彼らに向けて流れたから、彼らはどのフォロワーよりも集団メンバーの問題や欲求についてよく知ることになった。したがって、適切な行動方針を決定することができた。彼たちは他のギャング団のリーダーたちと密な接触を持っていたから、コーナーヴィル全体についての状況について、フォロワーよりもよく知っていた。さらに、相互作用の鎖の焦点という位置にいることで、彼らはどのフォロワーよりも決定をその集団に下すことができた。彼らはいわゆる外的問題と内的問題の両方に統制を実行したことに留意すべきである。彼らはギャング団が何をなすべきか、たとえば、街角にたむろすべきか、ボーリングに行くべきかどうかを決定した。そして、彼らは、ロング・ジョンを支援し、アレックを低く抑えることによって、子分たちの確定された社会的ランクを維持しようとした。しかしながら、彼らの位置が彼らに与えた利点が何であれ、彼らの決定が実行されるのは、これらの決定が受け入れられている時だけである。リーダーたちの高い社会的ランクが、彼らの決定が実際に受け入れられて来たにちがいないという初期推定（initial presumption）を立証している。しかし、その決定はさらに規範に同調し、集団の欲求を満たさなければならない。フォロワー間の争いでは、リーダーたちの判断は公平でなければならなかった。提示された行動方針は集団にとって満足のいく成果をもたらせなければならなかった。さもなければ、彼のつぎの決定には誰も従わないであろう。リーダーの社会的ランクは、その命令が従われるようになることに役立ったが、もし決定がフォロワーから見て成功したなら、その決定は、今度は、彼のランクを確かなものとするであろう。私たちはここでリーダーの権威を論じ始めている。私たちはその議論には後で多く関わることになろう。

内的システムの環境への反作用

ノートン団への環境の圧力が集団内分化の決定にどれだけ係ったかは、端子盤配線工たちへの環境の圧力ほど明確ではないが、それと同じように、その集団組織は、端子盤配線工の間での産出高制限で示されたような明白なインパクトを環境に与えなかった。にもかかわらず、ギャング団はある影響を環境に及ぼした。論理的に完結するためにも知るに値する影響である。ある店やレストランやボーリング場がひいきにされた。そこで金が使われた。ギャング団の規範は一部社会的環境によってメンバーに教え込まれた。すなわち、一部、コーナーヴィルの規範は作られ、それがノートン団のようなギャング団で再現された。ホワイトは、いかにコーナーヴィルでの政治（politics）とゆすり（rackets）がコーナーヴィル・ギャングの態度と組織の土台となっているかをはっきりと示している。特に、ギャング団はリーダーを生み出す。政治家やゆすり屋は自分たちの活動の支援を得るためには、そのリーダーたちと取引をしなければならない。また、彼ら自身が政治家やゆすり屋になりがちである。ドックは、ノートン団の長として、コーナーヴィルの他のリーダーたちや集団に広く知られており、その人気の強さから、州議会の代議員の選挙に出馬した。しかし、撤退を余儀なくされた。

要約すると、本章は小集団——呼びたければ、自律的集団、すなわち環境によって内的発展が厳しく抑制されていない集団——でのリーダーシップの入門的スケッチである。リーダーとは集団が最高価値を置く規範を最もよく実現する人である。その規範は風変わりなものであるかもしれないが、しかし、それらがその集団によって本当に受け入れられる限り、その集団のリーダーはそれらを体現しなければならない(8)。彼の規範の体現は、彼に高い社会的ランクを与える。そして、彼のランクは人々を引き付ける。すなわち、リーダーとは人々が集まってくる人物である。相互作用の図式では彼は焦点にいる。同時に、それと一緒になって彼の高いランクが集団統制を担う暗黙の資格をもたらす。統制の行使自体がリーダーの威信を維持する手助けをする。彼は相互作用のピラミッドの頂点にいるという理由から、この統制を行使するだけの実力を身につけている。彼は他の人々より情報通である。また、彼には命令を発するためのチャンネルが多くある。

彼は集団を統制するが、しかし、彼はある意味で他の人々以上に集団によって統制されている。なぜなら彼の活動や決定が他の人々の活動や決定よりも抽象的な規範に細かい点に至るまで同調することが、まさにリーダーシップの条件であるからである。さらに、一つや二つではなく、これらすべての要素がリーダーシップに関わってくる。すべては相互に関係し、良い方向にあるいは悪い方向に相互を強化する。

註

（1）*Street Corner Society*, 98–104（奥田道大他訳『ストリート・コーナー・ソサエティ』有斐閣、二〇〇〇年、一一三―一一九頁）を参照。

（2）*Ibid.*, 94–108.（前掲訳書一〇九―一二三頁）を参照。

（3）この名前は、R. Spencer and M. Rogers, eds. *Autonomous Groups Bulletin* というタイトルの雑誌から借用している。ノートン団と端子盤配線観察室の間の差異は、H. H. Jennings, "Sociometric Differentiation of the Psychegroup and the Sociogroup," *Sociometry*, X（1947）, 71–9でのサイコグループとソシオグループの差異に似ている。

（4）*Street Corner Society*, 25–35（前掲訳書三三―四五頁）参照。

（5）E. Chapple, with the collaboration of C. M. Arensberg, "Measuring Human Relation," *Genetic Psychology Monographs*, XXII（1940）, 3–147を参照。一度に数人の人との相互作用のために、彼らが使う語句は「設定状況で相互作用を開始する」である。

（6）社会的距離については、R. E. Park, "The Concept of Social Distance," *Journal of Applied Sociology*, VIII（1924）, 339を参照。

（7）*Street Corner Society*, 13（前掲訳書二〇―二一頁）を参照。

（8）もっと詳しい説明には、H. H. Jennings, *Leadership and Isolation* and T. M. Newcomb, *Personality and Social Change* 参照。なお、後者はつぎの論文に要約されている。T. M. Newcomb, "Some Patterned Consequences of Membership in a College Community," in T. M. Newcomb and E. L. Hartley, eds., *Readings in Social Psychology*, 345–57.

第9章　ティコピアの家族

未開社会における親族関係…レイモンド・ファースの研究…ティコピア島…村…地域…ティコピアの経済…土地保有権…家…世帯…対人関係…夫と妻…父親と母親と息子と娘…兄弟たち…兄弟と姉妹…祖父母と孫…父親の姉妹と兄弟の息子…母親の兄弟と姉妹の息子…交差イトコ…義理の兄弟…類別的親族関係…「家」と氏族

結婚は人間の制度の中で最も成功した制度である。しかし、すべての結婚が幸せであると、証拠に逆らって、言うつもりはないが、しかし、もし男と少なくとも一人の女と彼らの子供との間の公認された結合よりなる核家族が、すべての知られている社会で認識可能な単位として発見される、という事実から判断しうるなら、結婚は普遍的な人間の欲求を満たしているに違いないと言いたい(1)。原始の集団婚に関するすべての理論——群落（horde）の男たちと女たちは相互に無差別な性的関係を持ち、子供たちは特定の男女（couple）によってというよりむしろ、全体としての群落によって育てられたという理論——は、二〇世紀当初に人気のあった原始共産主義の図式の一部であったが、その理論は、未開の人々の中での大量のフィールド・ワークによって、また、原初の集団婚の証拠と考えられていた制度についての理解の深まりによって消えていった。私たちの少なくとも一部の傍系親族、高等類人猿も認識可能な家族を持っている(2)。たぶん人間が人間である限り、人間は家族の中で生活してきたということであろう。本書のように、小集団の一般的な特徴を研究しようとする本は、この小集団の中で最も普遍と思われるものを考察からはずすことはできない。

私たちはまた、人類は一つであると考えている。しかし、現実の行動がどこにおいても同じであるという意味での「人間性は世界中同じである」という理論への同意を意味しているのではない。たとえば、侮辱された時、日本人は私たちとはまったく異なる行動をとるであろう。日本人はそのとき喧嘩しないが、「面子を失ったこと」に非常にこだわる。文化は相互に大きく異なっている。今日では、この点を繰り返して述べる必要はまったくない。嫌というほど指摘されてきた。それに代わって指摘すべきは、同じ状況に、あるいは心理学者の言う同じ「場」(field) に置かれた世界中の人々は同じように行動するという意味で、人類は一つであるということである。なお、私たちは、場の一部として、前世代から社会に受け継がれてきた伝統を加えなければならない。私たちにその状況がわかれば、その行動は常に「理解できる」(make sense)。日本人とアメリカ人が侮辱された時に異なる行動をとるのは、彼らの置かれた状況が、表面上は似ているように思えても、実は同じではないからである。しかしながら、それらが同じでないと言う時も、それらが共通した点を持つ可能性を排除しない。その「場」は複雑であり、広く変化するであろう。その理由の一部は、その場によって決定される諸個人の行動それ自体がその場の決定に一役買うからである。これは、有機的哲学 (organic philosophy) が直面しなければならない重大な事実である。しかし、もし私たちが同じ種類の分析をすべての人間社会に適用できるなら、社会が異なっているのは、すべての社会に見られる特徴を社会が所有する度合いにおいて異なっているからであることがわかるであろう。これが私たちの理論である。これまで本書では、私たち自身の社会内の集団を分析してきた。もし私たちの理論が正しいなら、そして、もし私たちが小集団の一般的な特徴に関心を持つなら、私たち自身の社会と異なる社会の集団の少なくとも一つに私たちの分析方法の適用を試みるべきであろう。

未開社会における親族関係

私たちは家族を研究する必要がある。また、私たち自身の社会とは異なる社会の集団を研究する必要がある。この二つの課題を未開社会における親族関係の研究で同時に行うには立派な理由がある。「未開」という語は、確かに、社会人類学者の研究対象となった人々にとって望ましい言葉ではない。しかし、それが習慣になっているから使用する。未開社会は必ずしも「単純」という意味での未開ではない。ある未開的制度は、それと類似した私たちが自己満足げに高度の文明社会と呼んでいる制度よりも複雑であり、また、未開社会と高度文明の間の差異よりも大きな差異が未開社会と他の未開社会の間にある。未開の人々はよく読み書きのできない人々と呼ばれる。彼らは書く言語を発達させることができなかったが、彼らには共通した特徴がある。これらの社会では、現代西洋社会と比べて、多くの活動が親族関係にある人々よりなる組織によって実行される。文明化とは、実は、家族から諸活動を取り上げ、それらを他の制度に与える過程である。

これが家族の研究を未開の親族関係から始める理由の一つである。しかし、理由は他にもある。未開社会はそれぞれ相対的に孤立しており、――強調点は「相対的」に置かれるべきである――したがって、少なくとも、ある程度までは、自己充足的な単位として研究することができる。現代西洋歴史で私たちは変化に慣れているが、未開社会の多くはほとんど変化せず、かなり長期にわたって存続してきたように思われる。複雑な技術なしで、最低生活の水準近くで生活しており、それぞれの家族はその近隣家族とほぼ同じ環境の中にいる。したがって、家族組織に本来備わっている緒力が、邪魔されず、その力を発揮する時間があった。そのパターンは家族から家族へと繰り返し現れる傾向にある。よって家族慣習がしっかりと確立される。家族行動の多くの特徴との出会いがただ一つの家族だけであったなら、私たちはそれらを見落としたかもしれないが、それらが次々と諸家族に起こり、部族（tribe）の規範に祭り上げられるなら、それらは否が応でも観察者の注意を引く。その影響は累積的であり、些細な点も目立ってくる。

未開の親族関係を研究するとき、私たちは社会学を社会人類学から分ける線を引いている。しかし、学問上の線を除いて、いかなる線が存在するのか。人類の一体性は人類の科学の一体性を意味する。もし私たちがただ一つの社会学、すなわち、人間組織の社会学があることに同意するなら、社会学と社会人類学の間の分離をほとんど認めることはできない。社会人類学者とは未開人を研究する社会学者であり、社会学者とは文明を研究する人類学者である。人類学者は初期の社会学者のいくつかの考えの恩恵を受けている。また、人類学も多くの益を提供している。多くの社会科学で、人類学者によって生み出された考えが採用され、豊かな成果をもたらしていることは明らかである。また、茂み（bush）の中で自己を鍛えてきた人類学者はさらに未開人の中で学んだ資料収集と分析の技術を使って、文明化された共同体についてのすばらしい研究を行っている。[(3)] 少なくとも、本書は彼らの知見と考えに大いに依存している。

レイモンド・ファースの研究

私たちには未開親族関係の総合的な研究に取り組む備えはない。また、それは私たちの意図することではない。私たちは一つの事例に集中したい。そのすばらしい事例が私たちの手元にある。それはポリネシアの小さな島ティコピアにおける親族関係についてのレイモンド・ファースの研究での事例である（発音すると、アクセントはコよりむしろティとピにある）[4]。そこに一九二八年から二九年の一二ヶ月滞在して行われたファースの研究は、未開社会における親族関係の機能についての研究で最高の一つとなった。世界には数百の社会についての記述があるが、日常の未開生活の具体的な出来事の記述でいっぱいであるファースの報告書のような報告書を提供してくれた人類学者は少ない。彼のものは私たちがここで試みるような集団行動の綿密な分析に応えてくれる記録である。人類学者は、他の人々と同じように、意識的にあるいは無意識的に保持する理論で訓練された見方で捕えた事実だけを報告する傾向にある。不適切な資料に基づいた理論はいずれその不適切さが認識され、ひいては、よりよいフィールド研究を、ついには、よりよい理論をもたらすことは確かである。しかし、そんなことをしている間に、未開社会は死滅してしまうであろう。ティコピアは太平洋での戦争の結果、大きく変わったかもしれない。私たちにはわからない。いずれにせよ、ファースは白人との接触によってまだほとんど変えられていない最後のポリネシア社会の一つをほんとうに良い時に研究してくれた。

ティコピアについてのファースの記述には、親族関係の研究以外に興味深いことが多くあるが、私たちは親族関係の研究に集中する。同時に、記憶に留めておくべきことは、第一に、親族関係は社会の一側面に過ぎず、したがって、それを理解するために他の側面、特に地理的経済的要因に言及しなければならないことである。第二に、私たちの先の集団の記述では、アメリカ社会については一般的によく知っているということで、その背景を省くことができたが、しかし、ティコピアの家族を記述するときには、家族についてと、その家族を包含する社会についての両方の必要な事実を加えなければならない。本章で、私たちはファースが提示している大変豊かな資料を敢えて単純に要約しながら、また、他方で、私たちにとって重要点と思われるものを引き出しながら、解釈を加えず、単なる事実を報告する。ここでの私たちの義務は著者に忠実であり続けることである。次章で、私たちが作成した概念図式によって、いつものようにその事実を分析する。ここで、私たちは今までに手にしなかったいくつかの一般則（generalizations）を述べる。私たちはファースの提案の多くを使うが、全体としての理論に対する責任は、もちろん、私たちにある。

ティコピア島

ティコピア島（図13）はほぼ南緯一二度三〇分東経一六八度三〇分に位置している。最も近い隣の島はアヌタ（Anuta）であり、それはティコピアから七〇マイル離れ、また、ティコピアより小さい。ティコピア自体も小さく、北東から南西に向けて長く横たわる長さ三マイル幅一マイル半の楕円形をしている。それは南洋諸島の典型である。陸地は植物が繁茂し、緑でおおわれ、起伏が多く、海は紺色で、暗礁の上ではスミレ色、緑色、そして白色と変化する。サンゴ礁があり、浜があり、貿易風が吹いている。南洋の多くの島々のように、その島の中心は昔の火山の噴火口である。それは海抜一二〇〇フィートのところにある。噴火口の底の中心は今深い湖となっている。どこの噴火口もその壁は数世紀に渡る雨や植物の成長によって大きく崩されているが、ここでも壁の一つである南東の壁は完全に崩れ、海から湖への狭い入り口となっている。その島の北東の端は特に荒々しく険しい。反対に、南西地区には沖積土の小さな平地があり、それはタロイモ菜園に適している。しかし、その一部は湿地となっている。北東を除いて、海岸には長く続く浜があり、浜の後は崖である。また、北東を除いて、浜の外は、サンゴ礁が縁取っており、それは満潮時には海に隠れる。サンゴ礁は二ヶ所だけ海への出口のため

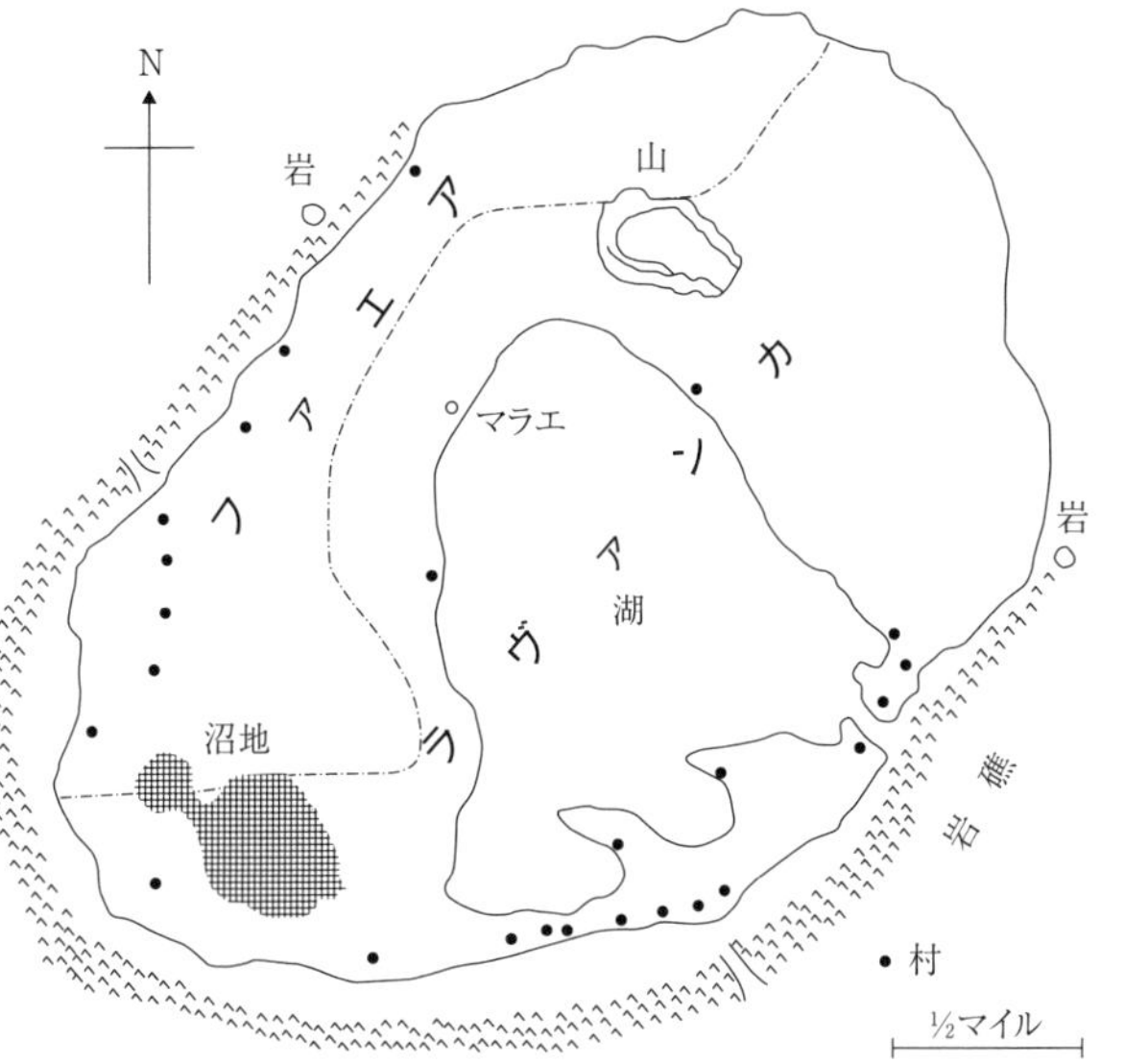

図13　ティコピア島の図

に壊されている。

ティコピアの気候は、ほとんどの熱帯の島の気候と同じように、湿気はあるが、快適である。温度は概して摂氏二六度から三〇度の間である。まれに三二度以上になる。四月から九月まで、貿易風が東から絶えず吹き、空は曇っていることが多く、外気はひんやりしている。残りの月は、風は北から、また、西からと変化する。無風で、焼け付くような日々は突然の豪雨で破られる。年末から三月にかけて、激しい風が時にはハリケーンの強さにまでなる。少しの平らな土地と火口壁の傾斜地では、ほとんどの種の南海原産の熱帯の根菜類や食用樹木がよく成長している。特に、根菜類では、ポテトに似たタロイモやヤムイモが、食用樹木では、パンフルーツやココナッツやサゴヤシが成長している。これらと岩礁の魚や海の魚がティコピアの人々の食料となっている。

ティコピア——その名前は場所と人々の両方を指す——には約一二〇〇人の人々がいる。政治的には、その島は英国ソロモン諸島保護領の最南東部にある。しかし、民俗誌的には、それはポリネシアの最北西端にある。ポリネシアは北東のハワイから南西のニュージランドまでの大きな弧を描いている列島よりなり、そこには、白人が来る前には、容貌や言語や文化の相互によく似た船乗りの名手たちが住んでいた。ティコピアの人々は、メラネシアのずんぐりした肌の浅黒い縮れ毛の人々と地理的に最も近かったにもかかわらず、彼らは真のポリネシアの風貌をしている。すなわち、背は高く、手足は長く、肌は薄褐色であり、髪は編まれた波状である。彼らは健康な人々であり、白人の病気の影響を少しも受けていない。

ヨーロッパ人は一六〇六年以来ティコピア人と接触してきたが、しかし、白人は誰もこの島に住んでいない。また、名目上は英国の保護領の一部であるが、戦前は外の世界との接触は少なかった。ティコピアの孤立は白人の貿易商人や農場経営者に提供するものが少ないからである。ほぼ半分の人々が洗礼を受けているが、その人々は主にこの島を構成する二つの地区の一つに住んでおり、また、そこには、メラネシアのバンクス諸島の一つから来た原住民の先生がティコピアの女性と結婚して住んでいる。伝道船がほぼ年に一度その島を訪ねてくる。他の島に行ったティコピア人は少数いるが、しかし、新たに補充する労働者はいない。ヨーロッパの簡単な道具——ナイフ、金テコ、ワイヤー、手斧、釣針——が使われ、大切にされている。タバコは少量栽培されている。ティコピア原産ではない、バナナやサトウキビの変種、マニオクやポポが持ち込まれている。しかし、全体的に見て、白人によってもたらされた変化は小さかった。ティコピアの人々は貨幣を使用しない。彼らはまだ昔のなめし皮の衣装を着ており、サゴヤシで葺かれた小屋に住んでいる。彼らは通過儀礼や結婚や喪のような伝統的な儀式を守っている。彼らは過去と同じように今もなお四人の族長（chiefs）、あるいは、アリキ（ariki）によって治められている。彼らはそれぞれ四つの父系氏族（patrilineal clan）の族長である。非常に珍しいことに、ティコピアの大多数の人々がまだなお彼らの昔からの神々を昔からの華やかな儀式で礼拝している。もはや食人種タイピー（Typee）もいないし、西洋人によって乱されないで残っているポリネシアの社会もないが、しかし、小さい孤島のティコピアは、今世紀、他の島と比べてもほとんど接触されることなく残されている。

村

ティコピアの人々は、シュロの葉で葺かれた屋根の低い複数の小屋よりなる「村」に住んでいる。それぞれの村は泉に近い浜辺にあり、海と陸の両方での仕事に便利なところにある。内地には入植地はない。そもそも、内地と呼べるようなところは、その島の険しい北東の端にはまったくなく、沼地の南西の端にもほとんどない。したがって、人口は北西と南東の海岸に集中しており、その海岸はカヌーで航海に出るための二つの岩礁の切れ目から遠く離れていないところにある。村の規模は多様であるが、村の平均人口はおよそ五〇人である。

村のそれぞれの家は生活のために炊事場とカヌー小屋と浜への道と小区画の土地を保有している。その土地は家族集団によって代々所有されており、それには皆の認める境界がある。村の公認地区に、親類（kinsmen）は互に近所に住み、その氏族（clan）内の本家筋（senior lineage）に属する長老のリーダーシップを受け入れる傾向にある。家を新築するには彼の許可が必要である。村々の土地は全体的に一つの氏族の成員の管理下にあるが、村の土地や家がいくつかの氏族に、通常はその中の一つの支配的な氏族に所有されることがよくある。私たちは後でティコピアのリネージ（lineage）と氏族について話すが、その構造はその家族の研究をしてはじめて理解できる。

村々は時には互いに非常に親しくするが、しかしながら、それぞれの村は公認された独立体であり、独自の名前がある。

その名前は、多くの場合、村で最高位にあるリネージの名前である。村人たちをつなぎ合わせる誘引拠点の一つが泉である。その泉の水は木の幹の空洞を使って貯水池に送られ、すべての人がそれを使う。近所の人々は生活の日常的な小さなやりとりで協力し合うが、しかし、全体としての村も一団となって協力し合う。村のカヌー船団は漁獲のために一斉に海に出、そして、協力して、たいまつをかざしてトビウオを探して海を動き回る。また、村人たちは干潮で暗礁に取り残された魚を捕えようと協力する。さらに、それぞれの村の若者たちは風や月が漁に向かない時、一緒に集まって踊る。よそ者がこれらの踊りに参加することもある。彼らは、権利ある者としてではなく、よそ者として参加する。

子供たちが一緒に遊ぶ時にも、同じ村のいろいろな地区から来た子供たちは自由に参加するが、しかし、他の村から来た子供たちはよそ者として扱われるか、あるいは、小さな集団に入ることを黙認されるかである。子供の訪問者は、特にすぐ隣の村から来た者でない場合、落ち着かず、一緒に来た人や父親にしがみついていることが多い。もしその地区の子供に加わって遊んでも、その集団の周辺にいる。他の子供たちは、自分たち相互に呼び合うようには、彼に声を掛けない。結局、彼は一人で座り込んで、他の人たちを見物することになる。これらの態度が、ある程度、大人の生活での類似した行動の土台を形成すると仮定しても間違いではない。[5]

三種類の主要なつながりがティコピアの村の人々を結び付けている。(1)近所付き合いや村の協力。それらは日常の生活での小さな交換から、漁業、踊り、そして、その地域の指導的族長への恭順に及んでいる。なお、族長は自分の氏族の人でないこともある。(2)家や土地の所有制や族長への服従の義務を決める男系出自（descent）といううきずな。(3)新旧の異なる氏族間の結婚による親族の拡散的きずな。これらのつながりがその村では相乗している。たとえば、村では、ある人の隣人が彼の親類（kinsman）であることが多い。しかし、時には、これらのつながりが、異なる氏族の成員が同じ村に住んでいる時に見られるように、争いの種になることもある。[6]

地　域

ティコピアは村に分けられるということの他に、二つの主要な地域に分けられる。すなわち、ファエア（Faea）とラヴェンガ（Ravenga）である。それは人口の密集地である北西海岸と南東海岸に、あるいは、風下海岸と風上海岸に対応している。その地域の人口は等しく、それぞれほぼ六〇〇人である。氏族の土地は島全体に散らばっており、必ずしも一つの地域に限られてはいない。しかし、それぞれの族長はどちらかの地域で生活し、そこを治めている。異なる地域の人々が会合する時に、お互いに少し疑いの目で見、離れて座り、かしこまった振る舞いをする。くつろいでくると、それぞれの成員はライバルとなり、相手を貶す物語を言い触らそうとする。それぞれは生活様式や得意とする活動の種類やさらには成員の気質で、相手と少し違っていると言われる。ファエアすなわち北西あるいは風下側にはクリスチャンが特に多い。

ティコピアの経済

ティコピアの人々は漁業と農業で生活している。漁業は二種類ある。遠洋あるいは沖合漁と岩礁漁である。風や海の状態が良い時は、村のカヌーは一斉に海へ向かうが、海に出ると、通常個々に作業する。どこの漁民も同じだが、ティコピアの人々も公認の洲（banks）で獲物をとる。そこは浅瀬である。そして、これらは陸地のようには所有されておらず、すべての人が自由に利用できる。腕のいい漁師は新しい洲を見つけ、その位置を海岸と関係付けて記憶し、それを秘密にしておこうとする。しかし、大漁であれば、彼のところに人々はすぐに集まってくる。トビウオ漁は他の沖合漁業とやや違っている。村のカヌーは個々に作業しないで、協力して網を引く。たいまつがその魚を引き寄せるために使われるから、カヌーは日中や月夜には出ることができない。沖合漁業では、カヌーは終夜あるいは終日海で過ごし、その後、乗組員に休みを与えるために帰る。

漁業の道具一式は個人所有であるが、カヌーは親族集団の族長の名前で所有されている。カヌーのない人は漁業を禁止されているということではない。たとえば、兄がカヌーを持っていれば、その人はその兄と一緒に出ることができる。あるいは、彼は他の世帯の船に歓迎されるかもしれない。もし所有者が出たくなければ、そのカヌーを借りることもできる。それぞれのカヌーの乗組員は四人あるいは五人の男よりなっており、組み合わせは決まっていないが、特に兄弟は舟仲間となることが多い。その獲物を分ける時、その魚は乗組員に平等に分けられる。その船の名義上の所有者は、同行していなくても、少しの魚を割り与えられる。そして、特に、サメのように大きな魚は、族長が儀式や大きな労働祭の実施に食料を集めていることが知られると、その族長のところに持って行く。

沖合漁業は男たちによって行われる。洲をくまなく探すことは男と女の両方で行われる。洲の領有権は認められていないから、好きなところを探す。潮が引くにつれ、洲で捕まえられる魚は狭い水路を通って海に逃げようとする。時には、これら水路の狭いところに、網を置き、魚を網に追い込むための諸作業が組織される。良い場所には、その狭いところをさらに狭くするための堰として石の壁が作られる。それらは作った人やそうでない人も自由に使用できる。追い込み作業で働いた人はその獲物を分け合うが、二・三の余分な魚は、もしその網の所有者が参加していないなら、彼のところに持って行く。

ティコピアで栽培されている食用植物は、量的重要性の順位に並べると、タロイモ、パンフルーツ、ココナッツ、バナナ、プラカ（タロイモの一種）、サゴヤシ、そして、ヤムイモである。タロイモは長老氏族とその神の保護下にある。パンフルーツとココナッツとプラカは他の諸氏族の管理下に、バナナは諸氏族の中の一つの氏族のリネージの管理下にある。氏族の族長（アリキ）は食材豊穣のための最も重要な儀礼をとり行う。彼自身が儀礼用の地所を耕す。彼はその島中の食べ物、すなわち、彼自身の土地と他の氏族の土地の食べ物を統制する力を持っている。たとえば、もしココナッツに責任を持つアリキ（ariki）が、その木からココナッツを多く取り過ぎ、将来の備えとして十分に残されていないと思うと、彼はそのココナッツ採取を禁止（tapu）する[7]。その後は、島の人は誰も取ることができなくなる。

バナナとパンフルーツとココナッツとサゴヤシの木は長年実をつける。それらが立っている土地は他の穀物のために使うことはできない。タロイモとヤムイモは根菜穀物であり、毎年植え付けられる。タロイモの栽培のほうがヤムイモより難しいから、それをティコピア農業の見本として取り上げることにする。小地所の藪がまずナタで切り取られ、つぎに、その土地が簡単な耕し棒で約九インチの深さに耕される。植付けの時には、その棒をその土にねじ込み大きめの穴を作り、タロイモの種をその穴に植え付け、そして、土をかぶせる。種植えは一フィート半から三フィートの間隔で行われる。それから、草や、刈り取られた藪が根覆いとしてその周りに置かれる。若いタロイモを直射日光の害から守り、湿気を保つためである。その後、その地所では三回の草取りがその世帯の女性によって行われる。最後の草取りでは草と藪が取り除かれる。タロイモはもはやそれを必要としないからである。タロイモは四～五週間で成長する。通常成長段階の違ういくつかの地所があり、必要に応じてタロイモを掘り起し、収穫する。それは貯蔵できないため、二・三日料理しないで置けば腐ってしまう。

ティコピアの空き地はすべて、沼地と岩山を除いて、開墾され、菜園（タロイモ等）や果樹園（ココナッツ等）となっている。菜園では決まった輪作は行われていない。ティコピアの人々は経験と勘に従って農業を行う。土壌の多くは自然に肥えているが、しかし、その地所にタロイモやヤムイモが植えられると、その後、その地所は数年間雑草が再び高く成長するまで休耕となる。ティコピアの人々は、多くの未開の農民と違って、焼くことによって土地をきれいにしない。なぜなら彼らは根覆いのために刈り取る若枝が必要であるからである。今ここで知るべきことは、南海の島での生活は、バナナの木の下で寝転んで、熟した実が口の中に落ちてくるのを待つことではないということである。海や沖合で、彼らは懸命に働く。彼らはせかされて仕事をしていない。彼らは仕事の多くを楽しんでいる。しかし、それでもやはり彼らは額に汗して生計を立てる。働かない人は食べることができない。

タロイモやヤムイモの地所の耕作で協力する人々の集団は通常かなり近い親類よりなっている。ファースはそのような集団の一つを記録している。ある日、氏族カフィカ（Kafika）の族長で、かつ、その島の大族長であるアリキ・カフィカがタロイモを植える時、彼と一緒に六人の人が働いた。彼の妻と、その息子と、息子の妻と、孫と、もう一人の親類の女性と、カフィカ氏族の儀式長老（副族長）のパ・ポリマ（Pa Porima）の六人である。ファースはこれを典型的な集団と言っている。(8) 人がタロイモを植えるときに、世帯の成員でない親類に彼のところでの労働を頼むなら、彼は仕事の二・三日後、その親類に報酬として食料を一籠送る。

土地保有権（land tenure）

このような協力的集団の研究から、私たちはつぎに、土地保有の問題へと進むことになる。果樹園や菜園の土地は小さな区画に分割され、それらは境界石によって、あるいは、切り取った藪を一列に並べて作った大雑把な垣根によって相互に区別される。多くの場合、歩道の縁は人の背丈くらいの生垣によってできている。ティコピアは父系制の社会である。ということは、土地の所有権の相続は男系であるということである。すなわち、土地は父親から息子へと相続される。ティコピアの所有権は私たちのものとは同じでないということを記憶に留めていてくれるなら、「所有権」(ownership) という語は最善の用語である。その通常の慣行では、父親が死亡したとき、子供たちは果樹園や菜園を分割するが、時々、彼らはそれらを共有し続ける。その時は、長男がその土地利用の最終的な決定を下す。この慣行は、その氏族の族長によって行使される——後で見るが——土地収用権 (eminent domain) に従って、ある所与の土地は常に単一の世帯か、あるいは諸世帯よりなる小集団によって所有されることを意味している。氏族の一部である家族も、その氏族と同じように、その島の数ヶ所に土地を保有している。その多くは家族自身の村の近くにあることが多い。人類学者は、自由に閲覧できる登記証書がないため、ティコピアの人々の口承伝統に頼らなければならない。そのため、彼はこの土地所有の分散を明確に説明できないが、それは過去における兄弟の間での相続と分割の生み出した結果であると推測している。

女性が結婚する時、父親は彼女に土地の二・三の区画を与える。彼女はこれらを所有はしない。彼女の夫が、後にはその息子たちがそれらを耕すが、その息子たちが結婚すると、彼らはその土地の権利を失う。その土地は彼らの母親の兄弟に戻る。

土地は世帯に所属するほかに、もし所与の世帯の男の子孫が死に絶えるなら、彼らの土地は父親側の最も近い男の親類に戻るという意味で、リネージにも所属する。理論上はこうであるが、しかし、現実では、このような状況で、その土地を巡っての争いが遠縁の父系の親類と母親側の近縁の親類の間で起こる。父系規則はそのような紛争を防ぐほど強固ではない。力の行使の成功、あるいは、族長の意思決定による以外に、土地の移動はない。過去において、族長の娘が他の島からの移住者と結婚したとき、通常の規則では、族長自身の息子の物となるはずの土地の一部が、ティコピアに土地を持っていなかった移住者の男の子供の物となるという決定を下す族長もいた。

土地の所有権とその使用は必ずしも一致しない。誰かが、果樹園を歩いていて、パンフルーツやココナッツがほしくなったなら、それを取ってもよい。彼は所有者の許可を求めない。しかし、頂戴したという言葉を添えて、所有者にちょっとした食物を贈る。通常、所有者は反対しない。もし彼の木々がそのような扱いを受けたくないと思うなら、彼は禁止（*tapu*）されていることを意味する葉っぱを幹の周りに貼り付ける。そうすれば、近い親類や泥棒以外の人々はそれらに手を出さないであろう。しかし、ある程度の盗みは行われている。

類似した規則が菜園にも当てはまる。人は自分のものでない土地にココナッツやパンフルーツのようは多年生の木は植えない。もちろん、そんなことはしようとも思いもしない。しかし、彼が他の人の区画にタロイモ畑を作りたいと思う時は、そうする。もし彼がその所有者の近い親類であるなら、その傾向はもっと強い。しかし、この規則も常に守られるわけではない。前と同じように、所有者が望むのであればその区画を禁止とするであろう。これらの慣行は、もし全体的に見て、すべての人にとって十分な土地がティコピアになかったなら、当然守られなかったであろう。また、過去において、その人々が必要最低限の生活が可能な範囲内に人口を抑えるために、幼児殺しを含む、多様な手段を行使してきたことも確かである。ティコピアの人々は環境によく適応している。

状況に応じて、ティコピアの人々はある区画の土地を、個人「の」ものとして、兄弟の集団「の」ものとして、儀礼的長老（リネージの長）「の」ものとして、あるいは、族長「の」ものとして語る。それぞれの人は適当な時にその土地で各自の仕事をすることができる。族長は彼の氏族の成員たちによって保有されている土地の公認の領主である。境界と所有をめぐる争議は最後には彼によって裁定される。彼はまた土地の使用についてたくさんの指示を出す。四人のアリキはそれぞれ重要な食料穀物の一つの儀礼的な守護者であることはすでに見てきた。もし供給が少なくなりそうだと思うと、彼はそれを禁止とすることができる。その氏族の土地への彼の最大の関心の一つは、その土地から彼の責任のある祭礼を維持するための十分な食物を収穫することである。祭礼は他の重要な仕事と似ている。族長は多数の参加者に食べ物を与えることができなければ、その祭礼を完全に行うことができない。ティコピアの人々は、氏族の土地は、実際、族長の土地であると言う。しかし、ファースはその言葉を逆にして言うこともできると指摘している。

従う者がいなければ、族長は（土地を）耕作できないであろう。また、絶え間ない侵害と抑圧では利益を得ることはできないであろう。すべての公的な行事は、彼の氏族の成員の食物の寄進によって支えられているから、供給源を大きく抑圧することは明らかに彼の最善の利益に反する。……その族長の権力は、理論上は絶対であっても、彼に従う者の利害関心によって絶えず抑制されている。土地所有に関しては、いずれの当事者の位置も、多様な社会的制度よって慎重に調整され、広く普及している権利と義務の体系によって規定されている。[9]

家（the house）

私たちはティコピアの経済に関することを知る必要があるが、しかし、私たちが最も身近に持つ制度は家族（family）である。もっと良い言葉を使えば、世帯（household）である。そこで、その世帯の研究に取りかかるが、それは物理的対象としての家自体から始まる。家は長方形で屋根は低い。強風で倒されたり、屋根が吹き飛ばされたりしないためである。その屋根は低く張られた切妻作りであり、その屋根の端は地上から一ないし二フィート以内のところにある。そのため、入口は四つん這いになって入らなければならない。その屋根と側面の壁はサゴヤシの葉っぱで葺かれている。その家屋は海辺に沿って横に長く建っている。海辺は通常あまり遠くない。家と海辺の間にカヌー小屋が建っている。家のこの側には入口はない。海から吹き付ける風から守るためである。その代わり、入口は家の両端と陸地側にある。この側には、料理小屋もある。

家の内部は暗く、煙で汚れている。屋根を支える柱は多くの人の背によって磨かれ光っている。ココナッツの葉で編んだマットを除けば家具は何もない。使わない小道具は屋根の端の梁棚の上にしまわれる。社会的用途によって、室内は三つの部分に分けられる（図14）。中央領域はロト・ア・ペイト（*roto a paito*）、すなわち、「家の中央」と呼ばれ、それはその世帯全員のための共通広場である。ここに食糧やベッドが置かれ、よく使われる道具も置かれている。その家の海側、すなわち、出入り口のない壁側はマタ・ペイト（*mata paito*）、すなわち、「家の目」と呼ばれている。ここ庇の下には、この家の中に葬られた祖先の墓を覆う台形のマット群が置かれている。死者に対する尊敬の気持ちから、人々はこの側に背を向けない。寝

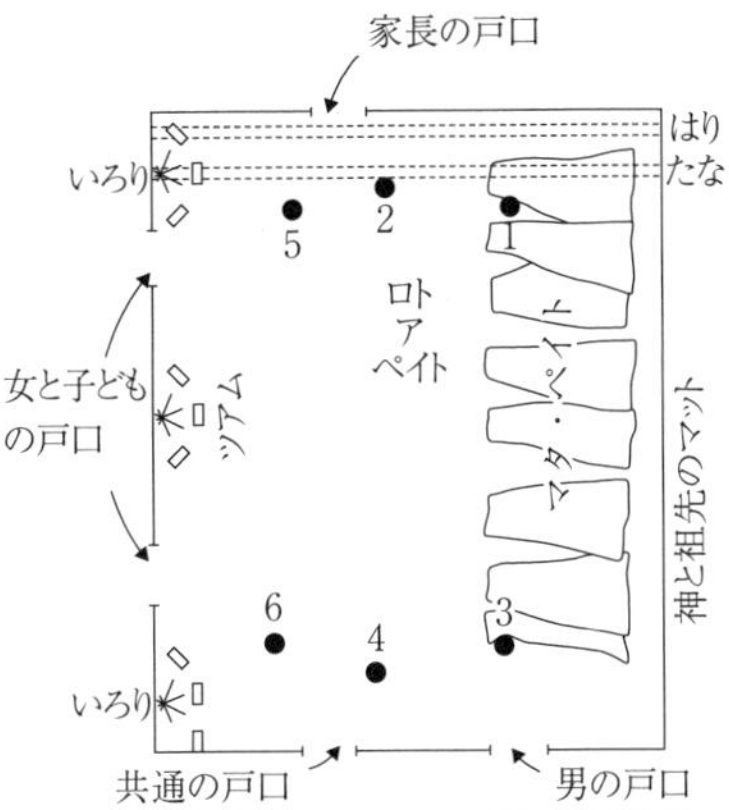

1　供物の位置　　　　　　4　長男の座（家長）
2　首長の座（名儀上の長）　5　年下の息子の座
3　客の座　　　　　　　　6　息子又は客の座

図14　ティコピアの家：平面図

る時には、頭をこの方向に向けて横になる。その家の男の座はこれらのマットの隣である。その反対側はツアム（*tuamu*）、すなわち、「かまどの後」と呼ばれている。実際は、料理は外の料理小屋で行われているが。ここでは火が燃えており、ここに、女や子供が、マタ・ペイトに顔を向けて座っている。

料理小屋への入口は女や子供によって使用されている。その家の一方の端には、二つ以上の戸口があり、一つは全員共用であり、マタ・ペイトの隣のもう一つの戸口は男たちだけによって使用されている。その家のもう一方の端、梁棚の下にただ一つの戸口があり、それは家長だけによって使用されている。その世帯の年配の男の成員だけが背もたれとして家の柱を使用でき、それぞれの柱は特定の人に割り当てられている。

それぞれの家には名前がついている。それはしばしばそこに住んでいる男の家族名と同じである。彼がそれを相続すると、彼はもはや個人名ではなく、家の名前によって呼ばれる。たとえば、その家の長はパ・ノトア（*Pa Notoa*）、文字通り「ノトアの父親」と呼ばれるようになる。物的対象としての家に対する言葉はテ・ペイト（*te paito*）である。これはまたリネージに与えられた名前である。リネージは家族より大きく、氏族より小さい父系の親族集団である。この理由から、ファースはこの集団を「家」（house）と言う。それは、英国のロイヤル・ファミリーをウィンザー家（House of Windsor）と呼ぶのと同じである。

世　帯（the household）

ティコピアの世帯には通常一つの核家族より多い人がいる。時々、それぞれの妻と子供を持った二人の兄弟が、それぞれが床の一区画を占めて、一緒に生活していることがある。多くは、ひとり男がその未婚の兄弟姉妹あるいは父母と一緒に住んでいる。一方、二つ以上の核家族が一緒に住むことはほとんどない。なぜなら規則では、兄弟は、特に全員が結婚している時、父親の死後その土地を分割することになっているからである。他方、ティコピアの約一〇戸の家は、独り者——親のない若い男、年輩の独身者、未婚の女性——が住んでいる。通常、食料を収穫したり準備をしたりするのに協力が必要であるから、都合のいいことに、世帯は独り者に協力をしてもらえる。ティコピアの人々は訪問好きである。居住者の他に、たくさんの人々が家に出入りする。その人々は近所の人々や親類であり、その年令や関係は様々である。

世帯の活動は日課（a daily routine）に従う。ファースの言うように、未開人は二つのクラスに分けられる。体を洗う人と洗わない人である。ティコピアは最初のクラスに入る。たいていの人にとって、一日は海や湖での入浴から始まる。男と女は別々に入浴するが、相互に丸見えである。入浴した人が家に帰ると、そこには、残っていた人が、すなわち、子供や老人や乳母が再び火を起こし、冷たい食べ物の入った小さな箱を並べる。朝食が終わるとすぐに、その世帯の強健な成員は仕事に出掛ける。仕事は季節や気候や個人の好みによって変わる。食料を持って帰る限り、好き勝手に仕事をしても大きな反対は受けない。夫と妻の二人が魚獲りに行く時は、通常、二人は別々に仕事をする。妻は岩礁を掻きまわし、夫は針と糸で岩礁から、あるいは、海ではカヌーから釣りをする。しかし、菜園での作業団は男女一緒である。すなわち、家長やその妻や数人の子供たちよりなっている。そして、他の人手がほしい時には、親類の人や近所の人に同行を頼む。

ほとんどの仕事はほぼ正午に終わる。その世帯の成員は家に帰る。そして、その日の御馳走の準備が始まる。ティコピアの料理法の基本的技術は、葉っぱで食べ物を包み、次に、それを熱い石で焼く。その料理法は時間が長くかかり、複雑であり、たくさんの人々がその仕事に必要である。独り者の男女は暖かい食事をとることはほとんど不可能である。料理それ自体はほとんど女性に任されるが、しかし、男たちは、タロイモやココナッツをすり潰し、ココナッツ・クリームを搾り出すといったような難しい筋肉労働をしなければならない。人類学の報告では省略されることが多いが、家庭的な重要な些事を述べる生き生きとした文章で、ファースは昼の食事作りに働く世帯を記述している。

パンフルーツのプディングが、ヌクタウカラすなわちパ・マニヴァ家で準備されている。パンフルーツは二人の女性、すなわち彼の未婚の娘たち（彼の妻は亡くなっている）の手で石の天火の上で焼かれる。他方、家の中では、息子ラケイムナがココナッツをすり潰し、クリームを搾り出している。料理されたパンフルーツは天火小屋の女たちによって皮をむかれ、ピラカの葉っぱで包まれて、湯気の出る熱い状態で運ばれる。父親はそれらを切り、木の鉢に入れる。それを娘の一人が手伝う。他方で、もう一人の息子マイルンガはすりこぎを使って、その食物を潰し始める。何分か経つと、父親が交代する。それから、息子がそのすりこぎを取り戻す。パンフルーツのすり潰しはかなりのエネルギーを必要とする。マイルンガはしばらくして「パンフルーツは終わったか」と叫ぶ。その担当の妹が「終わった」と答える。それから、クリーム作りに向かって、「終わったか、まだか」と聞く。「もう少し待て」と兄弟は応える。二つの仕事が終わり、二人の男が一緒になるとすぐに、一人はプディングの上にクリームを搾り出し、他方、もう一人は潰し作業を続ける。父親はその間、一人前分を載せるために、ピラカの葉っぱを裂いている。力作業の役割のなかった若い息子は、彼にココナッツの皮の半分を渡す。彼はそれをバナナの葉で覆い、その食べ物をすくうためのスプーンとして使用する。マイルンガは潰す作業を終え、今は、そのすりこぎをきれいにしている。他方、家族の他の成員は葉の皿の上の分け前を順に手渡す。それから食事が始まる。(10)

盛大な昼食の準備に約二時間かかる。それぞれの世帯は独自の食事を料理し、自分たちで食べる。食後、人々はもう一度いろいろな仕事に散らばるが、しかし、仕事のペースは朝ほど早くない。たぶん、女たちはマットを作るか、あるいは、布をなめす。職人は仕事に励む。子供たちは遊ぶ。多くの男たちはただ座って話しをする。日が暮れるにつれ、社交生活はにぎやかになり、人々はゲームや世間話のために浜辺に集まる。暗くなり、風や海が好都合になると、村の船団が夜明けまで、あるいは月が昇るまでトビウオを取るために出かける。もし月が明るく、波が岩礁に高く寄せるようなら、それを止めて、村のダンスが始まる。未婚の若者だけが参加する。これは口説くための絶好の機会である。そして、折を見て、少女は空家や空小屋で恋人と会うために散らばって行く。

対人関係

世帯の主要な活動を記述したので、今度は、そこでの人々の間の関係に移る。ここで注意しておいたほうが良いと思うが、人類学的研究では、特に、理想的（ideal）行動と現実的（actual）行動とが混同されやすい。現地語のわからない民俗誌学者は社会で起こっていることを観察しないで、行動がどうあるかよりむしろ、どうあるべきかについて語る傾向にある情報提供者と一緒に研究している。最も優れた人は別にしても、私たちも同じような状況に置かれればその情報提供者と同じ傾向を持つであろう。さらに、民俗誌学者は多くの集団についての情報を単一の理想的あるいは典型的（typical）集団、たとえば、「ティコピア家族」（the Tikopia family）の記述で要約することが多い。実際は家族ごとにいろいろな度合いで反復される傾向にある行動を、あたかも単一の家族で起こったかのように記述する。結果として、私たちはどれだけ多くの個人や家族がその典型からずれているか、あるいは、どの程度ずれるかわからない。ファースは可能な限りこの二つの危険から私たちを守ろうとしてくれている。彼はティコピア語を学んだ（彼は他のポリネシア語にも親しんでいた）。彼は原住民の活動に参加することによって彼らの行動を研究した。彼は世帯での関係を典型的な構成体（configuration）を形成するように記述するけれど、彼は個人や家族がその典型から逸脱していることを語ることに注意を向け、そして、現実の出来事について報告している。それによって、私たち自身の判断を形成することが可能となる。

ティコピアの親類間の関係の多くは、私たち自身のものと似ているが、しかし、また違ってもいる。類似の中にも多くの差異がある。その差異が笑いを呼び、冗談を誘う。しかし、私たちの目的は観察された行動をただ要約し、解釈は次章で行うので、そのためには笑いを抑えることが重要である。

夫（マツア Matua）と妻（ノフィネ Nofine）

私たちのものと多少とも似ている近親相姦のタブー——第二イトコより近い親族の女性との結婚の禁止——を除けば、ティコピアの男は妻の選択に制約を受けない。多くの未開社会と同じように、結婚前には乱交が多いが、しかし、結婚後は、乱交は少なくとも妻の方にはほとんどない。結婚式それ自体が行われることはない。むしろ、結婚は略奪あるいは誘拐というドラマである。理論的には花婿が花嫁を彼女の父親の家から盗む。事実、時には父親に知らせずにそうする。女が妊娠すると、そのカップルは恒久的な公認の夫婦に落ち着く。それから、男の家族と女の家族の間で一連の手の込んだ贈り物の交換が始まる。夫は妻が妊娠している間、どんな制約も受けないが、しかし、家族の基礎づくりの外的印である第一子の誕生では盛大な儀式を行う。核家族は常に認識可能な単位である。たとえ二つの家族が一つの世帯に一緒に生活していても、それぞれはそれ自身の床の一画を持っており、また、「他の世帯を訪問するときに一緒に動くのはその小さい集団である」(11)。

妻はその夫に忠実であることを期待されている。実際、ファースはその島に滞在している間に耳にした妻の不倫は一件だけであった。しかし、何人かの既婚の男は好色家と笑われても、若い少女の間をうろちょろしている。一夫多妻（polygyny）——一人以上の女との結婚——は一般的に高いランクの人によってのみ行われるが、かつてはどこでも許されていた。しかし、今ではその島の異教徒の地域に限られている。他と同じように、ティコピアでも、夫と妻は時には相互に嫉妬し合うし、また、互いに喧嘩する。また、他と同じように、妻は夫の虐待に耐えられなくなると、実家に帰る。

すでに見てきたように、夫と妻は通常一緒に外に出て菜園や果樹園で働き、その後、家に帰り、協力して、昼食の材料を準備し、それを料理する。それぞれは共通の仕事に寄与するけれど、他のことでは、別々に仕事する。彼らは種類の異なる魚獲りをする。妻はなめし布を作り、水がめに水を満たし、家を掃除し、思いがけない客に出す食べ物が手元にあるように気を配る。夫は漁網を作り、また、すべての木工作業を行う。子供の世話は主に妻の責任であるが、時には、すべての親類の男と同じように、夫は手を貸さねばならない。権威に関してはつぎの通りである。

男が家長であると主張されているが、しかし、規範は相互尊重を目的としている。それぞれのパートナーは彼あるいは彼女の領分で命令を出す。その命令を無視したければ無視でき、反対したければ反対もできる。もし夫が妻に説教すれば、彼女は頭をたれてその言葉に耳を傾け、彼に反論したり、彼を怒らせたりしない。しかし、逆に、彼女が夫に説教しても、彼も同じように頭をたれる。原住民が言うように、非難された時、それぞれの当事者は相手の言葉に「耳を傾ける」ことは正しいことなのである。夫はもちろん優位な位置にいる。なぜならその家は、通常、彼の家族が所有する土地の上に建っているからである。結局、最後の決め手は彼女の家ではなく、「彼の」家である。妻の強さは彼女がいつでも彼女自身の家に帰ることのできる点にある。これを彼女は武器として使う。それで脅迫するだけで、不平たらたらの、あるいは、不当な夫に道理を分からせることができる。(12)

私たちの「親愛の」(dear)や「いとしい」(darling)と比較できる愛情を表出する言葉はティコピアの夫とその妻の間では使われていない。彼らはお互いの個人名を使わないで、他人が彼らに呼び掛けるように、適当な接頭語を付けた夫の家の名前によって、相互に呼び合う。たとえば、私たちがカフィカお父さん、カフィカお母さんと呼ぶように、パ・カフィカやナウ・カフィカと言う。夫と妻の間で個人的に冗談を言い交わすことはない。冗談は他の親類のためにとって置かれる。

父親(タマナ Tamana)と母親(ナナ Nana)と息子(タマ Tama)と娘(タマフィネ Tamafine)

新生児は母によって世話され、彼女は娘や夫の家族によって援助される。しかし、最初の数週間が経つと、夫も手助けを期待される。そして、たとえば、もし妻が魚捕りに行きたいと言うなら、口実のない夫はその赤ん坊の世話をしなければならない。夫と妻が菜園や果樹園で一緒に作業しているときには、赤ん坊は一緒に連れて来られ、日陰に置かれる。年上の兄や姉も交代で面倒を見、それを楽しんでいる。成長すると、村の子供たち、少年と少女は共に、同じ年齢の仲間と一緒に裸で走り回るようになる。

このころになると、また、少年は父親に、また、少女は母親に男女別の仕事で同伴し始める。それぞれ熟練を要しない小さい仕事を割り当てられ、ティコピアの重要な技術を学び始める。年配者たちは若者をあごでこき使う。父親が息子に命令を与えると同じくらい多く、兄は弟に命令を与える。子供はまたティコピア社会の良き礼儀を学び始める。年配者への尊敬と、彼らが話している時には静かに耳を傾けることを、少女は、女が出るべきでない儀式を避けることを学ぶ。しかし、しつけは決して厳しくない。言葉は多いが、拳骨は少ない。両親の怒りの嵐が静まるまで、子供はずっと親類の家に逃避することができる。

アロファ *arofa*（よく知られているハワイのアロハ aloha）というティコピアの言葉は、フィフィア *fifia*（欲望）と比べ、強い情動を、特に、友情や同情や親の愛情を意味する。両親は子供に対してアロファを感じている。あるいは、感じていると言う。しかし、彼らはまた子供に対する愛情の度合いは子供によって異なると言う。年下の子供は年上の子供より多く愛され、娘は息子よりも、少なくとも父親によって多く愛される。ある情報提供者は、彼自身大きな家族の父親であるが、ファースにつぎのように話した。

　子供の多くいる親の場合、一番下の子供への愛情が大きい。しかも、少女に対して。しかし、一番上の子供に対して愛情はない。——彼に愛情を持っても、それは少しである。なぜなら彼は最年長であり、世帯は彼に服従し始めているからである。したがって、両親の愛情は一番下の子供に向かう。この土地では、最後に生まれてきた一番若い子供が大きな愛情を集めている。両親は彼らの一番下の子供を甘やかしている[13]。

ティコピアの人たちは感受性に富む観察者であり、鋭い分析家であり、彼らには個人的な関係についての知識を表現する適切な言葉がある。ファースは、翻訳に最善を尽くして、ティコピアの会話の特徴的なリズムと強調を再現しようとしている。

最年長の息子に対する父親の愛情の薄さと両者間の潜在的な摩擦はランクの高い家族でもっとも顕著である。そこでは、最年長の息子が父親の権威と彼の財産の多くを相続する。たいていの家族で、息子は結婚すると、家族の家を離れ、自分たちの世帯を作る。最年少の息子は例外で、彼は留まり、年とった両親の面倒を見る。しかし、リーダーシップと家の所有が結び付いているランクの高い家族では、父親の死後、最年長の息子が戻って来ることが多い。

両親は自分とは異なる性の子供に大きな愛情を示すと考えられている。パ・フェヌアタラはファースに語った。

　この土地では、父親は女の子を愛し、母親は男の子を愛する。女、その愛情は男の子供に対して大きい。男、その愛情は女の子供に対して大きい。この土地の男が死ぬと、彼の財は分けられ、男の子供には少し、女の子供には多く与えられる。女は結婚し、親戚から密かに彼女の財を持ち出し、それを夫に与える。彼女がこれらのものを密かに持ち出す理由は、彼女が出て結婚していることに、彼女の兄弟が反対しているからである。(14)

注意してほしいが、パ・フェヌアタラは土地ではなく財、持ち運べる財産について語っている。そのティコピア人は、また、父親は娘の結婚を望んでいないと言う。彼らの言う理由は、彼女に対する父親の愛情ではなく、たくさんの重要であるが退屈でもある仕事をする人を世帯に置いておきたいという願望である。姉妹たちは結婚した後、父親をうまく丸め込んで、父親から贈り物を手に入れ、そうして、その相続家財を男の家系から遠ざけようとしていると、兄弟たちは、疑いの目で見ている。

子供の両親に対する愛情は、両親の子供の対する愛情ほど目立たない。もちろん時には強いこともある。父親の権威がこの関係の側面で重要である。父親は息子の「頭」(pokouru) であると言われる。息子は父親の言葉に「耳を傾け」(fakarongo) なければならない。日々の環境では、父親の権威は限られている。彼は決定を口にする。妻はそれを修正し、子供たちは自由に批評する。しかし、彼が自己を主張したい時は、彼は常に支配者 (master) である。息子は父を彼の家の名前で呼ぶ。個人名では呼ばない。彼は父親の前では「悪い言葉」を使わないし、みだらな話をしない。良いマナーの規則とは「父親に対する厳粛さを保つこと、彼をからかったりしないこと」である。(15) いかなる肉体的な接触も回避された。息子は父親の頭には触らない。それは彼にとってはタプー (*tapu*) である。父親を殴打することは、自死によってのみ償われる大きな犯罪である。ファースはつぎのように要約している。「父親に対する規範には、愛情と尊敬が混在しているように見える。それぞれの要素は個人の感情と同じく社会的命令と関係している」。(16) 子供の母親に対する行動は同じく一般的であり、際立つ特徴はない。父親の死後、最年長の息子が親族集団のリーダーシップを引き継ぐと、彼の母親は彼の支配下に入る。

父親は、子供が若く無力な時には、当然、食べ物を息子に提供し、彼らを守らなければならない。また息子を一人前の男とするために必要なことをすべて提供しなければならない。たとえば、彼は成人式や結婚で息子のために贈り物として分配する財を蓄えていなければならない。息子は、息子として、年をとった両親を扶養しなければならない。両親が死ねば、彼らにふさわしい方法で彼らを弔わなければならない。

兄弟たち（タイナ Taina）

兄弟は父親のリーダーシップの下で、菜園で並んで仕事する。彼らはカヌー漁での舟友達である。彼らは幼少時からの親しい仲間である。時には、大人として、また、家族の長として、彼らは同じ家で一緒に生活する。二人が若い時は、兄は弟を世話し、保護し、また、あごでこき使う。そして、人生を通して、最年長者は、特に族長の家族では、兄弟集団のスポークスマンやリーダーとして行為する。彼はテ・ウルマツア（*te urumatua*）と呼ばれる。ウルとは「長」を表す一般的な単語であり、その長はまた父をも表す。あるいはテ・ウル・オ・ファナウ（*te uru o fanau*）「家族の長」とも呼ばれる。しかし、概して、兄弟間の関係は上司と部下の関係よりむしろ仲間関係である。兄弟たちはお互い冗談を言い、みだらな話をする。父親には決してそんなことはしない。

兄弟（タイナ Taina）と姉妹（カヴェ Kave）

兄弟と姉妹は世帯内でそれ独自の関心領域を持っているが、しかし、多くの活動で、特に、炉の周りでの作業で一緒に協力する。彼らの関係は、一般的に、形式張らない、打ち解けた（free and ease）ものである。兄弟は自由に姉妹を批判し命令をする。また、姉妹も兄弟に対してそうする。彼らはその批判や命令を好きなようにとる。しかし、兄弟の間には制約がなかったが、兄弟と姉妹の間には制約がある。兄弟は姉妹がいるときには、みだらな話はしないし、いかなる方法でも彼女の愛情問題を口にしない。しかしながら、もし男が少女を妊娠させ、結婚の意思を見せないなら、彼女の父親よりむしろ彼女の兄弟がその男に対して行動を起こす。兄弟と姉妹間の近親相姦は恐れを持って語られる。それはその社会の公的な規則に反する。それはまれにしか起こらない。ティコピアの人々の見解は、彼らの間の性的関係は考えられないから、毎日の生活で兄弟と姉妹が親密であることには何の問題もない。兄弟と姉妹は同じ毛布をかけて、家の床に並んで寝る。少女が結婚すると、彼女の兄弟は当然彼女の援助者や保護者になる。

祖父母（ツプナ Tupuna）と孫（マコプナ Makopuna）

祖父と祖母の区別、あるいは、父側の祖父母と母側の祖父母の区別は言葉上ではされていない。同じことは孫にも言える。少なくとも息子の一人はその嫁を父の家に住むために連れて来ることが多く、また、他の息子たちも近くに住むことが多いから、祖父母は自分の娘の子供たちより、息子の子供たちと多く会うことになる。このような状況で、祖母は最善の育児法について義理の娘に思うままに自由に助言を与える。しかし、母親側の祖父母は遠く離れて住んでいることによって失うものを取り戻すために頻繁に訪問する。また、男の娘への特別な愛情はすぐに娘の子供たちへと拡大する。娘は孫たちが喜ぶからという理由で父親に贈り物をねだる。

祖父母は孫を来させ、自分らと一緒に過ごさせたがる。時には、その最年少者を身元に置いておこうとして子供たちと言い争うこともある。彼らは孫をかわいがり、増長させる傾向にある。尊敬はすべての年長者に対し払わねばならないという規則は、建前上、孫と祖父母の間でも効力があるが、しかし、実際は緩んでいる。冗談やみだらな話しの禁止、肉体的接触や個人名の回避はそんなに厳しくない。祖父は孫に祭儀の伝承について、彼の家や氏族の家系や伝説について話す。私たちが知っていなければならないことは、男が年をとり、体力が減退するにつれ、すなわち、孫たちが大きくなるころには、彼は実際の諸問題での活動や権威を放棄しがちであることである。

父親の姉妹（マシキフタンガ Masikiftanga）と兄弟の息子（タマ Tama）

人が父親の兄弟あるいは母親の姉妹に対してとる行動や態度は、まったく同じではないが、人が父親や母親に対してとる行動や態度とよく似ている。それらについてはこれ以上言わない。しかし、彼の父親の姉妹や母親の兄弟に対する関係は簡単に見過ごすことはできない。年少の子供は父親の姉妹に会うことがかなり多い。彼女が未婚である限り、彼女は多分同じ家や隣の家に住んでおり、その幼児を世話するために手を貸す。しかし、彼女が結婚すると、彼女は他所に住むために離れる。そして、彼女は訪問客として帰ってくるけれど、その接触は以前ほど密ではない。父親にタプーがあるように、父親の姉妹にもタプーがある。子供は彼女の個人名を使用しないし、彼女の前ではみだらな話しはしない。決して彼女をののしったり、殴ったりしない。ある状況では、特に、彼女が兄弟の世代の最後の存命者である時には、彼女は兄弟の子供たちに対してある量の統制力を持ち、ナウ・イー「母親」あるいはパ・イー「父親」と呼ばれる。ファースの情報提供者の一人は、彼女を「父親の替え玉」また「父親とまったく同じ」と述べている。[17] 息子がカヴァ（*kava*）すなわち先祖や神々の名前を理解できる年齢になる前に、族長あるいは長老は年をとり死んでしまうことを恐れて、それらについて姉妹に話し、その姉妹からそれらについて子供に伝えてもらうようにするであろう。私たちは兄弟が姉妹を援助する特別な義務についてはすでに見てきた。この義務が彼女と彼の子供との関係に影響力を及ぼしているに違いない。

母親の兄弟（ツアチナ Tuatina）と姉妹の息子（イラムッ Iramutu）

父系理論は、名前とランクと財産の相続に関する限り、ティコピアでは強力である。しかし、それはある男が母の家族の成員と親密な関係を持つことの邪魔をしない。彼らは常にその男に関心を示し、しばしば彼を訪ねる。女性が夫の仕打ちにもはや耐えられなくなった時に実家に帰るように、子供は父とごたごたを起こし、罰から逃げたくなった時には、母の家族のところに逃げる。

子供とその母親の家族の間の結び付きの中心にいるのはその母親の兄弟である。彼はその子供をイラムッと呼ぶが、タマ・タプー（tama tapu）すなわち「聖なる子供」と呼ぶことのほうが多い。私たちは母の兄弟を単数の親族として語る。その母親にはもちろん数人の兄弟がいるけれど、彼らのタマ・タプーに対する行動は他の兄弟の行動とよく似ている。母親の兄弟は少年の友であり、先生であり、援助者である。赤ん坊が生まれると、彼はその子を腕に抱え、その子の上に呪文を唱える。後には、少年が始めて夜カヌーで遠洋漁業に出る時、彼の母親の兄弟は彼を監督し、彼に漁業のコツを教える。事実、もし彼が漁業あるいはカヌー作りの特殊な技術の達人なら、彼はその少年にそれについていろいろと教え始めるであろう。ほとんどの未開社会のように、ティコピアにも少年が成人したことを示す公的な儀式がある。その儀式には、少年のペニスを切開するという痛い手術が含まれている。この入会儀式に、彼はおびえる少年を連れて来て、何をすべきかを話し、彼を裸にし、彼を支え、そして、彼を安心させる。他方で、彼らの一人が切開を行う。数週間過ぎると、その少年は、今では公的には一人の成人である彼は、母親の兄弟たちを訪ねて回る。彼らは彼をもてなし、彼に腹一杯の食べ物を与える。それからまた、少年がマラエでの聖なる舞踏にはじめて行く時、母親の兄弟は群集の好奇の目から彼を守り、彼を支えながら、その若者が一人で踊れるまでダンスの動きを詳しく教える。タマ・タプーが病気の時には、母親の兄弟はその病人を背負ったり、抱いたりする。等々である。このような場合、その都度、子供の父親は母親の兄弟、すなわち、彼自身の義理の兄弟に食べ物の贈り物でお礼をする。

　人生のすべての重大な出来事で、母親の兄弟はタマ・タプーの年上の兄弟として振る舞い、彼が苦境を克服する手助けをする。彼を叱らなければならない時には、母親の兄弟はできるだけ手短に、かつ、やさしく叱る。誰かの援助が必要な時には、いつでも母親の兄弟が援助できる備えをしている。彼が重大な出来事で、このように行動できるのは、日々の出来事で、このように行動しているからであろう。母親の兄弟は離れて住んでいるけれど、タマ・タプーは常に彼の家に出入りしている。情緒的には、彼らの間の関係は友愛的で、形式張らない、打ち解けたものである。母親の兄弟は、古い世代の男として、尊敬を受けるに値するが、しかしながら、彼はその父親よりもずっと親しく扱われる。彼の個人名は使われ、彼は触られ、彼はみだらな話しを聞かされ、また、彼はこの世のあらゆることについて話し相手にされる。しかし、ついでに言えば、その関係は多くの未開社会では、男とその母親の兄弟の娘との結婚という慣習によって強化されているが、ティコピアではそうではない。このことは銘記に値するであろう。

　これまでで明らかであるべきことは、母親の兄弟はティコピアの男にとって実際上また情緒上必要な存在であるということである。しかしながら、私たちは自問するであろう。「彼の母親に兄弟がいなかったらどうなるだろうか、男はどうするだろうか」。この問題は親族の類別システムによって対処される。なお、そのシステムについては、後ほど大きく取り上げるつもりである。このシステムにしたがって、家族や世代の母側の遠縁の親族、たとえば、母親の母親の兄弟の息子は、真の母親の兄弟とまったく同じようにツアチナと呼ばれている。そして、男とこれらの遠縁のツアチナとの関係は彼と真のツアチナとの関係と似ている。しかし、それほど親密ではない。日が経つにつれ、真の母親の兄弟との結び付きは最高に親密になるが、しかし、何らかの理由で彼らが誰もいないなら、彼等の代わりに常に遠縁の人がいる。そして、入会儀礼のような重要な行事の時には、近縁遠縁のツアチナが全員一団となって現れる。

ファースはツアチナ－タマ・タプー関係について語っている。

これら両者間の相互信頼は親密さという強固な土台の上にできている。幼少時に、子供はすぐに母の兄弟を認識するようになる。パ・フェヌアタラは言う。「子供は本当の母親の兄弟を知る。なぜなら母親の兄弟がいつも彼のところに来て、いつも彼をながめるので、したがって、彼も母親の兄弟に注目するからである」と。この言葉は、ティコピアの人々の多くの言葉と同様に、彼らの実用的な親族観を表している。彼らは、幼少時に息子を捨てた母親に対し息子の側には何の義理もないことを承認している。それと同じように、彼らは、母親の兄弟と姉妹の息子間のきずなは彼等の互酬的社会的交流の度合いの関数であると主張している。親族間の「自然な」感情の概念は、私たち自身の社会学的な分析からは完全に消滅していないけれど、ティコピアの価値の図式には入っていない(18)。

交差イトコ（タイナ Taina あるいはカヴェ Kave）

人類学者は母親の兄弟の子供と父親の姉妹の子供に交差イトコ（cross-cousins）という名前を、母親の姉妹の子供と父親の兄弟の子供に平行イトコ（parallel-cousins）いう名前を与えている。このように区別する理由は、原住民自身がそう区別することが非常に多いからである。ティコピアは平行イトコと交差イトコを同じ名前で呼び、男のイトコは「兄弟」（タイナ）であり、女のイトコは「姉妹」（カヴェ）である。しかし、平行イトコについて語るときには、ファカラウイ（*fakalaui*）という言葉を付け、交差イトコについて語るときには、ファカパリキ（*fakapariki*）という言葉を付ける。前者は遠慮のない態度を、後者は遠慮のある態度を意味している。ある男と平行イトコの関係は彼と兄弟の関係に似ている。交差イトコとの関係は少し違っている。遠慮のある態度がその一部であるが、しかし、その遠慮はそんなに大げさでない。個人名はタプーでない。

日常の関係は十分気軽である。反面、男は招待なしで交差イトコの家には行かない。男は交差イトコを尊敬している。特に、彼が父の姉妹の子供であるときにそうである。あるティコピア人はつぎのように言っている。

私の交差イトコには実際力がある。私は彼の悪口を言わない。彼もまた私の悪口を言わない。なぜなら彼は父親の姉妹の子供であるから。男は父親の姉妹を殴らない。男は彼女の悪口を言わない。良いことだけを彼女には話す。父親の姉妹の基盤は父親である。私たちは父親の悪口を言わないし、また、彼女すなわち私の叔母の悪口も言わない。私はまた父親の姉妹の子供の悪口も言わない。このように振舞う理由は、彼女には力があるからである(19)。

行動は、両タイプの交差イトコに対して、すなわち父親の姉妹の子供と母親の兄弟の子供に対して等しく抑制される。理論上では、男が母親の兄弟と親密であるから、彼は父親の姉妹の子供とより母親の兄弟の子供と親密であると期待されるであろう。しかし、私たちはまた父親の姉妹の子供の観点からその関係を見なければならない。もし私がティコピア人であるなら、私の母親の兄弟の子供は私を彼の父親の姉妹の子供と見る。この理由から、もし彼が私たちに対する態度を抑制するなら、私も彼に対してそうすることを避けることはできない。すでに見たように、交差イトコ婚はティコピアでは好意をもって見られないし、また、滅多に起こらない。それは平行イトコとの結婚と同じ立場にある。

義理の兄弟（マ MA）

私たちは婚姻関係にある親族（結婚で結ばれた人々）の間のきずなの事例として義理の兄弟間の関係を取り上げるつもりであるが、その前にまず、義理の父親や義理の母親に対する男の行動について二・三言っておきたい。ティコピア人によれば、父親は常に結婚で娘を失うことに反対している。彼は彼女を愛しており、また、彼女は経済的に世帯にとって重要である。彼の娘の結婚への同意はしぶしぶ与えられると仮定されるから、結婚の要求などできない。彼女は家から突然、しかも、建前上では、密かに盗まれる。実は、父親は事の成り行きを完全に承知しており、わざと目をそらしているのである。この駆け落ち後の、義理の父親への義理の息子の最初の訪問は父親にとって大きな困惑の時である。義理の息子は彼に意を尽くして敬意を示すが、会話は形式張っており、ティコピア人はそれを「ひねくれた会話」と呼んでいる。人々は結婚を話題にすることを避ける。天候が私たち同様ティコピアの人にも絶好の話題となる。その後、義理の息子は妻の家族の果樹園に行き、食べ物をとってきて、それを義理の両親に贈る。

私たち自身の社会を含む多くの社会で非常に注目される人物、義理の母親について見てみると、他の未開集団とは違って、特別なタブーが彼女に対する行動には適用されていない。しかし、女がその義理の息子や義理の父親に道で遭遇すると、急いで離れ、遠回りして行く。また、義理の母親は、他と同じようにティコピアでも、孫の正しい育て方について義理の娘に助言することに躊躇しない。

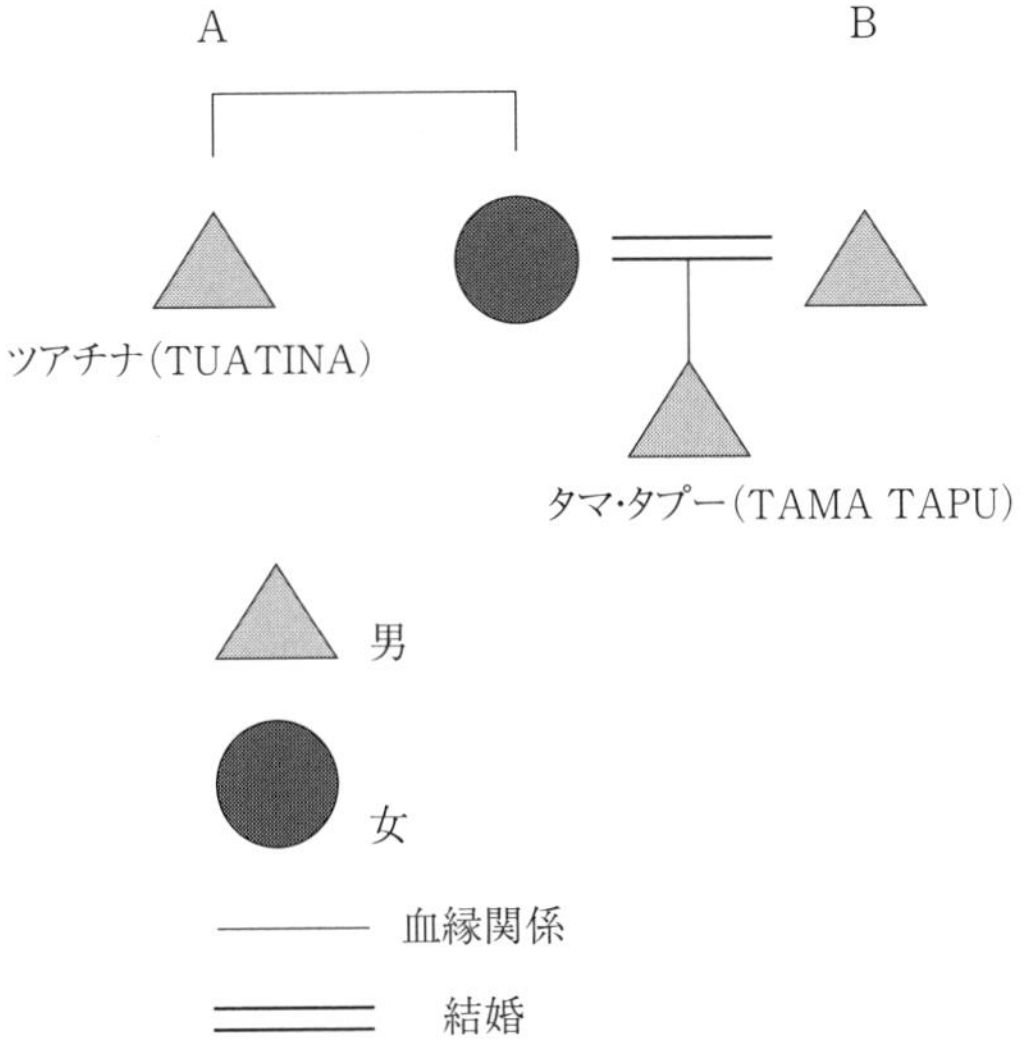

図15　義理の兄弟間の関係を解説するための親族図

さて、義理の兄弟に戻って、まず、通常の親族図を見ることにしよう（図15）。二人の義理の兄弟AとBを考察する。Aすなわち母の兄弟は、彼の姉妹を通して、また、姉妹の息子すなわち彼のタマ・タプーを通して、Bと結び付けられる。またBは妻を通して、また、息子を通して、Aと結び付けられる。その息子には彼のツアチナとしてAがいる。

私たちはすでに、兄弟と姉妹が、また、タマ・タプーとツアチナがいかに結びついているかを見てきた。たくさんの場面で、ツアチナはタマ・タプーを助け、指導し、支える。そして、その少年の父が贈り物で彼にお礼する。しかし、義理の兄弟の間での協力はこれ以上に進む。世帯の力では担い切れない経済的儀礼的仕事――すべての仕事は経済的かつ儀式的である――で、家族の長が援助を親族に求めることはまったくもって当然なことである。その中でも特に、義理の兄弟が援助を頼まれることが多い。

義理の兄弟たちは通常相互に経済的な仕事で援助し合うものと理解されている。もし耕作のために土地を掘り起こすときに、木を切り倒すときに、網を設置するときに、家を建てる時に、援助が欲しいなら、もしある品物を借りたいなら、あるいは、食料供給を増やしたいなら、人は義理の兄弟にお願いする。その願いが拒否されることは稀である。実際、それは当てにされることが多い。もし妻の兄弟が独身であるなら、彼は姉妹の家で非常に多くの時間を過ごすであろう。そこで仕事をし、そして食事をする。仕事は食事で相殺される。(20)

特に、妻の家族が集団として大きな儀式を開き、それに参列する人々に食事を提供しなければならないとき、男は妻の家族のために料理人としての働きを期待される。その上、他と同じようにティコピアでも、料理人は、もし少しでもまずいと、非難される男である。この行事では、家を離れていた女たちが実家に帰ることが許される。なぜなら夫たちが常に彼女たちを同伴するからである。そして、妻の親族は儀式と社会的な任務に集中できる。なぜならいやな仕事は他の人々によって行われているからである。

義理の兄弟間には緊密な協力があるが、しかし、その情緒的関係は必ずしも自由で打ち解けたものではない。すでに見てきたように、ティコピアの人々は遠慮のない態度を意味するためにファカラウイという言葉を使い、遠慮のある態度を意味するためにファカパリキという言葉を使う。同じように、彼らは親族の男女の二つのクラス、すなわち、タウタウ・ラウイ（*tautau laui*）とタウタウ・パリキ（*tautau pariki*）を識別している。文字通りで言えば、それらは「良い」関係にある人たちと「悪い」関係にある人たちとなる。しかし、ティコピアの人々は「良い」と「悪い」を道徳的な意味で使ってはいない。彼らは人がタウタウ・パリキと「悪い関係にある」とは思ってはいない。むしろ、彼らの意味することは、行動での自由と情緒的表出での自由が前者の場合のしきたりであり、遠慮が後者の場合のしきたりであるということである。タウタウ・ラウイ関係の事例は兄弟間の、また、母親の兄弟と姉妹の子供間の、また、ある程度、祖父母と孫間の関係である。タウタウ・パリキ関係の事例は父親と息子間の、また、父親の姉妹と兄弟の子供間の関係であり、特に、すべての婚姻関係である。それには義理の兄弟間の関係が含まれる。

　これらの婚姻関係で、関係する男と女は相互の個人名を使ってはならない。むしろ適当な親族用語や家の名前を使う。同じように、アメリカの夫は古き時代、配偶者を「妻」あるいは「ジョンズ婦人」と呼び、少なくとも公的には、「メアリー」と呼ばなかった。婚姻関係にある人に話すとき、ティコピアの人は単数形の代わりに「丁寧な両数」（polite dual）型を使いがちである。それは丁度、ヨーロッパの人々がある人を公的に呼ぶために二人称複数を使うように。人は義理の親戚の頭越しに物を取らない。人はその人の真ん前を歩かない。人は彼のいる前で裸にならない。人は彼に冗談を、特に、みだらな冗談を言わない。人は罵ることや、怒りを表すことをも避ける。その関係はある意味で親密であるが、またある意味では、堅苦しく、形式的である。

類別的親族関係

　これは人類学の論文ではないが、しかし、ティコピアでの遠縁の親類に対する行動を理解するために、人類学者の言う類別的親族名称（clssificatory kinship terminology）について話す必要がある。不釣合いな量の注目が親族名称に向けられている。その大きな理由は、もっとも容易に収集される親族についての事実であるから。時には、収集される唯一の事実であるから。どの原住民もどんな名前が親類に用いられているかをいとも簡単に民俗誌研究家に話してくれる。親類に対する行動を観察し記述するには長い時間を要する。私たちは親族名称体系の違いについて論じるつもりはない。なぜなら親族呼称の諸体系が相互に非常に異なっているように見えるのは、実は、一方的に偏った狭い判断がなされたのではないかと疑われるからである。

　すべての社会で、親族名称は一部、個別的であり、一部、類別的である。すなわち、二・三の名称はただ一人の人に用いられるが、ほとんどの名称はあるクラスの全成員に用いられる。たとえば、アメリカ人はただ一人の人を母親（*mother*）と呼ぶが、叔父（*uncle*）あるいはイトコ（*cousin*）と呼ばれる人は常に数人いる。親族名称の体系は親族が一緒に類別される方法によって異なる。(21) たとえば、アメリカ人は父親の兄弟や母親の兄弟を、さらにまた、叔母の夫をも、叔父という同じ言葉で呼ぶ。彼らを一緒にして類別する。ティコピアやアメリカの源流であるヨーロッパ社会を含む多くの社会の成員はそうしてないし、また、そうしなかった。中世英国では、たとえば、父の兄弟だけがアンクル（*uncle*）と呼ばれた。母親の兄弟はアンクルではなくイーム（*eme*）と呼ばれた。さらに、非常に遠く離れた親族や、あるいは、まったく親族でない離れた人々も、近い親族に用いられる名前によって呼ばれることが類別化の一般的な方法である。これは私たちの社会の特徴ではない。そこでは遠い親族とのきずなは弱い。しかし、私たちの社会でも、カトリック教徒は司祭を神父（*father*）と呼ぶ。そして、そんな昔ではないが、イトコ、叔父、叔母（*aunt*）は、本当の親類でないが、親類のように行動するくらい十分に家族と親しかった人を指して使われた。彼らは儀礼上の親族である。同じように、ファースがティコピアに来た時、彼は二人の族長の「息子」となった。そして、その島の人々は彼に対して彼の新しい位置にふさわしい行動をとった。

私たちが今語ったことから、親族名称と親族行動は相互に関係しているということが明らかであろう。一方で、行動は名称決定の働きをする。たとえば、カトリック教徒は司祭を神父と呼ぶ。その理由はこれが慣習であるからというだけではなく、その司祭が精神的権威者としての資格において、ある程度父のように行動するからである。また、アメリカ人は父親の兄弟や母親の兄弟を共に叔父と呼ぶ。その理由は、ある特定の叔父の個人的な特徴は別として、彼らを行動では区別しないからである。しかし、ティコピアの人はその二人の人物に対して異なる行動をし、したがって、彼らを違った名前で呼ぶ。他方、親族名称は行動決定の働きをする。あるティコピアの人がツアチナと呼ぶ人は、そのティコピア人に対し、ある程度、真の母親の兄弟のように行動する。もし彼自身に真の母親の兄弟がいないなら、特にそうである。そして、ファースが族長から息子と呼ばれるとき、その族長の真の息子たちも、彼を兄弟と呼ぶようになり、ある程度、彼をそのように扱った。名前がふさわしい行動の型を定めた。

ティコピアには二組の親族名称がある。一つは親類について語る時に使われ（指示名称：terms of reference）、もう一つは親類に話しかける時に使われる（呼称名称：terms of address）。私たちは指示名称を使ってきた。そして、その名称に関心を持つだけで十分である。なぜならその二つの組が作用するときに基づく原理はまったく同じであるから。一五の基礎的名称がある。そのうちの二つ、夫と妻を指す言葉だけが一人の人物、しかも、ただ一人の人物に言及している。ただし、族長が一人以上の妻を持つときには、このことは当てはまらない。他のすべての名称はあるクラスに所属する成員に使われる。たとえば、祖父母はツプナと呼ばれ、そのクラスには、男女の本当の祖父母や、祖父母とほぼ同じ年齢の父側と母側のすべての親戚や、祖父母より遠い真のあるいは類別的なすべての祖先が含まれる。曽祖父母にあたる言葉はない。父親はタマナと呼ばれるが、彼のすべての兄弟や、その家族の彼の側のほぼ同じ年齢のすべての男の親類も同じように呼ばれる。母親の兄弟はツアチナと呼ばれる。母親の母親の兄弟の息子もそう呼ばれる。また、この点では、母親の世代の母親側のすべての男の親類もそう呼ばれる。等々である。詳細は専門家に任すことにしよう。

ティコピアには、同じ基礎的名称によって呼ばれる人々の間を、必要な時に、区別するために使用される補助的な言葉がある。たとえば、彼らは親族の親密度を区別して、たとえば、「近い」タマナあるいは「遠い」タマナ、すなわち、人類学の用語を使えば、真の「父親」あるいは、類別的「父親」について話す。彼らは、近さでは等しいが、しかし、家族の異なる側に所属する人々を区別できる。たとえば、父親側の祖父と母親側の祖父との間の区別ができる。彼らは同じ名前で呼ばれている人々を行動で確かに区別している。たとえば、適切な行動の規則は、いわゆる家族的類似性（family resemblance）の関係にある二つのタマナで、遠いタマナより近いタマナの方によって細かく遵守されている。しかし、また、近い婚姻親類では、その遵守は時間が立つにつれ、また、親しさが増すにつれ緩んできている。日常生活の身の回りのことで、人は近い親族と最も多く交際する。人が大病にかかった時、あるいは、人が大きな儀式や経済的な事業を組織している時には、遠い親族が多く訪問してくる。しかし、もしふさわしい近い親類が、たとえば、母親の兄弟が、喧嘩や病気や死亡のために頼りにならない時、代わりになって、その必要な役を果たしてくれる遠い親族が常にいる。親族命名法と親族行動との間の結び付きは常に緊密である。もしいつもそのように行為していなかったなら、遠い親族が近い親族と同じ名前で呼ばれたどうか疑問である。とにかく、ティコピアは狭い場所である。誰も親類に不自由することはない。すべての人はあれこれの仕方で、通常は、多くの仕方で、他のすべての人と関係している。

「家」と氏族

ティコピアへの私たちの主要な関心は、世帯とそれと直接関係したことにあるが、しかし、私たちは、結局大雑把な結論となっても、大きな親族単位について語る必要がある。大小の生活の諸問題で、ティコピア人は四つの親族集団（kin groups）を援助し、また、彼らによって援助されている。その四つとは、彼の父親の親族集団、彼の母親の兄弟の親族集団、彼の妻の兄弟の親族集団、彼の姉妹の夫の親族集団である。このことによって、彼が、特に一つの集団、すなわち、彼の父親の親族集団に所属することが妨げられることはない。私たちはティコピア社会を父系的と呼ぶ。その理由は男が土地、家名、家格、儀礼義務を父から受け継ぐからである。いかなる土地も女を通して受け継ぐことはできない。父系的傾向が強力であることの結果、ティコピアは寡婦の再婚を認めない。彼女は家にとどまり、子供たちの面倒を見るべきである。当然、彼女は夫の親族と一緒に居ることになる。しかし、他の社会で観察されるように、レヴィラート婚（*levirate*）、すなわち、寡婦は亡くなった夫の兄弟、あるいは夫と近い親族の一人と結婚することを要求する慣習はない。時には、寡婦が人々の意見に逆らって結婚することもある。しかし、もし結婚するなら、彼女は子供を置いて出なければならない。彼女は子供を新しい夫の家に連れて行くことはできない。寡婦の再婚の不承認をもたらしたと同じ父系的傾向が、男やもめの再婚の承認をもたらす。

男が後継者として息子を残し、その息子は彼の近くに住み、その息子自身も後継者を残しているとき、このように形成される集団はティコピアの人々によって認められ、パイト（*paito*）と呼ばれる。それはまた、すでに見てきたように、物的対象としての家に付けられた名前でもある。ファースはこの集団をリネージ（*lineage*）と呼んだ。「家」の出現が最初に認められる特別な時というものはない。ある特定の人の後継者がある単位を形成していると、すなわち、人々の集まりを形成していると、人々が考え始めた時、その単位が「家」として語り始められる。したがって、新しい「家」が常にティコピアでは出現し、古い家はあまりにも大きくなり過ぎて分裂し、ある古い家は後継ぎがいないために死滅し、ある家は今も持続している、等々ということになる。

家の発展は当然その家族の兄弟の間の協力から生まれる。最年長の兄のリーダーシップから、パイトの家長は男子系の長子相続制によって受け継がれるという慣習が生まれる。しかし、その規則はヨーロッパ王国と同じくらい厳しいというわけではない。もし先の家長が死に、その予定の後継者があまりにも若い、あるいは、あまりにも愚かであるなら、全体としてのパイトの同意を得て、彼は無視され、年はとっていないが有能な人が支持される。しかし、その人が死ぬと、支配はその年長の血統に戻りがちである。もし家のどの成員も後継者を残さないで死ぬなら、家長は彼の土地を他の成員に再割り当てをする。カヌーはその家の成員の使用のために家長の名前で保持される。これらのフォーマルな義務は、父系的な親族間の日常のインフォーマルな協力を背景にして実行される。

ティコピアの人々の差異は社会的ランク付けにある。社会的立場は宗教的儀式での義務と密接に結び付いている。ある人のランクが高くなればなるほど、最も重要な神々や儀式との結び付きは緊密になる。パイトには二つの主要なクラスが認められる。すなわち、族長（chiefs）たちの家と、庶民（commoner）の家である。といっても、多くの庶民の家の元の先祖は族長家から出てきたものである。また、庶民の家の中でも、二つのサブ・クラスが認められる。「儀式の長老」によって指導されている家と、そうでない家である。儀式の長老は大きな儀式で特別な義務を持っているが、しかし、族長の義務と同じほど重要ではない。

すでに見てきたように、四人の族長がいる。それぞれは、ティコピアの人々がカイナンガ（*kainanga*）と呼ぶものの家長である。それはティコピアの言語に指示対象がない言葉である。ファースはそれを「氏族」（clan）と翻訳している(22)。家の成員が男の系譜での共通した先祖から彼らの出自をたどるのと同じように、その氏族はずっと昔の遠くの共通した先祖から出自をたどる家よりなっている。

いくつかの未開社会での氏族と違って、ティコピアの氏族は結婚の規則と関係がない。それは外婚制（氏族の男は氏族の外部のものと結婚する）でもなければ、内婚制（氏族の男は氏族内の人と結婚する）でもない。その氏族は同じ地域に一緒に生活することによって統合されていない。息子が父親の近くに住むという傾向がティコピアにはある。人類学者なら言うと思うが、父方居住の傾向である。しかし、その規則は絶対的でない。家族に言えることは、氏族にはもっと当てはまるに違いない。どの氏族であれ、その成員はその島のいたるところに住んでいることが見受けられる。多分、ある個所への集中度は大きいと思うが、しかし、居住でのまとまりがなくても、それぞれの氏族はそれ自身の名前を、それ自身の伝統を、それ自身の族長を、それ自身の土地を持っている。その土地はその成員の土地の合計である。

仲間の氏族はチームとしてティコピアの多くの伝統的な行事を一緒にする。しかし、とりわけ、氏族員は族長アリキの仕事に協力する。彼は「神々の仕事」と呼ばれる一年中行われる儀式での骨の折れる役割を担っている。族長は、彼自身高僧の一人として奉仕する以外に、その儀式に参加し運営している人々に食事を与えなければならない。そして、彼は贈り物を、他の族長やその氏族に贈らなければならない。食物や贈り物の材料や、儀式自体や食事の準備での労働の提供を、族長は彼の氏族に依存している。事実、氏族は彼のために働きながら、また、彼のところに食料を持ってくる。族長はそれを氏族に再分配する。結局、族長は事業を組織し、他方、氏族は材料と組織された労働を提供する。[23]

族長の義務は儀式に限られていない。むしろ、儀式的諸問題と実際的諸問題はほとんど分けられない。単一世帯の資源や、直接的な親族から得られる援助ではやっていけない仕事に着手するときはいつでも、その族長は労働団を組織する。たとえば、ある漁業カヌーは「聖なるもの」と言われ、それはその族長に所属し、彼はそれを彼の氏族の民の使用のために保持している。そのようなカヌーの建設と修繕は日常の世帯の能力を超える仕事である。彼の氏族員の労働と食料を調達しながら、族長は必要な木材や道具や自発的な人助けをする人を提供し、熟練大工には賃金を払い、カヌーにふさわしい儀式をとり行い、そして、労働者に食事を与える。

すでに見てきたように、族長はその島の主要な作物の守護者であり、土地の使用方法を大部分統制している。族長はまたその氏族のすべての土地の究極の領主である。当事者たちが境界や相続をめぐる争議で一致が得られないとき、彼がそれを解決する。事実、彼はその土地の平和を維持している。

結局、家長がパイトを支配しているように、族長もその氏族を多く支配している。族長制の継承は同じ慣習に従う。しかし、彼が責任を果たせる人であるなら、彼には勢力がある。彼はその氏族を支配できる。なぜなら彼はその氏族の同意を得て支配しているからである。ファースは族長についてつぎのように書いている。

彼らは儀式的な慣行の大部分を実行する権限を伝統的に与えられており、また、その実行に庶民や氏族員は何ら異議申し立てをしない。その実行によって、彼たちに特別に高い生活水準が与えられないし、また、それによって多くの財を蓄えることも許されない。なぜなら彼らには同じ水路を通って再びその財を彼らの間に再配分する義務を負っているからである。その実行は多くの生産物を管理する権力を彼等の手中に置く。しかし、同時に、彼らは、どれだけ個人的に責務を果たしているか、また、どれだけ個人的に一般庶民の世論に応えているか、とかなり厳しくチェックを受ける(24)。

註

（1）G. P. Murdock, *Social Structure*, 2.（内藤莞爾監訳『社会構造』新泉社、一九八一年、二四頁）

（2）C・R・カーペンターのテナガザル（gibbon）の社会関係の説明を参照。それは一部、C. S. Coon, *A Reader in General Anthropology*, 2-44に再録されている。

（3）特に、いわゆるヤンキーシティ・シリーズ（yankee city series）でのW. L.Warnerとその協力者の研究や、ウォーナーによって訓練された、アレンスバーグのような人の研究とS. T. Kimball, *Family and community in Ireland*; A. Davis, B. Gardner, and M. Gardner, *Deep South* を参照。

（4）Raymond Firth, *We, The Tikopia* (1940)といくつかの論文。また、彼の *Primitive Economics of the New Zealand Maori*（1929）を参照。前著が私たちの主要な資料である。George Allen and Urwin, Ltd., *We, The Tikopia* の出版社、そして、Routledge and Kegan Paul, Ltd., *Primitive Polynesian Economy* の出版社に対し、これらの本から引用と図表の再録の許可に心からの感謝をしたい。

（5）*We, The Tikopia*, 56.

（6）*Ibid.*, 64.

（7）これはもちろん英語のタブー（taboo）であるが、それは、もともとポリネシア語（そして、ティコピア語）であるから、それをポリネシア発音を表す形式で書くほうが良いと思う。

（8）*Primitive Polynesian Economy*, 134.

（9）*We, The Tikopia*, 341.

（10）*Ibid.*, 101-2.

（11） *Ibid.*, 130.
（12） *Ibid.*, 135.
（13） *Ibid.*, 165–6.
（14） *Ibid.*, 167.
（15） *Ibid.*, 185.
（16） *Ibid.*, 182
（17） *Ibid.*, 210.
（18） *Ibid.*, 216–7.
（19） *Ibid.*, 220.
（20） *Ibid.*, 304.
（21） アメリカの親族体系は専門的には「エスキモ」親族体系であり、ティコピアは「ギニア」の親族体系である。親族名称についての優れた理論については、G. P. Murdock, *Social Structure*, 184–259（同訳書、一四七—二二四頁）を参照。
（22） G・P・マードックは、将来間違いなく標準となる用語を定める時、相続の単系的規則によって形成され、また、居住単位を持つこれらの集団だけに、クラン（clan）という語を与えている。彼ならティコピアのカイナンガを同胞（sib）と呼ぶであろう。G. P. Murdock, *Social Structure*, 47, 68（同訳書、九三—一〇七頁）を参照。しかし、私たちがファースの研究を報告しているから、ファースの用語を固持した方がよいと思う。
（23） 他の社会での類似した行動の事例については、G. C. Homans, *English Villagers of the 13th Century*, 357を参照。
（24） *Primitive Polynecian Economy*, 172.

第10章　対人関係のシステム

外的システム――感情と活動の相互依存…活動と相互作用の相互依存…内的システム――序論…相互作用と感情の相互依存――対等者間の関係…上司と部下の間の関係…三人以上の人の間での関係…母親の兄弟…トロブリアンド諸島における母親の兄弟…親族関係のマトリクス…感情と活動の、活動と相互作用の相互依存…親族関係の拡大…規範と社会的ランク…機能理論…内的システムの外的システムへの反作用…現代の都市家族

ティコピアの家族で、私たちは分析という最も困難な仕事に立ち向う。家族は数百年と続く歴史を持つ集団である。最近組織されたばかりで、その歴史を容易に再構成し得る端子盤配線観察室のような集団とは違う。また家族はパーソナリティだけでなく、年齢や性でも相互に異なる成員よりなる集団である。私たちが今まで研究してきた集団は男だけからなっており、しかも、これらの男は同年輩であった。今、私たちは女たちが常に巻き起こす愉快な問題に直面しなければならない。さらに、本書で初めて、食物や衣服や住宅を買うことの代わりに、自然環境に直接的に働きかけることによって、生活の必需品を供給する集団を研究することになる。ティコピアの家族はかなり自足的な単位である。最後に、先の研究では、唯一リーダーシップは別にして、私たちはサブ集団間の関係に、すなわち、サブ集団間の類似と差異に限定してきた。ティコピア家族は個人間の関係網（a web of relations）として、あるいは、もっと良い言い方をすれば、社会的パーソナリティ間の関係網として扱わなければならない。

背後に長い歴史を持ち、自身の生活物資を生産し、年齢と性の両方で異なる人々よりなる集団を研究することには、その研究の困難を埋め合わすだけの大きな利点がある。端子盤配線観察室やノートン・ストリート・ギャング団はただ一つの集

団であった。私たちが提示した題材に似たものが他にあるかどうかわからない。しかし、私たちがティコピア家族について語る時、実は、多くの類似した集団について語っている。確かに、私たちが記述した家族は一つの「典型的な」家族に過ぎない。と言っても、「典型的な」が何を意味しているかわからないし、また、個々の家族がその典型的なものからどれだけ離れているかもわからない。にもかかわらず、家族が似ている限り、この類似は偶然ではなく、類似した力がすべての家族に類似した結果を作り出していると仮定しなければならない。この点で、私たちが手にする一般則（generalizations）は、私たちの以前のものよりしっかりした土台を持つことになろう。

たとえ困難であっても、私たちの分析方法を用いて、ゆっくりと前進すれば、大きな間違いをすることはないであろう。問題が入り組んでくればくるほど、その理解のために、方法の使用がますます必要となろう。いかなる方法であれ、ないよりはましである。なぜなら貧弱な方法でも、規則的に適用されるなら、それ自身の欠陥に鋭い光があてられることになるからである。それでは、ゆっくりと進むことにし、最初に戻り、もう一度、私たちの概念図式の諸要素を復習することにしよう。私たちは環境を扱う。この事例では自然環境を扱う。私たちは諸個人を扱う。彼らは多くの点で異なっていると思うが、その中でも確かなことは、年齢と性において生物学的に異なっている。私たちは資材や道具を扱う。それらは環境に働きかけるときに諸個人によって使用される。そしてまた、私たちは諸個人の社会的行動の諸要素すなわち活動、感情、相互作用、規範を扱う。規範は人々が行動すべき方法について語ることから推測されたものである。時間もまた常に要素である。しかし、それは必ずしも明示的には考慮されない。

外的システム——感情と活動の相互依存

覚えていると思うが、私たちの定義によれば、社会行動の諸要素とそれらの相互関係が、いかに集団が環境の中で資材や道具を使って存続するか、という問題に答えを提供する場合に限り、そのような社会行動の諸要素とその相互関係が集団の外的システムを構成するのである。集団を始動させるためには、集団には協力への動機、実行されるべき活動、その成員間の相互作用の図式が必要である。今まで、私たちは複雑な社会の一部である集団を研究し、外的システムに入ってくる感情を、成員が大きな社会の集団から当の集団に持ち込む感情であると考えてきた。家族を支えるための賃金への欲求がそのような感情の典型的な例である。しかし、ティコピアは孤島である。それは大きな社会の一部ではない。その成員は外の集団からその集団へ感情を持ち込むことはできない。にもかかわらず、ティコピア家族の外的システムの一部として扱うことのできる感情がある。これらは人間の生物学的な動因（drive）である。それらは、ティコピア家族の成員が誕生時にそれらを集団に持ち込んだという意味で、外部から集団に持ち込まれたものと類似している。そして、それらは集団からの影響によって修正され、水路付けられる。

家族において、これらの生物学的な動因は性的欲望である。現代アメリカでは、それを過小評価する危険性はない。実際、私たちはその力を誇張している。その理由は多分私たちの大多数の者が空腹であることがどういうことであるかを忘れているからであろう。食べ物あるいは女性なしで数日の間過ごした若者を取り上げてみよう。そして、クラッカーと可愛い少女のどちらかを選択させてみよう。彼は毎回少女を選ぶわけではないと思う。しかし、生活の毎日の必需品ではないけれど、性が重要であることは認めるであろう。もし人に性的欲望という独特な特性がなければ、人は家族を形成することはなかったであろう。人間はどこに行っても熱帯性哺乳類であり、人間の親類の類人猿のように、四季を通して、性的欲望を感じており、鹿のようにある季節だけではない。もし性のあり方が違っていたなら、人は男と女がいつまでも一緒に生活するといった制度を作らなかったであろう。

家族の形成に重要なもう一つの人の生物学的特徴は若者の成長の遅さである。数年の間、彼らはあまりにも弱く、あまりにも無知であるため自分一人で生活できない。人間という種は、もしその種の成員が子供を養い守り教える動因を持っていなかったなら、現実のようにこんなに長くは決して存続して来なかったであろう。

性的欲望と子供養育の必要は、数万年も前、最初の家族を形成した重要な要因であったに違いない。食物や飲み物への欲求や、それらを得られないかもしれないという恐れについては、多分、男女はそれ自身の個人的な行為によってそれらの感情を満足させたであろう。しかし、子供たちに食べ物を与えなければならず、また、子供を出産し養育している間、女性が食物を集めることで、全面的ではないとしても、不利な条件を負う限り、これらの感情は集団としての家族の確立に貢献する。夫は妻と子供の両方を養うために援助する。多分、ティコピアの家族や他の家族の外的システムに入ってくる感情は他にもあろう。特に、もし仲間付き合いへの欲求がいかなる意味であれ生物学的であるなら、それも入るであろう。しかし、性と食物と子供養育への動因だけでも、そのシステムを始動させるに十分である。

注意がここで特に必要である。本書は心理学のテキストでないという口実で、私たちは本能に関する大論争を避けるつもりである。これらの動因のすべては、同時に、生物学的かつ社会的であり、生得的かつ獲得的である。そして、それらが完全にいずれかの一方であると見分けることのできた人は未だいない。事実、そんな問は意味がないと思う。集団の個人への影響によって、動因は常に修正され、水路付けられ、しかも、大きく影響されている。すなわち、諸個人は、成長するにつれ、生物学的にも社会的にも適合した行動のモデルを学習する。それらが生物学的な構成要素をもつ限り、それらは、私たちの使用する用語であるが、外的システムに入る。後の章で、私たちは遺伝的に相続された動因が社会的訓練によって水路付けられる過程を簡単に考察するであろう。しかし、完全であることが求められるけれど、ここしばらくは、特に半分の真理に我慢しなければならない。

生物学的動因は男女の協力的な活動によって満たされるが、その活動の形式は、程度の差はあれ、環境と利用可能は道具や技術によって決定される。行動の要素間の関係を体系的に記述する時に、自明なことを言っているのではないか等と弱音を吐かないでほしい。真顔で、性的欲望の満足さえ、あるテクニックに従った男女間の協力を必要としていると指摘することにしよう。これは子供の養育や食物や避難所の提供という活動に劣らず自明なことである。

活動と相互作用の相互依存

家族の特徴を理解するためにしなければならないことがあるとすれば、家族がすべてのヒューマン・グループとどんな共通点を持っているかを問うことである。そのため、しばらくの間、それが家族であるということを忘れることにする。家族は男と女が性的関係と子供の養育で協力している集団であるという理由から、何か独特なものであるという無意識的通念(unconscious assumption)を抱く。私たちはこの通念から解放されねばならない。家族はなすべき仕事を持った集団であり、したがって、その行動がすべての協力的な活動の原理を示している。特に、家族における活動図式は成員間の相互作用図式と相互に依存している。すなわち、どの組織でも起こっているのと同じ過程が家族でも起こっている。分業や指揮系統が作られ、家族の全活動は専門へと分割される。たとえば、育児、魚捕り、衣服作り、水運び等。分割の仕方は一つではない。会社を部課に分割する方法が多くあるのと同じである。しかし、一度分けられると、分割の性質とその多様な専門が必要とする労働力が家族の多様な成員間の相互作用の頻度を決定する。ある仕事は全体としての集団によって行われ、その仕事では全集団成員が相互作用する。ある仕事はサブ集団によって行われ、そのサブ集団の成員はこの仕事で他の家族成員とよりもお互いに多く相互作用する。また、ある仕事は個人によって行われる。さらにまた、多様な活動の調整はリーダーとフォロワー間の相互作用によって達成される。最後に、活動の図式と相互作用の図式は相互に依存していると言う時に、私たちが言いたいことは、もしどちらかが変われば、一般的に、他も変わるということである。家族では、組織の方法は世代から世代へと伝えられ、産業工場では、それは特殊な欲求を満たすために慎重に計画される。しかし、両事例において、達成される結果の種類は同じである。

性的活動、育児活動、食物や避難所の提供活動は、人間家族の構成の決定にきわめて重要である。しかし、最初の二つの活動と第三の活動間の違いは私たちにとって特に重要である。もし性的関係や育児が家族による唯一の活動であったなら、たぶん家族形態における多様さは現実に観察されるほどには大きくなかったであろう。性や育児の慣行は人々よりなる多くの社会の間で異なっているが、しかし、明白な理由から、それらは経済的な活動ほど環境や技術の変化の影響下にはない。経済的な活動こそが、外的システムに関する限り、家族の多様な形態や、特に、核家族と大きな親族集団との間の関係の多様な形態を主に決定する。そこで、私たちはティコピア家族の分析で特にこれらの経済的活動に注意を払うことにする。

相互作用している集団の規模について、注意すべきことは、ティコピアにおける経済的な仕事での基本的な親族単位は核家族ではなく世帯であることである。そこには男と女と子供の他に幾人かの親類がいる。この単位の構成を決定する活動の一つが料理である。その範囲は広い。一日にただ一度の大きな食事がある。その準備には多くの時間を要する。多様な種類の作業がそこに投入されなければならない。その世帯のすべての成員はその準備のために相互作用する。そして、各人はその共通課題のために何らかの貢献をする。もしティコピア島民が一人で生活しており、周りに誰もいないなら、その人は大変不幸である。

また、果樹園や菜園での仕事は六人以下の人よりなる作業集団で行われる。その人数は世帯によって調達される。その技術は複雑ではないが、忍耐を要する取り組みが求められる。小集団で協力すれば、その仕事は容易にはかどる。男も女も共にその労働に寄与することができる。夫と妻は、通常、男女の子供を伴って一緒に仕事する。時には、他の世帯の成員に仕事が押し付けられるが、しかし、その活動は、平均規模の単一の世帯が独自で容易に行うことのできる類の活動である。

今度は、世帯内での分業に移ろう。特に、男女間の分業に目を向けよう。子供は生まれて初めの数週間とその後少しの期間、母とその世帯の女によって世話をされる。このことは、子供の大切な時における、子供と親戚の女の特に親密な結び付きを意味している。ある人は子供たちの世話をしなければならない。すなわち、母乳で育てることから、女性が世話することは当然なことである。しかし、子供保育の義務によって、女は他の仕事ができなくなる。したがって、その仕事は男に任される。子供が成長してくると、父親あるいは年長の兄の一人がその子供の世話をすることになる。特に、女たちが忙しくて家を離れる時にはそうである。もし仕事のために男が丸一日家を留守にせざるを得なかったなら、このような責任を負うことはできなかったであろう。ティコピアの男は、エスキモーの男より、日課は緩やかでひまが多く、したがって、幼い子供たちと付き合うことができるという恵まれた位置にいる。このような量的な差異が家族のタイプの差異を生み出すのに大きな働きをする。

子供の世話という女の最重要な仕事と他の活動が結び付く。彼女たちは家を掃除する。樹皮から衣服を作る。他方、男たちはその樹皮を取ってくる。彼女たちは手が空くとサンゴ礁で漁をする。若い女は泉から水を汲んで来る。長期の困難な海での漁業のような仕事は男たちに任される。その理由の一つは、女たちにはやらなければならない多くの仕事があり、それらの仕事に割く時間がないからである。通常の漁業用のカヌーには、四～五人の乗組員が乗っており、その乗組員は父親とその息子、あるいは息子たちだけである。足りないときには、他の世帯から一人あるいは二人の親類が加わる。この過酷で、夜中の、あるいは一日がかりの労働は、もちろん、女たちから切り離された、その家族の男たちの間の密度の高い長時間の相互作用を意味する。ティコピアにおける男女間の分業は他の社会のものとよく似ている。ほとんどの社会で、女には水運びや料理や薪集めや裁縫のような、家から遠く離れないでできる仕事が割り当てられる。他方、男には牧場の番や漁業や狩猟や材木の切り出しのような、家から遠く離れて行う仕事が割り当てられる。(1)

さて、今度は、指揮（command）について、すなわち、多様な活動が調整される過程と相互作用の図式の関係について語らなければならない。ティコピアでは、実行されるべき仕事の性質上、集権化された権威が必要でない時が多い。昼の食事の準備には、いろいろな作業が必要であること、また、それらの適切な組み合わせが何であるかをほとんどの人はわかっている。いったんある場所にある穀物を植えることが決定されると、菜園での仕事にも同じことが言える。しかし、ある程度の一元化された指揮が、すべての船舶と同じように、カヌーでも必要とされる。人気投票では船を操縦できない。世帯の中にただ一つの権威があるとすれば、それは父親である。彼は子供たちからたくさんの提案を受ける。彼の妻からも多くの提案を受ける。しかし、もし自説を主張したいなら、彼はボス（boss）であり、他の者は彼の主張に聞き従う。特に、彼は男たちの、また、彼らの仕事のボスである。他方で、彼の妻は女たちの、また、彼女らの仕事のボスである。この両者は世帯の諸活動を統制し調整するための相互作用を始める。父親がいないときには、あるいは、歳をとり、世帯の経営から引退しているときには、最年長の息子がその任を負う。

さて、学んできたことを要約しよう。ティコピアの世帯が実際に行っている活動がその成員間の相互作用の図式に適応している。世帯自体は十分大きく、これらの活動を実行できる。そして、あるいくつかの活動、特に、農業や食物の準備では、すべての成員がいっしょに作業をする。他の活動では、それぞれの性は異性とよりも、男たちは他の男たちと、また、女たちは他の女たちと頻繁に相互作用する。また他の活動では、若い子供たちは、男たちとよりも、母親や他の女たちと頻繁に相互作用する。これらすべては相互作用する集団のサイズとその集団内での相互作用の相対的頻度に関係している。多様な活動を調整する相互作用の連鎖に関しては、父親が全体的な統制力を持っている。彼は重要な命令を与え、他の者は従う。彼の主な補佐は、女の部門では妻であり、男の部門では最年長の息子である。重要なことは、他の組織と同じように、家族においても、達成されねばならない全体的課題があることである。この事例では、家族の存続、そして、その主要な課題に貢献する特殊な課題、その特殊なことを行う分業、そして、調整を確実にする指揮の連鎖である。もしこれらの調整がなければ、環境への効果的な働きは実行不可能であろう、あるいは、うまくはなされないであろう。それらは、公式組織におけるように、慎重に計画されたものではないが、しかし、それと同じように存在している。それらは存在しなければならない。家族にはなすべき仕事があり、したがって、その家族も、他の集団と同じように、協力的組織の一般的原理を具現しなければならない。家族の他の特徴もこれらの原理を考慮にいれないで理解することはできない。

私たちが今言ったことは、誤解を招く恐れがある。そこで、その誤解を解いたほうがいい。そのためには、第4章で述べた組織についての見解を敷衍したほうがいい。集団での活動の分業とその成員間での相互作用の図式が相互に依存しているということは、活動自体の性質が常に単一の、しかも唯一の相互作用図式を求めているとか、それを不可避にしているということではない。時には、そういうこともあって、集団の特徴的な活動がこの種の効果を持つように思われる。たとえば、アラビアのベドウィン族は大群の羊やラクダによって生計のほとんどを立てている。そして、この乾燥地で遊牧するには比較的多数の人たちの協力が必要である。この人たちは、草原をさがして、テントを張ったところから遠く離れたところまで行く。年少の子供たちを世話するためにテント近くにいる女たちは、この環境では、子供の世話と食料集めを同時に行うことはできない。その結果、次のような親族組織が存在するように思われる。そこでは、男たちが、核家族より大きな親族集団で、異例の親密さで結び付けられ、また、彼らはティコピアのような社会よりも女たちに対して支配的である(2)。したがって、アラビアでは、経済的な活動の性質が、ある特別な環境において、社会組織の性質を大きく決定しているように思われる。しかし、この種の状況は稀であろう。多くの場合は、多種多様な形態の分業が、環境から有益な成果を確保するのに、ほぼ等しく効果的であろう。たとえば、複雑な機械を製造している工場で、その機械を構成している各部品を別々の工場で生産し、そして、別の工場で全体を組み立てる方法と、ただ一つの工場で全部品を製造し、機械全体を組み立てる方法のうち、どちらの方法が低コストをもたらすかを決定することは難しい。それぞれの方法には利点と欠点がある。最初の方法の場合、高度の専門化と大量生産の効率が得られる。第二の場合、全過程の緊密な協調が得られる。ほぼ同じように、異なる二種類の社会組織が中世英国のいろいろな農村地方に多く見られた。一つの社会組織は、小さな核家族が結合して大きな村を作っているという特徴をもつ組織であり、もう一つの社会組織は村を構成しない、人類学者が結合家族（joint families）――一緒に生活している兄弟とその妻たちとその子供たちの集団――と呼ぶものを特徴とする組織である。その二つの組織はほぼ同じような環境で同じ種類の農業活動を行っていたように思われる。しかし、認められるような効率での差異はなかった。(3) 結局、活動の分業と相互作用図式は相互に依存しなければならない――組織が存在しなければならない――が、しかし、活動それ自体は必ずしもある特定の組織形態を不可避とするとは限らない。ばらつきは広い範囲で可能である。

私たちにとってティコピアの地域集団や村への関心は主要なものではないけれど、活動と相互作用の相互依存の分析と同じような分析をそれに適用したいと思えば可能である。村は真空の中に存在しているのではない。それが一つの単位であるのは、その成員が相互に協力して、ある特定のことをしているからである。彼らは密接な関係を結んで生活している。単なる生活が村を作っているのではない。その成員は二つの主要な活動によって、他者と一緒に結び付けられている。彼らは同じ泉の水を使用している。そして、たくさんの社会的相互作用がその池の周りで行われている。村のカヌーは一緒に海に出、夜、たいまつ漁で共同操業をする。ある意味で、これらの活動が家族より大きな地域集団のような村の存在を必要としている。またある意味で、村は親族集団の成員が相互に近くに住み着くことから作られ、それから、その村がこれらの目的のために利用される。

内的システム――序論

覚えていると思うが、内的システムは、外的システムの相互作用と感情と活動の間の相互関係から精緻化し、次に、その外的システムに反作用する相互作用と感情と活動の間の相互関係を含んでいる。ティコピア家族における精緻化（elaboration）と反作用（reaction）――あるいは構築（build-up）とフィードバック（feedback）――の過程を分析するとき、私たちは、たとえば、端子盤配線観察室の分析になかった困難に遭遇することになる。思考の助けとして、私たちは社会の記述に複雑な電気回路（electrical circuit）のメタファーを使う（これはあくまでもメタファーであって、社会が電気回路であるなどと言っているのではないことに注意してほしい）。もし回路を始めと終わりのある過程と考えるなら、回路の状況は次のような過程にあると言えよう。まず、エネルギーはその回路をある均衡点に達するまで構築し、均衡が達成されると、今度は、そのエネルギーの一部がその均衡を維持するために、後の段階から最初の段階にフィードバックする。このメタファーに従えば、端子盤配線観察室で私たちは社会的構築とフィードバックの現実の過程を理解できたと言える。いかにその会社が、まず、人々の関係をある枠に嵌めようとしたか、つぎに、いかにその人々がその関係を土台にして新しい関係を精緻化したか、そして、いかにその新しい関係がその会社の計画の完全実現を阻止するためにフィードバックしたかを、私たちは知っている。

ティコピアの家族の内的システムを分析するとき、私たちはそのような恵まれた状況にいない。その家族は永い歴史を負っている。構築の過程は遠い昔に起こった。その回路の全部分は、いわゆる、完全な負荷状態にある。しかし、電気回路におけるのと同じように、その回路を均衡状態にさせた配列状況とエネルギーは今もその達成された均衡状態にあるに違いない。そして、今やすべての部分が完全に充電されているから、私たちはその回路を線形過程（linear process）として知的に分析することができる。ティコピアでは、内的システムが休むことなく外的システムの上に精緻化し、かつ、その外的システムに反作用する過程は安定状態に到達しており、それ以上の社会的発展へと進まないけれど、多分、私たちは端子盤観察集団の分析で使用したと同じ方法をティコピア家族の分析でも使用することができると思う。

私たちの通常の方法とは、内的システムを分析するときに、三つの関係、すなわち、相互作用—感情、感情—活動、そして、活動—相互作用を順番に取り上げることである。しかし、その方法は、今までもよくした弁解であるが、その関係のいくつかを省略するであろう。つまり、これらの関係のうち特に最初の関係に多くの注意を払うということである。なぜならこの表題の下で私たちは、ファースのティコピア親族の記述によって明らかにされた対人関係の体系を最も容易に考察できるからである。

相互作用と感情の相互依存——対等者間の関係

ファース自身の感情についての議論が、相互作用と感情との間の相互依存関係の研究を始めるのに好都合である。彼は言う。

本書での「感情」という用語の使用は、心理学的な現実ではなく、文化的な現実を意味している。それは観察可能である行動のタイプを記述しており、推測されねばならない心の状態を記述していない。声の抑揚、目の表情や頭の動き、親しみのあるちょっとした手足のしぐさ、両親や子供の幸せに影響を与える複雑な状況への反応、想像された内臓の状態を述べる言葉、――それらは、感情という項目の下に一括される現象である。「愛情」や「悲しさ」などの資格条件は、原住民自身によって認識された差異に基づいて与えられており、それらは彼らの言葉で言い表されている。そのような差異は、大まかに言って、私たち自身の社会で識別されるものに対応している。(4)

これは感情の立派な作業定義（working definition）である。私たちは一つのコメントを付けて、それを受け入れる。私たちが「感情」という語の中に含める行動はもちろん観察可能でなければならない。そうでなければ、科学者として、私たちはそれについての一般則を作ることができないであろう。にもかかわらず、ティコピアと同じように、私たちの社会の人々も、実際、この種の行動を「心の状態」や「想像された内臓の状態」と言っている。さらに、この意味での感情は、たとえば、釣り針に餌を付けるといったような行動からよりも、「声の抑揚、目の表情や頭の動き、親しみのあるちょっとした手足のしぐさ」のような行動――結局、心理学者が「表出的行動」と呼ぶもの――から容易に推測される。

家族における相互作用と感情の相互依存を分析する時、私たちは二つの主要なタイプの相互作用から始めなければならない。兄弟間の関係と父と息子間の関係である。ティコピアでは、前者は「良い」関係、あるいはタウタウ・ラウイ関係の原型であり、後者は「悪い」関係、あるいはタウタウ・パリキ関係の原型である。

すでに見たように、ティコピア社会の外的システムでは、釣りや野菜づくりのような活動で、兄弟は子供の早い時期から頻繁に相互作用している。そして、他の集団や社会と同じように、ティコピアでも、人々が頻繁に相互作用すればするほど、相互に対する愛情は、一般に、それだけ大きくなる。この規則は、外的システムで定められた関係の上に精緻化された最初の内的システムを説明する。それは一部、集団の存続を説明する。また一部、集団間の分裂を説明する。なぜなら、その規則はまた、もし相互作用が頻繁でないなら、愛情が弱くなることを意味しているからである。前の諸章の大部分はこの規則の解説であった。ファースによれば、ティコピアの人々は自分たちのためにそれを公式化し、そして、事実上、親しさが侮りを生むことも考えられるが、しかし、親しさは確かに愛着を生み出すと言っている(5)。

もしその規則が有効であるなら、愛情の増大は次には相互作用を増大させるであろう。多分ある均衡点まで。なぜならいかなる社会的発展も何らの抑制なしに進むことはできないからである。しかし、少なくとも外的システムによって求められている量よりは多くなるであろう。確かに、端子盤配線工は、友情を抱くにつれ、その仕事の求める量を超えて相互作用を増大させた。ファースはこれがティコピアの兄弟にも当てはまることをそんなに多くは語らないが、しかし、彼らの行動についての彼の全体的議論は、彼らは生産活動におけるだけではなく、「社交的な」活動でも、相互に親密に交流していることを語っている。さらに、兄弟の緊密な結合は大きな親族単位や家や氏族の出現のための基礎である。私たちの主張は、社会は常に相互作用と感情と活動の、いわゆる、余剰（surplus）を提供しており、さらに、その余剰の用途を見つけ出しているということである。

交際（association）が愛情を生むという規則は、他の事情が変わらないときにのみ、すなわち、ある環境の下でのみ、有効である。そして、ファースの助けで、私たちはこれらの環境が何であるかを理解できる。兄弟は相互に頻繁に相互作用するだけではなく、彼らはまたお互いに対してほとんど権威を持っていない。彼らのうち誰も他より多く命令を与えたりしない。あるいは、私たちの専門用語で言えば、彼らのうち誰も他の人より頻繁に相互作用をし始めることはない。しかし、これは長男以外の兄弟に言えても、その長男には同じように言うことはできない。特に族長家族ではそうである。しかし、たいていの場合、その父親の権威が支配的であり、それが続く限り、兄弟はその前で対等であり、長男のリーダーシップは一時停止する。兄弟は頻繁に相互作用するだけではなく、対等なものとして相互作用する。この双極性（double polarity）は彼らの間の情緒的関係に対応するものを持つ。彼らは友情を感じる。彼らはまたお互いの前でくつろぎを感じ、誤解の恐れなしに、冗談から悪口まで、何でも自由に話すことができる。実際、この遠慮の欠如は兄弟たちが対等であり得るための条件の一つであろう。私たちは先に単純な形式で述べた仮説を敷衍して、次のように言うことができる。人々が相互に頻繁に相互作用すればするほど、しかも、彼らのうち誰も他より頻繁に相互作用を起こさない時、彼らの相互に対する好意や、一緒にいる時のくつろぎの感情はそれだけ大きくなる。

この兄弟間の関係の特徴はティコピアの他の親類関係でもあまり強くないが繰り返されている。親と子供との間のきずな(tie)には、特にその子供が幼い時、それに少し似たものがある。子供と祖父母との間のきずなや子供と母親の兄弟との間のきずなもそうである。しかし、これらの関係は年齢や世代での差異によって少し変わってくる。兄弟と姉妹との間の関係もそうであるが、それも性の差異によって少し変えられる。生活の実際的な用事で、両者は、兄弟たちほどではないが、頻繁に付き合い、また、いずれも相手に対して権威を振るわない。両者の関係は友好的で自由である。しかし、兄弟たちほどは自由ではない。両者が同じ世代の人であるが、しかし、異性である限り、両者は申し分のない性のパートナーである。しかし、ティコピアの人々から見れば、彼らの間の性的関係は考えられない。しかし、心理学者なら言うと思うが、近親相姦の恐怖は、近親相姦の傾向がありながら抑圧されていることのサインであるから[6]、兄弟と姉妹との間の関係には葛藤の要素がある。抑圧の有無に関係なく、その葛藤は、兄弟と姉妹は会話で性的な話題を避けるという事実に見られる。しかし、これを安易に重く見すぎてはならない。兄弟と姉妹との間の緊密な結び付きは、家族の全成員の結び付きのように、相互に対する彼らの愛情のこもった思いやりの基礎である。

これがティコピアの兄弟間の関係である。これがどこか他のところの兄弟に対して、さらには、兄弟でない人々に対しては通用しないと言う人はいないと思う。実は、これは、コレクター配線工の間の結び付き(link)や、セレクター配線工の間の結び付きや、ノートン・ストリート・ギャング団のリーダー間の結び付きや、そのギャング団の子分の間の結び付きと多くの共通点を持っているのである。私たちは家族を扱っていることを忘れて、すべての社会集団に向け一般化しなければならない。事実、この種の関係は、男の友愛という名のもとで、全人類の規範となっている。しかし、皮肉屋はその関係の要素の一つが兄弟たちの共通した権威(authority)への服従であることを思い起こすであろう。

上司(superior)と部下(subordinate)の間の関係

ティコピアの父親と息子の関係の中に重要なことが現れている。以前、それに出会ってはいるが、まだ分析はしていない。

父親と子供は外的システムで頻繁に相互作用している。付き合いは愛情を生むから、愛情は彼らの関係の一要素である。特に、父親の息子への態度の一要素である。しかし、他の要素が入り込んでくる。その要素は兄弟間のきずなに見られない。生活上の仕事全般で、息子は父親の監督下にある。私たちの言葉では、父親は息子に対して相互作用を仕掛けている（originate）と言うことができる。しかし、常に覚えていてほしいが、私たちが記述している態度の発生で重要な点は、父親が相互作用を仕掛けたという単なる事実ではなく、その仕掛けへの息子の反応が父親の欲求に従っているという事実、すなわち、彼の命令が服従されているという事実である。いずれにせよ、権威の事実がその関係を曖昧な関係に、心理学者の言葉に従えば、アンビヴァレント（ambivalent）な関係に変えると思われる。人は父親を愛している。しかし、他面、父親の統制（control）に腹を立てている。父親に対する行動は、形式張らない、打ち解けた（free and ease）ものに代わって、強要された（constrained）ものになる。その態度は、いい時は、敬服（admiration）となり、悪い時は、露骨な憎悪（hatred）となる。通常は尊敬（respect）である。そして、父親と息子の間の相互作用は、兄弟間の相互作用のように増大せず、外的システムによって課せられた量にまで落とされる傾向にある。両者は頻繁に相互作用しても、それはいわゆる仕事上であって、社交上ではない。この種の行動に対する一番いい説明はつぎのようになろう。息子がその父親を積極的に避けるよりも、むしろ、息子はくつろぐことのできる人との付き合いの機会を求めると。

さらにまた、父親と息子の関係について「自然な」ものは何もない。それは、父親に対して息子であるということに内在するのでなく、父親と息子が相互に付き合っている時の特別な環境に依存している。世界中の家族が重要な生産単位であり、父親がボスであるような社会に、その関係は繰り返し現れる傾向にある。これが真実である。ここでもう一度、第2章で取り上げたアレンスバーグとキンボールによるアイルランドの農民家族における父親と息子間の関係についての説明を読んでほしい。そこではこの関係がよく描かれている。この関係を除けば、アイルランドはティコピアとはまったく異なる社会である。その再現の事実は、その関係がただ単に「文化的」でないことを証明している。それが子供たちに教えられ、彼らによって適切な「行動パターン」として採用されたという理由だけで維持されるのではない。もちろん、それはそのように教えられ、採用されるが。その状況が、その「場」（field）が現れるときはどこでも、その関係は再現する。しかし、状況が違えば、その関係も違ってくる。核家族が重要な生産単位でなく、その父親が息子のボスでない社会では、彼らの関係は、私たちの理解するように、ティコピアでの関係とはまったく異なる。

事実、ティコピアでの父親と息子の関係があらゆるところでの上司と部下の関係とよく似ていることが認められる。いい例が船長と船員間、士官と兵士間でのきずなである。これらの関係においても、ティコピアでの父親と息子の関係と同じように、その情緒的な色合いは、部下の側での、友情というよりは敬服（admiration）と気がね（constraint）の混合した感情である。そして、相互作用は外的システムによって課せられた量にまで切り詰められる傾向にある。船長の栄光ある孤独が人目を引く。この孤独がブライ（William Bligh　バウンティ号の船長）やエイハブ（Ahab『白鯨』の主人公）のような船長を生み出すのである。同じように、軍における将校と兵士の間や、さらには階級の異なる将校の間にある社会的断絶（social gap）も人目を引く。常にある程度は存在するものだと思われている断絶が現実の階級分裂、あるいは想像された階級分裂によって強化されるとき特に人目を引く。現代の心理学者なら、その部下は小さな家族で学習した父親に対してとる態度をその上司にまで拡大していると言うであろう。疑いなく、彼はそうしており、船長が常に「年とった人間」であるということは興味深い。しかし、私たちはまた次のことを銘記しなければならない。部下が上司に向かい合っている状況が、彼の父親に向かい合っている状況と共通したものを持つ時、そのように行動しているということである。行為者の過去の経験がどのようなものであれ、その行為の「場」が似ているのである。

ある人の他者への権威が相互的な「社交的」相互作用の頻度の低さと関連するなら、相互作用の増大は権威の凋落を意味することに注意してほしい。たとえば、端子盤配線観察室での検査官が仲間として受け入れられたのは、彼らがボス的行動と思われる行動をすべて放棄した時であった。この意味で、親しさは侮りを生むのである（familiarity does breed contempt）。そこで、軍隊で将校に与えられる助言、すなわち、将校がその兵士と「仲良く」すれば、その権威を弱めることになるという助言は馬鹿げたこととは言えない。さらに、もし上司が何かの理由で外的システムの外で部下と相互作用することがあれば、多くの場合、外的システムにおいてと同じように、相互作用を仕掛けるのは上司の方である。船長はビアホールで船員の誰とも会いたがらないが、しかし、会うことになれば、多くの場合、双方のために率先してビールを注文するのは船長の方である。(7) 権威を実行しなければならない時の感情的関係と、日常のくつろいだ日課での感情的関係、この二つの舞台の感情的関係を理解できる融通性を持った人は少ない。ある状況で妥当したことが、不幸にも、すべての状況において妥当するものと取られがちである。船舶や軍隊で特に必要とされた権威主義的な関係が、明らかに必要でない状況にまで持ち込まれる。

上司と部下の関係は、どの集団においても、ある程度同じであるが、その強度は、集団と環境との関係、部下の権威から逃避できる可能性、そして、上司がその集団成員によって選ばれた度合いを含む多様な環境に従って変化する。船長と船員の関係は一方の極に位置している。その船は孤立した物理的社会的単位である。もしその使命が危険で予知できない環境で目的を達成することであるなら、多くの複雑な活動が注意深く調整されねばならないし、また、船長の権威は、特に、いつ起こるかわからない緊急時において絶対的でなければならない。その船長の権威は船員の全生活面へと拡大される。事実、昔はそうであった。さらに、海上では、船員たちは権威から逃げることはできない。しかも、誰も指揮官を選ぶことはできない。最後のロープが桟橋から解かれた時、民主主義は終わるのである。

ドックとノートン団の関係は、もう一方の極の近くに位置している。この集団は危険な環境下で複雑な活動を行っていない。もし子分がドックの権威に耐えられないと思うなら、彼らはその集団から逃げ出すことができる。また、ドックは、公的な民主的手続きではないが、実際、集団の成員によってリーダーとして選ばれた。その状況が前者の極に近づけば近づくほど、上司と部下の間の相互作用は外的システムに特徴的な量にまで落とされ、また、上司を取り囲む威厳は大きくなる。順境にある環境では、特に、彼が全体としての集団の規範に従っている時には、彼に対する尊敬は大きくなるであろう。順境にない環境では、彼に対する敵意は大きくなるであろう。ティコピアの父親は、やや不安定な環境で、重要な活動を行う単位の長であり、生活の活動のほとんどで息子に権威を振るっており、しかも、息子たちによってリーダーとして選ばれたものでない。この父親はドックより船長に近い。集団によって変わる上司と部下の関係の多様性は量的である。すなわち、そのきずなは、ある集団では、対等なものの間でのきずなとほとんど違っていないが、他の集団では、実際非常に違っている。

要約すると、つぎのように言うことができよう。二人の人物が相互作用しているとき、二人のうちの一人が他者に相互作用を頻繁に仕掛ければ仕掛けるほど、彼に対する後者の尊敬（あるいは敵意）の感情は強くなるであろう。そして、相互作用の頻度は外的システムに特徴的な量の近くで保持されるであろう。あるいは、つぎのように言い換えることもできよう。二人の間での友情や、強制からの自由の感情の強さは、その二人の間の相互作用の頻度に正比例し、一方が他方に仕掛ける相互作用の頻度に反比例して変化する。兄弟間のきずなと同じように、ティコピアでの父親と息子のきずなと似たものが、あまり強くないが、親族体系での別のところでも見られる。たとえば、母親と娘の間や族長と部族員の間のきずなである。

三人以上の人の間での関係

二つの関係――対等者間の関係と上司と部下間の関係――の一般的な特徴を明らかにし、これらの関係が家族だけではなく、ある特定の状況が存在すれば、どんな社会集団にも出現することを指摘したので、今、私たちはもっと複雑な問題へ進むことができる。二人の兄弟間や父親と息子間のような二人の間での関係ではなく、次には、三人以上の人々の間での関係を考察しなければならない。その一般的規則はつぎの通りである。二人の人、AとBとの関係は、Aと第三の人Cとの関係や、BとCとの関係によって一部決定される。私たちのその規則の特殊形を説明するつもりである。この規則はどのような数の人へも拡大できる。したがって、関係のマトリクスあるいはシステムが形成されることになる。ファースは、「親族関係の一つのセットの議論を、同じシステム内の他のセットの議論から完全に切り離すことはとてもできることではない。それらは微妙に釣り合った均衡状態にある力のセットに似ている。もし一方が乱れると、他方は調整のために反応するに違いない」と指摘している[8]。いくつかの例を見ることにしよう。

最初に、核家族における三角関係を考察しよう。ティコピアにおいて父親と娘との関係や、母親と息子との関係は、父親と息子の関係や母親と娘の関係より温かで親密である。フロイトなら私たちに、その関係はエディプス・コンプレックスやエレクトラ・コンプレックスによって説明できると言うであろう。息子は無意識に母親に恋をしており、したがって、彼は父親の性的ライバルである。また、娘も同じように動機付けられている。性的関心がこの構成の決定に役立っていることは否定しない。しかし、私たちにはそれ以外の何かがそれに影響を与えていると主張する根拠がある。なぜなら、ティコピアとは異なる組織を持つ社会での父親と息子との関係とティコピアでの父親と息子の関係は、無意識的な性的ライバル関係では同じであると思われるのに、非常に異なっているからである。私たちは本書で、集団が男だけからなっていようが、男女からなっていようが、集団すべてが共通して持っている特徴を強調している。したがって、家族組織の決定に重要である非性的（nonsexual）要因にもしかるべき注意を向けるようにしなければならない。特に、私たちはティコピアの世帯での分業で、息子たちが母親の統制下より父親の統制下にあることを、また、娘たちはその逆であることを指摘したい。また、私たちは権威には感情を抑制し、相互作用を制限する効果があることを知っている。父親と娘の間の愛情や母親と息子の間の愛情を縮小させるこのような障害物は存在しない。さらに、愛情や交友への人間的欲求があるとして、もしこの欲求がある方向で妨げられるなら、その欲求はそれだけ強く他の方向に充足を求めると私たちは仮定する。例えば、父親—娘関係が親密である理由は、父親—息子関係が疎遠だからである。私たちは、両当事者間の関係を、両者と第三者の関係に言及しないで理解することはできない。最後に、息子や娘に対する父親と母親の態度の差異は、兄弟と姉妹との間の関係をそれほど親密でないものにさせている一つの要因であろう。とにかく、私たちは、先の仮説のうちの二つから出てくる仮説を提案する。AがBに仕掛ける相互作用の頻度が、Cに仕掛ける頻度と比べて、高くなればなるほど、それだけAのCに対する愛情はBに対する愛情と比べて強くなる。

すでに見てきたように、ティコピアの父親が息子より娘に対して愛情を持つように、彼は年上の息子より年下の息子に愛情を持つ。族長の家族では、長男が父親から重要な任務と特権を相続する。そして、長男以外の人が高い位置の父親に取って代わろうとしているなどと考える人は誰もいない。その関係に内在する対立は、通常長男が兄弟の中で最初に父親の家を出る人であるという事実によって和らげられるであろう。しかし、族長の家族と相続問題から目を転じて、普通の世帯での日常行動を見るなら、父親と長男が親密でないもう一つの理由が理解できる。父親はすべての息子に対し権威を持っている。長男も、そんなに大きくないが、弟すべてに対し権威を行使している。ここに、同一の人間集団に対して潜在的統制を行使する二人がいる。そこで、私たちは多分つぎのように言うことができよう。AとBの両者がCに対して相互作用を仕掛ける限り、AとBとの関係は気がねし合う関係であり、そして、AとBとの間の相互作用は最小限に抑えられる傾向にある。とにかく、父親と若い息子たちとの間の相対的に親密な結び付き——これらのすべての問題は量的であって、質的でないことを思い出してほしい——は、父親と長男との間のかなり違った結び付きに言及しないでは理解できない。社会のドラマにはたくさんの三角関係がある。

　私たちが今公式化した仮説をもっと簡単に、しかしあまり正確でない方法で述べるとつぎのようになる。二人は権威の対立する場面を避ける。軍人は指揮の統一と呼ばれるものを維持するために努力する。これが義母と義理の息子の間の頻繁に見られる接触回避の根拠の一つである。その証拠はティコピアにある。それはまた多くの未開社会の目立った特徴である。人類学の人気のある講義で、この回避は常に笑いを呼ぶ。なぜならそれは私たち自身の親族体系のものと特に似ているからである。確かに、それは性的な要因を持っている。男の義理の母親は女性として彼にとって性的関心の潜在的対象である。彼らはお互いに避ける。その結果、彼女が彼の関心の実際の対象となり、特に、彼の妻の嫉妬を引き起こす恐れのある対象となる危険性がなくなる。しかし、その回避にはまた私たちが組織的要因（organizational component）と呼ぶものがある。[9] 義母は彼女の娘に長く権威を行使してきた。また、行使することに慣れていた。今、その彼女の娘は結婚した夫の権威の下にある。二人は今同じ人の上に統制を行使している。回避——すなわち、相互作用の減少——が、両者間の対立を引き起こす機会を少なくする。婚姻親族間の他の関係——たとえば、義母と義理の娘の間や義父と義理の息子の間——でも、似たような対立の可能性が多少なりと存在する。

　今私たちが述べた規則の影響は、他の規則と同じように、すべての環境下ではっきりと見られるわけでないことに注意してほしい。たとえば、他の生活の場面では、よき友である二人の経営者が彼らの間での対立の兆しなしで一人の秘書のサービスを共有できる。しかし、私たちの言いたいことは、両者が同一人物に権威を行使する限り、対立への傾向は潜在しており、それは、他の状況における二人の間での友情や、権威が行使される場の狭さのような、強い力によってのみ克服されるであろう。秘書の仕事に含まれる活動範囲は、ティコピアでの夫や母親が一人の女性に対して権威を行使する活動範囲より狭い。このことが対立の可能性を少なくしている。

ティコピアでは、祖父は息子より孫と親密である。父親と息子の関係は尊敬（respect）とよそよそしさ（distance）の関係である。その息子と彼の息子の関係も同じである。これらの環境では、祖父と孫はいわゆる同盟を結び、彼らの間にいる男に対抗している。そこでは、祖父は彼の孫にあまり直接的な権威を行使しない。孫が大きくなり始めるころには、祖父は家族の諸問題の積極的な経営から引退し始めている。両者はよき友人である。壮年者に起因する尊敬の多くは、祖父母との交わりで緩められるであろう。彼らの間の相互作用は、実用的な必要がなくても、増大する。ファースはつぎのように言っている。

> 祖父母と孫との間の打ち解けた関係は、ある程度、両親と子供との間の気がねの反動であると言うことができよう。後者は両親の権威主義的な位置や、彼あるいは彼女の諸問題への積極的な統制と相関している。祖父母の活力の衰退と共に、実際上の問題での権威の放棄の傾向が起こり、その結果、孫との気軽で親密な関係の成長を邪魔するものはなくなる。[10]

もっと一般的にいえば、もしAとBとの関係とBとCとの関係が共に気まずい比較的頻繁でない相互作用によって特徴付けられるなら、AとCとの間の関係は気軽で愛情に満ちており、そして、頻繁な相互作用で特徴付けられるであろう。

ティコピアでは、夫と妻との関係は、たとえ私的に親密であっても、人前では礼儀正しく、格式ばる。事実、夫と妻は親密な仲間あるいは友であるべきという現代アメリカ人の考えは、ティコピア家族、あるいは、ついでに言えば、アメリカの旧式の農場家族とはまったく異なる家族でのみ実現可能であろう。経済的協力の重要な単位でもある家族では、性的交渉は夫と妻を結び付ける多くの活動のうちの一つに過ぎない。そして、他のすべての活動では、その夫はボスであり、彼の妻は一等補佐である。彼女の位置は他者の面前では保持されねばならない。従って以下のようになる。AがBに対して相互作用を仕掛け、そして、Bが他の集団成員に対して仕掛ける限り、AのBに対する情緒的態度は尊敬と気がねの態度であろう。

母親の兄弟

私たちの焦点は世帯にあるから、ティコピアの親類間のすべてのきずなを分析する義務はない。しかし、あるきずなは特に私たちが指摘しようとしてきた点を見事に解明してくれる。これは母親の兄弟（ツアチナ）と姉妹の息子（イラムツあるいはタマ・タプー）の間の関係である。ある少年の母の兄弟（ツアチナ）はその少年（イラムツ）と特に友好的で親密な間柄にある。彼の母の兄弟は彼としばしば一緒に働き、遊ぶ。また、多くの生活の困難の中にある彼を指導し、援助する。何をおいても、誕生から死までのすべての危機で彼を支援する。その労苦に対して少年の父親から報酬を受ける。その事実は前の章で記録されている。

母の兄弟は人類学ではよく話題にされる人物である。彼は常に重要な役割を担って現れる。その役割は必ずしも彼がティコピアで担ったものではないが、しかし、その主要な特徴において、この役割は、ティコピアとは地理的には非常に遠く、技術的には非常に異なる社会にも再現しているから、私たちは文化的伝播の可能性を否定することができるであろう。たとえば、母の兄弟の特殊な役割は、私たちの現代社会ではなくなっているが、中世、私たち自身の伝統の発祥地である北西ヨーロッパの人々の間では、母の兄弟と姉妹の息子の結び付きは親密な関係にあった。タキッス（Tacitus）は西暦一世紀のゲルマン民族を記述した時、その民族はこの結合が父親と息子との結合より親密であると主張し、また、彼らは人質を取るときにそのきずなを利用したと言っている[11]。すなわち、部族の指導者は、男を従順にさせるために、もし可能なら、その男の姉妹の息子を監禁するであろう。英雄物語の時代のアイスランドで（西暦九世紀と一〇世紀）、子供を家から出して養父によって育てるという慣習が一般的であった。その英雄物語時代の事例研究によれば、少年はしばしば母の兄弟の手で養育された[12]。また、偉大な戦争伝説でも、この関係は常に目立っている。『ローランの歌』（*Chanson de Roland*）のシャルル大帝にとって、ローランは姉妹の息子である。ヒュージラックにとって、ベーオウルフは姉妹の息子である。あまり英雄調ではないが、チョーサーの『トロイラスとクリセイデ』（*Troilus and Criseyde*）では、パンダラスにとって、クリセイデは姉妹の娘である。フィリップ・シドニー卿が言ったように、トランペットのように私たちの心に響くボーダー地方のバラードの一つ、『チェヴィー・チェース』（*Chevy Chase*）で、死の淵にあるダグラス伯爵は、「彼の姉妹の息子、ヒュー・モントゴメリー卿」

を呼び求める。モントゴメリーはダグラスの死に対しパーシーに復讐する。どの事例でも、その仮定は、母の兄弟と姉妹の息子（あるいは、姉妹の娘）は互いに献身し合うというものである。私たちは伝説を社会における親族のきずなの直接的な証拠とすることはできない。しかし、同時に、現行の社会秩序で理解できないテーマが伝説となることは少ない。もしそれらが理解可能でなかったなら、それらは聴衆を当惑させるか、退屈にさせたであろう。文学は社会でないが、しかし、それは社会の反映である。

英雄的伝説から卑俗な問題に移ろう。ことわざに使われる人物である「ダッチ・アンクル」（Dutch uncle）は、元は、父の兄弟よりむしろ母の兄弟であったと思う。あなたが「ダッチ・アンクルのように誰かに話をしている」と言われる時、あなたは遠慮なしに自由に、率直に（man to man）話しているのである。これは、古いゲルマンや「ダッチ」を含む多くの社会において、母の兄弟が姉妹の息子に対してとる行動様式である。最後に、中世英語や古いゲルマンの言語は、母の兄弟に対する特別な言葉を使用していることで、多くの未開社会の言語と類似している。英語では、その言葉は *eme* であった。そこから多分私たちの家族名 *Eames* と *Ames* が来たであろう。ドイツ語では、それは *oheim* であった。親族用語は、多分遅れて、親族行動に従う傾向にある。そして、今では *eme* は消えてしまい、*uncle* は、叔母の夫に対してと同じように、母系と父系のすべてのおじに対して使われている。同時に、行動も彼らの間を区別することを止めた。

この事例は、母親の兄弟と姉妹の息子との間の特徴的な関係がティコピア以外の社会にも現れていたことを十分に示している。それは事実次のような社会すべてに現れている。すなわち、親族関係の網（web）における他のきずながこのきずなを適当とさせている社会すべてに、また、そのきずながそのパターンの残りと適合している社会すべてに見られる。生計を立てる技術はティコピアと中世ヨーロッパでは多少違っているが、しかし、二つの社会には共通した特徴がある。両社会において、家族が主要な生産単位であり、父親がボスである。両者において、名前と財産の相続は父系である。両者において、父親と息子の関係はよそよそしく儀礼的である。『ローランの歌』では、実際、母の兄弟と姉妹の息子の相互献身は、父親と息子との間の実際の敵対と関連付けられている。偉大な伝説のテーマの一つとなるのは、現代の優しい愛の三角関係よりむしろ、この男の三角関係である。(13) 時間と場所の遠くはなれている社会の間にあるこれらの類似性、圧倒的な広がりを見せているこれらの類似性を、文化伝播によって、すなわち、ある社会が他の社会との接触によって新しい技術過程のような新しい行動パターンを得る過程によっては説明できない、と私たちは主張する。[14] もしある社会の家族での情緒的関係が他の社会の家族の情緒的関係と似ているなら、その理由は、類似した組織的力が両者で働いているからである。私たちはこれらの力のいくつかが何であるかを示そうとした。もしその組織的力が変わるなら、その情緒的関係も変わるであろう。私たちが記述した母親の兄弟と姉妹の息子との間の関係は、ある対人関係のシステムの不可避的な部分である。私たち自身の親族関係システムの、中世の小作農家族から現代の都市家族への進化で、母親の兄弟と姉妹の息子の関係はそのシステムにおける他の関係が変化するにつれて変化した。

この特殊なシステムとは何か。それを少し詳しく明らかにするために、ティコピアに戻ることにしよう。子供とその父親との間のきずなは、特に子供の側から見れば、親密な愛情よりむしろ尊敬のきずなである。そして、両者は仕事で密に結び付いているが、彼らの間での相互作用の大きな展開はない。同時に、子供とその母親とのきずなは温かく親密であり、赤ん坊の時から、母親は最も親密な仲間であり、彼の慰安者であり、保護者である。その子供の母親の兄弟は、さらに、彼らの姉妹すなわちその子供の母親と緊密に結び付いている。確かに、彼は自分の兄弟と親密であるほどには、彼女と親密でないとはいえ、十分に親密であり、そして、彼女を助け支援する。子供が母親に対して感じる感情を母親の兄弟へと拡大することはいたって自然なことであろう。また、母親の兄弟が――なぜなら私たちは彼の観点からもその関係を見なければならないから――彼の姉妹に対して感じる感情を、その子供に拡大することもいたって自然なことであろう。母親の兄弟は一種の男母（male mother）であり、子供の母親が役立たなくなると、その子供の面倒を引き受ける。それを分析的に言えばつぎのようになる。もしAとBの関係が特別なものであり、また、BとCの関係が親密で温かいものであるなら、AとC間の関係はAとBの関係に類似する傾向にある。

この規則は、その特殊事例として、子供と母親の兄弟との間の関係（子供をA、母をB、母親の兄弟をCとする）だけではなく、子供とその父親の姉妹あるいは父親の兄弟との関係を含んでいる。子供（A）とその父親（B）との間の関係はよそよそしく、儀礼的であり、他方、父親（B）とその姉妹（C）の関係は比較的親密である。したがって、その子供は父親に対すると同じ感情を父親の姉妹にまで拡張するであろう。同様に、子供の父親の兄弟に対する行動は、父親に対する行動と同じようになり、彼はその二人の年配者を同じ親族名称（タマナ）によって呼ぶ。

私たちは母親の兄弟と姉妹の子供間の関連を決定する要因をすべて論じつくすことはできない。私たちは母親の兄弟のランクと彼が行う活動の種類を忘れてはならない。世帯自体において、少年は成長するにつれ、その共同体で最高の社会的ランクの階級に所属する大人の男で親しい人がいなくなる。また、その少年はその生活で、上司であり、助言者、教師、慰安者、保護者となり得る親友を切実に必要とする時がある。さらに、私たちは母親の兄弟の観点を忘れてはならない。彼は姉妹が好きである。そして、彼と自分の子供との関係は子供との親密さを妨げる。多分、彼は権威の行使を必要としない若者への感情的なはけ口を必要とするであろう。確かに、その分析を先に進めれば、新しい真理をもたらすかもしれない。とにかく、母親の兄弟と姉妹の息子との関係の特別な性質は対人関係の全システムでの位置によってのみ説明されうる。両者の間の感情は温かく、相互作用は頻繁であり、外的システムによって求められる量を超えて行われ、そして、その相互作用はさらに彼らの愛情を増大させるように働く[15]。

トロブリアンド諸島における母親の兄弟

私たち現代アメリカ人は息子に対する母親の愛を自然的であると考えるけれど、母親の兄弟と姉妹の息子との間のきずなを同じように「自然的である」と考えてしまう恐れは全然ない。実は、私たちはこの特殊なきずなを認めるよりも多く経験していると思われるのに、このきずなが私たちの社会に存在していることを認識さえしていない。したがって、私たちはそのきずなを外部から、しかも分析的に特によく考察することができる。しかも、私たちが提言してきたいくつかの考えを確定するためにこの客観性を利用することができる。それでは、母親の兄弟がティコピアでの役割とは非常に異なる役割を果たしている社会を簡単に研究することにしよう。

ファースの指導者であり先生であったブロニスロー・マリノフスキー（Bronislaw Malinowski）は、幸運な偶然のおかげで、ニューギニアの北東海岸のトロブリアンド諸島で、数年にわたる住み込みの集中的なフィールド・ワークを行うことができた。彼がその場にいた時に第一次世界大戦が勃発した。トロブリアンド諸島は当時ドイツの領地であった。彼はそこに逗留せざるを得なかった。彼は観察したものを記録した。それらについての考察結果が一組の有名な人類学の専門論文にまとめられた[16]。多分、トロブリアンド島民の社会以上に徹底的に研究された未開社会はないであろう。

トロブリアンド島民はティコピアの人々と同じように漁業や菜園で生活を立てている。ここで銘記すべきことは、生産技術を実行するために求められる人間組織がただ一つのタイプのものであるということは滅多にないということである。技術は可能なタイプの範囲を限定するだけである。いずれにせよ、トロブリアンド島民はメラネシアンであり、他方、ティコピア島民はポリネシアンであり、彼らの組織化の方法はとにかく違っている。トロブリアンド社会は母系である。家系は母親を通して受け継がれる。実は、父親の精子が子供の妊娠に果たす役割もわかっていない。トロブリアンド人は母親の親族集団に所属している。そして、ランクと財産は母親の家系であるという理由から彼のところに来る。トロブリアンドにおける母系制は、女が男に対して一般的な権威を持つことを意味していない。また、核家族――父親と母親と子供――が公認の単位として一緒に生活していないということも意味していない。しかし、他の点で、母系制はティコピアの家族状況とは非常に違った家族状況を生み出している。父親は若い子供の世話と教育で重要な役割を果たしているが、子供が成長するにつれ、その子供は母親の兄弟の菜園で、彼らの監督下で、ヤクの栽培の仕事をすることが期待される。そして、その収穫の一部は贈り物として母親に捧げられる。彼は、ティコピアのように、父親の指示の下では働き続けない。しかし、その父親は仕事がないのではない。彼は自分の姉妹の息子の助けを借りて、自分自身の菜園を耕作しなければならない。子供は成人になると、父親の家や村を離れ、母親の親族の村で生活することが期待される。彼が結婚すれば、妻はそこで彼と一緒に生活する。結局、生産の基本的な単位は、トロブリアンドでは男とその姉妹の息子よりなっている。他方、ティコピアでは、それは男とその息子よりなっている。この二種の組織が同じように効率的でないという理由はどこにもないと思う。

私たちが特に関心のあることは、トロブリアンドとティコピアが基本的な生産単位の組織で違っているように、彼らが父親や母親の兄弟に対してとる態度でも違っていることである。トロブリアンドでは、母親の兄弟への少年の態度は尊敬であり、親密な愛情ではない。そして、その母親の兄弟との相互作用は仕事に関することだけに抑えられる。他方、その少年と一緒に生活している父親はいつも彼の面倒を見ており、彼が大きくなっても彼に対し権威をほとんど行使せず、彼の親密な友や仲間である(17)。現に、もしその少年の父親が族長であり、彼の愛情をほしいままにできる位置にいるなら、彼は少年を自分の村に残し、慣習に従って彼を母の出身村に送り返すことを止めようとするかもしれない。その時、その族長の姉妹の息子は、母系制の規則によって自分らに来るべきはずの族長の財産や身分が、族長の息子に回されることを心配し始めるであろう。

結局、親族の観点からすれば、その関係のシステムはティコピア・システムと正反対である。すなわち、トロブリアンド人は、ティコピア人が母親に対してとる態度と同じ態度を父親に対してとっている。しかし、忘れるべきと言ってきたように、生物学的親族のことを忘れ、その代わりに仕事中の集団を見るなら、そのシステムはティコピアとまったく同じである。この観点から言えば、ある男と族長である年輩の男とのきずなは、両システムにおいて、尊敬のきずなであり、その社会的相互作用は少なく、他方、ある男と、最も親しいがボスでない高年齢層の男とのきずなは愛情と親密のきずなである。重要な要因は、外的システムにおける権威の位置である。この位置が変わると、それに応じて、内的システムにおける情緒的関係が再調整される。外的システムの内的システムへの影響について、これ以上にいい事例はない。

ここで注意の一言が必要である。今、私たちが言ったことを、すべての父系的社会はティコピアとまったく同じ親族関係のシステムを持ち、また、すべての母系的社会がトロブリアンドと同じシステムを持つと意味していると理解すべきではない。父系制と母系制の間の人類学的区別があまりにも厳密過ぎるため、真の問題状況を示すことができない。あらゆる社会において、父親側からの影響と母親側からの影響が共に核家族に働きかけている。情緒的きずなの実際のシステムは、所与の環境下における、これらの影響の相対的強さに依存している。ヒューマン・グループでは、一方の側でのティコピア、さらに言えば、父系制システムと、他方の側でのトロブリアンド、さらに言えば、母系制システムとの間に、様々な違いを持つ変種が見られる。親族システムが相互に違っているのは、量的であって質的ではない。力学的類比を使えば、それらは対人関係の複雑な網を作る多くの糸の張り具合につれて変わるのである。

親族関係のマトリクス

私たちはティコピア親族のきずなから、あらゆる細部を取り出したわけではないが、分析をこれ以上進めない方が良い。得るものも少なくなる。もし研究対象の集団成員の数がnなら、彼らの間の関係の数はn(n-1)/2となる。人数の増大は関係の数の急激な増大をもたらす。したがって、ティコピア親族のきずなを、核家族を超えて追求しようとすれば、私たちが考察しなければならないきずなの数は莫大なものとなる。しかも、誰か二人の間のきずなは、これら二人とシステム内の他のすべての人々とのきずなを離れては理解できない。これらの理由から、対人関係のシステムの完全な分析は、日常の言語で行われる時、処理不可能となることが多い。たいていの小説家はこれを知っているらしく、彼らの分析を完全にしようとはしない。ヘンリー・ジェイムス（Henry James）はそれを試みた。その結果、それは途方もなく複雑なものとなり、彼の本はひどく退屈なものになった。それでも、ジェイムスが考え出した関係のシステムは、ティコピアや他の集団が自然発生的に生み出したものより複雑なものではなかった。しかし、もしその試みをやろうという勇敢な人がいるなら、その人に彼自身の社会的感覚とファースが提供する事実と私たちが教え込んだ方法を使って、ティコピア親族のさらなる分析を独力で追求してもらうことにしよう。

私たちの主要な関心は、分析の方法であって、どれか特定の関係の実際の分析ではない。あるいはむしろ、その方法によって得られる分析的仮説である。なぜなら、私たちが言うのは僭越かも知れないが、他の科学と同じように、人間事象の研究でも、私たちが遭遇する現象の複雑さは、「法則」の数――確かにかなり多いが、それでも、相対的には少ない――から生まれるよりも、ある行動のシステムにおけるこれらの法則の複雑な相互作用から生まれるという可能性があるからである。(18) 例えば、ニュートンの運動法則の数は三つであったが、しかし、それらは、振り子から惑星までの表面的には異なる非常に多数の力学的システムの運動を説明するのに役立った。

対人関係のシステムは複雑であるが、それでも、それには頭も尾もある。私たちは少なくともその分析を始めることはできる。あるきずなは特に重要であるように見える。他のきずなはそれらを核にして結晶化するか、あるいは、秩序をなす。ティコピアでのきずなは、父親と息子間の、兄弟間の、母親と息子間のきずなである。しかし、どの対関係も関係の全マトリクスから独立していないという規則によって、これらのきずなは他のきずなの決定に関与する。たとえば、祖父と孫のきずなは、もし父親と息子のきずなが違っていたなら、今とは違ったものになっていたであろう。もし核家族内で私たちが観察したような諸圧力が存在しなかったなら、母親の兄弟と姉妹の息子との間の親密さのような家族内でのつながりは生まれて来なかったであろう。分析を核家族から始めることで少なくともそこから広げていくことができる。

対人関係のマトリクスはそれ自体大きなシステムの一部である。ということは、私たちの言うようにいずれのきずなも自然ではないということである。私たちがティコピアとトロブリアンドの親族の比較から理解したように、たとえば、父親と息子間の結び付きの性質は血縁関係に固有なものではなく、二人が日常生活で実際の課題を行う時に一緒に仕事をする仕方に固有なものである。父親は息子のボスであるか。これが重要な問であると思う。結局、私たちは端子盤配線観察室で出会ったものと同じ種類の過程が作用していることをティコピアで発見しているのである。もしある人がその環境で必要な仕事をする時に、他の人に命令を与えるなら、あるいは、もしある人が第三の人の指示に従いながら、他の人と頻繁に相互作用するなら、等々、——その時、これらの関係を基盤にして、新しい関係のセットが精緻化するか、あるいは、創出する。成員間の最初の協調が達成される時はいつでも、相互作用と活動での新しい発展の可能性が生まれ、それと共に、ある潜在的な感情が集団の成員の中に解き放たれると仮定しなければならない。あるいは、私たちの言葉で言えば、内的システムが外的システムの上に構築する。私たちは後でそれがいかに外的システムに反作用するかを見るであろう[19]。

私たちの提言のように、ティコピア親族の関係のどれも自然ではないし、また、不思議でもない。それらは私たちが経験している親族の結合ではないが、もし私たちがティコピア的な状況に置かれれば、私たち自身がティコピア人と同じように行動するのをイメージすることができる。私たちは小説の中の人物とまったく同じようには行動しない。しかし、偉大な小説家の技能は、もし私たちが、彼の構想した状況に置かれたなら、登場人物と同じように行動するであろうと私たちに思わせるところにある。彼らの行動には真実味があると私たちは言う。私たちはこれ以上のことも言える。私たちの親族結合はティコピアのものとは異なるが、しかし、それらは質の違いではなく程度の違いである。私たちの父親との生活の中には、ティコピアの父親の持つ何かがある。確かに、未開人の義母問題は私たちの心に響くものがある。実は、私たちが何度も主張してきたように、ある社会の親族システムが他の社会の親族システムと全体として異なるのは、ある社会のそれぞれの関係が、私たちが公式化した規則や他の規則、すなわち基礎的な規則セットを実証する度合いで、他の社会のそれぞれの関係と違っているからである。

感情と活動の、活動と相互作用の相互依存

私たちは、それぞれの「事例」の研究で、社会システムでの相互依存関係のそれぞれに同じ量のスペースを与えなければならないとは思わない。それではあまりにも繰り返しが多くて、先に進まない。他の章では、集団間のきずなを強調したが、本章で、対人間のきずなを強調してきた。また、そのきずなに、相互作用と感情の相互依存という見出しで多くのスペースを割いてきた。他の相互依存関係についての言及は少しだけで良い。

内的システムにおける感情と活動の相互依存によって、とりわけ、言及したいことは、私たちが他の人に対してとる情緒的態度は、他の動因と同じように、活動で表出される傾向にあり、次には、その活動がそれを向けられた人の中に感情を引き起こし、こうして相互的な活動をもたらすという事実である。その活動は身振り、語調の変化、抱擁であるかもしれない。すなわち、それは一過的な形式張らないものであるかもしれない。それはまたよく目立つ、儀礼的なものであるかもしれない。すなわち、特に注意深い言葉遣い、贈与、仕事での援助の提供。この種の活動は外的システムで当初求められた量を大きく超して、当の人々の間に新しい相互作用をもたらすであろう。

ティコピアでは、ある男が他者との関係において自由になる活動の範囲は、その他者に向けられた感情によって多く影響された。「悪い」関係、あるいは、タ、ウ、タ、ウ・パ、リ、キ関係にある人たち――たとえば、父親と息子――は、「良い」関係、あるいは、タウタウ・ラウイ関係にある人々――たとえば、兄弟たち――より、控えめで儀礼的である。兄弟たちは、自分らの行為が誤解され怒られるという心配をしないで、お互いに言葉や行為で自由に振舞うことができる。私たちの社会での友人たちのように、ティコピアにおける兄弟たちは、彼らの言葉が字義通りにとられる危険はほとんどなく、ひどいののしりの言葉で相互に悪口を言い合うことができる。ティコピアの兄弟たちの、この汚い冗談を含む冗談を相互に言う自由は、人

類学をよく知らない人によって誤解されるかもしれない。「冗談関係」(joking relationship) はその科学の古典的テーマである。ある社会では、相互に特定の親族関係にある人たちは互いに冗談を言うことを期待される。冗談は常に対立 (conflict) ――相手がいなければ、理想と現実との間の対立――に対する反応であるかもしれない。しかし、互いに冗談を言っている人が常に相互にある種の対立状況にあるわけではない。ある社会では、そうかもしれない。私たち自身は一時的な困難を乗り越えるために冗談を使う。他の人々は長く続くきまり悪さを隠すために冗談を使う。実際の冗談は出口のない怒りを和らげるのに役立つであろう。等々である。しかし、他の社会では、冗談がまったく違ったことを意味している。たとえば、ティコピアでの兄弟間の関係の特徴は、対立ではなく、むしろ対立のないことである。その結果として、兄弟たちは、ユーモアから一時的な怒りまで、どんな情緒をも自由に表出できると思っている。冗談は多様な状況で起こる。したがって、それらの状況が類似した反応を起こすということで状況を同じと考えてはならない[20]。

親族関係の拡大 (Kinship extension)

感情と活動の間の相互依存関係、また、活動と相互作用の間の相互依存関係は、人類学者が親族関係の拡大と呼ぶ未開社会の特徴を生み出すことで特に重要である。私たちはこれを現代アメリカ社会と未開社会との違いを最大にさせているものの一つと認める。私たち自身の社会には単一の親族関係単位すなわち核家族があるが、他方、ティコピアのような社会は核家族の境界をはるかに越えて親族関係のきずなを拡大している。すなわち、結婚による親類との特殊な結び付き、家や氏族の形成、最後には、全島が一つの親族の集まりとなる。私たちはこの過程をいかに説明するか。もし原住民は私たちとは違うからだという見解を容認すれば、私たちの全アプローチを裏切ることになろう。親族関係拡大にはもっと説得力のある理由がなければならない。また、それらは私たちの概念図式によって表現できなければならない。

説明例としてティコピアの兄弟間の関係を使うことにしよう。全員が未婚で、ある世帯の成員であり、父親の監督下で働いているとき、彼らの間に打ち解けた友情の強い感情が形成される。その後、兄弟は次々と結婚し、そして、彼らのほとんどは以前の家の近くに自身の世帯を据える。このために彼らの友情が消えたりはしない。しかし、もし友情を維持するための何らかの努力がなかったら、それは徐々に消えていったであろうし、実際そうなったと思う。しかし、実は、手が打たれた。兄弟たちは彼らの以前の家を訪ねるために帰った。近くに住んでいれば、容易なことである。すなわち、彼らの感情が彼らに相互作用を継続させた。つぎに、その相互作用の助けで、その感情が生きつづけた。また、彼らの感情は彼らに新しい活動を起こさせた。兄弟たちは相互にプレゼントを交換した。これらは、古き日々に自然であった友情のインフォーマルな表出に代わるものである。多分、古いきずなが弱まるとき、人はやましさを感じ、また、兄弟を無視していたと思い、そこで、その無視を贈り物のような高度に可視的な友情表現で埋め合わせようとする。

今までところ、その過程でおかしいことは何もない。私たちは自分自身の社会でその過程についてよく知っている。ティコピアと同じようにニューイングランドでも、兄弟や姉妹はお互いに贈り物を交換し、しばしばお互いに訪問しあっている。特に、祭事にそうである。その祭事の第一はクリスマスあるいは感謝祭の夕食である。それに兄弟や姉妹が配偶者や子供と一緒に参加する。核家族の成員は四つの――夫の父親の、夫の母親の、妻の父親の、妻の母親の――夕食集団に所属するから、すべての夕食に都合をつけて出席し、すべての飲食物を消化することは大きな問題である。しかし、ヤンキーは健啖であり、とにかく、その問題を解決している。ニューイングランドの親族関係は合衆国の他の地方の親族関係より広い。しかし、ニューイングランドでさえ、一緒に食事をする集団が、三世代以上前の先祖の家系といえる人すべてを含むことは滅多にない。集団の規模が大きくなるにつれ、食事する人が多くなり、一つのテーブルでの食事が困難になるにつれ、親族集団は分裂し、もはや家系図によってしか一つになれないであろう。

なぜニューイングランドの親族集団がばらばらになり、ティコピアがそうならないのか。その違いは親族員が感情の表出として行う活動の種類の違いにある。クリスマスカードを貰うことはうれしいが、しかし、それが有用であるなんてことはあり得ないことだ。それらは単なるしるし（token）である。クリスマスの夕食はとても楽しい。しかし、それがなくても生きることはできる。ただ一つのクリスマス・ディナーでは相互作用は維持されない。しかしながら、ある人が兄弟に貯蔵室の歓迎用の食物をプレゼントとして与えることを、あるいは、彼にカヌー製作のような実用的仕事に成し遂げるためになくてはならない援助を与えることを想像してほしい。そこでは、相互作用は維持される。そして、感情は徐々に消えていくどころか逆に強化される。このようにして、親族関係のきずなは維持される。また、新しい世代によって親族の人数が増えれば、当然、さらに親族関係のきずなが拡大する。兄弟間の協力は、その兄弟の息子たちの間のきずなに受け継がれていくであろう。それはかつて兄弟自身の間に存在したものと同じものである。そして、長兄が兄弟の集団を指導したように、年上の第一従兄弟が協力的活動で指導するなら、そのティコピアの家は組織化されるであろう。親族関係感情が感情の活動的表出をもたらし、つぎに、親族員間の相互作用の増大をもたらす。いわゆる、相互作用と活動の余剰が生産される。その余剰の利用がなければできなかった仕事のために、あるいは、うまくできなかった仕事のために、その余剰が家族や大きな集団によって利用されるなら、そのとき、親族関係感情や相互作用や活動は世代を通して維持される。あるいは、日常的な言い方では、親族関係はますます広い集団へと拡大される。もし余剰が利用されなければ、拡大しない。対人関係は真空の中に存在しない。親族関係はティコピアではますます広く拡大している。なぜならその余剰が私たちの社会より広く利用されているからである。私たちの社会では、核家族の能力を超えた仕事は、親族関係を土台としない組織によって遂行されている。

規範と社会的ランク

私たちのティコピア親族関係の分析は、親類の現実の行動についてのファースの記述に基づいている。しかし、ファースがまた私たちに示しているように、ティコピア人はある仕方で行動する以外に、多様な親族関係において行動がどうあるべきかについてよく話す。事実、私たちが研究してきた集団よりティコピアの人々の間に、規範がかなりよく確立されていると思われる。ティコピアの親族関係には長い歴史があり、したがって、その島には、互いによく似た家族が多いと思われる。それと比べると、ウェスタン・エレクトリック社での端子盤配線工のような集団、あるいは、コーナーヴィルのノートン団のようなギャング団は互いにそんなに似ていない。そのパターンが古ければ古いほど、また、それが繰り返されれば繰り返されるほど、それだけ容易にそのパターンは認識され、集団規範の中に安置される。

私たちが最初に行動を強調したことは間違いなく正しい。社会の成員が正常な行動と考えるものは、現実の行動をモデルにして作られ、また、再現されるにちがいない。ある事象がかなりの時間にわたって生起する時、それが続いて起こることが期待されるようになる。法律家の知るように、法律は先例の上に構築される。専門的な哲学者が生まれる前の数日間で規範が他の仕方で確立されたと信じることはできない。哲学者の理想でさえ、その時代の進歩的な個人の行動を表象しているに過ぎないであろう。行動が一次的現象であり、文字による適切な行動についての規則の公式化は二次的現象であると仮定しても、大きく間違うことはないであろう。しかし、社会システムの他の事象と同じように、いったん出来上がった規範は他の行動要素に重要な影響を与える。規範は若者に教えられる。すると、その規範は人類学者によってその集団の文化と呼ばれる。規範は是認できないような社会行動にもある。黒魔術——人類学者が「隠された文化」と呼ぶ項目——を行うにも正しい方法がある。また、泥棒の間にも仁義がある。さらに、規範の発展は社会統制の決定的な一歩である。規範は人が所与の環境で期待されている行為について述べる。通常、人は期待された行動を実行したくなるような立場に置かれている。しかし、その正しい行為の実行を自分から欲しようが欲しまいが、彼は実行するであろう。なぜならその社会システムの諸関係が、規範からの逸脱に対しある型の罰を彼に与えるように作用するからである。個人の動機と規範と社会統制との間の関係を記述することは容易なことではない。そこで、私たちはそれについて次の二つの章で多くの時間を使う。ここで言いうることは、問題がティコピアで起こった時、ファースはそれを完全に認識していたということである。たとえば、彼は父親・息子関係についてつぎのように言っている。「父親に対する愛情と尊敬の混在した感情が規範であるように思われる。愛と尊敬は個人的な感情に関することであると同様、社会的強制命令に関することである[21]」。さらにまた、「もう一つの義務、すなわち、最も明確な義務の一つは、両親が死んだ時、彼らを悼む正しい作法の規範である。ここでは社会集団が実権を握っている。子供は、私たちと同じように、普通、現実に感じるアロファの感情と、社会の決定に従って見せるアロファの感情を表出するしかない[22]」。

先の諸章で、社会的規範と社会的ランクの緊密な関連を見た。集団規範を最もよく実現している人は最高の社会的ランクを保持する。この主題についてすで言ったことをここですべて繰り返す必要はない。しかし、同時に、ティコピアではもっぱら家族を扱ってきたため、ランクと社会的規範との結合がその島のどこか他のところでも同じように有効であることが認識できなかったということはあってはならない。族長は、もちろん、ティコピアで最高のランクにあり、そのつぎが儀式を行う長老である。しかし、他の大人の男さえ、女と比べ、優位な集団を構成していた。それは丁度、コネクター配線工派閥がセレクター派閥より優位であったと同じである。男たちは社会で最も困難で最も重要な活動のいくつかを、特に、海洋漁業を独占している。そして、これが彼らのランクに寄与している。しかし、その関係はまた反対の方向に作用し、ある人たちには退屈でつまらない雑用が割り当てられた。なぜなら彼らは低い社会的ランクにいるからである。たとえば、ティコピアでは若い女が泉から水を運ばねばならない。それは丁度、端子盤配線観察室で、セレクター配線工に割り当てられた半田工がランチを運ばなければならなかったことと同じである。男たちは多くの最も困難な作業を行い、そして、他の多くの人々に対して重大な統制を行使する。彼らのランクは彼らの権威に依存し、彼らの権威は彼らのランクに依存する。権威があまり強い要因でない社会関係では、集団成員の相互作用は大人の男へ向かって流れる傾向にある。これが母親の兄弟と姉妹の息子と間のきずなの構成要素である。すなわち、姉妹の息子はより高いランクの男を尊敬し、彼らの方に行く。最後に、ティコピアは独自の宗教を持っている。私たちの社会をも含む、すべての社会で、集団の基本的な規範は、その中でも親族行動の規範が高位にあるが、先祖や社会的規範を現在の世代へ伝えた建国の父への崇拝や宗教信条と緊密に結び付いている。ある人の地位が高くなればなるほど、それだけその人は宗教と緊密に結びつく。これは何ら驚くべきことではない。ティコピアでは、大人の男の儀礼上での重要さは家での彼らの位置によって示されている。彼の座る場所は先祖の墓の隣である。彼らの位置は彼らの優位なランクのシンボルである。それは丁度、部屋の前方というコネクター配線工の位置が、端子盤配線集団における彼らの優位なランクのシンボルであると同じである。儀式の長老は、その名前が意味するように、一般人より宗教的な式典で大きな役割を果たしており、最終的には、四人の族長が主要な式典——「神々への礼拝」——を維持する責任を負っている。インドのブラーミンは僧侶であるだけでなく、上流階級の成員でもある。

機能理論（The functional theory）

社会学と人類学は一つの科学を構成するが、ティコピアを研究しているときは、私たちはまだ社会人類学の公的な分野の中にある。「機能主義」の諸理論はまず人類学から発展した。それらには私たちが学ぶべきものがあり、都合の良いことに、ここに登場している。全体を見渡せるくらい小さな社会で研究している人類学者はつぎのことを観察した。(a)社会のすべての要素、あるいは、ほとんどの要素は、相互に関係し、連合している。(b)それは諸個人の欲求を満たすためであり、(c)そうする時、その環境での社会の存続に寄与するためである。機能学派の二人のリーダー――マリノフスキーとラドクリフ＝ブラウン――のうち、前者は個人の欲求を強調し、後者は集団の存続を強調した。しかし、確かに両者は無関係ではない。集団存続はある程度の個人の欲求の満足なしでは考えられない。いずれにせよ、たとえば、人類学者は、未開氏族の儀式は氏族生活の他の側面と無関係でないことを観察した。もし神話、家族集団、さらには生産労働の日課が違っていたなら、儀式も違っていたであろう。彼たちは、また、儀式の執行が、諸個人の感情に影響することによって、原住民が集団の存続を支えている日常生活の活動を実行する能力に寄与することを観察した。儀式は鬱積した感情を開放し、自信を与え、協力のための動機を強化した(23)。人類学者はそのとき、宗教は個人的欲求の充足と社会の存続への寄与という「機能」を持つと言った。

この事例を念頭に置いて、私たちはラドクリフ＝ブラウンの機能（*function*）の定義を挙げることができる。

> 処罰あるいは葬式のような、繰り返し行われる活動の機能とは、その活動が全体としての社会生活で果たしている役割であり、したがって、それが構造的持続の維持に対して果たしている寄与である。したがって、ここで定義される機能の概念は、単位実体の間の関係のセットよりなる構造の概念と、構成単位の活動よりなる生活過程によって維持される構造の持続を含んでいる(24)。

デュルケームやラドクリフ＝ブラウンやタルコット・パーソンズのように人々によって練り上げられた概念、すなわち、組織された全体、あるいは構造としての社会の概念や、それと関連した機能の概念は、社会人類学や社会学の現代社会科学への偉大な寄与の一つである。私たちは本書のあらゆるところでこれらの概念の上に議論を組み立てている。しかし、それらは問題にぶつかっている。その問題を正視しなければならない。第一に、人類学者は、社会構造で相互に関係している「要素」や「単位実体」（unit entities）によって意味していることを必ずしも明確にしていない。時々、彼たちは、単位実体は「制度」であり、私たちが前に使った事例によれば、「社会の宗教制度は経済的制度の維持あるいは支援に役立つ」と言っている。不幸にも、制度（*institution*）と言う言葉は、少なくとも、二つの意味が与えられており、機能主義者は必ずしもどちらの意味で使用しているかを特定していない。宗教が制度か、あるいは、教会が制度か。それが曖昧であるという理由だけで、制度を敬遠する私たちにとっては、宗教はある種の活動であり、他方、教会は専門化した組織であり、いわゆる、社会の一部門である。宗教的活動は、必ずしもいつもではないが、その専門化された組織によって行われる。そして、この二つのことは単一の言葉で混同しない方が良い。私たちの社会行動の要素の分類はこの種の問題を回避するためにある。

第二に、存続（*survival*）あるいは持続（*continuity*）の意味が必ずしも明確でない。人類学者は未開氏族の中で生活をしている。彼にそれがいかに衰退しているかのように見えても、その時はまだ、明らかに存続している。彼は、その存続を確かめるために、その特徴を変えてみることはできない。猫で実験している実験室の生物学者は、猫の神経系のどんな変化がその「存続値」（survival value）を、すなわち、神経組織が猫の存続能力に対して果たしている寄与を弱めるかを解明するが、人類学者はその位置にいない。もし私たちが歴史に助けを求めても、存続できなかった社会がいかに少ないかに驚かされる。確かに、ある未開社会は消滅している。そして、その成員も、モヒカン族の最後のように、絶滅している。しかし、もっと有用な状況はローマ帝国の衰退と滅亡である。滅亡したのは社会であるのか支配組織すなわち帝国であるのか。しかし、イタリーの社会は、たとえば、蛮族の侵略にも生き延び、ローマ時代から現在まで破壊されずその継続を維持している。社会学者が存続について語る時、統治組織の存続より社会の存続を意味しがちである。しかしながら、存続しなかった社会が非常に少ない時、社会制度が社会の存続に対して行う寄与についての最も初歩的な推測以外のものを定めることは難しいように思われる。もし寄与しないものが分からなければ、寄与するものをいかにして確信できるであろうか。社会存続の意味は、社会自体より社会内の小さい単位や組織でより正確にできる。そこで、私たちが本書で存続の概念を行使する時は、これらの小さな単位に限定しようとしてきた。私たちの国家では、小集団は毎日解体し、大きな組織は倒産や他の疾病から死滅している。私たちは存続に適合する条件を分析するデータをたくさん持っている。しかし、社会は死滅する前に衰退の道を長く歩むから、もしその社会が存続していると想定される水準を特に注意深く明確に述べないなら、全体としての社会存続の概念はあまりにも未規定となり役立たない。もし私たちがその水準を特に注意深く明確に述べようとするなら、いかに社会の要素間のある種の相互関係がその生命水準を維持するのに役立つかを問うことはとても意味があろう。私たちがこの種の問いを注意深く口にすればするほど、その解答を求めて、次章で記述するような社会的均衡の研究に近づくことになる。

第三に、私たちが引用したラドクリフ＝ブラウンのような文章にはつぎのような仮定がある。現行の活動は社会の他の活動と有機的に相互に関係しているから、したがって、それは社会の持続に寄与しているという仮定である。たとえば、ある社会の呪術儀礼は経済的活動と密接に関係している。呪術が豊作をもたらすという建前で、それは農場作業のあらゆる段階で行われる。しかし、この関係は必ずしも、呪術が社会の存続に寄与するということを意味してはいない。呪術が人々に努力は成功するという自信を与えることで、人々を懸命に働かせるかもしれない。しかし、考えられることだが、呪術はもっと有効に農場作業で使えたかもしれない時間を消費しているかもしれない。呪術が、あるいは、他の活動が、結局、社会の存続に寄与するとしても、それは前もって立てることのできる仮定ではない。それは研究されるべき仮説である。なぜなら社会行動の要素の相互関係は機能的であると同じように逆機能的であるかもしれないからである。

最後に、機能学派のある人々は、その中でも特にラドクリフ＝ブラウンは、社会的活動が社会の持続に果たしている役割が、その社会的活動の出現を的確に説明すると考える傾向にある。古代の哲学者の言葉で言えば、彼らは現象の目的因（final cause）を指摘し、作用因（effective cause）を無視することで満足している。しかし、有機システムのどの要素も、それが必要とされているという理由だけで出現しているのではない。それは、諸力がそれを産出するように作用しているから出現しているのである。「アリストテレスの言葉を使えば、家は人々がそこに住むためにある。しかし、それはまた建築家が石を一つひとつ積み上げたから、あるのである」[25]。自然の真に興味ある特徴はいかに作用因が目的因の術中にはまるかである。私たちが理解しようとしていること、また現に理解していることは、社会の有機的性質は機能的人類学者が考えたことをはるかに超えていること、また、機能的関係――そしてまた逆機能的関係も――は創出するだけではなく、創出せざるを得ないこと、また、少なくとも小集団において、それらはプラスの余剰を、集団が存続に必要とする能力を超すゆとり分を作り出す傾向にあること、また、この余剰は、単にその集団の環境への現行の適応を維持するだけでなく、新しいより良い適応を獲得するために使用されるということである。私たちは存続に関心があるが、しかしまた進化にも関心がある。機能的人類学者は、未開社会における宗教的活動と経済的活動の相関関係を指摘することで、また、前者が後者の効率に寄与することを示すことで満足した。私たちはそれに満足せず次のことを試みたし、さらに試みるつもりである。行動の諸要素間の最も単純な分析的関係を探すこと、これらの中に本来備わっている有機的成長の可能性を示すこと、すなわち、社会の存続のためだけではなく、発展のためにも必要な社会の最も一般的な特徴のいくつか、士気、リーダーシップ、統制、社会的接触の範囲の拡大の創出を示すことである。社会はただ存続するだけではない。存続する時、社会は、好ましい環境下で、新しい水準で存続を可能とさせる条件を創造する。少しでも機会が与えられると、社会は自力で苦境を乗り切る。部族からの文明の創出を他のどんな方法でどのように説明できるだろうか。

社会学者は、主題が人間社会であることを時には忘れなければならない。そして、人間の社会と同じように、細胞の社会、あるいは電子の社会を含む、一般的な社会の研究者であることも思い出さなければならない。そのとき、発展のために使用されるこの創出的な余剰が、有機的生命の特徴的である進化のための能力の秘密でないかどうかを疑うことが始まるであろう。(26) ある意味で、社会学者が人間社会に焦点を置くことができることは幸せである。なぜなら彼は、すでに創出し、蟻塚や動物の身体の固定形態になっているものよりむしろ、しばしば創出の最中にある有機体の内部から研究しているからである。しかし、人間社会は彼にその過程を見させる一方で、彼がその結果に熱心になることを邪魔する。好ましい特徴と同様に好ましくない特徴が発現することを、また、多くの集団にとって、環境がただあまりにも厳しいため、あるいは、あまりにも刺激を欠くため、その発展が先に進まないことを、最後に、ある場面で好ましい発展がその発展を止めてしまう条件をその集団の内外に創造することがあることを、社会学者は理解している。

内的システムの外的システムへの反作用

外的システムの研究で、私たちは集団生活のある特徴の目的因を考察した。すなわち、もし集団が置かれた環境の中で存続すべきなら、その集団はある特徴を持たなければならないと仮定した。もちろんその特徴はその集団の置かれた環境に応じて変わる。たとえば、ティコピア家族は分業と指揮系統を持たなければならないと仮定した。集団生活のある特徴がなければ、その集団は存続できなかったであろうと仮定することによって、その集団生活の特徴の存在を「説明」する限り、私たちは機能主義者である。しかし、内的システムの構築とフィールドバックの研究で、私たちはこれらの特徴の作用因を考察した。と言うよりは、その分析はあまり進んでいないから、考察し始めた。すなわち、当初に仮定した集団特徴を創造あるいは修正する過程のいくつかを、その集団の存続を可能とさせる過程、あるいは、進化によって、最初当然とした存続から異なる水準での存続へと移動することを可能とさせる過程を説明した。このように、私たちの分析は循環した。ガソリン・エンジンの動きの記述での問題を例として使った時に恐れたように、私たちの分析もこのように循環に陥った。その循環は論理が悪いからではなく、それは有機的な現象を言葉で記述することの難しさから起こる、と私たちが信じている。その困難が現実のものであることは本書巻頭のクロード・ベルナール（Claude Bernard）からの引用文に示唆されている。

しかし、内的システムの構築とそのフィードバックをもう少し詳しく見ることにしよう。私たちが研究したすべての集団で、いかにその集団がそれ自身のモラールを作り出すかを見た。もし人々にある程度喜んで協力する意志がなかったなら、彼らは成員にはならなかったであろう。集団への所属が力となって、人々は集団目標達成を速めるために喜んで協力する。しかし、それは必ずしも外的人間環境の目的達成のためというわけではない。端子盤配線観察室では、人々の間に成長してきた社会関係が、会社が定めた労働方式を変えるために、主に、能率給プランの意図を打ち砕くために反作用するのが見られた。また、端子盤配線観察室では、リーダーシップの一時的な創出が見られた。また、ノートン・ストリート・ギャング団では、リーダーシップの完全な発展が見られた。そのギャング団が創造した精緻な組織はすぐには必要でなかったが、しかし、その環境への複雑な作業を行うために必要となった時には、その組織は役立ち、そして、いわゆる、集団存続に寄与するために使用されたであろう。また、両集団には強い社会的統制や規律が発現した。私たちはこれについては次章で語る。言うまでもないことであるが、モラール、リーダーシップ、そして規律はすべて、集団に対し潜在的な生存価値を持っている。

この復習から、ティコピアに戻ることにしよう。初めに仮定したように、もしティコピア家族が存続すべきなら、そこには何らかのリーダーシップや分業がなければならない。それから、社会的規範と社会的ランクとの関係から、その社会の族長や儀式長老や男の大人がそれぞれの集団でリーダーシップを行使できる位置に付くようになるのを見た。また、異なる社会的ランクの人に異なる仕事を割り当てることによって分業が生まれてくるのも見た。さらに、家族の成員間に成長する愛情によって、家族はさらにうまく活動を行うことができるようになるのを見た。その感情は新しい動機を提供する。しかし、そのフィードバックがうまくいくとは限らない。父親と息子との間の、もっと一般的に言えば、異なる社会的ランクにいる人々の間の社会的距離は対立とコミュニケーション失敗の源となるかもしれない。事実、リーダーシップの諸特徴は、小さな社会的単位から大きな社会的単位への発展の過程で非常に重要であるが、社会が十分大きくなる時、いくつかの最も深刻な社会問題を生み出すかもしれない。現代西洋社会の問題は、リーダーシップの問題とみなすことができよう。

若い男女がティコピアの世帯を離れても、彼らの間の感情と相互作用のつながりは消えない。それは、現世帯の手に負えない仕事のために十分な労働力を集める手段を提供する。人間的協力の余剰は存続のためだけではなく、環境改良の活動のために利用することができる。もしその余剰が現実に使用されるなら、親族の結び付きは、衰退していくどころか、再確認され、保持され、さらに、それは、家族が成長するにつれ、もっと大きな親族集団へと拡大される。

家族内で働く諸力は、血縁的な親類間のつながりだけではなく、婚姻親類間のつながりを広める。そして、もしこれらのつながりが注目され、利用されるなら、それらは保持される。若者は大人への成長過程で多様な危機に遭い、不安になり、心配になれば、助けを求めて母親の兄弟のところに行くことができる。その家族での圧力が彼をその方向に押し出す。次には、彼の母親の兄弟が彼に与える援助がその関係を固めるのに役立つ。

贈物の必要は労働へのさらなる誘因を提供する。その労働は自分自身の家族を養うために必要な労働を超えるものである。少年の父親は彼の義理の兄弟すなわち少年の母の兄弟がその少年に与えた親切に、お返しをするために働くであろう。しかし、贈与は新しい誘因の提供以上のことをする。どの社会にも社会によって生産された物的財を成員に分配する方法がなければならない。ティコピアではその分配は主に直接的である。すなわち、魚を捕まえた人がそれを食べる。しかし、多くの分配は、世帯から氏族におよぶすべての集団において、親族義務（kinship obligation）のチャンネルに従って行われる。族長は氏族員から受ける贈り物によって多量の食糧を貯蔵することができ、その結果、労働集団に食事を与え、集団のまとまりを維持できる。もしそれがなければ、その成員は自分で食事をとるために散らばったであろう。

これらの直接的なフィードバックの他に、私たちは、ティコピアにおいて、破壊的だと思われる緊張を統制することによって社会の存続に貢献する間接的なフィードバックを知ることができる。一例として、既婚の女性の立場を取り上げてみよう。ティコピアは強力な父系制である。女性は結婚すると、夫の家族の近所に、あるいは、実際は、夫の家族の家に住むようになる。見知らぬ世界で、彼女は新参者であり、よそ者であり、無力な者である。彼女には手助けが必要である。彼女の兄弟の愛情と保護、彼女の兄弟の子供たちが彼女に示す尊敬、彼女自身の子供たちと彼らのツアチナである彼女の兄弟との間のきずな、そして、義理の兄弟の協力——これらすべては困難な位置にいる彼女の支援となる。その支援は計画されたものではない。ここで計画について語ることは意味がない。しかし、にもかかわらず、支援は与えられる。そして、その支援は親類の間に生まれた関係から出てくる。有機的システムでは、さらなる相互関係をも含む多くのことが相互関係から創出する。

私たちは、ティコピアにおける多くの作業は、(a)集団が環境の中で存続することを可能とさせる効果を持つと同時に、(b)社会的感情の表出として行われるという言葉で要約することができる。外的システムと内的システムは完全に融合する。私たちが研究した他の集団では融合していない。これらの集団はいずれも融合を起こさせるほどの長い時間がたっていなかった。私たちはあたかも構築とフィードバックが順次起こるかのように記述しており、また、——現在の言葉の限界から——、そう記述せざるを得ないけれど、しかし、私たちが常に扱っている現実は、常時エネルギーを授受している諸部分の相互依存の循環あるいは回路である。このことは常に記憶していてほしい。

現代の都市家族

本書はある種の包括性を求めてはいない。それは、教科書のように、「産業」や「コミュニティ」や「家族」等々についての特別な章を必要としていない。集団一般が本書の主題であり、名前の異なる集団は異なる組織原理を表すかのように集団を研究するなら、その主題はゆがめられるというのが本書の主張である。私たちの狙いは分析であって、分類ではない。しかし、ティコピアの家族の長い議論の最後に、私たちの最もよく知っている家族、すなわち、現代アメリカの中産階級の都市家族とティコピア家族とを比較することを避けるわけにはいかない。両者は非常に違っている。しかし、もし私たちの考えが正しいなら、その大きな差異も単一セットの分析仮説によって説明可能であるべきである。両者は同じ場の方程式(the same field equations)の解の違いを表している。

現代家族が「どこかおかしい」ということは離婚の数値によって多くの人々の納得するところである。アメリカで、結婚した四組のうち一組が離婚している。しかし、もしどこかがおかしいなら、女家長(Mom)とマムシの子(a Generation of Vipers)を怒鳴りつけることではなく、まずは、何が起こっているかを理解することで、それを正すことができると思う。私たちにとって、分析のプロセスは外的システムから始まる。文明の成長は、諸活動が家族から徐々に引き離され、他の組織に引き渡されるということを意味している。もっと良い言い方をするなら、他の組織が親族内の分化の過程から生起した。今日、家族に残された活動は、夫と妻の間の性的関係、若い子供の養育、料理、世帯の維持くらいである。農園の経営、漁業、裁縫、教育、宗教的儀式は家族から去ってしまった。料理や育児さえ去っていこうとしている。

人々の間の情緒的きずなは真空の中に存在せず、それは人々が一緒に行う活動の関数であり、また、これらの活動が組織化される様式の関数であるということを(もし私たちがすでにそれについて知っていなかったら)、私たちはティコピアから学ぶ。どこの昔ながらの家族でも、ティコピアでも、夫と妻の間の情緒的きずなは二人が共同事業にささげる諸活動の上にしっかりと据えられている。今日、既婚のカップルが一緒に行う仕事は非常に少なくなっている。パートナーたちはロマンティック・ラブに基づいて相互を選択する。なぜなら社会システムが彼らの選択を導くものを何も提供しないからである。しかし、ロマンティック・ラブの夢は必ずや徐々に消えていくが、それが消えた時、彼らは結婚の土台を形成するために、性的関係や単なる友達関係にたよらなければならない。しかしながら、性的関係だけでは、その結び付きを持続するには弱い基盤である。現代の小説家がこの種の密通がいかに短命であるかを示唆している通りである。そして、もしその男と女が仲間であるべきなら、仲間付き合いをする活動を見つけなければならない。昔ながらの家族では、その活動は発明する必要はなかった。それらは与えられていた。今日では、性の領域や友達関係の領域で問題が発生すると、それは大惨事をもたらす。なぜならその緊張を解くための夫と妻の間のつながりはもはや何もないからである。

家族の諸活動は今や複雑でなく、中央統制を必要としないから、父親はボスとしての仕事を失い、同時に、かつて喜んで彼に与えられた多くの尊敬も失った。冗談ごとでないが、一種の神様から、彼はただの同輩で親しい仲間となった。彼が外の組織で稼ぎ、家族扶養のため銀行に預金する小切手には、直接的で必要な指揮の行使のような情緒的な効果はない。彼の副官すなわち妻も彼女の神格性を失った。しかし、その程度は少なかった。なぜなら彼女はまだ世帯を統制しなければならないからである。この事実の中に、アメリカは女性によって支配されていると告発する真実の芽がある。家族が二世代前のように農業事業体であったとき、父親はボスであった。なぜなら、彼が農園を経営していたからである。家族が世帯ではあるが、もはや農園でなくなると、父親は家族の中で失業する。女家長の権威が、絶対的ではないが、相対的に上昇する。夫と妻の間の古い堅苦しさと尊敬に、親密さともろい仲間関係がとって代わった。最後に、家族成員間のきずなが弱くなるにつれて、その集団がその成員を統制する力は衰退する。古き日々、確かに、何が起こっても、家族自体は崩壊しなかった。今、そのような確かさはない。その情緒的相関物があの有名な不安である。ある意味で、精神科医や小説家に助けられて、夫と妻は彼らの関係について自意識過剰になる。男はその妻の存在を当然のように受け入れるべきである。しかし、そのようなことができるであろうか。

多く同じようなことが、両親と子供たちの間のきずなにも言える。昔ながらの家族では、少年は父親や兄たちの命令や監視下で大人の仕事をしながら徐々にそれを学習した。少女も母親からそれを学習した。その情緒的な関係は長期の共有された活動の上に築かれた。今日、息子は、父親の権威は弱まっているのに、その権威に過去よりも大きく憤慨する。これはパラドックスではない。二つの事実は相互に関連している。権威が稀に行使されるとき、また、権威の必要が明確でない環境で行使されるとき、その権威は怒りを呼ぶ。その怒りは社会に影響を与える。多くの革命家は、かつては一人の反抗的な息子であった。そして、両親は互いの関係に自意識過剰になるように、彼らは子供たちとの関係にも自意識過剰になる。彼らは育児のために万巻の助言書を貪るように読む。しかし、育児での世界最善の方法と不安を持つことより、適度の方法と自信を持つことが重要であると指摘する本は一つもない。不安は感染する。子供にその不安は感染する。もしその本がナバホ族のように子供を育てなさいと言うなら、そうしなさい。ただし、あなたがナバホ族の両親と同じように自信を持つことができての話ではあるが。

昔ながらの家族では、行われている諸活動は全体社会の規範で是認されたものであった。男は良き農民であることによって、女は良き主婦であることによって社会的ランクを得た。したがって、それぞれの男女は自尊と他尊の機会を持った。社会が家族的でなくなるにつれ、その統一は壊れた。夫は家族の外の組織での位置に従って、社会によって価値付けされる。しかし、この位置は家では彼に何ら益をもたらさない。家では、彼は単なる友人あるいは相棒である。その妻は良い家政がもはや仲間からの賞賛をもたらさないことに気付く。そして、優秀さが報われる女の活動は、家族の外で行われる活動であることに気付く。かつては栄誉ある仕事と定義された家事労働――掃除、良き料理、すばらしき裁縫――は、今、すべてではないが、単調でつまらない仕事と定義されても不思議でない。台所の省力装置への贅沢な要求があってもおかしくない。しかし、それらの維持のために、省力した時間と同じだけの多くの時間が必要となる。現代女性は専門職をほしがっているということではなく、種類の違った専門職をほしがっているということである。

世界中の昔ながらの社会に非常に特徴的な親族拡大は、それらを利用する機会が少なくなるにつれ解散した。それらが外的システムにフィードバックしていた間だけ存続した。核家族がまず世帯から離れ、それから、他の親族との近所付き合いから離れた。そうしたのは、それが可能であったからであり、また、若いカップルが叔母や古い親類から逃れることに魅力を感じたからである。それから、使用人が消えた。子守の問題が発生した。しかし、無視されていた親族拡大はすぐには復活できなかった。母親に代わって育児の重荷を負ってくれる祖母も未婚の叔母も従兄弟も側にいなかった。彼女らは今では有用な人とみなされ、特別な人とはみなされない。その結果、母親は子供に腹を立てる時が多くなり、他方、同時に、子供に過剰な心配や不安を抱くようになった。これらが女家長主義（Momism）のルーツである。子供自体については、母親と二人だけになり、あるいは、母親と兄弟姉妹だけになり、彼は多くの人々との打ち解けたきずなよりむしろ少数の人々と濃密な情緒的きずなを結ぶようになる。昔の子供は祖母や叔母や同年輩の従兄弟と一緒に遊んだのに対し、今の子供は一つの籠にすべての情緒的な卵を入れなければならない。その籠が落ちれば、彼は困難な状況に置かれる。老人は国民年金を受けて老人ホームに追いやられる。そこで彼は不満一杯ののけ者として生活する。その生が終わるまで、友人と一緒に生活し、友人を助けるための仕事をすることから来る安心をもはや持たない。

もし親族が家族の役に立たないなら、隣人もそうである。父親の職業的地理的移動は非常に多いから、家族から孤独を取り去ってくれていた隣人との安定したきずなが形成されない。

そして、このすべてを通して、家族行動についての社会の規範は家族行動よりずっとゆっくりと変化する。雄弁に語る文献の多くで、また、私たちのすべての宗教で、また、聖家族自体においても、賞賛された絵は、古い農民家族における父親と母親と子供の絵である。それは数百年続いた家族である。私たちが正しいモデルとして強力に教えられたモデルに私たちの行動が忠実でない時、私たちが罪を感じても何ら不思議ではない。そして、小説家も心理学者も社会学者も、彼ら自身、一方で古い様式が妥当性を損なうと指摘しながら、夫と妻の間の、また、両親と子供との間の関係のための新しい規範をまだ作り出していない。新しい規範は創出されるであろうが、しかし、その直近の結果は今以上の混乱である。

最後に、大人個人の性格は、子供時代以来受けている訓練——社会的訓練——の結果であることが理解され始めた。この訓練は集団によって行われる。その集団の中でも家族が、その順序においても重要さにおいても一番である。しかし、子供はそのうち家族を逃れて彼の同年輩に向かわなければならない。その家族が解体し、そして、家族から近隣集団への移動が困難になるにつれ、これらの集団で訓練されたパーソナリティはストレス下で安定した状態を維持するための能力を損なうことがある。その家族が養育した男や女は、彼らの自身の両親と比べ、子供たちを心理的な健康状態で育てることができないであろう。そのフィードバックは、かつては好ましいものであったが、悪いものとなるであろう。

家族が完全にバラバラになることはないであろう。結婚はまだなお人間的制度で最も成功したものである。新しい均衡が達成され、新しい規範で支持されるであろう。使用人の消滅は拡大親族を復活させるかもしれない。家族はもはやかつてあったものとは異なるであろうが、——結局、それはかつてすべてであったが——これによって、家族が最も重要な、成功した、また、より柔軟性のある機関でなくなることはないであろう。その新しい均衡を達成しようと努力する時、私たちを助けてくれるのは、弾刻ではなく知性に助けられた理解である。ここで、統合の高い家族に対すると同じように、統合の低い家族に対しても、私たちが訓練してきたのと同じ外的システムと内的システムでの相互依存の関係についての忍耐を要する分析が常に役立つと思う。私たちはただその可能性を素描したに過ぎない。

註

(1) G. P. Murdock, *Social Structure*, 213.（内藤莞爾監訳『社会構造』新泉社、一九八一年、二五五頁）
(2) E. D. Chapple and C. S. Coon, *Principles of Anthropology*, 315–19を参照。
(3) G. C. Homans, *English Villagers of the 13th Century*, 109–32を参照。
(4) R. Firth, *We, The Tikopia*, 160. また、128 を参照。
(5) *Ibid*., 203, 205.
(6) 近親相姦のタブーについての優れた議論については、G. P. Murdock, *Social Structure*, 260–322を参照（前掲訳書、三三六―三六九頁）。
(7) この観察に関して、著者はS. A. Richardson に負っている。彼のハーバードの文学士論文 "The Social Organization of British and United States Merchant Ships"（1949）を参照。
(8) *We, The Tikopia*, 218. 社会科学でのこの原理についての初期の記述はジンメルやラドクリフ＝ブラウンの記述である。K. H. Wolff, ed. and trans., *The sociology of Georg Simmel*, 135, 145–67, と A. R. Radcliffe-Brown, *The Social Organization of Australian Tribes*（Oceania Monographs, No. 1), 98 を参照。また、R. H. Lowie, *Social Organization*, 67–8 を参照。
(9) G・P・マードックの性的要因だけの結果としての義母回避の説明は、すばらしい本の一つの欠陥と思われる。*Social Structure*, 200を参照。（前掲訳書、三二九頁）。
(10) *We, The Tikopia*, 208.
(11) C. Tacitus, *Germania*, Ch.20.（泉井久之助訳『ゲルマーニア』岩波書店、一九七九年、九六頁）
(12) 特に the saga of Gisli Sursson を参照。
(13) それ以上の情報については、M. Bloch, *La Societe feodale*, 1, 191–221; G.C.Homans, *English Villagers of 13th Century*, 192; W.O. Farnsworth, *Uncle and Nephew in the Old French Chanson de Geste* (Columbia University Studies in Romance Philology and Lit-

erature); C. H. Bell, *The Sister's Son in the Medieval German Epic* (Univ. of California: Publications in Modern Phillology, X, No.2) を参照。

(14) ティコピアの家族での対人関係のシステムとほとんどの点で対応している社会に関しては、M. Fortes, *The Web of Kinship among the Tallensi* を参照。

(15) 母親の兄弟―姉妹の息子関係の分析での考えの多くは、結局は、A. R. Radcliffe-Brown, "The Mother's Brother in South Africa," *South African Journal of Science*, xxi (1924), 542–55 (青柳まち子訳『未開社会における構造と機能』新泉社、一九七五年、二四―四四頁) から出てきている。しかし、筆者はこの論文のコピーを見つけて読むことはできなかった。

(16) その主なものは次の通りである。*Argonauts of the Weatern Pacific* (寺田和夫他訳『西太平洋の遠洋航海者』中央公論社、一九六七年)、*Crime and Custom in Savage Society* (青山道夫訳『未開社会における犯罪と慣習』ぺりかん社、一九六七年)、*Sex and Repression in Savage Society* (阿部年晴他訳『未開社会における性と抑圧』社会思想社、一九七二年)、*The Sexual life of Savages* (泉靖一他訳『未開人の性生活』新泉社、一九五九年) *The Father in Primitive Psychology*、*Coral Gardens and Their Magic*.

(17) *The Sexual Life of Savages*, Ch. 1. secs.1, 3; IV, 4; V, 3; VII, 3, 6 (前掲訳書、第一章一節三節、第四章四節、第五章三節、第七章三節、六節); *The Father in Primitive Psychology*, 13, 85. 類似したパターンについては、E. Eggan, "The Hopi and the Lineage Principle," in M. Fortes, ed. *Social Structure*, 132–40 を参照。

(18) 生物学におけるこの考えに関しては、Sir D. Thompson, *On Growth and Form* (1948 ed.), 289, 784.

(19) G・P・マードックは、親族成員間の情緒的きずなのような社会組織での変化より、技術的な変化の方が未開社会から他の社会へと容易に普及すると指摘している (*Social Structure*, 192, 199 (前掲訳書二三二―二四一頁))。私たちの分析がこの事実の説明に役立つ。内的システムは、外的システムと関係しているが、直接的には容易に変化できないが、もし新しい技術が刺激となってその集団の外的システムの新しい形態を生み出すなら、間接的であるが変化することができる。時には、新しい技術はこの効果を持っていないかもしれない。新しい過程はその同じ古い生産組織、すなわち、同じ分業、同じ権限配置等によって行われるであろう。

(20) R. Firth, *We, The Tikopia*, 190 を参照。

(21) *Ibid.*, 182.

(22) *Ibid.*, 186.

(23) B. Malinowski, "Magic, Science, and Religion," in his *Magic, Science and Religion and Other Essays*, 1–71を参照。

(24) A. R. Radcliff-Brown, "On the Concept of Function in Social Science," *American Anthropologist*, New Series, Vol. 37 (1935), 396.

（前掲訳書、二四六―二五九頁）機能主義についての内容に富んだ文献というなら、研究者はB. Malinowski, "The Functional Theory," in *A Scientific Theory of Culture and Other Essays*, 147-76, と"Culture" in *Encyclopedia of the Social Science* から読み始めたほうがいいであろう。

（25）Sir D. W. Thompson, *On Growth and Form*, 6を参照。彼の作用因と目的因についての討議は興味深い。

（26）生物学からの例については *On Growth and Form*, 591を参照。細胞分割の厳密な幾何学的配列によって、増大する多くの細胞よりなる有機体は、皮膚を、あるいは、細胞を囲む外皮を創造する傾向にある。この皮膚がその有機体の存続に寄与するために使われるであろう。*Ibid.*, 451, 889, 1019 参照。

第11章　社会統制

社会統制と法の社会学…事例――互酬性の統制…事例の分析…実際的変化と仮想的変化…分配過程としての社会統制…もう一つの事例――産出高統制…産出高制限…均衡…均衡からの演繹…儀式としての罰…要約

この研究から新しい局面に入る。引き延ばしてきた問題、すなわち、いかに（How）またなぜ（Why）集団成員は集団規範に同調するか、あるいは、いかに、また、なぜ集団成員は集団リーダーの命令に服従するかを取り上げる。同調が得られる過程のうち、規範への同調が達成される過程を統制（control）と呼び、命令への服従が達成される過程を権威（authority）と呼ぶ。いずれ両者が緊密に結び付いていることがわかるであろう。今までは、統制と権威を与件としてきた。両者は私たちが研究する集団において有効であると仮定するだけであった。結局、私たちは何かを与件とせざるを得ないのである。

私たちの問題を別の方法で言うことができる。今まで、私たちは慣習（custom）を分析してきた。「コネクター配線工は知的なことを話題にした」、「ドックはノートン団のリーダーであった」、「ティコピアでは、父親に対する息子の態度はアンビバレントな感情であり、友情と尊敬の混合したものであった」。これらの文章は人々の間の関係で繰り返し起こっている事象を要約している。これらの反復がなかったなら、社会科学者は社会の研究を始めることができなかったであろう。社会はあまりにも変わりやすくて把握できなかったであろう。ところが実は、慣習が社会学者や人類学者の目の前にあった。彼たちはその記述を始めた。そして、進歩できると思った。慣習のパターンや構造が明らかになり始めた。大きな社会単位――社会――の研究で、もし一度でもその構造分析から先に進むことがあれば、社会学者は成功したことになろう。小集団の研究では、すべてのデータを入手できるので、私たちはさらに進めて、「なぜ構造は持続するか」と問い、その解答を期待することができる。私たちは元の問いの「いかにまたなぜ集団の成員は規範に同調するか」を言い換えて、「何が慣習を慣習ならしめるのか、なぜ反復が起こるのか、なぜ錯綜する社会行動の中に、私たちの話題にする持続性が存在するのか」と問うことができる。

そこで、さっそく、私たちは一つの仮定を立てる。いかなる慣習も自立できない。慣習への服従は自動的に行われるという考え――私たちはその考えが私たち自身の社会で正しくないことを経験から知っているけれど、かつて未開人については固く信じられていた考え――を、マリノフスキーは、本章に多くの影響を与えた本で、未開人にも当てはまらないとして論破した。(1) 行動の規則性が持続し、類似した事象が類似した環境で繰り返し起こる。その唯一の理由は規則からの逸脱が抵抗に遭うからである。その抵抗は単なる慣性(inertia)ではない。私たちは皆社会的な行動で変化に対する目に見えない抵抗に気付いている。しかし、社会で起こっている真の変化の量の示すようにその慣性力はあまり強くない。慣習は「自然的な」ものではない。それは奇跡であり、その持続には慣性以上のものを必要としている。

実は、もし社会システムが相互依存という複合状態にある多数の要素よりなっているなら、その諸要素のうちの一つあるいはそれ以上の要素での変化は他の要素に影響を及ぼし、その影響を受けた要素がその変化を抑止しようと作用する。それは、ゴム紐でできた網の紐の一つを引くと、他の紐の緊張が増大するのによく似ている。私たちの全アプローチは社会システムを力動的な諸力の構成体として見るように設計されている。時には、その構成体はバランス状態にあり、そのシステムの安定した状態が維持されている。時には、それはバランスを崩し、変化が止むことなく起こる。いずれ、私たちの分析は社会的安定の研究から社会的発展の研究へと移ることになるであろう。しかし、いずれの研究においても、私たちの強調点は力動的な力に置かれる。力学でと同じように社会学でも静学は動学の特殊ケースである。私たちの関心は、構造ではなく、構造を作り出す諸力にある。(2)

私たちの問いに完全に答える前に、わき道に逸れて予備的なことに少し触れておかなければならない。私たちは問題を規範への服従の問題として述べた。また、行動における規則性の問題として述べた。しかし、規範と現実の行動が一致することは滅多にないことを繰り返し強調してきた。未開社会においては、当の規範が特に重要であると思われる時、規範と行為が最も接近するであろう。しかし、マリノフスキーは、トロブリアンド島民においても、ほとんど普遍的であると言われる人間の規則の一つ、すなわち、近親相姦（incest）を禁止する規則が従われないことが時折あることを示した(3)。そのような逸脱は恐怖を呼ぶが、しかし、現に起こっている。したがって、私たちの問題はつぎのように言い直すべきであろう。集団成員の規範同調度（*degree*）での規則性がどうして存続するのか。

社会統制と法の社会学

社会統制の研究は法の社会学より包括的でもあるし、また、そうでもない。社会科学者が一般的に法によって意味していることは、社会の他の組織とは区別される法的組織によって強制されるはっきりと公式化された行動規則である。この定義は私たちに二つの疑問を提起する。私たちの社会統制の議論には、はっきりと公式化された社会的規則とそうでない規則の両者が含まれるのか。次に、法的組織——裁判官、検事、警察官、このような名前で呼ばれるもの——によって強制される規則と他の方法で強制される規則との両者が含まれるのか。この疑問を順次取り上げることにしよう。

私たちが法について語るとき、通常、法令全書やそれに類した本の中の記述を思い描く。この意味での法と、ウィリアム・グラハム・サムナー（William Graham Sumner）が「習俗」（folkways）と呼んだものとの区別が重要となるのは、法の強制が法的組織の領域であり、習俗の強制がそうでない時である。法的組織の出現は大社会に限られる。ところが、私たちは小集団を研究している。私たちは法と習俗の間に線を引くつもりはない。私たちにとって、両者は規範であり、そのいずれの規範からの逸脱も罰によって報われる。ある社会学者なら、両者はサンクション・パターンであると言うであろう。私たちは、ある規範が他の規範と比べて重要であることを、また、ある集団は他集団よりはっきりした規範を保持していることを認める。ある規範ははっきりと記述されている。他の規範は観察者によって推測されねばならない。その際、推測に伴う間違いの危険性を認めざるを得ない。私たちの規範についての知識の多くは、ある事象に対する「それは公正でない」とか、「それは正しくない」という言葉を聞くことから来ている。何がその環境で公正な行動であったか、正しい行動であったかは、推測に関わることである。しかしながら、直接的であれ、間接的であれ、規範の証拠は常に言語的である。私たちは言語的明白さの程度での違いや、重要さの程度での違いは、ここでは問題にしない。しばらくの間、文書偽造禁止法と父親に対する尊敬を求める慣例は、規範として、同じ足場に立つことになろう。

もし社会統制の研究者が、社会統制は常に警察官や地方弁護士や判事のような人々の手中にあると考えるなら、彼らはとんでもない間違いを犯すことになる。私たちが外的統制（external control）と呼ぶ、この種の統制の出現は歴史的には新しい。社会の規模が大きくなるにつれ、宗教や戦争や法強制のような活動は、最初は個人的な専門家に、つぎに専門家の組織にゆだねられる。しかし、統制の原初的な基礎は常に存続している。多くの小さな社会は、法役人のような人がいなくても、法への驚嘆すべき服従を見せている。私たち自身の社会においても、外的統制が関わる対象は相対的に少数の重大な犯罪である。しかも、その外的統制がそれらの処置において効率的でありうるのは、公的法以外の統制によって支持されている時のみである。法強制の歴史は、たとえば、禁酒法改正の歴史は、非公的な統制が公的な統制をどの程度支持し、あるいは支持しなかったかの歴史である。私たちが内的（internal）とも呼ぶこれらの非公的な統制が本章の主題である。私たちは集団のリーダーの司法的機能に注意を払ってきた。しかし、独立した組織としての法にはまったく触れないつもりである。

事例──互酬性（reciprocity）の統制

さて、社会統制の特殊例を取り上げることで、社会統制の詳細な研究に取り掛かることにしよう。それは本書の初めの部分の事例に戻ることを意味している。それらの事例を初めに置いたのは、必要なら、いくつかの異なる文脈で繰り返し使うためである。世界で最も一般的な規範の一つ、すなわち、もし人が君に親切（favor）を施すなら、君はそれとほぼ等しい親切をお返ししなければならない、という規範を取り上げることにしよう。経済学者と違って、私たちは何が等価物あるいは代価となるかという問題──ある社会では何個のヤム芋が一匹の魚に値するか、他の社会では何票が任務に値するか──について論じる必要はない。等価物は親切な行為によって異なり、また、集団によって異なる。その多様な等価物を集団の与件ととることにしよう。そして、その規範が遵守されているとして、どんな統制がその遵守を維持するために行われているか問うことにしよう。ホワイトはコーナーヴィルでの公正（fair）な交換についてこのように言っている。

街角の若者たちの掟は、可能な限り友人を助けること、そして彼らを傷付けるような行為をしないことを求めている。グループでの生活がスムーズに進行している時は、成員を相互に結び付けている義務は、はっきりそれとは認識されない。かつてドックが、私に頼みごとをしてきたことがあった。私は、それに答えて彼が自分のためにとてもたくさんのことをしてくれたのだから、恩返しできる機会をうれしく思うと言ったのだ。しかし、彼は反論した。「そんなふうに考えて欲しくないよ。君がおれの友達だから、おれのためにこうしてほしいと思っているだけさ。それだけのことよ」。

グループ内での結び付きが、崩れた時にのみ底流にある義務が明るみに出てくる。アレックとフランクの場合、彼らが友人関係にあった間は、彼らがお互いに相手に対して与えた助力について論じるのを聞いたことがなかった。しかし彼らが、ヴィーナス・クラブとのグループ活動をめぐって仲たがいした時、おのおのがドックのところに行き、自分が今まで与えてきた援助から当然考えられるべき行動を、相手方がとらなかったとお互いに不平を述べたてた。これは言いかえれば、友人関係のためになされてきた行動が実は、互いの義務関係のシステムの一部として行われていたということだ(4)。

私たちは皆、結局のところ、社会統制とは諸個人の感情に関することであると思っている。私たちが常に自問する問は、「ある個人の行う一連の行為が彼に報酬や罰をもたらしているから、彼はその行為を続けたり、止めたりするのではないか」である。しかし、私たち自身の感情についての知識から、他者の感情について何かを推測するとしても、私たちは行動の単なる観察者として、ある一連の行為がその他者に報酬をもたらしたか、損害をもたらしたかを特定することは難しいと思う。彼から害を受けたという言葉を聞くことができれば幸いである。社会統制の研究で、私たちが実際にすることは、一連の行為の結果を観察すること、それから、個人がこの行為を続けるかどうかを観察することである。もし彼が続けないなら、その結果が彼を傷つけたと仮定する。私たちは、本書で、報酬や罰という慣用的な語句を続けて使用するが、その際、私たちが常に心に留めておくべきことは、私たちは感情をほとんど直接的に観察しておらず、むしろ、行為の結果をその行為の継続あるいは中止と相関させていることである。

どの統制が規範への服従を確実にしているかを決める最善の方法は、もし規範が守られなかったなら、どんなことが起こったかを問うことである。ホワイトは事実上、どれか一つというよりむしろ、多くの統制が親切の交換での等価性を維持する傾向にあると言っている。始めの段階で、もしBがAの親切にお返しをしないなら、Aは別の折に彼に親切を行わないであろう。すなわち、Bの活動率での減少に対抗して、Aの互酬的活動率が減少する。集団生活の枠組の内外で、人が自分の抱く目的促進のために相手の援助を必要とする限り、親切の等価性を維持しようとする統制が自動的に働く。統制が交換の過程の中に組み込まれているのである。これは経済的な統制、すなわち、個人の利己心に基づく統制である。あるいは、私たちの言葉で言えば、外的システムに固有の統制である。

しかし、その経済的統制は集団で働く唯一のものではない。ホワイトは、その二人の互酬的活動は彼らが互いに対して抱く感情と無関係ではないという点を指摘している。実は、私たちの全概念的アプローチはこの点を強調するために設計されているのである。交換の等価性はまた友情の表現である。これはつぎのことを意味している。二人の間の等価性からの離反は相互に対する好意的な感情の減少をもたらすであろう。また、逆もまた真で、二人――たとえば、フランクとアレック――の間の好意的感情からの離反は均等な交換の中断をもたらすであろう。経済学者によって研究されている市場交換では、対人的感情は要因ではない。それが日常商売でいかに重要であっても、少なくとも、それは経済学の方程式には入ってこない。しかし、集団成員の間での日常の互酬性において、対人的な感情は常に要因の一つである。他の人に好かれることが彼にとって報酬である限り、また、嫌われることが罰である限り、等価交換の統制は再び自動的に働く。なぜなら等価性からの離反は何らかの罰をもたらすことを意味するからである。その罰は交換の中断を防ぐほど大きくないかもしれない。しかし、この種の罰は規範の違反から出てくる。私たちは、いずれかの当事者によってなされた親切の絶対量ではなく、交換の等価性からの離反（*departure*）を強調していることに注意してほしい。

私たちは、さらに、二人の間の好意的感情の減退は相互作用の頻度の減少を意味していることを知っている。したがって、他者との結び付きが彼にとって報酬であるなら、また、その他者によって忌避されることが罰であるなら、交換での等価からの何らかの離反は、感情への影響を通して、さらなる統制を働かせる。しかし、ホワイトは、私たちが研究している引用文では、この過程に触れていない。そこで、私たちはそれを強調すべきでない。

今まで、私たちは二人の間の関係に固有の統制だけを考察し、両者がより大きな集団の成員であることを無視してきた。この話題について、ホワイトはつぎのように書いている。

　街角の若者が皆等しく十分に彼らの義理を守るわけではない。そして、この要因が一部彼らの間での地位の違いを明らかにする。低い地位の男は義理を果たさなくても、彼の位置での大きな変化はない。彼の仲間は彼が過去において義理を果たせなかったことを知っている。彼の位置は彼の過去の業績の反映である。他方、リーダーはすべての成員から彼の個人的な義理を満たすものと信頼を受けている。彼が義理を果たせなければ、混乱を生み出し、彼の位置を危険にさらすことになる。[5]

　このホワイトの記述を分析するために、私たちは、まず、義理の返済が「街角の若者たちの掟」の一部であるという彼の言葉に戻らねばならない。すなわち、それは集団の規範の一つである。また、私たちは個人の社会的ランクと集団規範への服従度との間の関係を見てきた。したがって、街角の少年にとって彼の社会的ランクが報酬である限り、義理の不履行は彼を傷つけるであろう。その結果、それが次の機会での彼の不履行を防ぐようになると考えられる。彼の不履行は、また、フランクとアレックの事例で見たように、その集団のリーダーの知るところとなるかもしれない。リーダーとは、その意見が社会的ランクの決定に重要視される人である。もし規範違反者がすでにランクの低い人であるなら、彼——スタートで遅れている——を傷つけるのは彼の義務の不履行というよりは、不履行の現水準からの離反であろう。この離反さえ彼を大して傷つけないかもしれない。集団での低いランクの人はその集団によって統制されることの最も少ない人である。これは一つの事実である。もちろん、彼らがその規範からあまりにもひどく逸脱するなら、完全に排除される危険を受けなければならないであろう。もし規範違反者が高い立場の人であるなら、彼を傷つけるのは互酬性の現水準からの離反である。しかも、それは失うもののあまりないランクの低い人よりも彼を多く傷つける。したがって、優れた観察者であるホワイトが示しているように、リーダーはフォロワーの支払いが自分と等しくなることのないように注意するであろう。私たちはその関係を逆に捉えて、もし、別の理由で、ある人の社会的ランクが落ちるなら、彼の義理を返す意思も減退すると推測する。結局、社会的ランクとある活動の遂行との間の相互依存関係、この事例では親切へのお返しの間の相互依存関係が、その活動の自動的な統制を構成するのである。

事例の分析

互酬的交換の統制の研究をさらに進めることができると思う。私たちは街角の若者の行動のうち少数の該当する事項だけを考察してきた。しかし、ここで止めた方がいいと思う。私たちはよく知られたことをくどくどと記述することに飽き飽きしている。私たちは先の諸章でノートン団を研究した。私たちは誰も街角の若者ではないが、どこかで彼らとよく似た行動をしてきた。もう一つの中止理由は、本章での目的は体系的な研究をすることではなく、私たちの考え（ideas）を明確にすることであるからである。どんな明確化をなし得たであろうか。

第一に、私たちは統制として特記できるような新しい行動形態を何も発見していない。その代わり、私たちはつぎのことを考察していた。(a)行動の規則、すなわち、私たちの用語では、規範、(b)活動、たとえば、それは人が他者に対して行った親切、(c)人々の間での友情や敵意の形態の感情、(d)集団成員による諸個人の社会的評価あるいはランク付けという形態の感情、(e)フォロワーとリーダー間の相互作用を含む集団成員間の相互作用。このリストからつぎのことがわかる。ここには私たちにとって新しいことは何もない。これらはあちこちで私たちが出会っているおなじみの同じ行動要素である。もし親切のお返しに均等なものを返せなかったら、その人に何が起こるだろうか、と私たちは問うた。社会システムの諸要素は相互につながっているから、この離反がそれぞれの要素に変化をもたらし、その変化が彼を傷つけることがわかった。小集団では、社会統制は特別な活動ではなく、私たちがすでにその存在を明らかにした行動の要素間の関係に固有あるいは内在しているのである。

第二に、私たちが発見したと思われることは、統制の効果は人が集団規範から離反する時に身に降りかかってくる多くの害悪（evils）によっているということである。その罰はその罪にふさわしくなく、まったく不釣合いである。ノートン団の一人が親切にお返しをしないなら、彼はつぎの機会に親切を要求する権利を失う恐れがある。彼がその集団の成員であってもなくても、これは彼に苦痛を与える。それは個人的な利己心に与えられる損傷である。しかし、その集団の成員として、彼はまた他の成員との友情や交わりを、さらに、その集団内での彼のランクを失う恐れがある。相互に依存し合い一緒に関連している社会行動の要素の数が多ければ多いほど、また、その関連が複雑であればあるほど、その要素の一つでの変化が、他の要素の中にその変化に逆らうような変化を起こす可能性が高くなる。もっと良い言い方をすれば、集団が完全な社会的システムになればなるほど、個々の成員に及ぼす統制は大きくなる。結局、外的側面と内的側面の全社会システムが関わっている。

法的な機構が存在しなくても、小集団には、何と強力な統制が存在しうることか、何と高度な同調が存在することか。聡明な人はそれによく気付いている。この理由は、今や、明らかである。集団の知的なリーダーは規範違反への罰の行使より、その集団が自己を律する条件を助長することに注意を多く向けるであろう。リーダーは罰を無視しないが、しかし、罰は非公式的な統制によって支持されなければ効果的でないのである。

統制はその社会システムのみに依存しない。たとえば、ノートン団の一人がコーナーヴィルから転居したと想定せよ。彼は新居に近いところの集団から社会生活の喜びを得ることができるが、しかし、ノートン団の仲間と一緒に過ごすために帰ってきた。以前よく彼らとそうしていたからである。彼にとって、ギャング団内でのランク喪失は、彼の行動を集団規範に同調させる統制として作用せず、むしろ、一転して彼をその集団から完全に追い出すかもしれない。集団がその成員の上に行使する統制の効果はその成員がその集団から逃避できる社会的自然的機会によって影響される。集団と関係しているどの個人にとっても、統制は社会システム内の相互依存の関連だけでなく、そのシステムが環境と関係している状態にも依存している。

このような洞察がしばしば得られている。私たちはそれを普通以上に明確にしようとしているだけである。たとえば、マリノフスキーは彼のトロブリアンド島民についてつぎのように書いている。

言うまでもないことであるが、「法」や「法現象」は、私たちがメラネシアの一部でそれを発見し、記述し、定義したように、独立した制度に基づいていない。法は何らかの独立した自己充足的な社会的協定より、むしろ、彼らの部族生活の一側面を、彼らの構造の一側面を表している。法は特殊な法令体系の中にはない。法令体系はどのような形の不履行があるかを予知し、定義し、適当な防壁や救済を提供する。法は義務の配置（configuration of obligations）の特殊な結果である。住民が責任を忌避すれば、将来必ず罰を受けるように義務が配置されているのである(6)。

あるいは、もっと簡潔に言えば、「法や秩序は、まさにそれらが支配する過程から生まれる(7)」。

「統制の心理学」についてのすばらしい論文で、メアリー・パーカー・フォレット（Mary Parker Follett）はつぎのような示唆に富んだ文章を書いている。

私がこの論文で挙げたこれらの生物学者、心理学者、哲学者の最も基本的な思考は統合体に関係している。彼らは私たちに全体としての有機体の自動調整的・自己管理的性格について語っている。彼らの意味していることは、組織化活動は管理化活動である、ということである。その相互作用過程自体が統制である。それが統制を設置するのではない。これは、政府についての著者たちの、企業管理についての著者たちの重要な意見である。……統制は効果的な統合によって得られる。権威は統一化の過程内に起こる。あらゆる生活過程はそれ自身の権威、すなわち、その過程自体によって生まれた権威、あるいは、その過程に含まれる権威に従うように、社会的統制もその過程によって生み出される。あるいはむしろ、凝集性を自己創造する活動が統制活動である(8)。

その洞察は明らかにマリノフスキーと同じであり、重要である。しかし、科学は洞察によって成長するが、その上に科学を打ち立てることはできない。そこで、私たちはこの考えを慎重な分析でもって確実なものにしようとしてきた。

第三に、私たちの社会統制の研究方法から、社会統制について重要なことが学習されるであろう。実際に問うたことは、親切な行為にお返しをする活動のように、社会体系の諸要素の一つに小さな変化があれば、他の諸要素に何が起こるかであった。そう問う時、私たちはいくつかの古い科学の方法に無意識に従っていたのである。古典派の物理学者は、私たちの質問と似た質問を立てることによって、研究対象であるシステムの安定あるいは均衡の条件に関する洞察を得ている。たとえば、ここにジャイロスコープがある。それは、軸を中心に絶えず回転しながら、一定の位置を維持している。どのようにして物理学者はこのシステムの安定への洞察を得るか。数ある質問の中でも、彼が行う質問は、もしその軸を押して現在の位置を少し変えると、何が起こるかである。彼は小さな変化を考察する。なぜなら大きな変化はまったく新しい均衡状態を作り出すと思われるからであり、また、彼は現在の均衡状態に関心があるからである。その問題をより一般的な形式で表すために、物理学者はシステムを多くの変数x、y、z等の間の関係を示す多くの方程式を立てることによって研究し、それを記述したと言うことにしよう。もし小さな変化がxの値に起こるなら、yやzや他の変数の値にどのような変化が起こるかを問うことによって、そのシステムの安定についての洞察を得る。本書の前の部分で、大雑把で、数学的でない方法で、社会システムの要素間の関係について述べてきた。本章では、要素の一つに小さな変化があれば、他の要素にどのような変化が起こるかを問うことによって社会的統制に関する洞察を得ている。この過程で、私たちは何ら新しいことを学んでいないことに注意してほしい。「xで小さな変化があれば、yに何が起こるか」という質問から学ぶことは、「xとyの関係は何か」という質問への答えのなかにすでに暗示されていたことである。[9] これが、社会統制の研究で、以前知らなかったことに今のところ何一つ遭遇しなかったということによって私たちが意味したことである。数学の用語を使って言えば、社会統制の理解は、社会システムでの相互依存の関係を微分的に（differentially）見ることから得られる。

実際的変化と仮想的変化

多くの人々は数学を言語として見るよりむしろ何か神秘的なものと見る。しかし、それは英語が曲がりなりにしか言えない多くのことを、簡潔明快に言うことができる言語である。人々は多くのことを見落としている。特に、古典力学や熱力学の数学のもつ美しさと、常識からの喜ばしい離脱を見落としている。ここで数学的な考えと付き合っても悪いことはないであろう。物理学者が、「小さな変化がｘに起こるとき、ｙに何が起こっているか」と問う時、彼は実際的（*actual*）変化を研究している。そして、その小さな――その小ささの程度はあなた次第であるが――実際的変化に対して記号 dx を使用する。しかし、彼が「もし小さな変化がｘに起こったなら――実際は起こっていないが――、ｙに何が起こったであろうか」と問う時、彼は私たちが仮定的（hypothetical）変化と呼び、数学者が仮想的（*virtual*）変化と呼ぶ変化を研究している。そして、そのｘにおける仮想的な非常に小さい変化に対して記号 δx を使用する。[10] そこで、私たちは、二人の間の相互作用での小さな――その小ささは研究者次第であるが――実際的変化を示すために記号 di を、また、仮想的変化を示すために記号 δi を使用することができよう（現実には、私たちは、相互作用の時間変化率を示す記号 di/dt を多く使うべきであろう）。私たちは数学的な表現を使わないが、しかし、その考えが数学的な言語で記述できるということを理解すべきである。

社会統制の過程を理解しようとする時、私たちはつぎのことを考察してきたし、さらに考察するつもりである。実際的変化と仮想的変化の両者、すなわち、人が規範服従の現水準から離反したとき、何が起こったか、また、実際は離反してないが、もし離反したら、何が起こったであろうか。日常の社会生活で、二つのうちの仮想的変化の方が重要である。なぜなら、これを通して、知性（intelligence）が統制に参加するからである。知性がなければ――もし人間社会をまったく知性なしで存続していると考えることができるなら――、社会的規範の違反は実際よりももっと一般的であり、多かったであろう。集団の成員が規範に服従する理由は、彼らが現に過去において服従せず罰せられたからだけではなく、もし服従しなかったなら、どんなことが起こるかを知っていたからである。彼らは、私たちと同じように、その社会システムの諸関係を考えていないかもしれないが、それにもかかわらず、彼らは実質的にその関係に気付いており、したがって、規則を破ることの結果を予知できるのである。たとえば、友人にクリスマス・プレゼントを贈るべきかどうかを決めようとしている女性について考察してみよう。彼女は、もし贈らなければ、もう貰えないのではないかと思う。しかし、この計算は重要ではない。なぜなら彼女の家計はクリスマス・プレゼントがなくてもやっていけるからである。重要な問題は、彼女の友人が彼女の不履行をどう考えるかである。もしその友人がプレゼントを貰えないなら、友情が今までより薄くなったと思い、今度は、そのことが二人の関係に影響を与えるのではないだろうか。彼女たちは今までと同じように互いによく会うであろうか。最後に、その友人は、その女性の評判や社会的立場に影響を与えるようなことを他の人々に言うのではないだろうか。彼女は、結局は、プレゼントを贈ることになるであろう。しかし、彼女のランクが社会的に高く、相手が高くない場合は、別である。この場合には、彼女はその関係を切ることを願うかもしれない。彼女は自分より低いランクの人からの名声への攻撃を恐れないであろう。結局、彼女は意思決定に至る過程で、いかに大雑把であれ、ひょっとしたらもっと雑かもしれないが、その社会システムにおける相互依存の関係を考慮している。知性を用いて、彼女はその関係を「理解し」(see)、その限りで、知性は常に社会統制の要素となっている。

大きな期待は持たないことにしよう。本章の結果に幻滅するかもしれない。社会統制の研究は、私たちが今までに知っていたこと以上のことは何も加えないであろう。何も加えないという知識を除けばであるが。しかし、もしその幻滅が理解の明瞭性の増大をもたらすなら、これは重要なことである。社会統制の理解が、私たちがある方法ですでに考察した相互依存の関係を別の方法で考察することから得られたということを知ることは、確かに幻滅である。しかし、これと似た物理学の問題についてのエルンスト・マッハ（Ernst Mach）の言葉が思い出される。力学での均衡の一般方程式について述べながら、彼はつぎのように書いている。

結論を述べることにしよう。空想的変位の原理は、すべての一般的原理と同じように、それが与える洞察によって、明瞭性と同時に幻滅感をもたらすということに注意してほしい。ずっと前から知っていた事実、また、直感的に認知していた事実を、その中に認識することが多ければ、私たちの現在の認識はより明瞭となり明確となっても、それがもたらす幻滅は大きい。また、それによって、私たちが最も複雑な関係を通してあらゆるところでその同じ単純な事実を見ることができるようになるという意味で、それは明瞭性をもたらす。(11)

分配過程としての社会統制

もう一つの幻滅源は、社会統制の過程を少なくとも二つのやや異なる言語システムで記述できるという事実である。すなわち、私たちは統制を報酬と罰の言語で記述できる。あるいは、私たちはそれを財の分配の言語で記述できるのである。ただし、この場合、私たちはお金のような物質的な財と、高い社会的ランクの喜びのような非物質的な財を考察する。ノートン団の人々に戻り、まず、その集団でのお金の分配を考えることにしよう。ノートン団の人々の間で絶えず交換される親切は小銭からなることが多い。フォロワーはリーダーほど完全に義理をお返ししないから、お金は集団ではリーダーからフォロワーに流れる傾向にあった。したがって、お金はフォロワーよりもリーダーを通して多く集団に入り、そして、リーダーよりもフォロワーを通して多く出て行ったにちがいない。社会と同じように小集団においても、単なるお金の所有は重要な事実ではない。金持ちの富はドルではなく、ドルの流れを統制する能力にある。重要なのはお金ではなく、勢力である。

今度は、社会的ランクのような非物質的な財に移ろう。お金が初めは集団外から来たのと違い、ノートン団の人々の間での社会的ランクは、いわゆる、集団内で作られた。フォロワーたちがリーダーに高いランクを与えた。このように、リーダーはフォロワーの誰とよりも、集団内で作られた財の多くを集団から受けた。そして、リーダーは外で作られた財の多くを集団に与えた。もし私たちがそのシステムを閉じたいなら、まだ説明されていないもう一つの要因を説明する必要がある。なぜリーダーはフォロワーと比べて外部から多くのお金を受けたのか。それは彼らがまさにリーダーだからである。たとえば、彼たちは集団の票を政治運動にばら撒くことができたから、外部から多くのお金を受けたのである。彼らがリーダーであるのは、一部は、彼らの社会的ランクが高いからである。その高いランクは、また一部は、フォロワーとの個人的な親切の交換での収入を上回る支出超過から出てきた。こうして、その環は閉じられる。また、こうして、お金とランク――多くある中からただ二種類の財を取り上げたに過ぎないが――の分配システムを単純化した方法で経済として扱うことができる。このように分析される時、街頭のギャング団の経済が企業経済とあまりにもよく似ていることに驚かされる。この組織の一般化された経済という考えに、C・I・バーナードは、『経営者の役割』の中で何度も立ち返っている。[12] 分配という言語を使っても、それまで知られなかった社会統制に関することが新たに発見されたわけではないことに注意してほしい。しかし、非物質的な財を含む財の分配の研究は、統制の問題にアプローチする有効な方法であろう。

私たちが学んだことを簡単に要約することにしよう。

(1)規範への絶対的な同調は滅多にないから、個人に対する統制が動き始めるのは、規範への非服従によってではなく、規範への現服従度からの離反によってである。
(2)統制について新しいことは何もない。また、社会組織に入ってくる要素で新たに発見された要素もない。
(3)個々の統制、すなわち、ある人の規範不服従とその不服従の多様な結果との関係は、微分的に考察された古い相互依存の関係に過ぎない。
(4)全体としての統制が効果的となるのは、ある規則への現服従水準からの離反が、一つではなく多くの個々の統制を活性化する限りにおいてである。
(5)すなわち、離反が、諸関係のシステムを活性化し将来の離反を減少させる。

もう一つの事例——産出高統制

自明なことをまた長々と論じることになりかねないが、もう一つの事例を取り上げることにしよう。それは私たちがすでにそれとなく言ってきたことを説明してくれるであろう。端子盤配線観察室には、配線工は、一日につき六〇〇〇個の完成した接続、あるいは、約二つの装置を生産すべきであるという規則があった。これは規範であった。すなわち、集団成員は生産はこれくらいあるべきだと言った。しかし、私たちの知っているように、個々の配線工の生産高はその規範から多少とも離反していた。規範が従われる限り、どのような力がそれへの服従を確実にさせたか。この問題に答えることにしよう。単純化のため、派閥Aのコネクター配線工と派閥Bのセレクター配線工だけを考察し、半田工や検査官の存在から起こる複雑な状況は無視することにする。

ノートン団の人々を互酬性の規則に従わせたのと同じ種類の統制が支配的派閥の成員に対しても働いた。たとえば、テイラー（W_3）は集団の産出高基準を最もよく満たした。彼はまた最高の社会的ランクを保持していた。援助された回数で測定される相互作用を他者から最も多く受けた。最も影響力のある集団成員であった。彼の活動で集団規範からの長期的な離反が多くなれば、それはこれらすべてでの下降をもたらしたであろう。彼が社会的ランクを楽しみ、仲間付き合いを楽しみ、そして、影響力を楽しんでいる限り、彼の産出高率での変化は彼を傷つけるであろう。統制の事実は社会システムにおけるこれらの要素と他の全要素との関係に内在している。端子盤配線観察室での特別な活動と規範は、ノートン・ストリート・ギャング団のそれらとは違っていたが、一般化された活動と一般化された規範と社会システムの他の要素との間の関係において、テイラーに作用した統制は、ドックに作用した統制とまったく同じであった。私たちの分析的概念はこれらの背後にある類似性を明らかにするために導入されているのである。

派閥Bのセレクター配線工の考察に移ることにしよう。彼らの産出高は集団規範以下であることがはっきりしていた。この意味で、彼らの行動はコネクター配線工の行動ほど統制されていなかった。グリーン（W_9）はその部屋に来てはじめて配線工となり、その新しい仕事を学び、産出高が増大しつつあったが、このグリーンを除けば、コネクター配線工の産出は容認されている低基準から大きくはずれてはいなかった。(13) その基準との関連では、彼らの行動は統制されていた。何が行動を統制したか。セレクター配線工はコネクター配線工より勤続年数が少なく、給料もやや少なかった。彼らは少し異なる種類の装置で仕事をし、部屋の後部に配置されていた。コネクター配線工の規範に照らして、これらの事実がセレクター配線工を社会的劣位者にした。しかし、その差異は微小であり、セレクター配線工は劣位性を容認しようとしなかった。両集団の間には敵意が生まれた。その敵意は活動の差異や相対的に低い相互作用で表出された。セレクター配線工とコネクター配線工は彼らのゲームや会話などで違った。また、彼らは産出高でも違った。さらに、彼らの違いはある特定方向に向かった。すなわち、個々の活動項目で、彼らはコネクター配線工の規範以下に落ちた。彼らの会話はあまりにもうるさく、彼らの産出高はあまりにも低かった。これらすべての行為で、コネクター配線工の視点から彼らはさらに地位を低めたが、しかし、彼らはまたそのコネクター配線工に復讐をしており、それは仕返しであった。他方、コネクターは彼らをその低い産出高ゆえにさらに嘲笑し続けた。今度は、それが敵意を刺激した。そしてさらに……。

私たちは社会統制を報酬と罰の問題として述べてきた。これは正しいが、しかし、十分ではない。罰を執行しなければならない人なら誰でも知っているように、人を罰することが必ずしもその人の行動を規範に近づけるとは限らない。時には、まさに反対の効果を持つ。すなわち、その罰への反感や、彼の行動が罰を行う人を激怒させるとわかっていることや、その他の多くの理由が、彼の行動をさらに規範から遠ざけるかもしれない。コネクター配線工はセレクター配線工を産出高の低さ故に嘲笑することで、彼らを罰しようとした。他方、そのセレクター配線工は産出高を低くとどめることで、自称裁判官に復讐をしようとした。なぜもっと産出高を低くしてもっと効果的にコネクター配線工を怒らせなかったのかと問いたくなる。産出高は集団規範には近くなかったが、また、それからあまりにもかけ離れてもいなかった。私たちはこの疑問にある仮説でのみ答えることができる。セレクター配線工は端子盤配線観察室内でサブ集団を構成していたが、また、全体としての集団の一部でもあった。彼らが劣位者として決めつけられることに腹を立て、その産出高を低くすることでコネクター配線工に復讐をしても、それでも彼らはその集団の規範を受け入れ、そして、相手から完全に追放されるほどの「詐欺師」にはなりたくなかった。また、産出高をあまりにも低くし続けることで、給料や昇進に支障が起こることを恐れた。産出高での彼らの活動水準は、彼らにとって、外的かつ内的な社会環境で罰を超える可能な最大報酬量――最大の全満足――を確保する水準であった。もし彼らの産出高がその現実の水準以下に落ちたなら、嘲笑の増大によって、また、社会的ランクの降下によって、また、その集団の他の成員との相互作用の減少によって、また、経済的利益への脅威によって、彼らは多くのものを失ったであろう。その損失は、彼らが独自性を主張することで、また、コネクター配線工を苛立たせることで得ていた喜びよりも大きかったであろう。他方、もし彼らの産出高が現水準以上になったなら、コネクター配線工の苛立ちの減少によって、また、彼らの独自性の主張の減少によって、低い産出高で得ていたより多くのものを失ったであろう。

社会統制の分析が、内的側面と外的側面の両者を含む、社会システムの全関係に関連することを、もう一度、理解することができたと思う。しかし、これ以上の理解が必要である。もし端子盤配線工の社会システムに入る要素のどれかが違う値を持つなら、たとえば、セレクター配線工の仕事が現在以上にコネクター配線工の仕事と違っていたなら、そして、その結果として、半田工が配線工との関係での劣位性に甘んじたように、セレクター配線工が劣位な位置に甘んじるなら、そのとき、統制が効果的になる点が違ったであろう。そして、セレクター配線工の産出高は現実より大きく、あるいは、少なくなったであろう。

統制とは、もしある人が規範への現在の服従度から離反すれば、彼の行動をその服従度に戻させる過程である。私たちは絶対的な服従よりむしろ服従度を強調した。しかしながら、今までは、その服従度を、それがその人の服従度であると言うことによってしか定義を試みなかった。私たちが今理解すべきことは、統制が効果を持つのは、その服従度がその社会的システムの現状下で可能な最大の感情満足量を生み出すものである時のみであるということである。したがって、その服従度からの何らかの離反は満足の減少を、純罰をもたらす。もし彼にとってもっと大きな満足が他の服従度で可能であるなら、そのとき、統制を生み出したと思われたメカニズムが、反対に、その人を、現在の服従度から離反させ、新しい服従度に向かわせるであろう。すなわち、これらのメカニズムはその人の行動をその規範に絶対的に近付けるか、あるいは、それから遠ざけるであろう。しかし、いずれの場合でも、彼の行動は規範への過去の服従度（*degree of obedience*）から離反するであろう。

この点で、前に言ったことを思い出す必要がある。報酬と罰についての私たちの仮定は説明を容易にするけれど、それらは他の理由で正当化されない。結局、どの集団に対しても、ある種の行動がその環境下で最大の満足を生み出しているということを証明することは非常に困難であろう。しかし、私たちの考えはすべて仮定によっているわけではない。観察にもよっている。ある人の規範への現在の服従レベルからの離反は、社会システムの他要素での変化をもたらし、彼の行動がその服従度に戻ろうとする状況がある。規範への現在の服従度からの離反が、復帰ではなく、さらなる離反を生み出す状況もある。私たちは彼の満足量について何らの仮定をしないでこれを観察することができる。私たちは最初の状況、すなわち、統制が効果的である状況を、均衡（*equilibrium*）の状態と呼ぶ。

産出高制限

私たちは端子盤配線観察室で、産出高の社会統制を、あたかもそれがその室内でのみ効果があるかのように扱ってきたが、しかし、明らかなように、それはその集団の環境に対しても効果を持った。それはまた、一部、その環境によって条件付けられた。ウェスタン・エレクトリック社にとって、産出高に関する集団規範とその規範を維持する統制は「産出高制限」を意味した。産出高がその集団で低いと考えられたわけではない。反対に、それはまったく満足のいくものと考えられた。しかし、その産出高は、疲労で生産ができなくなるまで働いたときの産出高ほどには高くはなかった。私たちには産業における産出高制限の問題を説明する義務はないが、しかし、私たちが得た洞察を根拠にして、二・三の一般的な所見を述べることにする。集団は確かに集団規範を定め、そして、それからの離反を抑制するための統制を行おうとする。特に、農業や工業における労働集団が産出高基準を定めることが多い。たとえば、土地面積の測量単位であるエーカーは、中世農業の条件下で、一日につき二頭の牛によって耕作されるべき適当量として容認された土地面積に基づいている。また、産業集団もその仕事に対して産出高基準を定めることが多い。したがって、産業経営者にとって、増産問題が諸個人の産出高を高める問題であることは滅多になく、それは、通常、集団の基準を上げる問題である。さらに、その集団はその基準を受け入れなければならない。すなわち、集団統制が規範を支えるように作用する前に、その規範は真の集団規範となってなければならない。[14]重要な問題は、生産規範があるかどうかではなく――あることが多いが――、これらの規範が労働共同体のすべての成員に受け入れられるかどうかである。伝統的な農業共同体では、その共同体のすべての成員、すなわち、ボスと農場労働者の両者が、産出高基準を受け入れている。ほとんどのアメリカ産業には、経営者と労働者の間にはそのような一致はない。これに対する理由は多くある。たとえば、端子盤配線工が、一日につき約二装置の完成という公認基準を超えて産出したなら、どんなことが起こるかと聞かれたとき、彼らはいろいろな解答を準備していた。仕事の遅い人は怒鳴られるであろう。ある人は解雇されるであろう。勤務時間が短縮され、したがって手取り給料が減額されるであろう。歩合率がカットされ、その結果、人々は同額のお金を得るためにもっと多く働かなければならなくなるであろう。あるいは、漠然と、「大変なこと」が起こるであろう。ウェスタン・エレクトリック社での生活で、従業員たちは、実際のところ、彼らが恐れたことは何一つ経験しなかった。また、産出高制限は、生産コストを高く維持することで産業変化を阻止するより、むしろそれを促進するかもしれない。しかし、これらの産出高の増大のもたらす結果を端子盤配線工が経験しなかったとしても、アメリカの労働者が経験していないなどと誰が言えようか。配線工が彼ら自身の行動に与えた説明に満足できない研究者は『経営と労働者』での産出高制限の問題についての全議論を読むべきであろう。[15]

さて、もう一度、社会統制について学んだことを要約しよう。

(1)統制とは、もし人が規範への現在の服従度から離反するなら、彼の行動がその服従度まで戻される過程であり、あるいは、もし仮に離反したとしたら、それが戻されると思われる過程である。以下の文章も現実の離反と仮想の離反の両者に有効である。
(2)統制については新しいことは何もない。また、社会組織に入ってくる要素で、私たちがまだ新たに発見していない要素もない。
(3)個々の統制は、先の相互依存の関係を微分的に解釈したに過ぎない。
(4)全体としての統制が効果的となるのは、個人の規範への現在の服従度からの離反が、一つではなく多くの個々の統制を活性化する限りである。
(5)すなわち、どの離反も関係のシステムを活性化して、それ以後の離反を抑えようとする。
(6)罰は必ずしも統制を生み出さない。統制が効果的となる社会システムの状態を、私たちはそのシステムの均衡状態と呼ぶであろう。

均　衡（equilibrium）

社会学には精緻な数学的な扱いが欠けているから、当然、私たちの均衡の概念の扱いは大雑把である。それを精密に使用しないなら、精密化する必要はない。したがって、私たちの均衡の使用も実際あまり精密でなくなるであろう。いずれにせよ、均衡の概念には神秘なものは何もない。ある成員が彼の現行の服従度から離反する量を減少させようとする集団の取り組みと、ある環境下でのその取り組みの有効性は、すべてではないか、確かに経験と観察の事実である。実際、私たちはこの種の過程を、他の科学より社会学で、詳しく見ることができる。なぜなら私たちは毎日その真っただ中にいるからである。私たちはその過程に均衡の名を与える。その理由はその名前が力学や経済学のように遠く離れた分野で類似した過程に与えられているからである（私たちが類似した過程と言うことに注意してほしい。それらは共通した点を持っているが、しかし、あらゆる場で同一であるわけではない。たとえば、私たちは、社会システムは機械システムであると言ったことは決してない）。しかし、多分、均衡は長たらしい単語であり、また、変化を常とする世界で無変化を意味しているように思われるから、その概念は誤解され、その有用性が否定されている。私たちはそれに対して少し時間を割かねばならない。

自然科学における均衡の古典的な定義は、物理化学のルシャトリエの法則（Le Chatelier theorem）である。

物理―化学的均衡に影響を与える要因のうちのどれか一つの要因を変えようとする試みが及ぼすその均衡への影響は、ルシャトリエによって公式化された法則によって定性的に予測できる。彼の法則は次にように記述できるであろう。もし物理―化学的均衡に影響を与える要因のうちのどれか一つ（たとえば、そのシステムの温度や圧力、あるいは、そのシステムの構成要素の蒸気圧）を変えようとする試みがなされると、その時、その要因に起こったと思われる変化量を減少させるような方向に、その均衡での変化が起こるであろう。[16]

「その均衡での変化が起こるであろう」と言う代わりに、その変化が起こる時、そのシステムは均衡状態にあると言ったほうが良いかもしれない。しかし、これはあら探しに過ぎないかもしれない。とにかく、もし私たちが社会的「要因」を物理―化学的要因に置き換えるなら、私たちは多分つぎのことに同意するであろう。もし社会システムに入っている要因のどれか一つ（たとえば、成員の活動が規範に一致する程度）に変化があれば、全体としてのシステムは、ある環境下で、その要因に起こると仮定される変化の量を減少させるように作用する。そのシステムがそのように作動するなら、すなわち、統制が効果的であるなら、私たちはそのシステムは均衡状態にあると言う。

社会学において、均衡の古典的な定義はパレートの定義である。彼の言葉はつぎの通りである。「この状態とは、現実には変更は起こらないが、もし何らかの変更が人為的に加えられるなら、それを現状に戻そうとする反作用が直ちに起こるような状態である」。[17]パレートは民間の技術者としての訓練を受けた。また、トリノ理工科大学の若い学徒として、彼は弾性固体の均衡についての論文を書いた（電磁気学の場の方程式の偉大な定式者であるクラーク・マックスウェルが、エディンバラ大学の学生である時に、まさに同じ主題について論文を書いたことは興味深いことである）。パレートは後に経済学で均衡の方程式を確立するために大きな仕事をした。彼の社会学的均衡についての叙述は長い伝統の一部である。古典力学での均衡の定義は、起こると仮定されるが実際には起こらない変化、すなわち、仮想的変化によって与えられる。パレートもそれらについて、人為的変化という名の下で語り始める。人が集団規範を破ることを自制するのは、もし破れば、何が起こるかを予知するからである。かかる意味で、私たちは、仮想的変化が社会的均衡を維持するために重要であることを理解している。しかし、パレートはさらに脚注で現実的変化を導入している。彼は言う。「人為的変化に類似した変化がある。それらはシステムの上に短時間現われ、作用し、均衡状態からの小さい逸脱をシステム中に生み出す要素によってもたらされる偶然的な変化であり、間もなく、消滅する」。もし私たちがルシャトリエの法則を社会統制の事実に適用できたなら、私たちは、また、多分、パレートの均衡の定義をも適用できるであろう。

非常に多い定義の後を追うことはこれまでにして、私たちの目的に合った私たち自身の均衡の定義をすることで、この議論にけりをつけた方がよさそうだ。システムに入っている要素の状態とその要素間の相互関係の状態が、その要素の一つに何か小さい変化が起こると、それに続いて、他の要素にその変化量を減少させようとする変化が起こるような状態である時、その社会システムは均衡しており、統制は効果的である。

均衡とは、私たちや他の人々が定義したように、社会集団がある環境下で行動する状態を記述したものに過ぎないと私たちは論じてきた。それにもかかわらず、その概念に対して深刻な反対が提起されている。たとえば、グンナー・ミュルダール（Gunnar Myrdal）は、合衆国における黒人と白人との間の関係についての非常にすぐれた本に、「社会科学における事実と価値判断についての方法論的ノート」という付論を加えている。その中につぎのように書いている。

この同じ静的な宿命的な価値判断が現代社会科学のエートス（ethos）の中に潜在していることは、多くの社会学者の著作を通して見られる用語、たとえば、「バランス」、「調和」、「均衡」、「調整」、「不調整」、「組織」、「解体」、「順応」、「機能」、「社会過程」、「文化的遅滞」のような用語に示唆されている。それらはすべて経験的に観察可能な状況を記述するために有用であるが、他方、それらの言葉の中に何もしないこと（レッセ・フェール *laissez-faire*）が良いことだというこれらの状況についての価値判断が含まれている。この不注意な誤りがいかに起こるかは容易に理解できる。私たちが、社会システムが調和していると、あるいは、均衡していると、あるいは、その諸力が組織され、順応し、互いに適応し合っていると言うとき、そこには、ある理想が、それが「個人的な幸福」であれ、「共同の福祉」であれ、達成されているという意味が不可避的に含まれている。そのような状況は、したがって、「善」として評価され、そして、この方向への動きが望ましいのである[18]。

ミュルダールは正しいことを多く言っている。均衡概念は、時々、社会的保守主義が望ましいという意味を含めて使用される。特に、容易に観察事実と結び付けることができない全体社会のような大きな単位に、その概念が適用される時にそうである。しかし、その概念は力学から経済学にわたる多くの科学で有用であることが認められている。そして、私たちは、それがこれらの科学で多く使われているように、小集団の行動分析の補助具として使用するつもりである。私たちは隠された情緒的評価がその導入で私たちの議論に入り込まないようにするつもりである。しかし、私たちは成功しないかもしれないが、不注意だったと言わないでほしい。これらのページに散在している均衡という単語や組織という単語の単なる使用も、著者や読者の保守的思考を活気付けるかもしれない、とミュルダールは言っている。そこで、用心することにしよう。それが危険であっても、私たちはその概念をとにかく使用する。ミュルダールは、評価を持ち込まない概念はないということを示すために、彼のリストをもっと広めなければならなかったと思う。評価する人——保守的であれラディカルであれ——は、評価する。しかし、私たちを止めるものは何もない。この憂鬱な事実の故に、私たちが概念的な思考から離れるなんてことはとてもできることではない。そこで、私たちは均衡を用いて研究する。そのうち、その恐怖に快感を覚えるようになるかもしれない。

多分非常に特徴的と思わるパレートの言葉をここで引用しよう。彼は社会的均衡は物質的システム——回転するジャイロスコープや太陽系——の動的均衡（dynamic equilibrium）に似ていると言う。そして、脚注につぎのように加えている。

ある善良な人が、独善的な理由から、経済的均衡とは不動の状態であり、したがって、進歩の神の崇拝者によって非難されるべきものであると考える時、彼には均衡が何かがわかっていない。多くの人々が純粋経済学の理論を裁こうと決心した時、同じように乱暴に語っている。事実は、彼らは論じたい題材の研究に骨を折らないこと、また、本を軽率に不注意に読むことで逆さまに理解しながら、それを把握できたと思っていることである。なぜなら彼らの精神は先入観で一杯であり、冷静な科学的研究に注意を向けず、彼らは社会的信条を大事にすることだけを考えているからである。このようにして、彼らは口を閉じるための、また、無知を露呈しないための黄金の機会を失っているのである。(19)

均衡からの演繹

本章の難しさは、私たちが主張してきたように、既知のことに何も追加していないという事実から来ている。私たちの新しい考えは形式に関することであって、内容に関することではない。これは新しいやり方で私たちの題材を見ることによって明晰さを得ようとする試みである。しかし、この目的実行での最後の再公式化に、私たちはいらいらさせられることになると思う。社会システムのすべての状態が均衡状態にあるわけでなく、また、あらゆる社会システムが均衡を「求めて」(seek) いるわけでもない。私たちはそのようなことを仄めかしたこともない。社会システムに参入する要素の状態とその要素間の関係の状態がある種の状態である時にのみ、均衡が存在する。しかし、特に注意してほしいが、これは、もし均衡が存在するなら、そのシステムの状態はある種の状態でなければならないと言っているようでもある。この二つの文章は同等であるけれど、重要な点をはっきりさせるために、それら二つの文章を書くことには価値がある。私たちは集団を研究しており、そして、均衡がその集団に存在することを知るすべがある――統制が効果的であることを観察している――と想定してほしい。その時、私たちはそのシステムのどのような状態が均衡を可能としているかと問うことができる。私たちは古典物理学者ならシステムの「均衡の条件」と呼ぶものの研究にとりかかることができる。といっても、社会学では多くの進展を望めないと思う。先の諸章で、私たちは活動と感情と相互作用間の相互依存の関係について多くの叙述をしてきた。私たちは、もし「他の条件が等しく」ないなら、どの叙述も有効でないということについて注意深く説明した。そして、その有名な慣用句の意味が何であるかを示そうとした。これらの「他の条件」の一つ、すなわち、私たちの多くの叙述を条件づける一つが均衡である。たとえば、「順調にいっている」集団でのみ、相互作用は友情を増大させる。崩壊している集団では、相互作用がまったく異なる結果を生み出すことが見られる。そこでは、人々は「互いをいらいらさせる」。また、上司の命令が服従される時のみ、部下の上司への態度は敬って遠ざけるようになりがちである。また、後章で見るように、命令への服従は集団均衡の一側面である。もし上司の命令が権威のないものであるなら、彼への態度は私たちが記述したものとはまったく異なる。社会システムが均衡状態にあるといつも言えるわけではないが、しかし、もし何かの理由でそう言えるとしても、そのシステムはこれらの言葉で厳しく限定されている。そのシステムの諸関係はそれだけ大きく決定されている。これは社会システムより他のシステムに、また、社会学より他の科学に当てはまる。ローレンス・ヘンダーソンはつぎのように言った。

多くの理想的なシステムの持つ、条件を決定するために一般的に欠かすことのできないもう一つの特徴は、静的均衡の場合であれ、動的均衡の場合であれ、均衡の定義を、あるいは、均衡の規準の確立と使用である。抽象的な概念図式にとって、これは、原則として、決定的な条件を最終的に確定する重要な特徴である。(20)

私たちはパレートの均衡の定義を使ってきた。私たちはまたこの問題点についての彼の文章を使うことにする。彼は社会システムの要素の間に二種類の相互依存が存在することを指摘している。すなわち、第一種は、私たちの相互作用と感情と活動の間の相互依存のような直接的な相互依存。第二種は、「均衡が維持されているという条件から出てくる」間接的な相互依存。彼は続けてつぎのように言う。

第一種の相互依存と第二種の相互依存間の違いをもっとよく理解するために、ある社会を考察しよう。その社会の存在は一つの既成事実である。その他にこの社会内に作り出されている多様な事実がある（たとえば、相互作用や感情や活動や規範の名で分類された諸事実）。もしこれらの事実の最初のもの（その社会の存在）と他の種の事実を一緒に考察するなら、私たちはすべてが相互に依存していると言うであろう。もし社会の存在を他の諸事実から切り離すなら、後者はそれら自身の間で相互に依存しており（第一種の相互依存）、また、その諸事実が最初の事実と相互に依存している（第二種の相互依存）と言うであろう。さらに、私たちは、その社会存在の事実はその社会の中に観察される他の事実の結果として生じると、換言すれば、後者の諸事実が社会的均衡を決定すると言うことができる。私たちはつぎのことを加えることができる。もし社会の存在の事実が与えられるなら、この社会内で作り出される事実はもはや恣意的ではなく、ある条件を満たさなければならない。換言すれば、もし均衡が与えられるなら、それを決定する諸事実はまったく恣意的ではない[21]。

私たちが社会システムの分析で使用した要素はパレートのものとは同じでないけれど、方法は彼がこの引用文で示唆したものに従った。私たちは第一種の相互依存――相互作用と感情と活動と規範の相互依存――の記述から始め、そして、今、ここ数ページで、第二の種類の相互依存――これらの関係した諸要素とその集団における均衡の存在との相互依存――に移った。パレートの均衡の扱いが、前章で討議された機能理論と共通したものを多く持っていることは明らかにされるべきである。実際、機能理論に入ってくる存続あるいは持続の概念は、もし存続が均衡として再定義されるときにのみ、厳密になる。これがなされるなら、私たちはパレートと機能主義者の両者がつぎのように問うことを理解できるであろう。「社会システムが均衡状態にあると確信するだけの根拠があると想定せよ。その時、私たちは、そのシステムの中に存在しなければならない条件についてどのような演繹が可能であるか」。

儀式としての罰

その問題を最大限に一般化して述べるために、私たちは今まで非常に簡単な社会統制の理論だけを展開してきた。もっと複雑なものを論じることもできるが、それではきりがない。そこで、私はただ一つを紹介することにする。私たちは法と慣習の区別をしないように、罰として公的に認められている罰とそうでない罰との区別もしない。罰としての忌避（avoidance）の事例を取り上げる。異なる活動をしている人々の間では相互作用は頻繁でなくなる傾向が多い。また、ある集団の成員の活動が集団規範から通常以上に離反するとき、その人との相互作用は通常より少なくなるであろう。忌避、すなわち、相互作用の減少は規範違反の一般的な結果である。私たちの容認できない行動を行う人々に、私たちは話し掛けないし、そのような人とは付き合わないし、そのような人を避ける。集団の他の成員との現在量の相互作用がその人にとって喜びであるなら、その量の減少は、事実上、罰である。しかし、陶片追放（ostracism）や「仲間はずれにする」（sending to coventry）といった極端な場合を除いて、忌避が公的な罰と認められることは多くない。それは、いわゆる、よくあることの一つに過ぎない。

しかし、最小の集団でさえ、特定の違反に対する罰として認められている慣行が生れている。端子盤配線観察室の一例が「腕叩き」――手の側面で上腕を一撃すること――の慣行であった。腕叩きはゲームであった。二人の男は、どちらが強く一撃を加えることができるかを知るために相互に叩き合った。しかし、それはまた罰としても使われた。仕事が早すぎる場合のように、その他者の行為が是認できない時、人は一撃を加えるぞと脅かす。そして、その違反者がその罪を認めるなら、その一撃を進んで受ける。時には、彼は一撃が強すぎると、また、その罰が罪に相応しくないと思い、仕返しをしようとする。[22]

この種の罰には、違反者に影響を与えるだけではなく、それを見た集団成員やそれについて知っている成員皆にも影響を与えるという意味で、儀式としてのいくつかの効果がある。「私たちは矛盾なしでつぎのように言うことができる」――これはデュルケームの言葉である――「罰は主に法を遵守している市民に効果がある。なぜなら、罰は集団感情に加えられた傷を癒すのに役立つからである。それがその役割を果たすことができるためには、その感情が存在し、生き生きとしていなければならない」[23]。この洞察をもっと明確にしてみよう。誰かが社会的規則や規範の違反を犯す。そのとき、一般に、三種類の人が影響を受ける。(a)違反者、(b)直接の被害者、(c)違反者と被害者の両者が所属している集団の成員たち。多様な統制過程がその三者に三様な度合いの影響を与える。法の研究者の言う民事訴訟では(a)と(b)が最も関係するクラスである。犯罪行為には、三クラスすべてが関係している。そして、これは小集団での日常生活の社会的統制にも言える。そこでは、民法と刑法の区別は多分役立たないであろう。

特に、違反が全体としての集団成員に及ぼす作用について考察しよう。その集団がその違反を知る限り、――そして、私たちにとって、人目につかない違反は違反として扱う必要はまったくない――、集団規範からの離反は集団の中に感情を引き起こす。破られた規範が重要であればあるほど、その感情は強い。感情はいつものように、それは活動で表出される。その活動とはその犯罪者の処罰である。さらに、その罰が特定の規範違反と結び付いた特定のものである時、その罰はその感情を解消すると共に、集団成員の心中にその規範の重要さを再喚起する傾向がある。たとえば、規範違反は、その集団が均衡状態にある時、その違反者を規範同調へと戻すだけではなく、集団の他成員の心の中に規範を活性化する傾向の統制が作動する。違反者は懲罰を受け、規範は正当とされる。規範が集団均衡の要素である限り、また、そうであると論ずる限り、社会統制はこのような仕方で違反者が乱した集団を元の地点まで引き戻すのである。多くの法的行動は、法違反者に大きな効果を持たないかもしれないけれど、絶えずその法を再肯定しているという意味で、それは儀式である。法の威厳は宗教的な威厳であり、私たちの法廷は教会である。

私たちは集団のために宗教の理論を作り上げるつもりはないが、しかし、私たちが今簡単に触れた社会統制の概念は儀式の理論に似ている。社会の中心的な儀式――たとえば、ローマ・カトリック教会のミサ――はその社会の中心的な信条体系を象徴している。信条は行動の規範を含む。そして、儀式の遂行はそれを見る人々、それに参加する人々の中に、その規範の価値感覚を再覚醒する。規範が集団均衡の要素であれば、儀式は均衡の維持に役立つ(24)。未開社会において、そして、大部分は、文明社会においても、重要な儀式は個人や集団が危機を経験している時に実行される。その個人は地位の変化を、たとえば、独身から既婚者への変化を経験しているかもしれない。その集団は作業での変化に、たとえば、収穫の季節から耕作の季節への変化を経験しているかもしれない。儀式がしばしば変化や危機によって起こされる感情の表出であるという考えが、また、その儀式が集団を変化から均衡に戻す効果を、あるいは、その儀式が新しい均衡点への集団移動を容易にする効果を持つという考えが加味されるなら、儀式の理論と私たちの統制の拡大理論との類似は明らかである(25)。

もし拡大理論が正しいなら、――しかし、私たちは本章の最初の部分で考え出した限定的理論だけを主張するが――、それはここで再び、社会有機体のそれ自身の自己調節的活動を発達させる能力を説明している。すなわち、統制の創出である。それがまた意味していることは、所与の均衡の維持は集団規範からの二・三の小さな離反によって傷つけられるよりむしろ、助けられるということである。罪――あまり大きくないもの――は必要である。それは統制を順調に働かせ続ける。統制が試されなければ、それは効果的でない。これは逆説的に聞こえるが、しかし、有機体を扱う他の科学の中に類似したものがある。一九〇〇年に、フランスの生理学者、シャルル・リシェ（Charles Richet）がつぎのように書いた。

生き物は安定している。それを取り巻く巨大で、しばしば有害な力によって、破壊され、解体され、分解されないために、安定していなければならない。明らかな矛盾であるが、それが興奮し、そして、外的な刺激にしたがって自己を修正し、その刺激への反応を調整することができるときにのみ、それは安定を維持している。ある意味で、それが修正可能であるから安定している。少しの不安定は、有機体の真の安定にとって必要条件である。(26)

要　約

もし集団における人間の行動に持続性がなかったなら、社会科学者がその行動について多くの一般則を作り出し得たとは信じがたい。この点で、私たちは他の社会科学者と違っていない。私たちが本書の初めの諸章で、社会行動の要素の間の関係を公式化したとき、私たちは持続性や慣習を当然のものとみなした。しかし、長い目で見れば、当然とみなしうるものは何もない。そして、本章で、私たちは何が慣習を慣習的にしているかと問うた。慣習は、人間の行動が統制されている限り、すなわち、慣習からの離反が慣習的な行動を復活させる傾向の諸結果をもつ限り、持続する。それでは、社会行動はいかに統制されるか。私たちは、事例を用いながら、もし集団の一成員が集団の規範への現行の服従水準から離反したなら、どんなことが起こるかを指摘することによって、その疑問に答えようとしてきた。その時、私たちは統制として特に指摘できる新しいものは何も社会行動の中に発見しなかった。反対に、私たちはすでに公式化した相互依存の関係への見方を変えたに過ぎないことに気付いた。すなわち、もし要素の一つに小さな変化が、すなわち、個人の活動がその集団の規範に従う程度での変化が起こったなら、諸要素が相互依存しているという理由から、その社会システムの他の要素に何が起こるかを発見した。規範からの離反の結果が、結局は、彼に不快をもたらすから、また、行動の諸要素の相互依存が、相対的に小さな離反が比較的大きな結果をもたらすことを意味するから、個人行動は統制される。統制がかかる意味で効果的であるとき、社会システムは均衡状態にあると言う。すべての社会システムが均衡状態にあるわけではない。個人行動を以前の規範への同調水準に戻す代わりに、ある環境下では、罰がその行動をさらに離反するように仕向けるかもしれない。しかし、もし社会システムが均衡状態にあると信じるに足るしっかりした理由があるなら、そのとき、私たちはそのシステムに存在しなければならない条件を演繹できるであろう。と言うことは、社会システムが均衡状態にある時、そのシステムの考えられうるすべての状態が必ずしも現実の状態であり得ないということである。

註

（1） B. Malinowski, *Crime and Custom in Savage Society*, 10.（青山道夫訳『未開社会における犯罪慣習』ぺりかん社、一九六七年、二一頁）私たちはまた、K. Lewin, "Frontiers in Group Dynamics," *Human Relations, I*（1947）, 5-41 から多くのことを学んだ。

（2） Sir D. W. Thompson, *On Growth and Form*（1948 ed.）, 288 での簡潔な議論を参照。

（3） *Crime and Custom in Savage Society*, 83.（青山道夫訳『未開社会における犯罪慣習』ぺりかん社、一九六七年、七二―七三頁）

（4） *Street Corner Society*, 256-7.（奥田道大他訳『ストーリー・コーナー・ソサエティ』有斐閣、二〇〇〇年、二六五―二六六頁）

（5） *Ibid.*, 257.（同訳書二六六頁）本書一六九頁参照。

（6） *Crime and Custom in Savage Society*, 59-9.（青山道夫訳『未開社会における犯罪慣習』ぺりかん社、一九六七年、五六頁）

（7） *Ibid.*, 123.（同訳書、一〇五頁）

（8） H. C. Metcalf and L. Urwick, eds., *Dynamic Administration: The Collected Papers of Mary Parker Follett*, 202, 204.（米田清貴他訳『組織行動の原理』未来社、一九七二年、二七五頁、二八一頁）

（9） 数学者は、私たちが積分の定数を考慮外においていることを注意するであろう。

（10） たとえば、M. Planck, *Treatise on Thermodynamics*, A. Ogg, trans., 119を参照。

（11） E. Mach, *The Science of Mechanics*, T. J. McCormack, trans., 88. また430参照。（伏見譲訳『マッハ力学――力学の批判的発展史』

講談社、一九八五年、六四頁）

（12）特に Chapter XI, "The Economy of Incentives,"（In C. I. Barnard, The Function of the Executive）を参照（山本安次郎他訳『経営者の役割』第一一章「誘因の経済」）。

（13）F. J. Roethlisberger and W. Dickson, *Management and the Worker*, 424.

（14）*Ibid*., Chap. XXIII.

（15）*Ibid*., 524-48.

（16）E. W. Washburn, *An Introduction to the Principles of Physical Chemistry*（1915）. G. C. Homans and C. P. Curtis, Jr., *An Introduction to Pareto*, 273n に引用されている。この法則のもっと厳密で数学的な公式については、P. A. Samuelson, *Foundations of Economic Analysis*, 38（佐藤隆三訳『経済分析の基礎』勁草書房、一九六九年、三七頁）を参照。私たちが指摘したように、サムエルソンは、システムの諸要素間の相互関係の数が多ければ多いほど、変化の量を減少させる傾向が大きくなる、と指摘している。また、二六二ページ（同前訳書、二七二―二七三頁）の記述は重要である。「比較的静力学の方程式は一般的な力動的分析の特殊例である。それらを力動的な分析から完全に引き出しながら論じることができる。力学の歴史で、静力学の理論は、動力学的な問題が公式化される前に発達した。しかし、均衡安定の問題は、暗にであれ、初歩的であれ、動力学的な考慮に触れないで論ずることはできない。私たちはこのパラドックスに直面している。比較的静力学が実のある結果を生み出すために、私たちはまず動力学の理論を発達させなければならない」。社会学では、私たちは統制を理解するまでは、構造を理解することはできない。

（17）V. Pareto, *Traite de sociologie generale*, P. Boven, trans. §2068.（姫岡勤訳『一般社会学提要』名古屋大学出版、一九九六年、二五七―二五八頁）また、A. Livingston の訳本 *The Mind and Society* を参照。もっと配慮された定義については、J. L. Henderson, *Pareto's General Sociology* を参照。

（18）G. Myrdal and others, *An American Dilemma*, II, 1055.

（19）V. Pareto, *Traite de sociologie generale*, §2072n.（姫岡勤訳『一般社会学提要』名古屋大学出版会、一九九六年）

（20）L. J. Henderson, *Pareto's General Sociology*, 85.（前掲訳書、四九頁）あるシステムでの決定的な条件を確立するための均衡の方程式の簡単な使用例について、E. Mach, *The Science of Mechanics*, 561-78（伏見譲訳『マッハ力学』講談社、一九八五年）を参照。

（21）V. Pareto, *Traite de sociplogie generale*, §2088-89.（姫岡勤訳『一般社会学提要』名古屋大学出版会、一九九六年、二六五―二六八頁）

（22）*Management and the Worker*, 421-23.

(23) E. Durkheim, *The Division of Labor in Society*, G. Simpson, trans., 108.（田原音和訳『社会分業論』青木書店、一九七一年、一〇六頁）

(24) この理論のいくつかの重要な議論がある。一つの良い議論は W. L. Warner, *A Black Civilization*, Chap. XI の中に出ている。

(25) E. Chapple and C. Coon, *Principles of Anthropology*, Chaps. 19–23 参照。

(26) W. B. Cannon, *The Wisdom of the Body*, 2nded., 21（舘鄰他訳『からだの知恵』講談社学術文庫、一九八一年、二四頁）を参照。

第12章　個人と集団

集団と精神的健康…社会契約論…社会鋳型論…両理論の調停…マリノフスキーの呪術論…ラドクリフ＝ブラウンの呪術論…両理論の調停…文化とパーソナリティ…自由の問題

社会システムには生き物のような生物システムと共通した特徴が少なくとも一つある。それはそれ自体組織された諸単位よりなる組織された全体という特徴である。この点で、集団における個人は、もっと良い言葉を使えば、集団における人間は身体における細胞に似ている。全体的に見れば、個人と集団の関係の問題は非常に大きく、社会心理学の全体に及ぶ。たとえその全分野を研究する道具があったとしても、ここには紙面がない。そこで、私たちの目的にとって特に重要である二・三の点を強調することで満足しなければならない。個人が集団の特徴を決定するという命題と集団が個人の特徴を決定するという命題のいずれが理にかなっているか。この問題を特に取り上げることにする。

集団と精神的健康

細胞が健康でなければ、身体が健康でないように、その逆も真である。すなわち、身体が健全に成長しなければ、細胞も健全に成長しない。同じように、病んだ個人は病んだ社会を作る。また、病んだ社会は病んだ個人を作る。実際、私たちの理解するように、二つの問題は分かちがたく相関している。もし現代心理学に確立した真理があるとすれば、それは孤立した（*isolated*）個人は病んでいるという真理である。彼は心が病んでいる。すなわち、彼は行動や情緒や思考の障害を見せるであろう。彼はまた心身医学の教えるように身体も病んでいるかもしれない。彼は生活の日常的なショックの下で個人的な均衡を維持する能力を欠いていると言った方がいいかもしれない。しかし、これは、健康のために、どれか特定の集団の成員でなければならないということではない。すべての集団が彼にとって健康に良いというわけではない。もし彼が何らかの集団（*some* group）——家族、友人集団、仲間の労働者集団——の全面的に受容された成員でないなら、彼は困難に陥いるということである。また、彼は、ある特定時ではなく、いずれかの時に（*some* time）、完全に受容された集団成員であればいいと思う。様々なことを一度でも体験したことのある人と比べて、いつも孤立している人は孤独が続くことに耐えることができないであろう。

孤独を避けるためには、人は集団成員となることができなければならない。しかも、これはただ単に集団を見つけ出すという問題ではない。自分自身を他の男女と容易に関係付けるための能力は生得的ではなく、経験と訓練の成果である。そして、その経験と訓練はそれ自体社会的である。それはまず家族で始まる。そこで、子供は彼の社会の基礎的な必須事項（imperatives）を学習する。前章での社会統制の説明は不十分であった。なぜならその説明は人は常に規範違反の多様な痛い結果を、意識的あるいは無意識的に、計算していることを意味したからである。しかし、多くの、多分、ほとんどの人々は、もし規範を破ればすぐに、違反の結果の計算とは別に、直接的で即時的な痛みを感じるであろう。もし徳がそれ自体報酬であるなら、罪はそれ自体罰である。そのような人は良心や義務の命令によって支配されている。彼らは諸規範間の避けられない対立に起因する苦悩を受け入れ、それらを解決するために道徳的知性の創造を試みなければならない。現代心理学では、個人において集団規範の代表である良心は生得的でなく、社会教育過程の一部として個人の中に作り出されると主張されている。ある規範はその過程が早く始まる。フロイトは西欧社会において父親と息子の間の情緒的関係が息子の自我理念の形成に与える影響について語っている（自我理念はフロイトが良心に対して付けた名前である）。それは父親のパーソナリティが子供の中に沈殿したものである。その過程は家族で最も重要である。そこでは主要な社会的義務が学習される。しかし、その過程は規範を強く保持している他の集団でも行われなければならない。社会的訓練は家族から始まるが、もしそれがそこであまりにも長く行われ過ぎると、悲惨なものとなるかもしれない。若者は、成長するにつれ、親密であるが狭隘な家族の情緒的きずなから逃れて、同年輩の集団の仲間とならねばならない。そこで彼らは、良心と同じように大人の生活のために必要な道徳を学習することができる。その道徳は父親のような上位の権力によって課せられた絶対的なものではなく、ゲームの規則に似た協約（convention）である。(1) それは多数の対等な者たちによって協力の第一条件として受容されたものである。

大人が生活の日常的な緊張の下で個人的な均衡を維持する能力は、初期の子供時代に始まる訓練の結果であり、この訓練は社会的である。この現代心理学の教義によると、訓練が効果的に行われるためには、集団はある特徴を備えていなければならない。もし家族が第10章で考察したような何らかの理由で緊張下にあるなら、あるいは、もし家族がその共同社会で孤立しており、その結果、子供が家族から同世代の集団への必要な移行が困難であるなら、あるいは、もしその共同社会の破壊がひどく、その結果、同世代の人々よりなる諸集団が容易に形成されないなら、あるいは、形成されても大社会と完全に対立するなら、社会的訓練はうまく行われないであろう。社会の病気は結局個人の病気をもたらす。しかし、今度は、その個人の病気が社会に反作用するであろう。彼は他者と協力する能力の低いままに大人となる。彼は家族を築くことが、あるいは、社会を構築することが容易にできなくなる。すなわち、彼は子供たちが柔軟な大人へと成長することを可能とさせる条件を提供することができない。その循環はすぐに悪循環し始めるであろう。実際、西洋社会の多くのところで、今、悪循環が起こっている。集団が個人を支えても、もし個人に成員となるための能力がないなら、集団の成員となることができない。この集団生活のための能力はそれ自体集団で学習される。もし集団が不健康であるなら、その訓練はうまくいかないであろう。これらは恐ろしい事実である。どの集団研究においてもそのことは例証されているが、しかし、ここでは、私たちはそれ以上のことは言えない。その問題についてのすばらしい文献が関心のある読者を持ち構えている。

社会契約論（The Social Contract Theory）

社会的訓練と精神的健康の問題は大きな問題——社会の個々の成員と社会自体との関係は何か——の一部でしかない。それは人間の思索に繰り返し登場してきている。社会学では、それは社会統制と文化教育の研究での主要な問題の一つである。社会学理論の歴史を少し戻ってその研究を始めることにしよう。

社会の個々の成員と社会自体の関係は何か。この問題で、二つの主要な立場がとられている。古い方の立場が「社会契約」論である。それは、元をたどれば偉大なギリシャの思想家に行き着くが、一七世紀のトーマス・ホッブズ（Thomas Hobbes）によって古典的に述べられた。ホッブズは、彼の本の主題、『レヴァイアサン』（*Leviathan*）について語り、つぎのように書いている。「かれ（レヴァイアサン）のなかに、コモンウェルスの本質がある。コモンウェルスとは、それを定義すると、一つの人格体であり、そこではたくさんの行為者が、相互契約によって、各行為者を作成者にしている。それは、結局、この人格体が好都合であると考えるように、彼らの平和と共同防衛のために、全行為者の力と手段の利用が可能となるからである。そして、この人格体を担うものが主権者と呼ばれ、彼は主権を持つと言われる。それ以外のすべてのものが、彼の臣民なのである」。(2)

私たちはホッブズの言葉を文字通りにとることができないことを承知している。彼にも多分そのような意図はなかったであろう。いかなる時においても、これまで独立していた多くの個人がコモンウェルスをあるいは社会を形成するために集会したことはない。もしそうだとしても、彼らも私たちの先祖であったネズミに似た動物であったにちがいない。なぜなら私たちの最近の生物学上の歴史は一貫して社会的であるからである。そのメタファーの意味は他にある。ホッブズにとって、社会は諸個人の結合であり、各人は社会から独立した性質を持っている。個人が原初であって、社会は諸個人の特徴の表現であり結果である。いったん形成された社会はその主権を通して諸個人の上に大きな権力を持つが、しかし、ここで意味していることは、社会の性格は諸個人の性格によって決定されるということである。もちろん、私たちはホッブズの理論の一側面のみを大きく単純化し把握したに過ぎない。

社会鋳型論（The Social Mold Theory）

この種の理論は、明示的にあるいは暗示的に、ホッブズの時代から一九世紀の末まで君臨していた。実は、それはホッブズよりずっと以前から君臨していた。古典のまた中世の社会理論には社会的契約の概念が入り交じっていた。ホッブズ以後、ルソー（Jean-Jacques Roussau）の雄弁がそれをさらに広めたが、しかし、一九世紀末には、新しい考え方が、特に、フランスの社会学者、エミール・デュルケームの考えの中に現れ始めた。彼は危うくホッブズやルソーを裏返しにするところであった。ホッブズやルソーが、個人が原初であり、社会は個人の特徴の単なる結果であると仮定するのに対して、デュルケームは社会が原初であり、個人は社会の特徴の単なる結果に過ぎないともう少しで言いそうになった。彼は鋳型が熱い金属を成型するように、社会が個人の上にスタンプを押すと考えた。そこで、私たちは彼の理論を「社会鋳型」(social mold) 論と呼ぶことにしよう。

デュルケームをこの結論へと導いた考えを追うことにしよう。その考えは彼の著作の中でもっとも有名であるが、ベストとは思えない本、『社会学的方法の規準』(*Les regles de la methode sociologique*) で述べられている。その長所と短所は同じ根、すなわち、その論調が教条的 (*doctrinaire*) であることから出てきている。デュルケームは多くの個人が集まって集団となる時はいつでも、新しいことが創出すると指摘した。その性質は個人だけではなく、彼ら相互の関係の事実に依存する。「何らかの諸要素がたがいに結合して、その結合の事実から新しい諸現象が生じる時には常に、これらの現象は諸要素のうちにではなく、諸要素の結合によって形成された全体のうちに位置付けられる」[3]。この洞察がデュルケームを、社会は一種独特の (*sui generic*) 実体であるという有名な言明へと向かわせた。その集団は個人と同じようにまさに実体である。もちろん、種類は異なる。

もしデュルケームが彼の文章に二つの短い、しかし重要な語を挿入し、「これらの現象は諸要素のうちだけでは (*only*) なく、諸要素の結合によって形成された全体のうちにも (*also*) 位置付けられる」と言ったなら、彼は最終的な失態を回避できたであろう。そう言っても、彼の本質的な洞察は正しく賢明であった。私たちは本書でそれに従っている。しかし、彼はこれ以上に、多分、事実が許す以上に先に進んだ。彼は法社会学の専門家であった。どのような社会もどのような集団も、一揃いの行動規則や規範を作ることを、また、これらの規範からの離反に罰が伴う限り、それらは個人への拘束として作用することを彼は理解していた。私たちの理解も同じである。デュルケームは、それから、社会学の研究分野は社会の個人への圧力から生まれる社会行動の諸事実に限定されるべきであると提唱した。彼は「社会的事実」(social facts) の有名な定義を下し、つぎのように書いている。「ここに、極めて特殊な性格をおびた一群の事実が存在することになる。すなわち、それらは、行動、思考および感覚の諸様式からなっていて、個人にたいしては外在し、かつ個人の上にいやおうなく影響を課することのできる一種の強制力を持っている。したがって、それらの事実は、表象および行為からなっているという理由からして有機的現象とは混同され得ないし、もっぱら個人意識の内部に、また個人意識によって存在している心理的現象とも混同され得ない(4)」。デュルケームは、事実、社会の信念（表象）や規範への服従は、社会によって個人に課せられるから、これらの信念や統制は個人的な思考や行為と異なるものとして考察されるべきであると言っていた。社会学的現象の分野の範囲を再び定めようとして、つぎのように書いた。「社会現象の本質的属性は諸個人の意識の上に外部からある種の圧力を及ぼすという力に存する以上、社会現象は諸個人の意識から派生するものではない。したがってまた、社会学は、単なる心理学の系ではないのである(5)」。

ついに、デュルケームは彼の見解を極端にまで押し進めてしまった。知的には、地獄への転落は容易である。最初の一歩を間違えば、後の残りは論理がやってくれる。デュルケームの論理はフランス的であり立派であったが、しかし、それは間違っていた。そして、彼はそれを質してくれると思われる事実を認識できなかった。論理に縛られて、彼はその事実を理解できなかった。それは、私たちすべての知識人が罹りやすい病である。分析してみよう。(1)デュルケームは、現象はあれかこれかいずれかのクラスに所属しなければならないと言った。もし彼がそのクラスを適切に定義したなら、これは正しい論理であり得たかもしれない。不幸にも、彼は、人間行動の項目は心理学的であるか社会的であるかのいずれか、すなわち個人意識の現象であるか個人意識の現象でないかのいずれかでなければならないと主張する立場に陥った。両者であり得ることを認めることができなかった。ジレンマで進退窮まるという古典的な危険に、私たち現代人は新しい危険を、すなわち間違った二分法によって引き裂かれるという危険を加えるべきであろう。(2)デュルケームは原因と結果によって考え、相互依存によっては考えなかった。もし行為の規範が個人の上に課せられるなら、そのとき、規範がその個人の行動の原因である。そして、その原因は結果とは異なっている。「彼は、yはxの関数であるから、xはyの関数ではあり得ないという特殊事例を主張している。これはおかしい。それは……社会学者が陥りやすい最も危険な誤りの一つである。デュルケームの具体的な社会学的実在は……個人的意識に影響を与えるだけでなく、個人的意識によって影響を与えられるということは、既成の事実である(6)」。(3)事実を認識できなかったことについて言えば、デュルケームは常に社会に対して単一の個人を考えた。

その結果、彼は社会によって個人の上に実行される拘束に焦点を安易に置き、社会と個人意識の相互依存を安易に無視することになった。事実は、社会は多くの個人よりなっているのである。社会の規範はこれらの諸個人の相互関係から生まれるが、しかし、規範がいったん成立すると、そのとき、もし一人の個人が規範から離反するなら、彼は罰せられるであろう。また、その社会の新しい成員はそれに従うことを教えられるであろう。このような意味で、規範は個人意識を拘束するであろう。(4)デュルケームは行動における「社会的」要素を、社会の規範と、それが個人の上に実行する拘束だけからなるものと考えた。彼は、公的に組織化されたものであれ、そうでないものであれ、法体系を強調した。彼はまた教育を強調したであろう。社会的要素は一つ以上の仕方で関与し、その結果、個人と社会との間にいくつかの関係があることを彼は理解しなかった。

両理論の調停

デュルケームの叙述よりもっと良い叙述はつぎの通りである。といってもそれも大雑把であるが。(a)個人はある特徴を持った精神や感情（欲求）を彼の集団に持ち込む。これらの感情は生物学的に相続したものであり、また、社会的に学習したものである。(b)彼の集団にはこれらの感情を満たすための協力の方法がある。それはある状況におけるある行動形態を当然で適当なものとする。(c)しかし、これらの行動形態が当然で適当となると、その集団は、また、それらはこれらの状況で採択されるべき（*ought*）、また、採択されなければならない（*must*）という考えを持つようになる。(d)もし個人がこのように行動しないなら、その集団における関係が彼を罰するようになる。さらに、規範は、あるいは、別の言葉を好むなら、文化はその社会の新しい成員に教えられるであろう。そして、私たちは叙述(a)に戻る。すなわち、個人の欲求は生物的に相続し、かつ、社会的に教え込まれるという叙述(a)に戻る。これらの関係は継続的な循環を構成する。個人と社会との関係を記述する時、社会契約論は(a)と(b)を強調した。社会鋳型論のデュルケームは(c)と(d)を強調した。これは、私たちが社会契約論にしたがって、個人の行動は社会の特徴を決定すると言う時に、また、社会鋳型論にしたがって、社会の特徴は個人の行動を決定すると言う時に意味していることである。両者は間違っているし、また、正しい。なぜなら両者は共に不完全であるからである。

私たちのティコピアの事例から説明してみよう。ティコピアの人々には食物や衣服や家屋などを求める感情があると仮定する。これらの財を確保するために、彼らは集団内で協力する。集団の中でも家族が最も重要である。それは父親によって率いられている。家族における情緒的諸関係の構成は、父親の権威を通して、その家族が実際の仕事をするために組織化されている方法によって一部条件付けられるが、その情緒的諸関係の構成が、少年と彼の母親の兄弟との間の特別な情緒的きずなを適切で当然なものにする。さらに、ティコピアは単一の家族からなっていない。ほぼ似た組織をもつ多くの家族がいる。また、過去には他に多くあった。これらの環境下で、少年は彼の母親の兄弟に対してある特定の感情を持つようになるだけでなく、不可避的に、母親の兄弟─姉妹の息子関係がどうあるべきかを述べる一般的な規範あるいは期待が成長してくる。ファースは先に引用した見解で言っているように、関係は「個人的な感情の問題であると同様に、社会的関係の問題」である。さらに、関係自体と、その関係を規定する規範は、その社会体系の他の関係と関連しており、その結果、その関係が一人の個人によって当然で十分であると思われていなくても、もしその規範にある程度従わないなら、彼は罰をあたえられるであろう。たとえば、もし少年が彼の母親の兄弟に対し、その社会の期待する通りの感情を示さないなら、彼は生活での危機にあっても彼の母親の兄弟によって助けられないであろう。最後に、その規範はティコピアでは子供たちに教えられる──それはその文化の一項目である。そして、それによって、彼らはますます母親の兄弟─姉妹の息子関係を適切であると思うようになるであろう。食物や家屋や衣服などへの需要でさえも、彼らの社会の教示によって若者たちに教え込まれるであろう。少なくとも、ある種の食物、家屋、衣服は、適切な目標として選定されるのである。しかし、これらの自己強化的特性にもかかわらず、私たちの推測するように、もしティコピア家族の構造が、環境自体の変化に反応して、あるいは、環境を利用するための技術の変化に反応して変わったなら、特に、現実の母親の兄弟─姉妹の息子関係が変わり、最終的には、その関係を規定する規範も変わるであろう。この複雑な環において、規範と社会によって個人の行動に対して実行される統制を、デュルケームなら、強調したであろう。彼は、個人行動は社会によって決定されると言い、そして、その環における相互依存の関係を無視したであろう。

マリノフスキーの呪術論

社会契約論と社会鋳型論の対照性を示す最近の難しい例は、偉大な二人の人類学者、マリノフスキーと、デュルケームの弟子であるラドクリフ＝ブラウンの間の論争によって提供されている。論争の主題――呪術論――は私たちの関心から遠く離れるが、しかし、その論敵間の論争は見事であり、問題点が浮き彫りにされているので、その論争を放置してはおけない[7]。

私たちは未開の人々、特に、マリノフスキーが長期滞在したトロブリアンド諸島の人々の間での呪術についての彼の見解から始める。彼はどの未開人も、現代の科学的な知識と比較できる自然の運動についての実用的な知識や、人の欲求を満たすために自然を統制する手段についての実用的な知識を多く持っていると主張する。未開人たちはその知恵を彼らの望む成果を得るための実践的な方法に、すなわち、ヤムイモの収穫、魚の捕獲などのための実践的な方法に適用した。しかし、彼らの技術はその成果を確実にするほどには強力ではなかった。たとえば、土を耕す人は全力を尽くして、その畑にきちんと種をまき、雑草をとっても、旱魃や胴枯れ病に襲われるかもしれない。このような環境において、未開人は、私たちが不安と呼ぶ感情――収穫できないかもしれないという恐れを伴った成果への願望――を抱く。そこで、彼らは幸運をもたらすと言われる呪術的儀式を実行する。これらの呪術は活力と決断を持って実際の仕事に取り組む自信を人々にあたえる。

不安と儀式が対になっていることを、マリノフスキーは決め手となる観察で明らかにしている。トロブリアンド諸島での最大の島は、南海の多くの島々と同じように、礁湖を囲む陸の環よりなっている。彼は書いている。

> 興味深い重要な検証はトロブリアンド諸島での漁業とその呪術で提供されている。その村において、礁湖内漁業は毒物使用の方法による容易で絶対信頼できる手法で行われ、危険もなく確実に多くの成果をあげているが、他方、外海の海岸での漁法は危険であり、漁獲も魚群が前もって現れているかどうかによって大きく変化する。最も重要なことは、礁湖漁業では、人はその知恵や技術に完全に頼ることができるから、呪術は存在しないが、他方、外洋の漁業では、危険と不確実でいっぱいであるから、安全性と良い漁獲を確保するために、大規模な呪術儀式が存在するということである[8]。

この理論はほとんど生理学的である。私たちの知るように、恐怖を生み出す環境では、肉体はある種の行為、すなわち、逃走あるいは防御の準備をする。自律神経系が心臓を早め、皮膚の血管を広げ、血液を容易に凝固させる物質を放出する。これらすべてはその有機体が身体的な行為を行い、維持することに役立つ(9)。その恐怖を鎮める実際的な行為が不可能であるなら、その時、代替的な行為がそれに代わらざるを得ないことは自然なことに思われる。興奮したエネルギーは発散されなければならない。身体が何かをしなければならない。ことの性質上、その代替物は実際の成果の確保に適用できないから、それは呪術的、すなわち、表出的あるいは象徴的となるであろう。

マリノフスキーはこの理論をつぎのように要約している。

私たちが見てきたように、知識の不足や初期の観察力や判断力の限界によって重要な時に何もできないと、人々のすべての本能と情緒、すべての実際的な活動は袋小路に追い込まれる。人間有機体は自然発生的に強くこれに反応する。そこに原始的な行動様式とその効果への原始的信仰が生み出される。呪術がこれらの信仰や原始的な儀式を整え、それらを永久的な伝統的形式へと標準化する(10)。

信仰と標準化について語るとき、マリノフスキーは、私たちがすでに彼の理論について知っていることに新しいことを付け加えている。そこでそれが何であるかをもっと明確にしたほうが良いと思う。彼は不安状況とその不安を表出する行為――魚や他の食物を得させる行為が未知あるいは不可能である時、その行為に代わる行為――から出発する。それから、未開人はその表出的な行為は、実際、実用的な行為であると、また、幸運をもたらす行為であると言う（*say*）という事実を、彼は加える。マリノフスキーなら言うと思うが、この信仰は合理化である。それは事後的説明である。未開人はそれが彼らにとって真実であってほしいと願うが故に、彼らにとって真実なのである。さらに、時間が経つにつれ、その表出的行為は象徴的な形式で標準化される。どのような呪術儀式がどのような環境で実行されるべきかを特定する規範が生まれてくる。最後に、呪術は未開人の求める実際の成果をもたらしていなくても、それは彼らの気付かない実際の成果をもたらしていることに注意してほしい。呪術の実行は彼らに生産活動を行うために必要な自信と決断力を与える。マリノフスキーはこれが呪術の機能（*function*）であると言う。

ラドクリフ＝ブラウンの呪術論

マリノフスキーと同じくらい有名で重要な人類学者、ラドクリフ＝ブラウンは、『タブー』（*Taboo*）と題する小冊子で、マリノフスキーの呪術論を批判している。彼もまた事例を用いて、彼の議論を裏付けている。その事例とは、非常に未開的であるネグリト人が生活しているインド洋の集団、アンダマン諸島での子供誕生をめぐる儀式である。マリノフスキーがフィールド研究をトロブリアンドで行ったように、ラドクリフ＝ブラウンはアンダマンで行った[11]。マリノフスキーに彼の事例を彼の言葉で語らせたように、公平であるために、ラドクリフ＝ブラウンにもそうさせよう。彼は書いている。

アンダマン諸島において、女が妊娠し、赤ん坊が子宮にいる時、その赤ん坊に名前が付けられる。その時から、赤ん坊誕生後の数週間、誰もその父親あるいは母親の個人名を使うことが許されない。彼らはテクノニミー（teknonymy）によって、たとえば、その子供との関係を表わす用語によってのみ呼ぶことができる。この期間、両親は、普段なら食べて差し支えない特定の食物を食べることを控えることを要求される[12]。

外見上の環境は違っている。しかし、アンダマンの子供誕生とトロブリアンドの海洋漁業との間の底に横たわる類似は明らかであろう。両状況で、人々は好ましい結果を得ることに確信がない。お産は常に危険な過程であり、そこでは悲劇が警告なしにやってくるかもしれない。それは今日でも危険である。それは未開的な条件下では極端に危険であった。女は大きな不安を感じるであろう。夫は妻を心配するであろう。アンダマンの事例でも、トロブリアンドの事例と同じように、儀式が行われる。細かなことをいえば、アンダマンでは、儀式は消極的であり、忌避やタブーの保持にある。両事例において、最終的には、関係当事者は、儀式は危険を追い払い、幸運をもたらすと言っている。

私たちなら、マリノフスキーの解釈が両状況に当てはまると考えるであろう。しかし、ラドクリフ＝ブラウンはそうでないと言う。そこで、私たちは彼の文章を引用しなければならない。

私が考察のために提示している代替的仮説はつぎの通りである。所与の共同社会で、なすべき適切な行為とは、妊婦の夫は心配し、あるいは少なくとも、心配している振りをすることである。その心配に適した象徴的表現はその社会の一般的な儀式に、あるいは、象徴的な語法に見られる。その状況にある人は、その象徴的あるいは儀式的行為を、あるいは節制を行うべきであると一般的に思われている。(13)

もしマリノフスキーがアンダマンでのお産の儀式を分析したなら、彼は、父親というものは、あるいは普通の父親は心配し、その感情を行為で示すと言ったであろう。ラドクリフ＝ブラウンは、彼は心配することを期待されていると言う。前者は個人的な感情を強調し、後者は個人の中に感情の表象を作り出す社会の圧力を強調する。そして、ラドクリフ＝ブラウンはさらに進んで、マリノフスキーの理論を批判する。後者は、儀式は不安への反応であると論じた。ラドクリフ＝ブラウンは、儀式が不安を作り出すと言う。アンダマン諸島の女性が妊娠している間、また、出産後の数週間、両親は特定の食物やデュゴンや豚肉や亀の肉を食べることを避けねばならない。もちろん、これらは普段の環境下では食べて差し支えないものである。さらに、ラドクリフ＝ブラウンが言うように、「アンダマン島民が、もし父親あるいは母親がこのタブーを破ったらどんなことが起こるか、と尋ねられると、通常の答えは、彼あるいは彼女は病気になるであろう、であった。私の情報提供者の二・三人はそれがたぶん子供にも影響を与えるであろうと思っていた。これは多くの儀式で行われる禁止に適用できる基準的公式の一事例に過ぎない」。これらの事実から、ラドクリフ＝ブラウンはマリノフスキーの不安理論攻撃へと論を進める。

私は、ある儀式に対し、同等な説得力をもって、その対照的な理論を容易に主張できると思う。すなわち、私は、もし儀式とそれに伴う信仰がなかったなら、個人はなんら不安を感じなかったであろうと、また、儀式の心理学的な効果とは個人の中に不安あるいは危機の感覚を作り出すことであると思う。もし彼を危機から守るためという表向きの目的を持つ特別な儀式制度がなかったなら、アンダマン島民がデュゴンや豚肉や亀の肉を食べることを危険と思うことはとてもあり得なかったであろう。似たような数百の事例を世界中から挙げることができる(14)。

結局、マリノフスキーならお産が近づくことで起こる不安を強調するのに対し、ラドクリフ＝ブラウンはお産の儀式によって起こる不安、すなわち、もしその儀式が正しく執行されなかったら、起こると思われることを強調している。また、マリノフスキーが儀式の機能は個人的な不安を和らげ、自信を与えることにあると言うのに対し、ラドクリフ＝ブラウンなら、その機能はお産のような命に関わる重要な活動を厳粛なる大事な行事とみなすことによって、社会の存続に貢献することにあると言うであろう。

両理論の調停

二人の人類学者の理論は、正反対の主張のように見える。しかし、その違いを解決する高次の総合が可能であろう。他の著名な研究家たちも最近互いに論争し、彼らの考えを、実際は補完的であるのに、代替的なものとして提示している。

第一の難問は、不安自体と、もし不安解消のために何もなされなかったなら、その不安が現れると思われる状況との間をはっきりと区別するなら、解決される。未開集団の成員が不安を感じると思われる場合――何と言っても漁業や出産――は多くある。彼らはよい結果が得られることを乞い願っているが、手元にある手段でそれを得る確信がない。未開人は不安になりやすい傾向を持って生まれてきたかどうか、あるいは、ある状況で不安になることを他の集団成員から学習したかどうかの問題は問わない。しかし、いずれの仮定に立っても、私たちが生理学から学んだ知識は、実際に役立つ行為――望む結果を確実にしてくれる行為――がない時、とりあえず何らかの行為が行われることを示唆している。刺激―反応は私たちが呪術と呼ぶ表出的な行動によって完成する。状況が危険であり、捕獲が疑わしい時にのみ、呪術が漁業と結び付くというマリノフスキーの観察、そして、呪術が文明人の間でも戦時には増えるという事実、この二つはこの分析と関係しているように思われる。呪術と不安誘発状況は結び付いている。

これで十分に思える。しかし、ここで止めることは、人間行動の複雑さを無視することになる。ある状況は不安を引き起こすと予期される状況であるかもしれない。それなのに、不安は現れないであろう。未開人は危険な状況で呪術を行えば、不安ではなく、彼らの仕事の成功に自信を感じる。これが事実である。もっとはっきりさせよう。未開人は不安を解消するために呪術を行っているのではない。そうではなく、針に餌をつけ、それを沖に投げ込むことが実際の成果をもたらすように、呪術も実際の成果をもたらすことに役立つと彼らは信じているのである。さらに、彼らは自分の行為を信じながら、呪術を実行することによって、生理的な行為動因からの開放だけでなく、彼らはほしがっているものを獲得できるという確信をも得ている。トーマス（W. I. Thomas）とズナニエッキ（F. Znaniecki）がポーランドの農民を観察して得たものは、ほとんどの未開人にも当てはまるであろう。「実は、農民は堅実に仕事をし、そして、伝統の求める宗教的呪術的儀式を実行している時、彼は『後は神にまかせ』、そして、最後の結果が来るのを待つのである。仕事の技術や効率の多少の問題はまったく重要ではない(15)」。

これが一体マリノフスキーとラドクリフ＝ブラウンとの論争にどんな関係があるのか。ラドクリフ＝ブラウンは、事実、つぎのように論じている。「私の論敵は言う。原住民は海洋漁業やお産のような危険な状況で不安を感じ、その結果として呪術的儀式を行うと。私は言う。彼らはこのような状況では不安を感じないが、呪術的な儀礼が適切に行われていないかもしれないという恐れによってのみ不安にさせられると。たとえば、アンダマンの父親と母親は、お産の食物タブーを守らないと、病気になると思う」。しかし、この議論はマリノフスキーに対して公平でない。しかし、多分、許されるであろう。なぜなら、マリノフスキー自身が問題をまったく明確にしなかったからである。正しく理解されるなら、彼が言っていることは、原住民は危険な状況で不安を感じるということではなく、もし呪術の儀式が実行されないなら、不安を感じるであろうということである。そして、ラドクリフ＝ブラウンが引用した事実は、マリノフスキーの理論に反対する理論を支持する代わりに、マリノフスキーの理論から直接得られる。マリノフスキーの言うように、呪術が不安を解消すると言うことは、ラドクリフ＝ブラウンの言うように、もし呪術が実行されないなら、不安が現れると言うに等しい。これが特に明らかになるのは、私たちが、原住民が彼らの感情や行為のために提供する説明や合理化を二次的な現象として扱い、危険な状況と呪術との関係を一次的な現象として扱う時である。

私たちは、両人類学者がよく知っているに違いないが、語っていない一点を加えることができる。未開の小作農民の精神ではあらゆることが相互に関与し合っているから、そこでは不安と儀式との間の結び付きは広汎である。もし社会のすべての規則が守られないなら、自然はその果実を生まないであろうという仮定がある。その集落での近親婚や殺人は、呪術的儀式の不履行と同じように、必ず不作をもたらすであろう。神は彼らの罪に対して戦争、伝染病、あるいは飢饉の形で報いるであろう。したがって、中世ヨーロッパの村では、教区牧師によって導かれた農民は、穀物の成長を祝福するために、祈祷日に村の境界まで行進した、彼らは罪の許しのため同時に祈りを捧げた(16)。諸観念の結合は独特である。すなわち、自然と道徳は相互に依存している。

マリノフスキーとラドクリフ＝ブラウンの間の論争の第二の問題は、個人と集団の間の関係を正しく理解することによって解決される。たとえトロブリアンド漁民やアンダマンの父親と母親が孤立した個人であったとしても、私たちは彼らの行う儀式は、時間の経つうちに、標準化すると期待するであろう。しかし、彼らは孤立していない。彼らは歴史を持った集団の成員である。もし儀式がある期間にわたってある方法で実行されるなら、それがそのように行われ続けられるべきであるという期待が高まる。その実行は集団規範へと組み入れられ、子供に教えられる。それは、不履行がある型の罰をもたらすような方法で、社会システムの他の項目と結合するようになる。たとえば、呪術に無頓着な人は社会的ランクの高い人でなくなるであろう。

マリノフスキーは呪術を個人的な情緒を処理する手段として強調する。ラドクリフ＝ブラウンはそれを集団期待への同調として強調する。この問題は彼らの論争を、個人と集団との間の関係についての私たちの研究へ移すことを正当化する。しかし、確かに、個人の感情と集団規範への同調の両者は呪術の実行と関係する。実際は妻について大して心配していないが、外見を維持するためにお産のタブーを守るうわべをつくろうアンダマンの父親もいるであろう。私たちは、期待されていると思う故に病院の周りにたむろしているアメリカの父親を知っている。また、アンダマンやアメリカには、実際に心配し、集団が彼らの心配の表出のために提供する儀式をほんとうに適切であると思い、わざとらしい同調など問題とならない父親もいる。私たちは、個人の衝動と集団の期待が一致する時、社会は健康であると感じるであろう。両者は常に存在し、相互に関係している。

デュルケームの理論が追随者によって無批判に適用される時にぶつかる問題をすでに見てきたから、今や彼につらく当たる必要はない。社会行動の説明を行うため、社会によって個人の上に押されるスタンプだけを考察すれば良いと論じるとき、彼は支配的な考え、すなわち社会契約論を打倒しようとしていた。そして、レーニンのような人は専制君主を改心させるのではなく、彼を殺す。知識人の無気力を克服するために、新しい言葉は過激な言葉でなければならない。そして、時には、その言葉が真実であるよりも、興味を引くものであることが重要である。ホームズ判事は、偉大な理論家の体系は滅びるが、彼らの洞察は生き残るとよく言った。デュルケームは完成したシステムを残さなかったが、彼の何気なく言った言葉の中に、主要な問題について明確かつ厳密であろうとしたために、あえて見落としていたこれらのやっかいな事実を実際は認めていたことがわかる。そのようなふとした洞察の中に、成長の原理が横たわっている。覚えていると思うが、彼は社会的事実を「個人に対して外在し、かつ、個人の上にいやおうなく影響を課することのできる一種の強制力をもっている、行動、思考および感覚の諸様式」として定義した。しかし、『社会学的方法の規準』の第二版の脚注として——結局、最新の補足として——以下のように付け加えている。

私たちが社会的事実に認めている強制力が、社会的事実のすべてであるどころか、それと反対の性質も同じように社会的事実に認められる。というのは、制度が私たちに押し付けると同時に、私たちは制度に忠誠をつくす。制度が私たちに義務を課すのと同じように、私たちは制度を愛する。制度は私たちを拘束すると同時に私たちは、制度の働きに、また、拘束自体にも満足を見つける。道徳学者はしばしば、二つの概念、「善」と「正」間の対立を指摘する。それは、道徳生活の二つの異なる、しかし、等しく現実的な側面を表わしている。さらに、どんなものであれ、この二つの行為を私たちの上に行使しない集合的実践はないであろう(17)。

この洞察の追及が私たちの行った分析につながる。

最後に、二人の偉大な人類学者の理論を比較することによって、私たちが到達した呪術論を要約することにしよう。呪術は、海洋漁業やお産のような危険な状況で、人々は本当にほしい結果が実際に獲得されるという確信を持つことができない時に、実行される傾向にある。肉体はこれらの状況で行為へと動員されるが、好ましい結果を確実にすると思われる行為が未知であり、あるいは困難であるため、呪術がその行為に代わって行われる。呪術は緊張をほぐす。そして、人々は、他の技術と同じように、儀式が現実に彼らを実践的な方法で助けると信じるから、呪術は彼らに必要な仕事をするために必要な自信を与える。彼らを無力にさせたかもしれない心配が蔓延する前に、呪術がその心配を追い払ってしまう。しかし、儀式が正しく行われない時、不安が現れるという事実が不安が潜在していることの証拠である。また、呪術は危険や不確実さに直面した個人の情緒の表出であるけれど、それはまた社会的規範への服従に関することとして実行される。社会は儀式の実行を要求し、不履行の恐ろしい結末を明示するとき、それは一部不安を作り出す。その不安を呪術が軽減する。さらに、呪術は個人に自信を与え、かつ、集団のために、本質的に重要である活動を神聖化することによって、集団の存続を助けるという機能を持つ。社会契約論は、社会行動は諸個人の性格の結果であると主張し、社会鋳型論は、個人の行動は社会の性質の結果であると主張する。この両理論は共に正しく、共に不完全であり、互いに相補的である。

文化とパーソナリティ

最近、しかも、マリノフスキーとラドクリフ＝ブラウン論争よりもずっと最近、文化とパーソナリティの関係——社会の「生活様式」と社会を構成している諸個人の性格の関係——についての研究者は、社会鋳型論が遭遇したものと同じ問題に取り組んでいる。その問題は生き続け、すべての知的な世代に新しい形式で繰り返し現れている。当の研究者は社会統制よりむしろ社会教育——社会の成員がその文化を教えられる過程——に関心があるが、しかし、彼らも社会が個人の上にスタンプを押すと考えている。しかしながら、彼らは私たちの社会の理解をさらに高めた。いま、私たちは彼らの理論が私たちの理論に対する貢献に感謝している。

私たちに関する限り、私たちの理論が閉じられた教義体系を形成しているなどと主張はしない。いわゆる集団を稼動させるために、諸個人は集団外から集団に持ち込む感情を持っていると私たちは仮定した。しかし、私たちは、これらの感情、すなわち、外的システムに入ってくる感情が、なぜ今あるようなものであるかを説明しようとはしなかった。時には、ウェスタン・エレクトリック社におけるように、成員は彼らの感情を大きな社会の他集団から当の集団に持ち込む。時には、ティコピア家族におけるように、外的システムの感情はその成員の生理学的欲求であり、彼らはこれらの感情をその集団に生まれることによって持ち込む。しかし、両事例において、私たちは感情を当然なものと考えた。今、私たちはもう少し先に進まなければならない。そして、ここで、文化とパーソナリティについての研究者は偉大な貢献をしている。彼らなら言うと思うが、ある程度、それぞれの集団は成員に感情を教える。もちろん、その感情はその集団によって満たされる。多分、これは他の集団より未開社会の家族によく当てはまるであろう。成員の生理学的欲求を潤色しながら、家族は彼らに文化的欲求を教える。もしすべてが順調に進めば、その欲求は家族によってその領地内で満たされることになる。簡単な例をとると、食物や衣服や避難所への一般的な欲求は生物学的に決定されているかもしれないが、しかし、社会はその成員に、どんな種類の食物を集め食べるべきか、どんな種類の衣服を着るべきか、どんな種類の家を建てるべきかを教える。多様な集団よりなる社会において、その過程はよりいっそう複雑であり、ある集団で作られた欲求は他の集団で満たされる。この欲求の創造と充足の過程の循環が当てはまるのは全体としての社会だけであり、どれか一つの集団でない。とは言え、子供たちに基礎的な欲求を生活の初期に教える——初期というのは、それらが基礎的であるからであり、基礎的であるのは、それらが初期であるからであるが——家族は依然として教育的に最も重要な集団である。

文化の研究者は、欲求が作られ満たされる円環の半分を強調し、私たちは他の半分を強調する。彼らは欲求のパターンと、社会が作り出した欲求を満たすための標準手続きと、そのパターンが子供たちに教えられる様式を記述する。この点で、彼らは社会の規範——行動がどうあるかではなく、行動がどうあるべきか——と規範教育の過程を記述する。それから、彼らはさらに深く進み、そして、いかにその社会の育児規範の乳児への適用が諸個人のパーソナリティの成熟に影響をあたえるかを示す。社会はそれ自身の性格タイプ、すなわち、基礎的パーソナリティを生む。しかし、文化主義者は常に社会鋳型論によって思考している。すなわち、彼らは社会が個人の上にスタンプを押すことについて考えているが、いかにしてそのスタンプすなわち文化が今のようなものになったかを考察することを無視している。彼らは社会発展や変動の原理への欲求を感じていないように思われる。少なくとも、彼らはそれについて多くを語らない。彼らに関する限り、文化は永遠に変わらず、教えられ、生き、そして、再び教えられることが可能である。彼らのフィールド・ワーク論では、彼らは自然環境、技術（トイレ訓練の技術は除く）、社会の組織、そして、これらの相互関係の調査を嫌がる傾向にある。[18] 他方、私たちはここで、変化する環境や技術の中で、組織の欲求充足過程と、この過程がいかに新しい世代に教えられる文化を創造するかを強調する。完全な理解のために、その輪の両半円――繰り返すが、両半円――が研究されなければならない。

自由の問題

これらの考えはまた個人の自由の問題へ適用できる。そのような大事なことは、これまでに、十分に分析されているのではないかと思うかもしれないが、しかし、されていないのである。倫理学者の認めるように自由は孤独も無拘束も意味しない。人はお互いから孤立して生活していない。実際、孤独や拘束の欠如を意味する自由から逃走するためには、人はどんな馬鹿なことでもする。独裁者への隷属もする。[19] 彼らは他者との協力から自由を含む喜びを得ている。[20] 私たちの知るように、すべての協力は規範を意味しており、また、規範からの離反は罰せられる。個人は服従を強要される。ある人は、もし強要があるなら、自由はどこに行ったのか、と問うであろう。また、協力集団における自由とは特別な「自由」すなわち言論の自由、信教の自由、人身保護（*habeas corpus*）などに限られるわけではない。それらは現代に生きる私たちにとって重要である。未開人（sovage）にはそれらのいずれもない。実際、彼は慣習によって縛られていると言われる。しかし、私たちが茂みの中の彼を見るとき、彼が抑圧されているように見えない。明らかに、慣習が彼に行うように要求することは、彼もまた行いたいと心より願っていることである。その時、もし人が自由を感じるなら、その人は自由である。これを認める時、私たちは自由社会を記述するためになし得ることは何もないのか。私たちは確かにそれについて四六時中語り続けてきた。もし私たちがデュルケームから引用した先の一節が正しいなら、社会が自由であるのは、社会が市民にとってふさわしく当然と考える行動――市民が善と感じる行動――がまた社会が統制しようとする行動である限りにおいてである。自由とは愛する規律である。これは祈りにおける古い定義である。その祈りで、私たちは神について「神は完全なる自由をあたえ給える」と言う。私たち、共和国で自由を愛するものは、常に、「自由社会」の機構がこの深い意味で自由をどこまで生み出しているかを自問していなければならない。

註

（1）特に、S. Freud, *Three Contributions to the Theory of Sex*, and *The Ego and the Id*; J. Piaget, *The Moral Judgment of the Child*（大友茂訳『児童の道徳判断の発達』同文書院、一九五六）を参照。
（2）*Leviathan*, Part 2, Chap. 17. イタリックと傍点はホッブズによる（永井道夫他訳『リヴァイアサン』中央公論新社、一九七一年、一一五頁）。
（3）*Les regles de la methode sociologique*（1927）, xv（Pref. to 2nd ed.）.（宮島喬訳『社会学的方法の基準』岩波文庫、一九七八年、三〇頁）
（4）*Le regles de la methode sociologique*, 8.（前掲訳書、五四頁）
（5）*Ibid.*, 124.（前掲訳書二〇五頁）私たちはデュルケームの議論をあまりにも単純化して述べている。社会が個人の上に押し付ける行動の諸形態の中で、彼が考えていたものは、信念や規範への服従だけでなく、自殺率のような事象であった。それぞれの社会には特徴的な自殺率があり、したがって、ここでも、再び、全体としての社会の特徴が行動のパターンを個人の上に課していると、彼は思った。E. Durkheim, *Le Suicide*（宮島喬訳『自殺論』中央公論社、一九八五年）を参照。
（6）L. J. Henderson, *Pareto's General Sociology*, 72.
（7）より十分な分析については、G. C. Homans, "Anxiety and Ritual," *American Anthlopologist*, XLIII（1941）164-72を参照。
（8）B. Malinowski, *Magic, Science and Religion and Other Essays*, R. Redfield, ed., 14.
（9）特に、W. B. Cannon, *Bodily Changes in Pain, Hunger, Fear, and Rage* を参照。

（10）B. Malinowski, *Magic, Science and Religion and Other Essays*, 69-70. また、B. Malinowski, *Foundations of Faith and Morals* と *Coral Bardens and Their Magic* を参照。
（11）A. R. Radcliffe-Brown, *The Andaman Islanders.*
（12）A. R. Radcliffe-Brown, *Taboo*, 33. Teknonymy とは、たとえば、女性を「メアリー」と呼ばないで、「ジョンのお母さん」と呼ぶ方法である。
（13）*Ibid.*, 41.
（14）*Ibid.*, 35, 39.
（15）W. I. Thomas and F. Znaniecki, *The Polish Peasant in Europe and America*, I,174.
（16）G. C. Homans, *English Villagers of the 13th Century*, 368.
（17）*Les regles de ls methode sociologique*,（1927）, xx.（前掲訳書、四〇頁）
（18）これはまったく公平でない。社会組織や社会組織の変化の問題は、文化主義者の一般理論では十分に認識されていない。しかし、特殊な集団の研究で、彼らは社会変動を扱わねばならないときには、彼らは環境や技術や組織を考察している。たとえば、A. Kardiner, *The Individual and His Society* でのコンマンチ族の歴史の研究を参照。
（19）E. Fromm, *Escape from Freedom*（日高六郎訳『自由からの逃走』東京創元社、一九六六年）を参照。
（20）B. Malinowski, *Freedom and Civilization*, 25.

第13章　社会的不統合——ヒルタウン

動学的研究…社会変動の諸タイプ…ヒルタウン…ヒルタウン——初期の様相…一九世紀における経済的変化…教会の分裂…一九世紀における社会生活…二〇世紀における経済的変化…政治的問題と宗教的問題…社会生活…分析…環境…外的システム…内的システム…規範と社会的階級…社会統制

今まで、私たちは社会システムの次元として時間を扱うことが少なかった。私たちが見てきた研究はフィールドでのほんの二・三ヶ月間の観察によるものであった。さらに、それらはたった今という観点から書かれており、過去や現在や未来の変化が考慮されていなかった。それぞれの研究で、集団は静的に扱われた。それはあたかも顕微鏡のために染色されたかのようであった。もちろん、この方法には利点があった。私たちの問題のような扱い辛いものは、最初にできるだけ単純化しなければ、理解不可能である。最も容易な単純化とは時間の次元を除外することである。しかし、そのままでは、その方法は事実を曲解させることになる。第11章での社会統制の分析で、私たちは時間での小さい変化と、その変化の社会システムの他側面への影響の考察に取り掛かった。私たちは、安定自体が変化によってのみ記述されうることを見つけた。静学は、事実、動学の特殊事例であり、均衡の研究が両者を結ぶ橋である。本章と以下の諸章で、私たちは動的な側面、すなわち、今まで考察してきたどれよりも長期的で持続的な変化の研究にまともに取り掛かる。しかし、多分、線を引かないほうが良いかもしれない。私たちは社会学の統一のために論じてきた。すなわち、家族あるいはコミュニティ、産業あるいは農業、村落あるいは都市といったラベルを張られない社会学のために論じてきた。また、もし私たちの立場が正しいなら、同一の分析図式が両方の研究に役立つ限り、社会静学（social statics）と社会動学（social dynamics）の間に線を引く理由はないのである。

動学的研究

動学的研究はまったく新しい問題領域を開く。それはまた私たちが今まで手にしたことのない説得力のある説明法が使用可能となる。しかし、その方法を十全に使いこなすことはできないかもしれない。私たちは何度も繰り返し言ってきたように、社会行動の要素は相互に依存しており、たとえば、人々が相互作用すればするほど、一般的に、彼らの相互に対する好意的な感情は強くなる。ただある時点で存在したかのように記述された集団で、この仮説を立証するために私たちのなし得ることは、まず、一つのサブ集団を取り上げ、そのサブ集団内での強い友愛的な感情を指摘し、つぎに、もう一つの別のサブ集団を取り上げ、先のサブ集団成員がこのサブ集団成員に対しあまり友愛的でないことを指摘することである。これが、実際、端子盤配線観察室の研究で使った方法である。論理的にはそれは有効であっても、心理的には社会の研究者にとって納得できない。それより、あるサブ集団の成員間の相互作用の頻度が減少することを観察し、それに続いて起こる感情の変化を研究することの方が納得がいく。私たちが二つの要素が相互に依存していると言う時に言いたいことは、もし一つが変化すれば、他の一つも変化するということである。つながりを証明するには引っ張って見ればいい。

同じことが比較的方法と歴史的方法についても言える。私たちは集団を比較する。あるいは、少なくとも一つの集団を時間かけて追う。ここに一つの集団がある。未開家族と呼ぶことにしよう。この集団では、社会行動の一連の事項――農業技術、分業、権威の位置、各家族内での態度、遠く離れた親族への態度等――があれこれの形態をとっている。ここにもう一つ別の集団がある。その集団では、同じこれらの事項がやや違った形態をとっている。各事項セットの内的結合に訴えることによって、その違いを理解できるかもしれない。たとえば、一つの集団内でのある態度はこの集団での権威の位置と適合的であり、また、他の集団内では別の態度がその集団での別の権威の位置と適合的であると指摘できよう。これは、私たちがティコピアやトロブリアンドの家族での父親と息子の相互に対する態度を比較したときに行ったことである。しかし、集団が多くの点で異なっているという事実は依然として存在している。また、これら二つの集団の行動形態の間を仲介するサンプルがないかもしれない。そのバリエーションは不連続である。すなわち、飛躍がある。単一集団の歴史的研究にはそのような欠点がない。その集団が同一性を維持しながらある状態から他の状態へと変化する間、行動の多様な事項の変化を継続して追っていくことができる。私たちはもはや二つの別個の事項セットに制限されない。私たちはある期間に渡って他の事項と関係しているそれぞれの事項の変化を追っていくことができる。私たちは、少なくとも暗に、最初の三つの集団の研究で比較的方法を使った。残りの諸章で、私たちは時間の中での単一集団の変化を追っていく。いつかは、誰かが先に進んで、比較動学で比較静学を補強するであろう。

社会変動の諸タイプ

私たちは社会変動（social change）のタイプの分類がいつまでも続くとは思わない。分析が進めば進むほど、すべてのタイプが合流することが明らかになるであろう。しかし、ただ便宜上、また、まず私たちの考えを明確にするため、少なくとも二つの主要なタイプに区分し、それらに名前を付けることにしよう。本章では、社会的不統合（*social disintegration*）の事例を研究し、次章では、社会的対立（*social conflict*）の事例を研究する。

全体としての社会学の中に、通常、社会病理学と呼ばれ、犯罪、アルコール中毒、離婚、自殺、そして神経症のような事象を扱う公認のサブ分野がある。ある意味で、これらはすべて個人のトラブルである。なぜなら私たちは常に個人の犯罪、個人のアルコール中毒、個人の離婚、個人の自殺、あるいは、個人の神経症を指摘するからである。しかし、個人と社会は決して相互に無関係ではない。社会病理学の研究で、行動障害で苦しんでいる大多数の人々は、他の症候を見せている社会の中に出現しがちであることが明らかになった。この社会の状態はデュルケームによってアノミー（*anomie*）と呼ばれた。彼はその特徴として、諸個人が協力する活動の数が少ないこと、個人間の接触の度合いが低いこと、その集団成員への統制が欠如していることを挙げた[1]。その最後の特徴から、この社会の状態にその名前が与えられた。アノミーは「法の欠如」（lack of law）を意味するギリシャ語から来ている。ある大都市のドヤ街はアノミー社会の事例である。私たちのある地区もそうである。この状態の社会は解体している（*disorganized*）と言われ、社会病理学は時にはそれを社会解体（social disorganization）と呼んだ。

さらに進んだ研究はつぎのことを示した。明らかにどこかに異常があるために、解体しているに違いないと思える多くの場所――たとえば、高い犯罪率で特徴付けられるスラム――が、もし解体という語が統制の欠如と人々の間の親密な接触の欠如を意味しているなら、実際は、解体していないのである。というのも、実は、これらの区域は低組織化というより、むしろ過剰に組織化されていた。犯罪者――すなわち、その国家によってそう呼ばれている人々――は神経症患者や見捨てられた人ではなかった。彼らは健康で、元気で、幸福で、多く尊敬されていた。これらの地域では犯罪者でない人だけがパーソナリティ障害の兆候を示していたと言っても過言ではなかった。アノミーの診断を下すことはできなかった。しかし、そのコミュニティがうまくいっているわけではなかった。それは、ある意味で、所属する大社会に反対して組織化された。犯罪――すなわち、国家の規範への違反――はこの反対の表明である。国家の規範によって最低の位置に立つ人々は、その地域の規範によって最高の位置に立つ人々であった。悪事の横行するコーナーヴィルが、そのような地域の例である。

第一種の社会を作り出す過程は社会的不統合（*social disintegration*）と呼ばれ、第二種の社会を作り出す過程は社会的対立（*social conflict*）と呼ばれるであろう。こうすることで、私たちは社会解体（*social disorganization*）という語句に潜む曖昧さを避ける。社会的対立では、集団が行う活動の量の減少も、相互作用の頻度の減少も、個人行動への社会的規制という意味での統制の欠如もないであろう。しかし、別の意味で統制の欠如がある。すなわち、変動の過程を通して、あるサブ集団が他のサブ集団との対立に、あるいは、それを一部とする大きな社会との対立に入るであろう。もし私たちが社会的不統合や社会的対立について語るなら、また、他の方向への過程を、すなわち、社会的統合と対立の解決という過程を指摘すべきであろう。その通りである。事実、私たちの初めの諸章で、社会的統合の観念が社会システムの構築あるいは精緻化の研究に暗に含まれていた。さらにまた、社会的統合は社会的対立と関係するであろう。たとえば、端子盤配線集団の内的統合は、一部は、その集団とウェスタン・エレクトリック社との間の外的な対立によって決定された。しかし、次の数章で、私たちはある人々が不快とみなす過程にもっぱら関係するであろう。本章では社会的不統合に、次の二章では社会的対立に関係するであろう。

ヒルタウン

私たちの方法は、特定の事例を取り上げて社会的不統合を研究することにあるが、ここで直ちに困難に遭遇する。社会変動の研究は現に歴史学が行っている。その歴史学は早晩私たちの行うような探求法に従うことになるであろう。すでに数十年も経ている「新しい」歴史学でなく、「より新しい」歴史学は、経済的、技術的、宗教的、あるいは政治的などの単一事象を全体として変化する社会の一側面としてとらえ、それぞれは他のすべての側面を反映するものとしてのみ理解できると考えるようになるであろう。歴史学と社会学――同じく、政治学と社会学――は収斂すると思う。それは両者にとって益となるであろう。しかし、それは予言である。歴史学が小集団をテーマにすることは多くない。しかし、私たち社会変動の研究者は全体社会からではなく、もっと小さいものから始めるべきである。と言っても、私たちはこのより単純な水準でもうまくいっているわけではない。綿密な分析に必要なすべての事実を提供する小集団研究が少ないこと、変動の影響下にある小集団の研究はさらに少ないこと、さらに、変動が「強制的に」すなわち実験的に作られた集団の研究と比べ、「自然的」に起こっている集団の研究がほとんどないということは、社会学者や社会心理学者にとって厳しく非難されるべきことである。その欠点は補われつつあるが、しかし、今のところは、私たちの研究選択は限られている。

私たちが社会的不統合の実例として選んだ事例では、その社会的単位は、一九四五年当時、約一〇〇〇人の人口を持つニューイングランドの「町」(town) である。私たち自身の定義では、これはとても集団とは言えない。町の人々がそれぞれ他の人々と互いに何らかの接触を持つことは、実際上非常に困難であるが、かつてなくはなかったであろう。しかし、そのような広い付き合いは現在では確かに事実ではない。にもかかわらず、その事例を提示することを弁解しない。なぜなら弁解は代替物の選択が非常に狭い時は不要であるからである。私たちはこの地域共同体をあたかも小集団であるかのように研究する。そのため、もっと徹底した研究ならとても無視できないと思われる多くの細かなことには触れないことになろう。たとえば、私たちはその町の家族をあたかもそれぞれが何人かの人々ではなく、単一の人であるかのように扱うであろう。そして、私たちはこのような単純化をすれば、小集団分析の方法も大きな単位の研究にまで拡大できると思っている。ヒルタウン(2)は、ニューイングランドの町にふさわしい姿を見せている。それは緑の緩やかな起伏をなす台地の上にある。

二つの白い教会の尖塔が大通りの両端から聳え立っており、それらはその地域の直径数マイルを示す標識の役を果たしている。教会の間には、楡やメイプルに覆われた一九世紀初頭の連邦主義者好みの新古典的なスタイルの素朴で、装飾よりむしろ均衡美を持つ大きな白い建物が並んでいる。ここが「センター」であり、農家は丘のあちこちに散らばっている。

外国の人々――すなわち、ニューイングランドになじみのない者――は「町」(town)が専門的な意味で何であるかわからないかもしれない。町とははっきりした境界を持った地理的領域であり、このような意味で、それはしばしば町区(township)と呼ばれている。それはまた住民がある方法で治められている地理的領域である。その町の有権者は年次町会(annual town meeting)に一緒に集まって、町の諸問題の処理に関わる法律を制定し、予算を立て、税金を徴収し、最後に、町の役人を選出する。役人の中の長は三人の都市行政委員である。過去には、後で見るように、その町にはこれら以外の職務があった。町という語は村落共同体に対する古い英語である。そして、町の制度は英国の村の制度と歴史的につながっている。

ニューイングランドの最初の入植者は海岸近くに、あるいは、少数の特に恵まれた地に、特に、コネティカットの谷間に定住した。内地の高い丘陵地が継続的な入植で覆われたのは、驚くほど遅く、プリムスやボストンの創設後百年以上たってからであった。選ばれた町の土地のほとんどは、谷間よりむしろ、山の尾根や、丘陵の肩や斜面のような、高いところにあった。たとえば、ヒルタウンの「センター」は海抜約一〇〇〇フィートのところにある。谷間の地は低く、沼地であった。高地は非常にたやすく整地され、耕された。理由は何であれ、最初の入植地が最も低いところの土地であることは滅多になかった。しかし、その後、河川やその水力が産業にとって重要となったとき、入植地は低地に移動する傾向にあった。その開拓地は高い丘陵地帯の頂にあった。記憶にないくらいの大昔から、それらは「ヒルタウンズ」(hill towns)と呼ばれていた。私たちは研究対象としているこの地域社会もその一つであるから、それを「ヒルタウン」と呼ぶことにする。もちろん、これは実名でなく、また、それに似た名もない。

ヒルタウン――初期の様相

ヒルタウンは一七六七年植民地議会によって町として編入された。そして、最初の町会はその年の六月三日に開かれた。

その時、約一五〇人がその町内に住んでいた。

まず、設立数年のヒルタウンの政治組織を見ることにしよう。この時代、町は現在以上の多くの責任を担っていた。また、州や国家の法律で町の行為はあまり制限されていなかった。町は学校を建て、校長を選び、主要道路を建設し、そしてまた、貧窮者に救済を提供した。町会はまずは法廷として機能した。実は、私たちの代議士制度のほとんどは法廷として始まった。それは市民軍の定期的な訓練のために金を集め、提供した。彼らはすぐにコンコルドやバンカーヒルに向かって行進することになった。町は代表を選び、代表を植民地議会へ、後には、州議会へ送った。その中でも最も重要なことはつぎのような町の業務であった。すなわち、召集された町会で、教会の牧師を選び、彼の生活費を提供し、彼の牧会についての不満を裁き、品行の良くない教会員を罰し、そして、町会堂を維持することであった。国家と教会は一つであった。政治的単位としての町は宗教的単位としての町――単一の信徒団であり、教義ではカルヴィニスト、教会管理の形態では「独立教会派」すなわち「組合派」――と区別することはできなかった。これらすべてのために、その町は税金を投票で決め、その額を決め、徴収した。当然なことだが、町会の会員であることは名誉なことであった。すべての住民が、また、すべての男の大人が、その成員であるわけではなかった。人はある財産資格を満たさねばならなかった。しかし、男の大多数は町会に出る資格があった。会議の告知と議題を知らせる「召喚状」（warrant）に載っている事項のすべてが的確に討議された。これらの議論を通して、それぞれの町民は仲間の性格や習慣をよく知るようになり、また、自己表現の技術や政治的手腕を高めた。これらの点すべてで、ヒルタウンは当時のニューイングランドの他の町とそんなに大きく異なることはなかった。

ヒルタウンの入植は、近隣のほとんどの町と比べ遅かった。それは主要道路沿いになかった。それはどの町よりずっと高いところにあった。そのため、気候は厳しかった。その土地は、当初は十分に肥えていたが、次第に痩せていった。その町には平地が少なく、ほとんどが生い茂った森であった。これは一八世紀の辺境の農地であり、それは今日も変わっていない。しかし、ヒルタウンは当初から農民の入植地であり、一九〇〇年ごろまで、それぞれのヒルタウン農家は家族のために必要な食料を生産した。それぞれの農家は、トウモロコシや穀物や干草を栽培することのほかに、菜園や果樹園をもち、また、豚や牛や鶏を飼っていた。周囲の地域が成長し続けるにつれ、市場に出荷されるヒルタウンの作物量も増大した。それらは少ないが、現金をもたらした。そのお金は自宅で生産できない塩のような品物を買うために使われた。農家が広く営利的になるのは、一九〇〇年以後のことであった。

農業労働は家族によって行われた。家族の核は、今日の家族と同じ単位である結婚している夫婦とその子供たちであった。しかし、同じ屋根の下で生活している人々の集団である世帯は、現代の世帯よりはるかに大きかった。初期の大きな家屋がそれを証明している。それぞれの夫婦には平均して今日の夫婦より子供が多くいた。子供はすべての農業を営むためには不可欠であった。特に、その土地がまだ整地中の数年間はそうであった。両親は、年をとると、子供と一緒に生活した。また、すべての農家は少なくとも一人の雇い人を抱えていた。彼は家族の一員として遇された。農業労働では、非常に厳しい分業が原則であった。たとえば、女性は畑で働くことを期待されなかった。ヨーロッパの農民の仕事とは対照的であった。

ヤンキーの伝統は自己信頼と独立である（批判者は「懐疑」と「不信頼」という言葉を使う）。立前では、人は自立できるべきである。実際は、入植初期には、特に、個々の世帯は困った時に近隣の援助に頼ることができなければ、存続できなかったであろう。ある人が納屋の骨組みを組み立てたいと思っていると想定してほしい。あるいは、所有者の過失でなく耕作牛を失ったと想定してほしい（道徳的な潔白さが重要である）。その時、彼の親族や隣人が一緒になって骨組みを作り、あるいは、畑を耕してくれるであろう。その労働へ金銭的な支払いはしないが、その農民は助けてくれたすべての人々へ食べ物や飲み物をたくさん提供しなければならなかった。まさにこれがニューイングランドの「寄り合い」（bees）である。

一九世紀における経済的変化

ヒルタウンの初期の組織の概観から、その社会史に目を転ずることにしよう。つぎの表は、その創設から現在に至るまでの、ほぼ一〇年ごとのヒルタウンの人口を示している。

多くの丘陵の町もこれと似た人口曲線を見せていた。一八〇〇年まではかなりの急増であった。これは入植の時期であり、畑から石を取り除き、それで壁を作る時期であり、最初の大きな母屋を建てる時期であった。その後、その人口増は緩やかになり、人口は一八四〇年と一八五〇年の間で最高になった。このような町が最も豊かになり最大の人口を抱えたこの一〇年は、また、エマーソン（Emerson）やソーロー（Thoreau）やホーソン（Hawthorne）のニューイングランド文学や哲学が満開した一〇年でもあったことは、それがどんな意味を持とうが、銘記しなければならない。続く数年、ヒルタウンは非常に多くの人を失い、一九一〇年には、その人口は先の世紀よりも少なくなった。ほぼ一九一〇年の人口で安定し、今日まではほぼ一定できている。

　この人口減少をもたらした条件を見つけることには苦労しない。一八三五年、ボストンから近くの内陸部への最初の主要な鉄道が開通した。そして、その六年後の一八四一年には、オールバニー経由でボストンと中西部を結ぶ全線が開通した。ヤンキーはニューヨークやオハイオやその先の諸州へ長期にわたって移住していた。今日でも、東部オハイオやコネティカットの古い西部の保護区の多くは温和なニューイングランドのように見える。また、ニューイングランドはその痕跡を中西部のいたるところに残している。鉄道の完成と共に、移住の流れが洪水となった。そして、次の一〇年には、ヒルタウンやその近隣のほとんどの町の人口は減少し始めた。さらに、その移住者は住民の中で最も多産であった人々よりなっていたのかもしれない。したがって、その長期的な減少は、移住だけではなく、郷里に残った人々の特徴である低自然出産率の結果であったかもしれない[3]。ニューイングランドの最大の輸出は常に人間である。その最も印象的な記念碑が放棄された農場である。鉄道の中西部への開通は移住をさらに容易にした。それはまた移住をさらに必要にした。なぜなら肥沃な大草原の作物が東部の市場で丘陵の町の作物とすぐに競争するようになったからである。岩の多いニューイングランドの農場で育った穀物や家畜を市場に出す可能性がなくなった。乳製品の製造や養鶏のような特殊なものだけが生き残り、それらが生き長らえるための現金収入を農民にもたらした。ヒルタウンの痩せた土地は、すでに疲弊しており、明らかに限界が来ていた。

年	人口
1767	150
1776	466
1790	933
1800	1,113
1810	1,127
1820	1,367
1830	1,674
1840	1,784
1850	1,825
1860	1,621
1870	1,654
1880	1,385
1890	1,346
1900	1,227
1910	1,073
1920	1,045
1930	1,010
1940	1,022
1945	1,019

　農業中心のニューイングランドが一八四〇年代以後衰退したが、工業中心のニューイングランドはまだ台頭中であった。ヤンキー——その言葉は、ニューイングランドで

は植民地の住民の子孫、通常は英国人の子孫のニューイングランド人という特殊な意味で使われている——はフランス系カナダ人の農民とはまったく異なる農民であった。彼は土地に愛着を持たなかった。ヤンキーはもともと英国の工業地域の出身であった。もちろん、それは二〇世紀の基準ではなく一九世紀の基準での工業である。(4) 彼は土地に居座り、農作物を作る職人であったが、しかし、もし機会があれば、いつでも離れる用意をしていた。とにかく、家内工業は古い時代のニューイングランドでは盛んであった。すべての農場は、多少なりとも事業所であった。そこでは、冬の農閑期に、家具や靴や小さい金物類が生産された。ヒルタウンの前行政委員の一人が一九世紀の末まで有力であった生活の仕組みについてつぎのように述べた。

それぞれの農場には作業所があった。それは、増築されたもの、あるいは、単なる部屋、あるいは、独立した小屋であった。誰かが町に行った時はいつも、帰りには、靴の上皮と釘を打つための靴底の包みを持って来た。家長、彼の妻、息子や娘、さらに、雇い人も、みんな靴に釘を打つことに熟練していた。農場は生活の必需品のほとんどを提供した。これらの靴作業から、贅沢や貯蓄をする余分な金銭が手に入った。それは生存のための生活とかなり快適な生活の間の差額を提供した。念のために言うが、私たちは生活のために確かに働かねばならなかった。絶対に、すべての人は働かねばならなかった。しかし、ヒルタウンは豊かであった。輸送はどこもゆっくりであった。そして、ヒルタウンが大きな都市に近接していなかったという事実が大きな差異を生んだとは思えない。その後、変化がきた。彼らは機械で履物を作り始めた。その機械は、田舎のここではなく、リンやブロックトンやそれに似た都市で組み立てられた。私たちはどうすることもできなかった。(5)

こうして、ヒルタウンは少なくとも工業組織の主要な段階の一つ、すなわち、「下請け」(putting-out) 制度を体験した。この制度の下では、工業労働者はある配給所センターから原料あるいは半製品を手に入れ、彼らの家でそれらを加工し、あるいは一部組み立て、それから、それらをそのセンターに返した。そこから、それらはもう一度完成のために他の作業の

「下請け」に出されることもあった。労働者は出来高で支払われた。一九世紀中に、この制度は工場にとって代わられた。動力機械が最初にニューイングランドの木綿織物業に導入された。それはすぐに他の仕事にも適用された。製粉機が小川や川沿いの適当な場所に出現し、家内業に慣れていた人々を使った。ミルタウンがヒルタウンにとって代わり始めた。特に、三つの大きな工場コミュニティがヒルタウンから二〇マイル以内に生まれた。これが、ヒルタウンの人口減少を一部説明する事実である。

ヒルタウンは新しい発展から取り残されることはまったくなかった。水力が利用可能であり、そのうち、小さいブリキ細工工場や毛布工場が建てられた。しかし、工業がその町に入ってきた主要な誘因は森であった。一九世紀を通して、製材機が活躍した。市民戦争以前は、六つの小さい工場が家具や馬車のような木製品を生産していただけであった。少数のフランス系カナダ人やノヴァ・スコシア人がその森に働きに来た。ヒルタウンの工業の繁栄がその世紀の半ばで最高に達した。しかし、その時にも、人口の約三分の一だけが製造業で生計を立てていたに過ぎない。その後、製造業の重要さが着実に減少した。一八七四年の地方鉄道線の開通も復活を刺激しなかった。

教会の分裂

これらは一九世紀のヒルタウンの社会史の主要な出来事であった。これに加え、種類の異なる二つの危機があった。ユニテリアン論争と市民戦争である。その町の創設時の特徴であった教会と国家の一体性はその世紀の第一四半期で破れた。一八一九年のウイリアム・エラーリ・チャニング（William Ellery Channing）のボルティモア説教がその宣言となったユニテリアン運動は、カルヴァン主義だけではなく、すべてのクリスチャンの信仰の中心であった教義、すなわち、原罪とキリストの神性の教義に挑戦した。ユニテリアンは人間を重視したため、神を軽視し、キリストの人間性だけを主張し、人間の原落を否定した。イエスから神性を奪うことによって、その三位一体性は破壊された。そこで、新しい宗派の成員はユニテリアン――神の単一性を信じる人々――と呼ばれ、三位一体論者である古い信仰の信奉者と区別された。

ボストンの震源地から、新しい信仰は急速にニューイングランドを横切って広がった。あらゆる町の教会関連のことは町会の統制下にあったから、ユニテリアンたちが多数を占めるやいなや、彼らは議場やその施設を統制し、彼らの見解に同調しない牧師は追い出し、組合主義と今日呼ばれている古い宗教の信仰を捨てさせた。もし彼らが異説に従わなかったなら、彼らは礼拝する場所を失うことになった。これがまさにヒルタウンで起こったことである。ユニテリアンたちは町会で多数派となり、会議場や諸議題を統制した。組合派の少数者は一八二七年に新しい会、すなわち、ヒルタウン第一カルヴィン会を作った。そして、すぐに、新しい教会を建てた。最後に、一八三八年、第三の宗派、すなわち、メソディストがその町に入ってきた。こうして、ピューリタニズムの分裂が完成した。最終的には、州議会の法律によって、町会から教会問題を規制する権限が奪われることになった。

宗派間の対立は強かったと言われる。「ユニテリアンは悪魔に憑かれた人々である」と、組合派の牧師が一八八〇年説教壇から宣言した。一人の信仰厚い教会出席者がドラマチックに話したように、「街路で他の教会員と話すことは本当に罪でした。私が子供の時、彼らはとても頑固で高慢でした。もしあなたが彼らの教会員でなかったなら、あなたは追い出されたでしょう」。別の人は「それぞれの宗派は他の宗派を間違っていると思った」と言った。(6) プロテスタントの伝統で育った人々の間では、教会の選択は個人の良心の問題であると思われがちである。確かにそうである。しかし、また、教会の所属が、ボストンと同じようにヒルタウンでも、ある社会集団の所属とほぼ相関する傾向にあるのも確かである。上層階級の多くはユニテリアンであった。古い信条に忠実な人々は社会尺度ではとにかく低いところにいることが多かった。メソディストはもっと下であった。

ヒルタウンの人々の信仰的な確信は強かった。また、政治的な確信も強かった。このことは彼らがいつでも信仰を行動で表す備えをしていることから判断された。南北戦争で、一二〇名のヒルタウンの男が連合軍に従軍し、そのうちの四一人が戦闘で、あるいは、従軍中に死んだ。最近のアメリカの町はこのような消耗を経験しなくてもよくなった。(7)

一九世紀における社会生活

さて、あまり公的に組織化されていない活動に移ろう。私たちはすでに寄り合いについてふれた。その寄り合いで、隣人集団は特に困難な仕事があれば協力し合った。また、それは、古い時代の村落共同体と同じようにヒルタウンでも、必要な仕事のためと同じようにパーティのために良い機会を提供した。しかし、もっと純粋に「社交的な」活動が多くあった。「数年前には」と、一人の年輩の町の人が言った。「農場ではお互いに対し多くの関心を持っていました。隣人たちはお互いの家にちょっと立ち寄りました」。他の人も言った。「政治をめぐって大きな論争がありましたが、しかし、隣人相互に対し本当の不満があるとは思えませんでした」。あるいはまた、「私たちにはいつも楽しい時がありました。何かをしてその時を過ごしました。私たちはスケート大会やそり乗り大会を開きました。そして、屋内ではジェスチャーゲームをしました」。冬暖かい農場での唯一の部屋である台所へ、仲間の人々が「台所宴会」(kitchen junkets)のために集まってきた。農場の寄り合いのような活動自体は別にして、準備されたスペリング大会では人々は地区の小学校に出向いた。「学校が彼らを収容できる十分に大きい唯一の建物であった」[8]。これらのコメントについては、過去を美化しているので、大目に見なければならないが、しかし、また、実施された多様な社会的行事の多さに注目しなければならない。

このころ、ヒルタウンの人がその地方の工業都市の一つを訪問することは年に三度もなかった。それと反対に、その町内での社会生活は極めて密であった。三つの雑貨店が男たちにとって格好の集合場所であった。古き時代の一人が、「土曜日の夜には、少なくとも一〇人の男がいました。二〇〜三〇人が出入りしていました。私たちはそこを溜まり場にしたくないので、カードはしませんでした。彼らはよく、町会のためのすべてのことがリッチフィールドの店で決定されたと言いましたが、しかし、それは本当ではなく、ウイラードの店ほどではありませんでした」[9]と言った。雑貨屋の他に、いくつかの共済組合が町に活発な支部を持っており、それがさらに町の仲間が集まる機会を提供した。

三つの教会のそれぞれは、さらに、婦人会、若者クラブ、日曜学校を支援していた。ユニテリアンはさらに進んで一つの社交界、すなわちソーシャル・ユニオンを作った。そして、そこでは男女が参加し、一週間おきに懇親会が開催された。これらの集団は慈善事業を行い、また、教会の夕食会や、社交的な目的と実用的な目的を持つ集会で教会のためのお金を集めた。事実、それぞれの信徒団は団結した社会集団であり、町のそれぞれの家族はそれらの一つと一体化していた。

一九〇〇年ごろ、ヒルタウンの人々は互いに知り合いであった。もし直接知らなくても、少なくとも噂で知っていた。家族は四世代くらいにわたってヒルタウンにいた。相互の関係での位置はかなりはっきりと定まっていた。アメリカのどことも同じようにヒルタウンでも階級間の線は曖昧であるため、社会の研究者が、ある特定の階級にはっきりと割り当てられない人が二・三人はいたが、しかし、三つの主要な階級が認められた。少数の上層階級、多数の中間階級、そして、一部は雇用人、一部は森での仕事のために来たフランス系カナダ人やノバ・スコシア人よりなる下層階級。社会的ランクを決める要因は上層階級の中に最もよく見ることができる。その階級は、その町で資産のある農民あるいは商人を家長とし、本通りに大きな白い家を所有する家族よりなっていた。これらの人は、また、町の事業で指導し、そして、都市行政委員、収入役、学校理事会の理事長、あるいは、州議会の代議士のような主要な町の役職についていた。ある指導的な家族はユニテリアン教会で一番の影響力を持っていた。他の家族は組合教会で執事の仕事をしていた。町の人々は良き市民となるための資質について明確な像を心に抱いていた。上層階級では、財産、高水準の道徳性、そして、実際のリーダーシップのすべてが規範と一致しながら相互に強化しあった。

二〇世紀における経済的変化

その町は長い人口減少期間が終わりをむかえようとしていた。その間に、最も繁栄したときの人口のほぼ半分を失った。しかし、ヒルタウン生活の古い秩序は、一九〇〇年ではまだ実質的にそのままであった。私たちが報告している研究が完成した一九四五年にはすでに、大きな変化が起こっていた。

私たちが見てきたように、ヒルタウンは決して豊かな農業地域ではなかった。浅い土地は百年間酷使されてきた。一九〇〇年、家族を養うのに必要とされる食料の大部分はその農場でまだ作られていた。そのころから、ヤンキーの農民たちは、自給自足的な農場経営と結び付いた生活水準を嫌がる気持ちが次第に増大してきた。そして、もし彼らが換金作物栽培に集中することによって相応な水準と信ずるものを維持できなかったなら、彼らは農場経営などはしなかったであろう。今日、ほとんどのヒルタウンの農場は牛乳あるいは養鶏を専門としており、一九〇〇年よりも多くの鶏や牛（一八五〇年ほどには多くないが）がいる。しかし、鶏や牛の所有はごく少数者の手にある。通常の良き農場経営として、豚を飼い、果樹園を維持するような人はもはやいない。古いヤンキーの家族が死滅するにつれ、農場は大きくなる。農場の数は少なくなる。そして、農場は相続ではなく売買によって獲得されることが多くなる。立派な道路、トラック、そして、ヒルタウン周辺の工業都市の人口の増加によって、専業化された農場経営の成功の機会は増大したけれど、農場は前世紀の農場よりも地元の統制の効かない供給と需要という要因に多く左右されるようになった。飼料の費用や牛乳や鶏肉の価格はヒルタウンの外で決定されるのである。

ヒルタウンにおける農場経営の歴史はフィン族によって複雑になった。少数のアイリッシュが来た一九世紀の半ばから、町には常に少数民族がいたが、しかし、決して大きくはならなかった。アイリッシュはすぐに出ていくか、あるいはヤンキーと結婚した。フランス系カナダ人とノバ・スコシア人は森で仕事をするために来ていたが、製材業が衰退するにつれ再び町を離れた。しかし、フィン族は違っていた。彼らはまず一八九八年にヒルタウンに来た。故国から直接ではなく、ニューイングランドの工業都市から来た。その都市で、彼らはヤンキーが放棄しようとしていた農場を安値で買うためのお金が十分に貯まるまで工場で働いた。故国で、彼らは森で覆われた硬い冷たい土地を耕すことに慣れていた。彼らは世界で出世するという熱狂的な志を抱いていた。そのために、懸命に、しかも、低い生活水準で喜んで働いた。このことは、彼らがヤンキーより小農経済の維持に努めたということではない。ただ彼らは金を貯める手段として、農場で栽培される食料で可能な限り生活した。彼らの方法は商業的農場経営方式であった。彼らは荒れた土地を肥沃な土地に生き返らせ、そして、彼らは酪農や養鶏から相当な利潤を上げた。最初のフィンランドの入植者に続いて他のフィンランド人が入ってきた。一九四五年には、ヒルタウンのほぼ四分の一がフィンランド人の子孫であった。

私たちが扱う集団のサイズを縮小するために、しかもすでにあまりにも大きくなっている集団のサイズを縮小するために、私たちはフィン族をヒルタウンの記述からほとんど外す。その理由は、フィン族は、多年にわたって、その町の中でも遠く離れたところで一つの共同体を作って生活していたからである。ヤンキーたちは常に外部者を受け入れることを躊躇したが、特に、フィン族のような「外国人」の受け入れを嫌がった。彼らは異なる言葉を語り、社会主義に共感を持ち、低い生活水準にあった。ヤンキーの態度は農場経営に成功したフィン族への懐疑と嫉妬の混ざったものであった。フィン族は町の問題の政治的な統制にほとんど参加しなかった。また、どんな参加にも関心がなかったように思われる。若い世代になると、彼らは公立学校で一緒に育ったので、フィン族とヤンキーとの間の結び付きはより密接になり、その少数民族への態度は他のアメリカ人への態度と区別できなくなってきた。私たちが言ってきたように、フィン族は小農場経営者に留まるつもりはなかった。今日、野心的な若いフィン族はヤンキーと同じように町を離れ、外にもっと良い機会を積極的に求めようとしている。

フィン族はヒルタウンで農場を活発に経営し続けたが、同じように工業経営をやり続けることは誰にもできなかった。毛布工場は長年にわたり利潤を上げることができず、結局、倒産した。家具工場は他所の大きな会社と合併した。靴の店も消えていった。今はたった二つの製材工場が残っている。それらも、非常に大きな需要のある時のみ、西部の製材業と競争できるに過ぎない。これはヒルタウンが木を使い果たしたということではない。訪問者はヒルタウンが茂った木で囲まれているのになぜと思うであろう。しかし、第二期の成長した木は小柄なオークや松であり、薪に適した木材である。それらは、つぎの植樹を考えないで木々が伐採された後に成長したものである。

古いホテルもなくなった。急行列車も止まらなくなった。自動車とトラックは小売センターとしてのヒルタウンを終わらせた。人々は自動車を利用して近くの都市で買い物のほとんどを行う。フィン族の生協と小さい野菜のチェーン店で、人々は日々必要とする必需品を限られた量だけ買う。これらの他に、雑貨店の一つが残っているが、売り場や在庫を最新のものに変えようとする努力はされない。しかし、そのことが意図しない好ましい結果をもたらしている。すなわち、夏の訪問者にはそれが古風で趣があると思われ、彼らはその店をひいきにしている。しかし、もし自動車が小売業を破産させたとしても、その自動車がまた人々をその町に運んできた。ヒルタウンは隣の工業都市の中の下の階級（lower-middle-class）の郊外住宅地となっている。なぜならそれは容易に通勤できる距離内にあり、また、衰退状態にあるため家賃はとても安いからである。この転入がなければ、その町の人口は現在よりもずっと少なくなっていたであろう。その通勤者は町の活動との結び付きは少なく、また、町の活動への関心も少ない。しかし、私たちは彼らをその町の一部として考察する。

政治的問題と宗教的問題

町の諸活動の結末はどうなったか。特別な場合を除いて、町会への出席はまばらである。都市行政委員と下級の町役人たちと三〇～四〇人が出席する。「町会なんて大したことないよ」と一人の町役人が指をパチンと鳴らしながら言う。他の一人は「町会は恐ろしく退屈な仕事だ」と不平を言う。「何に投票しているかわかっているのは一〇人のうち一人だ」[10]。つまり、かつて町が統制していた活動があまりにも大きくなり、多くの費用がかかるようになったため、いまでは町が処理できなくなったということである。自動車の時代では、道路はもはや町だけで責任を負いきれない。一九四五年、町が払った道路補修費はその半分以下であった。残りは州によって補われた。同じことは学校にも言えた。ヒルタウンはあまりにも小さいので、町の高等学校を維持できず、高校生をバスで隣の都市に送っている。また、現代の基準では、町の救貧農場も立派な救済方法ではなくなっている。今では援助基金が州や連邦政府によって支給されている。ヒルタウンがこれらの目的のために毎年充当する金額の総計は、実際は、外部の機関によって決定されている。もし町が決定通りにしないなら、その機関は費用の負担を取りやめることができる。令状の事項は州や連邦の法律に照らして理解される。これらの状況下で、町役場を維持することの威信は下落した。選挙で争うことも少なくなり、いったん役職につけば、人は居たいだけ長くその役職に留まるのである。

もっと深刻なことは役人の不正行為に対する町の人々の無関心である。たとえば、一八八五年以来、町の税金を持ち逃げした税務署員は六人もいた。しかし、年が経つにつれて、公的基金の窃盗に対する反応は変わった。一九〇〇年以前に起こった二つの事件のうち、損失した金は、第一の事件では、窃盗犯の未亡人が、第二の事件では、身元保証にサインをした町の三人の上役が弁償した。窃盗犯自身は町に帰ってこなかった。もし帰ってきても、誰も彼らに話しかけなかったであろう。最近の事件では、税務署員が八〇〇〇ドルを盗り、少年院で一年を過ごし、そして、ヒルタウンに帰ってきた。彼はそこで心から受け入れられた。その損失は担保会社が補償した。

メソディスト教会は建物も集会も消滅した。組合派の教会とユニテリアンの教会の建物はまだ立っているが、信者は少ない。ユニテリアンたちはフルタイムの牧師を支えることはもはやできない。小額の寄付金は教会の屋根を修理するための利子を生むだけである。一九四五年、組合派の教会は、州のミッション基金の助けで、週二三・五〇ドルを牧師に支払うことができた。牧師は、明らかに、町で一番貧しい人の一人であった。

教区民は彼を薄給の召使とみなしている。そして、執事は彼の上に権威を行使することを喜びとしている。教会は牧師に給料の一部をたきぎで支払い、そして、彼が食事のため以外に台所でストーブを使わないように注意している。最も寒い冬の六週間、彼は一束の薪（三・六二立方メートル）を燃やした（たいていの家は三束から四束燃やした）。執事は憤慨した。「どこかがおかしい。空気調節機が空いたままかどうかを調べに、今晩、彼を訪ねようと思う、それは固定すべきであり、煙を外に出すためだけの穴が開いていればいい(11)」。

非常に若い牧師たち、あるいは、他所でうまくいかなかった牧師たちだけがこのような処遇に耐えるであろう。日曜日に三〇人以上の人々が出席するプロテスタントの教会はなかった。平信徒のリーダーについて言えば、一九〇〇年、町の七人の傑出した人はそれぞれ教会の管財人であった。今日、指導的な人は誰も教会では上に立たないし、規則的な教会出席者でもない。教会の仕事は少数の年輩の婦人によって行われている。彼女たちは、かつて高い尊敬を受けていたが、今は消えつつある家族の子孫である。

社会生活

世紀が変わって以来、古いヤンキー家族は絶滅しつつある。そのいくつかの事実を見ることにしよう。一九〇〇年、二〇のヤンキー家族には家族農場や家業を継承できる息子がいた。しかし、継承したのは五家族だけであった。その五家族のうち一家族のみが息子によって代々引き継がれた。五〇年前に、ある特定の家族が住んでいた五〇の家屋のうち、現在、その同じ家族員が住んでいる家屋は三軒に過ぎない。最後に、一八〇〇年に、先祖がこの町で生活していた家族のうち、現在も住んでいるのは一七家族に過ぎない。古い家系も少なくなり、残っている家系も規模が小さくなっている。しかし、私たちが「絶滅している」と言っても、それはヒルタウンに関する限りの絶滅である。確かに、ヤンキーの家族には過去の家族と比べ、今日、平均して、生まれる子供は少なくなっているかもしれない。しかし、ヒルタウンの減少の大部分は他所に仕事を得るために町を離れた若者である。フィンランド人に農場を譲った年輩のヤンキーについて、ある人はつぎのように言った。「ジョン・アダムスは農場で死にました。後継者がいませんでした。子供たちはみんな大都市の工場に行きました。彼たちは機械的にそうする傾向にありました。そして、工場労働が農場経営より彼らに魅力があったように思われます」。前都市行政委員はつぎのように言った。「製粉場がヒルタウンから出て行くと、たくさんの古い家族も出て行きました。若い人々は仕事を得るために都市へ行きました。人口の移動と共に、新しい人々の集団が町にやってきました。しかし、転出者の数が転入者の数より多かったです[12]」。一九〇〇年、町の外で雇用されるヒルタウンの少女はいなかった。それ以降、町に残っている女性の数は男性より多い。事実は、私たちの見てきたように、ヒルタウンの人口は実際過去五〇年間一定しているということである。古い家族の減少は、フィンランド人や安い家賃や安い通勤費を求める都市労働者の流入によって埋められている。

社会的活動が五〇年前と比べて衰弱した証拠がある。共済組合は町を出た。若者のクラブは続いているが、それは、若者がそれに自発的な情熱を感じたからではなく、大人によって後援されているからである。年輩の女性のための少数のクラブは活発である。冬の夜、雑貨屋に来たのは一人か二人に過ぎない。しかも、山火事のためにそこに居たに過ぎない。「それは今では訪ねる場所ではありません。人々はただ仕事に行くためにバスを待っているだけです。それがすべてです」と、その経営者は言う[13]。多数の人々を引きつけている唯一の地元行事はフィンランド人生協での毎週のダンスである。しかし、この場合も、カップルはそこでのダンスを短時間で切り上げ、他のダンスに出掛けたり、自動車の中や居酒屋で飲んだりする。普段の夜、多くのヒルタウンの人々が目撃される所は、ヒルタウンのどこかの会合場所より、隣の都市の居酒屋や映画館である。自身社交人である情報提供者は次のように言った。「ヒルタウンでの二〇年、私は食事に招かれたことはありません。私は一度も住民の家に招かれたことがありません。人々は決して食事を交換しません。それは面倒なことだ。彼らはお茶のために人を招いたことはありません。なぜなら一日三度の食事の準備で精一杯ですから[14]」。

社会的衰弱は特に上流階級で大きいように思われる。これらの家族の多くには子供がいない。あるいは、子供たちは幸せを求めて家を離れている。彼らが客を接待することは稀である。たぶんその理由の一部は、彼らには接待の伝統がないからであり、また一部は、彼らと対等である人が、毎年、少なくなっているからである。自分の町での交際を絶たれたヒルタウンの上層階級は近隣の町や都市の上層階級の人々と付き合うであろうと私たちは期待するかも知れない。しかし、事実は、一般的な生活水準から見れば、ヒルタウンの上層階級は他のところでは中層階級である。彼が町を離れる時は、文字通り、社会的にも坂を下りて行くことになる。

性関係の道徳基準は五〇年前のものから変わっている。そのころも、建前では、少年と少女は結婚相手の選択の自由を持っていた。実際は、選択は限られていた。社会的接触はこの集団内において非常に少ない人に限定されていたが、親密であった。また、他の家族と比べて、それぞれの家族が持つ社会的立場が明確に認識されていた。その結果、相性の良い――社会的ランクや背景において相性の良い――相手を見つけるチャンスはこの範囲内で高かったけれど、相手の選択範囲は狭かった。理由は何であれ、もし結婚の安定を幸せと考えるなら、その結果は幸せであったと思われる。一九〇〇年、離婚は無条件に非難された。そして、ヒルタウンに住んでいて離婚した人はただ一人であった。その人は教会から、また、日常社会から追放された人であった。一九四五年、そのような人は二十三人いた。すべての階級に渡っていた。彼らには何の烙印も押されなかった。

一九〇〇年ごろ、その町に強制結婚が三件あった。当の婦人たちはその地域の悪意に苦しめられた。そのうちの二人はまだ町におり、模範的な生活を送っている。しかし、彼女らはまだ他の人々から離れて生活している。しかし、もっと若い世代では、上・中層の集団の数人の若い女性が結婚前に妊娠したことが知られている。彼女らはまったく隠そうとしない。家族は彼女らに対して何も言わない。彼女らの問題が一般に知られても、彼女たちの社会的立場は傷つかない。

少年が少女を映画やダンスホールに連れて行くとき、彼女からのお返しが楽しい会話や健全な付き合いで十分であるとは考えられない。また、そのデートは結婚へと進む求愛の一部でもない。「少女は〝セックスに合意する（come across）〟か〝拒否するか（put it out）〟を期待されている」。そして、これらの基準によって、彼女の同伴者をだましたと判断された少女は、デートに誘われることが少なくなる。少年たちは蓄積された情報を共有している。若者が彼らのデートの経験について率直に議論することを、ヴィクトリア風の慇懃な行為の慣習では抑えることができない。つぎのような言葉遣いを耳にする。「私は彼女の夕食代を払った。しかし、彼女はやらしてくれなかった」[15]。ヒルタウンについて報告書を書いた研究者は、結婚前の性的関係を特に強く非難する人はいないと言っている。しかし、町の人々の態度は、彼が指摘するよりも多様であるかもしれない。その論調は寛容さを楽しんでいる。「結婚前にそれを味わうことのない少女なんて町には一人もいない」。よく聞く言葉の一つである。他の言葉は、「もし彼らがやれないなら、そのことが彼らをイライラさせる」とか、「もし少女が一人の男と一緒に行き、しかも、それを望むなら、それは良いことである。しかし、彼女がある晩は一人の男と行き、次の晩には三人の男と行く、というようなことはすべきではない」[16]。旧式の道徳基準に最も近い態度は、カルヴィニストの教義を擁護する少数の古い人々に見られる聖人ぶった態度である。しかし、これらの人々は罪人を遠ざけないし、邪悪な考えを回避もしない。その代わり、彼らはその隣人の罪過の詳細を徹底的に論じる。私たちは現在の基準を評価しているのではなく、変化があったことに注目しているだけである。

五〇年前、町のすべての家族の社会的立場はかなりよく確立していた。一九四五年にはすでに、そのような合意はなかった。研究者がその社会的組織を解明しようとして一緒に仕事をした人々は二五年以上も町に住んでおり、しかも、彼らはその町にもっと以前から住んでいた家族の子孫であった。しかしながら、彼らは誰一人自信を持って、人々を相対的な社会的位置に定めることができなかった。彼らはつぎの質問、「ジョンの家族はスミスの家族より優れていると思われますか」に答えられないことがしばしばあった。社会階級について話すための言葉が役に立たないということではない。人々は「階級」、「社会」、「ランク」、「威信」のような用語で思考しないが、同じ事柄に対し彼ら自身の言葉を持っていた。答えられない真の理由は、家族の位置を評価する基礎となりうる容認された基準がもはや存在しないということである。しかし、これは、人々が隣人に対して明確な意見を持っていないということではない。彼らの見解が個人あるいは家族を評価するための一般的な基準でないということである。事実、見解は矛盾しがちであった。三家族——必ずしも旧家族ではない——だけが高い威信を与えられた。さらに二・三の家族が社会の底辺にあると一般的に認められた。その家族は地域の基準のいずれをも満たそうとしなかった。町の人々の多数は——その人々の九割——中間層の集団に入った。その中では区別の線を容易に引くことはできなかった。私たちが思い出さなければならないことは、その町は大きな都市センターの中の下の階級（lower-middle-class）の郊外住宅地区となっていたことである。

ヒルタウンはまだニューイングランドの町らしい外観を見せている。白い教会、緑の楡の木、古い様式の建物等すべて。しかし、そのセットを作った諸活動は絶えている。教会は荒廃し、多くの農場は放棄されている。かつて大通りに家を構えていた家族は、今、独身女性や子供のいない家族にとって代わられている。町の他の制度はかつて彼らの義務であり誇りであったうちの少しの部分を執行しているに過ぎない。

分　析

本章の最後の数頁で、いつものように、私たちの概念図式の言語で事例の分析を行う。二つの理由で、分析は長くならない。まず、資料自体がなじみ深いからである。ニューイングランドの没落は多くの部外者にとって、また、つむじ曲りの人種であるニューイングランドの人にとっても、愉快な研究対象である。その愉快さは、ニューイングランドはその国のどこよりもより優れているという確信に比例する。たぶん、これらの分析家は事実が保証する以上にヤンキーたちを詳しく考察しようと構えている。また、ここで、ヒルタウンがニューイングランドの典型であると主張はしないが、しかし、ヤンキーの没落の問題によって引き起こされた関心を否定できる人はいない。第二に、ヒルタウンは「小集団」にしてはかなり大きいけれど、私たちはその町を簡単に記述した。私たちは詳細に入ることはできなかった。したがって、私たちが分析しなければならないのは、最も単純で明らかな点だけである。私たちの主要な目的は、社会的不統合の問題が、先の諸章で、社会的統合あるいは「構築」（build-up）の問題を研究するために使ったものと同じ分析道具で研究できることを示すことである。その過程は他の過程の陰画である。

環　境

私たちが規則的に用いてきた手続き――その有効性はその規則的に用いられることにあるが、それは、逃げた魚は小魚であることを確信させる網に似ている――に従って、集団としてのヒルタウンが存続している時、その環境に起こった変化を、まず、見ることにしよう。これらすべての変化についてはすでに述べられているので、私たちは簡単に引用するだけにする。まず第一に、ヒルタウンの人々自身が彼らの自然環境に重要な変化をもたらした。土地は耕作された。小屋や住宅が建てられた。土は常に層は浅く、かつては肥沃であったが、それはヤンキーの日常の農場経営方法によって回復できないほどに使い尽くされた。森は切り倒され、薪用の樹木が残るだけである。

ヒルタウンの人々の統制の及ばない他の多くの重要な変化が自然的環境と技術的環境で起こった。特に、輸送機関が、範囲、速度、輸送量において進歩した。それは一九世紀当初に知られたものをはるかに超えた進歩であった。ヒルタウンの社会史で、また、ニューイングランドの社会史で、もっと重要な出来事は、多分、グレート・レイク（Great Lake）とオハイオ渓谷（Ohio Valley）への鉄道の開通であろう。これの意味することは、ヒルタウンの農場の産物が、もっと豊かな地域の産物と国内市場で競争しなければならなくなったということである。その後の舗装された道路、自動車、そしてトラックの出現は同じ過程を早めた。しかし、同時に、ヒルタウンの人々が牛乳や鶏肉のような腐りやすい品物を、以前より広い地域で売ることができるようになった。また、近隣に工場の町が出現するにつれて、この町で寝て、外で仕事をしたり遊んだりすることが可能となった。

国家での自然的・技術的変化は、他の分野での変化、すなわち国民の生活水準での変化を刺激した。国民の生活水準で意味していることは、多種多様な財への現実の支出ではなく、多くの人々が適正と思う支出規模である。生活水準は社会の規範の一つである。この国のある地域の人々――ハリウッドが今日では良い事例である――が、他の人々がまだ享受できない、ある種の家屋や衣服や道具や娯楽品を買うことができると想定せよ。この事実の情報が、いろいろな方法で、他の数百の地域の人々に伝えられ、彼らに影響を与える。それらは物的財享受への新しい欲求水準を作り出す。確かに、一九世紀と二〇世紀の生活水準の上昇はヒルタウンの人々に自給自足農業よりも良いものを切望することを教えた。そして、道路の維持や貧民救済や子供の教育のようなことでの国民の水準が非常に高くなり、その結果、ヒルタウンは外部からの援助なしではこれらの水準を満たすことができなくなった。生活水準の上昇に付帯して、州や中央政府の活動範囲と権力が増大した。

最後に、ヒルタウンの人々は、人類学者がニューイングランド文化と呼ぶものの伝達者であった。その規範は、生活水準の上昇の影響を抑制するどころか、ヤンキーたちにそれを達成するように奨励した。この文化的環境の影響の記述は難しいが、しかし、それを無視することはできない。ヤンキーたちは、実際は、その土地の単なる無断居住者であり、もっと良い機会が現れれば、土を耕すことなどには満足しなかったであろうと私たちは言ってきた。フランス系カナダ人と違って、彼らは家族や土地や教会や伝統への献身を教え込まれなかった。代わりに、ジョン・ウィクリフ（John Wycliffe）からカルヴァン（Calvin）を経てエマーソンまでの精神的なリーダーは、数世紀の間、生活の行為における自立と個人的決定の価値を彼らに教えた。その教義は、精神的な次元から日常生活の半意識的な信念へと翻訳され、親から子供へ、先生から生徒へ、そして、牧師から教会出席者へと、そして、ヤンキーは読書家であり、彼らの文献は広く出回ったから、執筆者から読書家へと伝えられた。その教義は、すべての人は「出世すべきであり」、「世界で成功すべきであり」、そして、これらの目的達成を阻害するいかなる集団の統制も許すべきでないという信念を助長した。富は神のつぎに来るのではなく、両者は一体であると、ヤンキーは信じていたように思われた。フランス系カナダ人に教えられたような規範なら、生活水準の上昇に直面していても、人々を自給自足の農民に留めたであろうと、私たちは論じているのではない。結局、規範だけでは行動を変えさせないようにすることはできない。すなわち、諸統制が規範を補強しなければならない。私たちが論じていることは、ヤンキーに教え込まれた規範が、一九世紀と二〇世紀のアメリカ文明の特徴的な目標を彼らに追求するよう促したということである。

要約すれば、技術的・自然的環境の変化は、他の人々と比べて、ヒルタウンの人々を昔より貧しくし、他方、文化的環境の変化は、彼たちにもっと豊かになることを熱望させた。

外的システム

私たちは今、環境からヒルタウンにおける社会関係の外的システム、すなわち、環境内での集団存続によって決定される関係に移る。覚えていると思うが、外的システムに登場する感情は、集団所属の結果生じた感情ではなく、人々が集団に持ち込んだ感情である。これらの感情はしばしば個人的な利己心（self-interest）と呼ばれる。ヒルタウンの歴史の過程で、集団成員を他の成員と協同させる感情の数と強さが減少したことは明らかである。土地が開墾され、小屋や住居が建てられてしまうと、隣人が一緒に作業する必要が以前と比べずっと少なくなった。輸送機関が改良され、地方産業が衰退し、製造工場の町が周りに成長して来るにつれ、ヒルタウンの住民の関心は、町の内より外にある市場や工場のような組織に参加することに移った。

同時に、集団成員が一緒に行う活動の数も減少した。ヒルタウンの住民が一九世紀の初期に仲間の町人と協同した活動の数を計算し、それから、一九四五年にもまだ行われていた活動の数を計算すれば、このことは一目瞭然である。農場寄り合いはなくなった。農場経営自体も衰退した。地方産業も、まずは小さい店、それから工場が存続できなくなった。雑貨店も、顧客が大きな中心街で買物をし始めると、儲けがなくなり、最後に残ったのはたったの一軒であった。町の行政や町の会合は残ったが、その活動は大きく削減された。軍事訓練や教会問題の管理はまったく消えた。ハイウェイ、学校、福祉金の管理は大きく減少した。ヒルタウンはもはや州議会に町の代表を送らなくなった。ヒルタウンは大きな選挙区の一部に過ぎなかった。最後に、教会自体は分裂によって崩壊した。

もちろん、これは、個々のヒルタウンの住民がなすべきことが何もなくなったということを意味していない。それが意味していることは、彼らがヒルタウンの人々と一緒にすることが非常に少なくなったということである。集団成員が一緒に行う活動の数が減少するにつれ、集団成員間の相互作用の頻度が減少した。ヒルタウンの人々の感情と活動と相互作用は求心的というよりむしろ遠心的になった。

内的システム

外的システムでの衰退に随伴して、内的システムでの衰退が起こった。端子盤配線観察室を研究した時に、配線工がその部屋に「一緒に投げ込まれる」と、すぐに、彼らは、配線業務自体の完成に必要なことを超えた「社交的」感情や活動や相互作用を展開したことを私たちは見た。しかし、その過程がある方向に進むなら、他の方向に進む可能性もある。集団成員間の相互作用の頻度が外的システムで減少するにつれて、相互作用の頻度は内的システムにおいても減少する。もし私たちがこの規則を知っており、そして、世紀の変わり目とそれ以後のヒルタウンを観察したなら、私たちは何が起こるかを予測することができたであろう。一九四五年のヒルタウンと一八五〇年の、さらには一九〇〇年のヒルタウンとの比較で、観察がひどく粗雑なものであっても、社会生活の大きな質の低下が明らかとなる。最近では、インフォーマルな訪問があまり行われなくなった。また、パーティも少なくなった。その衰退は非常に大きく、その結果、ある人々、特に上層集団の人々は仕事以外にほとんど誰とも会わなくなった。友愛会は消滅し、人々は雑貨店で昼間の時間を過ごすことを止めた。教会の晩餐会のような、ヒルタウンの生活の公的な機関と結び付いた社会的機会は以前と比べ非常に少なくなった。町会や教会の礼拝への出席もまばらになった。もう一度、重要なことであるので、誤解を避けるために言うが、これは必ずしも個々のヒルタウンの人々の社会生活の欠如を意味するのではない。意味していることは、その町の市民は今日、過去の先祖と比べて、ヒルタウンの人々と接触することが少なくなったということである。そして、それはまたもっと重要なことを意味している。すなわち、ヒルタウンの内外で、個人の社会生活を構成する諸行事で、実質上同じ人物ばかり出席する行事が少ないことである。排他的集団に近い集団は少ないのである。

集団成員間の相互作用の頻度の増大が、成員がお互いに対して抱く感情の密度の増大をもたらすように、相互作用の頻度の減少は対人的な感情の強さの減少をもたらすであろう。ヒルタウンで、この規則は友情の感情に有効であると同じように敵意の感情にも有効であるように思われる。両者はある中立的な価値に向かって後退した。情報提供者の示唆によると、一八四五年と比べ一九四五年における相互好感が少なくなったけれど、ある分野では、相互嫌悪も少なくなった。確かに、所属教会の異なる人に対する町の人の態度は非常に穏健になった。人々は相互に対してほとんど無関心であった。これもまた、人々がお互いに話をしなかったということを意味していない。噂話がなくなったという証拠はないが、しかし、その噂話の持つ感情的な意味合いが変わった。

このことは私たちの既知の知識から予測できたであろう。私たちが端子盤配線観察室で見たように、サブ集団へのはっきりした分裂と全体としての集団の確かな統一とは完全に両立する。それはまた小さい町で普通のことである。そこで、私たちは、全体としての集団の統一が崩れれば、サブ集団への分裂もまた崩れると期待すべきであろう。これに類したことを私たちはヒルタウンで見ている。一八四五年と比べて一九四五年において、あるサブ集団を他のサブ集団から分ける積極的な敵意は少なかったが、しかし、このことが全体としての集団の内部に積極的な好感ではなく、むしろ情緒的無関心を、すなわち社会組織の欠如をもたらした。

規範と社会的階級

人々の相互に対する情緒的無関心は二つの過程を経て増大する。一つは直接的過程であり、他の一つは間接的過程である。相互作用の頻度の衰退自体がその一つである。会ってない人に強い親しみを感じるようになるには時間がかかる。しかし、また、その衰退が規範を媒介にして感情に影響を与えるかもしれない。社会システムの他の諸側面と同様に、規範も真空の中に存在していない。規範――適正な行動形態についての概念――の存在は必ず現実の行動に影響される。規範が集団の成員によって共有される程度は、その成員の相互作用の頻度と必ず関係するであろう。また、規範の確定性は、その規範によって標準的な形態の活動として記述される活動が繰り返される頻度と必ず関係するであろう。たとえば、ヒルタウンにおいても、他のところと同様に、集団成員間の相互作用の頻度の減少と彼らが一緒に参加する活動の数の減少は、規範の持つ一般性と明瞭性の度合いの衰退を引き起こす。ヒルタウンで、この過程は最も重要な規範の擁護者であったプロテスタント教会の衰退で一番よく説明される。その地域社会の不統合は規範の弱体化をもたらし、今度は、これが教会の弱体化をもたらした。悪循環がはじまる。教会の弱体化はさらに規範の弱体化をもたらした。礼拝と説教を通して教会は人々の中に規範を埋め込む。したがって、教会の衰退は社会的不統合の一因となる。なぜなら社会的道徳基準を学んで大人になる人が少ないからである。私たちはこの過程がヒルタウンで起こっていることを認めることができるが、また、アメリカのプロテスタント教会を支えている態度の一般的な衰退もこの単一の地域共同体の衰退を助長していることが認められる。少なくとも、次の一点は明らかである。すなわち、一九四五年のヒルタウンにおいて、人々が互いに対して無関心になった重要な要因は、お互いの行動を判断するための公認の基準の欠如である。人は悪い行為をした人を見下そうとしても、しかし、悪についての定義がなければ何ができようか。

行動の規範が明瞭で地域のすべての成員によって共有されている度合いでの衰退は、階級構造に影響を与えた。私たちは大社会よりむしろ小集団を扱っているから、まだ社会階級の現象に立ち向かわなくても良い。しかし、私たちの概念はそれを扱うために容易に拡大することができる。ある地域社会の社会諸階級と全体としての地域社会との関係は、私たちが研究している状況におけるサブ集団と全体としての集団との関係と共通点が多くある。第一に、所与の階級の成員は他の階級の成員とよりも、自分の階級の成員と多く相互作用する。事実、階級所属も集団所属のように相互作用によって定義される。相互作用は特に内的システムで頻繁である。したがって、私たちが二人の人が同じ階級の成員であるかどうかを判定しようとするなら、彼らが一緒に仕事をしているかどうかより、一緒に夕食をとっているかどうかに注目しなければならない。第二に、所与の階級の成員はその活動において、他の階級の成員とよりも自分の階級の成員と似ている。彼は自分の階級の成員と同じ家を買い、同じ種類の衣服を身につけ、同じ種類の本を読むであろう。たくさんの微妙な点で、彼の行動スタイルは彼らのものに似る。第三に、所与の階級の成員はその階級の他成員の感情の多くを共有するであろう。特に、自己の階級より上の階級が優越しているとされることに腹を立てながら、同時に、彼らに不承不承の敬意を表すようになろう。そして、下の階級を少し見下すであろう。第四に、諸階級のトップから最下位までのランク付けに関して、地域社会では一致することが多い。ある階級は他よりとにかく優れていると感じられた。第五に、このランク付けはその地域社会の規範に従って行われた。その規範は道徳的価値や「最上の」職業は何かについての考えから、個人的な潔癖さの基準までの多岐に及んでいる。ある階級がこれらの規範を実現すればするほど、一般に、そのランクはそれだけ高い。しかし、大きな地域社会では、規範が多いという事実や上層階級はすべての規範に同じように従うとは限らないという事実によって、その事態は複雑になる。第六に、異なる階級の成員たちが参加している活動で、より高い階級の成員は低い階級の成員に相互作用を仕掛けることが多い。これは、上の階級の人々は一般に低い階級の人々より良い仕事をしているという信念の一要素である。さらに、社会階級のすべての要素は相互に依存している。単純な例を取り上げると、公立学校の不潔な子供は低い階級の子供であることが多い。それにはそれなりの根拠がある。しかし、階級所属と個人特性の間の関係は、また、他の方向に作用する。アメリカの地域社会では、低い階級の家族出と知られている子供は、事実と関係なく、不潔と呼ばれることが多い[17]。階級境界線がなくなることを非常に難しくさせているのはこの諸要素の相互依存である。これらの特徴は地域社会における社会階級を定義するために使われるが、それらはまた私たちが大きな単位内におけるサブ集団を定義するためにすでに使ってきた特徴でもあることに、私たちはまた注目するであろう。

社会階級のこれらの特徴のうち、ヒルタウンで最も明らかなことは、社会規範と社会的ランクの間の関係であった。一九世紀の半ば、「善良で尊敬されるべき市民」を作る特性についての明確な考えを人々は持っており、町の多様な家族のランク付けは、これらの規範を実現している程度に従ってしっかりと確定された。主な階級は三つあった。上層階級の成員は、町に最良の企業、農場、そして家屋を所有するだけでなく、最高の道徳基準を維持し、そして、町の主要な活動、すなわち、行政と教会を指導した。一九四五年、そのような階級区分は存在しなかった。変化の一つの理由は、ヒルタウンが他の地域社会の、中の下の階級の郊外住宅地となったことである。その結果、多くの人々がほぼ同じ社会的―経済的水準に立った。しかし、これが唯一の理由ではない。町の人々は百年前の人々と比べて、仲間を責任のような尺度でランク付けすることができなくなった。優れていると認められた家族はほんの少数に過ぎなかった。上層階級は他のどの階級よりも道徳において高いところにいなかったし、また、教会や行政の凋落につれて、もはや町の問題に重要なリーダーシップを行使することもなくなった。そこで、私たちはつぎのように言うことできる。集団の成員によって実施される活動の数が減少するにつれ、これらの活動でのリーダーシップに基づいた社会的ランク付けが次第に明確でなくなった。また、私たちはつぎのように言うこともできる。集団の規範がその集団の全成員にとって明瞭である程度や、彼らによって共有されている程度において衰退するなら、集団成員のランク付けはそれだけ明確でなくなる。

第11章で、単純であるが重要な指摘がなされた。すなわち、社会統制は集団生活の独立した部門ではない。それはその集団が実行する「機能」ではない。あるいは、誰かが集団に対して実行する「機能」ではない。そうではなく、統制は、程度の大小はあれ、集団成員間の日常の関係に本来備わっているのである。今明らかなことは、社会統制は一九世紀のヒルタウンと比べ、一九四五年のヒルタウンでは弱かったということである。私たちのほしい証拠は全部ではないが十分ある。若者の性的無責任や町の基金の横領への対応は二つの時代で非常に違っていた。数年前、助役が町のお金を持ち逃げし、捕まり、刑務所に入れられたが、しかし、その町に関する限り、何も起こらなかった。町の人々は彼を捕まえるために何もしなかった。町の誰もその損失を補償する義務を感じなかった。彼が刑務所から出て、町に帰って来ても、あたかもすべては以前と同じであるかのように受け入れられた。誰も憤慨しなかったし、また、彼との付き合いを拒否しなかった。彼の社会的立場は損なわれなかった。結局、彼の行為は以前の世代ならまねいたと思われるような社会的な結果を何らまねかなかった。ところで、規範が破られた時、何かが起こる、これが集団における安定した均衡の定義である。もし変化が行動要素一つに起こるなら、他の要素にも変化が、しかも特殊な変化が起こる。すなわち、そのシステムの以前の状態を回復させようとする変化が起こる。私たちが使っている事例で、基金の単なる返還では以前の状態を回復するのに十分でなかったであろう。もしそれで十分であったなら、ヒルタウンの均衡は担保会社によって維持されたであろう。もっと重要なことが必要とされた。すなわち、破られた規範の優位性を再確立することであった。しかし、これは決して起こらなかった。

町の若い女性の結婚前の妊娠に対する反応もほぼ同じであった。しかし、ここではっきりとさせておこう。便宜上、私たちは「衰退」や「不統合」のような語句を使うけれど、ここで、道徳的立場をとっているのではない。私たちが指摘している点は若者における性的節制が絶対的基準によって特別に価値のある規範であるということではなく、むしろ、それがかつてヒルタウンの規範であったこと、そして、一九四五年にはもはやそうでなくなったことである。若い人々が結婚前の性的自由を享受しながら、同時に、社会統制が強い社会が多くある。このような社会の規範は古い時代のニューイングランドの規範とは違うが、それでも、そのような規範への違反はすぐに強い反応に会う。それと対称的に、ヒルタウンはその古い規範と、それに結び付いた統制を失いつつあった。しかも、それに代わるものを求めなかった。確かに、私たちは誇張しているが、しかし、これは変化の一般的な傾向であったように思われる。

　私たちは社会統制が衰弱したという事実を観察している。すなわち、もし社会統制が社会システムの関係に内在するなら、統制の強さの変化はその関係の変化によって決定されざるを得ない、という事実を観察している。そして、これはまさに私たちがヒルタウンで見ようとしていることである。統制は究極的には個人の罰あるいは報酬に関することである。もし社会的相互作用が人にとって報酬であるなら、そのとき、社会的相互作用の喪失は彼に損害を与えるであろう。しかし、もし規範違反しても社会的相互作用の喪失――すなわち、忌避――が来なければ、罰はどこにあるのか。特に、ヒルタウンにおけるように、相互作用の頻度が最初から低い時には、罰はどこにあるのか。もし隣人からの良い評判が彼にとって報酬であるなら、そのとき、彼らからの良い評判を失うことは彼を傷つけるであろう。しかし、規範違反しても評判喪失が随伴しないなら、罰はどこにあるのか。そして、規範自体がきちんと規定されていない時、それがいかに随伴できるか。もし地域共同体での社会的ランク付けが確定していないなら、人はいかにして社会的ランクの喪失を経験できるか。結局、ヒルタウンの社会的システムは、人が規範への現状の服従度から逸脱しても、彼の上に自動的に罰を下すことが非常に少ないものになっている。

　さらに、大罪を犯す人を町から追い出せないくらいに統制力が衰退していることは、また、善良な市民を町に引き留めることが少なくなることを意味している。もし報酬が罰の反対であるなら、悪い人を追放できない集団は、善良な人を引き留めておくことができない。もし人が共同の仕事で他者と一緒に働くことを楽しみたくても、その仕事を見つけることができないなら、もし彼が業績によって近隣の人から良い評判を得たいと思っても、その共通の規範体系に良い評判を下すための根拠がないなら、実際、社会システムは彼に十分に報酬を与えないであろう。そして、彼はその町を離れようとするであろう。ヒルタウンからの転出は、一部は環境条件の変化によって決定されるが、それはまたその社会システムの変化によっても一部決定されていたに違いない。私たちが見ることができることは、ヒルタウンにおける相互作用と活動と感情と規範は、私たちが研究した他の集団と違って、現状（status quo）を維持するために、あるいは、集団のさらなる統合を達成するために、一体となって働いていないということである。すなわち、その行動の要素間の関係は、時が経つにつれて、集団成員間の接触の欠如や、集団による個人への統制の欠如、すなわち、デュルケームがアノミーと呼んだ状態をもたらすような関係になった。保守的な偏見との非難を避けるために、現状の変化は、私たちの見解では、必ずしも常にアノミーの方向に向かうわけではないことを急いで付け加えておこう。

多くの人はヒルタウンの問題を道徳的な問題として、すなわち、その住民の道徳心の衰弱、あるいは、ある意味で、人として考えられる共同体のたるみ（flabbiness）の増大として理解するかもしれない。しかし、私たちが学んできたことは、良心（conscience）自体は、少なくとも一部、社会的環境の関数であり、その中に良心が成長するということ、また、良心が共同体の規範に従って行為を決定するために、むしろ、その共同体が良心が、より容易に正しい選択をできるような状態を作り出さねばならないということである。ヒルタウンには、今も、名前があり、地理的境界があり、その境界内に住んでいる人々がいるから、それはまだ共同体であると考えられる。しかし、それはボロボロの共同体なのである。細かなことを言わなければ、それはもはや共同体ではないと理解するほうが賢明であろう。

共同体の衰退は、その共同体による個人行動への統制の減少を意味している。集団は個人を支え、そして、日常的な生活のショックの下で人格的な均衡を維持できるようにその個人を援助することができる。したがって、この統制の衰退は、もし個人がそれに代って役割を果たす他の共同体の成員でなければ、個人のパーソナリティに損傷をあたえることを意味する。目をヒルタウンから現代アメリカへと、あるいは、実際は現代世界へと移してみると、私たちが研究していることは非常に一般的であることが認められる。文明は村落の腐敗肉を喰って生き延びている。これ自体は問題ではない。それが問題となるのは、かつてのヒルタウンの人々が属する新しい大きな産業のような組織が、かつてヒルタウンにあった特徴のいくつかを生み出すことができない時のみである。もしできないなら、その時、個人の行動の混乱が増大する。この問題に対して、これらの組織のリーダーたちは、全体的に、対処できないでいる。

註

（1）E. Durkheim, *Le Suicide* (new ed., Paris, 1930), 272–82.（宮島喬『自殺論』中公文庫、一九八五年、三〇〇—三一一頁）

（2）現在の説明は D. L. Hatch の "Changes in the Structure and Function of a Rural New England Community since 1900," Ph. D. thesis, Harvard University, 1948に基づいている。筆者はデータの使用と引用の許可に対しハッチ博士に感謝したい。不況の中間期にあった、この地域共同体の記述は C. C. Zimmerman, *The Changing Community* (1938), 248–70に出ている。そこでは、それは「さまよえるハムレット」と呼ばれているが、この名前は扱いにくく、誤解を招く。そこで、現筆者の責任で、「ヒルタウン」を選択した。

（3）W. H. Bash, "Factors Influencing Family and Community Organization in a New England Town, 1730 to 1940," Ph.D. thesis, Harvard University, 1941, 125–82 を参照。

（4）G. C. Homans, "The Puritans and the Closing Industry in England," *New England Quarterly*, XIII (1940), 519–29.

（5）Hatch, thesis, 148.

（6）*Ibid.*, 209–10.

（7）C. C. Zimmerman, *The Changing Community*, 250.

（8）Hatch, thesis, 265–6.

（9）*Ibid.*, 261. Personal names have been changed.

（10）Hatch, thesis, 192.

（11）*Ibid.*, 212.

（12）*Ibid.*, 45.

（13）*Ibid.*, 261.

（14）*Ibid.*, 266.

（15）*Ibid.*, 100–1.

（16）*Ibid.*, 86.

（17）W. L. Warner, M. Meeker, and K. Eells, *Social Class in America*, 83.

第14章　電気機器会社

問題…調査の方法…会社における規範と意見…経営陣の態度と設計技術者の態度…設計委員会への態度…会社組織の改組――第一段階…会社組織の改組――第二段階…会社組織の改組――第三段階…予備的分析…社長の権威…新しいライン組織…スタッフ―ライン関係…仕事の流れ関係…要約…調査員の勧告

前章で、集団における社会変動を二つに分けた。一つを社会的不統合と呼び、もう一つを社会的対立と呼んだ。社会的不統合は、集団成員が協同する活動量の減少、これらの成員間の相互作用頻度の減少、そして集団が個人の行動の上に行使する統制の弱体化によって特徴付けられる。社会的対立は、必ずしも集団の活動や成員の相互作用の減少によっては特徴付けられないが、統制の弱体化によって特徴付けられる。しかし、それは社会的不統合で起こったことと同じ種類の弱体化ではない。そこでは、サブ集団が他のサブ集団と、あるいは、全体としての集団と対立している。私たちは便宜上区別をしただけで、社会変動の二種間の差異が程度の差より質の差であると考えて区別したのではない。前章で、私たちは社会的不統合の事例としてヒルタウン共同体を研究した。本章と次章で、私たちは社会的対立の事例として電気機器会社を研究する。いつもの手続きに従って、本章で事例の諸事実を述べ、次章でその事実を分析する(1)。

問　題

電気機器会社は電気産業のための特殊な計測装置の設計と生産に関わっていた。高度に専門的な分野の顧客の個人的な要求に沿った新しい計器を、しかも、注文数の少ない製作コストの高い計器を開発していた。今から記述する調査が実施された年の一九三九年、その工場は約五〇〇人の人を雇っていた。アメリカの会社として規模は小さかった。しかし、規模で不足する分を人材の質で補っていた。その会社のオーナーと役員たち（officers）のほとんどは、社員（salaried employees）と同じように、高度に訓練された専門的に有能な技術者であり、新しい計器の設計だけでなく、調査や広報宣伝の仕事もできた。

私たちの関心は会社関係者の上層集団、数にして約四〇人の人々にある。この会社のヘッドには社長（president）がおり、彼の周りに最終的な経営上の決定を下す少数の役員集団がいた。私たちは彼らを経営陣（management）と呼ぶことにする。経営陣は取締役会（board of director）とほぼ同じであった。取締役会は通常は株主に対して責任を持っており、その株主の多くはまたその会社の従業員であった。経営陣の下に、社員がおり、彼らは二つのサブ集団に分けられ、それぞれが独自の仕事をしていた。いわゆる一般技術者は厳密な意味では技術ではない業務、たとえば、財務、広報宣伝、販売の仕事を行った。他方、設計技術者、全員で十二人は、一般に認められた技術職に非常に近い仕事を、すなわち、新しい計器の設計、その模型の試験、製図を行った。

その会社は成功していた。不況の数年、一九三二年から一九三九年までの期間も、ゆっくりではあるが、成長した。しかし、経営陣は必ずしも満足していなかった。会社の中の一つの集団が、すなわち、設計技術者たちが問題を起こしていると思われた。これらの人々は高い給料を貰っていた。彼らは他の会社では金銭的にこのような処遇を受けられないと率直に認めていた。しかし、彼らは思うほどには満足していないのではないか、彼らの間でのかなりの量の不満足が全体としての事業に打撃を与えるのではないかと経営陣は心配した。なぜなら彼らはただ機械に関する仕事をするだけでなく、組織の他の人々と熱意と自発性をもって協力するように求められていたからである。これらの思いをもって、経営陣は、一九三九年、その問題の研究のために、二人の社会科学者、コンラード・アレンスバーグとダグラス・マックレガー（Douglas Macgregor）を呼んだ。彼らに求められたことは解決を示唆することではなく、二つの質問、すなわち、設計技術者は本当に不満足であったのか、そして、もし彼らが不満足であったなら、なぜそうであったか、に答えることで診断を下すことだけであった。この調査員たちの報告が私たちの事例の土台である。

調査の方法

社会科学者たちはその調査で二つの方法を使用した。インタビュー（interview）と質問票（questionnaire）である。彼らが用いたインタビューは私たちが今日「非指示的」アプローチと呼んでいるものに非常に近いものであった。[2]すなわち、調査員のいずれかがその会社の上層集団の全成員と面談した。その調査員は何か特別な話題に話を向けようとしなかった。もちろん、「間違い」を見つけ出して、それを訂正するようなこともしなかった。話しかけられている人はほぼ重要さの順に話題を選ぶであろうと仮定された。そして、彼にとって何が重要であるかが、まさに、その調査員が発見したかったことであった。大雑把に言えば、各人は「その会社での生活の出来事を見たままに」述べるよう求められた。彼が選んだ話題や、それについて話すときに用いた言葉は、彼の身に起こったことであり、多分、彼にとって意味があったことと思われる。それは調査員によってしゃべらされたものではなかった。

二種類の質問票がそのインタビューのデータをバックアップするために使われた。最初のものは、よく知られている世論質問票（public opinion questionnaire）の単純なものであった。それはその会社における態度についての量的データを得るために作られた。第二のものは、仕事中の個人的な接触についての質問票であった。この質問票で、上層集団の各成員は、毎週、何回互いに話し合っているか、また、どれだけの時間をそれぞれの会話に費やしているかを見積るように求められた。私たちの言葉で言えば、その質問票は相互作用に関係していた。ここで注目すべきは、世論タイプの質問票が他の研究方法と関連させて使用されたことである。将来、世論調査結果が他の方法の社会調査の結果と詳しく関係付けられるようになれば、世論調査結果への関心は増大するであろう。もし行動の諸要素が相関するなら、それらを研究する諸方法もまた相関させられなければならない。

会社における規範と意見

問題は、経営陣が考えたように、設計技術者の不満足であった。そこで、調査員たちはその会社での意見の実態研究から始めた。その目的は上層集団の態度についての経営陣の見解が正しいかどうかを知るためであった。まず、調査員たちはインタビューで得られた拡散した情報を分析し、つぎに、世論質問票で得た数量的なデータでその分析をバックアップした。

インタビューで、上層集団の多くの成員は、また特に経営陣は、会社に存在すべきと思う人間関係について述べた。彼らは行動の規範を表明した。その会社は非常に小さな事業所から始まった。そして、彼らは、会社は創立時に自然であったインフォーマルな雰囲気を保持すべきであると思った。会社に組織図のないということが自慢された。今も、それは多くの小さな会社で、さらに言えば、いくつかの大きな会社でも自慢されている。もう一つのよく繰り返される決まり文句は「有能な人には監督はいらない」であった。人の権威は「人格的」(personal) ではなく、「職能的」(functional) であるべきであった。すなわち、人がある仕事をし、それに熟練すれば、その事実が彼にその仕事に関係した問題での権威をあたえるのであり、その限りでなければ、人は指揮したりされたりすべきでない。取締役や研究者は全員技術者であり、全員熟練者の同業組合の組合員であった。同業組合では人の専門能力がその人の権威の範囲を決定すると経営陣は考えた。

つぎに、組織はインフォーマルであるべきであり、権威のフォーマルなラインは強調されるべきでない、と経営陣は主張した。これらの規範は上層集団のすべての成員によって、かなり多く、繰り返され、そして、主要な公式教義となった。しかしながら、インタビューにおいて、一般技術者と設計技術者は公式教義と会社の現実的行動との関係に難しい問題が起こっていることを指摘した。権威ラインは理論上も実際上もインフォーマルであるべきと信じると表明した人のうちの何人かは、そのインフォーマルであることが権威対立の原因となっていることに気付いた。彼らは今行っている仕事を先に進めるべきかどうかで確信がないと感じた。なぜなら、たとえば、経営陣の一人がそれを認可しても、他の一人が後で否認するかもしれないからである。その会社の技術者にはこのような矛盾が後になって起こることのない助言を与えてくれる監督官が必要である、と彼らは思った。インフォーマルなタイプの組織には不安感が内在していると思った。しかし、全体的には、多くの人は関係の柔軟性に対して反対するよりも賛成した。

ある他の人々は、その会社の諸規範を是認しながら、それらの規範は、実際は、守られていないと考えた。もし、主張されているように、有能な人には監督は必要でないという規則が守られていないとしたら、それはその規則が無視されたか、あるいは、有能な人が会社にいなかったからであろう。調査員は多くの特色のあるコメントをつぎのように言い直した。

有能な人には監督はいらないという考えは正しいかもしれないが、あらゆることで完全に有能な人がいないことも明らかである。したがって、その考えはその個人の有能さが実証できる領域に適用されたということになる。しかし、実際は、その領域内でも彼は意思決定をする自由を与えられていない。彼の決定の扱われ方にも一貫性が少ない。重要な決定が干渉なしに実行されるかと思うと、重要でない決定が却下される。今日、機器の設計に関する決定が注意なしに通過するかと思うと、翌日には、非常に似た決定が激しく批判される。所定の行為コースをとるように私的に言われたかと思うと、その行為コースが公的に批判されたり、拒否さえされたりする。

規律の非一貫性が起こった理由は、よく言われるように、経営陣が嫌な状況に立ち向かうより、それを回避しようとしたからである。私的な会話では、会社の幹部は部下の考えに同意するが、彼がいなくなるとすぐに、その考えが実行されないよう策を講じる。幹部は彼に面と向かって満足できない仕事をしているとは言わないが、しかし、他者に向かっては彼を遠慮なく批判する。最後に、教義と反対に、最も有能でない人が監督を受けることが最も少なかったという私見がしばしば表明された。一つ以上の仕事で無能であることが証明されているにもかかわらず、監督なしで、責任の多い仕事を与えられている人がいることを、ある技術者たちは指摘しがちであった。結局、この種のコメントをした人は、観点は違っていたが、他の集団と同じ結論に達した。彼らはインフォーマルな組織の理論を是認したが、しかし、その理論が実際に実行されなかったから、その結果、監督に一貫性がなく、矛盾が生じたと主張した。

その会社で広く支持されている規範のセットの一つは監督の性質と関係し、他のセットは決定を下すべき方法と関係していた。経営陣を含む上層集団の全成員は、会社は「民主的な」線に沿って経営されるべきであると、したがって、「委員会経営が個人的経営に優先する」と言った。いずれわかるように、その会社は実際はピラミッド形の委員会として組織されていた。しかし、上層集団の多くの成員は経営陣が経営方法でほんとうに民主的であろうとしているかどうか問題にした。これらの人々は、もし会社が真の民主主義であるなら、従業員が、特に株主でもある従業員が政策を多数決で決定し、経営陣がその政策を実行するものと仮定した。ある技術者は取締役（director）は実際民主的な手続きに従っていると思った。他の技術者は取締役の意図は誠実であるが、現実には、独裁制が広がっていると思った。ある人々はさらに進んで、取締役は民主的統制の印象をあたえたがっているが、しかし、独裁的な権力の放棄を真剣に考えていないと主張した。これらの人々は経営陣はその哲学を率直に語った方が良いと思った。そして、最後には、ある人々は、経営陣は民主的であろうともしていないし、また、その印象をあたえようともしていないと主張した。この集団の成員は少数であるが、ほとんど取締役会の出身であった。

規範は常に曖昧というわけではない。多くの場合、問題は規範が現実と対立しているかどうかではなく、立場の異なる人が規範を同じように理解しているかどうかである。電気機器会社で流布している意見はつぎのようなものである。「フォーマルな権威ラインは存在しない。有能な人には監督はいらない。フォーマルな規則は不要な邪魔物である。委員会経営は個人経営に勝る。取締役は会社の経営を有能と証明された人へ徐々に譲渡する。会社は株主に所属する」。このような意見が上層集団の成員に対して持つと思われる意味と、経営陣に対して持つ意味は違っていた。経営陣は、確かに、これらの言葉で、会社の活動と政策はすべての関係者によって広く討議されるべきであるという真剣な気持ちを表明したけれど、最終決定は一般投票で決められるべきであるとは思ってもいなかった。しかしながら、経営陣の成員でない人はその意見をまさにその通りであると安易に思い込んでいたようだ。ここで経営者批判をいいたいのではない。言っていることは同じであっても、そこで使われている言葉は幾通りにも解釈可能であったということである。

経営陣の態度と設計技術者の態度

今まで、私たちはその会社の上層集団によって保持されているいくつかの規範を考察し、つぎに、その規範と会社組織の現実との間の不一致によって起こされた態度を考察してきた。今、上層集団を経営陣と設計技術者に分け、彼らが互いに対して抱く意見を研究することにしよう。経営陣は設計技術者たちを「プリマドンナ」(prima donnas) であると思った。その語句で言わんとしたことは、設計技術者の関心は、今設計に取り組んでいる機器と、行為の自由を脅かす経営陣の動きにあって、全体としての会社の利益にはなかった、ということである。経営陣はまた設計技術者を「きまぐれ」(temperamental）であると考えていた。すなわち、彼らは仕事を邪魔する小さな迷惑に寛容であるかと思うと、時間を使って問題を探し――もちろん、見つけ――文句を言った。会社の全体的福利への無関心は、財政や販売や消費者の実際の欲求への関心の欠如によって、また、理論的な重要性しかない設計の側面に何ヶ月も費やす習慣によって示された。さらに、最終的な施工図を作るという必要な苦役を嫌い尻込みした。

当然のことであるが、技術者たちは自分たちをそのようには考えなかった。彼らは個人主義者であることは進んで認めたが、広範な会社の問題に無関心であることは認めなかった。それどころかむしろ、彼らはその問題を意識しているから、彼らの間での設計についての討議が長くなったのであった。もし彼らが経営陣の政策に異議を表明することがあったとしても、それは経営陣がその会社の民主的な伝統にしたがって批判を奨励したからであった。彼ら自身が批判に腹を立てたのはそれが不適切である時だけであった。顧客に機器について何を望んでいるかを語るよう奨励すべきということにはもちろん同意したが、しかし、顧客の欲求を満たす機器を設計できるのは技術者のみだと彼らは主張した。販売や財政的な配慮が設計に支配的な影響力を持つべきでない。また、これらの部門の人々は技術者の観点にもっと多くの注意を払うべきである。

経営陣も設計技術者自身も設計技術者の士気についてはっきりした見解を持っていた。両者ともその士気は思ったほど悪くもなければ良くもないことを認めた。貰っている給料について不満を言う技術者は一人もいなかった。この問題が技術者の協力精神をすばらしいとは言えないものにしている原因ではなかった。しかし、多くの人々は彼らが幻滅を感じていたと思った。なぜなら会社は技術者を雇う時に実行不可能な約束を多くしていたからである。会社は技術者の天国であるという評判があった。そして、若い技術者は入社時に高い責任のある課題とそれを実行する多くの自由を与えられると陰に陽に思い込まされた。新入社員は実際彼の職歴では早過ぎると思われる特権をいくつか得ていた。しかし、彼がもっと多くの特権を得るのは、彼が他の技術者より大きな責任を、また異なる責任を果たすことができるという実績を見せてからであった。しかし、小さい会社ではこの種の実績を示す機会は少なかった。

設計委員会への態度

インタビュー・プログラムの初期に、調査員たちは上層集団のすべての成員がしきりに話したがっていた話題に出会った。そして、この話題についてのインタビューの証言を質問票で集めた量的データで裏付けることにした。この話題とは設計委員会についてであった。私たちがその会社の組織を詳細に記述する時に、この委員会について多く話すつもりであるが、この時点で私たちがどうしても言わなければならないことだけにする。どんな計器を設計すべきか、どの技術者がそれらを設計すべきか、そして、どれだけの時間とお金を各プロジェクトに使うべきかを、会社のある機関が決定しなければならなかった。さらに、各設計の進捗状況を絶えず監視しなければならなかった。「委員会経営が個人経営より優れている」という教義に従って、この機関とは、この電機機器会社では、ある委員会――設計委員会であった。ほとんどの人はそれに疑念を持っていた。その委員会は個人による管理より効果的であったのか。たとえば、主任技術者による管理より効果的であったのか。ふさわしい人が委員会にいたのか。それは任務を正しく遂行したのか。その委員会が関心の的であり、不審の的であったように思われる。

委員会管理対個人管理の問題に関して、調査員はインタビューから、上層集団のある成員たちの意見の中に、次のような意見があることを見つけた。いかなる個人も意思決定を求められている技術の全分野で有能であれと望むことはできない。委員会は個人と比べ、面子を失うことなく、意見を容易に変えることができる。委員会は非人格的（impersonal）であることによって客観的でありうる。このような意見から、彼らは委員会統治に賛成した。しかし、他の成員たちは、委員会はその考えを安易に変え過ぎる恐れがあること、また、非人格的に過ぎる恐れのあることを示唆した。設計委員会の個々の委員は、事実、集団としての委員会が決定したものとは非常に異なる見解を表明していると言った。

上層集団の全成員――経営陣と一般技術者と設計技術者――に対して実施された質問票で、一つの質問がこの問題に向けられた。「他の形の技術者管理が設計委員会にとって代わるべきと思いますか」。その結果はつぎの通りであった。

はっきりとはい ………六％
はい ……二五％

分からない　……一三％
いいえ　……三一％
はっきりといいえ……二五％
計　一〇〇％

これらの意見は広く散らばっているが、大勢は委員会形式の管理に好意的であった。しかも、この意見は全体としての上層集団よりも設計技術者によって広く支持された。

設計委員会の人事に関して、インタビューで明らかになったことは、設計技術者の抱く信念、すなわち、会社の販売組織の代表者がその委員会を支配しているということ、そして、少なくとも、もう一人の設計技術者がその成員となるべきであるという意見であった。全体としての上層集団の多くの人々は、販売の代表者による統制を認め、そして、顧客の欲求が必然的に開発されるべき計器を決定するから、販売部が支配すべきであると主張した。他の人々は、販売部門は強い発言力を持つべきではあるが、最終的な統制は技術者に任すべきであると思った。設計委員会は設計に、すなわち技術者のみが対処できる技術問題に関わるべきである。

質問票の、「設計委員会には違った人材を入れるべきだと思いますか」という項目はつぎのように散らばった解答となった。

はっきりとはい　……二五％
はい　……三八％
わからない　……一八％
いいえ　……一八％
はっきりといいえ……〇％
計　一〇〇％（ママ）

大勢はここでは明らかに変えることに好意的であった。しかも、設計技術者は全体としての集団よりも、この意見を重要視した。(3) しかし、変えることの必要を感じた人の皆がどう変えるべきかで一致したわけでなかった。

そのインタビューで、ある人たちは委員会による管理が優れており、また、設計委員会の成員も正しく選ばれていると確信しているように見えたが、しかし、同時に、その委員会は仕事を正しく遂行していないと感じた。設計技術者の数人はつぎのように言った。委員会は彼らにどのような種類の仕事を実行してほしいかだけでなく、その仕事をいかなる方法で実行してほしいかについても言ってきた。その仕事の種類についての要求は適当であるとしても、しかし、その方法に関してはまったく適当ではなかった。ある委員は、委員会は決して技術者に対して技術のことについて命令していないと主張したが、みんなの意見の一致したことは、委員会があまりにも細かく技術者の仕事を監督したということであった。もう一つの共通した意見は、委員会と設計技術スタッフの間の連絡が不十分であったということ、技術者が必ずしもその委員会が何を望んでいるかを理解していなかったということ、また、委員会自体も技術的問題が何であるかを理解していなかったということであった。

質問票の、「あなたは、現在活動中の設計委員会が技術者の仕事に満足のいくような指示を出していると思いますか」という項目は、つぎのように分布した回答をもたらした。

完全に満足	………六%
おおむね満足	……五〇%
かろうじて満足	……一八%
やや不満足	………六%
大変不満足	……一八%
計	一〇〇%（ママ）

明らかに、意見の大勢は、委員会が満足のいく仕事をしているとある。しかし、また、設計技術者の態度は全体としての集団の態度とはやや異なっていた。彼らは誰もその委員会に「完全に満足」しているとは感じなかった。

同じ観点で、第二の質問が出された。「人事は別にして、あなたは設計委員会が技術者を命令する現方法を変えるべきだと思いますか」。その答えはつぎのように分かれた。

はっきりとはい　……一三％
はい　……一八％
分からない　……三六％
いいえ　……三一％
はっきりといいえ……〇％
計　一〇〇％（ママ）

この質問への答えで、設計技術者は全体としての集団よりやや多く変更に賛成した。

今まで学んできたことを要約しよう。社会科学者のアレンスバーグとマックレガーが電気機器会社の経営陣から呼ばれたのは、経営陣がその会社の主要な問題と信ずるものを研究し、それについての診断を下すためであった。その問題とは、設計技術者がいくぶん不満を抱いており、会社の上層集団の成員と容易に協力しようとしない恐れがあるというものであった。調査員たちは、設計技術者だけでなく、上層集団全体の成員に、彼らの会社での生活についての意見を尋ねることから研究を始めた。調査員たちは、何が間違っているかを質問しなかった。しかし、その問題について人々が自発的に話したことは何でも記録するつもりでいた。そして、つぎのような仮定を立てた。意見はそれ自体で問題――本当に問題があると想定してのことであるが――の良き診断とならないと思うけれど、それは少なくとも診断を下す方向を指摘するであろう。

いかなる組織の成員も不満は持っている。人は不満がなければ、幸せでないかもしれない。しかし、電気機器会社でのインタビューでも質問票でも明らかになったように、欲求不満でひどく怒った人はいなかった。上層集団の成員のほとんどは何事よりも会社のために働きたいと公言した。同時に、彼らは会社の組織にも「不具合」(bugs) があり、計器設計での不具合と同じように注意を必要としていると固く信じていた。やや多くの感情が組織的不具合によって引き起こされるとすれば、その理由は単に、物ではなく人々が関係していたからである。ある人々は、表明された会社の理念が実際に実現されたか、あるいは、実現可能であるかどうか、また、設計技術者の管理が、特に設計委員会による管理が満足できるものであったかどうかを問題にした。設計技術者は上層集団の他成員よりも少し語気強く疑念を述べた。彼らの態度は、多分、不満足に等しかったであろう。このような点で、経営陣の恐れは正しかった。

調査員にとってつぎの問題は、なぜ設計技術者は不満足であったかであった。上層集団の成員自身が口にした意見は診断への方向を示したかもしれないが、しかし、調査員は意見だけに頼ることを嫌がった。彼らは意見を正しいとして受け入れる前に、独立した証拠を手にしたかった。彼らは次にその会社の過去と現在の組織を研究することを、また、公的に構成された組織だけではなく、上層集団の成員間の日常的な関係の現実を研究することにした。それは設計技術者の抱く不満足を特定の組織変更と関連付けることができるかどうかを発見するためであった。多くの世論研究者と違って、彼らは発見された態度と、意見自体と同じように注意深く記述された多くの社会行動の特徴を相関させることにした。

会社組織の過去の改組――第一段階

会社の過去の組織と現在の組織を分析する時、インタビューが調査員に役に立った。そのインタビューで上層集団のほとんどの人がその会社での過去の経験について物語った。その物語を書き留めるとき、調査員は話題にされた特定の人物と活動を確認することに注意した。たとえば、もしインタビューを受けた人が、当の場面で、「オフィス」と交渉していると言ったなら、面接員は彼にそれはどんな人をあるいは人々を意味しているか尋ねた。その物語の文脈では、「オフィス」や「ショップ」という語は常に特定の男女を意味していた。また、諸個人の間の出来事の順序も確認された。たとえば、もしAが提案し、それにBの質問が続くなら、相互作用の方向はAからBであるとした。最後に、調査員は各個人がそれぞれの出来事で行った活動の種類を確認した。たとえば、ある出来事で、他者が設計を批判しているのに、ある人はその設計の採用を強く主張しているかもしれない。多分、その調査員たちはその話の証言を受けるより、むしろその事件を直接観察したかったであろう。しかし、彼らは直接観察できなかった。彼らは、その出来事で引き起こされた情緒がどんなものであれ、上層集団の成員は私情を交えずにその物語に登場する個人や活動を特定できると思った。さらに、覚えていると思うが、仕事での個人的接触についての質問票で、上層集団の各成員は、毎週、他の各成員に話しかけた回数と、それぞれの機会での時間を概算するように求められた。その質問票によって、その会社の現在の組織に関する限りであるが、インタビュー資料の真偽を調べることができた。個人的接触についての質問票によって裏打ちされた諸出来事の収集によって、調査員は研究時点での会社の人々の間の関係を記述し、また、最近起こったこれらの関係の変化を再構成することが可能となった。

　その研究は、一九三九年の一二月に行われた。その会社での生活を物語る時、ほとんどの人は、不況のどん底だった一九三二年から始めた。その当時、会社は小規模であり、主として、社長のハバード氏と共同経営者のミルズ氏によって所有されていた（図16参照）。二人はまた取締役（director）であった。組織上、これら二人の下の地位に、ランドル氏が財務と販売に関して社長に助言をし、アラートン氏が生産担当の副社長として、電気機器を製造している工場と社長との接触を仲介し、そして、シュルツ氏が、主任技術者の肩書きで、設計技術者のリーダーとして活動した。これらの三人とも皆取締役であり、また、経営委員会の委員であった。彼らは、社長の指揮下で、すべての調整（co-ordination）の問題を解決した。彼らは「職能別部署」（functional departments）の部長と言われたけれど、大きな工業会社の部長と同じ種類の責任を負っていると考えると間違いである。設計技術者は最大で最重要な給与従業員集団を構成しており、彼らは単なる従業員でも、また、単なる技術者でもなかった。主任技術者のシュルツは同輩中の代表に過ぎなかった。また、ランドルは販売全般に関係していたが、設計技術者各人もそれぞれの権威で古い顧客と接触し続け、また、新しい顧客とも接触した。彼らは会社がその顧客たちの要求を満たしてくれると思った。彼らの活動は設計だけでは終わらなかった。彼らは工場の人へ直接命令を出し、計器が製造中でも設計を変更させ、また、会社の将来の開発プランをも提唱できた。結局、調査員が指摘したように、この時期の会社は「工業会社よりも、専門家仲間の集団のように見えた」のである。

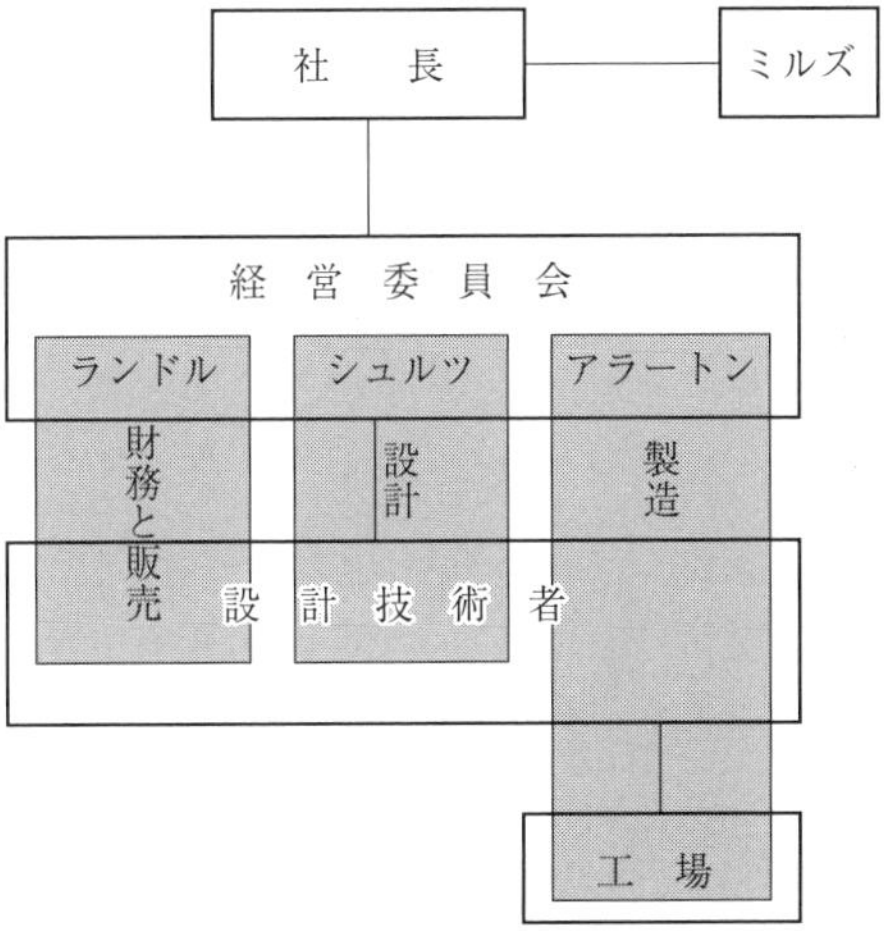

図16　電気機器会社　当初の組織図

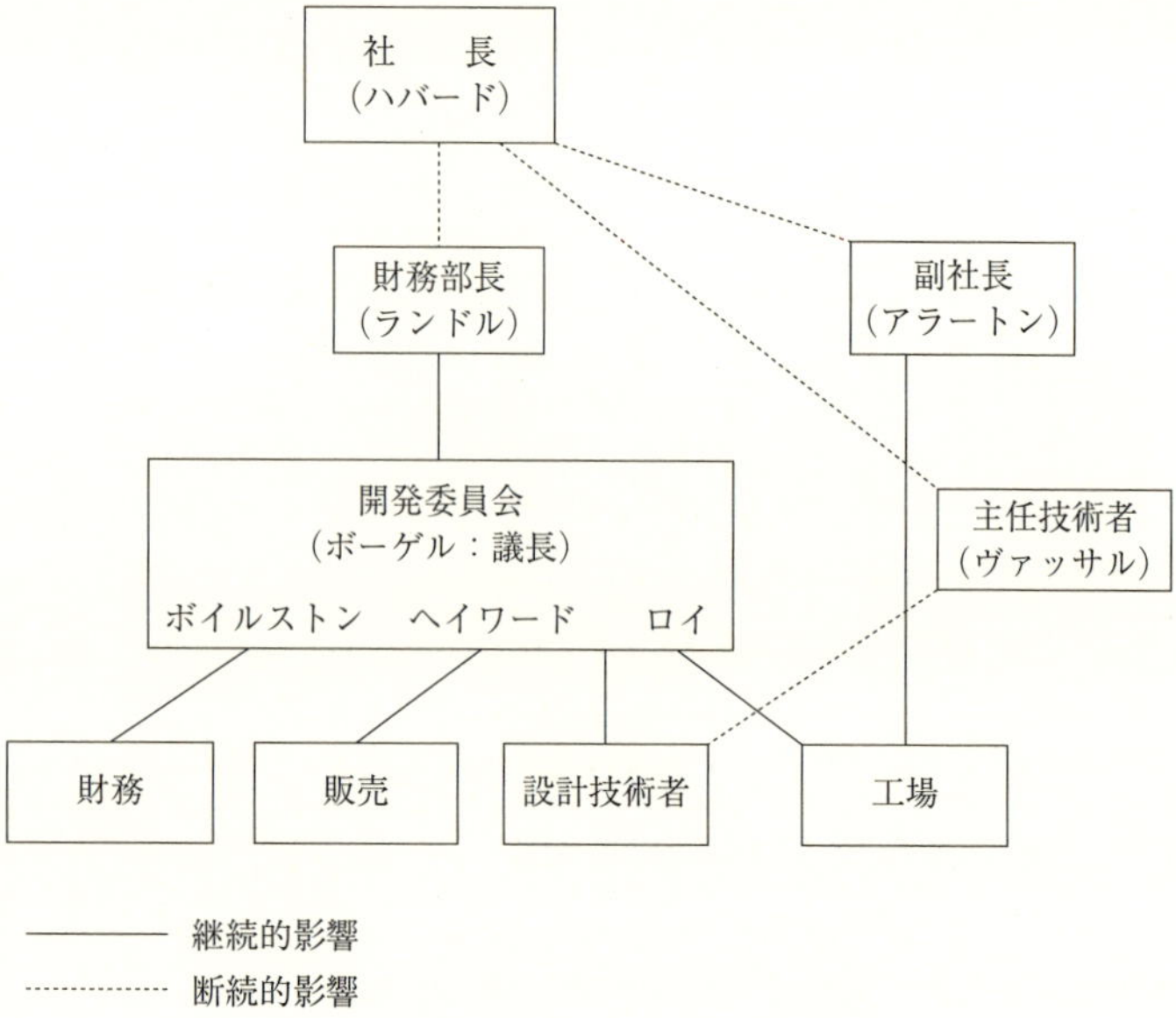

図17　電気機器会社　第２期の組織図

この時期に、上層集団の規範の多くや、特に設計技術者の規範が定まった。経営の委員会形式はその会社の「民主的」組織への信仰の反映であった。設計技術者が実際に命令できた分野の多さは「職能的権威」への信仰の反映であった。実際上の統制緩和は「良い人間には監督はいらない」という信仰の反映であった。上層集団の全成員は技術者として、また対等な者として行動し、そして、その会社の規範は会社生活の諸事実と大部分一致していた。これが事実であった。

会社組織の改組――第二段階

一九三二年、設計技術者たちに好かれていた主任技術者のシュルツが解雇された。調査員は報告書で、この異動がなぜ行われたか理解できなかったと言っている。しかし、敏感な読者は、それが一番深刻な不況時に行われたということ、そして、それ以後、その会社の顧客数が着実に増大したということに気付くであろう。多分、財政的な圧迫の時期に、経営陣はシュルツがあまりにも設計を重視し、命令に従うことを軽視したと判断した。他の改組がこの最初の改組に続いて行われた（図17を参照）。独立した販売チームが誕生した。このチームは新しい計器の市場を開拓するための、金と時間での費用を見積り予算化し、そして、設計技術者にとって代わって、顧客と会社の間を結び付ける仕事を始めた。財務部長のランドルは財務と販売の両担当に留まったが、今まで触れないで来た人物であるヘイワード氏が、彼の下で、販売と「一般技術業務」の主任となった（覚えていると思うが、たとえ技術の学位を持っていても、設計で仕事をしていない人は一般技術者と呼ばれた）。独立した販売チームは、同じように独立した財務チームを必要とした。財務業務が研究され、それが整理された。ボイルストン氏もランドルの下で会計監査役として、この仕事を、特に会計の仕事を担当した。これらの改変は設計技術者の位置に影響を与えた。販売組織の重要性の増大につれ、設計技術者たちの顧客との接触は減少した。そして、ささやかであるが、彼らは過去におけるより細かく監督されるようになった。たとえば、旅費の承認は、かつては、インフォーマルに処理されたが、今では、設計技術者は財務係と販売係の両者からの承認を得なければならなかった。

新しい委員会、すなわち、開発委員会が設立された。それは新しい計器の開発の諸提案を検討し、販売の可能性と費用の見積りに照らして最善の提案を選択し、生産を指導するためであった。提案は設計技術者から委員会へ寄せられた。また、販売員を通して、顧客からも寄せられた。たとえば、技術者がアイデアをその委員会に提起し、そして、委員会がどのアイデアをどのような方法で実行すべきかを決定すると、技術者はその命令に従った。一般技術者のボーゲル氏は、この委員会の議長に任命され、その結果、設計技術者でないボーゲル氏の統括する一団によって、設計についての決定が行われることになった。販売と一般技術者の主任であるヘイワードは販売と財務のことでも支配的な発言権をもつ委員に任命された。

社長は、それに加えて、引退の意向を公表した。確かにすぐには引退しなかった。彼の主要な関心は常にその語の厳密な意味で技術の仕事にあった。ゆっくりであるが、彼はこの分野での権威の行使を制限し始めた。時と共に少なくなったが、彼はまだ彼の総合的な管理監督を行使した。その結果、彼の技術問題での顧問としての活動を管理者としての活動から分けることが難しくなった。社長の引退が近付くにつれ、財務部長のランドルが会社全体の最高経営陣としての頭角を現し始めた。改変の最後として、生産担当であり、経営委員会の委員であり、副社長であったアラートンもすぐに引退することを決心した。工場長としての彼の位置は、ロイ氏によって継がれた。新しい主任技術者にヴァッサル氏がなった。彼は開発委員には任命されなかったが、技術問題での社長補佐としての役目を務めた。

会社組織の改組――第三段階

会社における組織改組は三つの主要な段階を経て行われた。その会社が実質的に技術者仲間の集団であった段階、開発委員会の出現によって特徴付けられた段階、そして、最終段階である。第二段階は、不安定であることが判明し、会社で「一〇月革命」と呼ばれるもので終わった。シュルツの解雇ほど、インタビューで多く話題となった会社の歴史的事件はなかった。その革命に付随して起こった最も重要な出来事は、開発委員会を二つの部門に、すなわち、設計委員会と企画委員会に分割するという経営陣の決定であった。前の委員会の議長であったボーゲルは新しい企画委員会の議長になった。

設計委員会に関しては、設計委員会の人事と政策がその会社の上層集団で、また、特に設計技術者の間でどれだけ多くの議論を引き起こしたかを見てきた。会社の社長はその委員会に同席したが、しかし、議論でリーダーの役割をとったとは思われない。財務部長のランドルは、この時、肩書きはなかったが名目上の最高経営責任者であったけれど、委員ではなかった。今、彼の代わりに、販売を担当し、以前の開発委員会の委員であった、彼の第一の部下であるヘイワードが設計委員会の議長になった。監査役のボイルストンと工場長のロイはこの委員会に同席した。(4) 主任技術者のヴァッサルは委員であり、設計技術者を代表した。しかし、私たちは、その設計技術者が設計委員会の議長でなく、ただの一委員に過ぎなかったことに注意しなければならない。

今まで話題にならなかった人、オマレイ氏がその委員会の五番目の委員となった。彼の位置については少し説明が必要である。ヘイワードは財務部長の下の販売の責任者であった。今、彼は設計委員会の議長であり、それ自体、大きな任務であった。彼に仕事のための時間を与えるために、彼は国内販売の監督から解放され、かつて社長と財務部長が一緒に行っていた小さな活動である外国販売の名目上の責任者にされた。ヘイワードの以前の部下であったオマレイが国内販売の新しい代表、すなわち、一般技術者と呼ばれた多くの販売員の代表になった。ヘイワードは設計委員会に同席するほかに、財務部長に直接報告した(これらの変更は図18と図19で注意して深く理解されるべきである)。

設計委員会の議長としてヘイワードは、その会社の一つ上のレベルの財務部長のランドルのように、事実上、このレベルでの主任調整役となった。注文を得てから完成した計器を発送するまでの会社の仕事の流れの主要な段階――販売、設計、

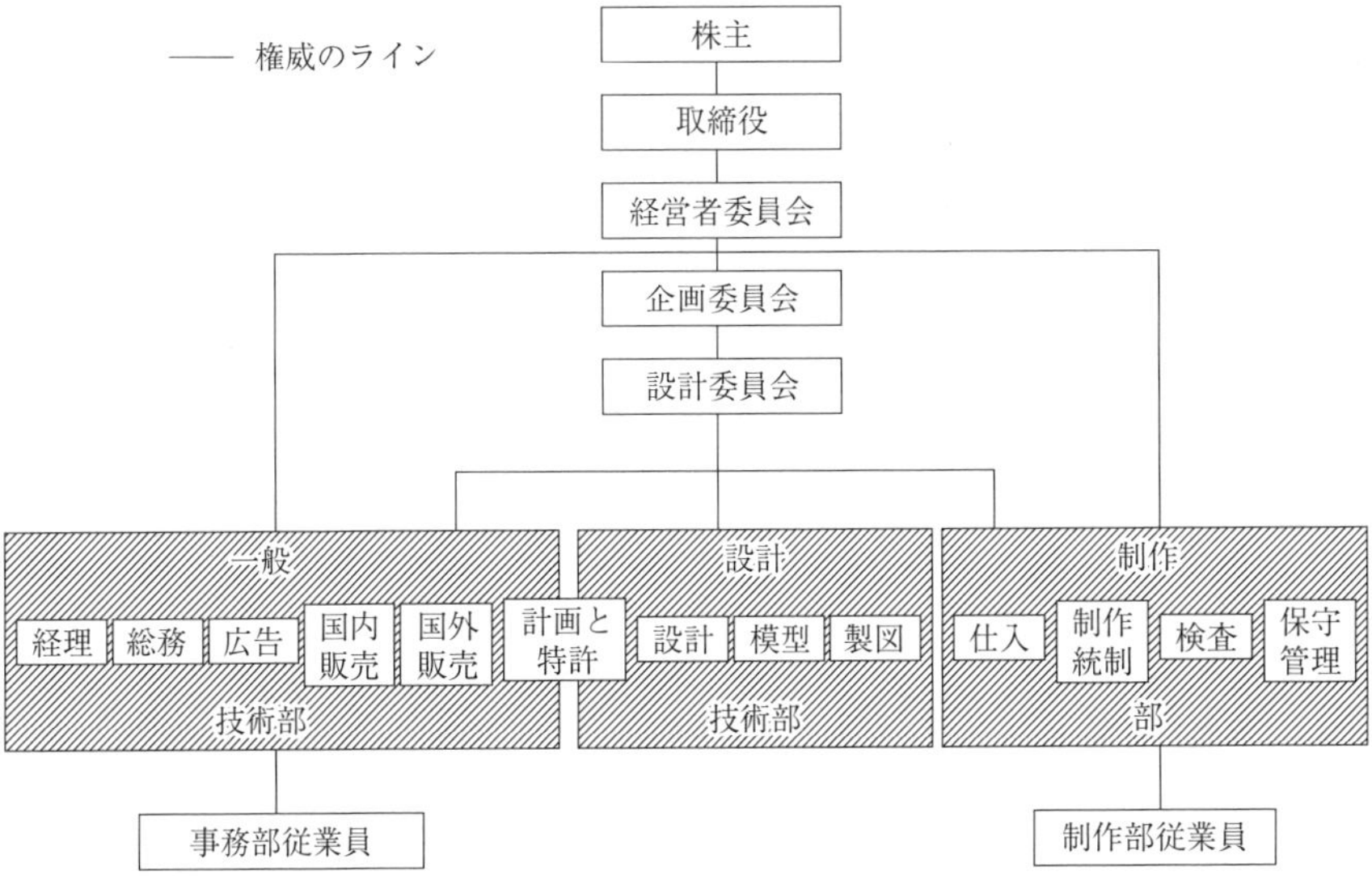

図18　電気機器会社　最終組織図（公的組織）

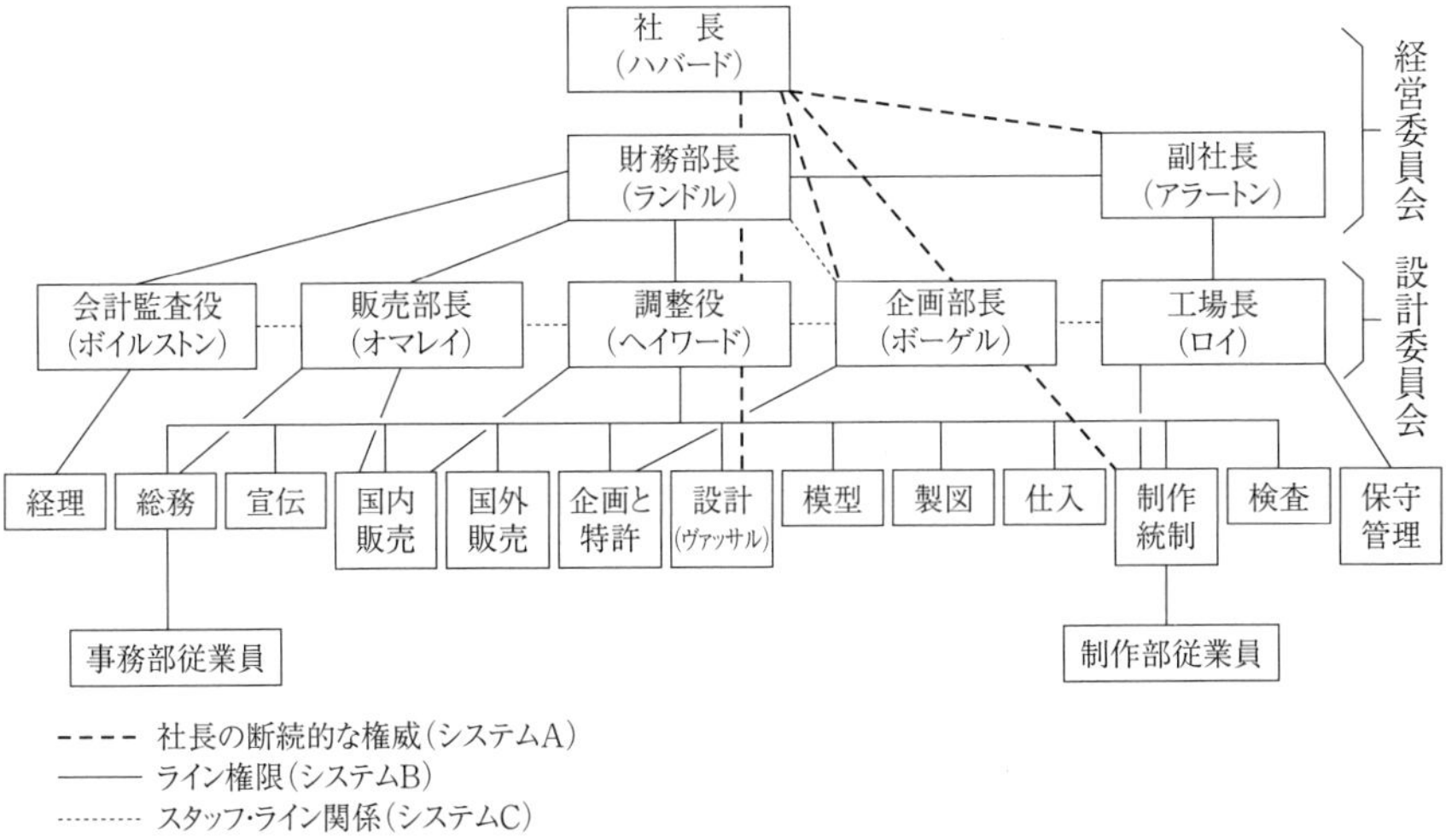

図19　電気機器会社　対人関係の構造

生産――は彼の委員会によって行われた。ヘイワードにはスケジュール作りの責任が与えられた。すなわち、すべての部門のために、どのような仕事にいつ取り組むかを決定しなければならなかった。ボーゲルとその企画委員会は、すなわち、前の開発委員会が二つに分割されたうちの第二の委員会は、ヘイワードに設計の技術的な問題について助言をしたが、しかし、統制的な命令は与えなかった。

その会社の成長と会社内の独立した部門の随伴的発展の結果、調整が必要になった。それはヘイワードのような立場の役員によってのみ達成可能であった。しかし、彼がその職務を十分に果たそうとすれば、彼の上司、特に、経営委員会の委員、建前上は、その会社での最高位の執行権威者からの後援がなければならなかった。この時点で、その委員会の委員は、社長、財務部長、そして生産担当の副社長のアラートンであった。しかし、徐々に社長と副社長の引退が近付き、その結果、財務部長が委員会で腰を据えて活動できる唯一の人となった。当然のことながら、ヘイワードが問題を財務部長のところに持って行き、そして、彼から必要な支援を得た。社長の影響と違って、財務部長の影響は継続的であった。実質的には、彼が社長であった。すなわち、名目上の社長は会議の議長のように行動することが多かった。設計委員会の議長として、ヘイワードは実際総支配人であった。しかし、これらの改組やまた他の改組も、その会社の公的な組織には反映されていない。たとえば、設計委員会という名前は良くなかった。なぜならそれは、実際は、調整委員会であったからである。公的な組織図は公表されていないが、しかし、もし表せば、図表は図18に似たものとなったであろう。すなわち、図18は、上層集団の成員が外部の調査員に対して描いたと思われる会社の組織を現している。他方、図19は実際の組織を、すなわち、日々の生活の個人的影響関係を表している。

予備的分析

私たちが要約した資料をもとにして、その社会科学者たちは会社における組織的改組の予備的分析と、その改組が生み出した「問題」――設計技術者の不満――の予備的分析を行った。ここでは、この分析を示すつもりであるが、私たちの概念図式によるより完全な議論は次章にとっておくことにする。

最初に、組織用語で重要な単語、その中でも特に最重要である「ライン」(line) と「スタッフ」(staff) が意味することをしっかりと理解しておこう。二つの単語の区別は、もともとは、軍隊で行われた。軍隊は西洋文明における最初の大きな事業であり、その組織は細心の注意を払って計画された。しかし、私たちはここでは産業組織を扱っており、したがって、その区別が産業で行われた通りに、それを説明した方が良いと思う。企業の主要な目的は、商品の製造と販売である。そして、これらはライン活動 (line activities) と呼ばれている。これらの活動を行うときの上司と部下の間のコミュニケーションはライン関係 (*line relations*) と呼ばれるであろう。

多様な活動が組織の主目的を支援し、あるいは、それに貢献する。企業でスタッフ活動 (staff activities) と呼ばれるこれらの活動は重要であるが中心的でない。それらにはつぎのようなもの、すなわち、経理、財務、技術、保守、人事、そして企画がある。これらはそれぞれスタッフ部門という形態で組織化される。さらに、もしその企業が地方支店――たとえば、別の都市の工場や事務所――に分割されると、それぞれの支店には作業あるいはライン要員の他に、会計や技術や人事や他のスタッフ部門の代表が存在するであろう。そのとき、これらの代表はそれぞれ二重の責任を負うことになる。すなわち、彼の地方支店の作業のボスに対する責任と、その会社の本部のスタッフ部門の長に対する責任。このように、組織は三角よりむしろピラミッドになる。それは高さと幅と同じように深さをもっている。スタッフ部門の成員とライン活動に関係している人との間のコミュニケーションは、スタッフ―ライン関係 (*staff-to-line relations*) と呼ばれるであろう。これらは助言的関係であることが多い。たとえば、ライン幹部が賢明な決定をするために知る必要のある専門的な技術問題について、技術のスタッフ幹部がライン幹部に情報を与え、ライン幹部はこの情報を製造作業に移すための意思決定をする。ラインとスタッフの間の区別は、組織の形而上学者が好んで言うようには明確ではないが、私たちの現在の目的のためにはその明確さで十分である。

さて、他の重要なことに向かうことにしよう。ある種の企業では、たくさんの過程が順序よく進んだ時にのみ、求めていた結果が得られる。例を挙げて言えば、毛布製造の仕事は羊毛の買い付けから始まり、その羊毛を梳き、毛糸を紡ぎ、(その布が「織る前に染められた糸」でつくられるべきなら) 毛糸を染め、そして、布を織り、そして、剪断加工や縮絨で終わる。

仕事には必要な流れがある。いろいろな過程を実行する人々の活動が、その流れによって、相互に関係付けられる。もっと単純な事例で、ある品物で一つの作業をした人は、それを他の人に手渡し、それを受け取った人は次の作業をする。あるいは、二人の作業長は一緒に仕事をしなければならないかもしれない。なぜならそれぞれが監督している労働者たちが連続した作業を継続して行っているからである。決められたつながりの中で活動を行っている人々の間の必要な関係は、作業の流れ関係（*flow-of-work relations*）と呼ばれるであろう。

これらの定義を用いて、私たちは電気機器会社の組織的改組の分析を始めることができる。調査員たちは四つの関係システムを区別した。それらはその会社の歴史において時期が違えば重要さの度合いも違っていた。これらに次のようなラベルが貼られた。システムＡ、すなわち、習慣的であり、個人的であり、しかし、断続的であるライン権威。それはその会社の初期から存続し、時々実行されているが、次第にその重要さをなくしている。システムＢ、すなわち、創出過程にある習慣的であり個人的であるライン権威。システムＣ、すなわち、新しく出現したスタッフ―ライン関係。そして、システムＤ、すなわち、習慣的な作業の流れ関係。それらを順に取り上げることにしよう。

社長の権威

システムＡは上層集団の成員と直接接触している社長の活動よりなっていた。ある時は、その接触は全成員にまで広がったが、しかし、最も頻繁であったのは設計技術者に対してであった。社長自身も設計技術者であった。会社が小規模であった初期には、彼の問題は彼らの問題であった。彼が徐々にその会社の指揮から退くにつれ、彼が技術者を相手にする頻度は次第に少なくなった。とは言え、上層集団の他の成員を相手にする頻度よりは常に多かった。彼は、販売や財務の幹部とよりも、企画委員会の成員仲間や企画委員会議長のボーゲルや設計技術者と多く付き合った。

社長が設計技術者と会うことは次第に少なくなった。もっと重要なことは、この結び付きが次第に成果を挙げなくなったことである。インタビューが示したように、問題を感じた設計技術者が社長に訴えることはいとも容易なことであったが、しかし、社長に措置を講じてもらうことは次第に容易でなくなった。時間がたつにつれて、彼自身、会社の初期に行ったように介入する傾向が次第に少なくなった。彼は自分に持ってこられた問題を他の幹部に、通常は、財務部長に進んで回すようになった。そして、その財務部長が措置を講じても、最初に問題を持ち込んだ人が望むような措置をとることはできなかった。会社の旧習がまだ頭にある人には、何が起こっているかを理解することは難しかった。

新しいライン組織

他方、インタビューによって明らかになったように、設計技術者は社長と直接コミュニケーションしなくなり、彼は主任技術者のヴァッサルや設計委員会の議長のヘイワードを通して問題を財務部長に持っていく場合が多くなった。そして、このルートによって、すなわち、システムBによって、好結果の獲得に成功した。成功といっても、それは最初にコミュニケーションを始めた人の観点からの成功であった。私たちは忘れることが多いが、たいていの人々にとって、コミュニケーションと呼ばれる過程は行為に関係しており、抽象的な知識に関係していないのである。ある人が他者とのコミュニケーションに成功するのは、その他者が彼の提案を実行に移す時である。大きな組織では、コミュニケーションはこの種の結果が達成される経路（channels）に引き寄せられる。それらは会社の組織図ではわからないが、それにもかかわらず、それらがその会社の効率的な組織を決定するのである。

システムBにおいて、コミュニケーションが効果的であったということは、それが成果を得たという意味であった。しかし、このシステムでは、設計技術者は少なくとも二つの段階——主任技術者と設計委員会の議長——によって、最高位の権威から隔てられており、そして、以前のように直接トップのところに行くことはできなかった。会社が成長するにつれ、会社は技術者の共同経営から、いつもの権威の階層制を持った通常の製造企業によく似たものへと変わった。一般に認められている組織図は、図18と図19の比較が示すように、起こった改組を正確に表していないが、しかし、それにもかかわらず、その改組は現に起こった。そして、それは多分起こらざるを得なかったであろう。会社が存続し、販売を増大させるためには、いかなる人もそうせざるを得なかったであろう。何らかの公的な企画からではなく、仕事を行う日常的な方法から、階層のトップのレベルは経営委員会によって占められた。その委員会では、財務部長が以前からいる唯一の有力者であった。

次のレベルでは、主なライン権威は設計委員会の議長によって行使された。その第三のレベルは、事実、その会社の多様な部門のリーダーたちによって占められた。たとえば、設計部門の部長は主任技術者のヴァッサルであり、製造部門の部長は工場長のロイであった。コミュニケーションのラインはその彼から工場の作業長や作業員へとつながった。

スタッフ―ライン関係

私たちはシステムA、すなわち、社長に端を発する古いライン組織と、システムB、すなわち、財務部長に端を発する新しく出現したライン組織を描いた。これらはライン組織であった。なぜならその会社の基本的な活動、すなわち電気機器の製造に取り組んでいたからである。また、その組織で統制的な意思決定が行われたからである。しかし、また、調査員たちはその会社における対人関係の第三のシステムを発見した。彼らはそれをシステムCと呼んだ。それは新しく創出したスタッフ―ライン関係であった。ある意味で、その会社にはスタッフ幹部が常にいた。なぜなら設計技術者は、彼らの主要な仕事をする以外に、販売と生産に関して助言をあたえたからである。しかし、改組の過程で、スタッフ活動はますます専門化され、それらの多くは次第に設計技術者から取り上げられた。新しい活動がスタッフ活動であったという事実、それが設計技術者の権威領域を徐々に侵害したという事実は、他の改組のほとんどと同じように、組織の公式図では見分けが付かなかった。システムCを構成している新しく創出したスタッフ活動はつぎの通りであった。

(1)長期的な技術企画と開発。会社組織の最後の段階で、新しい種類の機器のためのアイデア開発はボーゲル議長下の企画委員会の責任であった。この仕事は社長の特別な関心の一つであり、彼は時々直接指導した。したがって、組織の公式図では（図18）、企画委員会は設計委員会より上位であった。しかし、実際は、企画委員会は開発した設計を製品化するための命令を後者に出さなかった。その代わり、ボーゲルは提案されたアイデアを財務部長か、あるいは、設計委員会の議長であるヘイワードに伝えた。これらの人々はライン組織で重要な位置を占めていた。彼らは最終的に何をすべきかを決定した。ボーゲルと企画委員会はただ彼らに意思決定を可能とするための資料を提供するだけであった。このような理由から、私たちは企画委員会をスタッフ機関として認識しなければならない。そして、その会社の現実の、しかし、未公認の組織（図

19）で、私たちはボーゲルの位置をヘイワードの上でなく、彼と同じレベルに、しかも、スタッフ―ライン関係で彼と結び付けなければならない。私たちはまた、企画委員会がかつて個々の設計技術者によって行われていた仕事をしていることに注意しなければならない。

(2)財務的発展と統制。全体としての会社に対する活動の全貢献を費用と報酬によって評価する経理システムの開発は製造企業の重要な機能である。経理部門は電気機器会社で徐々に成長してきた。会計監査であり、財務部長の補佐であり、設計委員会の委員であったボイルストンはその部門を指導し、そして、財務問題についての必要な専門的な助言を二人の重要なライン幹部、すなわち、財務部長と設計委員会の議長に伝えた。しかし、彼の位置の明確な認識は二つの事情で遅れた。一つは、ボイルストンと彼の下の幹部は、彼らの働きは技術的でないのに、いまだ「一般技術者」と呼ばれていたという事情である。もう一つは、財務部長は、その肩書きによって、財務問題の直接的な担当であると考えられていたという事情である。確かに彼は最終的に財務に責任を負っていたが、しかし、彼はもっと多くのことをしていた。すなわち、彼は、事実上、その会社の最高のライン幹部であった。しかし、財務部長という言葉に騙されて、会社の成員たちは新しいスタッフ部門の出現を理解することが、また、ボイルストンがその長であることを理解することが難しかったのである。

(3)販売情報と企画。もし注文獲得の方法より販売企画をスタッフ機能として考えるなら、同じようなことが販売活動においても起こっていた。ヘイワードは最初この活動の長として姿を現した。そして、彼はまだ国外販売の担当であったが、設計委員会の議長として、第二レベルの重要なライン幹部となっていた。彼の販売の長としての位置は、専門的には国内販売の長に過ぎないオマレイが引き継いでいた。今、顧客の接待はオマレイの部下が行い、設計技術者は行わなかった。オマレイは受けた注文や将来の販売企画についての情報を彼の直接の上司であり、財務部長であり、オマレイもその委員である設計委員会の議長であるヘイワードに伝えた。その会社の理論上での組織よりむしろ実際の組織において、オマレイは、ボイルストンやボーゲルのように、ヘイワードと同じレベルにおり、また、彼とスタッフ―ライン関係にあった。設計委員会はこのレベルでの会社のスタッフ活動とライン活動を調整した。

(4)生産計画と費用と問題。生産活動は他の活動とやや異なった位置にあった。組織の用語ではそれはその会社のライン活動であり、製造すべき機器の数と種類に関する命令が設計委員会の決定に基づいてヘイワードによって工場に与えられた。同時に、ヘイワードは、製造命令の内容を決めるべき時には、生産の費用と問題についての情報を得なければならなかった。そして、その情報の伝達がスタッフ活動と考えられるであろう。副社長のアラートンは、制作担当であり、この種の助言を、経営委員会と取締役会の成員であることによって、ライン権威に伝えた。しかし、アラートンは、社長と同じように、その会社から少しずつ引退しようとしていた。そして、ロイが工場支配人かつ生産の最高責任者として登場してきた。このようにして、ロイはライン組織でヘイワードに対して直接責任を負ったが、しかし、彼は、まだ、アラートンが持っていた独立した顧問の仕事を担っていた。このことに関して、彼は時々アラートン自身へ報告した。また、制作問題のスタッフ顧問として、両方において、ロイの活動は設計技術者の以前の勢力を制限した。かつて、これらの設計技術者は制作についての助言を与え、その制作過程に直接介入した。工場の支配人として、その仕事を円滑に、しかも、過去よりも大きな規模で進めるべきであるなら、彼らはもはやそうすることは許されないであろう。

仕事の流れ関係

ライン関係とスタッフ―ライン関係の他に、ほとんどの製造会社におけると同じように、ここにも、仕事の流れ（システムＤ）に基づいた対人関係を見つけることができる。電気計測装置の製作は顧客と販売員との接触から始まった。顧客がある量の機器の注文をすると、仕事の流れでの次のステップは、その機器の企画と設計、次に、実験工場でのモデルの実験、次に、作業計画表の作成、つぎに、量産のための材料の購入、制作自体、検査と最終実験、そして、最後に、完成品の出荷である。諸作業は結び付いているので、その作業を行う人々はある順序で結び付けられた。そして、会社が大きく成長するにつれ、そして、仕事の流れでの多様な場面が技術的な専門に分化するにつれ、連続した作業における特定の集団の位置は変わる傾向にあった。たとえば、当初、顧客との接触のつながりで最初のステップをとった設計技術者は、徐々に、この位置は販売職員の一般技術者に代わられた。また、設計技術者がかつて仕事の全体的流れに対してかなりの統制力を持っていたが、今では彼らの活動は次第にただ一つのステップ、すなわち、設計と実験に限られた。そして、このステップと他のステップとの調整はヘイワードや設計委員会によって行われた。

要約

要約すると、創出したものは、理論上ではなく現実上、ライン活動とスタッフ活動といくつかのレベルの権威を備えた標準的な産業組織とよく似たものであった。社長はまだトップのレベルにいたが、しかし、彼の影響力はますます断続的になってきていた。それと同じレベルに、事実上、財務部長がいた。その肩書きにもかかわらず、彼は最高位のライン幹部であった。彼と同格な人は副社長のアラートンであった。彼はかつて制作を担当していた。いまでも時々、制作問題について助言を与えた。これらの人々は同じ経営委員会の委員であることによって一緒に結び付けられた。次の第二のレベルには五人の幹部がいた。一人のライン幹部、すなわち、設計委員会の調整役と議長であるヘイワードと、四人のスタッフ幹部、すなわち、監査役で財務部長の補佐であるボイルストン、国内販売担当のオマレイ、企画委員会の議長のボーゲル、そして、工場支配人のロイ。四人のスタッフ幹部はヘイワードに、財務、販売、技術、制作それぞれの問題について助言を与えた。この関係は彼らのほとんどが設計委員会の委員であるという事実に反映されている。それはすぐ上の高いレベルの経営委員会と同じ機能をこのレベルで果たしていた。設計委員会への所属のほかに、ボイルストンとオマレイは直属の部下として財務部長に報告した。ボーゲルは財務部長と社長に助言した。そして、ロイは副社長に助言した。設計委員会のレベル以下では、その会社は事実上普通の部門に分割された。その一つは設計技術部門であった。これらの関係のいくつかは、決してすべてではないが、その会社の組織の公式図に示された（図18）。それらはその会社の現実の関係の図表でもっと完全に示されている（図19）。

ここで、調査員が最初から抱いていた問題に戻ろう。設計技術者はいくらか不満を抱いていると経営陣から言われた。設計技術者たちの意見の研究から次のことが明らかになった。彼らは上層集団の成員と協力して仕事をしている時、彼らの監督における混乱と現在の実務とその会社の伝統的な規範との間の食い違いを見つけた。特に、彼らには、少なくともその時点で組織されていた設計委員会が仕事に対して最善と思われる監督を行っているとはとても思えなかった。一九三二年から一九三九年までの会社の組織的改組の研究からつぎのことが明らかになった。新しいライン組織が出現しつつあり、そして、この組織で、設計委員会の委員たちによって設計技術者と会社の最高責任者の間に少なくともあるレベルの権威が設置された。それは当初は存在しなかったレベルの権威である。設計技術者は組織上、経理員、販売職員、工場職員、そして、製図職員と対等となった。この状況は、設計技術者が社長と直接接触していた古いライン組織がまだ断続的に活動していたという事実によって混乱した。その結果、設計技術者は自分たちの監督が矛盾し、不確実であると思った。さらに、設計技術者は、一時は、その会社の唯一のスタッフ幹部であった。その後、多くのスタッフ部門が成長し、彼らのリーダーたちが設計委員会の上に座った。新しい部門それぞれが設計技術者の活動範囲を狭めた。かつて彼らは販売と生産に多く口を出し、仕事の流れを決める力を多く持っていた。今、彼らの権威は設計の特殊な機能に限定された。最後に、その会社の表明された規範も、また、大きく見て、多くの幹部の肩書きを含む公式的な組織企画も、一九三九年の状態より一九三二年の状態を反映していた。一方でのこれらの事実と、他方での設計技術者の感情と意見との間の関連を理解することは難しくない。しかし、私たちは完全な分析は次章に延ばすことにする。

調査員の勧告

電気機器会社の状況についての報告書を出した時に、その社会科学者は私たちが今記述した診断を下した。彼らは職務上その問題の解決について助言を与えるように求められなかったが、しかし、それにもかかわらず助言をした。彼らの助言は彼等の診断から直接出てきた。彼らの報告書を上層集団の成員の間で回覧するよう勧告し、さらに、出現しているのにもかかわらず認識されていない組織を、会社の公的な組織として認めるべきであると勧告した。こうすれば、権威のラインにおける混乱は取り除かれるであろう。調査員たちは技術者の古い位置を回復させるためにできることは何もないと思ったが、しかし、技術者は少なくとも自分らの現状が何かを知るべきであると思った。彼らはさらに多様な委員会は代表機関や諮問機関へと変えるべきであると勧告した。それらの機関は経営者の決定をチェックするが、苦情の処理を除いて、決定を下そうとはしないのである。たとえば、設計委員会はもはや一つの集団として会社組織の第二のレベルにおいて調整的な決定をすべきでない。その委員会の議長であるヘイワードはこれらの決定に一人責任を負うべきであり、他の人は彼に助言だけをすべきであり、そして、必要な時には、彼に行為を変えるように求めるべきである。結局、ラインとスタッフの間の関係が認識されるべきである。

大部分、会社は調査員が提案した措置を採用した。その報告書は回覧された。社長は経営への活発な参加から完全な撤退をした。そして、財務部長は社長としての椅子についた。設計委員会の委員はその会社組織で第二の階層を形成することを認められた。あらゆるところで、会社組織の理論は実践と一致するに至った。しかし、調査員は、今日まで、これらの変化がいかに達成されたか、あるいは、これらが行われた時、どのように受け入れられたか知らない。[5] したがって、本章には、計画された社会的変動の研究を含めることができない。

註

（1）事実は C. M. Arensberg and D. Macgregor, "Determination of Morale in an Industrial Company," *Applied Anthropology*, I（1942), 12–34 から引用している。この論文からの引用と、図の修正した形での再掲載の許可に対し著者と *Applied Anthropology* の編集者に感謝する。すべての会社とそこの人物の名前は仮名である。

（2）F. J. Roethlisberger and W. J. Dickson, *Management and the Worker*, Chap. XIII, "The Interviewing Method," と C. Rogers, *Counseling and Psychotherapy*.

（3）質問と解答の研究で、調査員は、質問の表現法が解答の仕方に影響を与えることを銘記すべきである。

（4）調査員の報告はこの点を明らかにしていないが、それは彼らの他の叙述と一致している。

（5）C. M. Arensberg の私信。

第15章　社会的対立

会社とその環境…外的システム…内的システム――社会的ランク…感情と規範…外的システムへの反応

私たちの概念図式で電気機器会社の事例を分析する前に、その事例をどのように扱ってきたかをしっかりと理解しておこう。第一に、この事例では小集団の内的組織が研究されていない。たとえば、調査員の報告では設計技術者団の内部での社会的分化について何も語られていない。その代わり、設計技術者の集団と、それをその一部とする大きな集団すなわち会社との間の関係が研究されている。第二に、その事例は社会的対立の問題として提示されている。しかし、明らかなように、その対立は激しくない。設計技術者はその会社での位置にやや不満足であったが、しかし、不満足が公然とした争いの段階に達したという証拠、あるいは、技術者が辞職しようとしたという証拠はない。しかし、たとえそれが弱いものであったとしても、対立はあった。弱い対立を引き起こす過程と激しい対立を引き起こす過程は程度の違いであって、質の違いではないと私たちは考えている。第三に、調査員はその問題を特別な視点から研究した。会社で聞かれる意見（opinion）と会社が仕事のために行った組織形態での改組との関係が研究された。したがって、上層の集団成員の仕事上の接触についてのみ語られ、「社交的」（"social"）接触については何も語られなかった。[1] 設計技術者はお互いの家で夕飯をとったか、設計委員の議長は設計技術者と一緒に昼食をとったか、設計技術者の会社での社会的ランクはどうか、このような疑問について調査員は答えなかった。だからと言って、私たちは彼らを非難しているのではない。私たち社会科学者は、調査したことを歓迎する代わりに、しなかったこと、あるいは、する意図がなかったことに対して、それをしていないのはけしからぬとその調査を非難することが多すぎる。資料が調査から省かれていることに不満を述べて良い時は、その省かれた資料があれば、今得ている結果が変わるということを証明できる時のみである。電気機器会社の事例では、それは限られているが、その調査員の報告書は起こった現象を適切に説明し得ていると思う。私たちはただ先の諸事例で与えられた類の情報がこの事例では与えられていないと言うだけである。したがって、先の諸事例で行ったものと同じような完全な分析をこの事例で行うことはできないであろう。私たちは知識のすき間を推測で橋渡ししなければならないであろう。

会社とその環境

電気機器会社は環境の中に生き残ろうとしていた。したがって、利潤を出さなければならなかった。ある意味で少なくとも、企業家と過激派は似ている。時間をかけてこれが意味することを考察しない。そこで、彼らに代わって簡単に考察することにする。まず、社長から一般労働者に至るすべての社員がその労働に対して金を得ることを願っていることに同意しよう。この点では、彼らは、利潤に関心を持つと考えられていない教育者、軍人、聖職者と同じである。人はパンだけで生きてはいけないが、しかし、少なくとも、パンで生きている。もしこれが利潤動機であるなら、それが強力であることを認めよう。しかし、万能ではない。観察されたアメリカ企業家の行動を金銭への飢えだけで説明をすることは、醜悪なる単純化である。ところが、あるまじめな文化研究者たちはその考えを企業を通り越して、一般にアメリカ人は他の人と比べて、特に金の亡者であると言う。これではフランス農民が私たちよりも断然すぐれていることになる。しかしまた、すべての文明化された社会の中で、アメリカ人は金銭に最も関心の少ない人であるという正反対の説明もできるかもしれない。多分その理由は金銭をあまりにも多く持っているからである。話を元に戻すことにしよう。もし金銭的誘因が言われているように強力であるなら、今日の経験が示しているよりももっと容易に、人々の最善の努力を引き出すことができるであろう。私たちは彼らの努力をただ買うだけであり、そして、現在払っているよりもずっと高い俸給や賃金を払っても、私たちの得るものに比べれば安い代価となろう。しかし、事実は、組織のあらゆるレベルにおいて、金銭はその成員に提供されなければならない誘因の一つに過ぎないということである。もし組織の全成員の最大の努力を得たいなら、楽しい仲間関係、名声、重要な企業とのつながり、そして、特に、その仕事の持つ純然たる興味が、多様な人に多様な量で提供されなければならないであろう。

ところで、私たちは何について語っているのか。個人の動機についてなのか、あるいは、組織行動を決定すると考えられる事項についてなのか。もしこれら二つが、常にあるいはいつも同一あるいは同等であると考えるなら、私たちは深く考えていないことになる。もし仮にも組織の動機について語ることが適切であるなら、私たちは利潤への欲求よりも包括的かつ基本的である動機を指摘できる。それは存続への欲求である。集団と同様、組織も環境の中で存続している。もしその組織が、特定の法規によって規制された他企業や個人によって一部構成された環境の中にいるアメリカ企業であるなら、その企業は存続のために、少なくとも、収入と支出が均等であることを示さなければならない。それは毎年利潤を出さなくてもよい。実際、いくつかのアメリカ鉄道の歴史から知られているように、それは利潤をまったく上げることなしに、数年間、ある環境の中に存続することができた。カトリック教会も現金収入と支出が均等であることを示さなければならないが、教会が利潤動機で動かされているとは考えられない。たいていの組織は存続を試みる。いくつかの組織にとって、利潤は存続の外的・可視的な印である。

さらに、会社は商品やサービスを提供することによって利潤を得ている。もし動機が特定の結果を獲得するための欲望であるなら、財やサービスを提供したいという欲望は、利潤に対する欲望と同じようにまさに実業家の動機である。利潤への欲求を誘因として強調することによって、アメリカのビジネスは共産主義者の術中に陥っている。彼らのシステムは使用のために財を生産するが、他方、私たちのシステムは利潤のために財を生産する、と共産主義者は言う。これらの言葉遣いの「ために」(for) という小さな語の意味を分析してほしい。あたかもジェネラル・モーターズ製の自動車が使用のために生産されていないかのようである。また、ソヴィエト連邦の産業トラストが利潤を出すことを期待されていないかのようである。イデオロギー上の違いによって、私たちは行動における類似性を理解できなくなっている。日常的な言語は、宣伝には役立つが、これらの問題の議論では絶望するほど非現実的であることが十分に証明されている。私たちは、ある時は、私たちが個人の動機について語り、つぎの時には、その変更をまったく意識しないで、組織の動機について語る。また、利潤や生産や保守管理や名声や信用について、賃金や俸給や他の誘因と共に、相互に関係し合った要素として語るべき時に、利潤だけについて話す。企業は、もし存続しようとするなら、これらの要素をあるバランス状態で維持しなければならないのである。環境の中での存続の問題では諸要素がいかに結合するかがテーマとなる。

最後に、私たちが先の諸章で述べたように、問題は単なる存続の問題ではなく、その組織が存続しようとしているレベルの問題である。多くの組織は存続することとを、さらにまた将来もっと素晴らしく存続できることを可能とさせる条件を達成することを、すなわちこの二つを試みる。たとえば、多くの企業は規模の拡大を試みる。そして、アメリカの会社においても、その動機は利潤だけではない。規模の拡大は材料の仕入と製造の規模に経済性をもたらすであろう。それはその会社に多様な製品と大きな市場の占有を与えるであろう。それによって、会社は、名声と影響力のような、諸個人が彼らのサービスに貢献する大きな誘因を提供できるようになる。利潤が増大しようがしまいが、これらの変化はその会社が存続することに役立つであろう。また、規模の拡大は利潤を出す必要のない組織にも同じような影響を及ぼすであろう。もし私たちがすべての組織が共有している特徴を見るなら、利潤動機より、存続動機について話すことの方が良いと思う。

序論はここで終えて、私たちの事例に戻ることにしよう。私たちは、ホーソン工場の経営者が端子盤配線観察室での作業の仕組みを決定したように、環境が電気機器会社の組織を決定したとは言えない。独立した企業は環境に適応しなければならない。さもなければ倒産する。しかし、その環境が単一種の適応だけを押し付けることは多くない。それはただ実行可能な適応範囲を制限するだけである。私たちは一九三二年の不況最悪の年に電気機器会社に初めて出会った。その時、またこのような環境下で、もし会社が製品の販売努力を多くし、設計の細部にかける手間を少なくしなければ、存続できなくなると会社のリーダーたちは思った。もし会社がその重点の置き方を変えなかったなら、他の会社に低価格で多くの機器を売ることができないため、原料の購入も、賃金の支払いもできなくなったであろう。重点を販売に置く決定は、元の主任技術者であったシュルツの解雇によって明らかである。彼は新しい政策に反対したと私たちは推測する。

一面では、その決定はうまくいった。従業員の数の増大よりもいくらか早く、会社の仕事は増えた。ここまでは、会社はよく存続できた。しかし、会社の存続能力の上昇によって始まった組織的改組は設計技術者の不満足という結果をもたらし、これが再び存続の危機をもたらした。調査員に与えられた問題は、もし技術者が満足しなかったなら、彼らの活動はその会社の他の人々の活動と円滑に絡み合わなくなるであろうというものであった。その危険は大きくなかったかもしれないが、この種の難しさは他の組織の死にある。ある分野での優れた適応は、組織の要素の相互結合を通して、他の分野での劣った適応をもたらす。私たちは最善の衝動によって殺される。

外的システム

私たちはその会社の環境への適応の問題を簡単に見た。今、拡張と販売増大に基づいた新しい適応から生じた会社組織での改組をみることにしよう。覚えていると思うが、外的システムに入ってくる感情とは、定義により、人が所属社会の他集団から彼の集団へ持ち込んだ感情である。設計技術者はいい俸給への欲望、昇進の機会への欲望、彼が訓練を受けた技能を実践する機会への欲望を電気機器会社に持ち込んだ。一九三二年から一九三九年の会社拡張の時期に、これらの感情が満たされる度合いが変わったという証拠はほとんどない。給料に関しては、技術者は他の会社ではこれ以上の給料は貰えないことをいつも認めていた。専門的技術については、その会社は技術者の天国であると思われていた。しかし、会社は新入社員に仕事での昇進と自由について不可能なことを約束しているという不満があった。昇進への機会が一九三二年から一九三九年にかけて減少したというよりは、人の昇進が訓練された技術者の能力とはやや異なる管理能力のような入社後の能力に依存するようになってきた。

調査員の報告の主要な重点は、外的システムの感情の要素ではなく、むしろ、活動と相互作用の関係と、この関係の内的システムにおける感情への影響にあった。その会社の元の組織で、設計技術者は厳密な意味での技術上の活動の他に、たくさんの活動を行った。彼ら自身が率先して顧客と接触し、顧客の欲求を詳しく調べ、求められていると思われる計器の設計を行った。彼らは製造工場までずっとその計器に深く関わっていた。当然、彼らの相互作用の範囲は、彼らの仕事の範囲に一致していた。彼らはその仕事と関係したすべての種類の人々、すなわち、顧客から工場労働者までの人々を相手にした。そして、これらの付き合いで、彼らはかなり多くの意思決定をした。すなわち、彼らは率先して相互作用をし、他者がそれに応えた。さらに、彼らはしばしばその会社の社長と接触し、多くの影響を与えた。

会社の規模が大きくなるにつれ、また、以前より特定の機能が強調されるようになるにつれ、活動がますます専門化された。すなわち、上層集団の成員によって行われていた活動の多様性が少なくなった。財務部が出現し、会社の生産活動の費用や収益を見積る仕事を担当した。特別販売部が現れ、顧客が何を欲求しているかを見つけ出し、彼らの注文を貰うことに関わった。同じようなことが工場でも起こった。財務と販売と生産企画はまた、少数者の手に集中した。私たちの仮定は、他と同じようにここでも、専門化は労力の経済をもたらすはずであった。設計技術者が兼業して多くの仕事をするよりも、専門化された部門は、一つの特定の仕事にエネルギーを集中することによって、仕事を効率的にすることができるであろう。しかし、活動の専門化の増大は、これらの活動のどれか一つに関わる人の相互作用の範囲を狭め、そして、彼が相互作用を開始できる分野を制限するであろう。時間が経つにつれ、設計技術者は次第に顧客や工場労働者との相互作用が少なくなり、また、彼らは率先して販売や財政や生産の問題に関わることが少なくなった。

分離された組織の諸活動は、再び、一緒にされなければならない。もし専門化の経済性が失われるべきでないなら、これらの活動は調整されなければならない。これは分業の議論でしばしば忘れられる事実である。その調整は新しいレベルの組織の出現によって、多少ともうまく達成される。すなわち、リーダー、あるいは、専門部門のリーダーの出現によって達成される。このリーダーたちは個々の専門家や専門部門の報告を聞き、この情報をもとに命令を与える。専門家たちはその命令に従って相互に協調して環境へ働きかける。したがって、集団の規模の拡大や活動の専門化の増大は、トップのリーダーと平の成員との間の相互作用の鎖の中に職位の数を増大させる傾向にある。電気機器会社の元の組織が技術者集団の形式をとり、彼らそれぞれが社長と直接相互作用したと言っても、それは誇張ではないのである。その会社の規模と専門化が増大するにつれ、必要な調整を行うために、少なくとも、二つの新しいレベルの監督が出現した。財務部長がその会社の最高経営者として、その下のレベルの主任調整役としての設計委員会の議長と共に、前面に出てきた。新しい組織では設計技術者は過去よりも長い相互作用の鎖によって会社の社長から切り離された。私たちはすでにいかに彼らが封じ込められたかを見た。彼らはまた降格させられた。その状況を複雑にしたのは、古い相互作用図式がまだ生きていたという事実、すなわち、決定的なコミュニケーションはもはやこのチャンネルを通らなかったけれど、設計技術者が直接社長と接触するという図式がまだ断続的に生きていたという事実である。

内的システム――社会的ランク

私たちが今取り上げる主題は、調査員たちがそれについて何も語っていないが、しかし、推測に値すると思われる主題である。設計技術者のような同じような環境で同じ種類の仕事をしている人々の集団は互いに頻繁に相互作用をし、そして、たくさんの感情を共有していたに違いない。彼らは自分自身をその会社における独立集団とみなした。また、他者からも確かにそう見られていた。彼らの仕事の性質がまた彼らに優越感を持たせたにちがいない。技術者はアメリカの社会的な価値尺度で高いところにいる。設計技術者は技術者の仕事をする真の技術者であった。他方、その会社における上層集団の他成員は彼らの訓練とタイトルが何であれ、真の技術者ではなかった。設計技術者にプリマドンナの名前を得させたのは、このような感情であったであろう。

ところが、会社での彼らの社会的ランクは他の集団のランクとの関係で降格しつつあった。彼らの仕事はかつてのように立派な仕事と考えられなくなった。前に研究したノートン・ストリート・ギャング団や他の集団からわかったように、高い社会的ランクは広い範囲の相互作用と結び付くのである。ノートンの人々のリーダーたちは他の仲間よりも集団外の人々と頻繁に相互作用した。高いランクは権威の行使と結び付いていること、また、ある人のランクが高ければ高いほど、それだけ多く彼は集団のリーダーたちと相互作用することをも私たちは知っている。そこで、私たちはつぎのように仮定を立てることができる。ある人の相互作用の範囲が狭くなるにつれ、また、彼が集団のリーダーたちと相互作用することが少なくなるにつれ、また、彼が権威を行使する領域が限定されるにつれ、彼の社会的ランクは降格するであろう。今、電気機器会社の外的システムでの変化がこのような仕方で設計技術者に影響を及ぼした。彼らはもはや顧客や工場労働者と接触しなかった。彼らは、過去と比べ、少なくとも一つ以上高いレベルの監督によって、会社の首脳から分離された。彼らはもはや仕事の全体的な流れに対して権威を持たなかった。あるいは、財務や販売や生産問題について顧問スタッフとして行為することもなくなった。さらに、彼らのこれらすべての特権の喪失に合わせて、会社の他の集団が台頭してきた。設計技術者は相対的な社会的ランクで損失を被ったと考えられないだろうか。

また、彼らのランク喪失と彼らが表出した感情との関係を見ることができないだろうか。設計技術者は設計委員会への所属とその委員会の職務遂行の方法に対し、穏やかであっても、はっきりとした不満を表出した。その委員会が彼らと最高権威者との間に割り込んできたという事実に対してである。設計技術者は、監督は一貫しておらず、また、矛盾していると言った。財部部長につながる相互作用の長い連鎖によるコミュニケーションが成果を出したけれど、実は技術者と社長との間の直接的な接触が、断続的ながらも、まだ続いていたのであった。設計技術者は、多くの仕事で無能力であることが証明されている人が、それにもかかわらず、多くの責任を与えられていると主張した。実は専門的な意味で設計技術者でない人々が設計者自身の活動を制限し統制する新しい経営者の位置の多くを占めていたのであった。設計技術者は自分らの降格につれて台頭してきた集団に対して何らかの敵意を、形にはならなかったとしても、実際、表出したのではないだろうか。

感情と規範

しかし、私たちは設計技術者の感情を彼らの社会的ランク喪失への単なる怒りとして片付けることができるであろうか。この種の問題は、私たちが現代社会を理解しようとする時に問う重要なものの一つである。集団という小さな世界は一つの小宇宙である。ここに製造企業の公的所有は国家の利益にならないと言う人がいるとする。その彼が製造企業の大株主であることがわかると、私たちは彼の議論を「やっぱり！　彼ならそう言うであろう」という言葉で片付ける。すなわち、私たちは彼の議論は彼の利害関心の単なる合理化（rationalization）であると考える。しかし、その見方はあまりにも単純すぎるかもしれない。いくつかの影響力が彼の判断を決定しており、私たちの仮定するように、ただ一つではないであろう。彼は一般の福利について、また、それが公的所有によって影響をどのように受けがちであるかについていくつか見解を持っているかもしれない。それらの見解が彼の経済的関心によって決定されるのは一部であって、すべてではない。それらはその発言者から離れてそれ自体に即して考察するに値すると思う。実のところ、単細胞的な（simple-minded）仮定には公的な議論を止める効果がある。なぜなら私たちはいつでも、彼の利害関心あるいは社会的位置や育ちの中に、今持っているような見解を彼に持たせたと思われる何かを見つけることができるからである。それらの見解自体が全く重要でなければ、すべての意見について語ることを――私たち全員――止めた方が良い。「悪い」動機のために主張された「良い」意見はあるのか。また、ここで、「悪い」動機によって何を意味しているか。実は、電気機器会社において、設計技術者は設計委員会や監督への不満を一般的に表明しただけではなく、なぜ不満足であるかの理由を話した。これらの理由は単なる合理化であったか。

私たちは意見で意味されていることをもっと注意深く考察する必要があると思う。私たちの事例に戻って、設計技術者がある話題について意見を求められたと想定してほしい。たとえば、彼はつぎのような質問をされたと想定してほしい。「設計委員会の代わりに技術者への別の監督形式が置かれるべきであると思いますか」。彼の答えは少なくとも相互に影響しあっている三つの要因に依存する。第一に、現在の問題状況がある。すなわち、設計委員会の組織と人事、そして、会社という大舞台での委員会と設計技術者との関係である。この状況は質問を受けた人によって理解される。第二に、現状況に対する感情（私たちの好む用語）、あるいは、態度（よく使われる用語）の表明がある。そして、この感情の焦点はその状況の特定局面、すなわち質問された局面にある。設計委員会は良いですか、悪いですか、どちらでもないですか。その質問がどのように表現されようとも、その答えは、必ず、何らかの好き嫌いを、何らかの賛成反対を、何らかの是認否認を表明する。もし設計技術者が設計委員会を廃止したいなら、その理由はそれが嫌いであるからにちがいない。しかし、その質問への答えはもっと重要なことを意味している。なぜなら、第三に、設計技術者が何かを好きであるかどうかを決定する基礎となる基準あるいは規範があるからである。何があるべきこと（*ought to be*）に違反しているかを彼は推測する。私たちは時々肉体的な痛さを嫌うように、「本能的に」ある人を嫌いであると言う。その反応はあまりにも自動的であるから、判断基準に基づいて行為したと言うことはおかしく思われる。結束の強い集団の成員が外部の人に対して感じる嫌悪感は多分この種の反応であろう。しかし、何らかの高水準の判断で、人が直面する状況について表明する感情には、あるべき状況についての知的像が前提条件としてあるように思われる。それは過去の経験や社会的訓練の過程で作られた像である。私たちが何かにいかに感じるかだけではなく、なぜそのように感じるかを聞かれるとき、私たちは規範に言及する。

意見の表明を理解するために、私たちは状況、感情、そして規範と呼ばれる三つの要因を見なければならない。三つのうちの第二のものである感情について知ることは有用であることが多い。たとえば、人が質問表に答えて、ある公職の候補者への好みを表明するとき、彼の答えがいかに投票するつもりであるかを、必ずではないがしばしば予言していることを私たちは知っている。その時、その人が置かれた状況や、彼の投票に影響を与えた状況について、私たちはほとんど知らないかもしれない。しかし、感情の表明は行為を予示するということを除けば、それ自体曖昧であることが多い。なぜ人はそのように感じるのかを、それは私たちに語らない。しかし、なぜ人はそのように感じるかは重要な質問であろう。なぜならもし私たちがなぜかを知らないなら、彼の意見を変えるために私たちは何もできないからである。心理学者ティテェナー（Titchener）の有名な決まり文句「意味は常に文脈依存的である」の重要さが私たちにわかるのは、私たちがその文脈を分析してからである。調査員の電気機器会社についての報告の最大の利点の一つは、それが意見における三つの要因のそれぞれについて重要なことを私たちに語っている点である。それは過去と現在の会社の実際の社会的状況について私たちに語っている。それは、大部分は質問表によってであるが、技術者たちがその社会的状況の多様な側面に対して抱く感情について私たちに語っている。そしてまた、それは感情の決定に役立った規範について語っている。意見についての将来の研究はこのモデルに従うようになるであろう。

意見を決める諸要因が相互に依存していると言う時に、私たちは何を意味しているのであろうか。合理化が何を意味しているかを問うことによってこの問題を取り上げることにしよう。人はある仕方で行動する。もし彼が行っていることが適切でないことが明らかであるなら、彼はその行動を正当化する必要を感じるであろう。しかも、その正当化は他者が容認するようなものでなければならない。そうでなければ、それはその人自身にも感情的に満足できない。このような環境下で、彼はその行動を彼の所属する集団で一般に容認されている規範に従って行為していると言うことによって説明する。もし外部の観察者がその人の行動の本当の原因は彼が与えた説明と関係ないことに気付くと、観察者はその人は合理化していると言うであろう。たとえば、女性の工場労働者が主任を嫌っており、そして、その嫌いな原因は主任が自分を正当に扱っていないからであると言っていると想定せよ。事実上、彼女はその憎悪をつぎのように言って正当化する。主任は集団の規範を守っておらず、したがって、集団規範に従って、彼を憎悪すべきであると。もしその時、外部の観察者が主任は不公平に行動していないことに気付き、さらに、彼女は意識していないが、その主任が彼女の嫌いな継父の体つきによく似ていることに気付くなら、その観察者は彼女の行動の説明は合理化であり、本当の理由ではないと言う。観察者の仮定は、嫌悪が合理化を引き起こすが、しかし、合理化に引用された要因は嫌悪と何ら関係がないということである。感情と合理化の関係は因果関係の一つであり、相互依存の関係ではない。

しかし、すべての状況がこのように単純なわけではない。設計技術者が監督への不満を原因としたことは、彼らの社会的ランクの降格によって起こされた感情の「単なる」合理化に過ぎない、と私たちが言うと想定してほしい。このように述べる時、私たちは暗に二つの仮説を受け入れている。第一の仮説、設計技術者の感情はその会社での位置の変化によって完全に決定された。第二の仮説、彼らが不満を原因としたことは彼らの感情によって決定されるが、彼らの感情は彼らのあげる原因によって決定されない。技術者は不幸を感じた。彼らは不幸の原因を、しかも、公表可能で、誰もが受け入れてくれるような原因を探し求めた。事実、彼らはその原因を見つけた。しかし、これら二つの仮説は技術者の行動の、間違ってはいないが、不適切な説明であるかもしれない。特に、他の二つの仮説が無視されている。第一に、もし感情が規範を決定するなら、規範も感情を決定する。あるべきと考える状況観とその状況の現実が一致していないから、人は不安を感じるのかもしれない。そして、第二に、規範自体は過去と現在の状況によって決定されるであろう。そして、行為の正当化として偶然に取り上げられるわけではない。意見における要因の相互依存が、通常の合理化の理論が認める以上に現実の問題を複雑にする。

後の二つの仮説は両者とも電気機器会社の設計技術者に有効であったかもしれない。その会社の現状は、あらゆる点で、設計技術者とその会社の他の成員が受容するように教えられた行動規範との相違が目立つ。事実、会社の組織を記述する全言語――職員のタイトル、委員会の名前――は現実に合っていない。「有能な人には監督は不要である」。「委員会経営が個人経営より優れている」。「統制は民主的であるべきである」。これらはその会社の公的なスローガンであり、その成員の多くの心からの同意を得ていた。しかし、事実はどうであったか。技術者は過去におけるよりも細かく監督された。権威は、確かに、その語が会社で使用されているような意味で職能的でなかった。すなわち、ある人の権威は技術という特定の仕事をするための彼の能力ではなく、組織構造における位置に依存していた。その会社は委員会の形式で組織されていたが、しかし、設計委員会のような委員会のライン権威は一人の人、すなわち、議長に与えられていた。さらに、統制は、対等なものの集まりの中での相互同意によって達成されるという意味では、確かに民主的でなかった。技術者は監督の方法によって混乱し、その方法に不満足であった。その理由の一部は、現実が会社の規範で表明されている期待と正反対であったからである。

会社の規範は雰囲気的なものからまだ実体化されていなかった。私たちは先に社会行動の規範は現実の社会行動から生まれることを強調した。確かに、電気機器会社の規範は、会社が事実上技術仲間の集団であったときの会社の人々の現実の行動を何とか記述したものであった。しかし、私たちは、また、規範はいったん制定されると、現実の社会行動よりも遅れて変化する傾向にあると指摘した。たとえば、アメリカ社会の家族の規範は家族生活の現実が今日のものと幾分違っていた時代から存在し続けている。そして、同じように、電気機器会社の古い規範も会社組織の現実が変わった後も長く生き残っていた。設計技術者が規範と現実の間の相違を指摘したとき、彼らはまったく別の原因――社会的ランクでの降格――による不満をまさに合理化している。人はその態度の原因として申し立てた原因が真の原因と異なるときに合理化をしているが、彼のリーダーが彼にある状況を期待するように話しながら、彼を別の状況に直面させるとき、そこに不満の真の原因がある。そして、これがまさに設計技術者に起こったことであった。

設計技術者は一九三九年に存在した問題状況を一九三二年に妥当した規範のセットによって判断した。経営者はその規範を強く是認したが、しかし、技術者がその規範に従って行為した時、また、彼らが狭められた活動分野や、他の分野との必要な相互協力を受け入れようとしないことを見せた時、経営陣は彼らを批判した。その結果、技術者が最後にその怒りを規範自体に向け、それら規範には意味がないと言ったのである。人々は行動すべきであると言われた通りに行動しない。同時に、いかなる規範のセットも現実世界の可能性からかけ離れていることもあり得ない。もしそうなら、それは誘引としての、また、判断の基準としての価値を失う。何世紀もの間、道徳主義者は報酬逓減点（the point of diminishing returns）がどこに来るかを決めようと試みてきた。電気機器会社の規範にその点が来ていたのかもしれない。確かに、調査員の提言の趣旨は、会社の規範と組織を記述する言葉が現実と一致するように変えるべきであるというものであった。

この長い分析の後で、私たちは、監督への設計技術者の不満は多分会社での社会的ランクの下落と会社組織の規範と現実と間の乖離、この両者の結果であったと言うことができよう。

外的システムへの反応

私たちの方法に従って、やるべきことをすると、開始したところに戻って終わる。その会社の外的システムでの変化の結果として、すなわち、一部は、自然成長による変化の結果として、一部は、企業を環境に効率的に適応させようとする慎重な経営陣の努力によって起こされた変化の結果として、他の変化が内的システムに起こった。私たちは設計技術者の社会的ランクでの降格に特別に注目した。その会社の歴史の初期からの会社組織図が現在の事実と容易に調和できないで存続していた時に、設計技術者のランクでの降格が彼の不満をもたらした。そして、彼らの不満は彼らの仕事への情熱や他者との協同能力を危うくした。その対立は激しくなかったが、しかし、経営者を心配させるには十分なほどに深刻であった。経営者は企業の成功の多くは設計技術者に依存すると思った。結局、ある領域における企業の環境への好適応は、外的システムと内的システム相互の結合と、その両システムと規範との結合を通して、他の領域での悪適応をもたらした。電気機器会社において、悪適応は崩壊までは進まなかった。他の組織では崩壊をもたらす。証拠の示唆するように、ある事態から他の事態へと進むとき、その対立を最小にする社会システムへ導く道が、すなわち、その対立を最小にするシステムの諸要素の同時的な変化の組み合わせがある。組織のリーダーはしばしばこの道を見つけ出そうと試みる。その試みは正しいかもしれないし間違うかもしれない。あるいは、意識的であるかもしれないし無意識的であるかもしれない。あるいは、成功するかもしれないし不成功となるかもしれない。この問題に、私たちはつぎの章で考察する。

註

（1）これらの問題はその報告書で答えられていなかった。私的な会話で、C・M・アレンスバーグは、販売や他の部門の若い管理者は設計技術者と同年齢であり、彼らの間で二・三の小さな派閥を形成していたが、設計技術者は彼らと仕事以外での付き合いは少なかったと言った。これらの若手の管理者は、大きな職場のパーティ以外を除けば、その会社の取締役によって接待されなかった。

第16章　リーダーの任務

命令と規範…権威と統制…動的均衡…リーダーの行動

先の諸章で、私たちは静的な集団、あるいは、あたかも静的であるかのように記述された集団におけるリーダーの立場(position)を研究した。すなわち、時間が経過してもほとんど変化のない集団活動をとりしきっている時のリーダーを研究した。また、社会的変動を研究したが、電気機器会社の場合を除き、計画や意識的な指示なしで起こる変化だけを研究した。本章で、リーダーが彼の集団をある社会状態から他の社会状態へ計画的に移そうと試みている時のリーダーを考察することによって、リーダーの問題と社会的変動の問題を関連付けてみるつもりである。多くの人々にとって、これは集団生活の研究の中で最も興味深い側面である。確かに、それについては非常に多く書かれており、私が加えることは本当に少ないと思う。(1)

命令と規範

リーダーは、程度の差はあれ、成員の行動を支配する命令をあたえることを通して、彼の集団をある社会的状態から他の社会的状態へと移す。少なくとも、命令をあたえることは彼の行動の一部である。小集団のリーダーによってしばしばインフォーマルに与えられる指示(directions)の代わりの語としては、「命令」(order)は強すぎると思われるかもしれない。しかし、多分、意味合いを正しく表現する単一の言葉はないと思う。そこで、命令が、フォーマルな組織と同じように集団においても、成員の行動を支配しているリーダーからのコミュニケーションであることに留意すれば、問題はないと思う。

ドックがノートンの人たちに言った多くはこの意味で、確かに、命令であった。

第一の点は、命令は規範と質的に異なっていないということである。規範と命令の両者は言語的言明であり、また、両者はある集団の成員の行動が現実にどうあるかより、どうあるべきかを特定する。両者間の違いはただ、規範が制定された行動の維持のために適用されるのに対し、命令は行動の将来の変化のために適用されることにある。そして、集団の規範――永続的であると考えられる理想的な行動――と集団が従う命令――環境の変化に行動を調整するためにリーダーによって出される指示――との間には少しずつ異なる段階がある。憲法、法律、慣習、服務規程、企画、指令、教示、助言、示唆――これらがその段階を示す言葉のいくつかである。農家の長が、毎年、同じ活動を始めるように合図を出す時、彼は命令を与えているのか、あるいは、古い規範を施行しているのか。基本法から、農場での年周期の作業のような繰り返し、集団の目的を恒久的に変える命令、個人の行動を短期間支配する命令までの間には、段階があるに過ぎない。そして、非恒久的なものが常に恒久的になりつつある。命令は常に法律や慣習に変わりつつある。

実行された行動が規範と完全に一致することが滅多にないように、命令が最後の一字一句まで服従されることも滅多にない。時には、ひどく無視されることもある。このことを私たちは皆知っているし、社会科学者は忘れてはならない。常に、行動が規範あるいは命令に同調する度合いが問題である。現実と理想の間のギャップがあまりにも大きくなると、規範あるいは命令は明らかに達成不可能となるため、人々の冷笑をあびて、それは目的達成に失敗する。このようなことがどのギャップの時点で起こるかを指摘することは容易でない。賢明なリーダーは、服従不可能な命令や服従されない命令を出すことほど、協力を破壊するものはないことを知っている。

命令は集団のための将来の状態を予想しているから、命令をあたえることは集団目的を教え込むこととみなされるであろう。社会科学でよくあるように、二つ以上の用語体系が同じ問題を論じるのに使用される。私たちは、リーダーは命令をあたえると、あるいは、彼は目的を指定すると言うであろう。しかし、用語が二つあるという理由だけで、問題が二つあると思ってはならない。一般的な命令は広範なあるいは遠大な目標を集団へあたえる。具体的な命令はその主目標への途上で達成しなければならない副次的な――全体としての集団にとって副次的な、あるいは、その集団内のサブ集団あるいは部門に適用されるという意味で副次的な——目標を名指しする。命令がリーダーから、補佐役（lieutenant）を通して、一般成員へ伝えられる時、その一般的な目的はしばしば次第に具体的なものとなる。

規範と命令の両者は集団成員間の相互作用から発現する。繰り返すが、その違いは程度の問題であって、種類の問題ではない。規範はしばしば成員の広範な相互作用から生じる。彼らはしばらくの間交際していると、一夜のことのように、集団規範が結晶化し、形をなす。ある日、それらは意識せずに従われ、次の日には、集団はそれに気付く。規範の起源は、かつて知られていたとしても、忘れられがちである。記憶の長短に関係なく、その集団はその規範が保持されていなかった時を記憶していない。たとえば、端子盤配線観察室での産出高基準の起源について知っている人は誰もいない。他方で、命令は広範な相互作用からより、むしろパターン化された相互作用から生まれる。ノートン・ストリート・ギャング団で見たように、集団行為への提案はその集団の誰かに起源を持つけれど、その提案はリーダーのところに届かなければならない。そして、彼がそれを採用し、それを補佐役（lieutenant）に伝えなければならない。こうして、その提案が集団を支配できるようになる。命令は既定の水路での相互作用から生まれるが、しかし、この側面でも、命令と規範との差異は大きくないであろう。命令と同じように、規範もリーダーによって制定されるかもしれない。もしドックがそれに賛意を示さなかったなら——そして、もし彼がボーリングが上手でなかったなら——ボーリングがノートン団の慣習的な活動として採用されたとはとても思えない。

権威と統制

もし彼の命令がある程度まで従われないなら、リーダーは集団をある社会的状態から他の状態へと動かすことはできない。命令と規範との違いは種類ではなく、程度の違いであることを見てきたばかりである。命令は将来の変化に適用されることが多く、また、パターン化された相互作用から生ずることが多いのである。これは、権威の理論——命令への服従——は、社会統制の理論——規範への服従——と一般的に同じ種類のものであることを示唆している。そして、もしその類似性を認めるなら、反復の手間を省くことができよう。それでは、権威の理論に移ることにしよう。

私たちの事例に出てきたリーダーたち――テイラー（W_3）、ドック、ティコピア家族の父親――の研究で、私たちが指摘したことは、リーダーの社会的ランクや、彼に対する集団成員の感情を決める要因の一つは、成員が反応した相互作用を彼が最初に仕掛けたことである。私たちは一時的な急場しのぎとしてこのように話したに過ぎない。なぜなら社会統制と権威の研究を延期したかったからである。今、私たちはその議論の未解決事項を片付けなければならない。集団での相互作用の鎖をたどることによって、集団のリーダーを見つけ出すことができる。リーダーは相互作用の網の中心にいる。多くの相互作用が彼に向かって流れ、そして彼から流れ出る。しかし、リーダーを、集団の他成員に対して相互作用を最初に仕掛けることの最も多い人であると言うだけで定義することはできない。私たちは、また、彼の命令の内容とそれが服従される度合いを知らなければならない。ある集団成員が他の成員たちに提案する。彼らはその提案を嘲笑った。彼は相互作用を最初に仕掛け、他者はそれに応えた。しかし、その反応は彼が願った反応ではなかった。彼は明らかにリーダーではない。リーダーの高い社会的ランクと彼に与えられた尊敬は、彼が命令を与えることで最初に相互作用を仕掛け、それが服従されるという事実によって決定される。リーダーの立場を論ずる時、私たちは、これまでは、彼の命令は服従されるという事実に注目しただけであった。今、私たちはなぜ彼の命令が服従されるかを説明する必要がある。権威の理論が必要となる。

しかし、権威とは何か。定義が必要である。これがそうである。もしリーダーから集団成員に与えられた命令が、その成員によって受け入れられ、そして、集団での活動を統制するなら、その時、その命令は権威を有していると言われる。[2]この定義の意味していることは、命令の権威は、命令を向けられた人がそれに従う意思に常に依存しているということである。権威は、統制と同様、常に個人の意思決定に関することである。この考えは日常的な会話法や法律尊重主義的な定義とは矛盾する。私たちはリーダーを「権威者」あるいは「権威のある人」として話す。また、私たちは、彼らは他者に「権威を委任する」ことができると言う。すなわち、あたかも権威がリーダーに固有のものであり、そして、彼らから流れ出るものであるかのように話す。私たちの定義は私たちに、リーダーの勢力は、その方法は何であれ、彼が集団の支持を得る能力に常に依存しているということを思い出させる。すなわち、統治は被治者の同意によるという偉大にして陳腐なる言葉を思い出させる。

チェスター・バーナードに従って、私たちはここで一言注意しておかなければならない。私たちの定義では、権威は民主的な方法によってのみ得られるということは何ら意味されていない。(3) 実際、この「民主的」という単語は多くの小集団に簡単には適用できない。たとえば、ノートンでの統制は民主的であったかどうか。「民主主義」と「民主的」はイギリスやアメリカ合衆国のような国における統治の現実の機構を記述するために最もよく使用されている。言論の自由、人身保護、秘密投票、政党制度、役人や代表の選挙などはかなり明確に定義することができる。そして、民主主義がこれらのことを意味する時、私たちは民主主義を論証できる。時には、民主的な方法が権威を創造し維持する。時には、それを破壊する。民主的国家はすべての生活分野で民主的方法を使用するとは限らない。使用できない時もある。ある集団の民主的「雰囲気」や「生活様式」について語ることによって、注意深い論理的思考から遠ざけられることがしばしばあり、そのため、間違った定義が下される。そして、「民主主義」の意味を混乱させることによって独裁者を喜ばすことになる。これは独裁者自身が全力を尽くして達成した成果である。事実は、集団でのリーダーシップは、ある時は、突然で、強要的で、集権的であり、すべてのコミュニケーションはリーダーから出される。また、ある時は、ゆっくりで、リラックスし、分権的であり、そこでは、多くのコミュニケーションはリーダーとフォロワーの間を行き来する。いずれの形態も受容可能であり、適正であり、そして、信頼できる。しかし、それぞれが置かれている環境は異なっている。

私たちが権威を個々の集団成員の命令服従への意思決定として定義する時、なぜ多くの集団での権威が現に見られるように強力で安定したものであるかという疑問が生まれる。非常に堅固な構造がいかにして個人の選択のような明らかに弱い土台に基礎を置いているのか。この疑問への答えは、統制に対しても権威に対しても同じである。確かに服従は常に個人の選択に関することであるが、しかしながら、集団、すなわちリーダーとフォロワーの両者は、多くのことをして、個人が正しく選択するように取り計らう。事例を用いて、この非常に曖昧な文章が何を意味しているかはっきりと理解することにしよう。

ドックはノートン団の人々のリーダーとしてボーリング試合の開催を決定し、チームの成員を選んだ。チームの成員をドックの命令に従わせ、試合に参加させた誘因は何であったであろうか。その成員は自分自身のためにそのゲームに参加したかもしれない。彼はその集団の成員との交際を喜んだからかもしれない。また、彼はボーリングの記録をよくするチャンスと思ったかもしれない。その記録は重要なことであった。なぜならボーリングの記録によってノートン団の人々の間での社会的ランクは一部決まったからである。もし参加しなかったなら、彼はこれらの利益をすべて失ったであろう。また、彼の不参加はそのスポーツを中止させたであろう。仲間は彼の代わりの人を探さねばならなかったであろう。したがって、彼は、認めようが認めまいが、復讐を覚悟しなければならなかったであろう。つぎの時には、彼はチームの成員から外されるもしれない。ある成員は彼に対する友情をなくすかもしれない。そして、彼は社会的立場での降格を被るかもしれない。彼はドックからボーリングを奪ったと言えるかもしれない。これがまた、彼の社会的な立場を悪くするであろう。最後に、彼は集団から完全に追い出されるかもしれない。この脅威の強さは個人と集団とその環境との関係に左右されるであろう。たとえば、彼は参加できる集団を他に見つけることができるであろうか。私たちはその事例をこれ以上追求する必要はない。その考えはすでに私たちのよく知ることであるから。私たちが指摘しなければならない点はつぎの点である。⑴権威は、統制と同じ様に、不服従が、ただ一つの罰ではなく、たくさんの罰をもたらすという事実に依存する。罰はその罪に合わず、不釣合いである。⑵罰は社会システムの関係の中に潜在している。そのシステムの諸要素は、もしある人が命令に従わないなら、彼の行為は彼の相互作用を、彼の友情を、彼の社会的ランクを、そして、彼に対するリーダーの態度を、自動的に傷つけるという仕方で相互に結合し合っている。⑶違反者を罰するリーダーの行為は、効果のある統制のうちの一つに過ぎない。フォロワーたちの利益もリーダーの利益と同じように損害を受ける。そして、私たちの主張するように権威がその小集団で効果を発揮しているときはいつも、こうしたことが起こっていることに気付くであろう。

動的均衡（moving equilibrium）

私たちは統制と権威の間の類似点をずっと追ってきた。さらに一歩進めて比較を行うことにしよう。私たちが見てきたように、統制が常に効果的であるわけではない。ある人の現行の規範服従度からの離反に対する集団の反応には、彼の行動をその服従度に戻すという効果ではなく、彼の行動をさらに遠くへ離反させるという効果があるかもしれない。したがって、社会システムが均衡状態にあり、統制が効果的であるのは、そのシステムに入っている諸要素の状態や、それらの相互関係の状態が、要素のどれか一つでの小さい変化が起こると、それに続いて、他の要素の中にその変化の量を減少させようとする変化が起こるような時だけであると言ってきた。この定義によれば、何らかの変化に続いて、そのシステムを元の状態に戻そうとする傾向が起こる時、社会システムは均衡にある。しかし、そのシステムがすでに変化の過程にあったらどうであろうか。このような環境では均衡の概念を放棄することになるのであろうか。

本章で、私たちはリーダーの任務を、意識的な意図をもって自分の集団をある社会的状態から他の状態へと動かそうとする試みとして研究してきた。仮説的な事例をとり上げることにしよう。リーダーが彼の企業を、少数の小規模な活動を行い、少数の労働者に給料を払い、少数の物資を購入している小企業から、大規模な活動を行い、多くの労働者に給料を払い、多くの物資を購入する大企業へ変えたいと願っていると想定しよう。そしてまた、彼は、その移行の期間を通して、労働者の協力意欲を高いレベルで維持したいと思っていると想定しよう。リーダーは、命令を与えることによって、その集団を当初の状態から最終的な状態へ導く道を歩ませようとしていると考えられる。そしてまた、ある道が他の道より良いかもしれない。起伏のある土地を歩いている人は、磁石の針の示す道を上り下りして歩くより、その土地の等高線に沿って回り道をすることによって、早く、しかも、疲れも少なく、目標地点に到達できるかもしれない。これと同じように、私たちが考察している集団のリーダーにも、会社の物理的規模を大きくする試みだけよりも容易に目標を達成できる方法が他にあるかもしれない。すでに見てきたように、電気機器会社の拡張とその組織の複雑さの増大は、最終的に設計技術者の不満という結果をもたらした。もし会社のリーダーたちが、一方で、会社の規模の拡大を試み、他方で、社会組織の他の側面での補正的な変更を行っていたなら、たとえば、設計技術者のランクを維持するための改革や会社の規範を現状に合わせるための改革を行っていたなら、彼らはその会社を拡張することも成員のモラールを維持することもできたであろう。目標に向かっているどの集団にも、条件のバランスを変えながら、成員の相互協力への意欲と命令遵守の意欲が完全に維持される道が一つはあると思う。(4)

しかし、リーダーがある道を選択し、集団にその道を歩ませようとしていると想定しよう。その道があれこれの基準によって「最善」であるかどうかは問わないことする。彼は命令によって現状の維持ではなく、状態の着実な変化を創造しようと試みている。そこで、私たちはつぎのように言う。リーダーの行動を含む、システムに入っている諸要素の状態やその要素間の関係の状態が次のように作用する時、すなわち、リーダーの命令への不服従が起こると、それに続いて、他の要素の中に変化が生まれ、その変化がそのシステムを、不服従がなければ実現したと思われるリーダーが望んだ状態に戻そうと働く時、その社会システムは動的均衡にあり、そして、権威が存在する。この定義によれば、社会システムが動的均衡にあるのは、リーダーによってシステムに敷かれた道からの離反が起こると、それに続いて、そのシステムにその道に戻そうとする傾向が起こる時である。ここでは、いわゆる、自発的に中央の指令なしに変化している集団をあえて動的均衡と定義するつもりはない。なぜならこの場合、集団が歩む道を指示するリーダーの意図のようなものが何もないからである。

社会システムのすべての状態が、統制が効果的な状態であるとは限らないように、すべての状態が、私たちが定義したように、権威が存在する状態とは限らない。たとえば、もし電気機器会社の幹部がその会社の他の人々と協力しないという理由で設計技術者の処罰を決定したなら、幹部が与えるその後の命令は、彼らが描いた目標にその集団を向かわせるのでなく、それからさらに遠くへ追いやるような状態をいとも簡単に作り出したであろう。設計技術者は反抗的となり、さらには、辞職し、会社全体を危険な状態に置いたかもしれない。リーダーシップの日々の実行はこのような結果でいっぱいである。

私たちが言ってきたことを、正確さに欠けるが、簡単な言葉で言うことができる。権威——命令の受容——と、統制——集団の規範への服従——は互いに質的に異なっていない。それらは同じ過程の二つの形態である。そして、リーダーの任務は二つある。(a)集団の目的を達成すること。そして、(b)そうする時に、彼のフォロワーたちを彼に服従させるように、誘因を、すなわち、報酬と罰の両者のバランスをうまく維持することである。[5]

リーダーの行動

今度は、つぎの問題に移ろう。リーダーは集団の中に動的均衡を維持するためにいかに行動すべきであるか。その解答への試みで、私たちはリーダーの行動のためのいくつかの規則（rules）あるいは公理（maxims）を述べる。考えられるすべての規則ではなく、その集団や、リーダーの位置や、権威の性質について学んだことから出てくる規則だけを取り上げる。取り上げる規則はすべてよく知られているものである。なぜなら人類はリーダーシップについて長く経験してきており、また、その問題について長く熱心に考えてきたからである。得られた結論は経験則（rules of thumb）として述べられ学習されてきた。私たちの関心は規則自体より、それらが理論体系によっていかに正当化されるかにあり、また、規則が何であるかより、なぜそれらが良い規則であるかにある。

しかし、まず、誤解の可能性をなくすために、一つの真理を明らかにしておかなければならない。無制限に、あるいは、変更なしに状況に適用できる人間行動の規則はない。人類は確実なものにあこがれる。数千年の間、そのような規則を探し求めた。しかし、いまだ発見されていない。人類が発見したすべての原理それぞれに、それと対立する原理を発見してきた。最近、実務家——たとえば、産業界の首脳——がしばしば心理学者や社会学者のところに来て、経営者が従業員の処遇に「境界を超えて」——すなわち、すべての環境で——適用できる企画や規則のセットを乞い求めている。しかし、そのような規則はない。あっても、それらは危険を伴うであろう。それらは、一時は、役立つかもしれない。しかし、その後、環境の変化でそれらが不適切になるかも知れない。その古い規則でいっぱいの頭で、リーダーは新しい状況に取り組まなければならなくなるであろう。したがって、私たちが述べるリーダーシップの公理は絶対的なものとしてではなく、ただリーダーの行動のための便宜的な指針（guides）としてとられるべきである。それらはリーダーの直面する状況によって決められる限界のうちにおいてのみ適用される。また、諸公理が相互に対立する状況もある。リーダーが持つべきものは規則のセットではなく、彼が行為しなければならない社会的状況を分析する良い方法である。もしその分析が適切であるなら、その状況に対処する仕方が自ずと示唆されるであろう。作業指針として、そのリーダーがある単純な規則を考えている時、その分析が彼にそれらの規則の限界がどこにあるかを示してくれるであろう。リーダーが道徳基準という意味での原理をもつ必要はないと言っているのではない。実際、周知のように、リーダーは、どのフォロワーよりも、集団の道徳によって全面的に統制さねばならない。知性によって支持されていない道徳や原理だけでは彼はリードすることはできないと言いたいのである。私たちが本書で学ぶことは規則のセットよりむしろ分析の方法である。

また、世間知らずと責められないために、言っておきたいが、リーダーシップの問題が何であるかを意識的に知的にまったく理解していなくても、リーダーとして成功した人が多くいる。私たちは彼らが直感的に行っていることを明示しているだけである。意識的な理解が無用であるとは思わない。「生まれながらの」リーダーの人数では複雑な現代世界の欲求を満たすには多分力不足であろう。その不足は訓練されたリーダーによってのみ補うことができると思う。訓練とは意識的に理解することを、さらに加えて指導での責任ある実習を意味している。

最後に、私たちの重要な仮定を指摘しておこう。それは私たちの提案する規則をリーダーは実行できるという仮定である。しかし、その仮定は多くの環境では事実に反するかもしれない。もし彼が独立した集団あるいは半独立の集団のリーダーであるなら、仮定通りであろう。しかし、私たちの社会の小集団のほとんどはこの種のものではない。それらは大きな公的な組織の一部である。この種の小集団のリーダーは、彼自身の上司あるいは組織の行動のために、また、大きな組織の政策のために、彼を理想的なリーダーにする規則に従って行為できる立場にないのである。実は、これが大きな公的な組織によって作り出される最も重大な問題の一つである。したがって、リーダーが現実に適応し、最善を尽くしているなら、彼を非難することはできないのである。

これらの点をはっきりさせたので、リーダーシップの規則に進むことにしよう。

(1)リーダーは彼自身の立場を維持する。(6) リーダーは、もし権威ある命令を出す人として地位を築いていなければ、集団を指導することはできないであろう。命令の結果が集団成員に受容できるものであるかどうかはわからない。もし成員たちがリーダーを少しも信用しないなら、もし彼らが彼の命令に従い、その結果が受け入れられるかどうかを見守らないなら、そのリーダーは動的均衡を維持し始めることもないであろう。いわゆる運転資金（working capital）が彼にはないのである。命令が意識的な懐疑なしに集団成員によって受け入れられる領域を、バーナードは「無関心圏」(7)（zone of indifference）と呼んでいる。その圏の範囲は多くの要因によって決められるが、一つの要因が確かに目立っている。もし命令が任命された権威（constituted authority）の人から来るなら、集団成員はその容認可能性への懐疑を持たずに多くの命令に従うであろう。ある人の命令は従われるべきであるというフォーマルな組織での初期前提（initial presumption）は、彼に肩書と職務室を与えることによって、また、その職務室を権威のシンボルで取り囲むことによって確立されている。インフォーマルな小集団で職務室と肩書に相当するものが高い社会的ランクである。小集団では、相互作用を集団成員たちに仕掛ける人は、事実、彼らより高いランクの人である。したがって、もしリーダーが集団に相互作用を仕掛けるべきであるなら、彼はそのランクを確立し維持しなければならない。多くのリーダーは、特に集団に来たばかりであるなら、諸目標を達成しようとする前に、リーダーとしての立場を確立するまで待つであろう。これは遠回りを意味するかもしれないが、しかし、リーダーシップの多くの他の側面におけると同じように、急がば回れである（delay in the beginning means speed in the end）。

(2)リーダーは彼の集団の規範に従って生活する。それでは、リーダーは彼の社会的ランクを維持するために何をしなければならないか。すでに見てきたように、小集団で、最高の社会的ランクの人とは集団の規範をその行動において最もよく実現している人である。たとえば、リーダーの方で集団規範に従って行動できなければ、そのことが彼の社会的ランクを、したがってまた、彼の命令が服従されるべきであるという前提を傷つける。彼はまた他の人と同じように自分自身の命令に懸命に服従しなければならない、これが「位高ければ、徳高きを要す」（*noblesse oblige*）あるいは、「リーダーは率先垂範しなければならない」（The leader must set an example）という格言で私たちが通常表現している真理である。古い指令、「私のする通りでなく言う通りにせよ」はリーダーシップにとって致命的である。

問題となっている規範はその集団の実際の規範であって、リーダーがこうあるべきと信じている規範ではない。この指摘は重要である。事実、リーダーが集団に彼自身の規範を採用させることができるのは、彼がその行為によって集団規範を受け入れていることを示している時のみである。私たちは小集団に焦点を置いてきたが、私たちの説明の多くは大きな社会単位にも適用できる。たとえば、今日、アメリカ産業の主要な問題の一つは、経営者が、ほんとうに真剣に、何度も、産業において何が正しい適切な行動となるかについて、その考えを主張するが、それが労働者自身の主張する考えとまったく異なっていることである。ルーズヴェルト大統領のような政治家が産業のリーダーよりも労働者に強い影響力を持っていたのは、彼が労働者の現実の規範を理解し、そして、それに従って活動をしていることを行動で示したからである。

フォロワーにとって重要なことは常にリーダーにとっても重要である。人々はよくリーダーはフォロワーの面倒を見るべきであると言う。しかし、付言されることが少ないが、リーダーが重要と思うことだけではなく、フォロワーが重要と思うことでも彼らの面倒を見るべきである。もしフォロワーの面倒を見るだけなら、フォロワーは彼の行動を家父長的温情と感じ、良いことであっても、それに腹を立てるかもしれない。しかし、フォロワー自身が心に持つ関心事の面倒を見るなら、失敗することはない。人々は多くの場合組織では親切（favor）は行うべきでないと思っている。たとえば、他のフォロワーたちに早退を許可していないのなら、あるフォロワーに、重要な場合であっても、仕事を早く切り上げて家に帰ることを許可すべきでないと思っている。許可すれば、そのリーダーは依怙贔屓（favoritism）の非難にさらされるであろう。もしその親切が集団の受けてはならないと思う親切であるなら、また、もしその親切がある人だけに対する親切であるなら、そしてまた、もしそのリーダーが親切へのお返しを期待していることを見せるなら、彼の親切行為は、むしろ、彼を傷つけることになるであろう。集団成員が要求して当然と思う親切は、彼らから見れば、権利である。ちょっとした正義行為に対してお返しを期待すべきでない。もしリーダーがお返しなど当てにしないで親切をしていることがわかると、フォロワーを助けたリーダーはお返しにフォロワーから助けられるであろう。

リーダーはどのフォロワーよりも、その集団の規範――すべての規範――に従って行動しなければならない。同時に、彼はその規範を破る危険性の最も高い集団成員である。二人のフォロワーの間に争いがある時、彼は集団が公正と理解する通りに公正に裁くことを期待されるが、いったいどんな人が常に公正でありうるのか。リーダーとは時には集団の利益のために行為することができるが、しかしながら、すべての人を満足させるように行為できないのである。彼の行為は、ある意味で、集団規範に適合しているが、またある意味では、違反している。たとえば、彼は集団からある人を追い出さねばならないが、しかし、その集団は一人として集団から追い出すべきでないと強く思っているかもしれない。この規範の対立から道徳的に複雑な状況が生まれる。すべてのリーダーは、程度の差はあれ複雑な状況の中で、生活している[8]。

リーダーシップ論の著者たちは、他者を「操縦する」（manipulate）方法を人々に教えていると非難されるが、しかし、この非難が何を意味しているかは必ずしも明瞭でない。時には、その非難は当の著者たちが人々を教育し、その人々が他者を指導して、その批判者の容認できない目的を達成させようとしているという非難を意味しているように思われる。たとえば、ある批判者たちはアメリカ産業における経営者と労働者の間の大きな協力を達成目標としては受け入れないであろう。彼らはむしろ、政党の一つの敗北から——私たちは皆どちらであるかを知っている——、より良い社会が出現することを願って、産業における対立を歓迎するであろう。その新しい社会にはまさにその性質から訓練されたリーダーシップが必要ないと思っているのか、彼らに問うこともできるが、それは止めておこう。彼らの告発は、解決できない究極的な目標での不一致を意味している。時にはまた、「操縦」の非難は、リーダーが集団に対し全知の局外者（all-wise outsider）なるように教育しているという非難を意味しているように思われる。非難がこれなら、批判者は心配する必要はない。すなわち、集団によって影響されないで集団に影響を与え、成員の知らない、また、受け入れられていない目標に向かって集団を指揮するリーダーを教育しているという非難を意味にしているようにどの馬鹿ではない。リーダーは、集団の好き嫌いに関係なく、常に集団の一部であり、そして、彼が集団自身の目標を受け入れていることを行為で示すまでは、強制——これは操縦ではないと考える——による以外に、集団に彼の目標を受け入れさせることはできない。世界の大物のやり手もこの事実を変えることはできない。最後に、もし、リーダーシップの教育を非難する人たちが、リーダーシップの向けられている目標も問題とせず、また、リーダーとは集団が知れば、受け入れないと思われる目標達成に向けて集団を指揮する局外者であるという仮定も問題にしないとすれば、彼らは人間的諸問題に対する知性自体の使用を問題としているとしか仮定できない。私たちの想像できるどのような未来社会——資本主義的、社会主義的、あるいは、共産主義的——においても、訓練されたリーダーシップの必要は大きくなることがあっても決して小さくなることはない。これが本書で仮定されていることである。私たちは可能な限り、どれか一つの政党ではなく、すべての政党に教えているつもりである。善意の人であることは不可能なことであるのか。

(3)リーダーはリードする。リーダーとは相互作用を集団成員に向かって仕掛ける人であるなら、彼が相互作用を仕掛けないこと、よく使う言葉で言えば、イニシアティブをとらないことは、彼をリーダーでなくしてしまうであろう。これは自明であるが、はっきりと述べるに値する。次に、集団がどの行動をとるべきかの選択に直面しているとき、成員たちはリーダーが自分たちに相談してくれることを期待するが、また、彼が行為を起こすことを強く期待するであろう。人は社会的ランクのどのレベルにいても利益も不利益も手にする。低いランクにいることの利益の一つは、まさに意思決定を回避できるという利益である。責任を負うことを熱心に求める人が多すぎて困るという問題が組織で起こることは滅多にない。誰が、何を、いつ、どのような方法ですべきかを明示する明瞭で確固とした命令に、命令だからという理由だけで、人々が反対するという証拠は少ない。むしろ、人々に命令が適当であると思われるなら、人はどんな状況でもその命令を歓迎する。命令がなければ、彼らは混乱するであろう。しかし、集団のトップのリーダーはあらゆる場合に責任を引き受けねばならない、と私たちは言っているのではない。ある場合は、その意思決定はサブ集団の関与することであり、補佐役（lieutenant）に任されるであろう。私たちはただ、どのようなランクのリーダーであれ、意思決定を任されたリーダーは、実際、意思決定をしなければならないと言っているだけである。特に、全集団に関わる緊急時には、トップのリーダーが采配をとることを、そして、全力を尽くして必要な命令を与えることを、成員たちは期待するであろう。

(4)リーダーは服従されないと思われるような命令を出さない。この規則は先の規則の逆である。命令が期待され、服従される時には、リーダーは命令を与えなければならない。しかし、命令が服従されないと思われる時、あるいは、服従不可能である時には、そのような命令を与えてはならない。リーダーは彼自身の立場を維持しなければならない。彼の社会的ランクは彼の命令の権威と相互依存関係にある。彼が服従されない命令を与えるなら、彼はそのことによって彼のランクを傷つけ、その結果、集団の成員たちの抱いている前提（presumption）、リーダーの命令は服従されるべきであるという前提を崩すことになる。さらに、その事実以上に、彼のフォロワーの心の中に多くの混乱を作り出すものはなく、また、彼の資格への疑念をこれほど早く起こさせるものもないであろう。

(5)リーダーは、命令を与える際、既定のチャンネルを使う。私たちはリーダーが彼自身の立場を確立し維持するために何をしなければならないかを見てきた。リーダーは集団での他者の立場を維持するために何をしなければならないか。かなり小さな集団——たとえば、ノートン・ストリート・ギャング団——では、リーダーはその集団の全成員と相互作用をすることは可能であるが、その中でも特に、社会的ランクで彼に最も近い人々と最も多く相互作用する。そして、彼の命令はこれらの人々、すなわち、補佐役を通して集団に伝えられる傾向にある。リーダー自身の命令が服従されるように、補佐役の命令も服従されるべきであるという初期前提が成員たちの頭にあるなら、リーダーは補佐役のために、すでに自分自身のためにしたことと同じことをしなければならない。すなわち、彼らの社会的ランクを維持しなければならない。その補佐役の社会的ランクを決定する要因の一つがまさにリーダーとの相互作用であることを私たちは見てきた。リーダーが命令を与えることによって相互作用を開始しても、その命令をその補佐役に伝えない時はいつも、リーダーはその事実によって補佐役のランクを傷つけている。彼はその補佐役を個人的に傷つけているだけでなく、彼は補佐役の命令は服従されるべきであるという前提に疑いを投げかけている。リーダーが、今後、補佐役を通して命令を伝える必要があっても、補佐役の権威を弱めたことによって、自分自身の権威を弱めている。したがって、組織の日常的な言葉を使えば、リーダーは「ラインを飛び越しては」ならないのである。

私たちが言ったように、これらの規則のどれも絶対的なものではない。リーダー自身が自分は集団を指導するような人間でないと判断し、その立場を捨てるかもしれない。同じように、彼は補佐役の一人を無能と判断し、彼を無視することによって、集団の組織を変えようとするかもしれない。もちろんその時、彼はその行為の危険性を覚悟しなければならないであろう。こうして、早晩、彼は適材適所にフォロワーを持つようになり、確立された組織で仕事をすることになるにちがいない。その時、そのチャンネルの規則は効力を持つようになるであろう。一般的に言えば、リーダーは、内的組織あるいは社会的組織を混乱させないで、同時に、集団をその環境に適応させるために非常に苦労している。実際、船や軍隊の場合のように、集団の外的環境が厳しければ厳しいほど、それだけその内的環境は安定する傾向にある。

その規則から派生する規則がいくつかある。補佐役たちの立場は、リーダーが彼らを通して相互作用を仕掛けるということだけでなく、彼らのリーダーとの相互作用によっても維持される。もしある方向への既存の相互作用チャンネルを維持することが重要であるなら、他の方向への相互作用チャンネルを維持するのも重要である。すなわち、リーダーは常に補佐役たちが自分に接近することを許さなければならない。実は、彼らの接近を奨励しなければならないのである。リーダーがフォロワーに援助を求めたりすれば、彼自身の無能を見せていることになるという説がある。反対に、彼は、補佐役たちに助言を求めることによって、彼らの地位をさらに確かなものにするであろう。また、リーダーは賢い人だ、という補佐役たちの見方を強めることになり、さらに加えて、彼は助言を手にするであろう。注意すべきことは、リーダーに代わって決定するよう補佐役に求めていないことである。ある状況では、そんなことをすれば、彼の立場は崩れるであろう。そうではなく、彼は自分の意思決定の基礎となりうる助言を求めているのである。また、リーダーは補佐役を通して相互作用を仕掛けるという理由と同じ理由から、リーダーは補佐役を通さないで直接自分のところに来るフォロワーからの相互作用を阻止するであろう。その相互作用が権威ある決定を導く場合は特にそうである。

さらに、もしリーダーがその集団に来たばかりであるなら、彼の最初のなすべき努力は、既定のコミュニケーション・チャンネルが何であるかを、すなわち、どちらの人が高い社会的ランクを保持しているかを明らかにすることである。これは必ずしも容易なことではない。もし集団が小さく、インフォーマルであるなら、その集団の実際の行動を観察することがこれらの人を認識する唯一の方法であろう。それは時間を要する。また、集団がよりフォーマルであり、フォーマルな組織図があっても、その図は人を誤らせるかもしれない。真のリーダー、すなわち、現実にコミュニケーションが集中し、行為を確定する人はフォーマルなリーダーでないかもしれない。

(6)リーダーは社交的な時にフォロワーの中に割り込んでいかない。このルールは、士官は兵士と慣れ親しむべきでないという古い軍規と共通したものがある。軍はまったく間違ってないと主張すれば、私たちが軍隊の「カースト制」を支持していると非難されるかもしれない。私たちは支持していない。リーダーは社交的な時にフォロワーの中に割り込むべきでないということは、何らかの特別な線が組織の階級の間に引かれるべきであるということではない。士官と下士官との間の伝統的な線は一八世紀や一九世紀のヨーロッパの陸軍や海軍では妥当していたことは事実である。その時代には、大社会に地主階級（gentlemen）と非地主階級（nongentlemen）との間に、遺憾であるが、現実的な区別があった。この線は今日の合衆国の社会的現実に対応しない。しかし、たとえ軍隊の全成員が同じクラブに参加し、同じ娯楽施設を使ったとしても——私は彼らがそうすべきだと思うが——、ある特定の人たちが一緒になって飲み、一緒になって食べ、一緒になってゲームをすることが多く、しかも、これらの人たちは社会的組織的に対等な者であることが多い。集団は現在の士官階級や下士官階級よりはるかに流動的であろうが、しかし、集団が存在する限り、人は誰もそれを止めることはできないであろう。事実は、私たちが見てきたように、社会的ランクで対等な人々には「社交的」状況で、すなわち、内的システムで、互いに頻繁に相互作用する傾向があるということである。そして、私たちの現在の主張は、この状態が存在するだけの立派な理由があるというだけである。リーダーが補佐役の一人とよりも平のフォロワーと頻繁に相互作用するとき、彼はその行為によって自分の社会的ランクを低めている。もし彼の命令が服従されるべきであるなら、それはしてはならないことである。あるいは、それが彼の社会的ランクを低めないとしても、その行為には悪いもう一つの効果がある。外的システムと同じように内的システムにおいても、彼が相互作用を仕掛けていると、相互作用を仕掛けることが期待されるようになる。みんなは彼が社交的にリードをとることを待つようになるであろう。そこで、もし彼がそうするなら、対等者の間の交わりの魅力である気軽なやり取り（give and take）を壊すことになろう。フォロワーの中に社交的に割り込むことによって、リーダーは自分自身のランクを低めるか、あるいは、フォロワーを当惑させるであろう。あるいは、両方であろう。さらに、もし彼がそのフォロワーたちと頻繁に付き合うなら、彼はフォロワーたちが組織上の要求を、最初に補佐役の所に持って行かないで、彼のところに持ってこさせるような状況に自らを置くことになる。そして、私たちの見たように、彼にはそのような要求から自分自身を守る必要がある。リーダーは、他のすべての集団成員と同じように、時には、「仕事から離れてのんびりする」ことができなければならない。

リーダーはフォロワーの中に割り込むようなことはしないということは、フォロワーとはいっさい相互作用しようとしないということを意味してはいない。これから明らかにするが、それは彼が「フォロワーを知る」努力をしようとしないことを意味していない。また、会社の親睦パーティのような、集団の全成員が出席する社交的催しには、彼は出席すること、そして、しばらくの間、権威ある人のように行動することを控えることが彼の務めとなるであろう。集団のどの成員よりも、リーダーは自由に相互作用のパターンを使い分けできなければならない。一番良い言い方はつぎのようになろう。リーダー自身の立場と補佐役たちの立場の維持のために、リーダーはどのフォロワーとよりも補佐役たちと頻繁に相互作用するであろう。関係する集団が大きくなればなるほど、また、それが直面する環境が危険なものであればあるほど、それだけこの規則は妥当するようになる。少なくとも、それは、軍隊や船舶で、すなわち、危険な環境における緊急行為のために組織された集団で最もよく観察される。集団生活のある時期には、命令は強制的であり、かれこれ言わずに受け入れなければならない。その無関心圏は大きくならなければならない。そして、私たちの議論からつぎのことが直接出てくる。無関心圏が大きくなればなるほど、それだけリーダーの社会的ランクはしっかりと確立されるに違いない。それは民主的な信条に反するけれど、軍隊や船舶のような社会的単位での長い年月を経た人類の経験は、時代遅れの保守主義として軽く片付けられるべきでない。これが私たちの主張である。権威は重苦しいものであり、それは避けることができない結果を招く。しかし、集団が小さくなればなるほど、また、「自律的に」なればなるほど、その規則は緩和されるであろうし、現に明らかに、緩和されている。

(7)リーダーは、集団成員の前で、ある成員を非難することも、また、一般に、ほめることもしない。リーダーはフォロワーの社会的ランクの確立に大きく関係している。彼がフォロワーを人前で批判する時、そのフォロワーの社会的ランクを、すなわち、集団成員から受けている尊敬の度合いを低めており、あるいは、低めようとしている。しかし、リーダーは社会的ランクを決める唯一の人ではない。他の成員の意見も考慮に入れる価値がある。彼らはリーダーの評価を受け入れることができないかもしれない。彼が人前でフォロワーを非難するとき、そのフォロワーに恥をかかせているだけでなく、公正――彼の集団規範に従って行為する能力――であるというリーダー自身の評判にも疑いを抱かせることになろう。さらに、もしリーダーの批判した人物が彼の補佐役の一人であるなら、リーダーは彼自身の命令が経由する人的資源を非難し、したがって、権威を崩す手助けをしている。一般的に認められていないが、非難に適用できると同じ議論が賞賛にも適用できる。ある人を時折公的に賞賛することは良いことであるが、頻繁に賞賛することはその人を困らせることになるかもしれない。なぜならリーダーが他の集団成員の容認できない評価を彼に与えていることを見せていることになるかもしれないからである。なんとしてもよくほめなさい。これ以上に重要なことはない。しかし、こっそりとほめなさい。

(8)リーダーは全体的状況を考慮に入れる。私たちはリーダーが自分自身の立場や他の集団成員の立場を維持するために何をしなければならないかを研究してきた。もし彼がこれらのことを効果的にしたなら、彼は無関心圏を作り出すであろう。すなわち、彼の命令と彼の補佐役の命令に、それらの命令が受容可能であるかどうか問うことなしに、集団成員が服従するという初期前提を作り出すであろう。これはリーダーの運転資金である。今度は、それをどう使えば良いのかという問題に移ることにしよう。リーダーが受容可能な命令を下す人であるということを確実にするために、彼は何をしなければならないか。集団が目的に向かっている時に、リーダーの命令の諸結果が個人的な協力動機に満足をあたえるなら、まさにこの事実がその無関心圏を維持することに、他のどの行動よりも、大きく役立つであろう。集団成員はリーダーの過去の命令への服従で後悔したことがないから、リーダーの将来の命令は従われるようになるであろう。言わば、成功ほど続いて起こるものはない（Nothing succeeds like success）のである。

私たちはリーダーが動的均衡を維持するためにどんな積極的な行為をとらねばならないかという問題に詳細に答えることはできない。なぜならその答は当該集団が直面している状況に依存しているからである。したがって、言えることは、リーダーは全体的状況をよく考慮するよう求められているということである。彼は全社会的状況を考慮（*consider*）しなければならないという私たちの言葉に注意してほしい。彼は状況のあらゆる要素に働きかけることはできないし、また、そうする必要もないであろう。考えたこともない要素に働きかけることなどはとてもできない。なぜなら、働きかけることなど彼には思いもつかないからである。集団目的達成の過程で、集団はつぎのような領域に変化を起こし、つぎに、その変化がその集団自体に影響を与える。(1)自然的環境と社会的環境の両者。後者には、その集団を一部とする大きな集団や、それを一部としないが、それと接触している集団が含まれる。(2)その集団が環境に働きかけるときに用いる材料や道具や技術。(3)外的システム。すなわち、環境への集団行為のために必要な集団成員間の関係、(4)内的システム。すなわち、外的システムの上に精緻化され、それに反作用する更なる社会関係。そして、(5)集団の規範。以上の領域である。リーダーが動的均衡を維持しようとするとき、諸要素は相互に依存しているから、どれか一つの要素での変化が、一般に、他のすべての要素に変化をもたらすことを記憶にとどめていなければならない。もちろん、これらの変化を、リーダーは許可し、補償しなければならないであろう。

人類の物語は社会的行為の予期しない結果、意図しない結果でいっぱいである。それらがしばしば予期されなかった理由は、要素の相互関係が、特に、外的システムと内的システムの相互関係が理解されていなかったからである。ホーソン工場の経営者は産出高が着実に増大するように端子盤配線室の作業の調整を試みた。ところが、まさにその作業の調整が経営者の計画を一部無効にする社会的発展を生み出す傾向にあった。電気機器会社の幹部は、その製品を多く売ろうとした時、設計技術者の不満という結果をもたらす新しい変化を生み出した。それが再びその会社の存続を危険な状態に置いた。両事例で、その社会的変化の結果は意図されたものではなかった。そして、それらは外的システムと内的システムの相互関係によって決定された。内的システムは、事実、アメリカ人が、意識的な思考で、最も気付くことの少なかった組織の側面である。彼らは諸過程を効果あるものにするために見事な技術的過程と組織を設計するが、しかし、彼らは技術と組織と社会システムの他の側面との間の関係を理解していない。あるいは、理解していても、その理解が効果的な行為をもたらすようなものではない。多分、彼らはその関係を理解できないと思われる。何度も繰り返し言ってきたように、何かを理解するためには、ありのままに見るべきというだけでは十分でない。人々はそれを見るために教育されねばならない。そして、複雑なことについて考えることができるようになるのは、それについての思考法を習得した時である。アメリカ人は技術と組織についての正しい思考法を教えられている。しかし、彼らは社会システムについての正しい思考法を教えられていない。もしリーダーがその状況でのそれぞれの要素を順番に、また、他の要素と関係付けて、取り上げる方法を習得していなければ、彼はその集団内外の全状況を考察することはできない。神秘的な全体感を持つだけでは十分ではない。また、いとも簡単に、行き詰った人（a dead-end street）を「大物のやり手」（big-time operator）にしてしまう直感的な「社会的技能」（social skill）を持つだけでは十分でない。必要なのは明確な意識的な知的理解である。そして、これが私たちのような本で作り出そうと狙っていることである。これでも十分でないが、しかし、誓って言うが、人間精神においてこれがなければ、後はがらくたである。

(9)規律を保つ時に、リーダーは、罰を与えることより、集団が自らを律するようになる条件を創り出すことに多く関心を持つ。小集団のリーダーとして、私たちの多くが発見したことは、罰を多く与えれば与えるほど、さらに多く罰を与えなければならなくなるということである。人はただ片意地をはって命令に服従しないのだという間違った考えに私たちは惑わされている。人は気付いていないかもしれないが、通常、不服従には多くのやむを得ない原因がある。その原因を考えないで、あるいは、その原因を変えないで、彼を罰するなら、その原因はそのままであり、彼を再び不服従に向かわせるであろう。さらに、あなたがあたえる罰への怒りが、不服従の別の理由を彼に与えるであろう。あなたに復讐したくなるであろう。彼は今どうすればあなたを怒らすことができるかを知っている。電気機器会社で、設計技術者が他の会社員との協力が完全でないという理由で、幹部が彼らを大声で怒鳴りつけても、多分効果はなかったであろう。不満を生み出した条件がそのままであったなら、技術者はその非難に腹を立て、反撃したであろう。

集団で問題が起こった時、リーダーは責任があると思われる人を離れたところに連れて行き、そして、怒鳴りつける代わりに、どうして間違ったか、今後、どうすればそれを回避できるかについて説明を求めた方がいい。そうする時、リーダーはいくつかの有益な結果を手にするであろう。すなわち、(1)彼は罪のない人を罰する危険を回避できるであろう。(2)もし責任のあると思われる人に実際責任があっても、リーダーは彼をさらし者にすることを、また、集団での彼の立場を傷つけることを回避できるであろう。(3)リーダーは根底にある問題が何であるかを学習できるであろう。(4)その人に起こったことの説明を求めることによって、リーダーは間違いの再発防止のための最も効果的な一歩を取ることができるであろう。説明の過程で、その人は根底にある問題を自分の目で理解し始めるであろう。理解が修正へ向けての最初の一歩である。

権威の研究で観察したように、命令への服従は社会システムにおける自己修正関係（self-correcting relationships）に依存している。これらの関係において、不正行為者を罰するリーダーの行為はその一部に過ぎず、しかも小さな一部に過ぎない。リーダーのなすべきことは、ただ不正行為者を罰することではなく、その社会システムを考察し、そして、権威の崩壊をもたらした条件を修正することである。設計技術者の不満に直面して、電気機器会社のリーダーはまさにこの種のことを行った。私たちはそれが容易でないことを知っているが、しかし、リーダーは、ただ責任の所在を断定し、罰を与えようとするよりむしろ、これらの線に沿って考えるべきであろう。はっきりとしておきたいが、私たちは、リーダーは決して罰を与えてはならないなどと言っているのではない。もし違反が重大であるなら、もしそれが明らかに集団規範の違反であるなら、そして、もしその責任所在が何の疑いもなく断定できるなら、そのとき、集団も違反者自身も、リーダーが罰することを期待するであろう。そのような時、もしリーダーが罰しないなら、彼はその立場を弱くするであろう。しかし、根本問題を探求することなしでの罰は、症状を治療して、病気を治療していないことと同じである。

私たちが述べてきた規則は、多分、もっと包括的な規則、すなわち、リーダーは集団を一つの集団として扱い、諸個人のセットとして扱わないという包括的な規則に含まれるであろう。彼の行為は彼の扱う材料に適応するであろう。集団が自分自身のために受け入れた規範を守るために見事な規律を作るのを私たちは見てきた。端子盤配線工は産出高規範を守るために厳しい規律を受け入れた。それは会社が目標達成のために彼らに課した規律より厳しかった。リーダーはこの集団行動の特徴に逆らわずに、それを活用するであろう。彼は自分が心にいだく目的を個々の個人にではなく、全体としての集団に採用させようとするであろう。端子盤配線観察室では、他者からの大きな怒りを受けることなしに、どの個人も産出高を大きく増やすことはできなかったであろう。しかし、全体としての集団なら産出高の増大を決めることができたであろう。まず、リーダーにリーダーシップを獲得してもらおう。彼に集団と協力して先の諸規則で要約される種類の関係を築いてもらおう。彼がその関係を築けば、集団は必ずや彼の目的を自分らのものとして受け入れるであろう。彼らが彼の意思決定を受け入れるなら、彼らの方が彼よりその決定の遂行をはるかに効率よく監視してくれ、頼りになる。集団についての知識のすべてが私たちに教えていることは、適切な規律が現れてくるということである。リーダーはフォロワーの首に息を吹きかけてまでして厳しく監視することはない。集団に任せばいい。

⑽リーダーは耳を傾ける。もしリーダーが動的均衡を維持する命令を与えなければならないなら、彼は集団内外の全体的状況について情報を持っていなければならない。しかし、小集団においてさえ、彼自身の直接的な観察よって適切な情報を持つことは難しい。少なくとも一部は他者から情報を得なければならない。彼は集団でのコミュニケーションの網の中心におり、したがって、情報を得るのにいい立場にいるけれど、コミュニケーション・チャンネルが存在するというだけの理由で、情報を得ることはできない。真の問題はそのチャンネルがいかに活用されるべきかである。組織における双方的コミュニケーションの重要性について、すなわち、リーダーからフォロワーへと同様フォロワーからリーダーへのコミュニケーションの重要性については語る人は多いが、何が伝達されるべきか、また、いかに下から上へのコミュニケーションを奨励するべきかについて語る人は少ない。リーダーとフォロワーとの間の関係において、私たちは二つの対立する力が働いてい

ることを見つけた。一方で、フォロワーは当然ながら自分の敬うリーダーとの相互作用を求める。他方で、権威は重苦しいものである。その権威がいかにリーダーとフォロワーとの間の相互作用を低減させ、そして、フォロワーの態度を親密な友情よりむしろ距離のある態度や尊敬に変える傾向があるかを、私たちは見てきた。組織において対等である者の間では、デリケートな気遣いなしに、気軽なやりとりが形成される傾向がある。それを阻止するものは少しもない。フォロワーからリーダーの所に自由なコミュニケーションが自然に来るとはリーダーには思えない。彼は両面価値的な（ambivalent）立場にいるので、コミュニケーションを奨励するために何かをしなければならない。克服しなければならない障害がある。さらに、リーダーは全体的状況についての情報を持っていなければならない。そして、全体的状況における多くの事実や感情は、特に、個人的問題や社会的関係は、本来伝達が難しい。人はそれらについて話したがらない。あるいは、彼はそれらについて話すための明解な言葉を持っていない。たとえば、彼はある機械装置について語るための正確な用語を持ってないように。ここには、リーダーの二重の問題がある。(a)フォロワーたちを奨励して彼らの心の中のことについて話させる方法の問題。(b)コミュニケーションを本質的に難しくしている状況の問題。

彼は常にフォロワーに会う用意があると、また、「ドアはいつも開いている」と言うだけでその問題を解くことはできない。もしそれが単なるスローガンなら、これは非常に趣味の悪い冗談となろう。リーダーは何かを言うのではなく、何かをしなければならない。第一に、彼はフォロワーとの相互作用を求めなければならない。これは、リーダーは社交的な行事ではフォロワーの中に割り込んではならないという規則と対立するように思われる。しかし、その規則はフォロワーが数人一緒に集まっている状況に最もよく適用される。したがって、もしリーダーがフォロワーの一人ひとりとの相互作用を求めるなら、その規則を破ったことにはならないであろう。さらに、彼が相互作用の機会を求めるとき、その目的がフォロワーから情報を取るためであってはならない。なぜならそれはコミュニケーションの増大よりむしろ減少をもたらすであろう。彼の目的はそれとはまったく違うことでなければならない。すなわち、それはまさに、フォロワーと挨拶を交わし、そして、彼、すなわち、リーダーが友好的であり、関心を持っていることを見せることである。結局、リーダーは、もし彼がコミュニケーションを受けるべきであるなら、チャンネルが開いていることを彼の行為によって示さなければならない。あるいは、その規則が通常述べているように、「リーダーは彼のフォロワーを理解しなければならない」。

しかし、リーダーの真の仕事が始まるのは、フォロワーが彼のところに来る時である。仕事とは思われないかもしれないが、それは仕事である。人間のすることで世界で一番難しいことは、口を閉じていることである。それこそがリーダーがしなければならないことである。彼は耳を傾けねばならない。ここでは、人が他者からの完全なコミュニケーションを奨励できる多様な手段について立ち入るつもりはない。それらについては他のところで十分述べられている[9]。しかし、第一の、そして黄金の規則は、傾聴せよ、である。リーダーにその関心を示してもらおう。しかし、フォロワーが話したいことを話している限り、リーダーはそれを止めてはいけない。もしリーダーが集団成員から完全な情報を得たいなら、彼らが彼に情報を与えることを許さなければならない。このことはリーダーが沈黙を守らなければならないことを意味している。これらのことは自明のように思われるが、しかし、これほど破られることの多いリーダーの規則はない。その理由の一部は、リーダーは活動的でエネルギッシュであることが多く、話すことが好きだからである。事実は、リーダーは活動量を自由に変えうる能力を持つべきであるということである。彼はあるときは能動的であり、つぎの時は、受動的でなければならない。

第二の規則は、受容せよ、である。リーダーは道徳的な立場をとって、言われたことの是否を示してはならない。彼は、徹底的に受け入れなければならない。あるいは、ある人の言うように、彼は許容的な雰囲気を創造しなければならない。確かに、人が道徳的な立場をとることが適切な場合もあるが、心にあることを話そうとしている人の言葉に耳を傾けている時には、そうしてはならない。リーダーは自分が聞きたいことだけを聞くと言われる。したがって、リーダーはすべてのことを聞きたいのだということを見せなければならない。さらに、フォロワーが行為を願っていることをはっきりと示さない限り、聞いたことについて行為を起こしてはならない。フォロワーがリーダーと一緒に議論したいと思っている多くの問題について、もしリーダーがそれらに対してすぐに行為を起こそうとしていることがわかると、彼は議論しないであろう。フォロワーとリーダーとの間の自由なコミュニケーションの最大の障害はリーダーの権威である。すなわち、権威ある人とは命令を与え規範を支持する人である。したがって、もしリーダーがフォロワーの言葉に耳を傾けているときに道徳的立場をとったり、あるいは、行為を起こすと脅すなら、彼は権威の重苦しさを呼び戻そうとしている。それはまさに彼が、しばらくの間、排除したかったことである。リーダーは応対できる――彼のドアは開けておかなければならない――だけでなく、応対しているときは沈黙を守らなければならない。

もしリーダーが傾聴し、そして、受容するなら、彼は何を得るであろうか。第一に、より良い情報通になり、集団が直面している技術的社会的な全体的状況の多くの側面について、より多くの情報を得るであろう。フォロワーにとって重要な問題は常にリーダーにとっても重要であることを、リーダーに銘記してもらおう。第二に、フォロワーの考えは話しているうちに変わるであろう。彼が自分自身の問題と集団の問題について話すにつれ、彼はその問題をはっきりと理解するようになるであろう。そして、彼がそれをはっきりと理解することは、彼のそれらへの効果的な行為に向けての第一歩である。もしその集団の成員が独力で命令がどうあるべきかを理解したなら、リーダー自身が与えなければならない命令は少なくなるであろう。統制は非集中化される。第三に、明らかなことは、人が他者の言葉に完全に耳を傾け、関心を持つこと以上に、その他者の彼に対する尊敬と感謝を増大させるものは何もないということである。これはフロイト派の人々が転移（*transference*）と呼んだ現象の一部である。そして、最後に、ある時の自由なコミュニケーションの奨励は、他の時のもっと自由なコミュニケーションをもたらすであろう。コミュニケーションがコミュニケーションを餌にして成長する。

⑾リーダーは自分自身を知ろうとする。この規則は私たちの集団の分析からは出てこない。しかし、これは特に述べる必要がある。集団のリーダーである私たち、あるいは、リーダーであったことのある私たちすべては、これらの規則のほとんどを直感的に、あるいは意識的に認識し知っている。それなのに、何と多くそれらに違反していることであろうか。オーヴィド（Ovid）が昔言ったように、「どちらがいいのかわかっていて、そうしたいとは思うの、でも、つい悪いことの方へ行ってしまう」。今まで言ってきたことすべてから、つぎのことが明らかであろう。リーダー自身が集団の動的均衡にとって最大の脅威である。集団を危険にさらしうる最たる人はリーダーである。[10] 彼はその集団で最も活動的な成員である。そしてまた、沈黙を守らなければならない。彼は集団規範に完全に従って行動しなければならないが、また、彼は、他の誰よりも多く、規範の対立を解決しなければならない。他の誰よりも多く、彼は集団目標を深く心にかけている。もし間違いが起これば、彼は誰かを怒鳴りつけたい激しい衝動に駆られるであろうが、怒鳴りつけることは集団を憤慨させ、違反者の行動

を変えることなしに、彼に恥をかかせることになろう。リーダーは行動した後、しなければよかったと強く後悔したことが何度あったことであろうか。彼は統制が難しい状況の中で自己を大きく統制できなければならない。したがって、もし彼がフォロワーのことをよく知らなければならないなら、それ以上に彼も自分自身のことも知らなければならない。抑制されなければ、リーダーとしての彼を破滅させる激情を自分の中に持っていることを自覚しなければならない。また、彼は自分のパーソナリティの中にあるその激情の源を知らなければならない。なぜならそのエネルギーの源を知らなければ、その力をいかに統制できようか。自己認識は自己統制への第一歩である。

註

（1） 特に本章で、同じく、先の諸章の多くで、私たちの考えはC. I. Barnard, *The Functions of the Executive*（山本安次郎他訳『経営者の役割』ダイヤモンド社、一九八一年）に負っている。

（2） この定義はC. I. Barnard, *The Functions of the Executive*, 163（同前訳書、一七〇頁）より採用した。バーナードは大きな公式的組織について書いているが、しかし、彼は、権威の性質は公的な組織と同じように集団でも同じであると思っている。上の書の一六一ページ（同前訳書、一六八頁）参照。「私たちは合理的に次のように仮定する。権威の性質が何であれ、それは単純な組織単位にも一貫していると。また、権威の正しい理論はこれらの単位組織で本質的に当てはまることと一致しなければならない」。

（3） *Ibid.*, 167n.（同前訳書、一七六頁）また、C. I. Barnard, "Dilemmas of Leadership in the Democratic Process," in his *Organization and Management*, 24–50を参照。

（4） 起伏のある土地を歩く人の道はその路上のあらゆる点の空間座標によって定義されるように、その集団の道は、理論上では、その社会システムに入っている非常に多くの変数の同時に変化する値によって定義されるであろう。長い伝統を持つ集団はしばしば繰返された社会変化の間にもっとも妨害の少ない道を発見したであろう。未開社会での妻選択を支配しているルールを記述した時クーンは「理想的な、あるいは、好ましい配偶者選びは、通常の環境で、いろいろな仕方で関わっているすべての人にとって障害が最小となるものとなるであろう」と書いている（C. S. Coon, *A Reader in General Anthropology*, 602–3）。ラドクリフ＝ブラウンの概念は、今では多くの人類学的考えとなり、その著者が忘れられているが、その彼が多分このルールを最初に述べた人であろう。しかし、その参考文献が発見されていない。力学の研究者にとって、そのルールは特に関心がある。なぜなら科学では、均衡の方程式は最小作用の方程式と論理的等価であるからである。E. Mach, *The Science of Mechanics*, 470（伏見譲訳『マッハ力学』講談社　一九八五年、三四三頁）を参照。また、G. K. Zipf, *Human Behavior and the Principle of Least Effort* を参照。

（5）これはバーナードの有効性と能率の区別である。C. I. Bernard, *The Function of the Executive*, 55–9（同前訳書、五七―六三頁）を参照。

（6）これらのルールの設定で、私たちの知る最善の、監督者への実用的な助言集、W. F. Whyte, *Human Relations in Restaurant Industry*, Part IV. によって大きく助けられた。

（7）*The Functions of the Executive*, 168–9.（同前訳書、一七五―一七八頁）

（8）*Ibid*. Chap. 17（同前訳書、二六九―二九七頁）を参照。

（9）特に、F. J. Roethlisberger and W. J. Dickson, *Management and the Worker*, Chap. XIII, "The Interviewing Method," と C. Rogers, *Counselling and Phychotherapy*.

（10）G. C. Homans, "The Small Warship," American Sociological Review, XI（1946）, 294–300を参照。

第17章　要約

理論の任務…仮説の性質…仮説の体系…要素の値…「与件」要因…創出的進化…社会統制…社会変動

説明の本というものは、第1章でその本が意図していることを述べ、中間の諸章でその意図したことを実行し、最後の章でその成果を示すものである。しかし、本書ではこの手堅い規則から少し逸脱することになる。最後の章で、その研究を終えることによって示唆された広い問題――小集団と、それをうちに含む文明との関係の問題――を予示し、要約は最終章の前の本章の仕事となる。しかし、「要約」と言っても、その語の意味する通りではない。私たちは研究の結果を再検討するつもりはない。代わりに、私たちがどのような種類の研究をしたかを示す。私たちの認めるように、私たちの方法が社会学での唯一の研究方法ではない。それ故、私たちの使用した方法の特徴を指摘しなければならない。先に指摘した多くの点の理解を前提とするので、進みが早くても許されるであろう。

理論の任務

私たちは本書が社会学的理論の書だと言うことから出発した。そして、ウィラード・ギブズの言葉を引用した。「実験の諸結果を表現する形式を与えることが、まさに理論的研究の任務である」。私たちは社会学者であり、物理学者でないから、実験より観察に関心がある。それを観察に変えれば、ギブズの理論家の任務についての言葉を受け入れることができた。この任務に取り掛かる方法は、少数の有能な社会行動の研究者が実際にどのような観察をしたかと問うことであった。これらの学者が同じ種類の観察をしたことが見つかれば、私たちはこれらの観察種（kinds of observations）に名前を付け、それらを行動の要素（elements of behavior）と呼び、それらを研究で用いる概念とするように提案した。つぎに、これらの概念を用いて、小集団の研究者が発見した多種多様な観察の間に存在する関係を記述するように提案した。物理学者はこのような方法で、圧力と温度と呼ばれるものを観察し、それらの間の関係を述べている。物理学者には多種多様な研究結果を表現できる共通語がある。私たちは社会学のために同じ種類の共通語を作り出そうと試みた。もし共通語を作り出すことができれば、ある研究結果を他の研究結果と比較できると思った。このようにしてのみ、社会学という成長科学は社会行動についての単一の仮説体系を構成し、それを多様な集団へ適用できることを発見するであろう。私たちは小集団の一般理論に近づこうと試みていたのである。

仮説の性質

これらの概念を念頭に置いて、私は最初に三つの集団、すなわち、端子盤配線観察室、ノートン・ストリート・ギャング団、ティコピア家族を研究した。これらはあたかも静的（static）で、変化しないかのように記述された。これらの集団の研究で、私たちは少数の仮説を公式化した。それらのいくつかは三集団のすべてに有効であると思われた。私たちは非常に単純な仮説に限定した。しかし、私たちは他の集団での観察や実験によって検証可能と思われるような方法でそれらを述べようとした。社会学でもっとも単純と思われる仮説の中にさえ、このような方法で述べられたものは少ししかなかった。このように述べてはじめて、私たちは科学の土台を据えることができるであろう。私たちは今これらの仮説を繰り返すつもりはないが、ただ、それらがどのような種類の仮説であるかを示したい。たとえば、私たちは、端子盤配線観察室とノートン・ストリート・ギャング団の両方で、ある人の集団での社会的ランクが高くなればなるほど、それだけ厳密に彼はその活動において集団規範を実現するということを見た。この規則は、活動や規範が何であっても、有効であることに注意してほしい。端子盤配線工の規範と彼らの活動はノートンの人々の規範と活動とは異なっている。しかしながら、それぞれの集団の特定の規範と活動があたえられると、その同じ一般的な仮説が両事例に有効となる。私たちの行動の要素――相互作用と感情と活動と規範――を現に選んだ理由は、私たちが分析的仮説（analytical hypotheses）と呼ぶところのこれらの基底的な関係を表現できると思ったからである。一見したところ、ヒューマン・グループは相互に非常に異なっている。ある集団はテントの中で生活し、らくだを飼って生計をたて、人々が他の集団を襲撃するときに見せる勇敢さに高い価値を置いている。他の集団は家の中で生活し、工場で働き、「公正な日給に対する公正な働きをすること」に高い価値を置いている。この研究のレベルで、人類学者が文化的相対性を強調し、昔からのことわざ「人間性は世界中同一である」("Human nature is the same the world over.")をあざ笑うことは正しい。人間行動は事実世界中大きく多様である。しかし、行動は多様であっても、行動の要素間の関係は同一であるというのが、私たちの信念である。

私たちは分析的仮説を仮説としてのみ提示している。統計学者なら、それらが証明された定理として受け入れられる前に、多くの妥当性を要求するであろう。五つの標本集団すなわち、三つの静的な集団と二つの集団――社会変化の過程にあるヒルタウンと電気機器会社――よりも多い集団に有効であることを示さなければならないであろう。今後の研究から私たちの仮説の誤りが見つかるかもしれない。それらはもっと厳密に公式化できるかもしれない。最も単純な集団であっても、その適切な分析のためにさらに多くの仮説が必要であることが示されるかもしれない。私たちは完全な物語を語っているなどと自負したことはない。しかしながら、私たちの仮説が正しくても、間違っていても、また、その数が十分であっても、不十分であっても、それらは進んだ社会科学が公式化する類の仮説である。これが私たちの信条である。その仮説とはヒューマン・グループの行動における表面上の差異の下に横たわる斉一性(uniformity)の言明である。

仮説の体系

それぞれの研究集団に対し、私たちは単一の仮説ではなく、当該集団に対し同時に有効である一連の仮説(a series of hypotheses)、あるいは仮説の体系(system of hypotheses)を提示した。仮説は多く、それらは相互に関係しており、一つの仮説に入る要素はまた他の仮説のいくつかに入っている。たとえば、人々の間での相互作用頻度の増大は相互に対する好ましい感情の強さを増大させる。そして、それはまた彼らが一緒に行う活動の量を増大させる。一連の関連した仮説を公式化したいために、サンプルを五つの集団に制限したのである。もし私たちの関心がただ一つの仮説にあったなら、五つ以上の集団からの証拠でそれを裏付けることができたであろう。しかし、仮説の体系を支持するに十分な資料を提示するためには、私たちが考察することのできる集団の数を必然的に制限せざるを得なかった。(1)

仮説の体系において、それぞれの仮説は他の仮説の適用に制限を課す。再び例をとろう。私たちの見てきたように、人々の間の相互作用が頻繁になればなるほど、相互に対する好意あるいは愛情という感情は一般的に強くなる。しかし、これまた私たちの見てきたように、人々の間の相互作用において、一方が他方に従わなければならない命令を出す時、彼らの間の相互作用は外的システムによって要請された量――相互作用はほとんど「仕事上」である――まで減少する傾向があり、部下の上司に対する情緒的な態度は親密な友情よりむしろ尊敬の一種となる傾向にある。あるリーダーとフォロワーの関係はこれら二つの仮説によって決定されるであろう。その二人が互いに相互作用するだけなら、愛情という感情が両者の間に成長し、その相互作用は外的システムによって要請される量を超して「社交的」に増大するであろう。人が他者に服従を求める命令を与えるなら、社会的相互作用は減少し、感情は尊敬の方向に移動し、最悪の時は、敵対感情の方向に移動するであろう。

要素の値

この議論は私たちの理論の多くの弱点のうちの最大の弱点を浮き彫りにしている。たとえば、ある上司と部下の間の現実の関係をいかに説明するか。ある事例で、ある仮説が他の仮説の適用に限界を課す度合をいかに特定できるか。数学者なら言うであろう。まず同時方程式の体系を作り、そして、それを解くことであると。もし仮説の体系が集団の現実行動を説明し、最終的には予測することにあるなら、仮説それ自体では十分でない。私たちは仮説に入ってくる要素に値（values）を入れることができなければならない。ある人が他者を従わせるために命令を出すことが多ければ多いほど、彼らの相互作用が外的システムを超えて頻繁に行われることは少なくなる。この仮説は真実であるが、しかし、その二人の行動を説明するに十分なことを語っていない。それは権威的な命令と社会的相互作用とが相互に依存していると仮定している。すなわち、最初の頻度が決定されれば、第二の頻度も決定される。しかし、もし私たちが一つの頻度に値を割り当てることができないなら、他の頻度にも値を入れることができない。もし私たちがある人が他者に権威的な命令をどれだけ与えるかを言えないなら、その二人が社会的にどれだけ相互作用するかを言うことはできない。このことは、もちろん、その体系内の他の関連した仮説にも当てはまる。本書では、私たちはこの問題解決にほとんど取り組んでいない。私たちは要素に絶対値を割り当てることはできない。しかし、たとえば、ティコピア家族とノートン・ストリート・ギャング団を比較して、後者より前者で、リーダーの権威は大きく、また、リーダーとフォロワー間の社会的相互作用は少ないとだけは言うことができる。すなわち、私たちはその問題をどれだけ多いかとか少ないかではなく、より多いかより少ないかによって、すなわち、比較して解いている。どれだけ多いか少ないかといった方向での進歩は、行動の要素に値を入れ、集団ごとに比較可能な結果を得ることのできる測定方法の発達を待たなければならないであろう。私たちは仮説の公式化が不必要であると言っているのではない。それは最高に必要であり重要である。私たちはそれが不十分であると言っているのである。社会行動の複雑さは、数は確かに多いが、形式はいたって単純な仮説から起こるのではなく、特殊な状況にある環境での諸仮説の相互関係から起こるであろう。

「与件」要因

そこで次に、新しい観点から、集団間の差異を見ることにしよう。分析的仮説の多くが集団のすべてに適用できるという意味において集団は類似している。その仮説に入る要素の値において集団は異なっている。これが、先の諸章で、要素はすべての集団に存在するが、集団はその要素を所有する度合において異なっていると言った時に意味したことである。さらに、その要素の値は、私たちがその集団が置かれた環境での「与件」（"givens"）要因と呼ぶものによって主に決定される。これらの要因、あるいは、要因群の中で最も支配的なものの一つがその集団の社会的物理的環境である。私たちの理論の遭遇する困難を説明するために用いた上司と部下との関係に戻ることにしよう。自然環境への多様な働きかけで、それ自身の生計をたてているティコピア家族のような集団では、上司と部下間――たとえば、父親と息子間――の関係では、社交的な相互作用は少なく、情緒的な距離は遠い。それと比べて、ノートン・ストリート・ギャング団のような「自律性」の強い集団

──その存続が自然環境への大きな働きかけの成功に依存していない集団──での上司と部下の関係では社交的な相互作用は多く、情緒的な距離は近い。上司・部下の関係を説明する仮説は両集団にとっては同じであるが、しかし、その仮説に入っている要素の値は、集団と環境との関係の多様さに応じて集団ごとに異なってくる。

私たちは他を犠牲にして環境を強調したが、それが唯一の「与件」要因群ではない。他の重要な要因はその集団のサイズや年齢や性の構成である。ティコピア家族は、私たちが研究した他の集団と比べ、あらゆる年齢の人や両方の性の人がいたという点で大きく異なっていた。もっと重要な要因は当該集団の過去の歴史である。歴史は世代へと手渡される規範を決定する。この点でも、ティコピア家族は他の集団とは異なっている。それは長い歴史を持っていた。鉄の中の磁場や鉄の周りの磁場の特徴は、もし私たちがその鉄の過去の歴史──たとえば、それはハンマーに打たれたのか、海に打たれたのか──を知らないなら、完全に理解されないように、集団の行動もその過去の歴史に言及しないでは理解できない。たとえば、アメリカ南西部のナヴァホとホピの人々は今は同じ自然環境で生活し、同じ多くの技術を使っている。しかし、これらの要因は、その二つの集団に可能な変化の範囲を制限するだけである。その集団の組織はいくぶん違っている。その違いは、少なくとも一部は、その両集団の異なる過去の歴史によって決定されている。遠い昔、ホピの人々は、今もそうであるが、定着した農民であり、ナヴァホの人々は遊牧の狩猟民であった。

創出的進化

私たちが注意して言ってきたことは、仮説に入る変数の値がその集団の置かれている環境によって与えられた要因によって決定されるのは初期に過ぎないということである。「与件」要因によって定められた成員間の関係を完全に守る集団はない。これらの関係を土台にして、新しい関係が創出し、「与件」要素を変えようと、たとえば、その集団の環境への適応や、若い世代へと手渡される文化的伝統を変えようと反作用する。私たちは外的システムと内的システムの相互依存関係の分析を通して創出的進化（emergent evolution）の過程を説明しようとした。

しかしながら、内的システムは常に外的システムの上に精緻化するが、しかし、まだなお「与件」要因がその発展する距離に限界を課す。たとえば，リーダーシップがノートン・ストリート・ギャング団の中に創出したように，端子盤配線観察室にも創出した。その過程は同じであり，私たちの分析的仮説によって記述された過程であった。しかし，たとえば，リーダーの相互作用を仕掛ける頻度で測定されるリーダーシップは配線工の間には生まれなかったが，ノートンの人々の間には生まれた。この違いの理由は，ウェスタン・エレクトリック社は集団への監督を集団主任や部門主任という形で置き，仕事の過程への彼らの統制がインフォーマルなリーダーが担当する領域を制限した。そこでまた，私たちはつぎのように言うことができる。分析的仮説が集団すべてに適用できるという理由で，集団は類似しているが，その仮説に入る要素の値において，集団は異なっていると。また，これらの値は集団が置かれている環境での「与件」要因と，それらの要因が集団の内的発展を許容する度合によって決定されると言えよう。

社会統制

私たちは三つの集団を分析することからはじめた。それらの集団は，あたかもある時間に存在したかのように記述されたから，静的なものとして扱うことができた。私たちは社会変動の複雑性によって悩まされることなしに分析的仮説を作ることができた。社会システムの関係を公式化するために，そのシステムの安定を仮定した。しかし，その関係がいったん公式化されると，その議論を逆にして，安定性自体がその関係に依存していることを示した。その関係を微分的に見ることによって，すなわち，研究者が存在するとして記述したものから人の行動が何らかの逸脱をしたら，何が起こるかと問うことによって，安定性自体がその関係に依存していることを示した。ここに，集団規範をある程度守っていた人がいたが，その人がその規範から少し離れたと想定してほしい。たとえば，セレクター配線工が生産性を今までの低い水準からさらに低くしたと想定してほしい。何が彼を元の水準の生産性まで戻すであろうか。彼の純満足感が前の水準より新しい水準で少ないから，彼は生産性を元に戻すと私たちは仮定した。また，満足感について何らの仮定をしなくても，彼の低い生産の結果が何かを理解できる。それは彼や他の集団成員の給与を減少させるであろう。それはまた仲間が彼に抱く敵意の感情の強さを増大させ，彼との相互作用を減少させ，彼の社会的ランクを低めるであろう。彼の行為の諸結果はその関係によってすべて決定される。その関係とは、私たちがすでに発見した感情と活動と相互作用と規範の間の関係である。これが、少なくとも小集団のレベルで、社会統制（social control）の研究で本質的に新しいものは何もないという理由である。その統制、あるいは、報酬や罰の方法は社会システムの分析的仮説に内在している。

加えて、統制は諸関係の全システムに内在しており、ただ一つの関係にではない。規範への現行の服従度からの逸脱が一つの結果ではなく、多くの結果をもたらす限り、統制が効果的となる。現行の活動水準からの逸脱は、その人の物質的利益——給料、あるいは、他者が彼に対して施す贈物——に、また他者との相互作用に、また彼の社会的ランクに影響を与える。なぜなら彼の活動はただ一つの事象ではなく、これらの事象のすべてに関係しているからである。しかし、これらはまた今までに知っていたことに過ぎない。分析的仮説のシステムを違う角度から見たに過ぎないのである。

最後に、小さな諸変化が常に集団成員の行動を初期の水準に戻そうとする結果を生むとは限らないことをも見てきた。しかし、初期の水準に戻そうとする結果を生むとき、その社会システムの状態に物理システムの類似状態に与えられている名前と同じ名前を与えることができる。均衡（*equilibrium*）とは社会システムの特殊な状態であり、そこでは、その体系に入る諸要素の値と諸要素間の関係が、要素の一つでの小さな変化がその変化が起こる前に存在した元の状態にシステムを戻そうとする変化を生み出すような関係である。私たちは社会システムの固有な属性として均衡を、あるいは、均衡に向かう傾向を主張していないことに注意してほしい。均衡は、ある時、集団に存在するが、常時すべての集団に存在するわけではない。

社会変動

均衡の研究は社会変動（social change）の研究への橋渡しとなる。私たちは集団の安定を仮定することから始めた。それから、安定それ自体の分析に向かい、そして、システムの以前の状態への回復という結果をもたらす社会システムにおける小さい変化を研究した。最後に、私たちは以前の状態への回復という結果をもたらさない変化を研究した。特に、私たちは二つの区別可能な種類の社会変動、すなわち、社会的不統合（social disintegration）と社会的対立（social conflict）を研究した。

ヒルタウンは社会的不統合の事例であった。集団の成員が協同で行う活動数の減少が、結局、その集団が成員行動に対して行使する統制の弱体化をもたらした。事実、その集団はまったく集団でなくなった。電気機器会社は社会的対立の事例であった。その会社の規模と組織の複雑さの増大は、その会社内でのある集団――設計技師――の社会的ランクの低下を、また、規範と会社生活の現実間の混乱を、そして、結局、設計技術者の不満足とその会社での他者との協働能力の低下をもたらした。

社会統制の研究と同じように、社会変動の研究でも、私たちは行動の要素間の関係に新しいものを何も発見しなかった。私たちはただ古い質問を新しい方法でしただけであった。相互作用と活動がいかに関係しているかを問う代わりに、たとえば、私たちはその集団の行う活動の量が少なくなると成員間の相互作用の頻度にどのようなことが起こるかと問うた。たとえば、ヒルタウンの研究で、その集団の成員が外的システムで行う活動の量が少なくなるにつれ、外的システムでの彼らの相互作用は必然的に減少するのを見た。そして、外的システムでの相互作用が減少するにつれ、内的システムでの相互作用――私たちが、適当な用語がないので、社交的相互作用と呼ぶもの――も減少する。社交的相互作用の頻度が減少するにつれ、その集団の規範が明確でなくなり、強力に維持されなくなり、その結果、社会的ランクは人が規範に同調する度合いによって決定されるから、その社会的ランクがしっかりと確定されない。これらの変化の意味していることは、その集団には規範同調に対して諸個人に提供する誘因が少なくなり、また、不服従に対して科す罰も少なくなる。その結果がアノミー(*anomie*)あるいは不統合である。

私たちは分析的仮説のシステムとその仮説に入っている要素の値の間の明白かつ重要な区別に再び帰らなければならない。社会変動の研究で、私たちは何ら新しい仮説を発見しなかった。私たちがしたことはいかに要素の一つの値での変化が他の要素の値の変化に影響を与えたかを見ることであった。ある集団が行う活動の数の減少はその集団の成員間の相互作用の頻度の減少をもたらしたと言うときに、私たちは新しい仮説を述べていない。私たちはすでに知っている仮説に入る要素の値における変化を研究している。私たちは動学(dynamics)を研究している。

しかし、何がこれらの変化を最初に起こすのか。私たちの静的な集団の分析で、その社会システムに入っている要素の値が、最初は「与件」要因によって、特に、集団が存続している環境とその集団との関係によって決定されることを指摘した。社会変動の研究ではこれらの要因を与件として扱わなかった。これらの要因を定数としてではなく変数として扱った。たとえば、ヒルタウンの環境での変化——土地の造成や納屋や家屋の建築のような変化はヒルタウン自身によってもたらされ、交通機関の発達や、広域市場や、工業の台頭のような変化はヒルタウンの統制の及ばないものであった——は、外的システムにおけるヒルタウン住民の協力を必要ないものとした。しかし、これらの外的な発展がヒルタウンで起こったことを完全には説明しないであろう。外的変化が及ぼした内的効果がフィードバックしてその変化の過程を加速した。たとえば、ヒルタウン社会によって住民の上に行使された統制の減少が活動的なヒルタウンの住民を町から離れさせたかもしれない。もし環境的な変化だけしか意味を持たなかったなら、彼らをそんなに早く町から離れさせなかったであろう。

最後に、私たちは社会変動の特殊な形態に移った。すなわち、集団のリーダーが集団目標を達成しようとして意図して命じた変化である。私たちが見たように、リーダーの課題が動的均衡（moving equilibrium）の維持に、すなわち、目標達成への道からの脱線があれば、その脱線をその道に戻そうとする社会システムでの変化が稼動するような状態に社会システムを維持することにある。また、私たちの見たように、リーダーが彼の問題を解決するために行動しなければならない時、彼が従わなければならない規則は、私たちが集団について、リーダーとフォロワー間の関係について、また、社会統制について学んだことの中にすべて含意されている。私たちがリーダーに与えることができる最善の助言は彼が仕事している環境へ彼の行為を適応させることであった。

しかし、社会統制や社会変動の研究で、私たちは新しいことは何も学んでいないと言っても、私たちの科学をつまらないものにしようとしているのではない。私たちが言っていることは、時々、社会学の個別分野として扱われる社会静学、社会統制、社会変動といった現象が単一の一連の仮説に暗に包含されると考える時、それらの現象をより簡潔に、より優美に、そして洞察力をもって、述べることができる。しかし、簡潔さに幻滅したとしてもそれで終わっては困る。私たちは長く連鎖しているものの中で最も基礎的な小数の仮説について述べたに過ぎない。人間事象の研究者は、研究は始まったところであり、終わりではないということを常に心に留めておかねばならない。

註

（1） ここに含まれるいくつかの問題のさらなる議論については、G. C. Homans, "The Strategy of Industrial Sociology," *American Journal of Sociology*, LIV（1949）, 330–7 を参照。

第18章　集団と文明

集団と社会的凝集…文明の誕生…衰退と滅亡…集団の解体…新しい集団…集団対立…周流とコミュニケーションと統制…デモクラシー…問題の解決

最後の章で、最初の章で言ったことを撤回する必要は何もない。集団を研究する理由は、その主題の持つ純粋な美と、日常行動の外見上の混乱の中に横たわる秩序ある関係を明らかにする喜びで十分であることには今も変わらない。情熱を傾けることのできない主題を研究する人はその研究を価値あるものとするようには研究しない。集団研究に取り組む理由はこれで十分であるとしても、他にも良い理由がいくつかある。社会体系を分析する方法が、「境界を横断して」適用できる原理を求めたことのない人や、また、私たちの研究のようなすべての抽象的研究の実践での限界を知った人を、立派なリーダーにするかもしれない。もっと良い理由はこれである。すなわち、世界の現状について考えている人々は小集団行動の理解から知恵を手にすることができるかもしれない。なぜそうなのかを、結局ここで、説明することになる。ここでは、論証することより、細かなことを飛ばして、示唆することが許されると思う。私たちは解答より問題を提起するつもりである。なぜなら私たちは問題に答えることのできる立場にないからである。本章をもって私たちは仕事から解放されるわけではない。それは私たちにつぎの仕事を示す。私たちには終わりはない。新しい出発がある。

集団と社会的凝集

部族や村落や小集団のレベルにおいて、すなわち、それぞれの成員が相互に直接知ることのできる社会単位（それをどのような名前で呼んでも良いが）のレベルにおいて、人間社会は、書かれた歴史より長く何百万年もの間、凝集することができた。確かに、その凝集（cohesion）は相当な犠牲を払って達成されている。知的な人間にとって小都市生活は常に退屈なものである。また、その集団の内的連帯は局外者への不信と憎悪を意味している。しかし、社会は少なくとも凝集することができた。これは集団が環境の厳しさや敵の暴力で滅亡してきたことを否定することではないが、しかし、同時に、集団には内的社会組織の問題は少なかった。さらに、私たちが見てきたように、集団には組織を成功させる財の余剰（surplus of the goods）、すなわち、士気、リーダーシップ、人々の間での協力の増大、を作り出す傾向があった。

文明の誕生

人間の歴史を通じて、集団はこの余剰を使って成長を試みてきた。ほとんどの集団で、その過程は成功する前に自然的社会的環境によって終止符を打たれた。少数の集団だけが成功した。あまり過酷でもなく、また、あまり快適でもない環境が与えられると、集団は成長し、増殖し、そして、当の集団より大きな社会単位が出現し始めた。環境の挑戦が、トインビーの言葉を使えば、内的挑戦を引き起こした。もし大規模な協力が得られるなら、それは豊穣な自然への統制力の増大という報酬をもたらすであろう。初期には、その挑戦は広い川の流域で最もよく成功した。そこでは、協力という余剰が治水灌漑に適用され、莫大な反対報酬をもたらし、そして、さらなる協力を促進した。最後に、他の集団とよく似ているが、しかし、いくつかの高度の優秀な特質を持つ集団がその成果を統合し、そして、文明が誕生した。これは繰り返し起こった。時には、黄河流域の小さな中国王朝が、また、中央イタリアの都市国家が、また、フランクと呼ばれた英国海峡の南岸に植民した部族が触媒の役目を果たした。部族は増え、その中の秀でた部族が他の部族を統合した。

私たちの見方では、また、ここで再びトインビーに従えば、[1] 古代エジプトやメソポタミアは文明であった。古代インドも古代中国もそうであった。また、グレコ-ローマン文明もそうであった。中世キリスト教世界から成長した私たち自身の西洋文明もそうであった。これらの大規模な社会は多くの共通した特徴を持っていた。最盛期には、それぞれの社会は発明力を持っていた。すなわち、強力な技術を考案し使用した。その技術はその社会以前の部族また以後の部族が自由に使ったどの技術よりも強力であった。それぞれの社会はコミュニケーション・ネットワークで地理的に同じ境界内にあった。事実、そのようなネットワークの存在は一つの部族が他の部族と合併することを可能とする必要な前提条件であった。たとえば、交通路を持った地中海はローマ帝国を可能とした。部族の組織では帝国を統制することはできないから、それぞれの文明は、また、法や政府や軍事や宗教の新しい公的組織を形成した。それが諸部族を新しい中央と結び付けた。また、文明のいずれもただ一つの価値や信念体系を作り出した。それらは市民すべてによってある程度共有された。最近まで、キリスト教が西洋社会にとってそうであった。

衰退（decline）と没落（fall）

恐るべき事実は、ある期間繁栄した後、一つを除くすべての文明が倒壊（collapse）したということである。支配階級が存在しても、それは統率能力を失った。全体を結び付けていた公的組織が瓦解した。信仰はもはや市民の連帯を維持できなくなった。技術の多くはそれを実践できる大規模な協力体制がなくなったために忘れ去られた。そして、暴力によって社会をまとめようとする最後の不可避的な無駄な努力の後、文明はゆっくりと暗黒の時代に似た状況に戻った。その状況は社会が上へと登り始めた時の状況と多く似ていた。そこでは、小集団が相互に敵対しながらそれぞれの集団の内的凝集を保っていた。その循環の終わるところでは、部族の名前は当初の名前とは違っている――サクソン族はサビニ族ではない――が、しかし、部族行動はまったく同じである。社会はここまでは没落することができるが、しかし、明らかにそれ以上は進まない。そして、ここまで没落すると、社会は再び出発し始めるであろう。世界の数ヶ所で、文明化と崩壊（decay）の循環が少なくとも二度繰り返された。人はギボンからトインビーに及ぶ文明史家によって雄弁に語られた陰惨な物語を読むことができる。完全に瓦解しなかった文明は私たち自身の西洋社会である。しかし、今、私たちはそれについて心の底から心配している。他の文明社会が通った轍を避けて通ることができるであろうか。

その崩壊を説明するために、歴史家は多くの説を展開している。後の説ほど適切なものとなっている。しかし、社会学者が貢献できることがまだあると思う。私たち自身の理論は、大筋、つぎのように主張するであろう。部族や集団のレベルでは、社会は常に凝集可能である。したがって、文明が自身を維持すべきであるというなら、少なくとも、文明は二・三の集団特徴を、当然その規模は大きくなるけれど、保持しなければならない、と私たちは推測する。文明はこの問題を解決できないとき破綻する。事実、文明社会が創出するまさにその過程が、これまでのところ、破綻を不可避的にしている。もう少し詳しく見ることにしよう。

集団の解体（dissolution）

文明の発展は技術的変化と経済的拡大と戦争、通常この三つすべてを意味している。これらすべてには古い社会的単位に代わるものを置かないでそれらを破壊してしまうという効果がある。一つの特徴的な結果がローマ帝国の大都市、特に、近東の大都市であった。これらの都市は、エジプト、カナン、ギリシャ、ゴール、スペインのいずれにおいても、住み慣れた故郷を離れた、多くの異なる伝統を持つ人々よりなるスラム街に群れる商人、職人、奴隷で一杯であった。もう一つの結果はデトロイトやロサンゼルスのような私たち自身の大都市である。物理的な環境での差異を除けば、状態は同じである。ヒルタウンの研究はコインの裏側の典型である。すなわち、それは離郷する人々を生み出す崩壊した社会である。古い社会では人は人に結び付いていたが、新しい蝟集（agglomeration）――それは社会と呼ぶことはできない――では人は孤独である。彼には他の何かになるための余裕はない。

精神医学のあらゆる証拠――ここでそれを扱うことは私たちの目的ではない――が示しているように、集団に所属することによって、人は支えられ、生活で日常的なショックを受けても均衡を維持することができ、さらには、幸せで快活な子供を育てることができるようになる。もし集団が彼の周りで瓦解するなら、また、もし彼を価値ある成員として受け入れてくれていた集団から離されるなら、また、さらに、もし自分をつなぎとめる新しい集団を見つけることができなければ、彼は、ストレスにさらされ、思考や感情や行動の無秩序を見せるようになるであろう。彼の思考は妄想的となり、現実に十分準拠することなしに構成される。彼は不安になり、怒りっぽくなり、自己あるいは他者に対して破壊的となるであろう。彼の行動は強迫神経的となり、統制が効かなくなるであろう。そして、もし人を容易に他者と結び付けることを可能とさせる教育の過程がそれ自体社会的であるなら、彼は孤独な人間として社会的能力の低い子供を育てることになろう。それは悪循環する。すなわち、ある世代での集団所属の喪失はつぎの世代の集団所属の能力を劣化させる。その成長の過程で小集団生活を粉々にする文明は男女を孤独にし、不幸のままに放置するであろう。

もし新しい集団が、しかも古い集団の特徴のいくつかを持つ新しい集団が現れ、古い集団に取って代わるなら、危害はないであろう。そして、事実そのような集団が常に形成されていることを私たちは知っている。社会の種子は常に創造力に富んでいる。しかし、時には、新しい成長がその腐敗と歩調を合わせず、ただ孤独な個人の量が増大しただけであるかも知れない。彼らは表面的には公的な組織の裸の骸骨に付着しているが、しかし、昔の所属感を欠いているのである。第一次大戦前に、社会学者――デュルケーム、ルボン、フィギス、ブルークス・アダムス――のそれぞれは、同じ比喩を用いて、私たちの社会の衰退のしるしを指摘している。彼らは言う、社会は相互の関係を失った諸個人の塵埃の堆積となりつつあると。(2)

新しい集団

その過程は歯止めなしにどこまでも進むわけではない。社会は闘争がなければ解体しない。社会はその腐敗を抑制する抗体を作る。その反応はしばしば宗教の形態をとる。大都市――アンティオケ、アレキサンドリア、エペソ、ローマ、デトロイト、ロサンゼルス――の、故郷を追われてきた人々の中に、あらゆる種類の宗教が出現する。それはその故郷を追われた人々の出身部族の宗教ではない。また、文明自体の宗教でもない。もし社会が満足のいくものでないなら、人はその社会の信仰も満足のいくものでないであろう。その文明がかつて持った精神的統一が何であれ、それは壊される。新しい宗教は高度に情緒的である。すなわち、それは孤独な人々の誇張された情緒性を満たす。その精緻な神学は彼らの強迫観念への賛辞である。しかし、それらの宗教は情緒の開放や形而上学の主題のよりももっと重要なものを提供している。それぞれの新しい宗教はまた新しい社会である。それぞれは細胞（cell）あるいは信徒団（congregation）よりなっており、それらは孤独な人々に、彼らの失っている完全な帰属感覚を提供する。このことは、使徒言行録やパウロの書簡が証明しているように、初期のキリスト教に言えた。それはまた、ローマ帝国の神秘的な狂信的教団（cults）にも言えたと思う。私たちの都市の社会的な荒野に成長しているエホバの証人から共産主義に至る宗派（sects）にも同じことが言えると思う。すべての宗派が存続するわけではない。ローマ帝国では、キリスト教が強力に生き延びた唯一のものであった。キリスト教が高い倫理的な水準を定め、人間の肉体的欲求だけではなく、精神的な欲求に語りかけているという事実は人類にとっての希望である。もし私たちの文明が他と同じ道を進むなら、それは、暗黒時代のヨーロッパのように、新しい道徳規範の総合によって刺激されて復興するかもしれない。しかし、その教義の影響が何であれ、キリスト教は少なくとも新しい強靭な集団のネットワークを拡大した。それが最終的に帝国の崩壊を食い止め、ゲルマン部族と一緒になって、新しい社会を開拓できる母体を形成した。

結局、その新しい集団が文明の再構築の基礎を提供したが、しかし、注意しなければならないことは、当初は、それらは支配秩序と相容れることができず敵対したということである。ローマは大淫婦バビロンであった。聖ヨハネは自信を持ってその崩壊を予言した。何度も話してきたように、欲求不満の人間は攻撃に転ずる。人は、孤独で不安な人のいる社会に忠誠心を持たない。もし孤立した個人を吸収する新しい集団が組織原則として既存社会と対立せず、したがって、初めから、文明の崩壊を加速させなかったなら、歴史が現に見せているほどにはその崩壊は早くなかったであろう。

古典的なものの継承者である西洋文明の歴史においても、その問題はほぼ同じように述べることができる。エーリッヒ・フロムは、『自由からの逃走』で、過去四百年、人間は伝統的な社会の拘束から徐々に自由になってきたと述べている。しかし、その拘束を失ったとき、集団成員として各人の最深の利害関心の確保に共に協力してきた集団への帰属感をも失った。もし自由が情緒的な孤独しか意味しないなら、その自由は存続しないであろう。人はこの種の自由から逃れるために、どんな馬鹿なことでもしかねない。時には、独裁者の剣の下の大衆に合流する。あらゆる宗教、あらゆる革命運動は人間の兄弟愛を取り戻すのだと主張する。時には、信徒や党員という形式でそれを現に成し遂げている。小さな成功した集団で獲得されるような兄弟愛を、人々は持たねばならない。しかし、文明のレベルでは、失われた人間の兄弟愛の探求は、暴力によってしか解決できない抗争を生み出し、独裁という最悪な状態で終わるかもしれない。私たちの最善の本能が私たちを最も傷つける。人体のように社会も大きな回復力を持っているが、それらは盲目である。ほおっておけば、折れた足は再び接合するが、それは曲がってくっつくかもしれない。同じように、社会の均衡力はある種の統合を回復させるかもしれない。しかし、その新しい統合レベルは先のものより劣るかもしれない。前進的な適応を達成するために、退歩よりむしろ文明の維持を達成するために、新しいスタートの前に、知性がその回復のための諸力を方向付けなければならない。

集団対立

社会科学者の名付ける情緒的孤独、あるいは心理社会的孤独の問題は、文明が起こす唯一の問題ではない。また、それは最重要なものでないかもしれない。私たちはすでにこの問題が集団対立の問題と複雑に絡み合っていることを見てきた。電気機器会社で小規模に起こったものと同じ過程が、文明が進むにつれ、しばしば大規模に起こる。文明の進歩は、何よりも、社会の環境への技術的文化的適応の変化を意味している。内的システムは外的システムとつながっているから、この変化は社会内の集団間関係を乱し、集団間の相互敵対を増幅させる。その敵対はイデオロギーの違いとして表明される。そして、市民戦争が勃発する。これと非常に似たことが一六世紀に起こった。それは現在の危機以前に起った西洋文明の最後の大きな危機であった。経済的拡大と工業と農業の組織的変化に伴って、中産階級の重要性が急速に高まった。この階級の成員は孤立しがちであった。彼らはまた集団として社会の他の階級と対立するようになった。階級間の以前のバランスは崩れ、抑制されていた敵愾心が目覚めた。今日では経済的かつ政治的であるが、当時は宗教的かつ政治的であったイデオロギー論争で、中産階級は一方の陣営を張り、上層と下層の階級は一緒になってもう一方の陣営を張った。問題はその真価によって考察されなかった。それはその真の活力を階級的敵対から得ている党の単なる旗に過ぎなかった。その結果はフランスや英国での市民戦争や、ドイツでの三〇年戦争であった。文明は倒壊を回避した。しかし、回避に過ぎなかった。英国の被害は最少であり、その対立から利益さえ得た。その対立は他のどことよりも厳しくはなかった。フランスは絶対王政を導入することで生き延びた。しかし、ドイツの発展は非常に遅れたため、その時以来、国民的な劣等感で悩むことになった。多分、私たちは今日似たような対立を経験しているが、しかし、倒壊に耐える能力は非常に大きい。

周流とコミュニケーションと統制

進歩した文明によって引き起こされる他の問題、しかも、情緒的孤独と集団対立の両方に密に関係している問題は周流とコミュニケーションと統制の問題である。この順に取り上げることにしよう。周流（*circulation*）によって、私たちが意味することは、有能な人が社会の責任ある位置に就けられる過程である。小集団ではリーダーの選抜は自明で自然なことである。リーダーはその集団の諸理念に完全に従って行動する人である。彼はその集団の野心を表明する。まさにこのことによって、彼は集団を動かすことができるのである。最善の状態にある文明ではリーダーは同じである。スキピオ・アフリカヌス（Scipio Africanus）やオレンジ公ウイリアム（William of Orange）やエリザベスやワシントンは偉大な知的才能を所有していただけではなく、フォロワーからはその社会で最善の人であると思われていた。彼らの強さはこの二つの事実によっていた。しかし、文明が進むにつれ、昇進の水路が複雑になるにつれ、また、対立が広がるにつれ、その二つの資格要件を備えたリーダーを選抜することはそれだけ難しくなる。有能な人がいたとしても、彼らには金儲けや陰謀や権力行使や、あるいは集団間の増大した敵対を利用することでの技能が求められる。裂け目がリーダーとリードされる人の間に生まれ、ついには、後者はもはやリードされるのではなく、操縦されたり、買収されたりするようになる。

コミュニケーション（*communication*）の問題は周流の問題に近い。私たちの見てきたように、小集団ではコミュニケーションは自然とリーダーに向けて流れ、また、このようにしてして情報がうまく得られなければ、リーダーがその仕事を行うことができない。ところで、文明の一側面である中央集権の意味することは、大きな公的組織におけるフォロワーとトップリーダー間のコミュニケーションのチャンネルの長大化である。それが全体をつなぎ合わせている。小集団においてさえ、断絶の種子はリーダーとフォロワー間の情緒的関係に潜在している。コミュニケーションのチャンネルの長大化が進むたびに、その難問が増大する。昇進が上司次第であるような部下は、上司が聞きたがっていることや、自分の地位保全に役立つことしか彼に話さないであろう。コミュニケーション・ラインで最も近い位置の間に、よいコミュニケーションが存在するというだけでは十分でない。弱い鎖の輪が一つあっただけで、底辺からトップへの情報の流れは損なわれるであろう。あらゆる大組織でスタッフ部門が増大するにつれ、その部門単独の底辺からトップへのコミュニケーションのチャンネルが増殖するであろう。まさにこの増殖がコミュニケーションを妨げる。各チャンネルは全物語の一部しか伝えない。誰もその全体に注意を払う責任を持たない。そして、すべての新しいチャンネルは他のチャンネルにいる人の不安を増すであろう。なぜならそのチャンネルは他のチャンネルの人々を無視し、そして、不適格なリーダーの管理下で、批判を彼らに向かわせる情報を伝えるからである。(3) 最後に、適切なコミュニケーションは伝達されるべき事項についてのリーダーの知識の程度に大きく左右される。彼は聞きたいことを聞く。彼は聞くように訓練されたことだけを聞きたがる。アメリカの産業で、たとえば、コミュニケーションは販売や工業技術の問題では秀でているが、内的社会組織の問題については劣りがちである。この種の情報はもともと伝達が難しいかもしれない。しかし、また、アメリカの管理者はそれを重要と考えるように教えられていないと言うこともできよう。

組織における通常のフォロワーにとって、コミュニケーションとは抽象的な状況理解を伝達することではなく、フォロワーの見地から、行為を起こす必要がある問題に気付いたことを、また、そのフォロワーが実感している事実をリーダーに伝えることである。もしリーダーによって行為がとられないなら、フォロワーにとって、コミュニケーションは失敗したことになる。現代社会の大組織において、この意味でのコミュニケーションはあまりにも失敗しやすい。産業労働組合は意識せずに被害のいくつかを修復しようとして立ち上がるかもしれない。(4) しかし、それらも巨大組織であり、同じ問題に遭遇するであろう。リーダーシップも組織も全く信頼しない人々の集団を生み出す危険に私たちはさらされている。そのような集団は「内的プロレタリアート」(internal proletariat) とよく似ているように思われる。彼らは後期のローマ帝国に特有であるが、士気を失い、それ自身の自発的な集団行為の機会はなく、そして、そのリーダーに対して不機嫌に抵抗する。なぜなら問題はフォロワーからリーダーへのコミュニケーションの問題だけではないからである。リーダーはまたその社会が採用すべき行為計画を、フォロワーがそれを受け入れるように説明しなければならない。もしコミュニケーションがある方向で失敗すれば、他方でも失敗するであろう。

私たちの見てきたように、小集団では集団規範から離反する恐れのある人に対する統制は多くの場合非常に効果的であり、しかも、それは外部から課せられたものではない。それはその集団の関係のシステムに潜在している。またすでに見てきたように、フォロワーと親密なコミュニケーションをしているリーダーは、フォロワーが自発的に服従できないような行為を求めない。文明が進むにつれ、また、集団が解体するにつれ、また、社会があい争う集団に分裂するにつれ、また、リーダーとフォロワー間のコミュニケーション障害が増えるにつれ、この自然発生的な統制は消滅し、権力（force）や中央権力（the central power）が課す統制が優位になる。もちろん、ある程度の権力は社会統制で常に使用されねばならないことは確かである。私たちがいま対象としているのは、リーダーから見て、権力によってしか維持できない段階に達している文明である。もし集団の解体と対立の増大が相当進んでいるなら、リーダーのその診断は正しいであろう。しかし、長期的救済法としての権力に関して言えば、歴史はこの段階が文明の下り坂の始めであることを証している。崩壊はいずれ起こったであろうが、協力の強制はその崩壊を早めるだけである。デュルケームの言葉でいえば「埃の山のようなたくさんの未組織の諸個人よりなる社会、これらの人間を抱きとめて離すまいとする肥大症的な国家、これはまさに社会学的怪物である」[5]。また、ナポレオン以降のすべての独裁者は皆この怪物のようなものを作り出そうとした。ナポレオンが地方的な忠誠と自治の伝統をもったフランスの古い州が彼の支配への抵抗の中心となることを恐れて、その州を壊して、それらを県に分割したように、彼の時代以来、すべての独裁者は国家から独立したすべての社会単位を中央の支配下に置こうとした。ルソーは彼らにその行為の根拠を提供した。彼は、個人は社会の束縛から自由にされるべきであると論じた。しかし、これがいかになされるべきかという問題に直面したとき、彼は進んで次のように言った。「すべての市民はすべての他者からは独立し、国家には多く依存すべきである。……なぜなら国家の権力こそがその成員の自由を作ることができるからである」[6]。結局、人は自由であるためには強制されねばならない。

繰り返すことにしよう。すなわち、これらの問題のすべて——心理社会的孤独、対立、周流、コミュニケーション、統制——は集団のレベルで多少なりともうまく解決される。したがって、人間社会は決してこのレベルを超して解体しない。もし文明がそれ自身存続すべきであるなら、集団に当てはまることは文明にも当てはまるに違いない。文明がそれ自身の広大な規模のこれらの問題を解決できない時、また、文明がさらにその構成集団にそれらを解決させないようにする時、文明は破産する。

デモクラシー

私たちの自身の文明は完全に破産したわけではない。文明は、ある時代とある環境において、文明のレベルで集団の問題の解決に役立つ制度を発明した。そのような発明の複合体がデモクラシーである。私たちはここでは「人民の支配」という文字通りの意味でその語を使用しない。それは国家における主権の位置の問題に私たちを巻き込む。権威の別の表現である主権は国家の一要素あるいは一機関に存するのではなく、全体としての社会体系に存する。また、私たちはその語を「民主的な生活様式」という意味で使用しない。それは、私たちが言うように、独裁者に自分たちも他の人と同じように「民主的である」と言わしめることで、独裁者に助けと安らぎを与える。誰も彼らがそうでないと証明できないという意味で、デモクラシーの意味は非常に曖昧である。私たちはその語をここでは英国やアメリカのような国に共通して見られる行政制度や法制度の複合体を意味するために使う。すなわち、代議政治や議会政治、普通選挙、秘密投票、人身保護、陪審による裁判制度、権利法典という名で呼ばれる多様な自由。

注意してほしいことは、いかにこれらすべての考案物（device）が、文明のレベルでないとすれば国家のレベルで、小集団の価値の維持という問題に向けられているかである。経営者や代議士の選挙は、小集団の特徴であるリーダー選出方法を、国家のために保持することを目的としている。それはまた、言論の自由や印刷の自由と一緒になって、リーダーとリードされる人々の間の効果的なコミュニケーションを目的としている。陪審員による審判やいろいろな自由は、社会の自発的な自己統制が強制的な統制よりもはるかに効果的であることを非常によく語っている。最後に、代議政治はリーダーとフォロワーの間に強制された服従ではなく、自発的な服従の基礎となる関係を築こうとしたことの成果である。この主要な理念をさらに追求すれば、多くの重要な洞察が導き出されるであろう。

しかし、民主的な制度は社会からはなれて存在しない。それらは社会の中に存在する。もし社会がある特定種のものでなければ、それらの制度は長く存続はしないであろう。これは政治学が社会学と協力して今以上に研究すべき分野である。国民がよく教育されておらず、また、国民が生存することに心配しなくてもいいほどの高い生活水準を享受していないなら、デモクラシーは成功しないであろう。教育水準や生活水準がどれだけ高くあるべきかについては正確なことは言えない。しかし、私たちは少なくともある最低基準が達成されなければならないことを認める。私たちアメリカ人は外国に民主的政府の樹立を軽率に求めるが、これらの条件を満たしている国は何と少ないことか。私たちは何と非現実的であろうか。私たちの非現実主義が私たちを何とひどい欲求不満にしていることか。

これらは最低限の条件に過ぎない。条件は他にもある。もし民主的な制度は自らの存続を可能とさせる条件を創造しようと行為しても、すべてが可能というわけではない。デモクラシーは心理社会的孤独の問題を解決できないし、対立問題の解決に大して役立たない。最も恵まれた環境においても、対立が社会からなくなると信ずる人は誰もいない。対立はどのような社会秩序にも深く組み込まれている。秩序もそれがなければつまらないものとなろう。通常、問題は次のようになる。すなわち、どの程度の対立がどの領域で起こっているか。もし社会的対立が大して深刻なものでなければ、代議政治が、感情を有益になるように発散させながら問題を解決する方法を提供する。私たちはその政治において多くの言語暴力を受容できるようになっている。それへの寛容度は高い。さらには、私たちは厳しい非難のやりとりをしている人を尊敬する。しかし、もし対立が深く進行するなら、かつて合衆国が経験したように、また、共産主義の宣伝者たちがよく知っているように、民主的方法は対立の平和的解決ではなく市民戦争を引き起こす。デモクラシーが生き延びるためには、日常生活でのインフォーマルな接触によって、また、フォーマルなコミュニケーション・ネットワークによって、また、共通理念によって支えられた合意が社会の成員の間になければならないと思う。私たちはこの合意の性質についてまったく知らないが、私たちは、専門的な意味で、かつてデモクラシーであった、あるいは、現在そうであるヨーロッパのいくつかの国々には、この合意が存在しなかったことを知っている。さらに、すでに見てきたように、文明は発展するにつれ、その合意を危険にさらす傾向にある。

民主主義は周流とコミュニケーションと統制の問題を解決するために何とかしようとしている。しかし、その民主的手順は広大な国民生活領域に適用されない。多分できないであろう。工場での生産計画が国民投票で決定されるべきであると、あるいは、工場長は選挙されるべきであると、真面目に提言するような人はいない。しかし、これらの広大な領域で、現代文明の緊張が作られ続けている。現行の民主的方法を盲目的に適用することによってではなく、民主主義自体が問われている問題、すなわち、いかに小集団の諸価値が文明の規模で維持できるかに本気に取り掛かることによって、それらを解決することができる。

問題の解決

進歩した文明が生み出すいくつかの問題を見てきた。明らかに、文明の発展は文明崩壊へと導く条件を作り出す。この憂鬱な循環から私たちはいかに逃れるか。通常の保守主義者は「変化をとめよ。いかなる変化も悪くするだけだ」と助言するだけである。しかし、始めから終わりまで、文明は変化を意味している。変化を止めれば、文明も止まる、と私たちは推測する。また、保守主義者はこの助言を与える一方で、彼の賛美するビジネス企業が巨大な社会的変化を促進している。この事実が彼の言葉を無意味なものにしている。真の問題はこれである。すなわち、社会秩序が崩壊して塵の山とならないで、また、敵対する諸陣営へと分裂しないで、いかに社会秩序が変化できるか。エルトン・メイヨーの言葉を使えば、いかにして私たちは「適応的社会」(adaptive society)を作りうるか[7]。他の保守主義者――彼は通常「古い型のリベラル」と呼ばれる――は、「大きいことの災い」について怒りの声をあげ、そしてあらゆる種類の集団は国家統制から独立すべきであると主張する。彼は問題の本質を捕らえているが、しかし、その解決は間違っている。文明は中央集権化を意味する。それは、人々は巨大化する組織のなかで相互に関係しあうことを意味する。また、それらの組織はその社会の中心的な指揮母体、すなわち、政府の影響下に置かれることがますます多くなることを意味する。現代社会が大規模な組織を必要していようがいまいが、もし現代社会が自然環境への複雑な適応を維持すべきであるなら、文明化の過程がビジネスと政治の両方で進行することは確かな事実である。もし政治が中央集権化しないとしても、ビジネスはするであろう。どちらも相手を非難する立場にない。真の問題は、いかに社会集団の独立と自立を維持するかではなく、集団が自分自身の生活を維持でき、かつ、組織化された社会の生活に貢献するような仕方で、いかにその集団と中央統制との関係を組織化するかである。社会有機体で末梢の生命を破壊しないで、中央の強さをいかに維持し得るか。いかに私たちは成長を止めないで、中央集権化できるかである。

古風なリベラルな人ではなく、現代のリベラルな人はどうか。彼が大規模な組織の問題の解決のために提唱する考えはほぼ同じである。彼なら、大きな私企業の代わりに、より大きな国営企業を持ってくるであろう。彼はいくつかの重要な人間問題をいかに扱うかについてほとんど考えないで、リヴァイアサン国家に駆け込む。彼が私たちの現在の方法は適切であると思っているとして、産出高制限の問題を取り上げてみよう。それは組織の中央指令とその組織を構成している小さな作業集団との間の関係の典型的な問題である。そのリベラルな人はアメリカ産業における産出高制限について知らないかもしれない。しかし、もしそれを知っていたら、彼は、それは特に企業組織の結果であって、彼が擁護する組織を含む現代の巨大組織一般の結果ではないと、また、その制限は政府が社会主義になり、労働者のリーダーが権力を持てば、消滅すると言うであろう。しかし、その問題は手ごわく、その根は私たちが思うよりも深い。社会は、何よりも、私たちが本書の中で記述したような無数の小集団よりなっている。もし中央統制の増大を意味する発達した文明がそれらの集団を完全に破壊しないなら、多分できないと思うが、文明はそれらに対処しなければならない。しかし、すでに見たように、リーダーがフォロワーと共に誠意を尽くして集団を運営し、また、フォロワーが自分の見方が無視される恐れなしにリーダーシップを受け入れることができるといったリーダーとフォロワーの関係を、発達した文明は弱める傾向にある。私たちが福祉国家を組織したが、それでもなお、数百の小集団が公的なリーダーたちの助言に不機嫌に抵抗していると想定してほしい。その問題が机上のものでないことを社会主義政府の産業経験が示している。もし社会統制の中央集権化が増大するとすれば、その理由はそのような統制が必要であるからにちがいない。中央統制が行使されないなら、それは進歩ではなく停滞を意味すると思われる。そのようなとき、私たちは頑固に反対する人々を同調させるために暴力（force）を行使するであろうか。歴史の示すように、これは問題の解決とならず、むしろ、文明を下降させ始めることになろう。ローマ帝国の衰退はその誕生から、すなわちアウグストゥスの独裁から始まった。これは福祉国家に反対するための議論ではない。それは、もし中央集権的国家が停滞すべきでないなら、その時実現されねばならない条件について、今まで以上に注意深く研究してほしいという嘆願である。最後に私たちの事例を見よう。小集団のレベルでは、社会は常に凝集可能である。したがって、私たちの推測するように、もし文明が存続すべきであるなら、社会を構成する集団と社会の中央管理の間の関係において、小集団の特徴のいくつかを維持しなければならないのである。もしこの問題を解決しなければ、私たちの高邁な目的を達成する努力は私たちをユートピアではなく、ビザンティンへ導くであろう。その問題は容易に解決できないが、しかし、最初に可能な第一歩はヒューマン・グループの特徴を学習することである。

註

（1）A. J. Toynbee, *A Study of History*.（長谷川松治訳『歴史の研究』中央公論社、一九六七年）

（2）E. Durkheim, *De la division du travail social*（1902）, xxxii;（田原音和訳『社会分業論』青木書店、一九七一年、二四頁）G. Le Bon, *Psychologie des foules*（1910）, 190;（桜井成夫訳『群衆心理』角川文庫、一九五六年、二一七頁）B. Adams, *The Theory of Social Revolutions*（1913）, 228; R. N. Figgis, *Churches and the Modern State*（1914）, 47, 87.

（3）たとえば、F. J. Roethlisberger, "The Foreman: Master and Victim of Double-talk," *Harvard Business Review*, XXII（1945）, 283–98を参照。

（4）J. F. Scott and G. C. Homans, "Reflections on the Wildcat Strikes," *American Sociological Review*, XII（1947）, 378–87を参照。

（5）E. Durkheim, *De la division du travail social*（2nd ed.）, xxxii.（田原音和訳二四頁）

（6）J. J. Rousseau, Contrat Social, Bk. II, Chap. 12.（井上幸治訳『社会契約論』中央公論社、一九六六年、第一二章）また、R. Nisbet, "The French Revolution and the Rise of Sociology in France," *American Journal of Sociology*, XLIX（1943）, "De Bonald and the Concept of the Social Group," *Journal of the History of Ideas*, V（1944）, 315–31; "The Politics of Social Pluralism: Some Reflections on Lammenais," *The Journal of Politics*, X（1948）, 764–86を参照。

（7）E. Mayo, *The Social Problems of an Industrial Civilization*, 31. 読者はまた、B. Adams, *The Theory of Social Revolutions*, の6章を、すなわち、金文字で印刷すべきと、エルトン・メイヨーがよく言っていた章を研究すべきである。

解説

（一）ホーマンズの社会学での歩み

一九一〇年　G・C・ホーマンズは二人の大統領（二代目大統領ジョン・アダムスと六代目大統領クィンシー・アダムス）を父祖にもつボストンの名門に生まれた。いわゆる、ワスプ（WASP）であり、ボストン・ブラーミンであった。

一九二八年　ハーバード・カレッジに入学し、英米文学を専攻した（〜三二年）。

この時代のアメリカは恐慌のために経済的政治的な危機の状態にあった。若い学生たちの多くはマルクス主義の影響を受け、アメリカの資本主義体制を批判した。ボストン・ブラーミンと言われる裕福な階級のホーマンズは仲間の学生からその富は労働者からの搾取によるものであり、それを労働者に返せと攻撃された。このような攻撃を受けて困惑していたホーマンズに、二年生から四年生まで彼の読書や専攻教科を指導していたチューター（個別教育講師）のデボト（Bernard DeVoto, 1897–1955）がパレート（Vilfredo Pareto, 1848–1923）の『一般社会学大綱』（*Trattato di sociologia generale*, 1916）を読むように勧めた。その読書を通して、搾取を説くマルクスの剰余価値の理論は全くの合理化であり、搾取などは知的たわごとに過ぎないことを教えられ、この書を通して、苦境から解放され、さらには、パレートの合理化論を武器に反撃に出た。「パレートの社会学は私の内部に溜まっていた沢山の無知を一掃してくれ、…私を守ってくれた」(Homans, 1962, p.4) のである。彼はそれが社会学であるからではなく、自分を無知と苦境から解放してくれるという理由で、パレートの社会学に没頭した。四年生の時には、パレートの『一般社会学大綱』のフランス語訳を読破していた。

一九三二年　卒業論文「モビー・ディックとピエールとマーディ」("Moby Dick, Pierre and Mardi") を書き上げ、英米文学科を卒業した。その論文は最優秀賞を受け、『季刊ニューイングランド』(*The New England Quarterly*) に掲載された。

卒業後、彼はホワイト (William Allen White) の経営する新聞社に記者として就職することになっていたが、その新聞社が大恐慌の煽りを食らい経営難になり、内定が取り消され、失業の身となった。

この年、生化学者かつ科学史家であるヘンダーソン (L. J. Henderson, 1878–1942) の主催する《パレート社会学に関するゼミ》(一九三二年～三四年) がハーバードの錚々たる学者を集めて開講された。ホーマンズのチューターであったデボトがヘンダーソンのかつての学生であったことや、彼の勧めでパレートの『一般社会学大綱』を読んでいたことが縁となって、ホーマンズはヘンダーソンの助手としてゼミに参加した。そして、カーティス (C. P. Curtis, 1891–1959) との共著『パレート入門』(*An Introduction to Pareto*) を出版した。実際は、ホーマンズが執筆したものであった。その著は初めての英語によるパレート紹介であり、ヘンダーソンも認める好著であった。

一九三三年　ヘンダーソン、ローウェル学長、哲学者ホワイトヘッド、カーティスらによって、天才的な才能を持つ若者が、学則などの縛りを受けず、また、生活も保証されて、自由に研究に専念できる教育研究機関《ザ・ソサエティ・オブ・フェローズ》(The Society of Fellows) が設立された。ホーマンズは一回目のジュニア・フェロー募集に、詩人として推薦され応募したが、選ばれなかった。

一九三四年　第二回目の研究生募集で、その所長であったヘンダーソンの推薦で社会学者として応募した。ホーマンズの執筆した『パレート入門』が高く評価され、社会学専攻のジュニア・フェローとして採用された（〜三九年）。ホーマンズはこの《ザ・ソサエティ・オブ・フェローズ》で才能あふれる多彩な人々（文学者、哲学者、生理学者、人類学者、数学者、歴史学、経済学者、社会学者、自然科学者等）と食住を共にしながら日常的に交わりを持つことになった。ここで六年間「有り余る自由」に恵まれた、「自由な知的な交流」、真の学際的な研究生活を送った。「私を社会学者にしたのは、このザ・ソサエティ・オブ・フェローズのメンバーになったことと、その所属から得た諸経験である」（Homans, 1984, p.119）と述懐している。ここで彼は、機能的人類学の方法論によって、混沌としているかに見える『一三世のイギリス農民』（*English Villagers of Thirteenth Century*）の諸制度がいかに相互に関係し合っているかを中世の文献資料を使って研究した。

一九三五年　ヘンダーソンの主催する講座『社会学二三…具体社会学』が開講され、ホーマンズは助手としてヘンダーソンを助けた（〜三八年）。この講義は、まず、ヘンダーソンが抽象的な理論的枠組みを述べ、次に、それを例証するものとしてゲスト講師が具体的な事例を紹介し、最後に、ヘンダーソンがこれらの事例を彼の概念図式によって整理するという形式で進められた。この授業形式は、本訳書である一九五〇年に出版された『ヒューマン・グループ』のユニークな構成に引き継がれた。

一九三九年　ソローキンの招きでハーバード大学の社会学部の助教授なった。

一九四一年　召集を受けて、海軍少尉として戦線に出た（〜四六年）。この年、《ザ・ソサエティ・オブ・フェローズ》での研究成果『一三世紀のイギリス農民』が出版された。「従来の歴史家にとって全くの未知の分野に投げかけた光は画期的な成果をもたらしたといって過言ではなかろう」（鵜川馨　一九九一　四一五頁）と本書は評価されている。

一九四六年　新たに創設されたハーバード大学の社会関係学部の准教授として招聘され軍役から解放された。ここから、ホーマンズの社会学者としての本格的な研究生活が始まった。

一九五〇年　デボトとマートン（Robert Merton）の二つの序文を付けた『ヒューマン・グループ』（*The Human Group*）が

ハーコート・ブレイス社（Harcourt Brace）から出版された。

一九六一年　交換理論の提唱である『社会行動』（*Social Behavior*）が出版された。

一九六二年　これまでの書いてきた論文を集めた『感情と活動』（*Sentiments & Activities*）が出版された。

一九六三年　アメリカ社会学会会長に就任した（～一九六四年）その時の会長講演「人間を取り戻せ」（Bringing Men Back In）はアメリカ社会学界に大きな影響を与えた。

一九六七年　彼の科学論である『社会科学の本質』（*The Nature of Social Science*）が出版された。

一九七〇年　社会学部が社会関係学部から独立。学部長（～七五）に就任した。

一九七四年　『社会行動』の改訂版が出版された。

一九八一年　定年退職。名誉教授となった。

一九八四年　ホーマンズの自叙伝『正気に帰る』（*Coming to My Sense*）が出版された。

一九八七年　一九六二年以降の論文を集めた論集『確信と懐疑』（*Certainties and Doubts*）が出版された。

一九八八年　若い時から書いてきた詩を集めた詩集『ウィッチ・ハゼル』（*The Witch Hazel*）が出版された。

一九八九年　没。享年七九歳

一九九二年　新しい二つの序文、ヘアー（A. P. Hare）とポリー（R. B. Polley）の序文を付けた『ヒューマン・グループ』がトランザクション出版社（Transaction Publishers）から出版された。

（二）『ヒューマン・グループ』をめぐる評価について

二つの版『ハーコートブレイス版』と『トランザクション版』について

彼の略歴で見てきたように、『ヒューマン・グループ』には二つの版がある。一つは、一九五〇年にハーコートブレイス社から出版されたもの（以下、ハーコートブレイス版と呼ぶ）であり、もう一つは、ホーマンズの没後三年の一九九二年にトランザクション出版社から「組織と経営の古典」としてリプリントされたもの（以下、トランザクション版と呼ぶ）である。両者の違いは、文頭に置かれた二つの序文のみである。ハーコートブレイス版には、二人の社会学者ロバート・マートンと歴史家・文芸評論家デボトの序文が、トランザクション版には、この二の序文に代わって、二人の社会心理学者へアーとポリーの序文が掲載されている。

ハーコートブレイス版の序文の一つを書いたマートンはアメリカを代表する社会学者であった。ホーマンズが《ザ・ソサエティ・オブ・フェローズ》のジュニア・フェローであった時、マートンはハーバードの社会学部の大学院生であり、二人はその時以来の友人であった。もう一人の執筆者デボトは、英文科の学生であったホーマンズを公私にわたり指導したチューターであった。彼はアメリカ西部の歴史研究でピューリッツァー賞を受賞した歴史家であり、また、マーク・トウェインの研究で有名な文芸評論家であった。

一冊の本に二人の人が序文を書くことは珍しいことである。なぜこうなったのであろうか。本書の構成は、まず、概念図式（conceptual scheme）を提示し、次に、データとして利用する五つの有名なフィールド調査を日常の言葉で紹介した後、それを彼の提唱する概念図式で分析・再記述し、一般則（経験命題）の体系（system of generalizations）に要約するという形式よりなっており、当時としてはあまりにもユニークな構成を持つ本であった。その評価に戸惑い、出版社はこの本の出版に躊躇した。そこで、この著名な二人が本書の社会学的な価値を訴える序文を書いて、出版社にその出版の決断を促したのである。一つの出版社は断ったが、ハーコートブレイス社は出版した。しかし、その心配は杞憂に終わり、本書は世界的に高く評価され、一躍、ホーマンズの名は世界に知られるようになった。なお、この版は、今も、ルートレッジ・ケガン ポール社から出版されている。

トランザクション版は、ハーコートブレイス版の四二年後に、《組織と経営の古典シリーズ》の一冊として、新しい二つの序文を付けて出版された。執筆者の一人へアーは著名な小集団の研究者であり、彼はホーマンズが仮説として提唱した一般則（経験命題）の体系がその後の小集団の研究でいかに検証されたか、また、その後の小集団研究がホーマンズの研究をどこまで越えたかについて述べている。もう一人の執筆者のポリーは、ホーマンズの自叙伝『正気に帰る』（*Coming to My*

Senses, 1984）などを参照しながら、『ヒューマン・グループ』で展開された一般則を利用しながら、いかにして『ヒューマン・グループ』という本が書かれたかを、ユーモアたっぷりに説明している。

序文に見る評価

ハーコートブレイス版で、マートンは、「ジンメルの先駆的分析以来、小集団の構造・機能の社会学的理論に対して、ジョージ・ホーマンズの『ヒューマン・グループ』以上に大きく貢献した本はただの一冊もない」（Homans, 1951, p.xxiii）と絶賛している。

デボトは、「本書の言わんとすることは、これらの集団は違っているけれど、それらの行動には根本的な類似性が見られるということ、それらには社会的な斉一性が見られるということであり」、ホーマンズは「それについての理論を公式化した。… この点の重要さに注目して、それを社会行動の動的相関関係の理論と呼ぶことができる」（Homans, 1950, p.xi）と述べて、彼の独創性と社会学への貢献を指摘している。

トランザクション版でヘアーは、本書の重要性は出版時において既に明らかであたこと、また、四〇年後の今も、組織と経営の古典と考えられていることを指摘している。また、編集者の一人として彼自身が編纂した一九五四年の小集団研究の最初の包括的な著書目録で、この本を小集団研究に最も貢献した六つの著作のうちの一つに挙げている。

もう一人の執筆者ポリーは、次のように言っている。「『ヒューマン・グループ』はホーマンズに最も多くの印税をもたらした本であり、また、学者たちも学生たちもお気に入りの本であった。しかし、その本はジョージ・ホーマンズのお気に入りではなかった。彼は研究生活を振り返りながら、『社会行動』はその前著を超え実質的に前進した本だと判断した。……しかし、私は『ヒューマン・グループ』こそがホーマンズの最高の、そして、最も重要な本であったと判断せざるを得ない」。さらに、次のように言っている。「ホーマンズは五つの内容豊かで詳細な事例を提示し、それらを論理的に一貫した命題の鎖でしっかりと繋いだ。この研究をユニークにした点は、物語（story）と分析（analysis）の結合である。彼の後の著作は、分析への関心のために、その物語の多くを犠牲にした。『社会行動』への失望は、……豊饒さと内容の欠如の故である」。

そして、最後に、「この古典のリプリントは社会学や心理学や経営学や小集団研究の再活性化に貢献するであろう」(Homans, 1992, p.xxx) と述べている。

ホーマンズ自身の評価…「それは私のものではない」

ポリーが序文で言及したようにホーマンズ自身の評価は変わっている。もちろん、その評価は出版時ではなく、三五年後のことである。彼は一九八四年出版の自叙伝『正気に帰る』で、一九六一年に出版し、一九七四年に改訂した『社会行動』(*Social Behavior*) を念頭に置きながら、『ヒューマン・グループ』について次のように述べている。

「『ヒューマン・グループ』は私の本の中で最もよく売れた。それはまた学生と教師によく読まれた。しかし、それは私のものではない (It is not mine.)。もちろん、それに関係 (責任) がないと言うつもりはない (I certainly will not disown it)。私は、私の二冊の著作のうち『社会行動』の方がいい本だと思う」(Homans, 1984, p.317)

著者本人が『ヒューマン・グループ』は「私のものではない」と言っているが、それでは誰のものであろうか。また、なぜ三四年後にそう言ったのか。それに答えるために、ホーマンズの理論構築における『ヒューマン・グループ』と『社会行動』の関係を見なければならないと思う。

(三) ヘンダーソンとホーマンズ

ホーマンズはいかにして社会学者になったか。その事情について自叙伝で次のように述べている。

「私自身のキャリア選択は本当のところ選択ではなく、全く偶然の賜物 (pure blind luck) に近いものであった。もし不況がなく、ホワイトに雇用され、新聞記者としてエンポリアに行っていたなら、もしホィーラーがヘンダーソンを説得してパレートを読ませなかったなら、また、もしヘンダーソンがデボトに、デボトが私に、パレートを読ませなかったなら、もしヘンダーソンがパレート・セミナーを開講しなかったなら、もしローウェルが、《ザ・ソサエティ・オブ・フェローズ》を設立しなかったなら、私はきっと社会学者にはならなかったであろう」(Homans, 1984, p.122)。

別の言い方をすれば、ハーバードの昆虫学者ホィーラーがヘンダーソンにパレートの『一般社会学大綱』二巻を読むように勧めたこと、これを読んだヘンダーソンがパレートに傾倒したこと(1926–27)、彼がかつての教え子であったデボトにパレートを紹介したこと、そのデボトが、チューターとして、ホーマンズに『一般社会学大綱』を読むように勧めたこと、ホーマンズがフランス語訳のこの大著を在学中に読破したこと(1930)、また、デボトがその彼をヘンダーソンとの夕食会に連れて行ったこと(1929–32)。卒業後、新聞記者として就職することになっていた新聞社が不況のため経営難に陥り、内定を取り消され失業したこと(1932)。ヘンダーソンが「パレート・セミナー」を開くことになり、失業中であったホーマンズをゼミの助手にしたこと(1932)。そのセミナーの仲間のカーチスの誘いで、『パレート入門』を書いたこと(1932)。その著作が高く認められ、ヘンダーソンが所長をしていた「ザ・ソサエティ・オブ・フェローズ」の社会学専攻のジュニア・フェローに選ばれたこと(1934)。さらにまた、ヘンダーソンの開講した「社会学二三…具体社会学」のティーチング・アシスタントになったこと(1935)。こうして、気が付いたら社会学者の道を歩んでいたのである。「封建制度での言い方をすれば、私はヘンダーソンの臣下(Henderson's man)となった。彼は私を息子の様に扱った」(Homans 1984, p.116)。

ヘンダーソン

社会学を研究するジュニア・フェローになったとはいえ、彼は社会学の専門的な教育を受けたことがなかった。彼の知る社会学はパレート社会学だけであった。ヘンダーソンに「先生、社会学者になるために何をすればいいでしょうか」と相談した。彼は、数学の微分・積分を学ぶこと、ドイツ語を習得すること、歴史的方法について学ぶこと、エルトン・メイヨーのインフォーマルな読書会に出席することを勧めた。彼はその助言に忠実に従った。

ところで、そのヘンダーソンとはどんな人物であろうか。

彼は一八七八年マサチューセッツ州に生まれ、一八九四年にハーバード大学に入学し、物理化学コースを取り、優秀な成績で卒業した。一八九八年秋、ハーバード・メディカル・スクールに進学した。彼は臨床医学ではなく生化学の研究に取り組んだ。卒業後（一九〇二年）、ストラスブール大学で二年間化学の研究をして帰国し、ハーバードの生化学の教授となった。そして、生理学的均衡問題の研究に多くの関心を寄せた。一九〇八年、有機体の酸性均衡の厳密な数的公式を明らかにした。その後、血液化学での均衡問題に移り、一九二八年に、その成果『血液』(*Blood*) を世に問うた。その血液についての研究は多くの傷兵の命を救うために応用されたと言われている。「彼はその時代の最も独創的な傑出した生化学者であった」。

そのような生化学の研究と並行して、彼は科学の方法論に大きな関心を持ち、ハーバードの哲学部のセミナーに参加し、「科学哲学」についての研究を深め、一九一一年、ハーバードで初めての「科学史」についてのコースを創設し、自ら教えた。その教え子の一人が、ホーマンズのチューターであったデボトであった。

ヘンダーソンは、研究生活の後期に、社会学に関心を持つようになった。しかし、当時の社会学は彼にとっては科学とは言えないナンセンスなものであった。科学としての社会学を可能とさせる方法論とは何か、これが彼の問題であった。一九二六年ごろ、ハーバードの同僚であった昆虫学者ホィーラーがパレートの『一般社会学大綱』をヘンダーソンに勧めた。二冊よりなる大著を借りて、約二週間で読んだ。パレートの本の中に、科学について、科学研究の方法について、また、概念図式としてのシステムや均衡について、自分の考えと同じものを発見した。そして、科学としての社会学の可能性を見つけた。「それは私にこの上ない喜びをもたらした。しばしば大声で快哉を叫びさえした」。彼のパレートへの傾倒が始まった。

一九三二年、「パレートと科学的研究の方法についてのセミナー」(Seminary on Pareto and Methods of Scientific Investigation) を開講した。二年間であったが、このゼミにハーバードの錚々たる学者や大学院生が参加した。ホーマンズは無給の助手としてゼミの手伝いをした。このゼミの成果が、カーチスとホーマンズの共著『パレート入門』であった。実際に、執筆したのはホーマンズであった。

一九三三年、ヘンダーソンは、ローウェル学長、哲学者ホワイトヘッド、ハーバードの理事カーチスと一緒に、天才的な才能を持った若者の才能を十全に伸ばすことのできる教育研究機関《ザ・ソサエティ・オブ・フェローズ》を創設し、ヘンダーソンが所長になった。先に書いたように、翌一九三四年、ホーマンズは《ザ・ソサエティ・オブ・フェローズ》の社会学専攻のジュニア・フェローに選抜された。

一九三五年、ヘンダーソンは「社会学二三…具体社会学」を開講し、ホーマンズは講座の準備を担当する助手となった。

（四）「社会学二三…具体社会学」

ヒポクラテスの方法

ヘンダーソンは、医学者として、生化学者として、また、科学史家として、また、パレート社会学の研究者として、科学理論はいかなる方法で構築されるべきかについて確固とした見解を持つようになった。同じ方法論を用いて科学としての医学の発展に大きく貢献した「医学の父」ヒポクラテス（Hippocrates 460 B.C.-370 B.C.）の名に因んで、それを「ヒポクラテスの方法」と名付けた。

ヘンダーソンはヒポクラテスの方法を次のように要約している。

①社会学者は対象事象に慣れ親しみ、直観的に分かるぐらいに精通しなければならない。
②社会学者は対象についての体系的な知識を持たねばならない。
③社会学者は分析用具としての概念図式を持たねばならない。（Henderson, 1938, p.6）

「社会学二三」の開講

彼は、当時の社会学がナンセンスと思われたのは、こうした方法論についての自覚がないままに構築されたからであると考えた。そこで、彼は、「社会学二三…具体社会学」を開講し、ヒポクラテスの方法によって、社会学構築を実践した。

ホーマンズはこの講義に助手として参加し、その影響を受けた。

その講座の構成は、まず、ヘンダーソンが、社会学とは二人以上の人々の相互作用から生ずるすべての事象と諸過程を研究する科学であると定義、それを分析する用具としての概念図式（conceptual scheme）――社会システム――について講義し、次に、それらを例証するものとして、一五人を超すゲスト講師が具体的な事例を紹介し、最後に、ヘンダーソンがこれらの事例と彼の概念図式を用いて分析し、人々の間における相互作用での斉一性を明らかにした。

この講義の特徴はゲスト講師による事例報告である。ゲストに招かれた人々はいずれも報告内容について知悉している専門家であった。正に研究対象に慣れ親しみ、直観的に理解できるほどに精通した学者であった。人物も多岐にわっていた。たとえば、歴史学者、社会学者、心理学者、人類学者、宗教学者、政治学者、精神分析医、生化学者、医者などであった。

ホーマンズは講座の助手として、常に出席、聴講し、また、ゲストとして、彼自身も「一三世紀のイギリス農村」について報告した。彼自身もこのヒポクラテスの方法に基づいて、研究をすすめた。

一九四一年、ホーマンズは召集令を受け、ハーバードを離れた。一九四二年、彼の恩師ヘンダーソンが急逝し、「社会学二三…具体社会学」は廃止された。しかし、「社会学二三…具体社会学」の理念は、一九五〇年のホーマンズの『ヒューマン・グループ』で実現された。

（五）『ヒューマン・グループ』…記述…

ヘンダーソンが多様な専門家の報告した具体的なデータをもとに概念図式に基づいて分析し、斉一性を求めた。ホーマンズは有名な五つのフィールド調査を選んだ。これらはいずれもただ一つの集団を調査の場として選び、そこで展開されている実際の社会行動を詳細に観察し、記述したものであった。彼が提唱する単一の概念図式に基づいて、彼はこれらの調査を意味論的に分析し、斉一性を示す経験命題の体系に要約した。

五つのフィールド調査

①レスリスバーガーとディクソンの『経営と労働者』所収の「端子盤配線観察室」（一九三一年―一九三二年）。これは二年を費やした参与観察の調査報告である。これはエルトン・メイヨーをリーダーとして実施された有名なホーソン・リサーチの一つであり、産業社会学の成立に大きく貢献した調査である。

②ホワイトの『ストリート・コーナー・ソサエティ』（1937–1940）。彼が《ソサエティ・オブ・フェローズ》のジュニア・フェローであった時に、実施されたフィールド調査の報告書である。同じジュニア・フェローであったホーマンズはホワイトからいつも聞かされていた調査であった。

③ファースの『我々、ティコピア人』。これは小さなティコピア島における人類学者によるフィールド調査（1928–29）の詳細な報告である。最近、この小さなティコピア島の社会がなぜ三〇〇〇年にわたって、途絶えることなく存続してきたかが話題となっている（ジャレド・ダイヤモンド、下　二〇一二　三三三頁―四七頁）。

④ハッチのハーバードの博士論文「一九九〇年以降のニューイングランドの村落コミュニティの構造と機能の変動」（1948）。これは小さなタウンの盛衰を詳細に追った調査である。

⑤アレンスバーグとマクグレゴーの「生産会社におけるモラールの決定因」。これはある生産会社の成長にともなう諸変化と問題を詳に調査したものである。

これら五つの調査報告は、それぞれの研究対象に慣れ親しみ、直観で理解できる程に熟知した調査者によって執筆された著作や論文であり、そこでは人々の活動、交際、感情が生き生きと描かれている。

概念図式

研究対象である小集団を分析するためにどのような概念図式が適当であるか、ホーマンズは「社会学二三…具体社会学」の助手をしながらずっと探求してきた。最初の概念図式は『一三世紀のイギリス農民』（1941）の最後の章で提唱され、それが、彼の指揮する小戦艦がキュラソ島のウィルムスタンドに修理停泊中に検討され改訂され（1943）、そして、一九四七年、アメリカ社会学会誌に論文「社会組織研究のための概念図式」(A Conceptual Scheme for the Study of Social Organization, *A.S.R.* 1947, pp.13-26) として発表された。

①集団は相互作用している人よりなる。そこでの行動は要素として、活動（A）、感情（S）、相互作用（I）、規範（N）に分けられ、それらは相互に依存し合って「社会システム」(social system) を構成する。

②集団は環境の中に存続している有機的全体あるいは社会体系として研究される。その内、環境によって条件付けられている社会システムの部分を「外的システム」(external system) という。これは後に簡単に、「与件」(given) と呼ばれるようになった。

③社会システムでの諸要素間の相互依存関係は時の経過につれてシステムの「進化」(evolution) をもたらす。この内的に発展する社会システムの部分を「内システム」(internal system) という。

④この内体系はさらに外システムに反作用して「全社会システム」(total social system) を形成する (Homans, 1950, pp.81-130)。

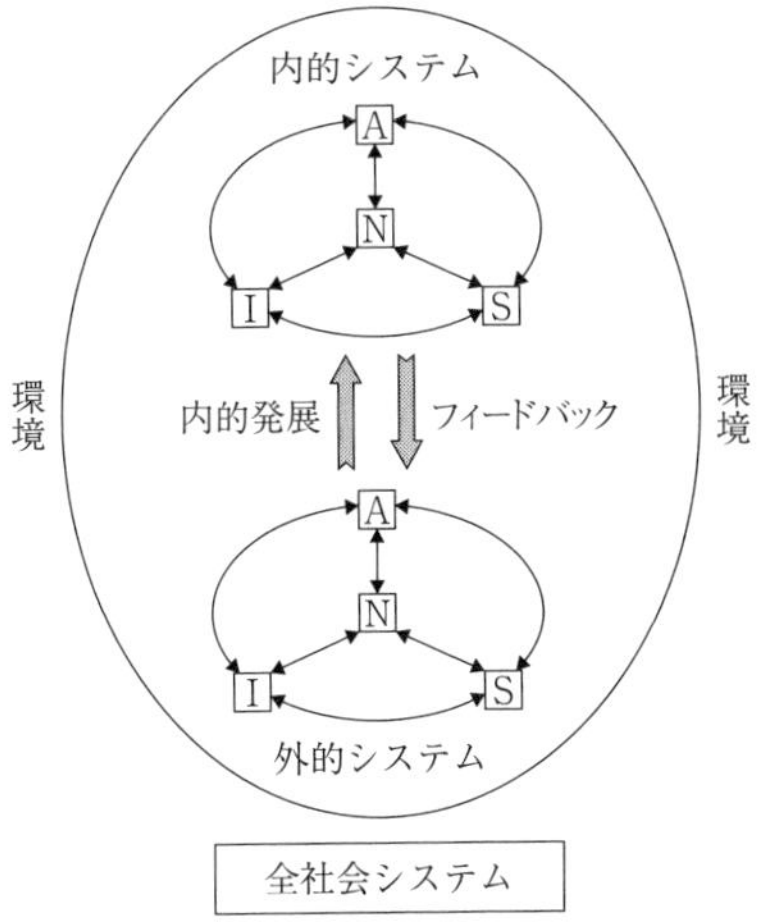

経験命題の体系的記述

ホーマンズはこの概念図式を、上の五つのフィールド調査に適用する。そのため、まず、それぞれの学者によって使用された用語の意味論的分析を通して、彼らによって観察された事実が何であったかを明らかにする。次に、その概念図式に基づいて、明らかにされた観察事実を四つの要素に分析し、最後に、それらの要素間の関係について述べる経験命題を体系的に記述する。いわゆる、五つのフィールド調査は、概念図式に従って法典編纂 (cordification) の手法を用いて五四の経験命題に要約され、そして、その経験命題は相互に依存しあってシステムを構成するいわゆる『ミクロ世界の総合』が行われる。

彼は、単一の概念図式に基づいて、五つのフィールド調査の結果を整理し、経験命題の体系を打ち立てたのである。彼はこの段階での自己について次のようにも述べている。「私は正真正銘のベーコニアンである。私の『体系』は帰納的であると信じている。その命題の体系はデータの凝視とそれらを簡潔に要約する仮説を述べたいという欲求から生まれた」(Homans, 1955b, p.86)。科学論においてこの段階の重要性については多くの学者によって強調されてきている。マッハ(Ernest Mach, 1838–1916)によれば、「科学は『注意深い、かつ完全な、単なる事実の提示』よりなる。それは『なぜ』という質問を捨て、現象の『いかに』をのみを追及する」(Homans, 1962, p.47)のである。このマッハの方法論に対し、ホーマンズは次のように賛成している。「私もこれが科学的戦術のすばらしい規則の一つであると思う。人は現象を説明するにあまりにも急で、その結果、現象を直視しない」(Homans, 1962, p.47)と。

しかし、ホーマンズはマッハの科学論には全面的には賛成できなかった。「これは科学的戦術としてはすばらしいルールでありえても、……戦略の不変的なルールではありえない。人は『なぜ』と問うこと、換言すれば、説明を求めることの権利を拒否できない。」(Homans, 1962, p.47)。彼は『ヒューマン・グループ』の経験命題の説明をもとめた。いかに説明するか。これが彼の次の課題として登場してきた。

(六)『社会行動』…説明…

ホーマンズは一九五二年から一九五三年にかけてイギリスのマンチェスター大学の客員教授として招かれた。その時、友人の人類学者フォーテス(Meyer Fortes)が出版されたばかりのブレイスウェイト(R. E. Braithwaite)の本『科学的説明』(*Scientific Explanation*, 1953)を彼に紹介した。その本は理論とは何かを問題とした科学哲学の本であった。この本に刺激を受けて、彼はさらに社会科学における理論や説明を主題とする主要な論文や著作を積極的に読んだ。こうして彼はブレイスウェートや他の哲学者(ヘンペルやネーゲル)の著作を通して、カバーリング・ロー(covering law)の理論観を学び、その立場に立つようになった（Homans, 1984, p.325）。

カバーリング・ローの理論観

カバーリング・ローの理論観の特徴を上げると次のようになる。

①理論の本質は社会科学も自然科学も同じである。
②ある現象の『理論』とはその現象の『説明』である。
③説明とは少なくとも二つの自然の属性間の関係を述べる命題のセットよりなっている。
④その命題のセットは少なくとも主要な三種類の命題よりなっている。
a《被説明項》（explicandum）としての命題。典型的な被説明項はホーマンズが経験命題と呼ぶものである。

b《一般命題》（general proposition）。これは、科学哲学者によって《大前提》（major premises）、《公理》（axims）、《法則》（law）とも呼ばれる。

c《所与条件》（given condition）。これはまた《初期条件》（initial condition）、《境界条件》（boundary conditios）とも呼ばれるものである。
⑤この命題のセットは《演繹体系》（deductive system）を構成する。すなわち、被説明項が所与条件のもとで一般命題から論理的帰結として演繹されたとき、その現象（被説明項）は説明されたと言われる。
⑥同一の一般命題が多様な所与条件に適用されることによって、多くの経験命題を演繹・説明できる。このよう多くの現象をカバーし説明する一般命題の存在から、この理論は《カバーリング・ローの理論》（covering law theory）と呼ばれる（Hempel, 1965, pp.347-347）。

ホーマンズがカバーリング・ローの理論観を取るようになったのは、『ヒューマン・グループ』の出版後の一九五〇年代の半ばであった。

社会学におけるカバーリング・ローは何か

彼の好んで引用する言葉に理論物理学者ギブズ（Josiah Willard Gibbs, 1839–1903）の言葉がある。「理論研究の仕事とは実験の諸結果を表現できる形式を与えることである」（Homans, 1950, p.3, p.114, p.411, 1962, p.46）という言葉である。このギブズの言葉の中の実験を観察に置き換え、「理論研究の仕事とは xx、観察の諸結果を表現できる形式を与えることである」とすれば、『ヒューマン・グループ』の段階での理論構築の指針となる。ホーマンズはこの言葉に従ってミクロ世界の総合（経験命題の体系）を成し遂げた。

さらに、ギブズの言葉「適切な体系を作れ、そうすればおのずと展望は開けてくる」という言葉を信頼して、ホーマンズは経験命題の体系を構築し、次に、それらを説明するより高次の一般命題（カバーリング・ローズ）を探し求めてた。

彼はその一般命題すなわちカバーリング・ローを、《ソサエティ・オブ・フェローズ》でのジュニア・フェローの仲間であり、ハーバードの同僚であるスキナーの行動心理学の中に見付けた（Skinner, 1953）。それは有機体の行動を「その行動のペイオフすなわちこの行動の結果——報酬あるいは罰——の関数として」（Homans, 1974, p.56）とらえた。ホーマンズはそれを五つの一般命題にまとめた。

①成功命題（success proposition）

「人のある行為が報酬を受けることが多ければ多いほど、それだけその人はその行為を行うことが多くなる」。

②刺激命題（stimulus proposition）

「過去において人の行為が報酬を受けたときに、ある特定の刺激あるいは刺激群が現れていたとする。その過去の刺激に現在の刺激が類似していればいるほど、それだけその人はその行為を、あるいはそれと類似した行為を行うことが多くなる」。

③価値命題（value proposition）

「ある人の行為結果が、その人にとって価値があればあるほど、それだけ彼はその行為を行うことが多くなる」。

④剝奪飽和命題（deprivation-satiation proposition）

「最近、ある人がある特定の報酬を受けることが多ければ多いほど、次にくる単位報酬の価値は彼にとって次第に価値がなくなってくる」。

⑤攻撃是認命題（aggression-approval proposition）

a「ある人の行為が期待した報酬を受けなかったり、あるいは予期せぬ罰を受けたりするとき、彼は怒りを感じ、攻撃的な行動を行うことが多くなるであろう。そして、そのような行動の結果が彼にとって価値あるものとなる」。

b「ある人の行為が期待した報酬を、特に期待以上の報酬を受ける時、あるいは、予期した罰を受けない時、彼は喜びを感じ、是認的な行動を行うことが多くなるであろう。そして、そのような行動の結果が彼にとって価値あるものとなる」（Homans,1974, p.15~50 訳二二頁―七三頁）。

『社会行動』…交換理論…

『ヒューマン・グループ』で要約された経験命題を説明できるこれらの一般命題を用いて、彼は小集団における社会構造の発現と維持と影響と変動の諸過程の説明へと進んだ。その理由は、第一に、社会構造の形成と維持と影響は社会学者や人類学者の主要な関心課題であるから、第二に、相対的に持続する関係としての社会構造はあらゆるところの小集団の中に発現しており、ホーマンズ自身その発現過程に関心を持っていたから。第三に、人類がその歴史の大部分において生活を営んできた小集団の構造と特徴を説明できたなら、人々がいかにして小さな自然的な構造から大きな慎重に設計された構造を発展させてきたかを明らかにすることができるかもしれないと考えたからである。

彼はこの説明を実行するために次のような基本的なアプローチを取った。これらの一般命題の特徴は、行動をその結果の関数と見るところにあった。従って、社会的状況という条件下では、人々の社会行動は「最低二人の間における物的あるいは精神的な、多少の差はあれ、報酬あるいはコストとなる活動の交換として」（Homans, 1958）の視点が、社会構造の形成と維持と影響と変動を説明するための基本的なアプローチとなる。ここから、彼の理論は《交換理論》と呼ばれることになった。

この理論が展開された『社会行動』の内容を概観しておこう。

①人間の行動を支配している法則（あるいは一般命題あるいはカバーリング・ロー）として、スキナーの行動心理学の命題を五つ挙げて、それらを専ら非社会的状況で考察する。

②これらの命題を社会的な状況に適用し、これらの命題に支配されている二人の間に安定した人間関係がいかに生まれるかを、交換の多面化という視点から説明する。

③安定した人間関係が形成される過程に見られる行動変化の差異を説明するために、勢力と権威という概念を導入し、それらが生まれる条件を考察する。

④これまでの考察を土台にして、二人以上の人間の集まりである集団での人間行動に目を移し、集団目標達成のための集団成員の協力がいかになされるかを考察する。具体的には、集団規範の形成、規範をめぐる同調・非同調行動（確信的同調、懐疑的同調、フリーライダー、反抗、逃亡）や、集団圧力などが取り挙げられ説明される。これらの考察を踏まえ、

⑤集団内に生まれる人間関係の模様の濃淡（パターン）を、感情的な側面（好き、尊敬）と相互作用の側面から考察し説明する。

⑥集団の中に発現する地位体系（社会構造の一側面）の考察へと説明は進む。人々の行為の交換からいかに地位分化が発現し、地位体系が形成されるか、次に、そのようにして生まれた地位体系が人々の行動をいかに拘束し、行動に影響を与えるかを、同じように一般命題で説明する。

⑦人々の受けた報酬に対する感情的反応、すなわち、満足・不満足の決定因の考察へと説明は進む。

⑧人々を感情的な行動へと向かわせる条件を考察し、その考察で重要なものとして「分配における公正さ」が取り上げられる。

⑨集団において、権威を持ち、大きな働きをするリーダーが取り上げられ、リーダーの出現、機能、リーダーへのフォロアーの反応が考察・説明される。

⑩地位体系の形成がいかに集団内に階層分化をもたらすが考察・説明される。

⑪こうして人々の行為の交換から生まれた社会構造が、今度は人々の行為を拘束するようになる過程を考察され、その拘束のなかから、構造の安定と変動が生まれて来る過程を説明する。

このように、ホーマンズは、「心理学的な命題に従う人々の行動がいかに結合して、相対的に持続する社会構造を形成し、維持し、また、時には変えるか」を体系的に説明することによって、説明による総合化を行う。この成果が『社会行動』である。

（七）『ヒューマン・グループ』と『社会行動』の関係

理論社会学者としてのホーマンズの理論構築の歩みを見てみると、その最終目標は、社会学における一般命題（行動心理学の命題）を発見し、それによって説明する交換理論（『社会行動』）にあったと言うことができる。その理論構築の過程にあるのが『ヒューマン・グループ』である。『ヒューマン・グループ』がホーマンズの最終目標ではないと彼が思うようになったのは、多分、彼が「カバーリング・ローの理論観」を持つようになった頃、一九五〇年代の中頃からであろう。それでは、ホーマンズにとって理論構築の過程において『ヒューマン・グループ』の意義は何であろうか。「演繹的説明は帰納的に達成されるべきである。これが私の戦略である」(Homans, 1961, p.10)。もし経験命題の体系を示す『ヒューマン・グループ』がなければ、説得力ある交換理論を提唱する『社会行動』は生まれなかったであろう。

ホーマンズは、『ヒューマン・グループ』は私のものではないと言う。なぜそう言うのであろうか。ヘンダーソンの講座「社会学二三二」を思い出してほしい。この講座で、ヘンダーソンは概念図式を提示し、その後、多くのそれぞれの分野の権威者から具体的な事象について報告をしてもらい、次に、ヘンダーソンが彼の提唱した概念図式で分析し、斉一性を経験命題として要約する。この講座はヘンダーソンの講座と言われるが、しかし、多くの学者の信頼あるデータの報告があって初めて可能となる講座である。専門的な人々の連携によって成立する講座である。ホーマンズの『ヒューマン・グループ』は彼の概念図式の提示と、五つの有名な信頼あるフィールド調査の再記述と、ホーマンズによる概念図式による分析と経験命

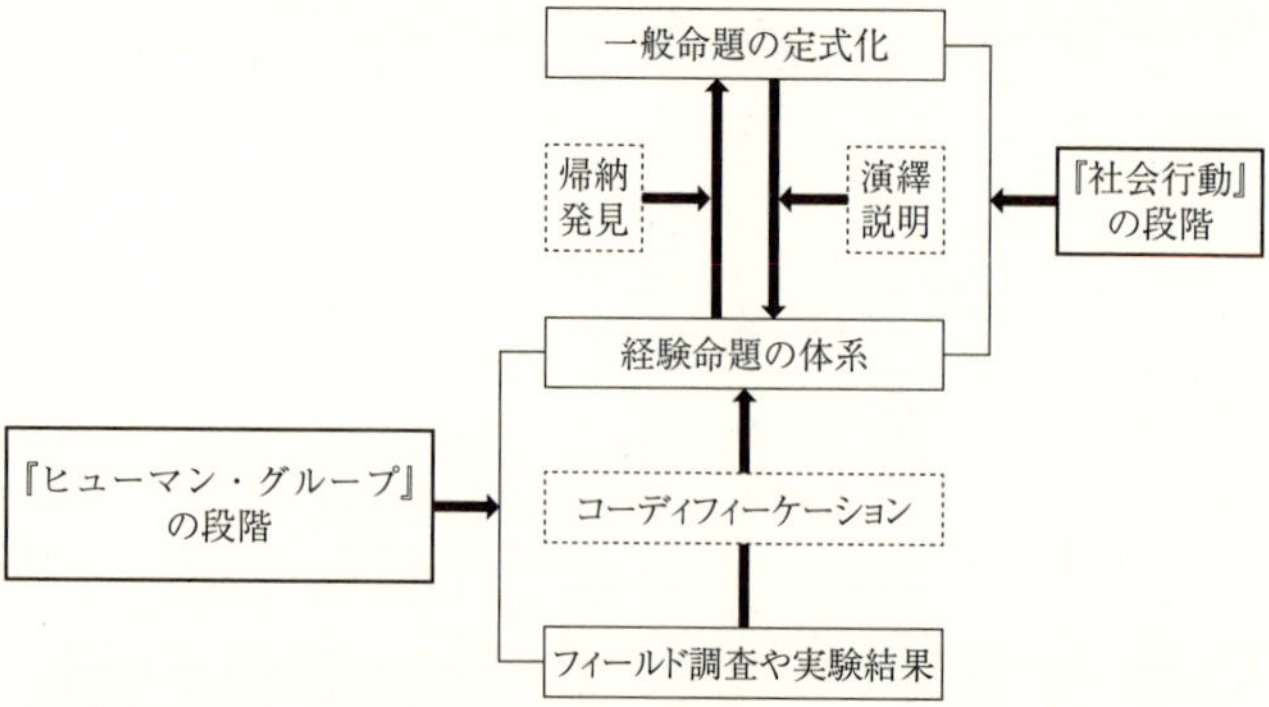

題としての要約からなっている。この著書も他者の集団についての詳細なフィールド調査がなければ成立しない。正に、ホーマンズとフィールド調査を行った学者との共著と言うことができる。もちろん、これらの調査をどのように活用できるかはホーマンズの責任である。ホーマンズの「それは私のものでない」ということは、「これは私とフィールド調査を行った研究者との共著である」ことを意味していると思う。

理論社会学者としてのホーマンズにとって、理論構築での最終目標は『社会行動』であり、彼はその目標達成に満足した。『ヒューマン・グループ』は彼の目標達成の過程における必要不可欠で重要な著作であるが、それはフィールド調査を提供してくれた仲間との協力によってできたものである。

それはまた、出版当初、マートンによって「ジンメルの先駆的分析以来、小集団の構造・機能の社会学的理論に対して、ジョージ・ホーマンズの『ヒューマン・グループ』以上に大きく貢献した本はただの一冊もない」（Homans, 1950, p.xxiii）と絶賛された。また、出版四〇年後、『社会行動』の存在を承知したうえで、ポリーは、「ホーマンズは五つの内容豊かで詳細な事例を提示し、それらを論理的に一貫した命題の鎖でしっかりと繋いだ。この研究をユニークにした点は、物語（story）と分析（analysis）の結合であり、…『ヒューマン・グループ』こそがホーマンズの最高の、そして、最も重要な本であったと判断せざるを得ない」（Homans, 1991, p.xxx）と高く評価している。

『ヒューマン・グループ』は理論構築上で重要な位置と役割をもつ著作であると同時に、それ自体、小集団についての多くの興味ある知見をもつ重要な著作であると言えよう。

参考文献

Braithwaite, Richard Eevan, 1953. *Scientific Explanation*. Cambridge University Press.

Diamond, Jare, 2005. *Collapse*, Blockman Inc.（楡井浩一訳『文明崩壊』上・下　草思社文庫、二〇一二年）

Firth, Raymond, 1936. *WE The Tikopia*, Beaco Press.

Hempel, C. G., *Aspects of Scientific Exolanation*, The Free Press.（長坂源一郎訳『科学的説明の諸問題』岩波書店、一九七三年）

Henderson, L. J., 1935. *Pareto's General Sociology: A Physiologist's Interpretation*, Harvard University Press.（組織行動研究会訳『組織行動論の基礎』東洋書店、一九七五年）

Homans, George Caspar, 1934. *An Introduction to Pareto*. with C.P. Curtis, Alfred A. Knopf.

——, 1938. *Sociology 23 Introductory Lectures*, For Private distribution only

——, 1970. *On The Social System*, The University of Chicago Press.

——, 1941. *English Villagers of the Thirteenth Century*. Harvard University Press.

——, 1950, *The Human Group*. Horcourt, Brace and Co.（馬場明男ほか訳『ヒューマン・グループ』誠信書房、一九五九年）

——, 1958. "Social Behavior as Exchange," A.S.R., 63: 597–606.

——, 1961. *Social Behavior: Its Elementary Forms*. Harcourt, Brace and World.

——, 1962. *Sentiments and Activities: Essays in Social Science*, The Free Press.

——, 1967. *The Nature of Social Science*, Harcourt Brace and World.（橋本茂訳『社会科学の性質』誠信書房、一九八一年）

——, 1974. *Social Behavior, Revised edition*. Harcourt Brace Joranovich.（橋本茂訳『社会行動』誠信書房、一九七八年）

——, 1984. *Coming to My Senses: The Autobiography of a Sociologist*. Transaction Books.

——, 1987. *Certainties and Doubts: Collected Papers. 1962–1986*. Transaction Books.

——, 1988. *The Witch Hazel: Poems of a Lifetime*. Transaction Books.

——, 1992. *The Human Group*, Transaction Publishers.

Nagel, Ernest, 1961. *The Structure of Science*. New York: Harcourt Brace Jovanovich.（松野安男訳『科学の構造』明治図書、一九六七年）

Pareto, Vilfredo, 1920. *Compendio di sociologica generale*, Giulio Farina.（姫岡勤訳『一般社会学提要』名古屋大学出版会、一九九六年）

Roethlisberger, F. J., and Dickson, William J., 1939. *Management and the Worker*. Harvard University Press.

Whyte, William Foote, 1943, *Street Corner Society*. Chicago: University of Chicago Press.（奥田道大ほか訳『ストリート・コーナー・ソサエティ』有斐閣、二〇〇〇年）

赤坂真人『社会システム理論生成史――T・パレート、L・J・ヘンダーソン、T・パーソンズ』関西学院大学出版会、二〇〇九年。

鵜川馨『イングランド中世社会の研究』聖公会出版、一九九〇年。

加藤勝康『バーナードとヘンダーソン』文真堂、一九九六年。

橋本茂『交換の社会学――G. C. ホーマンスの社会行動論』世界思想社、二〇〇五年。

吉原正彦編『メイヨー＝レスリスバーガー』文真堂、二〇一三年。

訳者あとがき

『ヒューマン・グループ』の原書は数冊所蔵しているが、初めて買った原書の見返しに、「一九六一年一一月一一日、紀伊國屋書店にて購入」と書いてある。そして、最後のページに、「一九六二年五月一一日読了、一九六二年一二月一四日読了」と書いてある。大学三・四年の実力でどれだけ正しく読み理解できたか疑わしい限りであるが、しかし、辞書を引き引き、一字一句を追い、重要と思う個所を、大学ノートの見開きの右ページに書き写しながら、読んだことを思い出す。

明治学院大学社会学部の教員時代は、ホーマンズの『社会行動』を中心にした講義、『社会行動』の翻訳出版、『交換の社会学』の執筆出版、等々をしてきた。そんななか、一九八〇年から一九八一年、客員研究員としてハーバード大のホーマンズのところで過ごすことができた。そのとき。ホーマンズの研究室の書棚に、私の翻訳した『社会行動』はあったが、『ヒューマン・グループ』はなかった。多分この頃からだと思うが、師から受けた学恩に報いるために、きちんとした『ヒューマン・グループ』の翻訳を出さねばと思うようになった。それ以後、少しずつ翻訳し、準備してきた。

二〇〇八年、明治学院大学を定年退職した。その頃には、もちろん推敲が必要であるが、翻訳はほぼ完成していた。しかし、学界の動向、厳しい出版事情の中で、出版を引き受けてくれる出版社を見つけることは困難であった。そんな中、私の尊敬する友人磯部卓三さん（大阪市立大学名誉教授）と秋山洋一さんのご尽力で、ミネルヴァ書房が出版を受け入れてくれることになった。そして、ミネルヴァ書房の東寿浩さんには大変お世話になることになった。磯部さん、秋山さん、そして東さんに心からお礼を申し上げる。

校正を通して、誤訳を訂正し、拙訳を直してきたが、それでも、私の菲才ゆえの誤訳があると思う。読者の叱正を賜りたい。なお、この拙訳が社会学を研究している諸君にお役に立てば幸甚である。

私の社会学者としての生活は、『ヒューマン・グループ』を読むことから始まり（一九六一）、『ヒューマン・グループ』の翻訳出版（二〇一八）でほぼ終わることになる。あらためて、多くの先生方、多くの学友の御指導と御支援に感謝したい。ホーマンズ社会学の紹介、大学院進学への勧め、明治学院大学への就職と、私の社会学者への道をととのえてくれた吉田裕先生（上智大学名誉教授）に、感謝の気持ちを込めて、本訳書『ヒューマン・グループ』を捧げる。

二〇一八年七月

橋本　茂

〈訳者紹介〉

橋本　茂（はしもと・しげる）

1940年６月　高知県須崎市に誕生
1959年４月　明治学院大学文学部社会学科入学
1963年３月　明治学院大学文学部社会学科卒業
1963年４月　東北大学大学院文学研究科社会学専攻修士課程入学
1968年３月　東北大学大学院文学研究科社会学専攻博士課程満期退学
1968年４月　明治学院大学社会学部に奉職
2008年３月　明治学院大学社会学部定年退職
現　在　明治学院大学名誉教授
著　作　『交換の社会学――G・C・ホーマンズの社会行動論』（世界思想社，2005年）
論　文　「ホマンズの方法論について――武谷三男の方法論との比較」（『社会学研究』26号，1965年）
「勢力と公正」（鈴木幸寿編著『政治と権力』誠信書房，1983年）
「交換・地位・規範」（『社会学研究』49号，1986年）
「社会学におけるミクロとマクロについて――ブラウの理論とホーマンズ理論の関係」（『社会学研究』58号，1991年）
「交換理論と合理的選択理論――G. C. ホーマンズの理論を手掛りにして」（『明治学院論叢』574号，1996年）
「ホーマンズと The Society of Fellows 」（『明治学院論叢』580号，1998年）
「諺と格言の社会学――試論」（『社会学・社会福祉学研究』129号，2008年）
「“Jedem das Seine” を巡って―― ひとつの正義論」（明治学院大学キリスト教研究所編『境界を超えるキリスト教』教文館，2013年）
「エピグラフ（epigraph）と社会学――G. C. ホーマンズの社会学の場合」（『社会学・社会福祉学研究』145号，2015年）　他多数
訳　書　G. C. ホーマンズ『社会行動――その基本形態』（誠信書房，1978年）
G. C. ホーマンズ『社会科学の性質』（誠信書房，1981年）

MINERVA 社会学叢書㊽

ヒューマン・グループ
――人間集団についての考察――

2018年９月30日　初版第１刷発行　〈検印省略〉

定価はカバーに
表示しています

訳　者　橋　本　　　茂
発行者　杉　田　啓　三
印刷者　藤　森　英　夫

発行所　株式会社　ミネルヴァ書房
607-8494　京都市山科区日ノ岡堤谷町1
電話（075）581-5191
振替01020-0-8076

亜細亜印刷・新生製本

ISBN978-4-623-07846-2
Printed in Japan

人名および文献索引

(阿部年晴他訳『未開社会における性と抑圧』社会思想社 1972) 271(註16)
── *The Sexual Life of Savages.* (泉靖一他訳『未開人の性生活』 新泉社 1959) 271(註16, 17)
── *The Father in Primitive Psychology,* 271(註17)
Mayo, E., *Human Problems of Industrial Civilization.* (村本栄一訳『産業における人間問題』日本能率協会 1951) 79(註1)
── *The Political Problem of Industrial Civilization,* 105(註5)
── *The Social Problems of an Industrial Civilization,* 457(註7)
Meeker, M., K. Eells, and W. L. Warner, *Social Class in America,* 359(註17)
Merei, F., "Group Leadership and Institutionalization," 151(註5)
Metcalf, H. C., and L. Urwick, eds., *Dynamic Administration."* (米田清貴他訳『組織行動の原理』未來社 1997) 21, 22(註6, 14), 302(註8)
Moreno, J. L., *Who Shall Survive,* 49(註6～8), 151(註6)
Murdock, G. P., *Social Structure.* (内藤莞爾監訳『社会構造』 新泉社 1981) 223(註1), 224(註21, 22), 270(註1, 6, 9), 271(註19)
Myrdal, Gunnar, and others, *An American Dilemma,* 294, 295, 303(註18)

N

Nelson, 22
Newcomb, T. M. *Personality and Social Change,* 185(註8)
── "Some Patterned Consequences of Membership in a College Community," 185(註8)
Newton, Sir Issac, 251
Nisbet, R, A., "De Bonald and the Concept of the Social Group," 457(註6)
── "The French Revolution and the Rise of Sociology in France," 457(註6)
── "The Politics of Social Pluralism," 457(註6)

O

Ovid, *Trasnsformations.* (中村義也訳 『変身物語』(上) 岩波文庫 1981) 427, 440

P

Pareto, V., *Traite de sociologie generale.* (姫岡勤訳『一般社会学提要』 名古屋大学出版会 1996), 293-298, 303(註17, 19, 21)
Park, R. E., "The Concept of Social Distance," 185(註6)
Parsons, T., 259
Piaget, J., *The Moral Judgment of the Child.* (大友茂訳『児童の道徳判断の発達』同文書房 1956) 324(註1)
Planck, M., *Treatise on Thermodynamics,* 302(註10)

R

Radcliffe-Brown, A. R., *The Andaman Islanders,* 315, 324(註11)
── "On the Concept of Function in Social Science," 271(註24)
── *The Social Organization of Australian Tribes,* 270(註8)
── *Taboo,* 315, 316, 325(註12～14)
Richardson, S. A., "The Social organization of Blitish and United States Merchant Ships, 270(註7)
Richet, Charles, 301
Roethlisberger, F. J., "The Foreman: Master and Victim of Duble-talk," 457(註3)
── and W. Dickson, *Management and the Worker,* 52, 53, 65, 73, 76, 77, 79, 80(註1～13), 120, 121, 127, 128(註6, 10), 139, 141, 151(註1, 2, 4), 303(註13～15,

事項索引

さ行

仕事
　ニューイングランド・タウンの―― 333-337
　ティコピアにおける―― 195-198, 201-206, 229-231
　→また、活動を参照
持続時間（duration）
　相互作用の―― 37
時間給制（daywork method of payment） 59, 60
時間控除（daywork allowance）
　端子盤配線観察室での―― 63
士気（morale） 263
仕事の交換（job trading）
　端子盤配線観察室にける―― 67, 68
　――と社会的ランク付け 141, 142
仕事の流れ関係（flow-of work relation）
　会社における―― 380
　電気機器会社での―― 384, 385
システム（system）
　――と環境 86, 87
　外的―― 89-93
　→外的システムを参照
　内的―― 108, 109
　→内的システムを参照
　内的――の外的――への反作用 146-150
　宗教―― 126, 127
　社会―― 86, 89, 126-128
　技術―― 126, 127
システムの安定（stability of system）
　――の研究 282, 283
事実と理論（fact and theory）
　――の分離 19, 20
自然な感情（natural sentiment） 173, 213
持続（continuity）
　社会の―― 259-262
　→集団の存続を参照
実際的変化と仮想的変化（actual changes and virtual changes） 283-285
質問票（questionnaires）
　電気機器会社の設計委員会に関する―― 368-371
　――のタイプ 363
姉妹（sister）
　ティコピアにおける兄弟との関係 209
姉妹の息子と母親の兄弟の関係
　西欧における―― 244-247
　ティコピアにおける―― 211-213, 244-248
　トロブリアンド諸島における―― 248-250
社長（president）
　電気機器会社の――の権威 380
自由（freedom）
　個人的―― 323-342
　社会的―― 324
自由（liberty）
　個人的―― 323, 324
収益（earnings）
　→賃金の支払いを参照
宗教（religion）
　新しい――の形成 447, 448
　――と機能理論 258-260
　ニューイングランド・タウンにおける―― 332, 333, 337, 338, 343, 344
　――と行動の規範 258
　――と社会的ランク付け 258
宗教システム（religious system） 126-128
習俗（folkways）
　社会統制の手段としての―― 275, 276
社会（society）
　――の自由 324
　――と個人 307-313
　――の有機的性質 261, 262
　――の社会契約論 307
　――の社会鋳型論 308-311
社会的訓練（social training）
　家族の内外での―― 306-311
社会鋳型論（social mold theory） 308-311
社会学（sociology）
　――と人類学の関係 189
社会学者（sociologists）
　歩行者タイプ――と直感タイプ―― 47

な行

は行

ま行

や行

ら行

わ行